Schorberger · Ökumenische Krankenhausseelsorge

Gregor Schorberger

Geschichte der ökumenischen Krankenhausseelsorge

An den Universitätskliniken Frankfurt am Main

Matthias-Grünewald-Verlag · Mainz

Burkhard Cramer
dem Sprecher des Projekts: schwul und katholisch in der Gemeinde Maria Hilf in Frankfurt am Main, anläßlich des zehnjährigen Jubiläums der sonntäglichen Gottesdienstgemeinschaft
zugeeignet

Die Deutsche Bibliothek – CIP-Einheitsaufnahme

Ein Titelsatz für diese Publikation ist bei der Deutschen Bibliothek erhältlich.

Umschlag: Kirsch Kommunikationsdesign, Wiesbaden
Abbildung: Holzschnitt „Perspektive“ (Ausschnitt) von Andreas Felger. (c) Präsenz Verlag, D-65597 Hünfelden
Satz: Redaktionsbüro Werkmeister, Mainz
Druck: Drukkerij Wilco, Amersfoort

ISBN 3-7867-2410-5

Inhalt

Vorwort

Während der Vorbereitungsarbeiten der evangelischen und katholischen Krankenhausseelsorge zum Fest „25 Jahre Kapelle im Zentralbau am Klinikum der Johann Wolfgang Goethe-Universität" traf ich im Herbst 1997 Prof. Dr. Helmut Siefert vom „Senckenbergischen Institut für Geschichte der Medizin". Er hatte zum Festakt am 13.12.1997 den Festvortrag: „‚Heil und Heilung' zur ursprünglichen Einheit von Seelsorge, Pflege und Medizin" übernommen.
Bei einem Vortreffen sagte mir Siefert: „Seit Bestehen der Universitätsklinik hat sich in der Krankenhausseelsorge viel ereignet. Bisher haben wir darüber keine Berichte. Es lohnt sich, darüber eine Forschungsarbeit zu schreiben." Ich entgegnete ihm, daß ich selbst in der Klinik schon ein Stück „Geschichte" erlebt habe, da ich mit kurzer Unterbrechung seit 1973 hier tätig wäre. Diese Begegnung war der Anlaß zu dieser Arbeit.
Im Herbst 1973 begann ich an der Universitätsklinik in Frankfurt am Main meine Ausbildung als Krankenpfleger. Zuvor hatte ich das Vordiplom im Studiengang Katholische Theologie in Freiburg im Breisgau bei Prof. Dr. Karl Lehmann abgelegt. Meine erste Begegnung mit zwei Krankenhausseelsorgern der Universitätsklinik hatte ich 1973 in der „Staatlichen Krankenpflegeschule für Pfleger". Pfarrer Martin Czapka stellte uns Schülern die Bedeutung und die Aufgaben der katholischen Krankenhausseelsorge vor. Der evangelische Krankenhausseelsorger Pfarrer Fritz-Alfred Maglett gab an dieser Schule einen zeitgemäßen Ethikunterricht, der uns Schüler faszinierte. Mit Hinweis auf den Lehrstuhl Sexualwissenschaft am Klinikum sprachen wir über Sexualität in den Ausprägungen der Hetero-, Bi- und Homosexualität, diskutierten über humane Bedingungen im Stationsalltag und setzten uns u.a. mit Fragen zur aktiven und passiven Sterbehilfe auseinander.
Außerhalb der Krankenpflegeschule begegnete ich bis zum Ende meiner dreijährigen Ausbildung verschiedenen Krankenhausseelsorgern auf den Stationen, in Gottesdiensten und bei kulturellen Veranstaltungen. Ich suchte sie zu verschiedenen Themen auf, die mich im Umgang mit Patienten und Personal bewegten. Ich schätzte ihren Rat, vor allem in meiner Zeit als Schulsprecher, ihre Präsenz auf den Stationen und ihre seelsorgerliche Arbeit mit dem Klinikpersonal und mit uns Schülerinnen und Schülern der verschiedenen Krankenpflegeschulen der Universitätsklinik.
Nach dem Examen als Krankenpfleger nahm ich mein Studium an der Philosophisch-Theologischen Hochschule St. Georgen in Frankfurt-Oberrad wieder auf. Bei Prof. Dr. Karl Frielingsdorf schrieb ich 1979 zum Thema der Gefan-

genenpastoral die theologische Diplomarbeit. Im Frühsommer 1979 beendete ich das Theologiestudium mit dem Diplom.
Als Pastoralassistent[1] begann ich nach dem Studium 1979 in der Pfarrei St. Antonius in Frankfurt am Main die zweijährige Ausbildung im Bistum Limburg zum Pastoralreferenten. In der Gemeindepastoral arbeitete ich schwerpunktmäßig mit Jugendlichen und Erwachsenen. Weiterhin war ich im liturgischen Dienst als Prediger in den Sonntagsmessen tätig, gab Religionsunterricht und arbeitete mit der evangelischen Pfarrerin in der Erwachsenenbildung zusammen. Mit jugendlichen und erwachsenen Gemeindemitgliedern besuchte ich in dieser Zeit Kranke aus der Pfarrei und Gefangene in der nahegelegenen Justizvollzugsanstalt in Frankfurt-Höchst.
Am 15.12.1981 begann ich als katholischer Krankenhausseelsorger im Klinikum der Johann Wolfgang Goethe-Universität. Zu dem katholischen Seelsorgeteam gehörten damals sieben Personen. Von 1981 bis 1987 nahm ich an berufsbegleitenden Kursen in der „Klinischen Seelsorgeausbildung" teil. Für die Arbeit in den verschiedenen medizinischen Zentren der Universitätsklinik erhielt ich durch diese Seelsorgekurse immer wieder Impulse zu neuen seelsorgerlichen Ansätzen. Angesichts wechselnder Mitarbeiterinnen und Mitarbeiter nahm ich in diesen Jahren die Gelegenheit wahr, medizinische Zentren als zuständiger Seelsorger an neue Kolleginnen und Kollegen abzugeben und selbst neue Zentren kennenzulernen. Heute arbeiten in der evangelischen und katholischen Krankenhausseelsorge der Universitätsklinik fünfzehn Personen hauptamtlich, darunter zwei Sekretärinnen, zusammen mit zahlreichen ehrenamtlichen Frauen und Männern.
Ein Schwerpunkt meiner Seelsorgearbeit galt dem Pflege-, Ärzte- und Krankenhauspersonal, da ich mich von Anfang an als Krankenhausseelsorger verstand, der als Seelsorger sowohl für Patienten, Angehörige und für Arbeiter und Angestellte in der Universitätsklinik zuständig ist. Bei den Stationsbesuchen, dem Unterricht in der Krankenpflegeschule, den Fortbildungsveranstaltungen mit Ärzten und Pflegenden erfuhr ich stets, daß meine Arbeit vom seelsorgerlichen Fundament der Vorgängerinnen und Vorgänger in der Krankenhausseelsorge des Klinikums getragen ist. Diese Tatsache weckte mein Interesse, mehr über diese Personen und über ihren jeweiligen Seelsorgestil zu erfahren.
Dem Senckenbergischen Institut für Geschichte der Medizin, insbesondere Prof. Dr. Helmut Siefert bin ich dankbar für das wissenschaftliche Interesse an der Geschichte der evangelischen und katholischen Krankenhausseelsorge von 1914 bis 1984 am Klinikum der Johann Wolfgang Goethe-Universität. Besonderer Dank gilt den Freundinnen und Freunden, den Kolleginnen und Kollegen, die mir beim Zustandekommen dieser Arbeit tatkräftig zur Seite standen.

[1] In mehreren deutschen Bistümern wird für Absolventen des Diplomstudienganges Katholische Theologie eine Ausbildung zur Pastoralreferentin und zum Pastoralreferenten angeboten. In dieser Zeit, vergleichbar einer Referendarzeit für andere akademische Berufe, tragen sie die Bezeichnung Pastoralassistent bzw. Pastoralassistentin.

I. Einleitung

1.1 Thema

„Die Geschichte der evangelischen und katholischen Krankenhausseelsorge am Klinikum der Johann Wolfgang Goethe-Universität von 1914 bis 1984" ist das Thema der vorliegenden Arbeit. Angesichts der Quellen und Literatur zum Thema entstanden fünf Thesen:

1. Die Krankenhausseelsorge in der Klinik verändert sich angesichts der Patienten und der medizinischen Entwicklung im Laufe der Geschichte von der pastoralen zur personenzentrierten Seelsorge.
2. Krankenhausseelsorge ist sowohl für den Kranken wie für das gesamte Personal der Klinik da.
3. Die Krankenhausseelsorge wird beeinflußt von kirchlichen, gesellschaftlichen und politischen Entwicklungen.
4. Ökumenische Krankenhausseelsorge hat sich von einem Nebeneinander hin zu einem Miteinander in Bezug auf die konfessionelle Seelsorge in der Universitätsklinik entwickelt.
5. Aus der Geschichte der Krankenhausseelsorge ergibt sich eine kontinuierliche Erweiterung des Aufgabenspektrums der Krankenhausseelsorge an der Universitätsklinik.

In den folgenden Kapiteln untersuche ich diese Thesenbereiche:

I Einleitung; Dieses Kapitel dient der Annäherung an das Gesamtthema.

II Von der Krankenseelsorge zur Krankenhausseelsorge in Frankfurt am Main; dieses Kapitel macht deutlich, daß die Krankenhausseelsorge der Universitätsklinik auf einem geschichtsträchtigen Fundament in Frankfurt am Main beruht.

III Ort der Krankenhausseelsorge; Das Klinikum der Johann Wolfgang Goethe-Universität Frankfurt am Main; dieses Kapitel stellt kurz diesen Ort des Geschehens vor.

Den thematischen Hauptteil der Arbeit bilden die Kapitel IV bis VI:

IV Die pastorale Krankenhausseelsorge von 1914 bis 1945

V Die missionarische Krankenhausseelsorge von 1945 bis 1967

VI Die personenzentrierte Krankenhausseelsorge von 1968 bis 1984

Diese drei Kapitel sind jeweils methodisch unterteilt in

A Die evangelische Krankenhausseelsorge

B Die katholische Krankenhausseelsorge

C Zusammenfassung.

VII Ausblick: AIDS und Krankenhausseelsorge. Dieses Kapitel soll aufzeigen, wie die Krankenhausseelsorge sich aus einer binnenkirchlichen Begrenzung löst und gesellschaftspolitisch mitwirkt an der Gestaltung eines neuen gesellschaftlichen Umganges mit Sterbenden.

1.2 Ziele

Diese Arbeit ist am Senckenbergischen Institut für Geschichte der Medizin im Fachbereich Humanmedizin der Johann Wolfgang Goethe-Universität entstanden. Ich möchte anhand der Geschichte der Krankenhausseelsorge an der Universitätsklinik, einem schulmedizinisch orientierten Forschungsbetrieb, nachweisen, daß Krankenhausseelsorge für Patienten, Angehörige und Krankenhauspersonal unverzichtbar geworden ist. In Zeiten der wirtschaftlichen Konkurrenz der einzelnen Krankenhäuser untereinander erhöht die Einrichtung einer qualifizierten Krankenhausseelsorge die Attraktivität des Hauses.
In dieser Arbeit weise ich nach, was diese Attraktivität der Krankenhausseelsorge in ihrer Geschichte für Patienten, Angehörige und Personal ausmacht. Neben guter Arbeit von Psychologen, Sozialarbeitern, Therapeuten und Supervisoren bringen Seelsorgerinnen und Seelsorger ihre eigene berufsspezifische Kompetenz mit in die Klinik ein. Diese personenzentrierte Seelsorge hat Schule gemacht, so daß z.B. heute staatliche und gesellschaftliche Organisationen, wie Polizei und Rettungsdienste nach Notfallseelsorgern und Notfallseelsorgerinnen fragen. Die „Deutsche Gesellschaft für Pastoralpsychologie" wird von großen Firmen nach Supervisorinnen und Supervisoren der „Klinischen Seelsorgeausbildung" zur Betreuung ihres Personals angefragt.
In dieser Geschichte der Krankenhausseelsorge am Klinikum zeigt sich seit den Anfängen, daß gerade Mediziner der Universitätsklinik nach Krankenhausseelsorge verlangten, sei es bei der Durchführung der Weihnachtsfeiern (1914–1945), sei es bei der Forderung nach einer eigenen Krankenhausseelsorgestelle im Zentrum der Psychiatrie (1945–1967), sei es nach Schulung des gesamten Pflegepersonals (1968–1984), sei es der Wunsch der ärztlichen Leitung der Infektionsklinik nach einem seelsorgerlichen Beitrag zur Thanatologie bei der Darstellung des neuen Krankheitsbildes AIDS vor der Kassenärztlichen Vereinigung Hessens (nach 1984). Andererseits möchte ich darauf hinweisen, daß mit dem schrittweisen Abbau der Präsenz der Seelsorgestellen in den Krankenhäusern zugunsten von Gemeindeseelsorgestellen die Kirchen an Glaubwürdigkeit verlieren. Bestimmt ist eine Zusammenarbeit zwischen Gemeinden und Klinikum zu begrüßen. Jedoch wird ein in der Gemeinde eingebundener Seelsorger, der von hier aus die Kranken besucht, einen Krankenhausseelsorger mit eigener Planstelle nicht ersetzen können. Diese Arbeit belegt, daß Krankenhausseelsorge nicht Randgebiet ist, sondern zur Mitte der Kirche gehört. Die Krankenhausseelsorger erreichen insbesondere diejenigen Men-

schen mit ihren Sorgen, Problemen und existentiellen Krisen, die an keinem Gemeindeleben mehr teilnehmen. Gerade diese zahlenmäßig große Gruppe der Kirchensteuerzahler ermöglicht durch ihren finanziellen Beitrag das pastorale und das sozial karitative hauptberufliche Engagement der Kirchen.
Diese „kirchenfernen" Menschen erfahren, wenn sie im Krankenhaus liegen, eine Krankenhausseelsorge, die über ihren Besuch auf den Stationen hinaus Begleitung der Kranken anbietet. Persönlich erfahren sie einen Dienst der Kirche ohne danach verlangt zu haben. Daher ist es auch ein Ziel dieser Arbeit aufzuzeigen, daß es vom Evangelium her den Kirchen geboten ist, Krankenhausseelsorge als eine ihrer zentralen Säulen beizubehalten. Dabei käme es einer qualifizierten Arbeit zu Gute, wenn für je 100 Krankenbetten die volle Planstelle eines Krankenhausseelsorgers eingerichtet würde. Bezüglich der Fluktuation der Patienten erreichen diese Seelsorger pastoral mehr Menschen als Gemeindeseelsorger Gemeindemitglieder in der Pfarrseelsorge vorfinden, worauf der Krankenhausseelsorger Heinz Doebert schon 1967 hinweist.[2]
Im Mittelpunkt dieser Arbeit steht auch die Frage, wie die evangelische und katholische Kirche die Seelsorge an den Kliniken in den verschiedenen Zeitphasen dieses Jahrhunderts wahrnahm. An den Themen der Krankenhausseelsorge wie an der jeweiligen Person und dem Verhalten einzelner Seelsorgerinnen und Seelsorger werden Geschehnisse in ihrer jeweiligen Zeit deutlich. Fragen entstehen: Wer waren diese Seelsorgerinnen und Seelsorger? Wer beauftragte sie? Was befähigte sie, kranke Menschen zu besuchen? Wie trugen sie zur Heilung des Patienten bei? Welche Rolle nahmen sie im Klinikum ein? Wie war ihr Kontakt zum Krankenhauspersonal? Welchen Einfluß hat die Ökumene auf die Seelsorgerinnen und Seelsorger? Ist es berechtigt von einer ökumenischen Krankenhausseelsorge zu sprechen? Welche Rahmenbedingungen waren ihnen von seiten der Kirche, der Klinik und der Politik vorgegeben? Es ist die Aufgabe dieser Arbeit, hierauf Antworten zu finden.

1.3 Methode

Methodisch ging es mir um die Frage, auf welchem Weg ich dem Anliegen dieser Arbeit gerecht werden kann. Für die genaue Wiedergabe der Arbeit der Krankenhausseelsorge am Klinikum der Johann Wolfgang Goethe-Universität zwischen 1914 und 1984 forschte ich zuerst nach gedruckten und ungedruckten Quellen in den Archiven.
Ich fand sie im Zentralarchiv der Evangelischen Kirche in Hessen und Nassau (EKHN), dem Domarchiv in Frankfurt am Main, dem Bistumsarchiv in Limburg und den beiden Archiven der evangelischen und katholischen Klinikseelsorge an der Universitätsklinik. Einen großen Teil dieser Arbeit macht

[2] Vgl. Doebert (1967), S. 36 f.

die Darstellung und Interpretation dieser Quellen mit der Wiedergabe von Originaltexten aus. Mit längeren Zitaten aus den Originalquellen will ich die Seelsorgerinnen und Seelsorger in ihrer Zeit selbst zu Wort kommen lassen.
Ein weiteres methodisches Element dieser Arbeit sind die Interviews mit noch lebenden Zeitzeugen, die ich von Coesfeld über Frankfurt am Main bis München aufsuchte, um Angaben über ihre Person, ihre Erfahrungen, Erlebnisse und die Arbeitsweise der Krankenhausseelsorge zu erhalten. Meine eigenen Erfahrungen in der Krankenhausseelsorge nahm ich zur Darstellung der Anfänge der achtziger Jahre und des Ausblickkapitels zu Hilfe. Die Quellen und Interviews werden mit zeitgenössischer einschlägiger Seelsorgeliteratur und Zeitungsartikeln ergänzt. Der Dokumententeil mit Originaltexten soll die Arbeit veranschaulichen. Die Darstellung der evangelischen und katholischen Krankenhausseelsorge erfolgt je nach Zeitperiode getrennt. Dadurch lassen sich gewisse Textwiederholungen nicht vermeiden.
Die Darstellung der geschichtlichen Ereignisse und theologischen Amtshandlungen der Krankenhausseelsorge steht neben den Erfahrungsberichten von Patienten, Angehörigen, Personal, Seelsorgerinnen und Seelsorgern. Ich habe diese Methode gewählt, da durch die Berichte verschiedenster Menschen in der Universitätsklinik Krankenhausseelsorge authentischer wird. Dargestellt sind diese Lebenserfahrungen und Botschaften beruflich unterschiedlicher Personen, weil ihr Vorbild für die gesamte kirchliche Seelsorge zu Lernen und Veränderung anregt, und damit die Kompetenz der Krankenhausseelsorge in Gesellschaft und Kirche aktualisiert.

II. Von der Krankenseelsorge zur Krankenhausseelsorge in Frankfurt am Main

1. Erste Hinweise auf eine Krankenseelsorge in Frankfurt am Main

Eine Urkunde und ein archäologischer Fund des frühen Mittelalters aus Frankfurt am Main belegen den Tod eines Mädchens und einer Frau. Entsprechend der christlichen Tradition ist anzunehmen, daß beide als Kranke vor ihrem Tod seelsorgerlich betreut worden sind:
Im Juni 794 berief Karl der Große eine Synode und Reichsversammlung nach Frankfurt am Main ein. Die Synodenteilnehmer kamen aus dem ganzen Frankenreich. Der Kaiser blieb ein dreiviertel Jahr in Frankfurt. Im August des gleichen Jahres starb hier seine dritte Frau Fastrada.[3] Gut hundert Jahre zuvor befand sich am Ort dieser Synode im 7. Jahrhundert auf dem heutigen Domgelände über dem christlichen Grab eines Frankenmädchens eine kleine rechteckige Steinkirche aus der Merowingerzeit. Ausgrabungen belegen, daß zu der Zeit hier ein hochadeliger fränkischer Herrensitz bestand. Neben anderen archäologischen Funden weist das goldene Brokatkreuz des vier- bis fünfjährigen Frankenmädchens auf das christliche Bekenntnis ihrer Familie hin.[4]
Dieses junge Mädchen und ebenso die Frau Karls des Großen, Fastrada, erhielten ein christliches Begräbnis. Es liegt daher nahe, daß beide vor ihrem Tod Krankenseelsorge erfahren haben, entsprechend der Weisung Jesu: „Ich bin krank gewesen und ihr habt mich besucht." (Mt 25,36)
Seit den Anfängen der christlichen Gemeinde gehörte es zu den vornehmsten Aufgaben des Bischofs und der Ältesten, die Kranken zu besuchen und ihnen die christlichen Heilszeichen, vor allem Gebet, Krankensalbung und Sündenvergebung (Jak 5,14–16) zukommen zu lassen. Aufgrund des Gebotes der Liebe (Mt 22,37–40) war es den Christen selbstverständlich, sich besonders um die Nächsten seelsorgerlich zu bemühen, die von Krankheit, Sterben, Tod und Trauer heimgesucht waren.[5]

[3] Vgl. Orth (1991), S. 17. Themen der Synode waren u.a. der Bilderstreit, der Umgang mit häretischen spanischen Bischöfen und der Verzicht Herzogs Tassilo auf das Herzogtum Bayern. Vgl. ebd., S. 13

[4] Vgl. Schmieder (1994), S. 32

[5] Vgl. Klessmann (1996 b), S. 41

2. Herkunft und Entwicklung der Krankenseelsorge

Die Begriffe Seelsorge und Krankenseelsorge gibt es nicht in der Bibel. Das Wort „Seele" hat eine biblische Tradition. Im Alten Testament widmet sich das Buch der Psalmen insbesondere der Seele, die im Hebräischen „Nephesch" heißt. Ursprünglich bezeichnet dieses Wort Kehle, Rachen, Atem, Lebenshauch und Lebenskraft.[6] In der hebräischen Vorstellung bilden Körper und Seele eine Einheit. So gibt es in den Psalmen folgende Aussagen: „Du hast meine Seele vom Tode errettet" (Ps 56,14). „Ich will erzählen, was er an meiner Seele getan hat" (Ps 66,16). „Was betrübst du dich, meine Seele, und bist so unruhig in mir? Harre auf Gott" (Ps 42,6). Im Neuen Testament wird diese Bedeutung der Seele (griech.: psyche) weiterentwickelt und bedeutet „Leben" oder „lebendiger Mensch".[7] Der Begriff „Seelsorge" (Psychagogia) stammt von Platon. In der griechischen Vorstellung wird Körper und Seele getrennt. Die lateinische Kirche hat mit „cura animarum" den griechischen Sprachgebrauch aufgenommen. Gregor I. nennt den Seelsorger „rector". Luther kannte das Wort „Seelsorge".[8] Im althochdeutschen taucht das Wort „sela" schon im 8. Jahrhundert auf. Im 15. Jahrhundert wird mit „Seelsorger" der Pfarrer bezeichnet, der den Gemeindemitgliedern Hilfe und Beratung zukommen läßt. Gleichzeitig ist der Seelsorger als Pfarrer auch Leiter der Gemeinde im Auftrag der Kirche.[9]
Krankenseelsorge orientiert sich an Jesu Verhalten den Armen, Kranken und Behinderten gegenüber. In vielen Abbildungen wird Jesus als guter Hirte mit einem Schaf auf den Schultern dargestellt. Dem Psalm 23 entsprechend trägt der Hirte Sorge für die ihm Anvertrauten, weidet und behütet sie und geht mit den Schafen. Diese Bedeutung des guten Hirten, die bildlich für den „mitgehenden Gott" als eine der vielen Bezeichnungen Jahwes steht, entwickelte sich zu einem zentralen Thema der Krankenhausseelsorge.
Jesus versteht Seelsorge im Sinne seiner hebräischen Kultur im „ganzheitlichen" Sinne. Er hat die Kranken nicht nur aufgesucht und behandelt, sondern auch geheilt, wie es zahlreiche Berichte im Neuen Testament bezeugen. Seit den Anfängen verehrte die Kirche Jesus als Arzt (Christus medicus), ein Titel, auf den sich später die Pastoralmedizin beruft. Jesus behandelt, berührt und läßt sich berühren. Einige Beispiele seien genannt: Die Heilung von Aussätzigen (Mk 1,40–46), des Wassersüchtigen (Lk 14,1–16), der gekrümmten Frau (Lk 13,10–13) und der Blinden (Mk 8,22–26).[10] Ein partnerschaftlicher Aspekt des Beziehungsgeschehens Jesu mit dem Kranken wird in seiner Frage an den blinden Bartimäus: „Was willst Du, daß ich Dir tue?" (Mk 10, 46–52) sichtbar.

6 Vgl. Katholisches Bibelwerk (1969), S. 280
7 Ebd.
8 Vgl. Holtz (1961), Sp. 1640
9 Vgl. Pfeifer (1993), S. 1268
10 Vgl. Mayer-Scheu (1980), S. 138 f.

„Krankenseelsorge" geschah in den ersten nachchristlichen Jahrhunderten vor allem in den Häusern der Christen. Im 4. Jahrhundert entstanden die ersten Xenodochien, Spitäler, die Hilfsbedürftige, Kranke, Arme, Fremde, Witwen und Waisen aufnahmen. Die Leitung hatte der Bischof und die Pflege führte der niedere Klerus, die sogenannten Parabolanen,[11] durch.
Das Kapitel 36 der Benediktinerregel[12] machte die Fürsorge für die kranken Mitbrüder zur besonderen Pflicht. Der Dienst an den Kranken ist Dienst an Christus selber (Mt 25,45). Im Zuge der Karolingischen Reform[13] wurde die Benediktinerregel erneuert, aktualisiert und verschärft. Krankheit begann zunehmend als Folge und Ausdruck der Sünde angesehen zu werden.[14] Im Mittelalter wurde „Krankenseelsorge" mehr und mehr mit Kirchenzucht[15] verbunden.
Die Hirtenfunktion des Seelsorgers trat in den Hintergrund zugunsten einer Bußpraxis, bei der der „Krankenseelsorger" vornehmlich die Rolle des Lehrers, Ermahners, Beichtvaters und Richters erhielt. So hatten z.B. einige Hospitäler des Mittelalters einen Beichtstuhl an der Pforte. Der Kranke sollte zuerst beichten und die hl. Kommunion empfangen, bevor er ins Spital aufgenommen wurde. Nur dann war er würdig, eines der Krankenbetten zu bekommen.[16] In dieser Zeit gehörten „Seelsorge" und „Leibsorge" zusammen. Wer für den Leib sorgt, ist auch Seelsorger, zumal die Grundhaltung der Pflegenden von einem tiefen religiösen Impuls geprägt war. Der Krankensaal entwickelte sich zur Kirche. Die Feier der täglichen hl. Messe am Altar im Krankensaal gehörte wie selbstverständlich dazu.
Mit dem Aufkommen der Städte entstand ein neuer Spitaltyp. Klessmann berichtet: „Solange das Hospital Teil des Klosters ist, ist Seelsorge ein selbstverständlicher Teil der Krankenpflege. Im 12. und 13. Jahrhundert bildet sich jedoch ein neuer Spitaltypus. In den aufblühenden Städten gibt es mehr Arme

[11] Das Wort Parabolanen kommt aus dem Griechischen und bezeichnet eine Körperschaft für Krankenpflege in Ägypten (5. Jahrhundert); Leibwache des Bischofs. Vgl. Hauck/Schwinge (1997), S. 149

[12] Die Benediktinerregel (lat. Regula Benedicti) besteht aus 73 Kapiteln und wurde vom hl. Benedikt von Nursia (um 480-547) für seine Mönchsgemeinschaft verfaßt. Vgl. Heim (1998), S. 54

[13] Karolingische Reform bezeichnet die im 8./9. Jahrhundert unter Karl dem Großen eingeleitete kirchliche Reformbewegung im Fränkischen Reich. Im Zuge dieser Reform, welche die Sprache, Schrift und Bildung einschloß „[...] kam es auch zu einer Durchsicht und Vereinheitlichung (Revision) liturgischer und kirchenrechtlicher Schriften, die zu einem wichtigen Bestandteil der Karolingischen Reform überhaupt wurden." Heim (1998), S. 237

[14] Vgl. Klessmann (1996 b), S. 42

[15] Kirchenzucht „(auch Kirchendisziplin)" in den ev. Kirchen Maßnahmen zum Schutz der kirchl. und sittl. Ordnung, z.B. durch Ausschluß vom Abendmahl, in der kath. Kirche als Kirchenstrafe bez." Heim (1998), S. 256

[16] Vgl. Laubach (1994 b), S. 1174

und Kranke, für die das Gemeinwesen die Verantwortung übernehmen muß. Gleichzeitig entsteht durch den Kreuzzugsgedanken und die Armutsbewegung eine neue Hochschätzung von Armen und Kranken als domini nostri pauperes (die Armen unseres Herrn). Eine päpstliche Urkunde bezeichnet Krankenpflege als ‚pauperum Christi servitium' (‚Dienst an den Armen Christi'). Eine Fülle von Spitalorden entsteht, in denen sich kämpferischer Kreuzfahrergeist mit aufopfernder Nächstenliebe und monastischer Lebensführung verbinden."[17]

Im Laufe der Geschichte änderte sich die „Krankenseelsorge" entsprechend der kirchlichen Praxis und der Theologie der Zeit. In den ersten Jahrhunderten hatten auch Laien den Auftrag zur Seelsorge und Spendung der Krankensalbung. Seit dem 9. Jahrhundert blieb mit wenigen Ausnahmen bis heute in der katholischen Kirche dem Priester als Amtsperson der Titel „Seelsorger" vorbehalten.[18] Seit dem 16. Jahrhundert werden in der evangelischen Kirche wieder Laien als Seelsorger und Seelsorgerinnen anerkannt, entsprechend der Lehre Luthers „vom allgemeinen Priestertum aller Gläubigen".[19]

3. Erste Spitäler in Frankfurt am Main

3.1 Das Spital an der Salvatorkirche

Im 12. und 13. Jahrhundert gab es in den aufblühenden Städten immer mehr Arme, Kranke und Fremde. In Frankfurt am Main entstanden nahe den Kirchen die ersten Spitäler. Es wird vermutet, daß es neben der 852 eingeweihten Salvatorkirche eine Krankenherberge gegeben hat. Das von Ludwig dem Deutschen gegründete Salvatorstift[20] leiteten zwölf Kanoniker.[21] Sein Vorsteher wurde zuerst Abt und später Propst genannt.[22] Als Grund für die Annahme, daß dort eine Krankenherberge war, spricht die „Aachener Regel" der Kanoniker aus dem Jahre 816, in der fest vorgeschrieben war, daß sie eine Armenanstalt zu errichten hätten. Zweitens hatte Frankfurt am Main zu dieser Zeit schon so viele Gäste und Pilger zu beherbergen, daß ein Spital notwendig geworden war.[23]

17 Klessmann (1996 b), S. 43 f.
18 Vgl. Feifel (1962), S. 86 f.
19 Vgl Holtz (1961), Sp. 1642
20 Vgl. Moritz (1981), S. 13
21 „Kanoniker (lateinisch clericus canonicus) für das Jahr 535 erstmals belegte Bezeichnung für Chorherren, die gemeinsam Liturgie feiern und ein Leben nach den ‚canones' (Kanon) führen, d.h. nach dem Vorbild der Mönche sich zu einem gemeinsamen Leben (lat. vita communis/ canonica/apostolica) nach einer bestimmten Regel verpflichten." Heim (1998), S. 228
22 Vgl. Orth (1991), S. 21
23 Vgl. Wolter (1982), S. 17

Frankfurt am Main gewann als Wahlort der deutschen Könige und Kaiser seit dem Mittelalter an Bedeutung, was zur Folge hatte, daß immer mehr Pilger, Fremde, Gefolgschaften der Könige und Kaiser auch im Krankheitsfall versorgt werden mußten. Zur Messe kamen zahlreiche Kaufleute über die „Furt der Franken“ aus allen Teilen Deutschlands.[24]

3.2 Die Spitäler der Ritterorden

Anfang des 13. Jahrhunderts ließen sich einige Ritterorden in Frankfurt am Main nieder. Entsprechend ihrem Auftrag der Pflege und Seelsorge an den Kranken gründeten der Deutsche Orden, die Johanniter und die Antoniter Spitäler.

Bevor sich der Deutsche Orden in Frankfurt am Main niederließ, stiftete Kuno von Münzenberg, ein treuer Gefolgsmann Kaisers Friedrich Barbarossa, im 12. Jahrhundert am linksmainischen Brückenkopf der Frankfurter Furt ein Hospital mit Wohnhaus und Kirche. Die Seelsorge und Pflege führten Hospitalbrüder[25] durch. Sie stellten für die Spitalkirche einen eigenen Priester an. Am 29.3.1193 schenkte Kaiser Heinrich VI. diesem Hospital für seinen wirtschaftlichen Unterhalt den mainabwärts gelegenen Sandhof. Zugleich gestattete er den Hospitalbrüdern für „ewige Zeiten“, täglich zugunsten der Armen einen Wagen voll Fallholz aus dem benachbarten Reichsforst Dreieich zu holen.[26]

Zum ersten Mal ist hier urkundlich in Frankfurt am Main Seelsorge in einem Spital belegt. In diesem Spital wurde ein Priester für die Spitalkirche angestellt. Auf ihn trifft die Bezeichnung „Krankenhausseelsorger“ zu, da seine Seelsorge nicht nur den Kranken, sondern allen im Haus Lebenden zugute kam.

Jedes Spital im Mittelalter nahm neben den Kranken auch Arme und Pilger auf. Den Stifterfamilien diente es oft als Alterssitz. Die Pflege der Kranken gehörte zur Seelsorge der Hospitalbrüder. Dagegen war die Seelsorge des Priesters streng sakramental-rituell geprägt. Zu seinen Aufgaben gehörte die tägliche Betrachtung des Stundengebetes, das tägliche Lesen der hl. Messe und Spenden der Sakramente: Beichte, Krankenkommunion und Krankensalbung. Außerdem hatte er das Gebet zur Stärkung der Kranken, den Zuspruch zur Absolution[27] und die Handauflegung mit Segen[28] den Kranken zukommen zu lassen.

[24] Vgl. Gall (1994), S. 20 f.

[25] Hospitalbrüder nannte man Laien, die im Zuge der Armutsbewegung des 11. bis 13. Jahrhunderts in den Spitälern der Städte Armen, Kranken und Pilgern beistanden und diese pflegten. Vgl. Heim (1998), S. 199

[26] Vgl. Mann, H. (1990), S. 35

[27] Absolution (lat.);Freisprechen und die Vergebung von Sünden.

[28] Vgl. Piper (1990), Sp.1456 f.

1221 übergab Kaiser Friedrich II. dem *Deutschen Orden* das Hospital am linksmainischen Brückenkopf der Frankfurter Furt.[29] Der Orden wurde zur Pflege der Kranken von Akkon in Palästina zunächst als Spitalbruderschaft gegründet. 1190 bestätigte Papst Innozenz III. die Bruderschaft als Orden. 1198 wurde dieser Orden zusätzlich in eine ritterliche Kampfgemeinschaft zum Schutz der Pilger des Heiligen Landes umgewandelt.[30] Innerhalb ihrer Klostermauern in Frankfurt-Sachsenhausen setzten diese Spitalbrüder die Tradition der Krankenpflege und „Krankenseelsorge" des ersten urkundlich in Frankfurt belegten Hospitals bis 1809 fort. Wirtschaftlich vermochten sie durch zahlreiche Spenden wohlhabender Bürger die Kranken zu versorgen, so erhielten sie z.B. bis Mitte des 14. Jahrhunderts von vermögenden Patrizierfamilien der Stadt Häuser, Güter, Zinsen und Gülten[31] geschenkt, wobei das Seelenheil des Spenders und seiner Familie bei den Schenkungen im Vordergrund stand. Entsprechend seinem Vermögen konnte der Orden schon 1287 einen dritten Priester für die Seelsorge im Spital und in der Kirche einstellen.
Der Deutsche Orden gründete als zweite Niederlassung im 13. Jahrhundert nahe der Brücke ein Pilgerhospiz, das „Kompostell"[32] als Herberge für Pilger auf dem Weg nach Santiago de Compostela.[33] Seelsorge erfuhren hier die Pilger wie die Kranken unter anderem durch den Empfang der Sakramente, Teilnahme an der hl. Messe und den Empfang des Reisesegens.[34]
Aus Niederweisel bei Butzbach kamen die *Johanniter* (nachweisbar seit 1289) nach Frankfurt am Main. Sie gründeten neben ihrer Kirche an der heutigen Berliner Straße ein Spital.[35] Der Bericht von Martin Glauert über das Johanniterspital in Malta vermag anschaulich darzustellen, wie das Johanniterspital auch in Frankfurt am Main ausgesehen haben könnte. Das Zentrum des Spitals war der Krankensaal mit vielen Betten. Normalerweise teilten sich zwei bis drei Patienten ein Bett. „An jedem Kopfende des Saales stand ein Altar – ein unübersehbarer Hinweis auf die Gründer und Träger des Krankenhauses. [...] Neben jedem Lager sind Nischen in die Wände eingelassen, in denen sich Öl befindet für die letzte Ölung der Sterbenden, die von den Priestern des Hospitals verabreicht wird."[36]
Ein weiterer Ritterorden in Frankfurt am Main waren die *Antoniter*. Sie kamen von der Komturei in Roßdorf bei Hanau. Der Name der „Töngesgasse"

29 Vgl. Mann, H. (1990), S. 34
30 Ebd., S. 11 f.
31 Gülte bezeichnet ein jährliches Einkommen, besonders von Grundstücken. Im engeren Sinne bezeichnet es einen Zins, welcher ein Besitzer dem Grundherren für das ihm übertragene Grundstück zu entrichten hat. Vgl. Krünitz (1789), S. 314
32 Der Name „Kompostell" kommt vom gleichnamigen Pilgerort in Spanien: Santiago de Compostela.
33 Vgl. Bund (1991), S. 124
34 Vgl. Richter (1953), S. 50 f.
35 Vgl. Benad (1987), S. 23
36 Glauert (1999), S. 1

erinnert noch heute an einen Hof der Antoniter mit einer großen Kapelle und Spital, den sie seit 1236 in Frankfurt am Main besaßen.
Dieser Ritterorden nahm sich besonders der Hautkranken und später auch der Geschlechtskranken an. Der gekreuzigte Christus vom Isenheimer Altar von Matthias Grünewald in der ehemaligen Antoniterkirche in Isenheim bei Colmar im Elsaß trägt diese Hautgeschwüre. Der Orden hatte in Frankfurt große Privilegien des Papstes, da nur in seinen Kirchen der hl. Antonius von Padua verehrt werden durfte. Gerade wegen der ihm zugesprochenen Heilungskräfte suchten Gesunde und Kranke den hl. Antonius in seinen Kirchen auf. Die damit verbundenen Einnahmen kamen der leiblichen und seelischen Versorgung der Kranken zugute.[37]

3.3 Die Spitäler der Frauenorden

Der Deutsche Orden forcierte auch in Frankfurt am Main die Verehrung der hl. Elisabeth von Thüringen. Die Brüder des Deutschen Ordens stellten Kranke, Arme und Fremde unter den besonderen Schutz der hl. Elisabeth, indem sie ihr zu Ehren auf dem Friedhof des Spitals eine Kapelle bauten.[38] Durch ihren persönlichen Einsatz trug Elisabeth in Marburg dazu bei, daß der Pflegedienst durch die Frau in der Öffentlichkeit anerkannt wurde. Gleichzeitig kann man die hl. Elisabeth als „Krankenhausseelsorgerin“ bezeichnen, da ihre Seelsorge und Pflege nicht nur den Armen und Kranken, sondern allen im Haus Tätigen galt. „In ihrem Hospital ließ sie unmittelbar an die Krankenhalle eine Kapelle bauen, um den Kranken die direkte Teilnahme an den Gottesdiensten zu ermöglichen.“[39] Elisabeth selbst blieb über ihren Tod hinaus das Vorbild aller in der „Krankenseelsorge“ tätigen Menschen. „Der Deutsche Orden, dem nach dem Tod von Elisabeth die Fürsorge für ihr Hospital und ihr Grab anvertraut worden war, faßte daher 1235, im Jahr der Heiligsprechung Elisabeths, den Entschluß, eine große Grabeskirche für sie zu errichten. [...] Parallel zum Bau der Elisabethkirche und auch noch in den Jahrzehnten danach entstanden um die Kirche herum die Wohn- und Wirtschaftsgebäude des Deutschen Ordens. Medizinhistorisch interessant sind dabei vor allem ein Infirmarium – ein Hospital für kranke Ordensbrüder – und das Elisabethhospital für kranke Pilger, die nun in großen Scharen herbeiströmten.“[40]
Das sogenannte *Weißfrauenkloster,* „Der ‚Orden der heiligen Maria Magdalena von der Buße‘, hatte in Frankfurt eine seiner ältesten Niederlassungen auf deutschem Boden. Papst Gregor IX. sprach 1228 der Frankfurter Bürgerschaft

[37] Vgl. Benad (1987), S. 21 f.
[38] Vgl. Mann, H. (1990), S. 35 f.
[39] Laubach (1994 a), S. 1173
[40] Siefert (1972), S. 645

für die ‚dankenswerte Unterstützung' seine Anerkennung aus."[41] Er nahm Prostituierte auf, um ihnen einen sittlich frommen Lebenswandel zu ermöglichen. Unter diesen Prostituierten gab es viele Kranke, die die „Weißen Frauen" pflegten. Dieses Kloster wurde durch viele Spenden von Patrizierfamilien sehr wohlhabend.[42] Der Name Weißfrauen geht auf die Ordenstracht der Frauen zurück.

In Frankfurt am Main entstand 1344/46 ein Hospital durch den Bartholomäus-Stiftsherren Wicker Frosch „[...] unter dem Patronat des Hl. Kreuzes für 20 Insassen, zehn Jahre später fügte Frosch auch baulich angrenzend das *Kloster St. Katharinen* mit eigener Kapelle hinzu. Die nach der Deutschherren-Regel lebenden Nonnen waren streng klausuriert, für den Krankendienst im benachbarten Spital stellte man weltliche Hilfskräfte ein."[43]

Beginen, die in klosterähnlichen Häusern (Beginenhöfen) wohnten, verrichteten ambulante Krankenpflege. Viele Menschen blieben lieber zu Hause als im Spital, damit ihr ganzes soziales Milieu Anteil an ihrem Sterben hatte. Die soziale Versorgung war oftmals durch ihre Familienangehörigen gesichert. In der Krankenpflege unterstützten die Beginen die Angehörigen. Diese Frauen schlossen sich zu sogenannten Beginengemeinschaften zusammen.[44] In Frankfurt am Main gab es 57 weibliche Beginenhäuser und ein Begardenhaus mit einer männlichen Gemeinschaft.[45]

3.4 Weitere Spitäler

1219 schenkte Kaiser Friedrich II. den Frankfurter Bürgern eine Kapelle zu Ehren der Jungfrau Maria und des hl. Georg, an deren Stelle später die St. Leonhardskirche errichtet wurde. Neben dieser Kapelle stand ein Spital, das in den Quellen des 14. Jahrhunderts *das „alte Spital"* genannt wird.[46]

1298 ist in einem Schöffengerichtsprotokoll der Stadt Frankfurt die Rede von einem *„neuen Spital"* zu Sachsenhausen. Das Spitalgebäude liegt auf dem Gebiet der heutigen Dreikönigskirche. Vierzig Jahre später, 1341, stiftet Heile Diemar, Sproß einer der ältesten und reichsten Bürgerfamilien Sachsenhausens, für das neue Spital eine Kapelle zu den „Heiligen drei Königen". Zusätzlich vermacht er testamentarisch dem Spital zahlreiche Güter, die somit zum Unterhalt der Siechen und Elenden beitrugen.[47] Dieses Spital in Sachsenhausen hatte einen eigenen „Krankenseelsorger", der eine jährliche Geldrente bezog.[48]

41 Richter (1953), S. 53
42 Vgl. Benad (1987), S. 21
43 Wolter (1982), S. 19
44 Vgl. Wolter (1982), S. 19. Beginen kamen besonders in den Niederlanden und Belgien vor.
45 Vgl. Bund (1991), S. 105. Beg(h)arden (niederländisch, Better); Pflege, Totenbestattung.
46 Vgl. Lerner (1989), S. 24
47 Vgl. Richter (1953), S. 53
48 Vgl. Moritz (1981), S. 173

Weiterhin bestanden ein *„kleines Spital“* bei der Kapelle St. Nikolai und das *„St. Martha-Spital“*,[49] das 1454 in der Neustadt einen großen Neubau bezog, nachdem es aus Elendsherbergen hervorging, die 1315 durch bürgerliche Stiftungen ermöglicht wurden.[50]
Schon Ende 1142 gab es an der Stelle des späteren Weißfrauenklosters eine geweihte Kapelle „beatae Magdalenae“, aus der später das *„Gute Leut Spital“* mit mehreren Bauten hervorging. Dieser Hof lag zweieinhalb Kilometer von der damaligen Frankfurter Stadtmauer entfernt mainabwärts am rechten Flußufer halbwegs Richtung Griesheim. Heute erinnert die Guteleutstraße noch an diesen Hof.[51] Der „Guteleuthof“, auch Leproserie genannt, war der Aufenthaltsort für alle von Lepra und von Aussatz befallenen Menschen, die auf Höfen außerhalb der Stadtmauern leben mußten. Bei Stadterweiterungen wurden sie immer wieder neu vor die Tore umgesiedelt. „Gegen ihre unheilbar anstekkende Krankheit wußte man kein Mittel als die Ausschließung der Kranken aus der städtischen Gemeinschaft. In den Sondersiechenhäusern außerhalb der Städte lebten die Aussätzigen in religiösen Gemeinschaften nach vorgegebenen Regeln, im hohen Mittelalter selbstverwaltet, später vom Stadtregiment kontrolliert.“[52]
Eine Bruderschaft pflegte bis Ende des 14. Jahrhunderts die Kranken. Danach übernahmen im Auftrage des Rates der Stadt „Pfleger„[53] die Versorgung der „Guten Leuthenn“.[54] Seit den Anfängen gab es hier einen eigenen Priester zum Lesen der hl. Messe. Später beauftragte der Frankfurter Rat die Seelsorge an den Leprosen einem Geistlichen, der selbst aussätzig war.[55]
Ende des 15. Jahrhunderts wurde das auf dem Klapperfeld gelegene Haus „zum kleinen Römer“ in ein *„Pestilenzhaus“* umgewandelt. Nachdem bei den großen Pestperioden z.B. 1482 dreitausend Menschen starben, beauftragte der Rat der Stadt mit dem Entstehen von „Pestilenzhäusern“ Beginen mit der Pflege und dem Beistand der Kranken.[56] Die geistliche Betreuung der Kranken im Pestilenzhaus auf dem Klapperfeld geschah zuerst durch den Pfarrer von St. Peter[57] und später durch den Spitalgeistlichen vom „Hospital zum Heiligen Geist“, zu dem das Pestilenzhaus gehörte.
Im Mittelalter schlossen sich immer mehr Frauen und Männer Ordensgemeinschaften an, um Kranken, Armen, Sterbenden und Hilfsbedürftigen entsprechend den Weisungen Jesu (Mt 25,36) zu dienen. Zu ihnen gehörten auch die

49 Vgl. Wolter (1982), S. 18
50 Vgl. Bund (1991), S. 127
51 Vgl. Moritz (1981), S. 61
52 Orth (1991), S. 43
53 Als „Pfleger“ wurden im Mittelalter Personen bezeichnet, die administrative und juristische Aufgaben in einem Hospital wahrnahmen. Vgl. Moritz (1981), S.115
54 Vgl. Moritz (1981), S. 66 f.
55 Ebd., S. 174
56 Ebd., S. 94 f.
57 Ebd., S. 99

sogenannten Bettelorden: die Dominikanerinnen (1227), Dominikaner (1233) und Franziskaner (1270), Barfüßer (1270) und Karmeliter (1270), die sich in Frankfurt am Main niedergelassen hatten. Sie hatten eigene Krankenstuben für ihre Konvente, jedoch keine Spitäler für die Kranken außerhalb ihrer Gemeinschaften. „Krankenseelsorge" nahmen ihre eigenen Hausgeistlichen wahr.[58]

3.5 Das „Hospital zum Heiligen Geist"

Die Anfänge des „Hospitals zum Heiligen Geist" in Frankfurt am Main sind unbekannt. In Frankreich gab es sehr früh eine Hospitalgemeinschaft, die 1197 der Graf Guido von Montpellier gründete. Papst Innozenz III. förderte diesen Orden. Seit Anfang des 12. Jahrhunderts hatte dieser Orden nachweislich im südwestdeutschen Raum Niederlassungen der Schwestern und Brüder vom hl. Geist, vermutlich auch in Frankfurt am Main.[59] Montpellier war zur damaligen Zeit ein berühmtes Zentrum der Medizin. Guido von Montpellier nannte seinen Orden „Hospitaliter vom Heiligen Geist", da im Mittelalter „der Heilige Geist als eigentlicher Krankenhausträger gedacht war, als Eigentümer aller Stiftungswerte, aber auch Träger des Sorgerechts und als Gestalter aller Maßnahmen der Hilfe und Pflege".[60] Seit 1232 belegen Urkunden, daß es einen Hausgeistlichen, einen Altaristen[61] im „Hospital zum Heiligen Geist" gab, der für die eigentliche „Krankenhausseelsorge" zuständig war.[62] Dieser Hauskaplan erhielt 1287 neben Unterkunft und Verpflegung eine jährliche Lieferung von 22 Achtel Weizen zugesichert. Diese Naturbesoldung entsprach einem Geldwert von ungefähr 11 Pfund Silber.
Bis 1315 waren in der Pflege und Verwaltung Frauen und Männer des Heilig Geist Ordens tätig. Urkundlich ist die Rede von „fratres et sorores hospitalis", ab 1315 nur noch von „fratres". An der Spitze der Verwaltung stand der Magister. Sein Amt verwaltete anfangs der Stadtpfarrer. Die Behandlung der Kranken hatte der Stadtarzt. Arme Kranke fanden hier unentgeltlich Aufnahme, ansonsten jedoch fast ausschließlich „Frankfurter Bürger". Krankenpflege war in erster Linie ein Dienst und eine Hilfe zum guten Sterben. Einen Arzt und seinen Helfer rief man nur in besonderen Fällen ins Spital.[63]
Kirchen, Orden und Klöster waren bis zum Ende des Mittelalters für die Armen und Kranken und damit auch für ihre Seelsorge zuständig. Der Priester

58 Vgl. Wolter (1982), S.18
59 Vgl. Lerner (1989), S. 6
60 Hansler (1958), S. 104 f.
61 Altarist bezeichnet einen Priester, der normalerweise nur die hl. Messe liest, daher auch Meßpriester oder Frühmesser genannt. Er hatte oft einen festgelegten Altar. Altarist ist eine Bezeichnung, die häufig im Spätmittelalter benutzt wurde. Vgl. Heim (1998), S. 20
62 Vgl. Lerner (1989), S. 25
63 Vgl. Kallmorgen (1936), S. 77

als „Krankenseelsorger“ gehörte zu jedem größeren Spital dazu, wie Pieper schreibt: „Der Priester, dessen Domäne das Spital ist, geht im Gang auf und ab, beugt sich zu den Sterbenden, betet mit ihnen und teilt die Kommunion aus. Die Ärzte betreten nur ab und zu den Saal. Hie und da verordnen sie Medizin und treten respektvoll zurück, wenn sie merken, daß sie dem Patienten nicht mehr helfen können.“[64] Generell bestanden die Hauptaufgaben des Spitalseelsorgers in der Durchführung gottesdienstlicher Handlungen und der Spendung von Bußsakrament, Eucharistie und Letzter Ölung. Bezeichnungen für den Spitalgeistlichen waren u.a. in dieser Zeit: „sacerdos“, „capellanus“ oder „pfaffe“. Klöster- und Stiftspfarreien führten anfangs noch die „cura animarum„[65] durch, jedoch schon im 12. Jahrhundert entwickelte sich die Tradition eines eigenen „Krankenseelsorgers“ für eine Reihe von mittelalterlichen Spitälern in Frankfurt am Main.[66]

4. Krankenhausseelsorge nach der Reformation

4.1 Luthers Bedeutung für die Krankenhausseelsorge

1522 schlossen sich die Bürgerschaft und der Rat der Stadt Frankfurt der Reformation an. Der Stadt fiel das Vermögen vieler Kirchen und Klöster zu, während die drei großen Stiftskirchen Bartholomäus, Liebfrauen und St. Leonhard mit kurzer Unterbrechung katholisch blieben. „Die Reformation führte zu einer grundlegenden Änderung im Stiftungswesen. Luther wandte sich bereits in seinen Thesen von 1517 gegen die Verknüpfung des Ablaßhandels mit dem kirchlichen Stiftungswesen und gegen eine Zweckentfremdung dieser Gelder. Viele kirchliche Stiftungen wurden in der Folgezeit säkularisiert.“[67] Die Sakramente waren infolge von Luthers Lehre nicht mehr an das Amt gebunden. Luther betonte das „Priestertum aller Gläubigen“, so daß ein jeder Christ über den Besuch hinaus dem Kranken geistlichen Beistand spenden konnte.[68] „Bei Luther bekommt die Seelsorge an Kranken wesentlich stärker den Charakter des Beistandes und der Tröstung.“[69] Zugunsten einer Trost- und Erbauungslektüre verlor der Beichtspiegel mit seinem Todsündenkatalog an Bedeutung. In Frankfurt nahmen weiterhin die Geistlichen die Beichte besonders in den Pestzeiten ab. 1634 weigerten sich die Geistlichen, die Sterbenden in den verschiedenen Quarantänespitalen auf dem Klapperfeld, insbesondere dem Pesti-

[64] Piper (1987), S. 453
[65] „cura animarum“ (lat.); ist die Bezeichnung für Seelsorge, die hier im sakramental-rituellen Sinne zu verstehen ist.
[66] Moritz (1981), S. 167
[67] Braum (1986), S. 15
[68] Vgl. Girgensohn (1959), Sp. 905 f.
[69] Klessmann (1996 b), S. 44

lenz- und Blatternhaus zu besuchen, aus Rücksicht auf sich selbst und auf die anderen ihrer Seelsorge anvertrauten Gläubigen. Der Rat der Stadt stellte einen eigenen Pestseelsorger an. 1666 wurde diesem untersagt, anderen als an der Pest erkrankten Personen die Beichte abzunehmen.[70]
In den folgenden Jahrhunderten nahmen die Besuche des Krankenhausseelsorgers zunehmend den Charakter der Missionierung, Ermahnung, Belehrung, und Kirchenzucht an. Diese Haltung verlor auch im Pietismus, der wieder mehr von Mitgefühl und praktischer Diakonie getragen war, nicht seine Wirkungskraft.[71]

4.2 Lutherische Krankenhausseelsorge im „Hospital zum Heiligen Geist"

1589 bestellte der Rat der Stadt erstmals einen Prediger für das „Hospital zum Heiligen Geist", für das „Gute Leut Hospital", und für die Seelsorge im Pestilenzhaus. Ledig zu sein und die Bereitschaft, im Hospital zu wohnen, waren die Voraussetzungen für die Bewerber. Es war schwer, geeignete Kandidaten zu finden, da diese wegen der großen Ansteckungs- und Seuchengefahr Angst hatten, im Hospital zu wohnen.[72]
Die Aufgabe des „Krankenhausseelsorgers" war, sich täglich um 750 Hilfsbedürftige zu kümmern, jeden Donnerstag in der Hospitalkirche und jeden Sonntag in der Kirche bei den „Guten Leuten" zu predigen. „[...] ferner mußte er den Kranken Zuspruch leisten, die Insassen bestrafen, errnahnen und ihnen Trost spenden, die Arbeit des Krankentrösters beaufsichtigen, die ‚Malefikanten'[73] besuchen, die zum Protestantismus Konvertierenden prüfen, das Beten vor und nach den Mahlzeiten überwachen, die Waisen aus der ‚Kinderstube' examinieren und ihren ‚Pädagogus' bei Vernachlässigung des Unterrichtes in Gebet und Katechismus ermahnen."[74]
Der obengenannte Krankentröster war ein Theologiestudent, den das Hospital auf Empfehlung des Predigerseminars einstellte. Seine Aufgaben waren: Gestaltung des morgendlichen Gottesdienstes, Unterricht für die Konvertiten und eine ständige Anwesenheit im Hospital, um jederzeit für die Bedürftigen erreichbar zu sein. Weiterhin sollte er auch gut predigen können und als Person beliebt sein, damit die Almosen der Gottesdienstbesucher aus der Stadt reichlicher fließen würden.
Ein besonderes Problem für das lutherische Krankenhaus waren die katholischen und reformierten Kranken. Diese Kranken nahm zwar das Hospital auf, sie durften aber keine Besuche durch Geistliche ihrer Konfession erhalten.

70 Vgl. Schindling (1991), S. 245
71 Vgl. Holtz (1961), S. 1642 f.
72 Vgl. Krämer (1989), S. 185
73 „Malefikanten" ist die Bezeichnung für Dirnen und Verbrecher in der frühen Neuzeit.
74 Krämer (1989), S. 185

Deshalb ließen sich viele Katholiken erst gar nicht ins Hospital legen. Manche von ihnen erhielten vor ihrer Einlieferung prophylaktisch die Sterbesakramente. Kranke, die schon im „Hospital zum Heiligen Geist“ waren, wurden in der Sterbephase vorübergehend vom Hospital aus in das nahegelegene Pfarrhaus der Bartholomäusgemeinde verlegt, damit dort der Priester dem Kranken die Sterbesakramente spenden konnte. Ab 1784 gestattet die Ratsverordnung den katholischen und reformierten Geistlichen auf Wunsch der Kranken den Zugang in alle Hospitäler und Gefängnisse.[75]

4.3 Krankenhausseelsorge im Kastenhospital

Die Stiftung „Almosen zu St. Nikolai“ von 1428 wurde deswegen so benannt, weil die Nikolaikirche dem Rat der Stadt Frankfurt am Main unmittelbar unterstand. 1531 entstand daraus der „Allgemeine Almosenkasten“. Sein Vermögen stammte aus den Besitztümern aufgehobener Klöster und kirchlicher Stiftungen während der Reformationszeit.[76] Er versorgte Kranke und Arme, die sonst von keiner Gemeinschaft oder Stiftung Unterstützung erhielten. Dazu zählte man auch die Geisteskranken, die man die „Tollen“ oder „Unglücklichen“ nannte. Spätestens seit 1606 waren sie in einer besonderen Anstalt, dem „Tollhaus“, untergebracht.[77]
Eine seelsorgerliche Betreuung der Geisteskranken im Tollhaus läßt sich bis 1645 zurückverfolgen. Zuerst war für die Kranken ein „Vorbeter“ eingestellt worden und ab 1761, nachdem sich aus dem Tollhaus das Kastenhospital entwickelte, bekam ein Parentator[78] nachweislich ab 1761 den Auftrag der „Krankenseelsorge“.
Von 1761 bis 1777 stellte das Kastenhospital für Geisteskranke einen Pfarrer ein, weil nur er den Kranken das hl. Abendmahl austeilen durfte. Im Hintergrund stand das Recht des Geisteskranken auf vollen seelsorgerlichen Dienst. Man sagte, daß es zu wenig sei, wenn ihnen nur vom Parentator bei seinen Besuchen die Predigt vorgetragen wurde.
Über dem Eingang des 1783 neu erbauten Frankfurter Kastenhospitals stand zu lesen: *„Zur Ehre Gottes, Heyl und Pflegung am Gemüthe krancken und elenden Personen ist dieses Castenhospital auf Kosten des Raths und der Bürgerschaft im Jahre 1783 von Grund aus neu erbauet worden.“* Darüber stand eine Christusfigur, die Jesus als Salvator, den Heiland, den Retter und Erlöser darstellt. Dieser Heiland weist auf einen Vers von Jesaia (Jes 58.7) hin, in dem

75 Vgl. Krämer (1989), S. 186
76 Vgl. Siefert (2001), S. 20
77 Vgl. Braum (1986), S. 15 f.
78 Parentator leitet sich von „Parentation“ ab. Parentation: Grab- oder Leichenpredigt. Demnach ist ein Parentator wohl ein Mann, der Predigten bei Beerdigungen hielt. Vgl. Braum (1986), S. 166

der Umgang mit den Hungrigen, den Obdachlosen und den Nackten angesprochen wird.[79]

Von 1777 bis 1827 waren im Kastenhospital zusätzlich Theologiestudenten tätig, die das Konsistorium, die oberste evangelische Kirchenbehörde, extra zu der „Betreuung" der Geisteskranken als „Krankentröster" beauftragte. Während dieser zwei- bis vierjährigen Ausbildung im Hospital, die nach dem Theologiestudium stattfand, wurden die „Candidati theologiae" vom Konsistorium überwacht.[80] Zu ihren Aufgaben zählten hier der tägliche Besuch bei allen Kranken. Sie sollten sich mit ihnen „[...] eine oder nach Beschaffenheit der Umstände zwey Stunden nach ihren Seelenkräften und so weit es ihre Vernunft gestattet aus dem göttlichen Wort sich fleißig unterhalten."[81] Für diese Seelsorgearbeit an Sonn- und Feiertagen und für ihren Gottesdienst im Betsaal erhielten die Theologiestudenten 100 Gulden jährlich.[82]

1827 bis zum Bau der neuen Anstalt 1864 wurde die Stelle des „Candidatus theologiae" nach Rücksprache mit dem Konsitorium vom Kastenamt gestrichen. Ein Pfarrer übernahm nun als Seelsorger die alleinige Betreuung der Geisteskranken. Das Kastenamt begründete diesen Schritt damit: „[...] daß ein erfahrenerer Seelsorger, welcher mit der Gabe der Menschlichkeit und Geduld, die er in hohem Grund besitzen muß, und einer in der Welt gesammelten Menschenkenntnis viel geeigneter sey, als ein junger, an sich noch so tüchtiger Candidatus theologiae."[83]

1785 stellte das Kastenamt einen Organisten für die Gottesdienste in dem Betsaal des Kastenhospitals ein. Er mußte die Orgel spielen und vorsingen. Achtzehn Gulden bekam er jährlich als Gehalt.[84]

Im Kastenhospital durften die Geisteskranken anderer Konfessionen nicht an den lutherischen Gottesdiensten teilnehmen. Nach einer neuen Richtlinie von 1785 empfiehlt das Kastenhospital in Anbetracht der Sakramentenspendung und Andacht, daß der Kranke, soweit es seine Krankheit zuläßt, bei dieser Amtshandlung seines Seelsorgers in ein anderes Zimmer verlegt wird. Verstorbene der katholischen Konfession sollten ihrem Glauben gemäß alle Amtshandlungen des Geistlichen erfahren, soweit dem Hospital dadurch keine zusätzlichen Kosten entstehen würden.

Jüdische Kranke, die im Sterben lagen, konnten ab 1788 auf Wunsch einen Rabbiner „zum Zuspruch" erhalten. Im Kastenhospital legte man bis 1827 auf die Seelsorge der Kranken größeren Wert als auf ihre medizinische Versorgung.[85]

[79] Vgl. Siefert (2001), S. 20
[80] Braum (1986), S. 60
[81] Ebd., S. 61
[82] Vgl. Braum (1986), S. 61
[83] Ebd., S. 64
[84] Ebd., S. 66 f.
[85] Ebd., S. 65 f.

5. Krankenhausseelsorge der katholischen und reformierten Kirche[86]

5.1 Religionstoleranz in Frankfurt am Main durch die französische Besetzung

Nach der Besetzung von Frankfurt am Main im Jahr 1796 beauftragte Napoleon den katholischen Fürstprimas von Mainz, Carl Theodor von Dalberg mit der Regierungsvollmacht.[87] Dalberg war von 1806 bis 1813 Großherzog von Frankfurt. Diese neue Herrschaft unter Dalberg brachte für die Menschen in Frankfurt am Main entscheidende Veränderungen mit sich. Er beendete die Leibeigenschaft und den Frondienst, wie jegliche Behinderung der Religionsausübung der christlichen Minderheiten. Die jüdischen Mitbewohner bekamen bürgerliche Rechte und konnten seit 1811 das Ghetto verlassen. „Dalberg setzte die Gleichberechtigung der Katholiken – und übrigens auch der Reformierten – in Frankfurt durch."[88] Der lutherische Rat der Stadt mußte letztlich diese Gleichberechtigung der verschiedenen Religionsgemeinschaften hinnehmen. Dalberg ernannte am 1.12.1811 Johann Ludwig Orth als neuen katholischen Stadtpfarrer, der damit zugleich auch für die katholische „Krankenseelsorge" in Frankfurt am Main zuständig war. „Sein Programm der Antrittspredigt war die Gemeinschaft der Hirten und der Herde."[89] Nach Ende der „Dalberger Zeit" vermochte der Frankfurter Senat nur kurzzeitig alle liberalen Errungenschaften zurückzunehmen. Letztlich mußte er Juden und christlichen Minderheiten gleiche Rechte in der Stadt wie auch im Krankenhaus zusichern.[90]

Seit 1833 begünstigte der Senat der Stadt das „Hospital zum Heiligen Geist" finanziell. Er bezahlte die Kosten für den lutherischen Gottesdienst und übernahm die Gehälter für Geistliche und Kirchendiener. Das Hospital war weiterhin verpflichtet, dem protestantischen Krankenpastor eine Wohnung zur Verfügung zu stellen und dafür Sorge zu tragen, daß die Kranken aller Konfessionen seelsorgerlich von ihren Geistlichen versorgt wurden. Seit 1856 entlohnte das „Hospital zum Heiligen Geist" seinerseits den katholischen Geistlichen mit 100 Gulden jährlich. Er kam von außerhalb und betreute die katholischen Patienten, wenn sie ihn riefen. 1876 erließ das Hospital eine ge-

[86] Wegen der Begrenzung des Themas auf evangelische und katholische Krankenhausseelsorge wird hier nicht näher auf die Sorge der jüdischen Gemeinde um ihre Kranken eingegangen. Nachweislich gibt es seit 1147 eine jüdische Gemeinde in Frankfurt am Main. Vgl. Kallmorgen (1936), S. 85 und Orth (1991), S. 39. Im 18. und 19. Jahrhundert entstanden fünf jüdische Krankenhäuser: „Jüdisches Fremdenhospital", „Gumpertzsches Siechenhaus", „Anstalt für erkrankte fremde Israeliten", „Israelitisches Kinderhospital", „Clementinen-Mädchen-Spital" und die Stiftung „Carolinum". Vgl. Kallmorgen (1936), S. 135 f.

[87] Vgl. Klötzer (1991), S. 310 f.

[88] Schatz (1997), S. 6

[89] Kloft (1997 a), S. 13

[90] Vgl. Klötzer (1991), S. 310 f.

setzliche Bestimmung, daß geistlicher Beistand anderer Konfessionen nur auf Verlangen des Patienten erlaubt sei.
1879 kam es zum heftigen Streit zwischen dem Lutherischen Konsistorium und dem Magistrat wegen der Berechtigung zur Ernennung eines Hospitalpredigers. Man einigte sich, daß die Leitung des Hospitals den „Krankenhausseelsorger" auswählen konnte. Seit dieser Zeit erfolgte die Anstellung eines Krankenhausseelsorgers nicht mehr durch das eigene Hospital, sondern durch das Lutherische Konsistorium, durch die Bezirkssynode und durch den Magistrat der Stadt.[91]

5.2 Katholische Krankenhausseelsorge

In den schweren Pestjahren des 16. und des 17. Jahrhunderts starben die Menschen reihenweise. Alleine im Jahr 1622 starben in Frankfurt am Main 1785 Menschen.[92] Katholische Geistliche hatten den Todkranken ständig die Sterbesakramente zu spenden. In ihrer Todesangst, Ohnmacht und Trauer suchten viele Katholiken nach einem Nothelfer, den sie im hl. Sebastian fanden. Schon in der Pestepidemie von 680 wurde in und außerhalb Roms der hl. Sebastian zum Pestheiligen erhoben. Die Gläubigen bauten ihm zu Ehren Altäre und erlebten, daß ihre Stadt von der Pest entweder ganz verschont blieb oder daß die Seuche frühzeitig den Rückzug antrat.[93] Eine wirkungsvolle Versorgung der Pestkranken geschah erst gegen Ende des 15. Jahrhunderts mit der Gründung von „Pestilenzhäusern."[94] Eines dieser Häuser nannte der Volksmund: „zum kleinen Römer".[95] Dieses geräumige Pestilenzhaus richtete 1492 der Rat der Stadt mit Hilfe des „Hospital zum Heiligen Geist" auf dem Klapperfeld ein. Nach der Pestzeit 1679 wurde es zum Waisenhaus und schließlich benutze es die lutherische Gemeinde als Armen-, Waisen- und Arbeitshaus.[96]
Der Komtur Walther von Cronberg vom Deutschen Orden gründete 1517 die Stiftung der Sebastiansbruderschaft. Ihre Angehörigen riefen in regelmäßigen Gottesdiensten und Andachten die Fürbitte der Heiligen zur Abwendung von Seuchen an. Der Pfeil galt als Zeichen der Marter Sebastians und war zugleich Sinnbild der plötzlich ausbrechenden, ansteckenden Krankheit, vor allem der Pest. In der Sebastianskapelle an der Südseite der Deutschordenskirche wurden diese Andachten noch bis 1713 gehalten.[97]

[91] Vgl. Krämer (1989), S. 187 f.
[92] Vgl. Schindling (1991), S. 244
[93] Vgl. Sigerist (1927), S. 311 f.
[94] Vgl. Moritz (1981), S. 95
[95] Ebd.
[96] Vgl. Wolter (1982), S. 20
[97] Vgl. Mann, H. (1990), S. 40

5.2.1 Das Spital des Deutschordens

Trotz des nach der Reformation evangelisch gewordenen Frankfurt am Main gab es weiterhin katholische Bürger, Priester und Ordensleute in Frankfurt. Der Deutsche Orden blieb eingedenk vieler kriegerischer und diplomatischer Aufgaben im Reich seiner alten Tradition der Krankenhausseelsorge treu. 1568 errichtete er südlich der Deutschordenskirche ein dreigeschossiges Spital. Über dem Erdgeschoß mit großem Saal lagen zwei Etagen, durch deren Mitte je ein Korridor führte. An deren Seite lagen rechts und links Einzelräume für die Spitalbewohner. Das Spital bestand bis 1809.[98] Vielfache Bestrebungen, ein neues Krankenhaus zu errichten, zerschlugen sich. Die Zahl der Katholiken stieg um die Wende vom 18. zum 19. Jahrhundert in Frankfurt am Main erheblich an. Allein im Stadtteil Sachsenhausen gab es unter den 30.000 Einwohnern 11.000 Katholiken.[99]

5.2.2 Das Elisabethen- und Marienkrankenhaus

Als exemplarische Beispiele für neu gegründete katholische Krankenhäuser möchte ich das Elisabeth- und das Marienkrankenhaus erwähnen. Die Bevölkerungszahl wuchs in Frankfurt von 71.000 im Jahre 1861 auf 414.000 im Jahre 1910. Die christlichen Kirchen wetteiferten miteinander, Maßnahmen zu treffen hinsichtlich der immer größer werdenden karitativen Notstände.[100]
Für den Deutschen Orden zerschlugen sich die Pläne zum Neubau eines Hospitals. Jedoch den bei ihnen im Kloster untergekommenen Dernbacher Schwestern (Arme Dienstmägde Jesu Christi) gelang es, die beiden ersten katholischen Krankenhäuser in Frankfurt zu gründen. 1882 zählte das St. Elisabeth-Krankenhaus 110 Betten, die bis 1928 auf 150 Betten anstiegen. Das Marienkrankenhaus begann 1892 mit 90 Betten und erweiterte sich bis 1930 auf 360 Betten.[101]
In diesen Krankenhäusern war neben pflegerischer und ärztlicher Behandlung der Patienten von Anfang an die Krankenhausseelsorge von besonderer Bedeutung. Neben der Einzelseelsorge am Bett feierten die Geistlichen in der Krankenhauskapelle täglich Gottesdienste mit Kranken, Angehörigen und Personal. Josef Frank benennt drei Kennzeichen des konfessionellen Krankenhauses, die zur Gründung und Weiterentwicklung des christlichen Krankenhauses geführt haben: „[...] die Not und Hilfsbedürftigkeit von Menschen – das Notbewußtsein und der zur Organisation bereite Hilfswille von Gesunden – die drängende Kraft der Liebe im Geist und in der Nachfolge Jesu Christi."[102]

[98] Ebd., S. 43
[99] Ebd., S. 55
[100] Vgl. Wolter (1982), S. 21
[101] Vgl. Kallmorgen (1936), S. 99
[102] Frank (1982), S. 25

5.3 Krankenhausseelsorge der reformierten Gemeinde

Die unversöhnliche und zu keiner Konzession bereite Religionspolitik des Lutherischen Rates der Stadt Frankfurt, dem sich auch die Zünfte anschlossen, traf nicht nur die Katholiken, sondern auch die Juden und Reformierten im 16., 17. und 18. Jahrhundert. „Der Rat blieb ein lutherisches Reservat, auch die meisten Handwerker verweigerten nicht-lutherischen Bewerbern die Aufnahme […] bis 1783 mußten die Kalvinisten die Mühe auf sich nehmen, jeden Sonntag ins hessen-kasselsche Dorf Bockenheim zu fahren und in der dortigen, 1768 erneuerten Kirche den Gottesdienst zu besuchen".[103] Der Frankfurter Senat hatte zwar den Reformierten, die es seit dem 16. Jahrhundert in Frankfurt gab, erlaubt, ein eigenes Bethaus in Bockenheim zu errichten, jedoch ohne Turm.

Erst Mitte des 19. Jahrhunderts konnten auch die Bürger anderer religiöser Herkunft ihre eigenen Krankenhäuser bauen, war doch gerade ihnen die seelsorgerliche Betreuung ihrer Kranken in den lutherischen und städtischen Krankenhäusern erschwert bzw. verboten. Der Chronist schreibt, daß die Reformierten mit ihren Kranken barmherzig umgingen und Almosen gaben an reisende Kranke und Arme. Ihre Krankenherbergen konnten sie 1835 zum Krankenhaus in Bockenheim umbauen.[104] Seitdem konnte hier die deutsch-reformierte und die französisch-reformierte Gemeinde ihre Kranken seelsorgerlich betreuen.

6. Zunehmende Toleranz unter den Konfessionen

Für die Zunahme der Krankenhäuser anderer Glaubensrichtungen gibt es mehrere Gründe. Besonders im 17. Jahrhundert gab es durch Zuwanderungen vieler Menschen verschiedener Glaubensrichtungen nach Frankfurt am Main ein starkes Wachstum der Bevölkerung.[105] Das Miteinanderleben auf engstem Raum erforderte eine größere Toleranz. Vor allem aber auch die Zeit der Aufklärung und der zunehmenden Säkularisierung seit Beginn des 19. Jahrhunderts ermöglichte ein besseres Miteinander der Gläubigen untereinander, von denen hier die lutherischen, reformierten und katholischen Bürger der Stadt eigens genannt sind.

In Frankfurt am Main entstanden im 19.Jahrhundert und Anfang des 20.Jahrhunderts verschiedenste neue Krankenhäuser, die ich hier wegen der Begrenzung des Themas nicht eigens erwähnt habe. Vielen Menschen dieser Zeit ist gemeinsam das Verlangen, entsprechend ihrer Glaubensgemeinschaft, in ei-

[103] Duchhardt (1991), S. 294

[104] Vgl. Kallmorgen (1936), S. 85

[105] Vgl. Gall (1994), S. 22

nem Krankenhaus ihrer Tradition ungestört seelsorgerlich betreut zu werden. Diese Entwicklung führte letztlich dazu, daß die beiden großen christlichen Konfessionen in der 1914 neu enstandenen Universitätsklinik, mit Unterstützung des Magistrates der Stadt Frankfurt am Main je eine Krankenhausseelsorgestelle gründeten.

III. Ort der Krankenhausseelsorge: Das Klinikum der Johann Wolfgang Goethe-Universität Frankfurt am Main

Krankenhausseelsorge ist geprägt durch die Institution Krankenhaus und durch die Beziehung der Seelsorgerinnen und Seelsorger sowohl zu den Patienten als auch zum Personal. Im Laufe der Geschichte der Universitätskliniken in Frankfurt am Main sah sich die Krankenhausseelsorge mit neuen gesellschaftlichen Entwicklungen, medizinischem und pflegerischem Fortschritt wie baulichen Veränderungen konfrontiert. Allein das Zentrum der Psychiatrie wechselte häufig seinen Namen von ursprünglich „Städtische Anstalt für Irre und Epileptische" über Nervenklinik zum Zentrum der Psychiatrie.

Das große Gelände der Universitätsklinik erstreckt sich über die beiden Frankfurter Stadtteile „Sachsenhausen" und „Niederrad".[106] Die Krankenhausseelsorger und -seelsorgerinnen waren in den verschiedenen Kliniken tätig. Diese Kliniken werden im Folgenden jeweils mit der Jahreszahl ihrer Entstehung und der Anzahl der damaligen und im Jahr 1984 gezählten Planbetten vorgestellt.

Besonders hervorgehoben werden das Zentrum der Kinderheilkunde und das Zentrum der Psychiatrie. Seit 1909 hat die Seelsorge an psychisch Kranken und seit 1970 die Seelsorge an kranken Kindern eine Spezialisierung innerhalb der allgemeinen Krankenhausseelsorge erfahren. Näher beschrieben wird weiterhin die Orthopädische Klinik „Friedrichsheim", da sie eine eigene Verwaltungsstruktur hat und die Seelsorgerinnen und Seelsorger der Universitätsklinik hier zeitweise einen Schwerpunkt ihrer Arbeit legten.

1. Die Entstehung des Klinikums der Johann Wolfgang Goethe-Universität

Die Universität feierte am 18.10.1914 in Frankfurt am Main ihre Gründung.[107] Kaiser Wilhelm II. hatte persönlich am 10.6.1914 der Errichtung und Eröffnung einer „Universität zu Frankfurt am Main" für das Winterhalbjahr 1914/15 zugestimmt.[108]

106 In: Q 281 b
107 Vgl. Eulner (1962), S. 150
108 Vgl. Hammerstein (1989), S. 25

Entsprechend dem Stiftungsvertrag vom 28.9.1912 gehörten anfänglich folgende Krankenhäuser zur Universitätsklinik: Das Städtische Krankenhaus Sachsenhausen, das Siechenhaus und die „Städtische Anstalt für Irre und Epileptische".[109] Als Erweiterung kam mit Vertrag vom 17.10.1914 die Anstalt „Friedrichsheim" als Orthopädische Universitätsklinik in Niederrad unter dem Vorbehalt, weiterhin eine selbständige Verwaltung und Betriebsführung zu haben, hinzu.[110] Weitere Kliniken entstanden bis 1984.

1.1 Das „Städtische Armen- und Siechenhaus"

Das „Städtische Armen- und Siechenhaus" im Sandhof lag in unmittelbarer Nähe des Städtischen Krankenhauses, jenseits der Bahngleise. Es wurde im Jahre 1887 eröffnet. „Ihm wurden durch das Armenamt Sieche und Hilfsbedürftige, die zu Hause ohne ausreichende Pflege waren, chronisch Kranke und Unheilbare, die einer Hospitalbehandlung nicht bedürfen, Halbirre und - von den anderen getrennt - auch Obdachlose zugewiesen."[111] Insgesamt waren im Siechenhaus 170 Personen untergekommen.[112] Seit 1900 begann das Armenhaus fast ausschließlich Nervenkranke und seit 1920 auch tuberkulös Kranke aufzunehmen.[113] 1933 wurde diese Klinik geschlossen.

1.2 Vom „Städtischen Krankenhaus Sachsenhausen" zur Universitätsklinik

Am 1.4.1884[114] eröffnete das Städtische Krankenhaus Sachsenhausen in der Eschenbachstraße 14 (heute Ludwig-Rehn-Straße) seinen Betrieb. Es bestand am Anfang nur aus einem Bau für Haut- und Geschlechtskranke. 1890 hatte das Städtische Krankenhaus 545 Betten: „Neben drei Oberärzten (Prof. Dr. Carl von Noorden für die innere, Dr. Louis Rehn für die chirurgische und Dr. Karl Herxheimer für die Hautabteilung) waren sechs besoldete und ebenso viele unbesoldete Hilfsärzte, und auf der Medizin. und Chirurg. Abteilung 45 Rote-Kreuz-Schwestern tätig. Verwaltungsdirektor war Herr Mulot."[115]
Auffallend ist, daß in der Literatur über das Klinikum das Pflegepersonal in den einzelnen Kliniken fast ausnahmslos nicht benannt wird. Daher sei nachfolgend dem Pflegepersonal ein eigenes Kapitel gewidmet, zumal das Pflegepersonal für die Stationsarbeit der Krankenhausseelsorger von hervorragender

[109] Vgl. Eulner (1962), S. 149
[110] Ebd., S. 172
[111] Kallmorgen (1936), S. 122
[112] Ebd., S. 83
[113] Ebd., S. 122
[114] Vgl. Eulner (1962),S. 184
[115] Kallmorgen (1936), S. 83

Bedeutung ist. Mit den Stationsärzten hatten die Geistlichen gelegentlich Kontakt. In administrativen Angelegenheiten war ihr Ansprechpartner der leitende Arzt der einzelnen Kliniken, den sie vor allem bei den Weihnachtsfeiern wie bei anderen festlichen Gelegenheiten trafen.
Hundert Jahre nach Eröffnung des „Städtischen Krankenhauses Sachsenhausen", hatte die Universitätsklinik 1984 unter dem Dekan und ärztlichen Direktor Prof. Dr. Hans Joachim Müller und dem Verwaltungsdirektor Dr. Reinhard Schwarz ohne die orthopädische Klinik 1. 473 Planbetten.[116]
Zum Klinikum gehörte das *Zentrum der Inneren Medizin,* das als medizinische Klinik 1950 schon 220 Betten hatte.[117] 1984 zählte diese Klinik 279 Planbetten.[118]
1886 begann die Chirurgie mit 16 Betten und wuchs 1900 auf 280 Betten an.[119] 1984 zählte das *Zentrum der Chirurgie* 269 Planbetten.[120]
1908 entstand die Frauenklinik mit Entbindungsanstalt. Nach der Zerstörung der Klinik durch den Zweiten Weltkrieg hatte die Klinik 277 Betten.[121] 1984 hatte das *Zentrum der Frauenheilkunde und Geburtshilfe* 140 Planbetten.[122]
Die Hautklinik zählte 1907 mit ihren drei großen Abteilungen: A Hautklinik, B Prostituierten-Klinik und C Kinderhautklinik 350 Betten bei 12 Krankenstationen.[123] 1984 hatte das *Zentrum der Dermatologie und Venerologie* 80 Planbetten.[124]
1845 gab es die erste Frankfurter Augenheilanstalt, der 1871 neben der Ambulanz 12 Krankenzimmer mit 34 Betten zur Verfügung standen.[125] 1910 entstand die neu erbaute Städtische Augenklinik, die im großen Neubau der Stiftung Carolinum, der Zahnklinik, untergebracht war.[126] 1984 hatte das *Zentrum der Augenheilkunde* 72 Planbetten. [127]
Ebenfalls 1910 begann im Gebäude des Carolinums die Hals-Nasen-Ohrenklinik mit der Arbeit.[128] 1984 zählte das *Zentrum der Hals- Nasen- Ohrenheilkunde* 73 Planbetten.[129]

[116] Vgl. Jahresbericht 1984, S. 438. Weitere Jahresberichte des Fachbereichs „Humanmedizin und Klinikum der Johann Wolfgang Goethe-Universität Frankfurt am Main" aus früheren Zeiten werden folgend, nur mit Jahresbericht und konkreter Jahreszahl zitiert.
[117] Vgl. Eulner (1962), S. 166
[118] Vgl. Jahresbericht 1984, S.125
[119] Vgl. Eulner (1962), S. 167
[120] Vgl. Jahresbericht 1984, S. 194
[121] Vgl. Eulner (1962), S. 171
[122] Vgl. Jahresbericht 1984, S. 213
[123] Vgl. Landes/Menzel (1989), S. 14
[124] Vgl. Jahresbericht 1984, S. 261
[125] Vgl. Kallmorgen (1936), S. 94
[126] Vgl. Eulner (1962), S. 169
[127] Vgl. Jahresbericht 1984, S. 276
[128] Vgl. Eulner (1962), S. 169
[129] Vgl. Jahresbericht 1984, S. 284

1966 entstand der Neubau einer neurochirurgischen Klinik in Frankfurt-Niederrad mit 135 Betten.[130] Seit 1973 finden sich im gleichen Gebäude auch die neurologischen Krankenstationen.[131] Seit 1978 trägt die Klinik den Namen: *Zentrum für Neurologie und Neurochirurgie.* 1984 hatte die Klinik 141 Planbetten.[132]
Die Strahlentherapie ist aus dem selbständigen Universitäts-Röntgen-Institut hervorgegangen. Ein besonderer Anbau an der chirurgischen Klinik bot ab 1930 eine Bettenabteilung. Nach dem Krieg entstand eine Privatklinik mit 40 Betten.[133] In den sechziger Jahren entstand die neue Strahlenklinik. 1984 hatte das *Zentrum der Radiologie* 30 Planbetten.[134]
Am 2.1.1910 eröffnete das „Carolinum" auf dem Gelände des Städtischen Krankenhauses Sachsenhausen die Zahnklinik. In den siebziger Jahren wurde die Zahnheilkunde umbenannt in das *Zentrum der Zahn-, Mund- und Kiefernheilkunde (Carolinum).* 1984 hatte die Station der Mund-, Kiefern- und Gesichtschirurgie 21 Planbetten.[135]
Die unterschiedliche Größe der Kliniken war im Laufe der hundert Jahre großen Schwankungen unterworfen, was jeweils die Schwerpunkte der Krankenhausseelsorge beeinflußt hat.

1.3 Zentrum der Kinderheilkunde

Die Kinderklinik begann 1908 unter der Leitung von Dr. Heinrich von Mettenheim mit 80 Betten.[136] Schon 1935 erweiterte sich diese Klinik in mehreren Gebäuden auf 400 Betten.[137] Oberschwester war Hedwig Nagel, die am 1.11.1939 zur Leitung der gesamten Schwesternschaft gewählt wurde. Wegen des Krieges war eine Abteilung der Universitätskinderklinik in das ehemalige israelitische Schwesternhaus in Frankfurt-Bornheim verlegt worden. Am Abend des 3.10.1943 fanden bei einem Bombenangriff viele Kinder und 14 Schwestern den Tod.[138] 1984 hatte das Zentrum unter der ärztlichen Leitung von Prof. Dr. Otto Hövels und der Oberin Gerda Kriechbaum 164 Planbetten.[139]

[130] Vgl. Jahresbericht 1967, S. 58
[131] Vgl. Jahresbericht 1973, S. 259
[132] Vgl. Jahresbericht 1984, S. 288
[133] Vgl. Eulner (1962), S. 167 f.
[134] Vgl. Jahresbericht 1984, S. 319
[135] Ebd., S. 438
[136] Vgl. Eulner (1962), S. 171
[137] Ebd., S. 172
[138] Vgl. Frankfurter Schwesternverband e.V.(1953), S. 29f.
[139] Vgl. Jahresbericht 1984, S. 227

1.4 Zentrum der Psychiatrie

Die „Anstalt für Irre und Epileptische" begann in der Feldstraße 78 auf dem Affensteiner Feld im Herbst 1864 zuerst mit fünf und später mit sieben Abteilungen für Männer und Frauen unter der Leitung von Dr. Heinrich Hoffmann ihren Betrieb.[140] Heinrich Hoffmann berichtet in seinen Lebenserinnerungen von der Grundsteinlegung an einem sonnigen Herbsttag 1861: „Es war ein einfaches hübsches Fest. [...] Eine recht mangelhafte Blechmusik eröffnete den Vorgang. Nun folgten die Reden des Pfarrers Kalb,[141] des Seniors des Pflegeamts Dr. Passavant und die meinige. Der Maurerpolier Filz, später hier Maurermeister und Bauunternehmer, hielt von dem Balkon im Festanzuge seinen Spruch, bei dem er gewohnheitsgemäß stecken blieb."[142] Die Chronik der Anstalt schrieb: „1864 zogen 100 Geisteskranke in die Anstalt (für 200 war sie eingerichtet)."[143] Diese zu seiner Zeit vorbildliche Anstalt mußte gegen Ende der zwanziger Jahre dem Neubaugelände der I. G. Farbenindustrie weichen.
Am 15.10.1930 konnte die neue Klinik im Bauhausstil in Frankfurt-Niederrad am Rande der Universitätsklinik eröffnet werden. Sie sollte 250 Patienten mit verschiedenen offenen und geschlossenen Abteilungen für Frauen und Männer und eine eigene Kinderabteilung beherbergen können. Sie trug den Namen „Städtische- und Universitätsklinik für Gemüts- und Nervenkranke".[144] Im Volksmund und teils auch in der Fachsprache wurde sie Nervenklinik genannt. Nach dem Zweiten Weltkrieg trug sie den Namen: „Psychiatrische und Neurologische Klinik". Mit dem Inkrafttreten des neuen Hessischen Universitätsgesetzes 1978 trägt die Klinik den Namen „Zentrum der Psychiatrie".
1984 hatte die Klinik unter der ärztlichen Leitung von Prof. Dr. Burkhard Pflug und der Oberin Christa Reinhardt 210 Planbetten.[145]

1.5 Orthopädische Universitätsklinik „Friedrichsheim"

Mit der Orthopädischen Klinik, dem „Friedrichsheim", erweiterte sich die Universitätsklinik in den Frankfurter Stadtteil Niederrad hinein. Der 1909 gegründete „Verein für Krüppelfürsorge" für den Bezirk Wiesbaden und Frankfurt am Main hatte das Ziel, eine Krüppelheil- und Erziehungsanstalt mit 100 Bet-

140 Vgl. Kallmorgen (1936), S. 91
141 Pfarrer Philipp Leonhard Kalb war zu dieser Zeit evangelischer Anstaltsprediger. Er war ein langjähriger Freund von Heinrich Hoffmann und Beichtvater des Freiherr von Wiesenhütten, der der Anstalt 100 000 Gulden testamentarisch vermachte. Vgl. Hoffmann (1985), S. 195
142 Hoffmann (1985), S. 214
143 Mann, G. (1976), S. 12
144 Vgl. Kallmorgen (1936), S. 91
145 Vgl. Jahresbericht 1984, S. 303

ten in Frankfurt-Niederrad zu errichten. Die Orthopädische Klinik erhielt mit der Fertigstellung 1914 den Namen „Friedrichsheim". Auf Wunsch der Stifterin Elisabeth König erhielt das Krankenhaus den Vornamen ihres verstorbenen Mannes.[146]
In der Orthopädischen Klinik ernannte der Verein für Krüppelfürsorge im Oktober 1914 Prof. Dr. Karl Ludloff zu ihrem ersten Direktor und Freiin Hedwig von der Goltz zur Oberin. Sie stand einer eigenen Schwesternschaft vor. Im ersten Weltkrieg behandelte im „Friedrichsheim" das Personal bis zu 225 Verwundete gleichzeitig. Seit 1930 betreuten Schwestern des Bayerischen Roten Kreuzes e.V. aus München die Klinik.[147] Die Anstalt konnte in dieser Zeit bis zu 180 Patienten aufnehmen, die in Einzelzimmern erster und zweiter Klasse, in größeren Krankenzimmern für mehrere Patienten und in verschiedenen Krankensälen untergebracht werden konnten.[148] 1962 übernahmen Schwestern des Agnes Karll-Verbandes[149] und weiterhin freie Schwestern die Pflege in der Klinik.[150] Eine besonders wichtige Rolle nahmen die orthopädischen Werkstätten ein, deren erster Orthopädiemechanikermeister Alfred Habermann war.[151] 1984 hatte die Klinik unter der ärztlichen Leitung von Prof. Dr. Wolfgang Heipertz und der Pflegedienstleiterin Frau Irene Hodek 300 Betten.[152]

2. Das Personal der Universitätsklinik

2.1 Die Verwaltung

Für die Krankenhausseelsorge ist der Verwaltungsdirektor ein wichtiger Ansprechpartner im Klinikum. Er beaufsichtigt die Durchführung der Krankenhausseelsorge. Ihm wird jede personelle Veränderung in der Krankenhausseelsorge gemeldet und vorgestellt. Bis zum Zweiten Weltkrieg erfragte die Verwaltung Jahresberichte über die Tätigkeit der Krankenhausseelsorger. Alle finanziellen und baulichen Angelegenheiten der Krankenhausseelsorge werden mit dem Verwaltungsdirektor selbst oder seinen Mitarbeiterinnen und Mitarbeitern besprochen und abgewickelt. Ein persönliches, gutes Verhältnis der Seelsorgerinnen und Seelsorger mit dem jeweiligen Verwaltungsdirektor war notwendig und kam der gesamten Krankenhausseelsorge zugute.

146 Vgl. Schembs (1989), S. 22
147 Ebd., S. 36
148 Ebd., S. 33
149 Der Agnes Karll-Verband ist eine Vereinigung nicht kirchlich gebundener Krankenschwestern und Pflegern.
150 Ebd., S. 57
151 Ebd., S. 30
152 Ebd., S. 77

2.2 Die Ärzte

Ärzte arbeiten in der Universitätsklinik sowohl auf den Stationen, in Funktionsbereichen und in der medizinischen Forschung. Zusätzlich sind einige von ihnen in leitenden Positionen tätig. Grundsätzlich ist die Begegnung zwischen der Ärzteschaft und der Krankenhausseelsorge auf den Stationen vom gegenseitigem Respekt getragen. Immer wieder kommt es in einzelnen Kliniken zur punktuellen Zusammenarbeit zwischen Ärzten und Seelsorgern. Sowohl in den Räumen der evangelischen wie katholischen Krankenhausseelsorge werden seit den fünfziger Jahren regelmäßige Angebote für Medizinstudenten gemacht. Traten die Seelsorger mit wenigen Ausnahmen Anfang des Jahrhunderts zugunsten der Arbeit der Ärzte mit ihren Anliegen zurück, so sind es gerade seit Mitte des 20. Jahrhunderts einige Ärzte, die die Präsenz der Krankenhausseelsorge in ihren Kliniken wünschten. Institutionalisierte Kontakte zwischen den leitenden Ärzten und der Krankenhausseelsorge sind selten. Es gibt sie vor allem bei verwaltungstechnischen Angelegenheiten, bei der Vorstellung neuer Mitarbeiterinnen und Mitarbeiter, bei festlichen Ereignissen und vereinzelt auch bei Gottesdiensten.

2.3 Das Pflegepersonal

Vom gesamten Personal der Universitätsklinik hatten die Seelsorgerinnen und Seelsorger den intensivsten Kontakt mit dem Pflegepersonal. Die Schwesternschaft ermöglichte nicht nur den Gottesdienst durch die Bereitstellung ihrer Kapelle im Schwesternhaus, sondern vermittelten auch den Zugang der Seelsorgerinnen und Seelsorger zu den Patienten. Die Krankenhausseelsorge machte Angebote für die spirituellen, psychischen und sozialen Bedürfnisse des Pflegepersonals.

Am 1.4.1903 gründete die Stadt einen eigenen Schwesternverband. Das Ziel des Verbandes war in erster Linie die Ausbildung von Krankenschwestern. Der Verband förderte aus ihren Reihen Lehrschwestern, die von Anfang an eine qualifizierte Krankenpflegeausbildung gewährleisten sollten.

Das Städtische Krankenhaus Sachsenhausen hatte inzwischen 450 Betten vor allem durch die Gründung der Spezialabteilungen wie z.B. Frauen- und Kinderklinik.

1909 erhielt der Verband ein eigenes Schwesternhaus[153] „[...] das seitdem mit seinen schönen Gemeinschaftsräumen und der in einem Seitenflügel gelegenen Krankenhauskapelle im besten Sinne zum Mutterhaus der Angehörigen des Frankfurter Schwesternverbandes geworden ist.“[154] Die erste Leitung

[153] Vgl. Frankfurter Schwesternverband e.V. (1953), S. 25
[154] Ebd., S. 25

hatte Oberin Wilhelmine von Mässenhausen.[155] Im Oktober 1952 bezog die große Schwesternschaft ein neues Personalhaus, in dem 135 Bewohnerinnen Platz hatten. 1952 gehörten zum Verband 500 Schwestern.[156] 1984 arbeiteten im Pflegedienst 1157 Personen, davon waren 155 Personen ausländischer Nationalität. Die Gesamtleitung des Pflegepersonals hatte Oberin Ellen Gassenmeyer.[157]

Das Pflegepersonal wird in den Jahresberichten der Universitätsklinik selten gesondert aufgeführt. Selbst 1984 finden sich im Jahresbericht (445 Seiten) des Fachbereiches Humanmedizin des Klinikums der Johann Wolfgang Goethe-Universität unter den Angaben der einzelnen Zentren keine Hinweise, weder auf die Namen der leitenden Oberschwestern, Oberpfleger und ihre Stellvertreter noch Berichte von der Krankenpflege in diesen Zentren. Dennoch hat der Pflegedienst 21% Anteil, im Vergleich dazu der ärztliche Dienst 17 % Anteil am Gesamtpersonal der Universitätsklinik.[158] Im allgemeinen Teil des Jahresberichtes 1984 über den Pflegedienst beweist Gassenmeyer, daß allein wegen des Mangels an Pflegepersonal in den Jahren zuvor rund 300 Betten geschlossen werden mußten.[159]

Eines der vorrangigen Ziele des „Frankfurter Schwesternverbandes" war es, erstmals eine qualifizierte Krankenpflegeausbildung zu ermöglichen. Ort der Krankenpflegeschule war das 1909 neu erbaute Schwesternhaus. Auch diese Leitung hatte Oberin Wilhelmine von Mässenhausen. Zu der Krankenpflegeschule kam 1925 eine Vorschule hinzu.[160] 1955 gab es neben dieser Ausbildung mit 84 Schülerinnen eine eigene Pflegerausbildung mit 8 Schülern und 4 Gasthörern.[161] Diese Krankenpflegeschule für Pfleger entstand 1950 auf Initiative einiger Krankenpfleger. Noch im gleichen Jahr erhielten sie die Genehmigung der Stadt Frankfurt am Main. „Die Schüler wohnten in 4- und 5-Bettenzimmern, und der Unterricht wurde in einem Turnsaal abgehalten."[162]

Die Einrichtung einer eigenen fachlich qualifizierten Pflegerausbildung verhalf dem Berufsbild des Pflegers sowohl in der Klinik als auch in der Gesellschaft zu größerem Ansehen.

Im Juli 1961 bekam die inzwischen anerkannte „Staatliche Krankenpflegeschule für Männer" ein neu erbautes Schulgebäude. Für 38 Schüler gab es zum Wohnen Einzelzimmer. Der Lehroberpfleger, Dieter Runge, der in diesem Gebäude auch seine Wohnung hatte, war zugleich Internatsleiter. 1961 hatte diese Krankenpflegerschule 18 Auszubildende, während sich in der Schwestern-

155 Ebd., S. 23
156 Ebd., S. 30
157 Jahresbericht 1984, S. 27
158 Ebd., S. 18
159 Ebd., S. 33
160 Vgl. Frankfurter Schwesternverband e.V. (1953), S. 28
161 Jahresbericht 1955, S.56 f.
162 Runge (1965), S. 350

schule 156 Auszubildende befanden.[163] Insbesondere mit der Pflegerschule arbeiteten die Krankenhausseelsorger auf Initiative Runges von Anfang an eng zusammen, während ihre Präsenz an der Schwesternschule erst in späteren Jahren zunahm.
Seit Ende der fünfziger Jahre hatte sich innerhalb der Gesamtschwesternschule ein eigener Zweig zur Ausbildung in der Kinderkrankenpflege gebildet. Erst in den siebziger Jahren begann ein regelmäßiger Ethikunterricht der Krankenhausseelsorge für die Auszubildenden der Kinderkrankenpflege. Am 7.9.1973 erhielt die Schule für Krankenpflege und Kinderkrankenpflege einen Neubau. Die Leitung der gesamten Schule hatte Oberin Elly Kaufmann. Jutta Bernau war leitende Unterrichtsschwester für die dreijährige Kinderkrankenpflegeausbildung.[164]
Mit dem 1.7.1984 wurde die „Staatliche Krankenpflegeschule für Männer" aufgelöst und in eine gemeinsame staatliche Krankenpflegeschule überführt. Diese Krankenpflegeschule hatte 1984 für die allgemeine Krankenpflege 270 und für die Kinderkrankenpflege 75 Ausbildungsplätze.[165]

2.4 Weitere Bedienstete der Universitätsklinik

Seit Bestehen der Universitätsklinik hatten am Gelingen der erfolgreichen Behandlung der Patienten wie der Forschung weitere Bedienstete des Klinikums erheblichen Anteil. Dazu gehörten Angestellte von den Stationshilfen über das Küchen- und Werkstättenpersonal, Pförtner, Fahrdienst, Wäschepersonal, Bürokräfte, Arbeitsvertretungen bis hin zu den Angestellten der verschiedenen Institute und Verwaltungen. Die Krankenhausseelsorgerinnen und -seelsorger hatten zu verschiedenen Anlässen Kontakte mit diesen Bediensteten.
Diese Mitarbeiterinnen und Mitarbeiter der Universitätsklinik, mit Ausnahme des Ärzte- und Pflegepersonals, machten 1984 62 % am Gesamtpersonal aus. Dazu gehörten folgende Bereiche: Funktions-, Wirtschafts- und Versorgungsbereich und der medizintechnische Dienst. Der allgemein technische Dienst und das klinische Hauspersonal wurden ebenfalls darunter gezählt.[166]

3. Die Patienten

Die zahlenmäßige Zunahme der Patienten in der Universitätsklinik hat mehrere Gründe. Stand noch bis Anfang des 19. Jahrhunderts die Seelsorge und Pflege der Kranken im Vordergrund, so trat diese immer mehr in den Hin-

163 Jahresbericht 1961, S 74 f.
164 In: Q 297
165 Jahresbericht 1984, S. 27
166 Ebd., S. 18

tergrund zugunsten der ärztlichen Behandlung. Naturwissenschaft, medizinische Forschung und moderne hygienische Krankenhäuser überzeugten die Bevölkerung zunehmend für ihre Gesundheitsversorgung. Hinzu kam, daß die Krankenhäuser nicht mehr den alleinigen Ruf von Sterbehäusern hatten. Im 20. Jahrhundert erlebten wir einen ungeheuren Aufschwung der medizinischen Heilkunst, dennoch sterben Ende des Jahrhunderts laut einer Studie des Leiters der psychiatrischen Ambulanz der Universitätsklinik Ulm, R. Metzger, in deutschen Städten drei Viertel aller Menschen im Krankenhaus.[167]
Sowohl aus der eigenen Stadt wie aus der ganzen Umgebung suchten die Menschen die Universitätsklinik zu ihrer Behandlung auf. Diese Zunahme der Patienten zu Beginn des 20. Jahrhunderts entstand vor allem durch die wachsende Zahl der Spezialkliniken, zu denen die Menschen mehr und mehr Vertrauen faßten. „Für Zehntausende junger Männer und Frauen, die vom Lande in die rasch wachsenden Städte strömten, mußte im Krankheitsfalle Unterkommen gefunden werden. Denn sie wurden sehr oft Opfer von Typhus oder Tuberkulose; Krankheiten, die notgedrungen im Mittelpunkt des klinischen Interesses jener Zeit standen. Die Neuankömmlinge, die weder Heim noch Familie besaßen, die sich um sie hätten kümmern können, wurden Krankenhauspatienten.“[168] Im schweren Krankheitsfall waren gerade sie auf ein Krankenhausbett angewiesen.
Die Patienten lagen anfänglich in Einzel-, Zweibett-, größeren Krankenzimmern und Krankensälen mit bis zu 20 Betten. Ende der siebziger Jahre wurden im Klinikum der Johann Wolfgang Goethe-Universität Dreibettzimmer zur Regel, selten gab es noch Sechsbettzimmer.

[167] Vgl. Condrau (1991), S. 427
[168] Ackerknecht (1992), S. 104

IV. Die pastorale Krankenhausseelsorge von 1914 bis 1945

Der Name pastorale Krankenhausseelsorge beschreibt die religiöse Haltung der Geistlichen in dieser Zeit. Die Kirchen verstanden die Hirtensorge[169] so, daß sie die Kranken ihrer Konfession in der Klinik nicht allein lassen konnten. Die pastorale Versorgung der Kranken stand seit den Anfängen bis zum Ende des Zweiten Weltkrieges bei den Geistlichen im Vordergrund ihrer Krankenhausseelsorge. Diese pastorale Krankenseelsorge war von einer Hirtensorge des Geistlichen getragen, der dem Kranken gegenüber so unterschiedliche Rollen einnahm, wie die des Mitleidenden, des Trösters, des Sakramentenspenders, des Lehrers, des Verkünders oder des Verstehenden.[170]

A. Die evangelische Krankenhausseelsorge 1914–1945

1. Die evangelisch-lutherische Krankenhauspfarrstelle

1.1 Gründung und rechtliche Stellung der Krankenhausseelsorge

Ein halbes Jahr vor dem Eröffnungstag der Universitätsklinik wurde am 1.4.1914 die evangelisch-lutherische Krankenhauspfarrstelle eingerichtet.[171] Diese neue Stelle war die erste Pfarrstelle an der Universitätsklinik. Als dritte Pfarrstelle gehörte sie der Lukasgemeinde an. Sie umfaßte folgende Krankenhäuser:

1. Das „Städtische Kranken- und Siechenhaus“
2. Das „Hospital zum Heiligen Geist“
3. Die „Anstalt für Irre und Epileptische“

[169] Hirte (Pastor; lat.) ist heute noch die Bezeichnung für evangelische und katholische Geistliche in Nord- und Westdeutschland. Hirte ist ein Bild für Gott (Ps 23). Jesus selbst wird als „guter Hirte“ bezeichnet (Joh 10). Pastoral (seelsorgerlich) setzen sich die Geistlichen für die Kranken ein.

[170] Vgl. Kap. IV A.2.1 und Kap. IV.B.2.2

[171] Vgl. Ebrard (1916), S. 30

Die Besetzung geschah durch das Königliche Konsistorium im Einvernehmen mit dem Bezirksynodalvorstand und dem Magistrat.[172] Aufgrund des langwierigen Auswahlverfahrens und der beginnenden Kriegswirren erfolgte erst am 16.4.1915 die Einführung von Pfarrer Friedrich Hünemörder in sein Amt als Krankenhausseelsorger.[173]

1.1.1 Motive für die evangelisch-lutherische Krankenhauspfarrstelle

Am 12.2.1913 beschloß auf Antrag des Königlichen Konsistoriums die evangelisch-lutherische Stadtsynode die Errichtung einer evangelisch-lutherischen Krankenhauspfarrstelle. Die dafür erforderlichen Kosten sollten im Haushaltsplan fest verankert werden.[174]

In der kleinen Broschüre: „Die Errichtung der Krankenhauspfarrstelle in Frankfurt am Main“ werden ganz verschiedene Motive für die Errichtung einer ersten Krankenhauspfarrstelle angegeben. Als erster Grund wurde die Erbauung einer eigenen Kapelle im „Städtischen Krankenhaus“ genannt. Ein weiterer Grund war die finanzielle Sicherung des Krankenhausgeistlichen. Er sollte eine gesicherte Lebensstellung bekommen, d.h. eine regelmäßige Steigerung seiner Dienstbezüge, Ruhegehalt und Hinterbliebenenfürsorge. Diese Schrift wies außerdem darauf hin, daß das Anliegen des Königlichen Konsistoriums, eine eigene Krankenhauspfarrstelle zu errichten, schon seit längerem in vielen kirchlichen Kreisen Anklang gefunden hatte.[175]

1.1.2 Die Aufsichtsbehörde der Krankenhauspfarrstelle

Die evangelische Kirche in Frankfurt am Main erhielt in der ersten Hälfte des Jahrhunderts aus politischen Gründen dreimal eine neue Organisationsstruktur. Bis 1918 unterstand die evangelisch-lutherische Frankfurter Landeskirche mit ihren Bezirks- und Stadtsynoden dem preußischen König als Landesherren, der zugleich ihr Bischof war. Aufsichtsbehörde war das Königliche Konsistorium.[176] Dieses führte die Dienstaufsicht über die Krankenhauspfarrer aus. Im November 1913, ein halbes Jahr vor Errichtung des Krankenhauspfarramtes, gab der Stadtvikar Lauth seiner Behörde einen ausführlichen Bericht über die Krankenhausseelsorge in Frankfurt am Main. Vor dem Dienstantritt Hünemörders war Lauth mit der Krankenhausseelsorge beauftragt. Sein Bericht ist um so bemerkenswerter, da er vermutlich großen Einfluß auf die Gestaltung

[172] In: Q 10, S. 1
[173] In: Q 11, S. 1
[174] In: Q 9, S. 1
[175] Vgl. Ebrard (1916), S. 30
[176] Telschow (1999), S. 152

der zukünftigen Krankenhausseelsorge an der Universitätsklinik hatte. Lauth schreibt:
„Meine Behörde will genau informiert sein über die schwierige Arbeit der Krankenhausseelsorge. Daran erkenne ich das Interesse meiner Behörde, die vorhandenen Mängel zu beseitigen und damit dem Wohl und Weh der Kranken zu dienen [...]. Das Feld der Arbeit des Krankenhausseelsorgers umfaßt folgende Hospitäler: a) das städtische Krankenhaus mit 6 großen und 5 kleinen Kliniken [...] b) städtisches Siechenhaus mit 24 Krankensälen (Sandhof) c) Heilig-Geist-Hospital mit 30 Sälen, in denen je 16–20 Betten untergebracht sind.[...] d) Irrenanstalt mit ungefähr 500–600 kranken Insassen."[177]
Ausführlich geht Lauth in diesem Bericht auf den Gottesdienst und den Konfirmandenunterricht ein. Er beklagt, daß die Verwaltung sich weigerte, einen Gottesdienstraum einzurichten, obwohl ein Spender Mittel dafür zur Verfügung stellen wollte. Lauth hatte alle Verstorbenen, die nicht in Frankfurt wohnhaft waren, zu beerdigen. Er wies nachdrücklich daraufhin, daß es nicht wenige waren, da auf ihn an manchen Tagen bis zu drei Beerdigungen zu kamen. Neben diesen Kasualien[178] sind als weitere seelsorgerliche Aufgaben die Taufen in den Entbindungsanstalten Sachsenhausen, Trauungen, Kommunionhandlungen und Abendmahlsgottesdienste genannt.[179]
In diesem Bericht sind die Krankenbesuche ein zentrales Thema. Lauth schreibt: „Der Krankenhausgeistliche hat in allen Anstalten täglich Krankenbesuche zu machen. Daß diese für die Seelsorge von größter Wichtigkeit sind, habe ich hier nicht näher darzulegen." Detailliert benennt Lauth, an welchen Werktagen er in welchem Krankenhaus Besuche macht. „Daß diese Besuche sehr große Anforderungen an das Gemüt und die Leistungsfähigkeit des Geistlichen stellen, wird niemand bezweifeln, zumal kein freier Nachmittag zur Erholung und Erneuerung der Kräfte des Seelsorgers zur Verfügung steht."[180] Lauth bedauerte, daß er keine Zeit hatte, in der Hautklinik und der Prostituiertenabteilung, die nicht vernachlässigt werden sollten, Besuche zu machen.
Ebensowenig fand er Zeit, mit den Schwestern seelsorgerlich zu arbeiten.[181] Hier wird schon sehr früh deutlich, daß sich der Geistliche als eine Person verstand, die für das ganze Krankenhaus zuständig sein wollte. Lauth verstand sich im modernen Sinne als Krankenhausseelsorger, obgleich er durch permanente Arbeitsüberforderung in der Praxis nur zur Krankenseelsorge kam.
Im selben Bericht macht Lauth seiner Behörde einige Vorschläge zur Beseitigung der Notstände in der Krankenhausseelsorge. Die „Irrenanstalt" und das

177 In: Q 12, S.1 f.
178 Kasualien: „(lat. casus, Vorfall); geistliche Amtshandlungen, wie Taufen, Trauungen, Beerdigungen u.a." Hauck/Schwinge (1997), S. 106
179 In: Q 12, S. 4 f.
180 In: Q 12, S. 6
181 Ebd., S. 8

„Hospital zum Heiligen Geist“ sollten in Zukunft von je einem evangelischen Geistlichen der evangelischen Stadtgemeinden betreut werden. Das „Städtische Krankenhaus“ und das Siechenhaus könnten dem zukünftigen Krankenhausseelsorger zu unterstellen sein.

„Sollte aber die Zukunftsplanung so aussehen, daß die vier Anstalten zu einem Verband vereint bleiben, so müßten unbedingt dem Krankenhauspfarrer Hilfskräfte und Vikare zur Seite gestellt werden: Die Not in diesen Anstalten ist groß, groß ist die Arbeit, die getan werden muß, darum müssen noch mehr Kräfte mitarbeiten, um die Not beseitigen zu helfen, wenn nicht eine Kraft bei gewissenhafter Arbeit in kurzer Zeit sich aufreiben soll.“

Zuletzt weist Lauth in seinem Bericht auf den Personaleinsatz der katholischen Kirche hin, die in den genannten vier Anstalten „drei ganze Arbeitskräfte“[182] zur Verfügung stellt.[183]

Dieser Erfahrungsbericht von Lauth, aus dem die Überbelastung hervorgeht, kam seinem Nachfolger Hünemörder zugute. Die kirchliche Behörde beginnt, dem Krankenhauspfarrer gewisse Erleichterungen zukommen zu lassen. So z.B. bedankt sich 1917 Hünemörder beim Königlichen Konsistorium für die Gewährung einer Zeitkarte „auf der Elektrischen Straßenbahn.“[184] Wegen seiner Arbeitsüberlastung erhält Hünemörder 1920 einen Hilfsgeistlichen für die Seelsorge in den Krankenhäusern.[185]

Inzwischen nannte sich nach Abdankung des Kaisers 1918 das „Königliche Konsistorium in Frankfurt am Main“ „Evangelisches Konsistorium.“ Es ist die Aufsichtsbehörde der „Evangelischen Landeskirche in Frankfurt am Main“, so der neue Name der evangelischen Kirche.

Aufgrund einer Anfrage des Verbandes der evangelischen Kirchengemeinden in der Hauptstadt Berlin wegen der Krankenhausseelsorge gibt der Vorstand der Stadtsynode der evangelisch-lutherischen und evangelisch-unierten Kirchengemeinden in Frankfurt am Main in seinem Antwortschreiben vom 23.11.1936 eine Übersicht der Krankenhausseelsorge in Frankfurt. Der Bericht ist in fünf Punkte unterteilt:

„a) Im Jahre 1914 ist ein hauptamtliches Krankenhauspfarramt von der damaligen Evangelischen Landeskirche Frankfurt a. M. errichtet worden, von dem aus versehen werden:

   1. Das Städtische Krankenhaus Sachsenhausen, in dem sich sämtliche Universitätskliniken der Johann Wolfgang Goethe-Universität befinden mit

[182] Das Bistum Limburg hatte je einen Geistlichen mit der Krankenseelsorge in der „Städtischen Anstalt für Irre und Epileptische“, im „Hospital zum Heiligen Geist“ und im „Städtischen Kranken- und Siechenhaus“ beauftragt, wobei nur im „Städtischen Kranken- und Siechenhaus“ seit 1910 eine ganze Stelle für den katholischen Krankenhausseelsorger geschaffen worden war.

[183] Ebd., S. 9

[184] In: Q 17, S. 2

[185] In: Q 14, S. 1

Ausnahme der Nervenklinik und der Orthopädischen Klinik, die räumlich von dem Städtischen Krankenhaus getrennt sind.
2. die Nervenklinik (vgl. 1),
3. das Hospital zum Heiligen Geist.

b) Das Krankenhauspfarramt ist besetzt mit einem hauptamtlichen Krankenhauspfarrer, der z.Zt. 1 und 3 versieht, und einem Vikar, der z.Zt. 2 versieht und ausserdem noch die Orthopädische Universitätsklinik.[...]
c) An Kosten für Gehälter, Amtsraum und sachliche Ausgaben entstehen monatlich RM 1.069.66.
d) Zu diesen Kosten leistet das Städt. Krankenhaus einen Zuschuss von monatlich RM 244.77, das Hospital zum Heiligen Geist 47.08 zus. RM 291.85. Den verbleibenden Restbetrag trägt der Stadtsynodalverband.
e) Das Verhältnis zwischen dem Krankenhauspfarrer und den Aerzten ist gut, erhält allerdings dadurch sein besonderes Gepräge, dass es sich bei den Direktoren der einzelnen Universitätskliniken um die Universitätsprofessoren der Medizinischen Fakultät handelt.
Eine Arbeitsgemeinschaft zwischen Aerzten und Pfarrern, wie sie in Berlin besteht, ist in Frankfurt a. M. noch nicht vorhanden.“[186]

Eine grundlegende Veränderung für die evangelische Kirche in Frankfurt ereignete sich in der Nationalsozialistischen Zeit. Am 15.9.1933 wurde die „Evangelische Kirche in Nassau-Hessen“ gegründet. Ihr Landesbischof Ernst Dietrich unterstand dem Reichsbischof Ludwig Müller. Frankfurt war zu einer Propstei mit zwei Dekanaten, dem Dekanat Ost und West geworden. Erster Propst war Alfred Trommershausen. Er gehörte wie Hünemörder und dessen Nachfolger Pfarrer Hermann Oberschmidt zu den „Deutschen Christen.“ Diese hatten sich im Interesse der Nationalsozialisten in Frankfurt am Main durchgesetzt. Aufsichtsbehörde war das Landeskirchenamt.[187]

1.1.3 Der Einfluß des Magistrates auf die Krankenhauspfarrstelle

Im April 1910 trat das Königliche Konsistorium erstmalig mit dem Magistrat der Stadt Frankfurt am Main in Verhandlung wegen der Errichtung einer Krankenhauspfarrstelle.[188]
Im Antwortschreiben vom 31.5.1910 äußert der Magistrat, daß sich die Errichtung einer evangelisch-lutherischen Pfarrstelle und die endgültige Anstellung eines evangelisch-lutherischen Pfarrers aus finanziellen Gründen nicht ermöglichen lasse. Die Pflegeämter des „Hospitals zum Heiligen Geist“ und der Irrenanstalt waren zu keiner zusätzlichen finanziellen Unterstützung für ein Krankenhauspfarramt bereit.

[186] In: Q 28, S. 1 f.
[187] Vgl. Telschow (1999), S. 147
[188] In: Q 2, S. 1

Dennoch erhöhte der Magistrat den bisherigen Zuschuß von 2000 auf 2800 Mark für den evangelischen Seelsorger, so daß er auf ein Jahresgehalt von 6000 Mark kam. Dies war möglich aufgrund der finanziellen Beteiligung der genannten Pflegeämter und des evangelisch-lutherischen Synodalverbandes. Außerdem stellte der Magistrat einen Betrag von 1000 Mark für eine Predigtaushilfe zur Verfügung. Im Einvernehmen mit der Anstaltsdeputation sollte der Kommissar des Königlichen Konsistoriums diesen Betrag verwalten. In demselben Schreiben stand, daß der zweite Geistliche in allen drei Krankenhäusern einen Gottesdienst mit Predigt im Wechsel zu halten habe. Auch sollten von diesem Betrag 500 Mark für eine Stellvertretung in Urlaubszeiten und bei Erkrankung zur Verfügung gestellt werden.[189]
Trotz allem scheiterte eine Krankenhauspfarrstelle als Planstelle im Städtischen Krankenhaus an den Vorschriften der Berliner Versicherung für Pfarrwitwen- und Waisenfonds, die nur dann eine Finanzierung der Alterszulage und Ruhegehaltskasse gewährleisten wollten, wenn diese Stelle als Gemeindepfarrstelle ausgeschrieben und gegründet würde.[190] Es gab zu dieser Zeit noch keine Personalgemeinde, sondern nur evangelische Ortsgemeinden.
Nachdem dann doch die Krankenhausseelsorge an den Universitätskliniken eingerichtet wurde, behielt sich der Magistrat ein Mitspracherecht bei der Einstellung eines neuen Pfarrers vor. Der Magistrat erklärte sich einverstanden, die vom Königlichen Konsistorium vorgeschlagenen Pfarrer Hünemörder und Pfarrer Trustheim in die engere Wahl als Kandidaten einzubeziehen und diese zur Probepredigt einzuladen. Trotzdem hielten sie an den von ihnen präsentierten Kandidaten Pfarrer Palmer und Pfarrer Lauth (der zur Zeit die Krankenhausseelsorge ausübte) weiterhin fest.[191] Die Entscheidung fiel dann zu Gunsten von Hünemörder aus.
Als das Königliche Konsistorium von der Arbeitsüberlastung Hünemörders erfuhr, ließ es ihm mitteilen, daß der Magistrat Schritte für die Anstellung eines Hilfsgeistlichen unternimmt und sich für die Errichtung einer zweiten Krankenhauspfarrei in Verbindung mit der Bezirkssynode einsetzt.[192]

1.2 Ort des evangelisch-lutherischen Krankenhauspfarramtes

Zum Ort des evangelisch-lutherischen Krankenhauspfarramtes lagen mir keine Angaben vor. Die Wohnung des Krankenhausseelsorgers als Ort des evangelisch-lutherischen Krankenhauspfarramtes wird nur einmal indirekt von Oberschmidt erwähnt.[193]

[189] In: Q 3, S. 1
[190] In: Q 7, S. 1 f.
[191] In: Q 15, S. 1
[192] In: Q 19, S. 2
[193] In: Q 26, S. 4

Mit Ausnahme der Sakristei der Kapelle im Schwesternhaus waren in der Universitätsklinik keine weiteren Räume für die evangelischen Krankenhausseelsorger vorhanden. Oberschmidt schreibt 1936 dazu: „Aus der *Verwaltungsarbeit*[194] des Krankenhauspfarrers ist zu berichten, dass sie bedeutend grösser ist, als im allgemeinen angenommen wird. Wohl hat er glücklicherweise gar nichts mit finanziellen und rechtlichen Dingen zu tun, sehr erheblich aber ist die Arbeit der Kirchenbuchführung. Jede der 951 bezw. 912 Taufen hat in das Taufbuch eingetragen werden müssen. Der vollzogene Eintrag musste alsdann nochmals wörtlich als Gemeindeüberweisung abgeschrieben werden. [...] Dem Krankenhauspfarrer hat für diese Schreibarbeit, bei der es doch sehr auf Genauigkeit ankommt, seither keine Schreibhilfe zur Verfügung gestanden; erst seit Ende April 1937 ist hierfür von der Kirchenverwaltung eine Schreibhilfe in beschränktem Masse zur Verfügung gestellt worden, was bei dem Zeitraubenden dieser Arbeit schon dankbar begrüsst wird. In der Kirchenbuchführung selbst ist mit dem 1. Januar 1936 in sofern eine Aenderung eingetreten, als für das Städtische Krankenhaus einerseits und das Hospital zum Heiligen Geist andererseits getrennte Kirchenbücher eingeführt worden sind; die Krankenhauskirchenbücher beginnen mit dem 16. 3. 1909; zur Zeit wird der 28. Taufband geschrieben (jeder Band enthält Raum für 800 Taufeinträge).“[195]
Hier wird deutlich, daß zwar der Ort der Krankenhausseelsorge die Universitätsklinik war, jedoch leisteten die Pfarrer ihre Verwaltungsarbeiten in der eigenen Wohnung.

1.3 Die Krankenhausseelsorger

1.3.1 Die hauptamtlichen Pfarrer in der Krankenhausseelsorge[196]

Friedrich Hünemörder wurde am 19.7.1868 geboren. Er studierte Theologie in Halle und Berlin. Als Auslandspfarrer war er von 1895 bis 1898 in Amora bei Lissabon, von 1899 bis 1908 als Marinepfarrer und von 1912 bis 1915 Pfarrer in St. Annen in Eisleben.
Von 1915 bis 1934 war Hünemörder als Krankenhausseelsorger in Frankfurt am Main tätig. Nach 19 Jahren verabschiedete er sich als Krankenhausseelsorger an der Universitätsklinik und übernahm 1934 im Tausch mit seinem Nachfolger Oberschmidt dessen Gemeindepfarramt in Frankfurt-Niederursel. Im Alter von 70 Jahren starb Hünemörder am 26.1.1938.[197]

[194] Worte, die in den Quellen unterstrichen sind, habe ich in dieser und in den folgenden Quellen kursiv wiedergegeben.
[195] In: Q 32, S. 6 f.
[196] Als hauptamtliche Krankenhausseelsorger sind nur die Pfarrer bezeichnet, die eine Seelsorgeplanstelle inne hatten.
[197] Vgl. Telschow/Reiter (1985), S. 160

Nach seiner erfolgreichen Bewerbung erwartet das Königliche Konsistorium von Hünemörder, „[...] daß Pfarrer Hünemörder gegen seine Majestät König und im Gehorsam gegen alle staatlichen und kirchlichen Ordnungen und Gesetze sich auf dieser Stelle in jeder Hinsicht als ein rechtschaffener Diener Jesu Christi und seiner Kirche und Hirte der ihm anvertrauten Anstalten erweisen werde und wünschen ihm zu seiner Amtseinführung den Gnadenbeistand und Segen Gottes. [...] Wir übersenden die Ernennungsurkunde für den Pastor Hünemörder aus Eisleben an die zuständige Stelle mit dem Ersuchen, diese bei seiner Einführung zu übergeben. Die Einführung selbst ist nach dem Benehmen mit dem Kirchenvorstand der Lukasgemeinde nach den geltenden Vorschriften zu vollziehen und demnächst über den Vollzug dieser Aufträge Bericht erstatten zu wollen."[198]
Trotz aller Arbeitsüberlastung ist Hünemörder bei guter Gesundheit und mit Freude in der Krankenhausseelsorge tätig. Er bedauert nur „einen recht schmerzlichen Verzicht auf theologische und allgemein wissenschaftliche Weiterbildung", da ihm die Zeit dazu fehle und er schon seit 1915 keinen Urlaub gemacht habe.[199] Wie die meisten Frankfurter evangelischen Pfarrer tritt auch Hünemörder den „Deutschen Christen" bei. 1933 unterschreibt er mit anderen Pfarrern einen Aufruf zur Wahl Hitlers.[200]
Hermann Oberschmidt wurde am 17.7.1888 geboren. Er studierte Theologie in Halle, Wittenberg, Tübingen und Marburg. 1913 war er in Bremerhaven in der evangelisch-lutherischen Seemannsmission tätig. Von 1923 bis 1934 arbeitete er als Pfarrer in Frankfurt-Niederursel. Von 1934 bis 1937 war er Krankenhauspfarrer an den Universitätskliniken. Unter seiner Präsidentenschaft der Frankfurter Landeskirchenversammlung endete am 12.9.1933 die vierhundertjährige Geschichte der „Frankfurter Landeskirche" im Rathaus zu Gunsten der von den Nazis gewollten „Landeskirche Nassau-Hessen".[201] Zuvor war er den „Deutschen Christen" beigetreten. Ab 1.12.1937 begann er als Pfarrer in Grünen (Kreis Kirchhain). Im Alter von 83 Jahren starb Oberschmidt in Kassel.[202]
Als zweiter Krankenhausseelsorger begann Oberschmidt seinen Dienst kurz nach der Machtübernahme der Nationalsozialisten. Propst Alfred Trommershausen führte Oberschmidt im Gottesdienst am 22.4.1934 in sein neues Amt in der Universitätsklinik ein: „Die *Arbeitsteilung* zwischen dem Krankenhauspfarrer und dem ihm beigegebenen Stadtvikar, z.Zt. Pfr. i.R. Franke, ist nach der Neubesetzung in der Weise geregelt, dass Pfr. Oberschmidt das Städtische Krankenhaus (das ‚Siechenhaus' Sandhof besteht nicht mehr) und das Hospital zum Heiligen Geist, Pfarrer Franke die Nervenklinik übernommen hat."[203]

[198] In: Q 11, S. 2 f.
[199] In: Q 13, S. 1
[200] Vgl. Benad/Telschow (1985), S. 41
[201] Ebd., S. 43
[202] Vgl. Telschow/Reiter (1985), S. 251
[203] In: Q 26, S. 1

Nach nur drei Jahren beendet Oberschmidt am 31.11.1937 seine Seelsorgearbeit in den Universitätskliniken.
Karl Knab wurde am 10.1.1880 in Kleinkauben geboren. 1907 war er als Pfarrer in Mainz, 1916–1918 als Feldgeistlicher des Infanterieregimentes 123 und von 1934 bis 1939 als Pfarrer tätig. Von 1939 bis 1945 wirkte er als Krankenhauspfarrer in der Universitätsklinik und im „Hospital zum Heiligen Geist". Er starb am 20.6.1973 im Alter von 93 Jahren.[204]

1.3.2 Die hauptamtlichen Mitarbeiterinnen und Mitarbeiter in der Krankenhausseelsorge

Es gab weitere *Mitarbeiterinnen und Mitarbeiter* in der Krankenhauspfarrstelle. Seit den Anfängen war Hünemörder vertraglich zugesichert, für seine Abwesenheit vom Krankenhaus Vertretung zu bekommen. Im Mai 1916 bittet Hünemörder das Konsistorium, für Beerdigungen die Vertretung der Kandidaten *Völkel* und *Schmidt* oder eines anderen Hilfsgeistlichen in Anspruch nehmen zu dürfen. Zur Begründung sagt er: „[...] die hier entstehenden Kosten [sollen] nur aus den für meine jährliche Urlaubszeit nach meiner Dienstanweisung zur Verfügung stehenden Mitteln bestritten werden. Im Vorjahr habe ich keinen Urlaub genommen. Der Betrag für meine Vertretung ist nicht aufgebraucht, auch jetzt denke ich, wenn möglich, bis zum Friedensschluß nicht an eine Unterbrechung meiner Arbeit, es sei denn, daß ich ernstlich krank würde. Es wäre aber eine nicht geringe Beruhigung, wenn ich die Gewißheit bekäme, daß ich mich in Zukunft stetig und durch Zwischenfälle[205] ungehindert meiner Hauptarbeit anderen Kranken und Lebenden widmen könnte."[206]
Neben den genannten Pfarrern gab es seit 1916 auch Geistliche und Kandidaten, die kurzzeitig für eine Urlaubs- oder Krankheitsvertretung in den Universitätskliniken als Krankenhausseelsorger tätig waren.[207]
Aufgrund seiner Denkschrift erhält Hünemörder ein Jahr später mit Wirkung vom 10.10.1920 den Hilfsgeistlichen, Pfarramtskandidat *Dr. Ernst Neubauer*. Er beginnt im Auftrag des Königlichen Konsistoriums als Hilfsgeistlicher seinen Dienst in der Krankenhausseelsorge. Im Schreiben des Königlichen Konsistoriums an Neubauer heißt es: „Die Regelung Ihrer seelsorgerlichen Tätigkeit wird im Einvernehmen mit Herrn Pfarrer Hünemörder erfolgen, mit dem Sie sich dieserhalb in Verbindung setzen wollen. Für Ihre Tätigkeit erhalten Sie eine Barvergütung im Jahresbetrag von 8775.–, die Ihnen monatlich nachträglich aus der Kasse der Bezirkssynode gezahlt werden wird."[208]

204 Vgl. Telschow/Reiter (1985), S. 186
205 Mit „Zwischenfällen" meint hier Hünemörder die zusätzlichen Beerdigungen.
206 In: Q 13, S. 3
207 Ebd., S. 3
208 In: Q 14, S. 1

Nach dem Abschied von Neubauer erhielt Hünemörder bis zum 1.7.1923 den Hilfsgeistlichen *Pfarrer a.D. Julius Werner*. Ihm mußte der Vorstand der Bezirkssynode über das Evangelische Konsistorium kündigen, weil keine finanziellen Mittel mehr vorhanden waren.[209]

Am 15.8.1929 begann Pfarrer i.R. *Martin Franke* als Hilfsgeistlicher in der Krankenhausseelsorge. Er wurde am 1.12.1869 geboren. Er war von 1912 bis 1924 Pfarrer in der Friedensgemeinde Frankfurt am Main.[210]

Im Jahr 1931 beschließt der Evangelische Landeskirchenrat eine Neueinteilung der Seelsorge in den Krankenanstalten. Der neue Krankenhausseelsorger Stadtvikar Franke übernimmt das „Hospital zum Heiligen Geist" und das Marienkrankenhaus. Friedrich Hünemörder ist weiterhin zuständig für das Städtische Krankenhaus in der Eschenbachstrasse (heute Ludwig-Rehn-Straße), das „Städtische Armen- und Siechenhaus" und die Nervenklinik. „Solange Stadtvikar Pfarrer i.R. Franke mit der Verwesung der Stelle des Anstaltsgeistlichen in Preungesheim [noch zusätzlich hatte Franke die Vertretung für den Gefängnisseelsorger in Preungesheim übernehmen müssen] betraut ist, ist er zur Predigtvertretung für Pfarrer Hünemörder nicht heranzuziehen".[211]

Im April 1934 kam es zu einer weiteren Neuregelung. Franke gab das „Hospital zum Heiligen Geist" an Oberschmidt ab. Er selbst übernahm dafür die Nervenklinik.[212]

Über weitere Mitarbeiterinnen und Mitarbeiter im evangelisch-lutherischen Krankenhauspfarramt liegen erstmalig Ende der dreißiger Jahre Berichte vor. Für die musikalische Begleitung der Gottesdienste gab es einen Organisten. Oberschmidt schreibt dazu: „In dem Organistenamt ist während der Berichtszeit ein Wechsel eingetreten; der langjährige sehr verdiente Organist Mittelschullehrer *Dieterich* hat sich leider aus Gesundheitsrücksichten genötigt gesehen, zunächst sich ein ganzes Jahr vertreten zu lassen und alsdann sein Amt endgültig niederzulegen. [...] Mit dem 1. April 1937 ist dieses Provisorium zu Ende gegangen und durch die Krankenhausverwaltung endgültig Fräulein *Elli Schäfer-Ratazzi* mit der Ausübung des Organistenamtes in den evangelischen Gottesdiensten betraut worden."[213]

Im Jahresbericht 1936 weist Oberschmidt daraufhin, daß er für die Verwaltungsarbeit erst Ende April 1937 eine *Schreibhilfe* von der Kirchenverwaltung bekommen hat.[214] Der Name ist mir nicht bekannt.

[209] In: Q 20, S. 1
[210] Vgl. Telschow/Reiter (1985), S. 98
[211] In: Q 22, S. 1
[212] In: Q 26, S. 1
[213] In: Q 32, S. 2
[214] Ebd., S. 6

1.4 Die evangelischen Nachbargemeinden der Universitätsklinik

1.4.1 Die evangelisch-lutherische Lukasgemeinde

Die Krankenhauspfarrstelle war als dritte Pfarrstelle der Lukasgemeinde angegliedert. 1910 gelang es weder dem Konsistorium noch der evangelisch-lutherischen Stadtsynode, eine eigenständige Krankenhausseelsorgestelle zu errichten. In der Folgezeit kamen die Verhandlungen mit der Lukasgemeinde in Frankfurt-Sachsenhausen zu einem erfolgreichen Abschluß. Im Schreiben vom 30.1.1914 genehmigte der Minister der „Geistlichen und Unterrichtsangelegenheiten" für das Königliche Konsistorium in Frankfurt am Main die Krankenhauspfarrstelle als dritte Pfarrstelle in der evangelisch-lutherischen Lukasgemeinde. Am 1.4.1914 trat diese Genehmigung in Kraft.[215] Im Jahr 1915 beauftragte die Lukasgemeinde im Namen des Königlichen Konsistoriums Hünemörder als Krankenhauspfarrer.[216]

Die Angliederung der Krankenhausseelsorge an die Gemeinde hatte nur versorgungsrechtliche Gründe. Vermutlich bestand des Weiteren keine nähere pastorale Zusammenarbeit. In allen mir vorliegenden Berichten von 1914 bis 1945 wird von keinem der drei Krankenhauspfarrer die Lukasgemeinde mehr erwähnt.

1.4.2 Die Paul-Gerhardt-Gemeinde

Seit Beginn der Orthopädischen Universitätsklinik „Friedrichsheim" war die Paul-Gerhardt-Gemeinde in Frankfurt-Niederrad für die Krankenseelsorge dort zuständig. Der Gemeindeseelsorger besuchte die Kranken. „Nach den Angaben von Pfarrer Enders gab es in Niederrad einige Kriegslazarette, die er in diesem Jahr (1915) neben dem „Krüppelheim" (heute „Friedrichsheim"), betreute."[217]

Von 1914 bis 1945 waren folgende Pfarrer in der Paul-Gerhardt-Gemeinde tätig: Karl Enders, Karl Walther, Felix Rau und Reinhard Huth. Mit Ausnahme von Huth traten alle anderen Pfarrer der Paul-Gerhardt-Gemeinde als Krankenseelsorger der Orthopädischen Universitätsklinik „Friedrichsheim" in den mir vorliegenden Quellen auf.

215 In: Q 8

216 In: Q 11, S. 3

217 Vgl. Fischer/Heuer/Neujahr (1988), S. 13

1.5 Ökumenische Zusammenarbeit in der Krankenhausseelsorge

Eine engere Zusammenarbeit im heutigen ökumenischen Sinne[218] mit den Seelsorgern anderer Konfessionen in der Universitätsklinik hat es nicht gegeben. Hünemörder erwähnt in allen mir vorliegenden Berichten nur einmal im Hinblick auf die Gestaltung der Weihnachtsfeiern den katholischen Krankenhausseelsorger.[219]

Oberschmidt geht mehrmals auf den katholischen Krankenhausseelsorger ein. Er berichtet aus dem Jahr 1934, daß er die Gottesdienste an Sonn- und Feiertagen zu üblichen Zeiten im Wechsel mit dem katholischen Anstaltsgeistlichen hielt.[220] 1937 kommt es sogar zu einem gemeinsamen Gottesdienst. Als Sondergottesdienst benannte er eine vaterländische Heldengedenkfeier am 21.2.1937, die gemeinschaftlich von den beiden Krankenhauspfarrern, dem katholischen und evangelischen, gehalten wurde. Oberschmidt bedauert, daß er nicht genügend Zeit habe, regelmäßig alle Stationen zu besuchen. Er verweist an dieser Stelle auf den katholischen Seelsorger, der im Gegensatz zu ihm nur das Städtische Krankenhaus betreut.

2. Die Kranken besuchen

2.1 Die seelsorgerliche Situation auf den Stationen

In seinem Jahresbericht 1934 begrüßt Oberschmidt die Zusammenarbeit mit dem Stationspersonal, vor allem wenn er durch die Abteilungsschwestern besonders auf Kranke aufmerksam gemacht wird, denen sein Besuch hilfreich sein könnte. Oberschmidt sieht bezüglich der Größe und Unübersichtlichkeit der gesamten Universitätsklinik in dieser Zusammenarbeit die einzige Gewähr, daß niemand umsonst auf den Besuch des Pfarrers warten muß. Die evangelischen Krankenhausseelsorger konnten sich auf die Vermittlung ihrer Patientenbesuche durch die Schwestern verlassen. In seinem Aushang über die Jahresgottesdienste gibt Oberschmidt den Hinweis: „*Besuche des Krankenhauspfarrers* wie auch *Privatabendmahle* können jederzeit unmittelbar oder durch gütige Vermittlung der Schwestern erbeten werden. *Fernsprecher:* Krankenhausautomat 498. Bei Anrufen aus der Stadt 20017 (Städt. Krankenhaus) Nebenstelle 528. *Oberschmidt,* evang. Krankenhauspfarrer."[221]

[218] Die ökumenische Bewegung innerhalb der christlichen Kirchen stellt sich das Ziel, das Gemeinsame herauszuarbeiten, das Trennende zu überwinden und die sichtbare Einheit der Kirchen wiederzugewinnen. Die ökumenische Bewegung wurde 1965 durch das Ökumenismusdekret des Vaticanum II (Unitatis redintegratio) von katholischer Seite begrüßt. Vgl. Heim (1998), S. 326; vgl. Kap. IV.C.4

[219] In: Q 17, S. 2; vgl. Kap. IV.A.2.3

[220] In: Q 26, S. 1

[221] In: Q 25

Knab hält in seinem Seelsorgebericht über die Jahre 1944 und 1945 dankend fest, daß trotz der Besuchseinschränkungen der Nazis[222] die Krankenhausseelsorger der Universitätsklinik in diesen Jahren ungehindert Seelsorgebesuche machen konnten.[223] „Es war dem Entgegenkommen von Herrn Direktor Schönlebe zu verdanken und den Stationsschwestern, daß die persönlichen Besuche weitergehen konnten. Auch Professoren und Ärzte hatten keinen Einwand gegen die Seelsorge. So konnten 1944 noch 82 Stationen und 1945 87 Stationen bis zur plötzlichen Entlassung des Anstaltsgeistlichen besucht werden."[224] Diese Aussage von Knab aus dem Jahr 1949 weist daraufhin, daß sich die Krankenhausseelsorger über viele Jahre einen guten Ruf in der Universitätsklinik erworben hatten. Über den Grund der plötzlichen Entlassung des Anstaltsgeistlichen konnte ich keine Unterlagen finden.
In der zeitgenössischen Literatur ist als zentraler Auftrag des evangelischen Krankenhausseelsorgers genannt, das Wort Gottes zu verkünden.[225] Außerdem sollte er als „Ermahner", „Lehrer" und „Volkserzieher" am Krankenbett auftreten.[225] Weiterhin sollte er als „Mitleidender" und als „Tröster" den Kranken beistehen. Von ihm wird medizinisches und psychologisches Wissen erwartet. In Kunst und Wissenschaft sollte er sich auch auskennen.[227] Horst Fichtner weist in seinem Buch 1929 auf die Person des Geistlichen hin: „[…] daß ein Krankenseelsorger am Krankenbett nicht allein das Evangelium, sondern auch sich selber zu bringen hat. Damit ist zum Ausdruck gekommen, daß gerade in der Krankenseelsorge die Persönlichkeit des Trösters eine wichtige Rolle spielt." [228]
Zu den Erwartungen des Patienten an den Seelsorger schrieb Kündig bereits 1899: „Der Kranke will nun einmal von dem Seelsorger etwas aus dessen Geiste und Herzen Geschöpftes, etwas, das er sonst bei niemanden und auch in keinem Buche findet, und das eben seine besondere Lage und seine dermalige Gemütsstimmung so speziell auffaßt und so seinem jetzigen Bedürfnisse entspricht, wie er das nirgends kann zu lesen kriegen."[229]
Paul Fricke schreibt schon 1930 von einer „verstehenden Seelsorge". Hinsichtlich der Erwartungen des Patienten an den Krankenhausseelsorger sind seine Ausführungen sehr prägnant: „Von dem Kranken wird der Besuch des Seelsorgers instinktiv in erster Linie menschlich empfunden. […] Er muß Zeit haben. […] Der Kranke soll recht viel selbst das Wort haben, zumal, wenn er Vertrau-

222 Vgl. Kap. IV. B. 1.1.2 Erlaß des Reichsinnenministers vom 9.4.1941.
223 Gemeint ist hier, daß die Krankenhausseelsorger weiterhin die Kranken aller Stationen außerhalb der Besuchszeiten aufsuchen konnten.
224 In: Q 43, S. 1
225 Vgl. Gaehtgens (1934), S.44
226 Vgl. Fichtner (1929), S. 76
227 Ebd., S. 63 f.
228 Fichtner (1929), S. 30
229 Kündig (1899), S. 271

en empfindet. Für seelisch hilflose Kranke gilt Blumhardts[230] goldene Regel der Seelsorge: ‚Empfundene Liebe tut an Kranken Wunder'."[231] Es gibt auch die Erfahrung, daß der Patient keine Erwartungen an den Seelsorger hat. W. Gaethgens, selbst Krankenhausseelsorger an der Universitätsklinik Rostock schreibt 1939 dazu: „Da liegen all die vielen kranken Menschen mit ihrem Schmerz, ihrer Sorge, ihrer Sehnsucht und ihrer Hoffnung. Zu ihnen kommt der Krankenseelsorger. [...] Manche erwarten gewiß nichts von ihm oder denken an sein Kommen nur mit einem ablehnenden Seufzen oder gehen gar hinaus, wenn er im Krankensaal erwartet wird. Doch viele erwarten etwas ganz Bestimmtes von ihm, manche vielleicht mit Gleichgültigkeit, aber manche mit Sehnsucht: die Verkündigung des Gotteswortes aus der heiligen Schrift."[232]

2.2 Die Krankenbesuche

Schwerpunkt der Arbeit der Krankenhausseelsorger sind die Krankenbesuche. Hünemörder besuchte täglich von 9.00 Uhr bis 13.00 Uhr und von 15.00 Uhr bis 18.30 Uhr die einzelnen Stationen. Bei seinen Besuchen am Vormittag erfuhr Hünemörder anfangs einen leichten Widerstand der Hilfsärzte und Schwestern. Sie waren es nicht gewohnt, einen Geistlichen zu regelmäßigen Besuchen auf ihren Stationen zu haben, und einige von ihnen betrachteten Hünemörder mit Mißtrauen. Später aber veränderte sich dies dahingehend, daß das Stationspersonal den Krankenhausseelsorger nicht nur duldete, sondern gerne sah.[233]

In seiner Denkschrift 1924 geht Hünemörder auf die Bedürfnisse der Patienten ein. In dieser Schrift weist er auf seine Grenzen wegen der Arbeitsüberlastung hin. Er schreibt angesichts der zunehmenden Krankenzahlen, daß er die Kranken in den einzelnen Abteilungen aus Arbeitsüberlastung nicht in steter Regelmäßigkeit besuchen könne: „Aber selbst wenn diese [die Zahl der Kranken] über kurz oder lang annähernd auf das frühere Mass sinken sollte, entspricht es meiner nunmehr vierjährigen Erfahrung [in Anbetracht] der seelischen Bedürfnisse und oft geäusserten Wünschen unserer fast ausnahmslos für seelsorgerlichen Zuspruch sehr empfänglichen Bettlägerigen oder in der Bewegung behinderten Kranken, dass sie nicht bloss besucht, sondern auch in nicht zu langen Zwischenräumen auf den Krankensälen mit Gesang und Andacht erfreut werden [sollten]. Nach Möglichkeit ist diesen Wünschen schon bisher Rechnung getragen worden. Bei größerer Stetigkeit und Regelmässigkeit wäre [diese Arbeit] durchaus am Platze, und die ist, solange die

230 Johann Christoph Blumhardt (1805–1880) wirkte u.a. im schwäbischen Bad Boll in der Krankenheilung und Seelsorge.

231 Fricke (1930), S. 17

232 Gaehtgens (1934), S. 65

233 In: Q 13, S. 2

ganze Arbeit auf den Schultern eines einzigen ruht, nicht im vollen Umfang durchführbar."[234]
Mehrfache Besuche bei Patienten werden in den vorliegenden Berichten der evangelischen Krankenhausseelsorger der Universitätsklinik nicht eigens genannt. Vermutlich haben sie stattgefunden, vor allem bei wiederkehrenden Amtshandlungen wie Andachten im Krankensaal, Abendmahlsfeiern, Taufen und Trauungen. Auch Oberschmidt bedauert 1936, daß ihm wegen der Größe der Anstalten regelmäßige Besuche nicht möglich sind.[235]
Andersgläubige Patienten werden von den Krankenhausseelsorgern nur im Zusammenhang mit einer Konversion[236] genannt. So schreibt Oberschmidt im Jahresbericht 1934, daß in diesem Jahr zwei Kranke in die evangelische Kirche eingetreten sind.[237]
Gaehtgens geht in seinem Buch von 1934 über die Krankenhausseelsorge auf den besonderen Charakter einer Universitätsklinik ein, die nicht nur für Krankenseelsorge, sondern auch für Lehre und Forschung zuständig ist. Er stellt fest, daß sich nicht wenige Patienten, vor allem die, die an einer seltenen Krankheit leiden, als „Versuchskaninchen" fühlen. Gaehtgens verteidigt hier die Medizin, indem er zu dieser Klage der Patienten schreibt: „[...] meist sehr mit Unrecht [bezeichnen sich die Patienten als Versuchskaninchen], da ja die hier zu erprobenden Behandlungsmethoden schließlich nach Möglichkeit ihnen selbst helfen und demnächst auch anderen Patienten zugute kommen sollen."
Zur Situation bei seinen Besuchen am Krankenbett schreibt Gaethgens: „Der Arzt perkutiert, operiert, durchleuchtet usw., die Pflegerin kommt mit dem Fieberthermometer, der Spritze, der Medizin usw., der Wärter mit dem Steckbecken, dem Krankenwagen usw. Sie alle hängen mit dem Klinikbetriebe zusammen und arbeiten an seiner Heilung. Ist es ihm da nicht zu gönnen, daß hier auch einer zu ihnen kommt, der nichts mit diesem Betrieb zu tun hat? Sie alle wollen etwas mit ihm vornehmen und versetzen ihn mit ihrem Erscheinen mehr oder weniger in Spannung; der Seelsorger nimmt nichts mit ihm vor. Sie alle sind hier voll beschäftigt und haben nur zu oft Eile; der Seelsorger hat keine Eile, er soll ruhig beim Kranken verweilen."[238]
Bei aller Achtung, die Gaethgens den Ärzten und ihrer wichtigen medizinisch-naturwissenschaftlichen Behandlung der Kranken entgegenbringt, weist er nachdrücklich auch zugleich auf die zwar andere, aber nicht weniger wichtige Rolle des Krankenhausseelsorgers in den Universitätskliniken hin. Gaethgens entscheidet sich für den Seelsorger, der Zeit hat bei seinem Krankenbesuch. Unausgesprochen sagt er damit auch, daß er wegen seiner zeitintensiven Be-

234 In: Q 18, S. 2
235 In: Q 32, S. 6
236 „Konversion lat. (conversio), Bekehrung, Glaubenswechsel, Konfessionswechsel." Hauck/ Schwinge (1997), S. 114
237 In: Q 26, S. 3
238 Gaehtgens (1934), S. 41 f.

suche dadurch viel weniger Patienten erreicht als der Krankenhausseelsorger, der flächendeckend alle seine Patienten in der gesamten Universitätsklinik erreichen will.

2.3 Der Einsatz der Krankenhausseelsorge bei den Weihnachtsfeiern

Weihnachtsfeiern geschahen in sämtlichen Häusern der Universitätsklinik. Hünemörder berichtet 1917, daß er diese Feiern im kollegialen Einvernehmen mit dem katholischen Anstaltsgeistlichen durchführte.[239] An diesen Weihnachtsfeiern nahm auch das Personal der Klinik teil. Neben der Ansprache des Chefarztes sprach der Krankenhauspfarrer das geistliche Wort. Jeweils nur der Krankenhauspfarrer einer Konfession war bei einer Feier anwesend. Es gab einen jährlichen konfessionellen Wechsel in der Präsenz des Seelsorgers bei den Weihnachtsfeiern in den einzelnen Häusern.
Oberschmidt teilte 1936 mit: „Wirkliche Gesamtfeiern sind die Weihnachtsfeiern gewesen. In Uebereinstimmung mit meinem katholischen Kollegen kann ich feststellen, daß sie von Jahr zu Jahr stärker verinnerlicht worden sind, sie tragen einen ausschliesslich religiösen Charakter. Besonders ergreifend ist für den Berichterstatter das gewesen, dass unmittelbar vorher denselben Kranken die Adventsfeiern bei der Abendmahlsausteilung gehalten worden waren; so fügten sich Advent und Weihnachten zu einer völligen Einheit zusammen."[240]

2.4 Seelsorgeberichte aus einzelnen Häusern der Universitätsklinik

2.4.1 Seelsorge in den Filialen des Städtischen Krankenhauses

Zum Ende des Ersten Weltkrieges errichtete das Städtischen Krankenhaus zusätzliche Filialen, um die verwundeten Soldaten zu versorgen und zu betreuen. Diese kriegsbedingten Filialen werden von Hünemörder eigens hervorgehoben. In seinem Schreiben vom 26.5.1916 an das Königliche Konsistorium bittet Hünemörder um Unterstützung in der Seelsorge. Er schreibt, daß seit Ende Januar diesen Jahres wegen Überfüllung des Städtischen Krankenhauses Sachsenhausen der Magistrat außer der Filiale Feuerwache Süd noch das Stift Heddernheim als Zweigstelle des Krankenhauses zur Verfügung stellte, wobei sich die Zahl der Kranken um 200 erhöhte.
Mit großem Engagement setzt sich Hünemörder während der Kriegswirren und der daraus folgenden gesellschaftlichen Not für eine qualifizierte Krankenhausseelsorge ein. Nach dem Ende des ersten Weltkrieges verfaßt

[239] In: Q 17, S. 2; s. Dok. 1
[240] In: Q 32, S. 4

Hünemörder am 4.4.1919 eine Denkschrift im Rückblick auf seine vierjährige Tätigkeit als Krankenhauspfarrer. In dieser Schrift stellt Hünemörder die Frage, ob er die Fürsorge und Verantwortung für diese neu gegründeten Filialen stillschweigend in seinen Tätigkeitsbereich mit übernehmen solle oder nicht. Nach seiner Erfahrung mit dem Pfarrer aus Heddernheim, der wegen seines hohen Alters die Seelsorge ablehnte, bejahte Hünemörder die zusätzliche Seelsorgearbeit, um die dortigen Kranken als Seelsorger nicht allein zu lassen. „Schwierig wurde die Lage erst, als nach und nach die Reservelazarette Feuerwache Süd, Turnhalle an der Veitstraße und Kronenhof aufgehoben, als Filialen des Städtischen Krankenhauses Sachsenhausen eingerichtet und mit zum Teil Schwerkranken belegt wurden. Nur der Verzicht auf fast noch jede noch so wünschenswerte Ausspannung und Erholung sowie die Zuversicht auf eine baldige siegreiche Beendigung des Krieges ermöglicht das Durchhalten." Hünemörder zeigt sich hier dem Bild des guten Hirten entsprechend, der seine Kranken auch außerhalb der Universitätsklinik nicht allein läßt. Gleichzeitig wird seine der Zeit entsprechende patriotische Gesinnung deutlich.
Zusätzlich besuchte Hünemörder die Filiale des Siechenhauses in Nieder-Seelbach im Taunus. Sie lag in einem Gebiet, das durch die Franzosen besetzt war. Anläßlich seines zweimaligen Besuches im Monat dort sei ein Paß für ihn beantragt worden. Als Hünemörder erfuhr, daß die Feuerwache als Krankenhaus mit 80 Betten und das Bezirkskrankenhaus Nord an der Eschersheimer Anlage mit 100 Betten neu belegt werden soll, schreibt er: „Das bedeutet für mich eine derartige Mehrbelastung mit Arbeit, dass ich ehrlicherweise eingestehen muss, ihr allein nicht mehr gewachsen zu sein. Ich muß deshalb im Interesse meiner Kranken mit Bitte um Gestellung einer Hilfskraft hervortreten. Als solche erscheint mir die Zuweisung eines Vikars ausreichend, zumal da menschlicher Voraussicht nach mit der allmählichen Behebung der durch den Krieg verursachten Unterernährung der Bevölkerung die Zahl der Kranken nach und nach heruntergehen dürfte."[241]
Mit einem genauen Plan über die Aufteilung der Krankenanstalten und die Verteilung der Seelsorgearbeit im Falle der Anstellung eines Hilfsgeistlichen bzw. eines zweiten Pfarrers beendet Hünemörder seine Denkschrift.[242]

2.4.2 Seelsorge mit kranken Kindern

Seelsorge mit kranken Kindern wird mit Ausnahme von Taufe und Konfirmation in den mir vorliegenden Berichten der Krankenhausseelsorger nicht erwähnt. Nur zweimal berichtet Hünemörder im ersten Jahr seiner Tätigkeit 1915 von zwei Knaben, die er in der Irrenanstalt konfirmierte.[243] 1917 hatte er

241 In: Q 18, S. 1 f.
242 Ebd., S. 4
243 In: Q 16, S. 1

drei Konfirmanden aus dem Siechenhaus und der Irrenanstalt, denen er längere Zeit regelmäßig Unterricht gab.[244] Hier übernahm er die Tradition seiner Vorgänger. Einer seiner Vorgänger, J. Flad[245], schrieb 1909 vom Konfirmandenunterricht an vier Anstaltszöglingen von Oktober 1908 bis Ostern 1909. Auf besonderen Wunsch der Eltern konfirmierte Flad einen von ihnen in der Irrenanstalt.[246] Im Jahresbericht 1910 spricht Flad von 5 Knaben, denen er jeden Mittwoch von vier bis fünf Uhr Konfirmandenunterricht erteilt hatte.[247]
Stadtvikar Lauth[248] zählt in seinem Bericht vom 22.11.1913 zu den Aufgaben des Krankenseelsorgers: Taufen in den Entbindungsanstalten und Konfirmandenunterricht.[249]
Es ist fraglich, ob Hünemörder diese Tradition der Konfirmation von Kindern in der Klinik fortgesetzt hat, da sie in den Berichten nicht mehr erwähnt wurde. Dennoch teilte Oberschmidt am 5.4.1936 von einem Konfirmandengottesdienst mit, „[...] in dem 2 kranke Mädchen aus der Kinderklinik konfirmiert wurden; der Altarraum war von der Verwaltung aufs schönste mit Blumen und Lorbeerbäumen geschmückt, unmittelbar im Anschluss an die Konfirmationsfeier empfingen die Neukonfirmierten mit ihren Angehörigen und den Stationsschwestern das Heilige Abendmahl; nachdem die Patientinnen im Verlegungswagen zurückgefahren waren, fand noch auf [Station] 45 eine sehr schöne Feier statt."[250] Diesen Gottesdienst hielt Oberschmidt in der Kapelle des Schwesternhauses.

2.4.3 Seelsorge mit Nervenkranken

Mit Gründung der Johann Wolfgang Goethe-Universität 1914 wurde die „Anstalt für Irre und Epileptische" zur Universitätsklinik. Für die Seelsorge war seit 1915 Hünemörder zuständig. Bis 1912 hatte der Missionar J. Flad in der Anstalt als Krankenhausseelsorger gewirkt. Gleichzeitig war er auch für das Städtische Kranken- und Siechenhaus zuständig.[251] Im Jahresbericht 1909 schreibt Flad über seine Seelsorgearbeit in der Anstalt: „Die Seelsorge erstreckt sich auf die Abhaltung der sonntäglichen Gottesdienste, auf die Beerdigungen von 5 Verstorbenen, auf die Spendung des Abendmahls an 30 Männern und 55 Frauen am Karfreitag und am Bußtag."[252]

244 In: Q 17, S. 1
245 J. Flad war von 1908 bis 1912 als Krankenhausseelsorger tätig. Vgl. Telschow/Reiter (1985), S. 4
246 In: Q 1
247 In: Q 4
248 Lauth hatte 1912 nach dem Tod von Flad die Krankenhausseelsorge übernommen.
249 In: Q 12, S. 4
250 In: Q 32, S. 1 f.
251 In: Q 5
252 In: Q 1

1911 berichtet Flad von dem Gottesdienst in der Kapelle der Irrenanstalt, an dem sich „[…] außer den Leichtkranken auch das Dienstpersonal der Irrenanstalt beteiligt“. Im selben Bericht sagt er außerdem: „Vielen Leichtkranken konnte der Unterzeichnende mit Rat und Trost aus Gottes Wort im Laufe des Jahres dienen.“[253]

Sein Nachfolger, Hünemörder, schrieb im Jahr 1915 von Amtshandlungen in der Irrenanstalt: „Städtische Irrenanstalt: a) Gottesdienst fand an sämtlichen kirchlichen Feiertagen statt, abwechselnd [mit dem katholischen Geistlichen] um 9 und um 10 einhalb Uhr. b) An den vierteljährlichen Abendmahlsfeiern nahmen zusammen 65 Personen teil. c) Beerdigt wurden 8 Verstorbene. d) Konfirmiert wurden 2 Knaben.“[254]

Im Jahresbericht 1917 führt Hünemörder nur noch Gesamtzahlen seiner Amtshandlungen aller drei Anstalten, des Städtischen Krankenhauses, der Irrenanstalt und des Siechenhauses auf.[255]

In den folgenden Jahren wird in den vorliegenden Berichten die Krankenhausseelsorge in der alten Irrenanstalt nicht mehr eigens erwähnt. Vor der Errichtung der neuen Anstalt auf dem Universitätsgelände in Frankfurt-Niederrad bemühte sich Hünemörder um eine eigene Krankenhauskapelle. Er veranlaßte den Evangelischen Landeskirchenrat, eine Eingabe beim Magistrat zu machen.

Der Landeskirchenrat antwortet Hünemörder am 19.1.1929: „Es trifft zu, dass bei dem Projekt für den Neubau der Heilanstalt ursprünglich ein besonderer Kapellenbau für die Abhaltung der Gottesdienste der beiden christlichen Konfessionen vorgesehen war.“ Aufgrund von Einsparungen verzichtete die Universitätsklinik auf den Kapellenbau. Alternativ stand ein Mehrzweckraum zur Verfügung, von dem es heißt: „Es ist in dem nunmehr für die Abhaltung der Gottesdienste in Aussicht genommenen Raum Vorsorge getroffen, dass der Altar durch eine Schiebetür von dem übrigen Teil des Saales abgetrennt werden kann. Es ist damit bei anderweiter Benutzung des Saales jede Profanierung ausgeschlossen. Im übrigen sind ausser diesem, dem Gottesdienst dienenden Raum, noch zwei Sakristeien vorgesehen, je eine für die beiden christlichen Konfessionen.“[256]

Seit Mai 1934 ist Pfarrer i.R. Martin Franke mit der Seelsorge in der Nervenklinik beauftragt. 1937 kommt es zu einem Konflikt zwischen der evangelischen Krankenhausseelsorge und der katholischen Pfarrei „Mutter vom guten Rat“ in Niederrad, die für die katholische Seelsorge an der Nervenklinik zuständig ist. Der Anlaß ist die Beschwerde Frankes, daß er nicht am Hauptaltar den Gottesdienst feiern kann, da das katholische Pfarramt Niederrad auf dem alleinigen Benutzungsrecht des Altars besteht.

[253] In: Q 6
[254] In: Q 15, S. 2
[255] In: Q 17, S. 1
[256] In: Q 21

Herr Sieben von der Verwaltung der Nervenklinik bittet im Schreiben vom 15.6.1937 Hünemörder und den katholischen Krankenhausseelsorger der Universitätsklinik Frankfurt-Sachsenhausen, Rektor Hugo Pfleghar, um Stellungnahme wegen dieser Streitigkeit um die Altarbenutzung und fragt an, ob es Unterlagen gäbe für den katholischen Alleinanspruch.[257]
Im Antwortschreiben vom 17.6.1937 erzählte Hünemörder von seinem damaligen Ärger über den Beschluß des Magistrates, keine Kapelle, sondern nur einen Raum für Unterhaltungszwecke in der neuen Nervenklinik einzurichten. Aus diesem Grunde habe er sich an den Landeskirchenrat gewandt, um doch noch einen der alten Irrenanstalt ebenbürtigen Kapellenbau zu erreichen. Er blieb erfolglos und hatte dafür eine ziemlich erregte Auseinandersetzung mit dem damaligen Oberarzt Dr. Ernst Herz, „[...] der nach meiner Ansicht reichlich eigenmächtig und auch wohl nicht ganz aufrichtig vorgegangen war, allerdings als Beauftragter der Klinik". Als großen Mangel empfand Hünemörder, daß es in diesem für die Gottesdienste gedachten Aufenthaltsraum[258] keine Orgel, sondern nur ein Harmonium geben werde.[259]
Weiter berichtet Hünemörder über die gemeinsame Besichtigung des Gottesdienstraumes mit dem katholischen Kollegen Pfleghar: „Bei unserer Besichtigung ergab sich nun aus liturgischen Gründen, dass der eingebaute Altar nicht für beide Konfessionen gebraucht werden dürfe, wenigstens nicht nach katholischer Ansicht. Ich erhob dagegen Widerspruch, auch mit der Begründung, das alles habe doch vorher geregelt werden müssen und nicht erst jetzt, so es zu spät sei. Daraufhin machte der dem Herrn Baurat Elsässer beigegebene Bauführer, dessen Namen ich nicht mehr weiss, zum Ausgleich den Vorschlag, dass die katholische Gemeinde Niederrad auf ihre Kosten einen beweglichen zweiten Altar beschaffen solle, der für unsere evangelischen Gottesdienste bestimmt werde. Schweren Herzens gab ich nach und beruhigte mich um so eher, als der Altar durchaus würdig erschien und für meine Gefühle nichts Unsakrales an sich hatte. Es ist mir auch nie eine Klage von Patienten, Aerzten oder sonstigen Besuchern geäußert worden." Abschließend schreibt Hünemörder an Sieben: „Ich denke oft und gern an Sie und die Klinik zurück. Mit den besten Wünschen für Ihre Tätigkeit und freundlichen Grüssen an alte Bekannte bin ich Ihr sehr ergebener und dankbarer Heil Hitler! gez. Pfr. Hünemörder".[260]
Sein Nachfolger, Pfarrer Oberschmidt, verteidigte in seinem Schreiben an die Klinikverwaltung vom 24.6.1937 seinen Kollegen und Beschwerdeführer Franke. Er hebt hervor, daß seit einer mündlichen Verhandlung mit dem Propst von Frankfurt am 7.5.1934 festgesetzt worden sei, daß Franke für die Nervenklinik zuständig ist.[261] Oberschmidt besteht darauf, daß beide christli-

[257] In: Q 30
[258] Dieser „Aufenthaltsraum" wird bis heute von Patienten und Personal als Kapelle bezeichnet.
[259] In: Q 31, S. 1
[260] Ebd., S. 2 f.
[261] In: Q 33, S. 1 f.

chen Konfessionen ihre Gottesdienste an demselben Altar feiern. Als Beispiel führt er die Landesheilanstalt in Herborn an. Er nimmt Stellung zur Altarplatte und sagt: „[...] die Platte, in der die katholische Reliquie eingelassen ist, bleibt entweder liegen (so Herborn) oder wird vor jedem katholischen Gottesdienst eingelassen (so Hospital zum Heiligen Geist) oder aufgelegt (so Städtisches Krankenhaus)."[262]

Oberschmidt informiert von seinem Antrittsbesuch bei dem katholischen Gemeindepfarrer Johannes Lamp in Niederrad am 5.5.1934 und schreibt: „Diesen konfessionellen Frieden will ich daher auch in der Zukunft unter allen Umständen, *gerade heute,* erhalten wissen. Sollten in den mündlichen Abmachungen während des Baues Versehen vorgekommen sein, und sie sind vorgekommen, so müssen und können sie jetzt geheilt werden, wie ich hoffe, bei Menschen bonae voluntatis ohne grossen Aufwand an Zeit und Mühe. Und ich versichere schon jetzt, dass die erstrebte gemeinschaftliche Benutzung des Altares auf evangelischer Seite wahrhaftig nicht ein Gefühl des Triumphes oder Obsiegen auslösen wird, sondern im Gegenteil im Jahre 1937, wo so vieles Achristliches und Antichristliches [263] wirksam ist, ein Gefühl des Dankes dafür, dass wir als Christen nicht nur in demselben Raum, sondern auch an demselben Altar unsere Gottesdienste feiern können, ich bin gewiss, dass gerade heute alle gläubigen Katholiken und alle gläubigen Evangelischen, zumal in einer Klinik, so doch auch die Leiden die gleichen sind, durch eine gemeinsame Altarbenutzung nicht verletzt, sondern nur erbaut werden können."

Am Ende der langwierigen Diskussionen stellt Oberschmidt einen Antrag an die Verwaltung der Nervenklinik. Er bittet um eine Verfügung, daß beide Konfessionen gemeinsam den Altar benutzen können.[264]

Letztmalig schreibt am 20.7.1937 Lamp in dieser Angelegenheit an die Verwaltung der Nervenklinik: „Auf Ihr gefl. Schreiben betreffs Altarfrage in der Nervenklinik kann ich Ihnen nur mitteilen, dass eine Benachteiligung einer Konfession niemals beabsichtigt war. Es sind 2 Altäre und 2 Sakristeien geschaffen worden, um den kirchlichen Vorschriften über den Altar zu genügen und alle Schwierigkeiten bei der Herrichtung der Altäre zu vermeiden. Für den katholischen Gottesdienst wird der Altar immer gebraucht und zwar mit einem vom Bischof geweihten Altarstein mit Reliquien.

262 Ebd., S. 4 f.

263 Mit „Achristliches und Antichristliches" meint hier Oberschmidt vermutlich nicht das Verhalten der Nationalsozialisten. Im Gegenteil, als Präsident der Frankfurter Landeskirche nahm Oberschmidt Partei für die Deutschen Christen, die für Hitler am Wahlsonntag 23.7.1933 aufriefen. Die evangelische Kirche in Frankfurt am Main war durch die Zustimmung der meisten Pfarrer gleichgeschaltet worden. Vielmehr ist mit diesen Bezeichnungen eine Gottlosenbewegung gemeint, die auf ihren Veranstaltungen freidenkerische atheistische Positionen vertrat und ihre Hörer zum Kirchenaustritt aufforderte. Vgl. Benad/Telschow (1985); S. 15, 41 und 43

264 In: Q 33, S. 7

Nach Besichtigung des Altarraumes und der Altäre schlage ich Ihnen vor, für den evangelischen Gottesdienst einen etwa 50 cm breiten Altartisch in der Höhe des feststehenden Altars anbringen zu lassen. Dadurch ist eine würdigere Gottesdienstgestaltung möglich als bei der Benutzung des alten Altares. Wenn auf diese Weise eine Einigung herbeigeführt werden könnte, wäre ich Ihnen sehr dankbar. Heil Hitler! Gez. Lamp, Pfarrer."[265]
Am 4.9.1937 schreibt Sieben von der Verwaltung an die Pfarrer: „Ohne noch einmal auf die Seite der geschichtlichen Entwicklung einzugehen, möchte ich der Auffassung Ausdruck geben, dass der neue Lampsche Vorschlag Beachtung verdient, insbesondere auch deshalb, weil auch Herr Pfarrer Franke darin die Möglichkeit zur Beilegung der bisherigen Meinungsverschiedenheit sieht."[266]
Dennoch wünscht Oberschmidt am 7.9.1937 eine Stellungnahme vom Propst. Er schreibt: „[...] ich erlaube mir, dem Herrn Propst eine Ortsbesichtigung vorzuschlagen, bei der dann die endgültige Stellungnahme der evangelischen Kirchenbehörde, insbesondere auch zu dem Vorschlag des katholischen Pfarramtes Frankfurt a/ M.-Niederrad erfolgen könnte."[267] Entsprechend dem Vorschlag von Lamp kam es zu einer Einigung.
Der Streit um das Benutzungsrecht des Altares in der Nervenklinik leidet daran, daß der katholische Pfarrer Lamp nicht den eigentlichen Grund für das Bedenken auf katholischer Seite gegen die Mitbenutzung des vorhandenen Altares klar benennt, nämlich die katholische Altarweihe. Es war nicht erlaubt für einen evangelischen Geistlichen, an einem katholisch geweihten Altar einen evangelischen Gottesdienst zu halten.
Es ist erschreckend zu erfahren, daß in einer Zeit des Terrorregimes, in der die Nazis gegen geistig und körperlich Behinderte, politisch anders Gesinnte, Juden, Homosexuelle, Zeugen Jehovas, Obdachlose gewaltsam vorgingen, die Krankenhausseelsorger an den Universitätskliniken schwiegen. Ihre einzige Thematik war der monatelange Streit um die kirchenrechtliche Benutzung des Altares in der Nervenklinik. In den Jahresberichten 1936, 1944 und 1945 wird die Nervenklinik nicht mehr erwähnt.

2.4.4 Seelsorge mit orthopädischen Kranken

Seit Gründung der Orthopädischen Universitätsklinik „Friedrichsheim" übernahmen die Gemeindepfarrer der Paul Gerhardt Gemeinde in Frankfurt-Niederrad die Krankenhausseelsorge. In den dreißiger Jahren standen die Gemeindepfarrer in näherem Kontakt mit Oberschmidt. Ihm ist an einer ordnungsgemäßen Seelsorge im „Friedrichsheim" gelegen. In einem Brief

265 In: Q 34, S. 1
266 In: Q 35, S. 1
267 In: Q 36

stellt Oberschmidt fest, daß der Gemeindepfarrer Felix Rau wegen einer Erkrankung die Seelsorge am 31.3.1935 im „Friedrichsheim" niederlegen wird. Oberschmidt schlägt seinerseits der Propstei den Gemeindepfarrer Walther als Nachfolger vor. Walther sagte: „[...] daß er selbst sehr gerne bereit sei, die Seelsorge im Friedrichsheim wieder zu übernehmen, da er durch Vieles [seelsorgerliche Begegnungen] mit dem Friedrichsheim verbunden sei, doch wolle er zuerst noch mit seinem Kollegen Rau sprechen."[268]

3. Seelsorgerliche Handlungen

3.1 Die Kapelle

Das Städtische Krankenhaus selbst hatte keine Kapelle. Erst mit Fertigstellung des Schwesternhauses im Jahre 1909 gab es dort eine Kapelle.[269] Die Existenz dieser Kapelle war einer der Hauptgründe für die Errichtung einer eigenen evangelisch-lutherischen Krankenhauspfarrstelle im Städtischen Krankenhaus.[270] Diese Kapelle hatte eine Sakristei, die nicht nur Ornamente und sakrale Gegenstände aufzuweisen hatte, sondern die evangelischen Krankenhausseelsorger benutzten sie auch als Büro- und Versammlungsraum. Auffällig ist, daß es auch weiterhin auf dem Gebiet der Universitätsklinik weder in Sachsenhausen noch in Niederrad einen Kapellenbau gab.
Am Beispiel des Siechenhauses, des Friedrichsheims und der Nervenklinik ist zu vermuten, daß sich maßgebliche Kreise des Klinikpersonals sowohl gegen eine eigene Kapelle als auch gegen andere sakrale christliche Räume ausgesprochen hatten. Denn schon Lauth schrieb 1913 von der Weigerung der Verwaltung, einen eigenen Gottesdienstraum im Siechenhaus einzurichten, obgleich, wie Lauth berichtete, dank eines Spenders Mittel für diesen Gottesdienstraum zur Verfügung standen.[271] Auch in der 1914 eröffneten großen Orthopädischen Klinik gab es keine Kapelle. Die für das Jahr 1930 zugesagte Kapelle in der neuen Nervenklinik in Frankfurt-Niederrad strich die Universitätsverwaltung aus Kostengründen zugunsten der kleineren Lösung eines Mehrzweckraumes.

3.2 Der Gottesdienst

Über die Gottesdienste schreibt Hünemörder in seinem Jahresbericht 1915, daß die Gottesdienste an jedem Sonn- und Feiertag in der Kapelle des Schwesternhauses um 9.00 Uhr bzw. 10.30 Uhr stattfanden: „Für gewöhnlich nah-

268 In: Q 24, S. 1
269 Vgl. Kap. III. 2.3
270 Vgl. Ebrard (1916), S. 1 f.
271 In: Q 12, S. 3

men die Kranken samt den Schwestern an den Gottesdiensten im Städtischen Krankenhaus teil. An schönen Sonntagnachmittagen fanden jedoch nach der Besuchszeit um 4 einhalb Uhr regelmässig Waldgottesdienste im Park der Anstalt statt." Sein Angebot, jeden Sonntagnachmittag einen Gottesdienst im Siechenhaus abzuhalten, lehnte die Verwaltung mit dem Hinweis auf das Fehlen eines geeigneten Raumes ab.[272]
1917 sagt Hünemörder, daß der Gottesdienstplan unverändert geblieben ist. Hinzu kommt, daß er alle sechs Wochen in den Zweiganstalten einen Gottesdienst mit Predigt hält. Er schreibt: „Besonders gern wurde von den Anstaltsgemeinden die gelegentliche Mitwirkung von Kinderchören hiesiger Schulen gesehen. [...] Die Kinder hatten ihre helle Freude an dem Liebesdienst, den sie unseren Kranken leisten durften."[273] Hünemörder hatte hierzu die Zustimmung der Schulleiter und Gesanglehrer. Diese Zusammenarbeit weist darauf hin, daß die Krankenhausseelsorge auch außerhalb der Universitätsklinik Unterstützung erfuhr.
In seinem ersten Jahresbericht 1934 geht Oberschmidt ausführlich auf die Gottesdienste in der Kapelle des Schwesternhauses ein. Die Gottesdienste hielt er zu üblichen Zeiten im Wechsel mit dem katholischen Krankenhausseelsorger. Einen großen Dank spricht Oberschmidt der Frau Oberin für ihren wesentlichen Anteil am liturgischen Schmuck des Altars aus. Besonders erleichtert ist er darüber, daß die Oberschwester eine Hausschwester stets bei den gottesdienstlichen Abendmahlsfeiern helfen läßt.
Über diesen Sonntagsgottesdienst hinaus informiert Oberschmidt von weiteren Gottesdiensten: „An Sondergottesdiensten seien erwähnt: Die Gottesdienste am 1. Mai, die gut besucht waren, (erstmals 1934), der Gottesdienst zum 20. Jahrestag des Kriegsausbruches – 2.8.1934 –, der ganz unter dem Eindruck der Nachricht vom Tode des Reichspräsidenten von Hindenburg stand (am gleichen Tage wurden Gottesdienste in der Nervenklinik und im Hospital zum Heiligen Geist gehalten), der Trauergottesdienst für Hindenburg am 5.8.1934."[274]
1936 benennt Oberschmidt den gut besuchten 1. Mai-Gottesdienst. Weiterhin zählt er zum Sondergottesdienst: „Eine vaterländische Heldengedenkfeier am 21. Februar 1937, die gemeinschaftlich von den beiden Krankenhauspfarrern, dem katholischen und evangelischen, gehalten wurde."[275]
Auch außerhalb der Kapelle des Schwesternhauses, in der normalerweise an Sonn- und Feiertagen der Gottesdienst stattfand, gab es Gottesdienste im Park des Siechenhauses und in einzelnen Abteilungen. 1934 benennt Oberschmidt insbesondere die Hautklinik: „In der *II. Städt. Abteilung für Hautkranke* wurden, da es sich um vorwiegend geschlossene Stationen handelt, *monatliche*

[272] In: Q 16, S. 1
[273] In: Q 17, S. 1
[274] In: Q 26, S. 3
[275] In: Q 32, S. 2

Gottesdienste ausgeführt, von denen jeder 2. mit einer Abendmahlsfeier verbunden war; die Einrichtung hat sich bewährt."[276]
Oberschmidt gelang es 1936, das Anliegen von Hünemörder umzusetzen, die Gottesdienste kirchenmusikalisch zu begleiten. „Das Bestreben, die Gottesdienste kirchenmusikalisch zu bereichern, ist fortgesetzt worden; es sind in der Berichtszeit 30 neue Gesangbücher angeschafft worden, und für die Ausgestaltung der Liturgie das Kirchenbuch für evangelische Gemeinden von Julius Smend, Band I u. II." Einige Kirchenchöre waren bereit, in der Universitätsklinik aufzutreten. „Sehr gern haben sich weiter die evangelischen Kirchenchöre in den Dienst der Krankenhausarbeit gestellt und in den Gottesdiensten gesungen, danach in der einen oder anderen Klinik; in der guten Jahreszeit konnte dies auch im Freien geschehen und dadurch sehr viele Kranke auf einmal erreicht und erfreut werden. Auch durch Einzelgesang sind manche Gottesdienste verschönt worden."
Im gleichen Bericht befürwortet er eine Lautsprecherübertragung für die Gottesdienste, die es schon in anderen Krankenhäusern gäbe, da hier vor allem die bettlägerigen Kranken erreicht werden, die nicht in die Kapelle kommen können.[277]
Seit 1935 gibt Oberschmidt eine Jahres-Gottesdienstübersicht heraus, die folgendermaßen überschrieben ist: „Evangelische Gottesdienste in der Kapelle des Städtischen Krankenhauses". Darunter waren zwei Verse aus dem Epheserbrief zitiert: „So seid ihr nun nicht mehr Gäste und Fremdlinge, sondern Bürger mit den Heiligen und Gottes Hausgenossen, erbauet auf den Grund der Apostel und Propheten, da Jesus Christus der Eckstein ist, Eph 2,19,20."
Nach der kalendarischen Aufzählung der Gottesdienste von Januar bis Dezember 1935 schreibt er: „In den *stark gedruckten Tagen* wird im Gottesdienst das *Heilige Abendmahl* gefeiert. Die *kirchenmusikalische Ausgestaltung der Gottesdienste* ist aus den Tages- und Sonntagsblättern jeweils zu ersehen."[278] Gleiche Aushänge liegen für die Jahre 1936 und 1937[279] vor.
Bis hin zu dieser Jahresübersicht zeigt die Entwicklung seit 1914, daß die Gottesdienste ein Schwerpunkt der Krankenhausseelsorge sind. Die feierliche Gestaltung der Gottesdienste für Patienten und Personal bleibt den Krankenhausseelsorgern ein besonderes Anliegen.

3.3 Die Taufen

Hünemörder berichtet 1915, daß er in diesem Jahr 784 Kinder in der Frauen- und Kinderklinik taufte.[280] Diese Zahlen stiegen im Jahr 1932 auf 918 [281] und 1935 auf 951 getaufte Kinder pro Jahr.

[276] In: Q 26, S. 3
[277] Ebd., S. 1 f.
[278] In: Q 25
[279] In: Q 29
[280] In: Q 16, S. 1
[281] In: Q 23, S. 1

Zum Verlauf der Tauffeiern schreibt Oberschmidt: „Es ist das ernste Bestreben des Krankenhauspfarrers gewesen, gerade die Gesamttaufen würdig zu gestalten und ihnen alles Peinliche zu nehmen, das ihnen etwa anhaften könnte. Zu diesem Zweck ist jede einzelne Mutter *vor* der Taufe besucht worden; das Anmeldungsformular zur Taufe ist bei einem Neudruck geändert worden (Alt- und Neudruck liegen bei); jedes Kind empfängt bei der Taufe einen besonderen Taufspruch, genau wie später den Konfirmationsspruch; [...] wenn die Mutter ein Familienstammbuch oder Kinderbuch besitzt, so werden die Taufeinträge auch in diese Bücher noch im Krankenhaus in würdiger Form gemacht, es soll nicht dem Zufall überlassen bleiben, ob die Mutter einmal gelegentlich ihren Gemeindepfarrer aufsucht und sich von ihm nachträglich den Eintrag machen lässt, sondern die Mütter sollen das Krankenhaus mit völlig geordneten Papieren verlassen. Besonders schmerzlich ist es, dass die Frauenklinik keinen abgeschlossenen Taufraum mehr besitzt, wie dies in den ersten Jahren ihres Bestehens der Fall gewesen ist. Die Taufen werden in dem Tagesraum der Station 38 gehalten, der nur durch Vorhänge von dem Stationsgang abgetrennt ist; infolgedessen dringt jedes Geräusch in die Tauffeier herein, etwa was schon dadurch gar nicht ganz zu vermeiden ist, dass gerade auf diesem Stationsgang auch der Kreissaal liegt. Mein einziger Trost hierbei ist, dass die Mütter immer so stark von der Feierlichkeit der Handlung beeindruckt sind, dass sie wohl innerlich nicht so sehr hierdurch berührt werden wie der die Taufe spendende Pfarrer. Wie mir gesagt worden ist, soll bei dem geplanten Neubau der Frauenklinik wiederum ein geschlossener würdiger Taufraum vorgesehen sein.“[282]
Oberschmidt schreibt, daß seit dem 16.3.1909 die Taufen in ein Buch des Krankenhauspfarramtes eingetragen werden. Zum Zeitpunkt seines Jahresberichtes 1936 besteht der 28. Taufband. Im Zusammenhang mit einer Anordnung des städtischen Jugendamtes, dem er für die von der Stadt betreuten Kinder und Jugendlichen den Nachweis der arischen Abstammung erbringen muß, bedauert Oberschmidt, daß sehr viele ältere Bände nicht mit einem alphabetischen Register versehen sind.[283] Er beklagt die zusätzliche Arbeitsbelastung, hinterfragt aber nicht nach ethischen Gesichtspunkten dieser Anordnung des Jugendamtes hinsichtlich möglicher lebensgefährlicher Folgen für die Jugendlichen. Ich habe den Eindruck, daß Oberschmidt sich der Ideologie der Nazizeit angepaßt hat.
Diese parteipolitische Gesinnung half der Krankenhausseelsorge letztlich nicht, da auch ihr durch den Erlaß des Reichsinnenministers vom 9.4.1941 jegliche Eigenständigkeit genommen wurde. Knab sagt, daß er bis 1945 in der Universitätsklinik habe taufen können, während das „Hospital zum Heiligen Geist“ die Taufen schon früher dem Krankenhausseelsorger verbot. Die Anzahl der Taufen in den Jahren 1944 bis 1945 können nicht mehr angegeben werden, da laut Aussage von Knab die Unterlagen verloren gegangen sind.[284]

[282] In: Q 32, S. 4 f. [283] Ebd., S. 6 [284] In: Q 43, S. 1

Zum Abendmahl schreibt Hünemörder 1915 auf das Städtische Krankenhaus bezogen: „Öffentliche Feiern des Hl. Abendmahls, sämtlich mit Einzelkelch, fanden vierteljährlich zweimal statt; es nahmen daran teil 150 Personen, 50 männlichen und 100 weiblichen Geschlechts.[285] An den Sonderfeiern im Schwerkrankenzimmer, die zumeist auf telefonischen Anruf erfolgten, beteiligten sich insgesamt 136 Personen." Zum Siechenhaus schreibt er: „Die Zahl der Abendmahlsgäste betrug insgesamt 285, davon 57 Männer und 228 Frauen; zu Sonderfeiern vereinigten sich 97 Personen, fast ausschliesslich Schwerkranke, nebst Angehörige."[286]
Im Jahresbericht 1933 schreibt Hünemürder über Einzelkelche: „Der Sandhof und die Nervenklinik beschaffen Einzelkelche von der Verwaltung. Weitere sechs Kelche wurden für Lungenkranke angeschafft."[287] Demnach schlossen die Krankenhausseelsorger infektiös Erkrankte von der Abendmahlsdarreichung nicht aus, sondern sie erhielten von ihnen lediglich zum Schutze der anderen Patienten eigene Kelche. Vom wertvollen Abendmahlsgerät erzählte Oberschmidt im Zusammenhang mit der Auflösung des Sandhofes 1934: „Erstmals Weihnachten 1934 wurde das von Frau Arthur von Weinberg Ostern 1911 dem Sandhof gestiftete wertvolle Abendmahlsgerät, das nach Auflösung des Sandhofes sich auf einer Abteilung befand im feierlichen Abendmahlsgottesdienst benutzt."[288]
Für die gesamte Universitätsklinik im Stadtteil Frankfurt-Sachsenhausen benannte Oberschmidt 1936 an Abendmahlsgästen 1132, die er noch mal nach 421 Männern und 711 Frauen unterteilt. „Von diesen 1132 empfingen das Abendmahl nur 310 in 28 Kapellenfeiern, dagegen 822 in 147 Einzelfeiern auf den einzelnen Stationen. Schon aus diesen Zahlen ergibt sich, wie stark das Schwergewicht auf den Stationsfeiern ruht und wie sehr es erstrebenswert sein muss, die Kapellenfeiern mit den Stationsfeiern in einen inneren Einklang zu bringen. Dies ist aber nur möglich durch die Uebertragung von Kapellengottesdiensten auf den Stationen. [...] für die Herrichtung und Ausschmückung des Abendmahlsaltares gebührt den Oberschwestern und Stationsschwestern besonderer Dank. Es konnten jedes Mal eine wirkliche gottesdienstliche Feier mit Ansprache gehalten werden."[289]
In seinen Gottesdienstaushängen 1935, 1936 und 1937 hat Oberschmidt mit

[285] Die relativ geringe Zahl der Abendmahlsgäste im Städtischen Krankenhaus im Verhältnis zu den folgenden hohen Zahlen im Siechenhaus liegt vermutlich an der Lage der Kapelle des Schwesternhauses außerhalb der Kliniken, so daß nur gehfähige Patienten dorthin konnten.
[286] In: Q 16, S. 1
[287] In: Q 23, S. 2
[288] In: Q 26, S. 2
[289] In: Q 32, S. 3

Fettdruck die Gottesdienste im Jahr herausgehoben, in denen auch das heilige Abendmahl gefeiert wird.[290] Des Weiteren gab es in der Zeit von Oberschmidt noch zusätzliche Advents- und Passionsabendmahle auf den Stationen. Er gestaltete diese Gottesdienste besonders feierlich.[291] Im Vergleich zum Abendmahl wird das Bußsakrament in den mir vorliegenden Quellen nicht eigens von den Krankenhausseelsorgern der Universitätsklinik erwähnt, obgleich in der Literatur dieser Zeit zur Krankenhausseelsorge Buße und Beichte Thema wird.[292] Die hohe Bedeutung des Abendmahls und der Beichte bezeugt Fichtner im Hinweis auf Luther: „Überdies betrachtete Luther gerade in dieser Zeit die Beichte, die durchaus freiwillig sein müsse, und nicht nur vor dem Pfarrer, sondern auch vor jedem Christen abgelegt werden könne, neben Abendmahlsgenuß in beiderlei Gestalt als das vornehmste Mittel evangelischer Krankenseelsorge."[293] Gaehtgens schreibt dazu: „In den großen Kliniken mit ihrer großen Anzahl von Dauerpatienten ist die Beteiligung meist recht gut gewesen, [...] Es hat etwas besonders Bewegendes, so viele Kranke miteinander am Tisch des Herrn zu sehen, die alle durch ihr gemeinsames Leid miteinander verbunden sind. Hinter dem allen gemeinsamen Leid aber steht ja auch die allen gemeinsame Sünde und die allen gemeinsame Sehnsucht nach Vergebung und Erlösung. So habe ich den Charakter des Gemeinschaftsmahles hier in der Abendmahlsfeier meist stärker empfunden als bei so mancher Kommunionfeier in der Kirche."[294]

3.5 Die Beerdigungen

Aus dem Bericht von Lauth geht hervor, daß er alle Patienten zu beerdigen hatte, die nicht in Frankfurt wohnen. Es sei vorgekommen, daß er an einem Tag schon mal drei Beerdigungen hatte.[295] Hünemörder gibt für 1915 die Zahl von 127 für das Städtische Krankenhaus und 43 Personen für das Siechenhaus an, die er beerdigt hat.[296]

1916 bittet Hünemörder das Königliche Konsistorium, daß er nur noch diejenigen Toten beerdigen müsse, die nicht zu einer Gemeinde gehören und nur dann, wenn die Beerdigung vor 10.00 Uhr vormittags liegt, da eine beträchtliche Anzahl von Beerdigungen auf dem Hauptfriedhof und dem Friedhof Bornheim fast regelmäßig auf die späten Vormittagsstunden fallen : „[...] wage ich zu hoffen, in Zukunft etwas freier für meine Hauptarbeit an den Kranken,

290 In: Q 25, Q. 29
291 In: Q 32, S. 3
292 Vgl. Fricke (1930), S. 16; Fichtner (1929), S. 74 und Gaehtgens (1934), S. 81
293 Fichtner (1929), S. 27
294 Gaehtgens (1934), S. 87
295 In: Q 12, S. 3
296 In: Q 16, S. 1

Sterbenden, Genesenden da zu sein."[297] Für das Jahr 1931 benennt er 44 Beerdigungen.[298]
Oberschmidt erlebt wieder eine Steigerung. „Die Zahl der vom Krankenhauspfarrer gehaltenen *Bestattungsfeiern* ist von 30 in 1935 auf 54 in 1936 gestiegen; die Zunahme erklärt sich mir daraus, dass die Hinterbliebenen sich an den Krankenhauspfarrer deswegen wenden, weil er ihren Verstorbenen im Krankenhaus gekannt hat."[299]
Zum Thema Beerdigung nehmen die leitenden Krankenhauspfarrer unterschiedliche Haltungen ein. Während Hünemörder sich für eine Entlastung von Beerdigungsaufträgen bemüht, um freier für die eigentlichen Seelsorgearbeiten in der Universitätsklinik zu sein, nimmt Oberschmidt die steigenden Zahlen von Beerdigungen von Patienten widerspruchslos hin. Es ist zu vermuten, daß angesichts der Angehörigen eines verstorbenen Patienten Oberschmidt es als seinen Seelsorgeauftrag ansieht, über die Beerdigungsfeier den Hinterbliebenen in ihrer Trauer beizustehen.

3.6 Weitere Amtshandlungen

Zu anderen Amtshandlungen des Krankenhausseelsorgers gehörten vor allem neben der Neu- oder Wiederaufnahme in die Kirche die Trauungen. An Trauungen hat Hünemörder 1915 zwei,[300] 1932 eine und 1933 vier in der Klinik vollzogen.[301] Wer getraut wurde, ob Patienten oder Personal, geht nicht aus seinen Berichten hervor. Sein Nachfolger, Oberschmidt, schreibt dazu: „Die Zahl der Trauungen hat zugenommen. Während 1935 8 gewesen sind, waren es 1936 13; in dieser Zahl befinden sich eine Reihe Trauungen, bei denen den Eltern vorher ein Kind getauft worden war, die wohl standesamtlich ihre Ehe geschlossen hatten, aber noch nicht kirchlich getraut waren."[302]
Oberschmidt berichtet 1936 über die Konversion von Patienten: „Die Zahl der Eintritte in die evangelische Kirche beträgt 1935 1, 1936 2 (hierunter eine im Krankenhaus vorgenommene Erwachsenen-Taufe)."[303] Soziale Unterstützung der Patienten und Angehörigen durch die Krankenhausseelsorger wird in den vorliegenden Berichten nicht erwähnt. Hier liegt ein Seelsorgeverständnis vor, das ausschließlich die religiöse Betreuung der Patienten beinhaltet. Jede Art von finanziellen Mitteln zum Lebensunterhalt überließen die Seelsorger der Krankenhausfürsorge. Ausnahmen mag es gegeben haben. Fichtner schreibt

[297] In: Q 13, S. 1 f.
[298] In: Q 23, S. 1
[299] In: Q 32, S. 5
[300] In: Q 16, S. 1
[301] In: Q 23, S. 1
[302] In: Q 22, S. 5
[303] In: Q 22, S. 5

dazu: „Der Kranke mit seinen Angehörigen soll von vornherein in jedem Fall merken, daß kirchliche Mittel nur zur Abhilfe erster Notstände da sind und auch nur solange, als die öffentliche Fürsorge aus rein äußerlichen Gründen noch nicht eingreifen konnte.“[304] Danach entsprach eine soziale Unterstützung der Patienten durch die Krankenhausseelsorger nicht diesem Kirchenverständnis.

4. Krankenhausseelsorge und Klinikpersonal

Der Kontakt der Krankenhausseelsorger zum Personal hat sich im Laufe der Zeit von Ablehnung über Duldung bei Hünemörder bis zur konstruktiven Zusammenarbeit bei Oberschmidt und Knab entwickelt. 1933 sagt Hünemörder zum Abschluß des Jahresberichtes seinen Dank an die Direktion, Verwaltung, Professoren, Ärzte und Schwestern der einzelnen Kliniken.[305] Ebenso dankt Oberschmidt: „[...] der Frau Oberin und der Schwesternschaft, den Aerzten und dem Personal für jede Wegbereitung, die seiner Arbeit im reichstem Maße zuteil geworden ist.“[306] Diese gute Zusammenarbeit kommt trotz des Erlasses des Reichsinnenministeriums vom 9.4.1941[307] auch dem Seelsorger in den Kriegsjahren zugute, so daß Knab sagen kann: „Es war dem Direktor Schönlebe und den Stationsschwestern zu verdanken, daß die persönlichen Besuche weitergehen konnten. Auch Professoren und Ärzte hatten keinen Einwand gegen die Seelsorge.“[308]
Während der Kaiserzeit und Weimarer Republik erfuhren die Krankenhausseelsorger eher eine ablehnende oder duldende Haltung seitens des Personals. Mit den Nazis kam es zu einer konstruktive Zusammenarbeit mit Verwaltung und leitendem Klinikpersonal, was nicht verwundert, da Hünemörder und Oberschmidt zur Hitlerwahl aufgerufen hatten.[309]
Ärzte, Pflegepersonal und Beamte sind im Blickfeld der Krankenhausseelsorger, während die Hausarbeiter und Angestellte wie Raumpflegerinnen, Pförtner, Handwerker in den mir vorliegenden Quellen nicht vorkommen. Bestimmt fanden Begegnungen und auch seelsorgerliche Dienste statt, da z.B. die Gottesdienste über die Klinik hinaus auch für die umliegenden Nachbarn offen waren. Diese Berufsgruppen hatten für die evangelischen Krankenhausseelsorger dieser Zeit nicht eine so große pastorale Bedeutung, deswegen fanden sie in den Jahresberichten keine Beachtung.

[304] Fichtner (1929), S. 72
[305] In: Q 23, S. 2
[306] In: Q 32, S. 8
[307] Vgl. Kap. IV. B. 1.1.1 und IV.B.2.4.3
[308] In: Q 43, S. 1
[309] Vgl. Kap. IV.A.1.3

4.1 Die Verwaltung

Die Verwaltung zeigte im Auftrag des Magistrates Interesse an der Arbeit des Krankenhauspfarrers, so daß die Jahresberichte 1915 und 1917 von Hünemörder auf Anfrage der städtischen Krankenhausverwaltung verfaßt worden sind.[310] Für die Organisation der Weihnachtsfeiern gibt 1935 der Verwaltungsdirektor Dr. Wirth in Zusammenarbeit mit der Krankenhausseelsorge einen Plan heraus, in dem er namentlich Oberschmidt und seinen katholischen Kollegen Rektor Hugo Pfleghar einträgt.[311] Oberschmidt weist als einen weiteren Beleg der Zusammenarbeit darauf hin, daß die Krankenhausverwaltung am 1.4.1937 das Fräulein Elli Schäfer-Ratazzi zum Orgelspielen beauftragt hat. Demnach hat die Verwaltung auch das Orgelspielen in den Gottesdiensten bezahlt.[312] Weiterhin fanden gemeinsame regelmäßige Gespräche zwischen den Krankenhausseelsorgern und der Klinikverwaltung statt, bei denen 1931 die Krankenhausseelsorger um eine aktive Teilnahme an der Schulung der Schwesternvorschülerinnen gebeten hatten.[313] Neben Beobachtung und Kontrolle der Arbeit der Krankenhausseelsorge durch die Verwaltung ist das Vertrauen der Verwaltung zu den Geistlichen gewachsen. Erstmalig ermöglicht die Verwaltung den Geistlichen beider Konfessionen eine Seelsorge an einer Personalgruppe, den Schwesternvorschülerinnen.

4.2 Die Ärzte

Hünemörder betont 1916, daß er zu Beginn seiner Arbeit einen leichten Widerstand seitens der Ärzte und Schwestern erfahren habe.[314] In der folgenden Zeit bedankt er sich in allen Berichten für die gute Zusammenarbeit. Außer dem Dank an die Ärzte gehen aus den vorhandenen Berichten keine weiteren Angaben hervor. Der Vorstand der Stadtsynode sagt 1936 zum allgemeinen Bericht zur Krankenhausseelsorge in Frankfurt am Main zum Punkte Ärzte: „Das Verhältnis zwischen dem Krankenhauspfarrer und den Aerzten ist gut, [...] Eine Arbeitsgemeinschaft zwischen Aerzten und Pfarrern, wie sie in Berlin besteht, ist in Frankfurt a. M. noch nicht vorhanden."[315]
In seinem Buch „Erfahrung am Kranken- und Sterbebette" schreibt Eucharius Kündig 1899 über das Verhältnis des Krankenhausseelsorgers zum Arzt: „Den größten Einfluß auf einen Kranken, als solchen, übt zunächst der Arzt aus. Es ist darum das Verhältnis des Geistlichen zum Arzte ein sehr wichtiges,

[310] In: Q 16, S. 1
[311] In: Q 27
[312] In: Q 32, S. 2
[313] In: Q 222, S. 4
[314] In: Q 13, S. 2
[315] In: Q 28, S. 1 f.

da beide an dem zweifachen Wohl des Kranken arbeiten und die Wechselwirkung des Physischen und Moralischen eine so innige ist."[316]
Der Theologe Hans Asmussen weist 1935 darauf hin, daß der Priester ursprünglich zugleich auch Arzt war, weil die Krankheit als religiöse Angelegenheit angesehen wurde: „Wenn heute die Berufe des Arztes und des Priesters getrennt sind, so zeugt das von einer grundlegenden Wandlung in der Wertung der Krankheit. Die Wandlung ist darin zu sehen, daß die Krankheit aus dem Bereich herausgenommen ist, welcher der eigentliche Bereich des Priesters ist."[317] Er sieht eine Annäherung zwischen beiden Berufen: „So vollzieht sich denn von neuem eine Annäherung des ärztlichen und des geistlichen Standes, wenn auch unter ganz anderen Voraussetzungen, als diese Annäherung urtümlich bestand. Das findet seinen Ausdruck auch in den neuerlichen Arbeitsgemeinschaften zwischen Pastoren und Ärzten. Man kann nicht leugnen, daß die Ärzte im Großen und Ganzen mehr Verständnis für die Arbeit eines Pastors haben als in vergangenen Jahrzehnten."[318]
Paul Fricke klärt 1930 den Unterschied zwischen Krankenseelsorger und Arzt: „Krankenseelsorge hat das Ziel, daß der Patient in seiner Krankheitssituation auf letzte Fragen sich besinne und Antwort von Gott empfange. Ganz anders ist das Ziel ärztlichen Bemühens. Es ist die irdische Gesundheit des Patienten. [...] Krankenseelsorge erfordert nun auch individuelles, intuitiv beobachtend denkendes, vielleicht auch typisierendes Sehenkönnen. Darin hat der Theologe vom Arzt viel zu lernen. Unter den Kranken ist ja jeder auf seine besondere Weise krank. Wir sagen nicht, daß solches Individualisieren zur Seelsorge notwendig gehöre. Aus Gottes Macht kann ein blind gesprochenes Wort das Größte tun. Aber es läßt sich deswegen nicht bestreiten, daß sehende Seelsorge uns geboten ist. [...] Es bleibt also bei einer Arbeitsteilung in der Fürsorge an ein und demselben Menschen, vielleicht auch bei einer steten Verschiedenheit der ‚Einstellungen' von Arzt und Seelsorger trotz allem wachsenden Verständnisses füreinander. Dabei soll nicht behauptet werden, daß diese Arbeitsteilung an sich etwas Ideales sei. Wenn in alter Zeit seelsorgerliche und ärztliche Fürsorge in einer priesterlichen Hand lag, so hatte das den Vorzug, daß der Einheit der menschlichen Wirklichkeit nach Seele und Leib besser Rechnung getragen war. Heute ist aber die Spezialisierung wegen des Umfanges des erforderlichen Fachwissens und -könnens einfach nötig."[319]
Diese Literaturangaben betonen eine Annäherung zwischen Arzt und Seelsorger bezüglich der körperlichen und seelischen Gesundheit des Patienten. Die Krankenhausseelsorger der Universitätsklinik sind in ihrer Auseinandersetzung mit den Ärzten auf einem Weg von anfänglicher Duldung zum gegenseitigen Respekt.

316 Kündig (1899), S. 298.
317 Asmussen (1935), S. 185.
318 Ebd., S. 186 f.
319 Fricke (1930), S. 6 f.

4.3 Das Pflegepersonal

Zur Begegnung zwischen Pflegepersonal und Seelsorgern kam es vor allem auf den Stationen. Hier erlebten die Krankenhausseelsorger oftmals die Schwestern und Pfleger gerade in der Vermittlung zu Patienten sehr hilfreich. Das evangelische Pflegepersonal war seinerseits den Pfarrern dankbar für die Gottesdienste an Sonntagen und zu besondern Anlässen.
Auf die Notwendigkeit der Seelsorge an den Schwestern geht Lauth, der Vorgänger Hünemörders, in seiner Schrift 1913 ausführlich ein. Lauth schreibt unmißverständlich, daß er wenig Zeit findet, mit den Schwestern seelsorgerlich zu arbeiten: „Neben der Arbeit an den Kranken wächst dem Geistlichen der vier Anstalten auch noch die Sorge um die Gesunden. Also um die Schwestern und die sonstigen in der Anstalt wohnenden Angestellten. [...] Mein Vorgänger Herr Fresenius hat im vorigen Winter den Schwestern des Frankfurter Schwesternverbandes einige Vorträge über moderne Lebensprobleme gehalten. Ich selbst konnte in dieser Beziehung noch nichts unternehmen. Ich sehe auch einen gewissen Konflikt, da der Geistliche doch allen Schwesternverbänden gerecht werden sollte."[320]
Erst für das Jahr 1936 fand ich eine Angabe, die das Anliegen Lauths aufgreift. Oberschmidt bietet evangelischen Mädchen des „Anlernjahres" (zur Krankenpflegeausbildung), die mehrfach den Kapellengottesdienst besucht haben, Abendvorträge und Aussprache an.[321] Dieses Angebot geschah im Einvernehmen mit der Verwaltung.[322] Hier geschieht über das Gottesdienstangebot hinaus ein erster Schritt des Seelsorgers auf das Personal zu, entsprechend seinem Namen Krankenhausseelsorger, für das ganze Haus als Seelsorger zuständig zu sein.

B. Die katholische Krankenhausseelsorge 1914–1945

1. Gründung einer Seelsorgestelle für einen Anstaltsgeistlichen

1.1 Rechtliche Zuordnung der Krankenhausseelsorge

Seit der Gründung der katholischen Krankenhausseelsorgestelle 1910 bis zum Ende des Zweiten Weltkrieges ist die Krankenhausseelsorge rechtlich dem Stadtpfarrer und dem Bischöflichen Ordinariat in Limburg zugeordnet. Der Magistrat der Stadt hat die Bedeutung und die Arbeitsmöglichkeiten der Krankenhausseelsorge beeinflußt. Das gesellschaftspolitische Geschehen durch

[320] In: Q 12, S. 8 [321] In: Q 32, S. 6 [322] Vgl. Kap. IV. A. 4.1

Gründung einer Universität in Frankfurt am Main und die medizinischen Entwicklungen um die Jahrhundertwende gaben der Universitätsklinik mit ihren neu entstandenen Fachkliniken wie z.B. Kinder-, Augen-, Frauenklinik und Orthopädie einen Vorrang gegenüber konfessionellen Krankenhäusern. Da immer mehr Katholiken zur Behandlung in die Universitätskliniken gingen, gründete das Bistum Limburg die Krankenhausseelsorgestelle. Die Krankenhausseelsorge erhielt jedoch kirchenrechtlich nicht den Rang einer Ortspfarrei, weil zu der Zeit die Krankenhausseelsorge sich im Aufbau befand und erst etabliert werden mußte.

1.1.1 Das seelsorgerliche Anliegen des Stadtpfarrers

Als am 18.10.1914 die medizinische Fakultät der neu gegründeten Universität ihre Arbeit begann, gab es schon eine katholische Stelle der Krankenhausseelsorge am Städtischen Kranken- und Siechenhaus in Frankfurt-Sachsenhausen. Dem Frankfurter Stadtpfarrer Ludwig Abt gelang es 1910 in erfolgreichen Verhandlungen mit der Stadt, die Stelle eines katholischen Seelsorgers für das Städtische Krankenhaus in Frankfurt-Sachsenhausen zu schaffen. Bis März 1909 war für die Krankenseelsorge das Rektorat St. Leonhard in Frankfurt-Mitte zuständig. Seit April 1909 verantworteten die Seelsorge am Städtischen Kranken- und Siechenhaus die Geistlichen der Pfarrei Deutschorden in Frankfurt-Sachsenhausen.[323] Auch nach der Gründung der Universitätsklinik blieb vorerst für die Seelsorge in der „Anstalt für Irre und Epileptische“ die Pfarrei St. Antonius in Frankfurt-Westend und für die Orthopädische Klinik „Friedrichsheim“ die Pfarrei „Mutter vom guten Rat“ in Frankfurt-Niederrad zuständig.
Mit der Zusage des Armenamtes der Stadt Frankfurt am Main vom 28.7.1893 erreichte Pfarrer Johann Georg Hilpisch von St. Leonhard nach längeren Verhandlungen mit dem Magistrat eine Dienstanweisung für den katholischen Krankenhausseelsorger im neu erbauten Städtischen Krankenhaus. Diese Dienstanweisung behielt wie im „Hospital zum Heiligen Geist“ die Einschränkung bei, daß der katholische Krankenhausseelsorger nur die Kranken besuchen durfte, die darum baten. In diesem Schriftstück erhielt der Seelsorger im Krankenhaus eine gewisse Autonomie: „Geistliche sind den Beamten und Ärzten nicht untergeordnet, sondern kooperativ“.[324] Erstaunlich ist, daß ein katholischer Pfarrer im öffentlichen Krankenhaus diesen gleich geordneten Status mit einem Arzt beim Krankenhauspersonal bekam.
Seinem Nachfolger Stadtpfarrer Ludwig Abt gelang 1910 die Gründung einer eigenen Seelsorgestelle im Städtischen Krankenhaus. Die erfolgreichen

[323] Vgl. Natale (1997), S. 27
[324] In: Q 201, S. 1

Verhandlungen von Abt mit dem Magistrat waren nicht selbstverständlich in dieser Zeit, da die Katholiken in Preußen vielfach als Bürger zweiter Klasse galten.[325] Erst 1886 war der Kulturkampf durch die Vereinbarung des Reichskanzlers Otto von Bismarck und dem Papst Leo XIII. beendet worden. Durch diese Gründung hatte ein katholischer Krankenhausseelsorger erstmalig in einem städtischen Krankenhaus in Frankfurt am Main Zugang zu allen katholischen Patienten, die einen geistlichen Beistand wünschten.

Gründe für den Einsatz eines Anstaltsgeistlichen im Städtischen Krankenhaus seitens des Bistums Limburg sind im Amtsblatt des Bistums vom 5.10.1908 veröffentlicht. Es wird festgestellt, daß immer mehr Kranke nicht zu Hause verbleiben, sondern in ein Privatkrankenhaus oder eine öffentliche Klinik eingewiesen werden. Hier sieht die Kirche es „als eine heilige Pflicht“ an, sämtliche Kranke regelmäßig zu besuchen und sie „zum Empfang der heil. Sakramente zu disponieren.“ Die Gemeindepfarrer werden ermahnt, daß sie sofort dem Anstaltsgeistlichen Bericht über die Einlieferung eines Kranken zu geben haben, da „[...] die Leiter und die Pflegepersonen solcher Anstalten, besonders wenn dieselben andersgläubig sind, es bisweilen versäumen, dem katholischen Geistlichen von dem Eintritt der Kranken rechtzeitig Mitteilung zu machen, [...]“ Letztlich will man über diese Verordnung erreichen, „[...] daß durch die gewissenhafte Beobachtung dieser Verordnung dem Wegsterben von Kranken ohne Empfang der Sterbesakramente wirksam vorgebeugt werde.“[326] Bemerkenswert ist, daß hier vom Bistum die Gemeindepfarrer aufgefordert werden müssen, vor allem wegen der Sterbesakramente, eng mit den Anstaltsgeistlichen zusammenzuarbeiten. Offensichtlich haben die Gemeindepfarrer dieser Zeit wenig Interesse an einer guten Kooperation mit den Anstaltsgeistlichen, weil sich die Gemeindepfarrer jegliche zusätzliche Arbeit ersparen wollten.

Abt blieb bis 1919 Stadtpfarrer. Ihm folgte Jakob Herr,[327] der, wie sein Vorgänger, als neuer Stadtpfarrer zugleich auch der unmittelbare Vorgesetzte für den jeweiligen Krankenhausseelsorger war. Beiden Stadtpfarrern war das gute Ansehen der katholischen Krankenhausseelsorge an den Universitätskliniken ein besonderes Anliegen. In allen Konfliktfällen des jeweiligen Geistlichen mit der Universitätsklinik, mit dem Magistrat der Stadt und dem Bistum Limburg vermittelten sie zugunsten der Krankenhausseelsorge.

Als die Jahrestagung der Krankenhausseelsorger in Heil- und Pflegeanstalten im August 1935 in Frankfurt am Main tagte, nahm der Stadtpfarrer Jakob Herr selbst teil. Einen ausführlichen Bericht über den Verlauf der Tagung gab er an das Bischöfliche Ordinariat nach Limburg.[328] Im seinem Schreiben vom 19.6.1941 bittet Jakob Herr den Bischof dringend, die Gläubigen auf den Erlaß des Reichsinnenministers aufmerksam zu machen und sie darauf hinzuweisen,

[325] Vgl.Crone/Kloft/Hefele (1997), S. 29
[326] Vgl. Höhler (1908), S. 89
[327] Vgl. Kloft (1997 b), S. 28
[328] In: Q 231, S. 1 f.

daß sie in den Krankenhäusern nur dann Besuch vom Seelsorger bekommen, wenn sie es mündlich oder schriftlich bei der Krankenhausverwaltung kundgetan haben. Bischof Antonius Hilfrich zögerte, zu der gravierenden Einschränkung der Krankenhausseelsorge durch die Nationalsozialisten Stellung zu nehmen. Der Bischof wartete auf eine generelle Stellungnahme der deutschen Bischofskonferenz.[329] Der erhoffte gemeinsame Protest des Bischofs blieb aus. Dagegen trat Herr als Stadtpfarrer couragiert gegen die Nationalsozialisten auf.

Matthias Kloft schreibt 1997 über Herr: „Er prägte das katholische Frankfurt der Weimarer Republik und der Nazizeit. Dabei erwies er sich gerade in der Periode der Diktatur im Verein mit seinem Nachfolger Alois Eckert als einer der unerschrockenen Gegner des Systems. Man erteilte ihm deshalb Unterrichtsverbot und nahm ihn auch kurzzeitig in politische Haft. Herr war kein Freund von Kompromissen mit den Machthabern und erwies sich in dieser Einschätzung erheblich realistischer als Bischof Hilfrich".[330]

1.1.2 Das Bischöfliche Ordinariat im Bistum Limburg

Der Bischof selbst ernennt den jeweiligen Krankenhausseelsorger. Das Bischöfliche Ordinariat legt im Schreiben vom 21.5.1910 eine Dienstinstruktion für den Krankenhausseelsorger fest.

In diesem Schreiben heißt es unter Punkt eins zur Bedeutung der Seelsorgsbesuche am Krankenbett: „Der Seelsorger hat Besuche zu machen, um diejenigen Kranken ausfindig zu machen, deren Zustand den Empfang der hl. Sakramente notwendig oder wünschenswert erscheinen läßt." Weiter werden unter diesem Punkt die Taufen in der Entbindungsanstalt und die Durchführung eines Gottesdienstes an allen Sonn- und Feiertagen angesprochen, soweit es von der Verwaltung des Krankenhauses gestattet ist.

In Punkt zwei wird der Krankenhausseelsorger beauftragt, soweit es sein Krankenhausdienst zuläßt, alle Beerdigungen, die im Kranken- und Siechenhaus anfallen, durchzuführen.

In Punkt drei wird er verpflichtet, an den Samstagen und den Vorabenden der gebotenen Feiertage in der Pfarrei Deutschorden Beichte abzunehmen, in besonderen Fällen auch in der Pfarrei St. Bonifatius.

Punkt vier spricht die Erholung des Krankenhausseelsorgers an. Sie beträgt zwei Nachmittage in jeder Woche. Weiterhin erhält er einen Jahresurlaub von drei Wochen.[331]

Abgesehen von seinen Aufgaben im Städtischen Krankenhaus hat der Krankenhausseelsorger darüber hinaus in den Nachbargemeinden zu beerdigen

[329] In: Q 226
[330] Vgl. Kloft (1997 b), S. 29
[331] In: Q 233, S. 2 f.

und Beichte abzunehmen. Das Bischöfliche Ordinariat traute sich zu der Zeit noch nicht, die Krankenhausseelsorgestelle als eigenständige Pfarrstelle anzusehen. Sie mußte deshalb noch in der Ortsgemeinde verankert sein. Das Bistum verhalf der Krankenhausseelsorge durch diese Zusatzaufgaben in den Nachbargemeinden der Universitätskliniken zu einer kirchenrechtlichen Anerkennung.

Angesichts einer Größe von 1907 Betten im Städtischen Krankenhaus zur Zeit der Gründung der Stelle im Jahre 1910 ist ein Geistlicher bei dieser Dienstinstruktion überfordert. Erst als das Bischöfliche Ordinariat 1918 von der durch den ersten Weltkrieg bedingten Aufstockung der Bettenzahl auf 3263 Betten erfährt, fordert es über den Stadtpfarrer vom Magistrat eine zweite Seelsorgestelle für die katholischen Insassen des Städtischen Krankenhauses, die rund ein Drittel aller Patienten ausmachen.[332]

Da es nicht zu einer zweiten Seelsorgestelle kommt, befreit mit dem Schreiben vom 31.10.1918 das Bischöfliche Ordinariat den Krankenhausseelsorger vom Dienst an allen „Nebenanstalten" des Städtischen Krankenhauses, die sich durch die Verwundeten des ersten Weltkrieges ergaben. Die Krankenseelsorge wird ab sofort von den Pfarrgeistlichen, in deren Bezirk die Nebenanstalt liegt, mit übernommen.[333]

Erst in den zwanziger Jahren entbindet das Bischöfliche Ordinariat den Krankenhausseelsorger der Universitätsklinik, Rektor Hugo Pfleghar, im Gegensatz zu seinen Vorgängern von weiteren Dienstinstruktionen, vom Beichte hören in den Nachbarpfarreien, vom Religionsunterricht und von Beerdigungen der im Krankenhaus verstorbenen, katholischen Patienten.[334]

Das Bischöfliche Ordinariat ist nicht bereit, den Krankenhausseelsorger personell zu unterstützen, besteht aber dagegen auf einer optimalen seelsorgerlichen Betreuung der Kranken in der Universitätsklinik. Als Aufsichtsbehörde des Seelsorgers reagiert das Bischöfliche Ordinariat sofort auf die Beschwerde von Schwestern der Universitätsklinik über mangelnde Besuche des Krankenhausseelsorgers. In einem Schreiben des Bischöflichen Ordinariates vom 9.1.1929 an den Stadtpfarrer wird gebeten, folgenden Klagen über die Seelsorgepraxis des Rektors Pfleghar nachzugehen.

„Eine Kranke im Sandhof habe erzählt, dass 8 und 10 Wochen vergingen, bis man den katholischen Hausgeistlichen wiedersehe; [...] die Schwester einer Männer-Tuberkulosenstation sei wiederholt von den Patienten gefragt worden, weshalb der katholische Geistliche sich wochenlang nicht sehen lasse; andere Schwestern sagten, der Rektor komme nur zu Versehgängen;[335] von der

[332] In: Q 206, S. 1

[333] In: Q 207

[334] In: Q 216, S. 3

[335] „Versehgang: (Versehen) Gang eines kath. Geistlichen zur Spendung der Sterbesakramente, auch zur Sakramentenspendung an Kranke." Heim (1998), S. 445

Frauenklinik erzählten die Schwestern, früher seien die Kranken regelmäßig besucht worden, jetzt habe der Rektor keine Zeit dazu. Auch soll es wiederholt vorgekommen sein, dass die Stationsschwester einen Versehgang am Dienstag oder Freitagvormittag vor 10 oder zwischen 10 und 11 Uhr meldete, der erst kurz nach 12 Uhr vom Rektorat an die Geistlichkeit in St. Bonifatius weitergegeben wurde, weil der Rektor dienstfreien Nachmittag habe. [...] Eine derartige Seelsorgepraxis müsste in kurzer Zeit die unter grossen Opfern errungene Stellung des Hausgeistlichen am städtischen Krankenhaus aufs Schwerste beeinträchtigen und könnte dahin führen, dass schließlich der Geistliche nur noch auf die Station kommen darf, wenn er ausdrücklich gerufen wird."[336]
In seinem Antwortschreiben bestätigt Pfleghar die Beschwerden der Krankenschwestern aufgrund seiner permanenten Arbeitsüberlastung. Er sagt nachdrücklich, daß die Sorge des Bistums unbegründet ist, da das Ansehen der Krankenhausseelsorge in der Universitätsklinik in den letzten Jahren noch gewachsen sei.[337] Diese Sorge des Bistums um die Krankenseelsorge ist kritisch zu sehen, da das Bistum weder bereit war, auf eigene Kosten eine zweite Seelsorgestelle zu gründen, noch eine ständige Kaplanstelle in der Krankenhausseelsorge einzurichten. Andererseits hat die der Universitätsklinik benachbarte Pfarrei St. Bonifatius fünf Geistliche zur Verfügung.[338] Danach konnte die Stelle in der Krankenhausseelsorge vom Bistum aus noch nicht als eine gleichwertige Stelle mit einer Gemeindepfarrstelle angesehen werden.
Unter den Nationalsozialisten bestätigt sich gerade diese Befürchtung des Bischöflichen Ordinariates, daß der Krankenhausseelsorger nicht mehr alle Kranken besuchen darf. Als Reaktion auf den Erlaß des Reichsinnenministers von 1941 zu der Einschränkung der Seelsorge in den öffentlichen „Kranken-Heil- und Pflegeanstalten"[339] entsteht 1941 das erste und bis heute einzige Hirtenwort des Bischofs zur Krankenseelsorge im Bistum Limburg.[340] Es ist im Amtsblatt am 3.7.1941 veröffentlicht und als Adressaten sind „Meine lieben Diözesanen!" benannt. Nach einer Hervorhebung, daß die Kirche mit besonderer Liebe durch ihre Priester sich der Kranken und Sterbenden angenommen hat, lobt Bischof Antonius Hilfrich die Schwestern, Pfleger und Pflegerinnen verschiedener Anstalten. Diese: „[...] haben bisher nicht nur in aufopfernder Liebe für den kranken Leib der Pflegebefohlenen gesorgt, sondern sie haben auch von sich aus die Priester der Kirche benachrichtigt, sobald einer aus euch ernstlich erkrankt war. Nun hat ein Erlaß des Herrn Reichsministers des Inneren für die Ausübung der Seelsorge in den öffentlichen Kranken-, Heil- und Pflegeanstalten besondere Bestimmungen getroffen. Danach dürfen die diensttuenden Pflegepersonen den Besuch des Geistlichen beim Kranken

336 In: Q 216, S. 1 f.
337 In: Q 218, S. 26
338 In: Q 214, S. 2
339 Vgl. Betätigung der Glaubensgemeinschaften (1941), S. 46
340 Vgl. Antonius (1941), S. 45 f.

zur Ausübung der Seelsorge nur dann vermitteln, wenn der Kranke seinen Wunsch, vom Geistlichen besucht zu werden, ihnen gegenüber zum Ausdruck bringt."[341]

Mit dem im Hirtenwort des Bischofs angesprochenen Erlaß der Nazis beginnt eine erhebliche Einschränkung der Seelsorgetätigkeit an den öffentlichen Krankenhäusern. Alle Errungenschaften für die freie Ausübung der Krankenhausseelsorge, die zuerst der Stadtpfarrer im Jahre 1910 von dem Magistrat erstritt, sind im ministeriellen Erlaß vom 11.10.1930 festgehalten. Die Nazis dagegen schränkten mit der Anordnung des Reichsinnenministers vom 9.4.1941 die Krankenhausseelsorge wiederum erheblich ein und machten sie praktisch undurchführbar. So darf das Stationspersonal dem Anstaltsgeistlichen nur noch Hinweise auf Patienten geben, die ausdrücklich einen Seelsorgebesuch wünschen. Den Zeitpunkt des Besuches setzt der ärztliche Leiter fest. Nur in besonderen akuten Krankheitskrisen wird von der zeitlichen Bindung des Seelsorgebesuches abgesehen. Taufen dürfen in der Anstalt mit Ausnahmen von Nottaufen nicht mehr stattfinden. Sterbende dürfen nur noch in Einzelzimmern seelsorgerlich begleitet werden, wobei aus Zimmermangel und Patientenüberbelegung diese Anordnung kaum zu verwirklichen ist. Alles deutet jedoch darauf hin, daß jedes Einwirken von Krankenhausseelsorgern auf den Stationen ab sofort unerwünscht ist und nahezu unmöglich gemacht wird.[342]

Welche Auswirkungen dieser Erlaß in der Universitätsklinik auf die praktische Arbeit des katholischen Krankenhausseelsorgers hatte, ging aus den mir vorliegenden Quellen nicht hervor.

1.1.3 Der Einfluß des Magistrates der Stadt Frankfurt am Main

Die Stelle der Krankenhausseelsorge am Städtischen Krankenhaus und am Siechenhaus finanzierte der Magistrat der Stadt. Ihrem Antrag auf Mitspracherecht bei der Besetzung der Stelle stimmte das Bistum Limburg zu.[343]

Eine zweite katholische Seelsorgestelle an der Universitätsklinik lehnt der Magistrat trotz der erheblichen Zunahme katholischer Patienten (in der Weimarer Zeit von einem Drittel auf die Hälfte aller Patienten) ab. Der Widerspruch eines Magistratsmitgliedes genügte, um die Anstellung eines zweiten katholischen Geistlichen im Krankenhaus zu verhindern.[344] 1927 fordert Pfleghar noch einmal einen zweiten katholischen Geistlichen an, um angesichts der Größe des Städtischen Krankenhauses die Seelsorge zu gewährleisten. Seiner Meinung nach würde gerade diese Förderung der Krankenhausseelsorge durch den Magistrat das Vertrauen der katholischen Bevölkerung stärken, da

341 Ebd.
342 Vgl. Betätigung der Glaubensgemeinschaften (1941), S. 46 f.
343 In: Q 202
344 In: Q 208

immer noch weite katholische Kreise Bedenken hätten, sich im Städtischen Krankenhaus aufnehmen zu lassen.[345]

Auch diese Initiative des Krankenhausseelsorgers hat weder beim Magistrat noch beim Bistum Limburg Erfolg. Pfleghar schrieb als einziger katholischer Krankenhausseelsorger über seine Seelsorgetätigkeit Jahresberichte. Er schickte diese Berichte an das Stadtgesundheitsamt, um letztlich auch dem Magistrat die Wichtigkeit einer weiteren Stelle für die katholische Krankenhausseelsorge an der Universitätsklinik deutlich zu machen. Für diesen Zweck bereitete er eine Statistik[346] vor, um dem Magistrat „[...] für meine gesamte Tätigkeit zahlenmäßige, statistische Unterlagen zusammenzustellen. Für den Abschnitt ‚Verstorbene' habe ich solche bereits. Diese Statistik verspricht sehr interessant und für meine Tätigkeit nutzbringend zu werden. Leider kann ich diese Arbeit erst im April vollenden, da ich erst zu diesem Zeitpunkt die letzten Angaben seitens des statistischen Büros des Städt. Krankenhauses haben kann. Wenn diese Statistik dann mehrere Jahre geführt ist, ergeben sich für die Tätigkeit des Krankenhausgeistlichen wertvolle Fingerzeige und Momente, die mir bisher leider absolut fehlen, da mir meine Vorgänger nicht das mindeste Material hinterlassen haben."[347]

Diese Statistik wird am 19.1.1929 fertig. Sie umfaßt den Zeitraum von 1925 bis 1928. Sie ist nicht nur für die Krankenhausseelsorge und für die Universitätsklinik, sondern auch für die Kirche und für den Magistrat interessant. Pfleghar nennt folgende Zahlen: In diesen Jahren gab es im Städtischen Krankenhaus 89 Stationen mit insgesamt etwa 2500 Betten. Die Krankenzahlen pro Jahr stiegen von 21 700 (1926) auf 32 640 (1928) Patienten. Wollte Pfleghar alle Patienten an 225 Besuchstagen pro Jahr erreichen, so müsse er täglich 96,5 (1926) und 145 (1928) Kranke besuchen. Letztlich rechnet Pfleghar noch seine ganzen Amtshandlungen, Schreibtischarbeit, Konferenzen und andere Tätigkeiten in durchschnittlicher Stundenzahl dazu. Für das Jahr 1928 berechnet Pfleghar eine tägliche Arbeitszeit von 13,85 Stunden.[348]

Pfleghar schrieb diese Statistik u.a. zu seiner Rechtfertigung in Anbetracht des Vorwurfs mangelnder Besuche auf den Stationen. Er war sehr verärgert, daß weder das Bischöflichen Ordinariat noch der Magistrat seine Seelsorgearbeit honorierte. Auch wenn diese Statistik nicht den erwünschten Erfolg beim Magistrat der Stadt und dem Bischöflichen Ordinariat erbracht hatte, so ist sie nicht nur eine beachtliche Leistung des Krankenhausseelsorgers, sondern sie dokumentiert auch seinen erheblichen Arbeitsumfang. Hilfreich ist sie auch für eine nähere Stellenumschreibung eines Seelsorgers an der Universitätsklinik. Diese Statistik erhebt keinen wissenschaftlichen Anspruch, da Pfleghar diese Zahlenangaben subjektiv zusammenstellte. Ein Vergleich mit einer ande-

345 In: Q 213, S. 2
346 In: Q 219
347 In: Q 214, S. 1 f.
348 In: Q 219; s. Dok 2

ren Statistik ist nicht möglich, weil ich keine anderen ähnlich dokumentierten Quellen gefunden habe.

1.2 Das Rektorat

1.2.1 Das Haus des Rektors

Das Haus des Rektors, das Rektorat, ist zugleich Wohnung für ihn und seine Haushälterin, ist Büro und Beratungsraum und schließlich kirchlicher Raum. Das Haus in der Eschenbachstraße 7 (heute Ludwig-Rehn-Straße 7) liegt gleich gegenüber dem Haupteingang der Universitätsklinik. Bis heute befindet sich hier das Haus der katholischen Krankenhausseelsorge.

Die Haushälterin ist wie in anderen Pfarrhäusern nicht nur für die wirtschaftlichen Angelegenheiten des Hauses, sondern auch für die Vermittlung pastoraler Anliegen zuständig. Pfleghar hatte seine Haushälterin bei Anfragen für einen Versehgang angehalten, auf der Station nachzufragen, wie dringlich der „sakramentale Besuch“ bei dem Sterbenden sei. Die Wichtigkeit seiner Haushälterin betont Pfleghar in einem Schreiben an den Stadtpfarrer: „1926 und 1927 ist es mir unter großen Mühen gelungen, Vertretung für meine Haushälterin zu bekommen. Einen Urlaub von 14 Tagen kann ich meiner Haushälterin schon deshalb nicht vorenthalten, weil sie während des ganzen übrigen Jahres ununterbrochen an das Haus gebunden ist.“[349] 1928 rief die Haushälterin Pfleghar wegen der Spendung der „letzten Ölung“ dreimal aus der Schule, in der er Religionsunterricht hielt, heraus.[350] Als Nebenerwerb gab Pfleghar zeitweise freiwillig Religionsunterricht, da er diese finanzielle Vergütung behalten konnte.

Im Rektorat befinden sich die Diensträume des Krankenhausseelsorgers. Die ganze Korrespondenz, sowohl für die Verwaltung der Krankenhausstelle als auch für die verschiedenen Anliegen der Patienten mit Behörden, wird dort erledigt. Zur persönlichen Beratung und Aussprache kommen Angehörige von Patienten, Klinikpersonal und Nachbarn aus der Wohngegend ins Rektorat. Pfleghar ist insbesondere darüber erfreut, daß ihm 1928 die Klinikverwaltung ein eigenes Haustelefon eingerichtet hat. Diese technische Errungenschaft bringt ihm eine gewisse Erleichterung in seinem Seelsorgedienst auf den verschiedenen Abteilungen. Vor allem kann er jetzt vom Personal der einzelnen Kliniken direkt im Notfall gerufen werden.[351]

Das Rektorat hat keine pfarramtlichen Befugnisse. Jede Taufhandlung trug der Krankenhausseelsorger zuerst in den Taufbüchern der Pfarrei Deutschorden

[349] In: Q 220, S. 2 f.

[350] In: Q 218, S. 4

[351] In: Q 217, S. 5

und später in die der Pfarrei St. Bonifatius ein. Für eidesstattliche Beurkundungen wie z.B. von Zeugnissen und Rentenbescheinigungen des Klinikpersonals benötigte der Krankenhausseelsorger das Siegel der zuständigen Pfarreien.

1.2.2 Die Hauskapelle

Im Gegensatz zur Pfarrkirche hatte die Rektoratskapelle nur „halböffentlichen" Charakter.[352] Mit Schreiben aus Rom vom 8.7.1910 der „Sacra Congregatio de Sacramentis" erhält Heer als erster Anstaltsgeistlicher des Städtischen Krankenhauses die Erlaubnis, die hl. Messe täglich mit Ausnahme der Karwoche in der Kapelle des Rektorates zu zelebrieren. Die Anwohner und Angestellten des Krankenhauses können die Messe besuchen und ihre Sonntagspflicht dort erfüllen. Im gleichen Schreiben wird von der Größe des Krankenhauses berichtet, das 1800 Kranke aufnehmen kann, unter denen sich ein Drittel katholische Patienten befinden.[353] Da sich die Kapelle außerhalb des Klinikgeländes befand, kamen grundsätzlich keine Patienten zum Gottesdienst in diese Hauskapelle, da die Patienten aus rechtlichen Gründen das Klinikgelände nicht verlassen durften.

In einem weiteren Schreiben vom 23.2.1911 erhält Rektor Johannes Heer die Erlaubnis, in der Hauskapelle einen Kreuzweg zu „Ehren und frommer Erinnerung der glorreichen Passion Jesu Christi, zur Erbauung der Gläubigen und zum Heile" zu halten. Dieser Kreuzweg ist verbunden mit einem Ablaß für die Gläubigen. [354]

Dennoch bleiben die Amtshandlungen in dieser Kapelle sehr eingeschränkt, wie Pfleghar 1929 bedauert: ‚[...]um so weniger meine Kapelle nur eine Privatkapelle ist, wie es in vielen Erlassen der Bischöflichen Behörde zum Ausdruck gekommen ist. Sogar die Frühmesse an Sonn- und Feiertagen ist nur unter der Bedingung gestattet, daß sich eine bestimmte Anzahl von Schwestern und Hausangestellten einfindet."[355]

Hier sieht sich Pfleghar auch als Zelebrant im Vergleich zu dem Gemeindepfarrer benachteiligt. Schon in der Dienstinstruktion von 1910 ist unter Punkt 5 eine Benachteiligung angesprochen: „In der Kapelle der Privatwohnung des Krankenhausgeistlichen dürfen andere geistliche Funktionen, als die Feier der hl. Messe und die Spendung der hl. Kommunion an Hausbewohner oder Angestellte der betr. Krankenhäuser nicht vorgenommen werden."[356] Täglich fand

[352] Die Rektoratskapelle galt als Nebenkirche ohne pfarramtliche Befugnisse. Ihr wurden nur bedingt kirchliche Rechte zugestanden, soweit es die Seelsorge im Krankenhaus erforderte.

[353] In: Q 203, S. 1 f.

[354] In: Q 204

[355] In: Q 220, S. 1 f.

[356] In: Q 233, S. 2

hier am Vormittag um 6.00 Uhr eine heilige Messe statt, an der Krankenschwestern und Angestellte des Krankenhauses teilnahmen. In seinen Jahresberichten nennt Pfleghar die tägliche Besucherzahl: 48–50 (1926); 30–40 (1927), 30–40 (1928), 30–40 (1930), 40–60 (1932). Vereinzelt nahmen auch Nachbarn an diesen Werktags-, Sonn- und Feiertagsmessen teil.[357]
In dieser Kapelle ist im Tabernakel das Allerheiligste[358] aufbewahrt, das außerhalb der Messen und Anbetungsstunden[359] für die Krankenkommunion benötigt wird. Durch Bombenabwurf im Zweiten Weltkrieg wird das Rektorat 1944 so sehr beschädigt, daß der Krankenhausseelsorger, Rektor Thies, ausziehen muß. Das Zimmer der neuen Wohnung des Rektors ist als Kapelle eingerichtet worden und auf dem Altar dort ist in der Krankenburse das Allerheiligste für Versehgänge bereit gehalten.[360] Die Frühmesse wird jetzt von der Hauskapelle in die Kapelle des Schwesternhauses der Universitätsklinik verlegt.

1.2.3 Die finanzielle Lage der Krankenhausseelsorge

Der Krankenhausseelsorger selbst erhielt seinen Unterhalt maßgeblich vom Magistrat der Stadt Frankfurt am Main. 1919 wird dem Stadtpfarrer von der Anstalts-Deputation des Magistrats eine allgemeine Neuregelung der Besoldung der Krankenhausseelsorger mitgeteilt.[361] Danach erhält der Anstaltsgeistliche des städtischen Krankenhauses Sachsenhausen die Zusage einer Kriegsteuerungszulage. In den vierziger Jahren wird das Gehalt des Krankenhausseelsorgers entsprechend seiner Dienstjahre festgesetzt. So erhielt z.B. Rektor Messmer jährlich ein Gehalt von 4820 Reichsmark, abzüglich eines Mietsanteils von 21 %.[362] Über die Höhe der Gehälter der Krankenhausseelsorger vor den vierziger Jahren liegen mir keine Hinweise vor. Zum Umgang mit Finanzen in der Krankenhausseelsorge schreibt Pfleghar 1926 bezogen auf seine Besuche: „Bei diesen Besuchen bekamen die Kranken Lesestoff im Werte von 600 Mark. Dieser Betrag wurde durch freiwillige Spenden aufgebracht."[363] Vermutlich unterstützten die Seelsorger von diesen

357 In: Q 212, S. 1 / Q 213, S. 2 / Q 217, S. 3 / Q 221, S. 4 / Q 222, S. 4 / Q 223, S. 2

358 Das Allerheiligste ist in der katholischen Kirche die Bezeichnung für die geweihte Hostie nach der Wandlung. Sowohl zur Krankenkommunion wie zum Versehgang wird das Allerheiligste in einem kleinen Metallgefäß zu den Patienten gebracht, das sich in einem ledernen Beutel, der Burse, befindet.

359 Zu besonderen Festtagen und Andachten wurde das Allerheiligste, die geweihte Hostie, in einer Monstranz, einem Schaubehälter, zur Anbetung durch die Gläubigen, auf dem Altar ausgestellt.

360 In: Q 236, S. 1

361 In: Q 210

362 In: Q 237

363 In: Q 212, S. 2

Spenden materiell notleidende Patienten.[364] Von einem eigenen Haushalt ist noch nicht die Rede.

1.3 Die Krankenhausseelsorger

1.3.1 Die hauptamtlichen Krankenhausseelsorger

Johannes Heer wurde am 23.12.1880 in Erbach bei Limburg geboren und 1904 zum Priester geweiht. Nach seiner dritten Kaplansstelle, die er bis 1910 in St. Leonhard, Frankfurt am Main, inne hatte, wird er am 21.5.1910 zum Seelsorger am Städtischen Krankenhaus und am Städtischen Siechenhaus ernannt. Heer wird der Titel „Rektor" verliehen. Am 1.11.1916 wird er Pfarrer in Bad Homburg. Bereits im Alter von 38 Jahren stirbt er am 17.7.1918.[365]
Sechs Jahre arbeitete er als erster Krankenhausseelsorger in der neu eingerichteten Stelle. Schriftstücke über seine Seelsorgearbeit gibt es weder von ihm noch von seinen beiden Nachfolgern.[366] Pfleghar kannte Heer schon aus seiner Kaplanzeit. 1916 vertritt Pfleghar als Kaplan von Deutschorden öfters Heer in der Krankenhausseelsorge. Eine Angabe über Heer fand ich bei Pfleghar in seiner Erwiderung auf das Beschwerdeschreiben einiger Stationsschwestern an das Bischöfliche Ordinariat. Pfleghar schreibt darin u.a. über Johannes Heer. „Bei aller Opferwilligkeit meiner Herren Vorgänger, die im Krankenhaus bis heute überall anerkannt sind, verstummten die Klagen über mangelhafte Betreuung der Kranken nicht."[367]
Karl Rentz wurde am 16.12.1883 in Niederbrechen bei Limburg geboren. Er empfing 1910 die Priesterweihe. Rentz begann nach drei Kaplanstellen, zuletzt seit 1914 in St. Bonifatius Wiesbaden, am 1.12.1916 als Rektor am Städtischen Krankenhaus in Frankfurt. Seit 1.10.1919 arbeitete er als Pfarrvikar in Ahlbach. 73jährig starb er am 6.8.1950.[368]
Über seine Erfahrungen als Krankenhausseelsorger in der Universitätsklinik liegen nur indirekte Angaben vor. Auf Rentz bezieht sich 1918 Rektor Josef Hensler von der Krankenhausseelsorge in Frankfurt Höchst namentlich. In seinem ausführlichen Brief vom 20.2.1918 an das Bischöfliche Ordinariat über die Schwierigkeiten eines Versehganges im Krankenhaus schreibt Hensler, daß er dieselben Erfahrungen gemacht hat, wie zuvor sein Kollege Rentz am Städtischen Krankenhaus.[369] Die in diesem Schreiben vorkommenden Verbesserungsvorschläge der beiden Krankenhausseelsorger sind erfolgreich, so daß

[364] Vgl. Kap. IV.B.3.8
[365] In: Q 266 a
[366] In: Q 214, S. 2
[367] In: Q 218, S. 11
[368] In: Q 266 b
[369] In: Q 225, S. 1

das Bistum Limburg die Sakramentenspendung an den Kranken möglichst schon vor Einlieferung ins Krankenhaus als Maßnahme für die Pfarrgeistlichkeit im Amtsblatt vom 25.3.1920[370] anordnete.
Berthold Merkel wurde am 31.5.1888 in Wiesbaden geboren und am 22.2.1912 zum Priester geweiht. Nach drei Kaplansstellen, zuletzt seit 1917 in der Dompfarrei in Frankfurt am Main, wird er am 1.10.1919 zum Rektor am Städtischen Krankenhaus ernannt. Am 1.3.1926 wird er Pfarrer an St. Marien zu Wiesbaden-Biebrich. Am 1.9.1928 wird er Domkapitular für 27 Jahre. Unter Bischof Wilhelm Kempf ist er von 1951 bis 1955 Generalvikar des Bistums Limburg. Im Alter von 67 Jahren ist er am 2.12.1955 in Bonn verstorben.[371]
Vor Beginn seiner Seelsorgetätigkeit in der Universitätsklinik ist das Bischöfliche Ordinariat bereit, Merkel „[...] wegen der besonders schwierigen Verhältnisse in diesem Arbeitsfeld" für ein Praktikum in der Universitätsklinik vom Gemeindedienst freizustellen und von seinem Vorgänger Rentz in die Arbeit als Krankenhausseelsorger einführen zu lassen.[372] Mit der Freistellung für dieses Praktikum wird vom Bischöflichen Ordinariat erstmals gesehen, daß Voraussetzungen für den Seelsorgedienst des Krankenhausgeistlichen notwendig sind. Leider bleibt diese Art von vorzubereitender Schulung eine einmalige Aktion des Bistums. Merkel bleibt sechseinhalb Jahre an der Universitätsklinik als Krankenhausseelsorger.
Am 14.4.1892 wird *Hugo Pfleghar* in Wiesbaden geboren und 1916 zum Priester geweiht. Nach zwei Kaplansstellen wird er 1917 Militärgeistlicher und wiederum nach drei Kaplansstellen, zuletzt seit 1923 am Dom zu Frankfurt am Main, am 22.3.1926 zum Rektor ernannt.[373] Am 15.2.1938 wird er Wehrmachtspfarrer in Frankfurt am Main. Im Alter von 73 Jahren stirbt er am 17.1.1965 in Nassau.[374]
Mit 12 Jahren Seelsorgearbeit ist Pfleghar von allen seinen Vorgängern und seinen beiden Nachfolgern am längsten in der Universitätsklinik tätig. Von ihm sind sechs Jahresberichte und eine umfangreiche Antwort auf eine Beschwerdeschrift verschiedener Abteilungsschwestern erhalten. Dank seiner konkreten Aufzeichnungen und eines umfangreichen Zahlenmaterials von 1926 bis 1932 ist es möglich, Informationen sowohl über die Dienststelle als auch über die Arbeitsweisen der Krankenhausseelsorger wiederzugeben. Besonders bemerkenswert ist seine Statistik[375] über die Tätigkeiten des katholischen Anstaltsgeistlichen mit Angabe der benötigten Stundenzahl für jede Seelsorgearbeit aus den Jahren 1925–1928. Insgesamt gesehen erfährt Pfleghar seine Krankenhausseelsorgearbeit als erfolgreich. Eine gute Arbeitsmotivation

370 In: Höhler (1920), S. 35 f.
371 In: Q 266 c
372 In: Q 209
373 In: Q 211
374 In: Q 266 d
375 In: Q 219

ist für ihn die Anerkennung seitens des Personals der Universitätsklinik wie seitens einiger Pfarrgeistlicher.[376]

Am 14.1.1904 wurde *Anton Thies* in Camberg geboren und 1928 zum Priester geweiht. Nach drei Kaplansstellen, zuletzt seit 1933 in der Frankfurter Dompfarrei, wird er am 1.3.1938 zum Rektor ernannt. Am 1.11.1944 wird er Pfarrer in Oberjosbach. Im Alter von 58 Jahren stirbt er am 14.5.1962 in Mainz.[377]

Aus seiner sechsjährigen Seelsorgetätigkeit an den Universitätskliniken konnte ich in den Quellen keine schriftlichen Unterlagen weder von ihm noch über ihn finden. Drei Jahre nach seinem Dienstbeginn wird die Arbeit der Krankenhausseelsorge durch einen Erlaß der Nationalsozialisten[378] erheblich eingeschränkt. Als Antwort auf diesen Erlaß entsteht das Hirtenwort zur Krankenseelsorge[379] des Bischofs Antonius Hilfrich von Limburg.

1.3.2 Die Mitarbeiterinnen und Mitarbeiter in der Krankenhausseelsorge

1931 arbeitete eine Seelsorgehelferin[380] in der Krankenhausseelsorge an den Universitätskliniken. Über sie liegen mir außer der Erwähnung von Pfleghar keine weiteren Angaben vor. Ergänzend zum Jahresbericht 1931 teilt Pfleghar in seinem Jahresbericht 1932 mit, daß am 1.9.1931 die Tätigkeit der Seelsorgehelferin endete, „[...] da jegliche Mittel, die auch nur ein bescheidenes Gehalt für die Seelsorgehelferin ermöglicht hätten, fehlten."[381] Den Jahresbericht 1931, in dem Pfleghar ausführlicher auf die Seelsorgehelferin einging, fand ich in den Archiven nicht.

Vertretungen durch Kapläne sind mehrmals benannt.[382] Im Schreiben vom 17.9.1918 bittet das Bischöfliche Ordinariat den Stadtpfarrer, angesichts der übergroßen Arbeitsbelastung des Rektors eine Urlaubsvertretung für ihn zu besorgen, die ihm nach der Dienstinstruktion drei Wochen lang zusteht.[383] Es ist jedoch auch davon auszugehen, daß im Krankheitsfall oder bei anderen Verpflichtungen der Krankenhausseelsorger selbst sich um eine Vertretung bemühte. Pfleghar schrieb, daß er in den Jahren 1916 bei Heer und 1917 bei Rentz gelegentlich mal den Krankenhausseelsorger vertreten habe. Auffällig ist, daß das Ordinariat sich über den Stadtpfarrer um eine Urlaubsvertretung

376 In: Q 218, S. 26

377 In: Q 266 e

378 Vgl. Betätigung der Glaubensgemeinschaften (1941), S. 46 f.

379 Vgl. Antonius (1941), S. 45 f.

380 Aus dem Beruf der Seelsorgehelferin wurde heute der Beruf der Gemeindereferentin, des Gemeindereferenten entwickelt. In der katholischen Kirche wirkt dieser eigenständige Berufsstand von Laien vor allem in der Pfarrgemeinde. Vgl. Heim (1998), S. 163

381 In: Q 223

382 In: Q 205

383 In: Q 206, S. 2

für den Krankenhausseelsorger bemüht. Hier übernimmt das Bistum eine gewisse Verantwortung und Fürsorgepflicht für den Krankenhausseelsorger.
1928 erhält Pfleghar durch einen Kaplan von St. Bonifatius Unterstützung in seiner Seelsorge. Dazu schreibt Pfleghar: „Auf Anregung von Herrn Prälat Stadtpfarrer Dr. Herr wurde im Einvernehmen mit der Krankenhausverwaltung vereinbart, dass Herr Kaplan Keuyk von der St. Bonifatiusgemeinde aushilfsweise und ehrenamtlich in der Hilfsseelsorge tätig sein sollte. [...] weil Herr Kpl. Keuyk vorab seiner Gemeinde dienen musste. In seiner Hilfeleistung entstanden Pausen von oft mehreren Wochen. Dies liegt nicht im Interesse der *Stetigkeit* der Seelsorge und des *steten* Kontaktes mit den Aerzten, Schwestern und Kranken der betr. Abteilungen. Diese *Stetigkeit* ist aber in der Krankenhausseelsorge eine unbedingte Voraussetzung einer *erspriesslichen* Betreuung der Kranken."[384]
Die Haushälterin des Krankenhausseelsorgers ist durch ihre pastoralen Vermittlungen an der Tür und am Telefon als Mitarbeiterin in der Krankenhausseelsorge anzusehen. Weiterhin gab es bei der Gottesdienstgestaltung verschiedene Solisten und Kirchenchöre, die unentgeltlich, als Ehrenamtliche, in der katholischen Krankenhausseelsorge an der Universitätsklinik mitgearbeitet haben.[385]

1.4 Die katholischen Nachbargemeinden der Universitätsklinik

Zu den wichtigsten Nachbarpfarreien der katholischen Krankenhausseelsorge an den Universitätskliniken gehörten die Domgemeinde, St. Leonhard, die Pfarrei Deutschorden und die Pfarrei St. Bonifatius. Für die Seelsorge in der Anstalt für „Irre und Epileptische" war die Pfarrei St. Antonius zuständig. Die Pfarrei „Mutter vom guten Rat" war in der Krankenseelsorge seit 1914 für die Orthopädische Klinik „Friedrichsheim" und seit 1930 für die Nervenklinik verantwortlich.

1.4.1 Die Frankfurter Stadtpfarreien

Vom Bistum werden die Pfarrer aller Gemeinden im Jahr 1920 aufgefordert, aktiver in der Sakramentenspendung der Kranken mitzuwirken. Anlaß dazu gab ein Schreiben des Rektors Hensler vom Krankenhaus in Frankfurt-Höchst. Hensler weist daraufhin, daß die Möglichkeit der Sakramentenspendung, insbesondere der Beichte, im öffentlichen Krankenhaus sehr eingeschränkt sei, da er wegen des Mangels an Räumen mit den Patienten nicht vertraulich unter

[384] In: Q 223, S. 1
[385] Ebd., S. 2

vier Augen sprechen könne. Rentz unterstützte Hensler, da er ähnliche Erfahrungen in der Universitätsklinik gemacht hatte.

Im Amtsblatt des Bistums Limburg erscheint am 25.3.1920 eine Verordnung zur Krankenhausseelsorge.[386] Hier werden die Gemeindepfarrer aufgefordert, allen Kranken vor dem Transport in ein Krankenhaus die Beichte abzunehmen und die Kommunion zu reichen, da sie infolge der Narkose oder des Transportes oder einer Magenausspülung nicht mehr kommunizieren können. Die Pfarrer werden verpflichtet, dem Kranken ein Schreiben an den Krankenhausseelsorger mitzugeben. „In dem gedachten Schreiben ist auch mitzuteilen, ob der Patient sonst seine religiösen Pflichten erfüllt hat; ob er in christlicher Ehe lebt und seine Kinder katholisch erziehen läßt; ob Selbstmord oder Abortus vorliegt und dergl."[387]

Als Begründung wird gesagt: Die Arbeit der Krankenhausseelsorger bedeutet eine große Erleichterung für die Ortspfarrrer. Dennoch habe der Ortspfarrer seinen Verpflichtungen nachzugehen und seine Kranken zu besuchen. Wiederum hat der Krankenhausseelsorger dem Ortspfarrer Mitteilung zu machen, wenn ein Kranker nach Verweigerung des Sakramentenempfangs stirbt oder einen Widerruf etwa über die katholische Trauung, katholische Kindererziehung ausgefertigt hat. In diesem Schreiben bezeichnet Generalvikar Georg Höhle vom Bischöflichen Ordinariat die Krankenhausseelsorge als die schwierigste, jedoch auch als den segensreichsten Teil der gesamten „Pastoration".[388]

Als durch den ersten Weltkrieg bedingt zahlreiche Nebenanstalten der Universitätsklinik entstanden, beschloß das Bischöfliche Ordinariat zur Entlastung des Krankenhausseelsorgers, daß jede Pfarrei, auf deren Gebiet eine solche Anstalt oder ein Lazarett liegt, ab sofort die Krankenseelsorge übernimmt.[389]

Anfangs beerdigten die Krankenhausseelsorger alle Patienten, die im Krankenhaus starben. Mit dem Beginn der Seelsorgearbeit Pfleghars beschloß das Ordinariat, daß grundsätzlich die Pfarrgeistlichen ihre im Krankenhaus gestorbenen Gemeindemitglieder zu beerdigen haben.[390]

Wenn Pfleghar von der lobenden Anerkennung seiner Seelsorgearbeit durch die „Pfarrgeistlichkeit" spricht,[391] zeigt es auch, daß er mit ihnen in guten Kontakten gestanden hatte und gelegentlich ähnlich wie seine Vorgänger und Nachfolger, regelmäßig am gemeinsamen monatlichen Konveniat[392] aller Geistlichen eines Dekanats teilgenommen hatte.

386 Vgl. Höhler (1920), S. 35 f.
387 Ebd.
388 „Pastoration" (lat.) Seelsorge; bezieht sich hier auf alle Seelsorgebereiche des Bistums Limburg.
389 In: Q 207
390 In: Q 216, S. 2
391 In: Q 218, S. 26
392 Konveniat (lat.); bezeichnet die Zusammenkunft aller Geistlichen, hier eines Dekanates.

1.4.2 Pfarrei Deutschorden

Bis Ende 1921 war die Pfarrei Deutschorden in allen kirchenrechtlichen Fragen für die Krankenhausseelsorge an der Universitätsklinik zuständig. In ihren Taufbüchern trugen die Krankenhausseelsorger wöchentlich alle in der Entbindungsanstalt getauften Kinder ein. In der Dienstinstruktion von 1910 hatte der Rektor noch den Auftrag, in der Pfarrei Deutschorden an den Samstagen und den Vorabenden der „gebotenen Feiertage" die Beichte abzunehmen. Nach Anerkennung der Bonifatiusgemeinde als eigene selbständige Pfarrei hörte 1921 die Zuständigkeit der Pfarrei Deutschorden für die Krankenhausseelsorge auf.

1.4.3 Pfarrei St. Bonifatius

Seit 1922 war die Pfarrei St. Bonifatius kirchenrechtlich in allen Belangen für die Krankenhausseelsorge der Universitätsklinik zuständig. Zwischen ihren Geistlichen und dem Rektor gab es einen regen Austausch. Da in St. Bonifatius allein fünf Geistliche im Dienst waren, gelang es Pfleghar zu veranlassen, daß alle in der Klinik Verstorbenen, die ihren Wohnsitz in Sachsenhausen haben, auch von der „Geistlichkeit" der Pfarrei St. Bonifatius beerdigt wurden.[393]
Im Zweiten Weltkrieg unterstützt die Pfarrgeistlichkeit den Krankenhausseelsorger. Nach der Bombardierung des Rektorates 1944 bewahrte das Allerheiligste die Pfarrkirche St. Bonifatius auf. Der Krankenhausseelsorger mußte jeweils vor Spendung der Krankenkommunion die geweihten Hostien in der Pfarrkirche abholen. Pfarrer Alfred Gollasch von St. Bonifatius erreichte über das Bischöfliche Ordinariat, daß Thies in seiner neuen Wohnung das Allerheiligste aufbewahren durfte. Letztlich sahen die Vorgesetzen ein, daß er wegen des weiten Weges von der Wohnung des Rektors zur Pfarrkirche zu spät zum Versehgang auf die Station komme, so daß allein deswegen ein Kranker unversehen sterben könnte. [394]

1.4.4 Pfarrei „Mutter vom guten Rat"

Seit 1914 ist die Pfarrei „Mutter vom guten Rat" in Frankfurt-Niederrad für die Krankenseelsorge in der Orthopädischen Klinik „Friedrichsheim" und seit 1930 für die Nervenklinik zuständig. Aus der Zeit des Nationalsozialismus gibt es wegen eines Streites mit dem evangelischen Pfarrer um den Gebrauch des Hauptaltares in der Kapelle der Nervenklinik einen umfangreichen Brief-

[393] In: Q 214, S. 2
[394] In: Q 236, S. 1

wechsel zwischen dem Gemeindepfarrer und der Verwaltung der Universitätsklinik.[395]

1.4.5 Pfarrei St. Antonius

Die Pfarrei St. Antonius blieb bis 1930 zuständig für die Krankenseelsorge in der „Anstalt für Irre und Epileptische". Seit 1914 kümmerten sich zuerst Kapuzinerpatres der St. Antoniuskirche und seit 1917 die dortigen Pfarrgeistlichen um die Krankenseelsorge.[396] Die zusätzliche Aufgabe der Krankenseelsorge in der großen Anstalt war für den Gemeindepfarrer Paul Loreth u.a. ein Grund, sich für den Beibehalt der zweiten Kaplansstelle in der Gemeinde einzusetzen.[397] Nach dem Umzug der Nervenklinik nach Frankfurt-Niederrad übernahm seit 1930 die dortige Pfarrei „Mutter vom guten Rat" die Krankenseelsorge in der Nervenklinik.

1.5 Ökumenische Zusammenarbeit in der Krankenhausseelsorge

In der Universitätsklinik wird der evangelische Krankenhausseelsorger von Pfleghar gleich mehrmals erwähnt, insbesondere dann, wenn es um die Durchsetzung eigener Anliegen geht. Anläßlich seiner eigenen Zeitnot, regelmäßig auf allen Krankenstationen präsent zu sein, berichtet Pfleghar, daß es wegen mangelnder Patientenbesuche auch Beschwerden des Stationspersonals gegen den evangelischen Seelsorger gibt.[398] An anderer Stelle weist er darauf hin, daß mehrere evangelische Seelsorger in der Universitätsklinik tätig sind, um gegenüber dem Bischöflichen Ordinariat seiner Forderung nach einer zweiten katholischen Seelsorgestelle mehr Nachdruck zu geben.
Dennoch gab es vermutlich weitere Begegnungen zwischen dem katholischen und evangelischen Krankenhausseelsorger, was Gottesdienstzeiten und die gemeinsame Benutzung der Kapelle betraf. Die Klinikleitung lud zu Themen, die die Seelsorge allgemein betrafen, immer beide Seelsorger ein. In der Konferenz vom 15.1.1931 mit der Klinikleitung stellte Pfleghar den Antrag, daß beiden Geistlichen die Gelegenheit gegeben werden sollte, an der Berufsvorbereitung der jungen Schwestern mitzuwirken, wozu er die Zustimmung der Konferenz erhielt.[399] Durch diesen Antrag fördert Pfleghar die Zusammenarbeit mit dem evangelischen Krankenhausseelsorger an der Universitätsklinik.

[395] Vgl. Kap. IV.A.2.4.3
[396] Vgl. Giegerich (1992), S. 12
[397] Vgl. Wald (1992), S. 16
[398] In: Q 218, S. 20
[399] In: Q 222, S. 4

2. Die Kranken besuchen

2.1 Die seelsorgerliche Situation auf den Stationen

Das Bistum Limburg betont 1919 bei der Einstellung des neuen Krankenhausseelsorgers Berthold Merkel, daß eine gute Zusammenarbeit mit Ärzten und Pflegepersonal zum Gelingen der Krankenhausseelsorge beiträgt. Das Bischöfliche Ordinariat gibt Merkel den Hinweis seines Vorgängers Rentz: „[...] nach seinem Rat solle er geeignete Verbindung mit dem ärztlichen und Wartepersonal suchen“[400], mit auf den Weg. An anderer Stelle heißt es: „Ob die katholischen Kranken bei einer Zahl von mindestens 1100 durch Rufen zum Empfang der hl. Sakramente erreicht werden, ist vom guten Willen des Pflegepersonals abhängig.“[401]
Es spricht für das Ansehen der katholischen Krankenhausseelsorge in den Universitätskliniken, daß regelmäßigen Besuche ihrer Krankenhausseelsorger in den verschiedenen Häusern vom Klinikpersonal als selbstverständlich erwartet werden. So kam diese Erwartungshaltung des Personals deutlich auch in der Beschwerde einiger Schwestern wegen mangelnder Besuche des Krankenhausseelsorgers zum Ausdruck. In seiner Entgegnung schreibt Pfleghar zu diesem Thema unmißverständlich: „Unregelmäßigkeit in den Krankenbesuchen von Bett zu Bett. [...] Die Schwestern und Aerzte kennten mich und meine Tätigkeit zu genau, um nicht von dem Gegenteil überzeugt zu sein. Im Notfall würde die Abteilung von sich aus rufen.“[402] Für Pfleghar ist es ein oberstes Gebot, bei seinen Krankenbesuchen mit Ärzten und Schwestern der einzelnen Abteilungen Kontakt zu halten, weshalb er 1932 die Aushilfskraft des Kaplan Keuyk ablehnt, da dieser nicht regelmäßig auf den Stationen präsent ist.[403]

2.2 Die Krankenbesuche

Jesu Auftrag, die Kranken zu besuchen, „Ich war krank und ihr habt mich besucht“ (Mt 25,36), ist nach wie vor ein Werk der Barmherzigkeit für alle Christen, insbesondere ist dazu die Amtskirche verpflichtet. Im Kirchenlexikon von 1891 wird der Seelsorger aufgefordert, auch dann Besuche zu machen, wenn er nicht gerufen wurde. Weiterhin muß der Priester zu jeder Stunde des Tages und der Nacht „auf einen Ruf hin“ den Kranken ohne Unterschied des Standes besuchen. Es sei schließlich: „[...] eine heilige Pflicht des Priesters, den kranken Pflegebefohlenen die Gnadenmittel der Kirche zukommen zu lassen,

400 In: Q 209
401 In: Q 206, S. 2
402 In: Q 218, S. 9
403 In: Q 223, S. 1

und so opfervoll daher die Krankenseelsorge auch sein mag, ist sie ebenso verdienstlich und trostreich für den Priester.“[404]
1934 fordert Fischer in seinem Lehrbuch im Hinblick auf die Vorbereitung der Krankenbesuche, daß „[...] der Krankenhausseelsorger ein Mindestmaß an psychologischer und hygienischer Kenntnis [...]“ haben soll. Seine Kenntnisse der allgemeinen Krankheitslehre und Krankenbeobachtung sollten nicht hinter denen der Pfleger und Krankenschwestern zurückbleiben.[405]
Zur Krankenhausseelsorge schreibt Fischer: „Daher ist es die wichtigste Aufgabe der Krankenhausseelsorge, daß jeder Pflegling im Hause von dem Vorhandensein derselben Kenntnis erhält. [...] Daher die entscheidende Bedeutung der Krankenbesuche gerade in den staatlichen und kommunalen Anstalten, denn ‚hier ist die Kirche Gast, nicht Herr, trotz Paragraphen und Gesetzen.“[406]
Ab 21.5.1910 ermöglichte der Magistrat dem katholischen Krankenhausseelsorger im Städtischen Krankenhaus, die Kranken von sich aus in den einzelnen Abteilungen zu besuchen. In seinem Jahresbericht 1926 hebt Pfleghar hervor: „Täglich wurden an Wochentagen durchschnittlich zwei bis drei Stunden die einzelnen Abteilungen besucht.“[407] Zwei Jahre später stellt er fest, daß keine Zeit bleibt für regelmäßige Besuche.[408] Abschließend macht Pfleghar die Erfahrung, daß die Kranken nur alle 4 bis 6 Wochen regelmäßig besucht werden: „Es kann daher nicht ausbleiben, dass Hunderte von Kranken die Anstalt verlassen, ohne dass ihnen der Besuch des Anstaltsgeistlichen überhaupt zuteil werden konnte.“[409] Als Gründe gibt er u.a. an, „[...] dass in unverhältnismäßig großer Zahl nur noch wirklich Kranke im ernsten bzw. schwerkranken Zustand das Krankenhaus aufsuchen.“[410]
Unter „Einzelseelsorge“ wird in dieser Zeit der wiederholte Besuch bei einzelnen Patienten verstanden. Hierzu gehört die Spendung der Sakramente, insbesondere der „Versehgang“, der mehrere Besuche bei demselben schwerkranken Patienten notwendig machte.
In seinem Buch fordert Fischer 1934, bei chronisch Kranken mindestens einmal die Woche einen Besuch zu machen, bei Schwerkranken mehrmals in der Woche, und bei Kranken in unmittelbarer Todesgefahr solle der Krankenhausseelsorger täglich bzw. mehrmals täglich den Kranken besuchen.[411]
1927 stellte Pfleghar eine erhebliche Steigerung der Inanspruchnahme des katholischen Anstaltsgeistlichen von 708 (1926) auf 1098 (1927) Besuche pro

404 Pruner (1891), Sp. 1033
405 Vgl. Fischer (1934) S. 320
406 Fischer (1934), S. 319
407 In: Q 212, S. 2
408 In: Q 217, S. 2
409 In: Q 218, S. 18
410 In: Q 222, S. 1
411 Vgl. Fischer (1934), S. 161

Jahr fest. Gleichzeitig weist er auf den Bericht der Verwaltung hin, daß 1700 Betten belegt sind mit 2000 Kranken pro Monat. 1928 macht Pfleghar noch auf eine weitere erhebliche Steigerung der Seelsorgetätigkeit von 1098 auf 1173 Besuche pro Jahr aufmerksam, wobei deren „Erledigung in Einzelfällen“ bis zu drei Stunden gedauert habe. Durchschnittlich wären das ungefähr 22 Besuche pro Woche.

In seinen Berichten gegenüber dem Bischöflichen Ordinariat beweist Pfleghar oftmals seine permanente Arbeitsüberlastung: „Ich darf für mich in Anspruch nehmen, wohl die meisten meiner Schwerkranken und Sterbenden, insbesondere nach der Provisur,[412] oft, wenn nicht täglich besucht zu haben.“[413] Pfleghar sagt, daß er im Jahre 1928 an manchen Tagen 11 bis 12 Stunden ununterbrochen im Krankenhaus tätig war. Dazu gehörten Sprechstunden, Konferenzen, Einzelbesprechungen, Einzelbesuche bei Schwerkranken und Sterbenden, Vorbereitung auf Predigten und Ansprachen. Abschließend zu diesen Punkten betont Pfleghar: „Hiermit glaube ich die totale Überbelastung des Anstaltsgeistlichen mit Seelsorgeaufgaben bewiesen zu haben, wie sie 1927/28 eingetreten ist.“[414]

Im Jahresbericht 1926 erwähnt Rektor Pfleghar eigene Sprechstunden für Angehörige der Kranken.[415] Fischer geht näher auf die Angehörigen ein: „Fast immer erwarten auch sie etwas vom Priester.[...] Oft klagen die Angehörigen über ihren Kranken, und der Kranke klagt über seine Familie, und damit ist schon ein Teil des Weges gezeigt, auf dem die Krankenpastoration eine Erweiterung ihrer Aufgabe zu suchen hat.[416] [...] Neben den wirtschaftlichen Sorgen stehen andere, Angst, Furcht um das Leben des Kranken; Ratlosigkeit, Aufregung, Trostlosigkeit. Häufig genug bedürfen die Angehörigen der Teilnahme, der Ermahnung, des Trostes im gleichen Grade, wenn nicht noch viel mehr als der Kranke und Sterbende.“[417] Im Lexikon aus dem gleichen Jahr 1934 heißt es: „Anläßlich des Besuches kann auch meist mit Erfolg auf die religiöse Wiederbelebung der Angehörigen des Kranken eingewirkt werden.“[418]

Grundsätzlich trafen die Geistlichen Angehörige nicht bei ihren Stationsbesuchen an, da die Kirche sich besonders dafür eingesetzt hat, Seelsorgebesuche auf den Stationen außerhalb der öffentlichen Besuchszeiten durchführen zu können.[419] Das Ministerium entsprach mit Erlaß vom 11.10.1930 diesem

412 Provisur (lat.); Versehgang

413 In: Q 218, S.19

414 In: Q 218, S. 19

415 In: Q 212, S. 3

416 Fischer (1934), S. 216

417 Ebd. S. 221 f.

418 Schubert (1934), S. 231

419 In: Q 227, S. 2. Im Schreiben des Vorsitzenden der Fuldaer Bischofskonferenz an das Preußische Staatsministerium vom 1.11.1929 zum Thema: Ordnung der Seelsorge in nicht-konfessionellen Krankenanstalten heißt es unter Punkt 2 „[...] zwischen diesem [Anstaltsseelsorger] und der Anstaltsleitung, Vereinbarungen über regelmäßige Besuchs-

Wunsch.[420] Das brachte dem Krankenhausseelsorger erhebliche Vorteile, einmal die Besuche nach seinen zeitlichen Möglichkeiten einzurichten, anderseits den Kranken anzutreffen unabhängig von der Anwesenheit der Angehörigen, was dem Gesprächsverlauf u.a. eine „größere Intimität" geben kann.
Pfleghar teilte von seiner Begegnung mit Andersgläubigen mit: „Denn es ist zu erwähnen, dass bei den Stationsbesuchen nicht nur katholische Kranke, sondern auch Andersgläubige besucht werden müssen, einmal aus Höflichkeitsgründen, zum anderen Male aus dem Grunde, weil auf den meisten Stationen auf der Kopftafel des Bettes die Konfession nicht angegeben wird."[421] Pfleghar hat keine Berührungsängste mit den Gläubigen anderer Konfession, Religion und Weltanschauung. Hier finden sich erste Ansätze einer für andere Konfessionen offenen katholischen Krankenhausseelsorge, die eine Begleitung aller Patienten miteinbezieht.

2.3 Der Einsatz der Krankenhausseelsorge bei den Weihnachtsfeiern

Weihnachtsfeiern hatten in der Universitätsklinik einen besonders hohen Stellenwert. Bei den unterschiedlichen Feiern nahmen vom Hilfspersonal bis zum leitenden Professor der Klinik das gesamte Personal einschließlich der Kranken daran teil. Bei diesen Weihnachtsfeiern sprachen die Krankenhausseelsorger in jeder einzelnen der Kliniken im Zweijahreswechsel zwischen den beiden Konfessionen ein Grußwort. Auch wenn mir von den katholischen Seelsorgern aus dieser Zeit keine Berichte hierzu vorliegen, so ist doch anhand evangelischer Quellen bekannt, daß auch der katholische Geistliche engagiert an diesen Weihnachtsfeiern teilgenommen hatte.[422] Ein weiterer Beleg für die ökumenische Organisation der Weihnachtsfeiern ist der Einteilungsplan des Verwaltungsdirektors Wirth, in dem sowohl Pfleghar wie Oberschmidt mit Namen aufgeführt sind.[423]

2.4 Seelsorgeberichte aus einzelnen Häusern der Universitätsklinik

1910 betrug der Anteil der Katholiken ein Drittel an der Gesamtzahl der Patienten. 1930 ist eine erhebliche Steigerung der Katholiken auf über die Hälfte aller Kranken zu verzeichnen, was erhebliche Mehrarbeit für den Krankenhausseelsorger bedeutete.

zeiten zu treffen sind, in denen auch außerhalb der allgemeinen Besuchsstunden, jedoch unter erforderlicher Rücksichtnahme auf Tagesordnung und Heilaufgaben der Anstalt die religiöse Betreuung der Kranken möglichst ungestört durchgeführt werden kann."

[420] In: Q 228

[421] In: Q 218, S. 17

[422] Vgl. Kap. IV. A. 2.3

[423] In: Q 27

Von Februar 1930 bis 1941 überläßt die Verwaltung beiden Geistlichen Durchschläge der Aufnahmekarten der Kranken. Als Grund, daß Pfleghar die Zahl der „israelitischen" Patienten in seiner Statistik nicht benennt, gab er an, daß die entsprechenden Durchschläge der Aufnahmekarten „israelitischer" Kranker die „Israelitische Gemeinde" selber abholte. Er machte folgende Aufstellung:

Protestanten	9773	(1930)	11456	(1932)
Katholiken	7696	(1930)	6936	(1932)
Religionslose	39	(1930)	108	(1932)
Freireligiöse[424]	198	(1930)	181	(1932)
Dissidenten[425]	192	(1930)	224	(1932)
Diverse	99	(1930)	99	(1932)

Ohne Religionsangabe kamen 610 (1930), 323 (1932) Kranke in die Klinik. Bei der Aufnahme verweigerten die Konfessionsangabe 133 (1930) und 66 (1932) Kranke. Im Monatsdurchschnitt wurden eingeliefert: 977 Protestanten und 700 Katholiken.[426]

2.4.1 Seelsorge im Städtischen Krankenhaus

Die gesellschaftspolitische Lage hat großen Einfluß auf die Entwicklung des Krankenhauses und damit auch auf die Krankenhausseelsorge. Die Gründung der Universitätsklinik fällt in den Ersten Weltkrieg. Für die vielen Kriegsverletzten werden mehrere zusätzliche Behandlungsstätten des Städtischen Krankenhauses eingerichtet. Aufgrund der Überforderung des Seelsorgers werden diese *„Filialen" des Städtischen Krankenhauses*[427] jeweils in die Verantwortlichkeit der zuständigen Pfarrei übergeben.
Eine Ursache für die erhebliche Zunahme der Patienten im Jahr 1927 sieht Pfleghar zum einen in der epidemisch auftretenden Grippe und zum anderen darin, daß immer mehr Kranke in schwerkrankem Zustand zur Aufnahme kommen. Zu den entsprechenden Auswirkungen schreibt Pfleghar, daß er den Bedürfnissen der Kranken immer weniger gerecht werden kann. Er benennt die mangelnde seelsorgerliche Betreuung in den Abteilungen.[428] So seien z.B. 1928 die Abteilungen für Erholungskranke und für alte Leute in der *Sand-*

[424] „Freireligiöse. Anhänger einer ausgesprochenen Vernunftsreligion, losgelöst von jeder Offenbarung und jeglicher zentraler christlicher Lehre; darum auch getrennt von den Kirchen. 1859 im ‚Bund freireligiöser Gemeinden' organisiert; fordern ‚freie Selbstbestimmung in allen religiösen Angelegenheiten'" Hanselmann/Swarat (1996), S. 74

[425] Dissidenten (lat.) Bezeichnung für Personen, die aus jeder religiösen Gemeinschaft ausgeschieden sind. Vgl. Hanselmann/Swarat (1996), S. 53

[426] In: Q 222, S. 3

[427] In dem folgenden Kapitel mit der Ziffer 2.4.1 habe ich die Namen der „Filialen", medizinischen Abteilungen und Kliniken mit Fettdruck hervorgehoben.

[428] In: Q 213, S. 1

hofklinik[429] aufgelöst worden. Statt dessen seien die fünf Abteilungen für alte Menschen in dieser Klinik zu Krankenabteilungen umfunktioniert worden. Weiterhin weist Pfleghar daraufhin, daß in allen Kliniken die Kranken sofort entlassen werden, um Platz für neue Kranke zu schaffen.[430]
Detaillierter geht Pfleghar im Jahr 1927 noch einmal auf die Zunahme der Krankenzahlen im „Städtischen Krankenhaus" und die damit verbundenen Auswirkungen auf die Seelsorge ein. Er gibt als Gründe für die zusätzliche Arbeitsüberlastung der katholischen Seelsorge am Städtischen Krankenhaus für den Zeitraum von 1910 bis 1927 folgende an: „Nach mir vorliegender amtlicher Statistik ist die Bettenzahl von 1.572 im Jahre 1910 auf 2.133 Betten im Jahre 1926 gestiegen. Geblieben ist die eine Seelsorgekraft. [...] Die letzte entscheidende Aenderung im Charakter des Krankenhauses ist 1927 eingetreten. [...] Hauptsächlich durch die Vergrößerung Frankfurts infolge der Eingemeindungen 1927/28 ist auch eine unvergleichlich intensivere Belegung des Krankenhauses besonders auch mit Schwerkranken eingetreten." Als Beweis für seine Angaben benennt Pfleghar zwei Frankfurter Zeitungen, den Generalanzeiger und die Frankfurter Zeitung.[431]
Gründe dafür waren u.a. die hohen fluktuierenden Belegungszahlen der Patienten. Für das Jahr 1928 gibt Pfleghar eine monatliche Zahl von 2.000 Patienten bei einer Bettenzahl von 1.700 Betten an. Hochgerechnet behandelte die Universitätsklinik im Jahr 32.640 Patienten.[432] Nach dem zentralen Bettennachweis des „Allgemeinen Ausschusses für das Rettungswesen Frankfurt am Main" stieg die Bettenzahl im Juli 1936 im Städtischen Krankenhaus auf 1.912 Betten an, von denen 1.905 betriebsfähig waren. Für die Städtische Nervenklinik sind 254 und für das „Friedrichsheim" 200 Betten im selben Nachweis angegeben.[433] Pfleghar versuchte alle katholischen Patienten während ihres Krankenhausaufenthaltes zu besuchen, wobei er auch mit Andersgläubigen in Kontakt trat. Seit dem Jahr 1926 mußte Pfleghar wegen der hohen Patientenzahlen die Erfahrung machen, daß er bei seinen Rundgängen nur alle vier bis sechs Wochen erneut auf dieselbe Krankenstationen kommen konnte.[434]
In seinem Jahresbericht 1929 stellt Pfleghar fest: „Die Organisation der katholischen Seelsorge am Städt. Krankenhaus, wie sie 1910 geschaffen wurde, entspricht nicht mehr dem veränderten Charakter des Städt. Krankenhauses bezgl. des Anwachsens der Bettenzahl, der Belegungsdichte, der Art der anfallenden Krankheiten sowie der übermässig gesteigerten Krankenbewegung."

429 Sandhofklinik ist ein anderer Name für das Städtische Siechenhaus. Seit dem frühen Mittelalter wurde diese Gegend in Frankfurt am Main als „Sandhof" bezeichnet. Vgl. Kap. II.3.2
430 In: Q 217, S. 1
431 In: Q 218, S. 12
432 Ebd., S. 18
433 In. Q 27 a
434 In: Q 218, S. 18

Hinzu kommt der erhebliche Anstieg des Anteils der katholischen Bevölkerung und die Zunahme von Schwerkranken.[435]
Pfleghar weist außerdem darauf hin, daß durch die Errichtung einer *Kinder-Aufnahmestation,* einer Bettenabteilung für die *Zahnklinik* und einer Baracke für die Hautklinik die Bettenzahl gestiegen ist. Er weist auf die neue *Heilanstalt* in Frankfurt-Niederrad hin, die im Herbst 1930 ihren Betrieb aufnehmen wird. Pfleghar begrüßt die Zusage der Rettungswache, daß bei Einlieferung der Kranken die Konfession mit angemeldet wird, da er somit schneller die katholischen Kranken ausfindig machen und besuchen kann.[436]
Namentlich erwähnten die Seelsorger aus bestimmten Anlässen weitere Kliniken: Die *Entbindungsanstalt* wegen der Taufhandlungen; die *Hautklinik* aufgrund des Umganges mit den Geschlechtskranken; die *„Professor Volhard'sche Klinik"* zum Thema: Versehgang; der Hörsaal der *Zahnklinik,* in dem wegen der Weihnachtsvorbereitung der Schwestern der Sonntagsgottesdienst stattfinden mußte. Weiterhin wurden die *Männer-Tuberkulosestation* und die *Frauenklinik,* in denen regelmäßige Besuche des Seelsorgers stattfanden, eigens erwähnt.[437]

2.4.2 Seelsorge mit kranken Kindern

Die katholischen Krankenhausseelsorger kamen in dieser Zeit vor allem in die Kinderklinik, wenn eine Spendung der Sakramente anstand. Dazu gehörten vereinzelt Taufhandlungen, das Abnehmen der Beichte und die Spendung der „letzten Ölung". Berichte über den Besuch bei kranken Kindern fand ich in der Zeit von 1914 bis 1945 nur bei Pfleghar. In den Jahren von 1926 bis 1932 benennt er die Zahl der Kinder, die bei ihm gebeichtet haben: 30 (1926), 28 (1927), 14 (1928), 12 (1929), 18 (1930) und 51 (1932). Pfleghar gibt an, daß darunter auch vereinzelt Erwachsene gewesen sind.[438] An anderer Stelle informiert Pfleghar von einem Schreiben des Stadtpfarrers, daß er alles mögliche tun solle, daß keiner ohne die Sakramente sterbe.[439] Dementsprechend ist davon auszugehen, daß die Krankenhausseelsorger sterbende Kinder, soweit sie katholisch waren, mit der „letzen Ölung" versehen haben.
In seinem Buch „Praktische Anleitung für Seelsorger an Kranken und Sterbebetten" geht Gregor Köhler schon 1800 ausführlich auf das Verhalten des Seelsorgers kranken Kindern gegenüber ein. Köhler fordert auf, das Kind in einer kindgerechten Art zu unterweisen und ihm anhand von Geschichten nahezubringen, daß es von Gott geliebt und nicht allein gelassen ist. Das Kind sei zu

435 In: Q 221, S. 2
436 Ebd., S. 3
437 In: Q 216, S. 1
438 In: Q 212, 2 / Q 213, S. 3 / Q 217, S. 5 / Q 221, S. 5 / Q 222, S. 5 / Q 223, S. 2
439 In: Q 218, S. 24

belehren, zu ermahnen, alles aus Liebe zu Jesus zu tun, jede Sünde zu bereuen, zu beichten, zu kommunizieren, und die „letzte Ölung" zu empfangen, um in den Himmel zu kommen. [440]

Über einhundert Jahre später hebt Fischer 1936 neben dem pädagogischen Eingehen auf das Kind die positiven Seiten des Umgangs mit kranken Kindern hervor: „Die Seelsorge an kranken Kindern wird daher dem Priester nicht sonderlich schwer fallen, sondern häufig genug einen Sonnenstrahl in seine Alltagsarbeit tragen und ihn für so manches vergebliche Mühen schadlos halten."[441] Zu den Aufgaben des Krankenhausseelsorgers gehöre es auch, den Kindern zum sittlichen Verhalten zu verhelfen: „Wo es angeht, helfe der Krankenseelsorger mit, daß die sittliche Verwahrlosung des einen oder andern nicht auch auf die andern übergreift; er sorge für eine entsprechende Ablenkung der Kinder, gebe ihnen etwas zu tun für die Hände, wie für das Leben ihrer inneren Vorstellungen. In größeren Krankenhäusern sollte stets eine eigens dafür ausgebildete Kindergärtnerin vorhanden sein, die es versteht, Gedanken, Sinn und Gemüt des kranken Kindes immer wieder zu beschäftigen, anzuregen und damit der Gefahr einer seelischen Abstumpfung derselben vorzubeugen."[442]

In der katholischen Krankenhausseelsorge der Universitätsklinik dieser Zeit ist Seelsorge am kranken Kind offensichtlich noch ein Randgebiet, so daß aus den Berichten von Pfleghar vor allem die sakramentale Seite benannt wird. Dennoch werden einige von Fischer erwähnte Aspekte auch von Pfleghar gesehen und durchgeführt: „An schulpflichtige Kinder wurde Religionsunterricht teils durch mich, teils durch eine ehrenamtlich tätige Kraft erteilt."[443] Es ist zu vermuten, daß Pfleghar wegen permanenter Arbeitsüberlastung diesen Religionsunterricht an kranken Kindern nicht beibehalten konnte, weil diese Angabe nur im Jahresbericht 1926 kurz erwähnt wird. Weitere Hinweise über die Seelsorge mit kranken Kindern konnte ich nicht finden.

Mit Erlaß vom 9.4.1941 darf der Krankenhausseelsorger nur noch dann zu Kindern und Jugendlichen unter 14 Jahren gehen, wenn ausdrücklich die Zustimmung der Eltern oder der Erziehungsberechtigten vorliegt und diese den ausdrücklichen Wunsch nach einem Seelsorger über das Stationspersonal ausgesprochen haben.[444] Welche Auswirkungen diese Bestimmungen konkret in der Kinderklinik für die Krankenhausseelsorge hatten, ist mir nicht bekannt. Ich vermute, daß aus Furcht vor den Nazis kaum noch Eltern nach dem Pfarrer fragten, und somit die Seelsorge in der Kinderklinik kaum noch vorhanden war.

440 Köhler (1800), S. 21 f.
441 Fischer (1934), S. 168
442 Ebd., S. 171
443 In: Q 212, S. 3
444 Vgl. Betätigung von Glaubensgemeinschaften (1941), S. 46

2.4.3 Seelsorge mit Nervenkranken

1914 hatte die „Anstalt für Irre und Epileptische" keinen eigenen katholischen Krankenhausseelsorger. Die Krankenseelsorge verantwortete jeweils einer der fünf bis sechs Kapuziner, die die Seelsorge im Westend von Frankfurt am Main innehatten. In einer Festschrift der St. Antonius-Gemeinde heißt es: „Mit dem Kirchenneubau wurde eine Klosterniederlassung für die Kapuziner errichtet, die mit der vorübergehenden Seelsorge im Westendbezirk beauftragt worden waren [...] Zum Versorgungsgebiet gehörte auch die Frankfurter Nervenklinik am oberen Reuterweg (heute Bremerstraße), in der alle 14 Tage ein katholischer Sonntagsgottesdienst zelebriert wurde."[445]
Mit dem Umzug der Nervenklinik am 15.10.1930 in den Neubau am Rande der Universitätsklinik in Frankfurt-Niederrad übernahmen ein Pfarrer und die Kapläne der Pfarrei „Mutter vom guten Rat" in Frankfurt-Niederrad die Krankenseelsorge. Von 1930 bis 1945 vollzogen vor allem die Kapläne der Pfarrei die Seelsorge in der Psychiatrie. Der ständige Pfarrer in dieser Zeit war Johannes Lamp.[446]
Am 2.10.1930 bittet Lamp das Bischöfliche Ordinariat zu bestimmen, wer die Seelsorge in der Heilanstalt und die Abhaltung des Gottesdienstes übernehmen sollte. Vom Rektor des Städtischen Krankenhauses hatte er erfahren, daß es Pfleghar nicht möglich sei, den Gottesdienst und die Seelsorge mit zu übernehmen. Lamp war bereit, die Seelsorge und die Gottesdienste an Sonn- und Feiertagen, die bisher die Geistlichen der St. Antoniuspfarrei gehalten hatten, zu übernehmen, wenn er zwei Kaplansstellen behalten dürfe. Lamp stellt fest, daß die Verwaltung in der Nervenklinik einen eigenen Gottesdienstraum geschaffen hatte. Die Kranken sollten in der Nervenklinik ihre hl. Messe haben, da sie am Gottesdienst des Städtischen Krankenhauses nicht teilnehmen durften.
Gleichzeitig bittet er um Nachricht, ob und an welchen Feiertagen der sakramentale Segen[447] beim Gottesdienst erteilt werden darf. Abschließend stellt er fest, daß die zum Gottesdienst notwendigen Paramente[448] und Geräte vorhanden sind. Als Altarstein schlägt er vor, den aus der alten Anstalt zu nehmen.[449]
Das Bischöfliche Ordinariat hatte zunächst große Bedenken, eine Erlaubnis für die Durchführung der Gottesdienste in der neuen Nervenklinik zu ge-

[445] Vgl. Giegerich (1992), S. 12
[446] Vgl. Mayer (1971), S. 26
[447] Der sakramentale Segen wird zu besonderen Anlässen nach dem Gottesdienst mit der Monstranz erteilt.
[448] Paramente sind Gewebe, vor allem Gewänder für gottesdienstliche Zwecke, z.B. Altar und Kanzelbekleidung.
[449] In: Q 234, S. 2

ben. Bevor das Ordinariat in Rom den Antrag stellt, will es vom Stadtpfarrer Dr. Herr wissen, „[…] ob wenigstens der Altarraum gegen den übrigen Saal abgetrennt und verschlossen und dieser Altarraum nur für den katholischen Gottesdienst verwendet wird. Einem weiteren Bericht sehen wir entgegen."[450] Letztlich gab das Bistum die Erlaubnis zur Feier der heiligen Messe in der Nervenklinik in Frankfurt-Niederrad. Sie mußte alle drei Jahre erneut in Rom bei der „Kongregation für die Sakramente„[451] beantragt werden. Sie wurde jedesmal genehmigt.[452] Regelmäßig hielten die Pfarrgeistlichen Gottesdienste in der Kapelle der Nervenklinik.
Über die Art der Seelsorge der Pfarrgeistlichen der Gemeinde „Mutter vom guten Rat" mit den Patienten fand ich aus dieser Zeit keine Berichte. Hinweise können aus einem Schreiben der Oberschwester Rosa Pfoh an das Bischöfliche Ordinariat entnommen werden. In ihrem Brief vom 2.5.1946 bittet sie vergeblich um die Beibehaltung des Seelsorgers Kaplan Walter Kinkel, der am 1.2.1943 als Kaplan in Frankfurt-Niederrad und damit auch in der Psychiatrie begonnen hatte.[453]
„Die Nachricht von der Versetzung des Herrn Kaplans hat die ganze Klinik tief erschüttert und in aufrichtige Trauer versetzt. Herr Kaplan Kinkel hat es ganz besonders gut verstanden, sich die Liebe und das Vertrauen sowohl des Personals wie der Kranken in reichem Maße zu erwerben, und so wäre es bei der besonderen Schwierigkeit der Nerven- und Geisteskranken dabei doppelt erwünscht, wenn ein Wechsel des Seelsorgers vermieden werden könnte. Die ganze Klinik spricht daher einmütig den ausdrücklichen Wunsch aus, daß Herr Kaplan Kinkel auch in Zukunft unserem Krankenhaus zugeteilt bleiben und dem Kranken wie auch dem Personal weiterhin ein liebevoller Seelsorger, ein allzeit gütiger Berater und Helfer sein und bleiben möge."[454] Trotz der Einschränkung der Seelsorge durch den ministeriellen Erlaß der Nazis vom 9.4.1941[455] konnte Kinkel als Krankenhausseelsorger während der Kriegsjahre in der Nervenklinik tätig bleiben.
Seit dem 24.11.1909 gab es die „Vereinigung katholischer Seelsorger an deutschen Heil- und Pflegeanstalten". Sie trugen über ihre Jahrestagungen in erheblichem Umfang zur Schulung und Qualifizierung, wie auch zur persönlichen Unterstützung und Geselligkeit der vereinzelt arbeitenden Krankenhausseelsorger bei.
Das Bistum Limburg informierte die Seelsorger jeweils über das Amtsblatt, wenn eine Tagung anstand. Vom 6. bis 7.8.1935 fand eine Tagung zu folgenden Themen im Hotel „Stadt Wiesbaden" in Frankfurt am Main statt: Grenzfälle

450 In: Q 229
451 „congregatio" (lat.); Vereinigung. 452 In: Q 235
453 In: Q 238
454 Ebd.
455 Vgl. Betätigung der Glaubensgemeinschaften (1941), S. 46 f.

in pastoraler Schau; Die Predigt bei den Anstaltskranken; Sterben und Tod im Lichte moderner Forschung; Die katholische Krankenseelsorge; Allgemeine Aussprache über Pastoralfragen – Krankenpastoral.[456]
Im Auftrag des Bischöflichen Ordinariates nahm der Stadtpfarrer Jakob Herr an dieser Tagung teil. In seinem Bericht bedauert er, daß kein Vertreter der Nervenklinik teilgenommen habe. Der zuständige Pfarrer Lamp war verhindert, und der die Seelsorge in der Nervenklinik wahrnehmende Kaplan Noll war gerade versetzt worden. In Abänderung des gedruckten Programmes berichtet Herr, daß in der Nachmittagssitzung ein Referat „[...] über die Äußerung und Vorschriften betreffend Sterilisation" gehalten wurde. Zu diesem Thema gab es einen Artikel des „Osservatore Romano". Der Stadtpfarrer geht davon aus, daß es zu den staatlichen Äußerungen noch eine Erwiderung der kirchlichen Seite geben werde.[457]
Themen weiterer Tagungen waren: „St. Vinzenz und die Irrenpflege" und „Die Psychotherapie in ihrer Beziehung zur karitativen Hilfe."[458]
Über eine Reaktion der Seelsorger in der Universitätsklinik auf den Umgang der Nationalsozialisten mit Juden, Behinderten und Geisteskranken konnte ich in den mir vorliegenden Unterlagen nichts finden. Auch nicht über eine mögliche Einschränkung der Krankenhausseelsorge. Entsprechend dem Erlaß des Innenministeriums war nur noch auf schriftliches Verlangen der Patienten hin Krankenseelsorge erlaubt.
In einer eigenen Mitteilung zur „Seelsorgerlichen Betreuung Geisteskranker" werden über das Amtsblatt 1942 die Pfarreigeistlichen angesprochen: „Die Herren Seelsorgsgeistlichen wollen folgendes von der Kanzel bekanntgeben: Der Runderlaß des Reichsinnenministers vom 9. April 1941 betr. Betätigung der Glaubensgemeinschaften in den öffentlichen Kranken-, Heil und Pflegeanstalten (Amtsbl. 1941 S. 46 Nr. 108) wird von manchen Anstaltsleitungen und deren Aufsichtsbehörde so ausgelegt, daß auch Geisteskranke, die in den Anstalten untergebracht sind, nur dann seelsorglich betreut werden dürfen, wenn die Angehörigen oder die Vormünder dies ausdrücklich beantragen." Im folgenden werden katholische Angehörige und Vormünder aufgerufen, insbesondere bei einer Verlegung in eine andere Anstalt für ihre Geisteskranken folgenden Antrag zu stellen: „Ich wünsche für meinen Verwandten (Vater, Sohn, Bruder, Schwester usw.) N. N. die seelsorgliche Betreuung durch den zuständigen katholischen Geistlichen, und zwar: regelmäßigen Besuch, Beistand in der Krankheit und in der Sterbestunde und im Todesfall kirchliche Beerdigung."[459]

[456] In: Q 230
[457] In: Q 231, S. 2
[458] In: Q 232
[459] Vgl. Seelsorgliche Betreuung Geisteskranker (1942), S. 14

Den ministeriellen Erlaß und das Hirtenwort zur Krankenseelsorge gab das Bistum Limburg allen Geistlichen über die Amtsblätter der Jahre 1941[460] und 1942[461] wiederholt bekannt.

2.4.4 Seelsorge mit orthopädischen Kranken

Mit der Eröffnung der Orthopädischen Klinik „Friedrichsheim" im Oktober 1914 waren für die Krankenseelsorge die Geistlichen der Pfarrei „Mutter vom guten Rat" Frankfurt-Niederrad zuständig. Von 1913 bis 1917 war Pfarrer Peter Görg und ab 1917 Pfarrer Johannes Lamp verantwortlich für die Krankenseelsorge. Anfangs gab es nur eine Kaplansstelle, jedoch finanzierte Frau May von Weinberg, die Frau des Frankfurter Großindustriellen Carl von Weinberg, Anfang der zwanziger Jahre eine zweite Kaplansstelle für die Niederräder Pfarrei.[462] Diese zweite Kaplanstelle war letztlich ausschlaggebend für die Bereitschaft des Pfarrers, auch die Seelsorge und die Gottesdienste in der neu erbauten Nervenklinik zu übernehmen.
Den einzigen Hinweis auf die Seelsorge in der Orthopädischen Klinik, in der kein sonntäglicher Gottesdienst stattfand, ist in einem Schreiben von Pfarrer Lamp enthalten: „Die Geistlichen in Niederrad haben schon jetzt die Seelsorge in der orthopädischen Universitätsklinik ‚Friedrichsheim', die in unmittelbarer Nähe liegt; Gottesdienste wurden dort nicht gehalten. Es könnten nun die Insassen des ‚Friedrichsheim', Schwestern und Kranke, auch dem Gottesdienst in der Heilanstalt beiwohnen."[463]
Die wenigen Hinweise lassen vermuten, daß sich die Krankenseelsorge der Geistlichen im „Friedrichsheim" bis 1945 ausschließlich auf Sakramentenspendung bezog.

3. Seelsorgerliche Handlungen

3.1 Die Kapelle

Im Zentrum der Krankenhausseelsorge steht die Krankenhauskapelle. Das Städtische Krankenhaus selbst besaß keine Kapelle. Erst mit der Fertigstellung des Schwesternhauses 1909 gab es dort eine Kapelle,[464] die zeitweise auch anderen Veranstaltungen des Klinikpersonals diente. Pfleghar beschwerte sich,

[460] Vgl. Betätigung der Glaubensgemeinschaften (1941), S. 46 f. und Vgl. Antonius (1941), S. 45 f.
[461] Vgl. Seelsorge in Krankenhäusern (1942), S. 76
[462] Vgl. Mayer (1971), S. 26
[463] In: Q 234, S. 1 f.
[464] Vgl. Frankfurter Schwesternverband (1953), S. 25

daß am 23.12.1928 wegen Weihnachtsvorbereitungen der Schwesternschaft der Gottesdienst im Hörsaal der Zahnklinik stattfinden mußte.[465]
Zusätzlich weist Pfleghar wegen des Fehlens einer eigenen Krankenhauskapelle auf die Beschwerden vieler Patienten hin: „[…] empfanden viele gehfähige Patienten den Mangel eines besonderen, tagsüber offenen Gottesdienstraumes um so härter. Die Notwendigkeit eines solchen ergibt sich u.a. auch aus der unten anzuführenden Anzahl der Gottesdienstbesucher."[466]
In der „Anstalt für Irre und Epileptische" gab es eine eigene Anstaltskapelle für Patienten und Personal. In der neu erbauten Nervenklinik gab es 1930 nur noch einen Mehrzweckraum, den die Verwaltung als Ersatzkapelle bereit stellte. Alle anderen Kliniken wie die Orthopädische Klinik „Friedrichsheim" und das Armen- und Siechenhaus Sandhof hatten keine eigene Kapelle.
In der Kapelle des Rektorats fanden über die tägliche Messe hinaus zwei bis drei Abendandachten pro Woche für Schwestern und Angestellte statt. Sie wurden gut besucht.[467]

3.2 Der Gottesdienst

Die hl. Messe zelebrierten die Seelsorger an allen Sonn- und Feiertagen um 9.00 Uhr oder um 10.30 Uhr in der Krankenhauskapelle des Schwesternhauses. Die unterschiedlichen Anfangszeiten kamen durch den wöchentlichen Wechsel mit dem evangelischen Gottesdienst in derselben Kapelle zustande. Pfleghar berichtet vom guten Besuch der Gottesdienste in den Jahren von 1926 bis 1932. Durchschnittlich kamen: 127 (1926), 90–100 (1927), 100–120 (1928), 80–100 (1930), 50–60 (1932) Personen in die Kapelle.[468] Die kurzen Aufenthaltszeiten vieler Patienten[469] benennt Pfleghar als Grund für die rückgängigen Zahlen im Jahre 1932.
Auf das Jahr gesehen kommt er 1927 auf eine Besucherzahl von 11360 Gottesdienstteilnehmern. In seinem Jahresbericht 1929 würdigt Pfleghar, daß mehrfach Kirchenchöre wie auch Solisten unentgeltlich zur Verschönerung der Gottesdienste beigetragen haben.[470]
Über den Verlauf der Heiligen Messe an allen Sonn- und Feiertagen in der Heilanstalt gibt es aus dieser Zeit keine Angaben. Abgesehen von der Feier der hl. Messen in den Kapellen von Schwesternhaus und Nervenklinik hat es in den

[465] In: Q 217, S. 3
[466] In: Q 213, S. 2
[467] In: Q 212, S. 1
[468] In: Q 212, S. 1 / Q 213, S. 2 / Q 217, S. 3 / Q 221, S. 4 / Q 222, S. 4 / Q 223, S. 2. Für die Jahre 1929 und 1931 lagen mir keine genauen Besucherzahlen vor.
[469] Als Ursache für diese rückläufigen Aufenthaltszeiten gibt Pfleghar die für die Behandlung der Kranken entstehenden hohen Kosten der Ortskrankenkassen an. In: Q 224
[470] In: Q 221, S. 4

verschiedenen Kliniken weitere Gottesdienste und Andachten gegeben. Zusätzlich hielten die Seelsorger im B-Bau der Hautklinik Andachten für die Patienten, die „[...] bei vollkommen freiwilliger Teilnahme[471] sehr gut besucht waren. Seit die Patientinnen nach Inkrafttreten des neuen Gesetzes betr. Geschlechtskrankheiten an dem Gottesdienst im Krankenhaus teilnehmen können, wurden diese Andachtsstunden eingestellt. Es ist jedoch geplant, zwecks seelischer Erfassung gerade dieser Patientinnen besondere religiöse Stunden abzuhalten.[472] Die Teilnahme bleibt freiwillig."[473] Diese Patientinnen werden von Pfleghar besonders hervorgehoben, weil sich unter ihnen einige Prostituierte befanden.

Bemerkenswert ist Pfleghars Schreiben an das Bischöfliche Ordinariat, in dem er belegt, daß nicht nur die Durchführung des Gottesdienstes Zeit in Anspruch nimmt, sondern auch die Vorbereitung auf Predigten und Ansprachen.[474] Er weist damit deutlich auf einen weiteren wichtigen Bereich der Krankenhausseelsorge hin, die eben nicht nur aus Besuch und Sakramentenspendung in den Krankenzimmern besteht. Vermutlich will er hiermit dem Bischöflichen Ordinariat verdeutlichen, daß ein Krankengottesdienst, der formal wie inhaltlich gut vorbereitet wird, mindestens ebensoviel Zeit beansprucht wie eine Sonntagsmesse in der Pfarrkirche. Erste Ansätze kommen hier in Form eines Appells zum Ausdruck, Krankenhausseelsorge und Gemeindeseelsorge seien vom Bistum gleichwertig zu behandeln. Es blieb beim Appell, da das Bistum keine zusätzliche Seelsorgestelle in der Universitätsklinik einrichtete.

Durch die Bombardierung des Rektorates 1944 verlegte Rektor Thies die tägliche Frühmesse für die Schwestern und Angestellten der Universitätsklinik in die Kapelle des Schwesternhauses, während er das Allerheiligste weiterhin in seiner Wohnung aufbewahrte.[475]

3.3 Die Taufen

Zu den Aufgaben des Krankenhausseelsorgers gehören laut Dienstinstruktion die Taufen in der Entbindungsanstalt. Bis zum Zweiten Vatikanischen Konzil tauften die Seelsorger grundsätzlich alle katholischen Kinder in der Universitätsklinik. An dieser katholischen Tradition, möglichst bald nach der Geburt zu taufen, wird deutlich, wie sehr man darauf bedacht war, jedes Kind so früh

[471] Vermutlich betont Pfleghar hier die Freiwilligkeit im Gegensatz zu konfessionellen Krankenhäusern, in denen teilweise ein gewisser Druck auf die Patienten ausgeübt wurde, am Gottesdienst teilzunehmen, da für die katholischen Gläubigen die Pflicht des Besuches der Sonntagsmesse besteht.

[472] In den mir vorliegenden Unterlagen gibt es keinen Hinweis, ob diese religiösen Stunden von Pfleghar durchgeführt wurden.

[473] In: Q 213, 4

[474] In: Q 218, S. 19

[475] In: Q 236, S. 1

wie möglich zu taufen auch aus der Angst heraus, daß es ohne die Taufe nicht die ewige Seligkeit erlangt. Dieselbe Sakramenteneinstellung findet sich bei der Spendung der letzten Ölung wieder.
Diese Sakramenteneinstellung hat in der katholischen Kirche eine lange Tradition. Deutlich wird diese Haltung an der Darstellung Köhlers zur Taufe eines Kindes noch vor der Geburt. Köhler empfiehlt in seinem 1800 erschienenen Buch: „Wenn der Seelsorger von den Aerzten erfährt, daß der sogenannte Kaiserschnitt notwendig, und daß hierdurch die Frau und das noch lebende Kind nach ihrer Meynung erhalten werden können: so unterlasse der Seelsorger Nichts, was Pastoralliebe und Klugheit ihm eingeben, um die Frau zu bereden, damit sie diesen Schnitt standhaft ertrage.[...] und endlich mache er ihr begreiflich, daß es weit besser sey Alles zu leiden, als zu gestatten, daß ein Kind ohne Taufe sterbe. [...] daß sie nach dem Ausspruche Christi des Herrn keine größere Liebe ausüben könne, als daß sie ihr Leben der Gefahr für das Heil einer Seele aussetzte, die, wenn sie nicht getauft wird, ewig verloren ist; zudem setze sie sich nicht wegen ihrem Vater oder Bruder, sondern wegen ihrem eigenen Fleische der Gefahr aus."[476] Es entsprach der katholischen Lehre auch noch derzeit um 1900, daß eher der Tod der Mutter in Kauf genommen wurde als daß ein zu erreichendes noch lebendes Kind – vor oder nach der Geburt – ungetauft bliebe.
Folgerichtig empfiehlt Köhler der Hebamme bei ungeborenen lebenden Kindern: „[...] daß, wenn sie mit der Hand, oder auf sonst eine Art Wasser zum Kinde bringen könnte, so solle sie es also taufen: wenn du lebst und fähig bist, so taufe ich dich im Namen des Vaters und des Sohnes und des hl. Geistes. Amen. – Und wenn hernach das Kind zur Welt sollte gebracht werden, und sie glauben sollte, das Kind seye todt, so solle sie es doch abermal also taufen: wenn du lebst und nicht getauft bist, so taufe ich dich."[477]
Über die Benennung der Zahlen getaufter Kinder hinaus geht Pfleghar nicht auf die Durchführung der Taufen in der Entbindungsanstalt ein. Aus seinen Angaben wird deutlich, daß er meist mehrere Kinder in jeweils einer gemeinsamen Feier taufte: 513 in 85 (1926), 531 in 68 (1927), 534 in 101 (1928), 499 in 99 (1929), 603 in 101 (1930) und 375 Kinder in 78 Taufhandlungen (1932).[478]

3.4 Das Bußsakrament

Pruner schreibt 1891 die „Spendung des heiligen Sakramentes der Buße ist jedenfalls die wichtigste Obliegenheit der Krankenseelsorge."[479] Fischer bestätigt 1936 die große Bedeutung der Krankenbeichte: „Die Pflicht zur Beichte wird

476 Köhler (1800), S. 81 f.
477 Ebd., S. 80
478 In: Q 212, S. 2 / Q 213, S. 3 / Q 217, S. 5 / Q 221, S. 5 / Q 222, S. 5 / Q 223, S. 2
479 Pruner (1891), Sp. 1036

um so dringlicher, je ernster die Krankheit ist; am dringendsten, wenn der Tod nahe bevorsteht und der Mensch vor seinen ewigen Richter hinzutreten hat. Wo es daher in der Macht der Kirche stand, von ihren kranken Gläubigen diese Pflicht unmittelbar zu fordern, da tat sie es. [...] Eine Generalbeichte[480] ist vorgeschrieben, wenn frühere Beichten aus irgend einem Grund ungültig waren; sie ist ratsam, wo immer die Krankheit einen ernsteren Charakter trägt, ganz besonders, wenn sie zu einer Lebensgefahr führt. [...] Als oberster Grundsatz bei der Beichte von Schwerkranken und Sterbenden mag man festhalten: es kommt hier nicht so sehr auf ein umständliches Sündenbekenntnis an, als vielmehr auf lebendigen Glauben, ernstliche Reue und Ergebung in den göttlichen Willen. Der Priester helfe mit, daß diese Akte eine möglichste Vollendung erreichen.[481] [...] zweiter Grundsatz: Jeder Katholik ist auf dem Sterbebett zu absolvieren,[482] ausgenommen der Bewußtlose, der noch bei vollem Bewußtsein Priester und Sakramentenempfang zurückwies oder der bis zuletzt gottlos und verstockt in offenkundiger Todsünde verharrte, selbst wenn er die Hilfe des Priesters nicht ausdrücklich zurückgewiesen haben sollte."[483]

Unter dieser Pflicht zur Spendung bzw. zum Empfang der Sakramente standen die Kranken wie die Krankenhausseelsorger. Die Realität der Beichtmöglichkeit in der öffentlichen Klinik ist durch Raummangel erheblich eingeschränkt. Dazu schreibt 1918 Hensler vom Höchster Krankenhaus: „Es dürfte ferner kaum ein Spital geben, wo ein Raum zum Zweck der Isolierung eines Kranken, der beichten will, vorgesehen wäre. Es muss das in zufällig leer stehenden Räumen geschehen, die es bei der jetzigen Ueberfüllung der Krankenhäuser kaum noch gibt; [...] Kranke, die ich in der letzten Zeit versehen habe, hat man entweder zu einem Schwerhörigen gelegt oder einen Deutschen zu einem Polen oder den Franzosen zu dem Italiener."

Anschaulich schreibt der Krankenhausseelsorger dann von einer Einzelbeichte und weist schließlich auf ärztliche Anordnungen hin, die das Ziel der äußersten Schweigepflicht noch erschweren. „Für einen jungen Menschen, der beichten wollte, fand sich kein anderer Raum als das Sterbezimmer eines Schwindsüchtigen. Der Anblick des in den letzten Zügen Liegenden hat den jungen, ebenfalls schwindsüchtigen Menschen derart entsetzt, dass er kaum instand war, seine Beichte zu vollenden; Dinge, die dem Arzt nicht bekannt werden dürften. Die Schwierigkeit der Raumtrennung wird noch vergrössert durch die von ärztlicher Seite streng geforderte Trennung der chirurgischen von der medizinischen Abteilung und die noch strengere Trennung des Lazaretts von der Zivil-Abteilung, wie sie von militärischer Seite gefordert wird." [484]

480 Bei der Generalbeichte erhält der Sünder die sakramentale Lossprechung ohne vorausgehendes Einzelbekenntnis der Sünden. Vgl. Heim (1998), S. 12

481 Fischer (1934), S. 277 f.

482 Absolvieren – Absolvo te, (lat.); ich spreche dich frei von deinen Sünden. Teil der Lossprechungsformel in der Beichte. Vgl. Hauck/Schwinge (1997), S. 8

483 Fischer (1934), S. 279

484 In: Q 225, S. 1

Rentz hatte in der Universitätsklinik die gleichen Schwierigkeiten, ein geeignetes Zimmer für die Abnahme der Beichte zu finden. Das Bischöfliche Ordinariat nahm sich des Anliegens der beiden Krankenhausseelsorger an, indem es über eine Verlautbarung an alle Pfarrgeistlichen verkünden ließ, daß möglichst alle katholischen Kranken vor ihrer Einlieferung in die öffentliche Krankenanstalt gebeichtet haben sollen.[485] Pfleghar benannte dementsprechend in den Jahren von 1926 bis 1932 nur die Zahlen der Kinder, die bei ihm gebeichtet hatten. Vereinzelt nur seien auch Erwachsene darunter gewesen.[486] In anderen Berichten wird die Praxis des Bußsakramentes in der Universitätsklinik nicht angesprochen.

3.5 Die Krankenkommunion

Der Empfang der Krankenkommunion wird in dieser Zeit als strenge Pflicht eines jeden Katholiken angesehen. Pruner sagt 1891 angesichts eines Sterbenden: „Nach abgelegter heiliger Beichte ist in der Regel die heilige Communion als Wegzehrung zu spenden. Der Seelsorger soll den Kranken selbst darauf vorbereiten, wenn er zu schwach oder in dem, was zum Leben der Frömmigkeit gehört, zu ungeübt ist. [...] Er hat dabei keine Verpflichtung, nüchtern zu bleiben. Dauert der todesgefährliche Zustand länger an, so darf auch die heilige Wegzehrung ohne Nüchternheit[487] so oft wiederholt werden, als der Seelenführer des Kranken es für zweckmäßig hält. [...] Kranke, die an sehr häufigem Erbrechen leiden, müssen sich mit geistlicher Communion[488] begnügen."[489] Fischer geht 1936 in seinem Buch auf die Spendung der Kommunion in Krankenhäusern und Pflegeanstalten ein und weist auf eine neuere Entscheidung der Ritenkongregation hin, die besagt, daß bei mehreren Kommunionempfängern eines Krankenhauses der Priester nur bei dem ersten Kranken alle vorgeschrieben Riten vollziehen soll, während er bei den weiteren Kranken nur sechs Gebete sprechen brauche. In städtischen Großkrankenhäusern empfiehlt Fischer, daß der Krankenhausseelsorger die „Versehgarnitur"[490] in Form eines kleinen Koffers zur Verfügung hat. Letztlich gibt er zu bedenken: „Da auch in solchen Häusern die Sakramentenspendung ohne Unterstützung seitens des Pflegepersonals sich kaum vollziehen läßt, so achte man auf eine rechtzeitige

485 Vgl. Höhler (1920), S. 35 f.
486 In: Q 212, S. 2 / Q 213, S. 3 / Q 217, S. 5 / Q 221, S. 5 / Q 222, S. 5 / Q 223, S. 2
487 Vor Empfang der hl. Kommunion bestand bis zum Zeiten Vatikanischen Konzil für die Gläubigen das Gebot, drei Stunden vorher keine feste Nahrung mehr zu sich zu nehmen.
488 Geistliche Kommunion ist die gültige Teilnahme an einer Kommunionfeier, ohne die Hostie zu sich genommen zu haben.
489 Pruner (1891), Sp.1040
490 Vgl. Kp. IV. B. 3.6

Anmeldung der religiösen Handlung bei den Stationsschwestern, damit die notwendigen Vorbereitungen wie Herrichtung des Kranken und seine eventuelle Überführung in einen Sonderraum getroffen werden können."[491]
Das Thema Krankenkommunion erwähnt Pfleghar in den Jahresberichten 1926 bis 1932 nur summarisch. Summarisch zählte Pfleghar die Kranken eines Jahres, denen er die hl. Kommunion gespendet hatte: 591 (1926), 592 (1927), 465 (1928), 474 (1929), 455 (1930) und 598 (1932).[492] In diesen sechs Jahren bleibt die Anzahl der Krankenkommunionen ziemlich gleich. Pfleghar legt großen Wert auf die Krankenkommunion: „Noch nie in meiner ganzen priesterlichen Wirksamkeit hat jemand von mir die hl. Kommunion verlangt, ohne sie auch erhalten zu haben. Unter grössten Schwierigkeiten habe ich nachweisbar Kranken oft und regelmäßig, manchmal täglich die hl. Kommunion gebracht."[493]

3.6 Die „letzte heilige Ölung"[494]

Die „letzte heilige Ölung" ist der abschließende Teil des Versehganges. Man spricht vom Versehgang immer dann, wenn der Priester zu einem Schwerkranken oder Sterbenden gerufen wird. Nach dem römischen Rituale[495] gehören zu einem Versehgang zuerst die Spendung des Bußsakramentes verbunden mit der Absolution, die Gabe der heiligen Kommunion als Wegzehrung, und als drittes Gnadenmittel der Kirche für den Sterbenden ist die „letzte Ölung" vorgesehen. „Beim Eintritt des Todeskampfes ist nach dem im Rituale Rom. Tit. V, cap. 7 u. 8 vorgesehenen Ritus dem Sterbenden ein Kreuz zum Kusse zu reichen, die Sterbekerze anzuzünden, [...] verbunden mit Gebeten.[496] Im Augenblick des Todes spricht der Priester den Sterbeablaß, die Generalabsolution. Fischer weist darauf hin, daß der Priester vor der heiligen Handlung sich überzeugen soll, ob er alle notwendigen Gegenstände bei sich habe: Weihwasser, Kerze, Kruzifix, sechs Wattekügelchen, Brotkrumen oder Salz und Wasser zum Reinigen der Hände.[497]
Der Versehgang ist die wichtigste Handlung für den Krankenhausseelsorger in der Universitätsklinik. Als der Bischof von Limburg von der Arbeitsüber-

491 Fischer (1934), S. 284
492 In: Q 212, S. 2 / Q 213, S. 3 / Q 217, S. 5 / Q 221, S. 5 / Q 222, S. 5 / Q 223, S. 2
493 In: Q 218, S. 5
494 „Letzte Ölung" Unctio extrema (lat.); Sterbesakrament, heute Krankensalbung genannt. Vgl. Hauck/Schwinge (1997), S. 202
495 Das römische Rituale ist von Papst Paul V. 1614 herausgegeben und mit der Liturgiereform 1969 erneuert worden. Es ist das liturgische Buch der katholischen Kirche. Es enthält alle vorgeschriebenen Texte, Gebete, Anweisungen für die Spendung der Sakramente und Sakramentalien. Vgl. Heim (1998), S. 387
496 Schubert (1934), Sp. 232
497 Vgl. Fischer (1934), S. 302

lastung des Krankenhausseelsorgers über den Generalvikar erfährt und sich nicht in der Lage sieht, einen zweiten Seelsorger einzustellen, läßt der Bischof über den Stadtpfarrer Dr. Herr Pfleghar ausrichten „[...] er möge alles tun, was in seinen Kräften stehe und wenn es gar nicht anders gehe, möge er sich darauf beschränken, dass keiner unversehen sterbe." Pfleghar antwortet: „Ich darf für mich in Anspruch nehmen, wohl die meisten meiner Schwerkranken und Sterbenden, insbesondere nach der Provisur,[498] oft, wenn nicht täglich besucht zu haben".[499]

Am Beispiel des Konfliktes mit den Ärzten der Prof. Volhard'schen Klinik erreicht Pfleghar den Vorrang des Versehganges vor der medizinischen Behandlung: „Erschwert wurde die Seelsorge durch den in der Nachkriegszeit und besonders in den letzten Jahren verstärkten wissenschaftlichen Betrieb auf allen Kliniken, der die Zeit wesentlich einschränkt, zu der der Geistliche auf die Abteilung kommen kann, ohne mit den Ärzten zu kollidieren. Das geht soweit, dass in einem Falle aus rein wissenschaftlichem Grunde an einem dienstfreien Nachmittag ein geistlicher Vertreter 1¼ Stunden lang warten musste und dann erst nach längst eingetretenem Tode zugelassen wurde. Ich habe in diesem Falle die ernsteste Auseinandersetzung mit der Prof. Volhard'schen Klinik gehabt. Ich hatte die Genugtuung, dass die Verwaltung sich ganz und ungeteilt auf meinen Standpunkt gestellt hat. Die Volhard'sche Klinik hat eine befriedigende Erklärung abgegeben und die Verwaltung gab ohne mein Wissen und Ersuchen das Resultat dieser Auseinandersetzung sämtlichen Kliniken zur Darnachachtung bekannt."[500]

Bei der Größe der Universitätsklinik verdankte Pfleghar es nur der Vermittlung des Stationspersonals, daß er die meisten Schwerkranken und Sterbenden rechtzeitig besuchen konnte. Pfleghar benennt 1930: „Die Sorge für Schwerkranke und Sterbende absorbiert nach wie vor die Kräfte des kath. Seelsorgers, so dass für Besuche der einzelnen Abteilungen kaum noch Zeit vorhanden ist."[501]

In seiner Statistik[502] benennt Pfleghar die katholischen in der Universitätsklinik verstorbenen Patienten: Keine Angabe (1926), 400 (1927), 435 (1928), 455 (1929), 356 (1930), 334 (1932).

Weiterhin gibt er in dieser Statistik seine Versehgänge bei Sterbenden am Tage mit: 322 (1926), 351 (1927), 409 (1928), 445 (1929), 403 (1930), 307 (1932) und in der Nacht: 39 (1926), 67 (1927), 78 (1928), 65 (1929), 62 (1930), 53 (1932) an.

Pruner berichtet 1891 noch von der Praxis, daß die Seelsorger auch die Lenden der Männer salbten: „Die Salbung soll stattfinden an den Organen der haupt-

[498] Provisur (lat.) Bez. für Versehgang.
[499] In: Q 218, S. 19
[500] In: Q 218, S. 12
[501] In: Q 222, S. 2
[502] In: Q 212, S. 2 / Q 213, S. 3 / Q 217, S. 3 / Q 221, S. 5 / Q 222, S. 5 / Q 223, S. 2

sächlichsten Sinne des Leibes unter der vom römischen Rituale vorgeschriebenen Form: [...] Die unctio renum[503] darf nie stattfinden bei Frauenspersonen; bei männlichen Personen ist sie gegenwärtig auch fast überall außer Uebung gekommen." Es gibt auch heute noch den Wunsch nicht nur bei den Patienten sondern auch bei den Angehörigen vom Priester auch körperlich berührt zu werden im Rahmen seiner Gebets- und Segenshandlung. Weiter schreibt Pruner, daß in akuter Todesgefahr genüge, den Sterbenden auf der Stirne zu salben. Letztlich geht er auf die Substanz des heiligen Öls ein: „Als Materie des Sakraments darf nur das vom Bischof am Gründonnerstage des laufenden Jahres benedicirte[504] Krankenöl gebraucht werden."[505]

Bei der großen Zahl der Schwerkranken in der Universitätsklinik ist bei den Krankenhausseelsorgern von der Praxis der Stirnsalbung mit Watte auszugehen. Auch der vom römischen Rituale vorgeschriebene Ritus der Spendung wird in der alltäglichen Praxis so nicht vollziehbar gewesen sein. Das Rituale gebietet dem Priester beim Eintritt ins Krankenzimmer zuerst den Friedensgruß zu sagen, dann habe er den Kranken mit Weihwasser zu besprengen, ihn über die übernatürliche Wirkung des Sakramentes zu belehren, ihm dann die einzelnen Sinne zu salben und schließlich habe er noch einmal in den freien Schlußgebeten die Gnade des Heiligen Geistes um Gesundheit für Seele und Leib des Kranken zu erbitten.[506]

Von großen Schwierigkeiten der Durchführung der „letzten Ölung" in der Klinik vor allem wegen mangelnder Räume auf den Krankenstationen in Höchst sagt Hensler: „Die Isolierung der Patienten, die versehen werden müssen, ist aber nicht nur notwendig wegen der geheimen Beicht, sondern auch deshalb, weil nach meiner Erfahrung die meisten Kranken, die versehen werden müssten, den Geistlichen in Gegenwart anderer Patienten ablehnen, dagegen bereitwillig dem Sakramentenempfang zustimmen, sobald man mit ihnen allein verhandeln kann. Es wäre also eine grosse Erleichterung der Seelsorgearbeit in den Krankenhäusern, wenn die Patienten vor ihrer Einlieferung zu Hause versehen worden wären oder wenigstens gebeichtet hätten."[507] Die gleiche Erfahrung hatte auch Rentz in der Universitätsklinik.

Das Anliegen der beiden Krankenhausseelsorger Rentz und Hensler nahm das Bischöflichen Ordinariat zum Anlaß, den Gemeindepfarrern die Umsetzung unter ihren Gläubigen nahezulegen. Dennoch bezeichnet Fischer die Spendung der heiligen Sakramente als Krönung jeder Seelsorge am Krankenbett: „Es ist eine von namhaften Autoren unterstützte Forderung, daß möglichst jeder Kranke wenigstens einmal in seinen Krankheitstagen die heiligen Sakramente empfange, besonders wenn die Krankheit sich hinzieht.[...] Der

503 Genannt ist hier die Salbung der Nieren.
504 Benedicirte (benedizierte) (lat.); gesegnete, geweihte.
505 Pruner (1891), Sp. 1042
506 Vgl. Fischer (1934), S. 287
507 In: Q 225, S. 1

Priester betrachte ‚das Sakrament als den Angelpunkt seiner Krankenseelsorge'."[508]

3.7 Die Beerdigungen

In der Dienstinstruktion vom 21.5.1910 wird der Krankenhausseelsorger beauftragt, „[...] alle Beerdigungen, die im Kranken- und Siechenhaus anfallen, soweit es sein Krankenhausdienst zuläßt, durchzuführen".[509] Die hier gemachte unklare Einschränkung wird vom Bischöflichen Ordinariat in der Weise erläutert, daß der Rektor nur von den Beerdigungen befreit werde, wenn deshalb die Spendung der Krankenkommunion ausfallen müßte. Pfleghar war hiermit nicht einverstanden und forderte daraufhin, „[...] dass alle Verstorbenen, die ihren Wohnsitz in Sachsenhausen haben, auch von der Geistlichkeit der Bonifatiusgemeinde, die heute aus fünf Herren besteht, beerdigt werden sollen."[510] Dieser Wunsch Pfleghars wurde vom Bischöflichen Ordinariat akzeptiert.
Entsprechend wird die Zahl der Beerdigungen, die der Krankenhausseelsorger selbst durchgeführt hat, laut der Statistik von Pfleghar immer geringer: 50 (1926), 35 (1927), 19 (1928), 12 (1929), 11 (1930), 3 (1932).
Bei der Angabe der vorliegenden Zahlen macht Pfleghar deutlich, daß er diese Beerdigungen auf Wunsch des Städtischen Krankenhauses hielt.[511] Er will mit diesem Hinweis auf die Krankenhausverwaltung vorbeugen, daß nicht wieder das Bischöfliche Ordinariat oder die Gemeindepfarrer vom Krankenhausseelsorger erwarten, ihre in der Universitätsklinik verstorbenen Gläubigen zu beerdigen. Tatsächlich hatte er nur noch die Verstorbenen auf Wunsch der Klinikverwaltung beerdigt, die keiner Frankfurter Gemeinde angehörten. Somit bleibt Pfleghar seiner Überzeugung treu, daß grundsätzlich Beerdigungen nicht zu den Aufgaben des Krankenhausseelsorgers gehören.

3.8 Weitere Amtshandlungen

Zu den weiteren Amtshandlungen gehört die gelegentliche Assistenz beim Sakrament der Ehe. Im Vergleich mit der Spendung anderer Sakramente ist die Eheschließung in der Universitätsklinik seltener, was auch deutlich aus den Zahlen, die Pfleghar hier angibt, hervorgeht. Nach katholischem Ritus spenden sich die Eheleute selbst das Sakrament, während der Priester nur als Assistenz

508 Fischer (1934), S. 141 f.
509 In: Q 233, S. 1
510 In: Q 214, S. 2
511 In: Q 212, S. 2 / Q 213, S. 3 / Q 217, S. 5 / Q 221 S. 5 / Q 222, S. 5 / Q 223, S. 2

anwesend ist. Diese Trauungen sind immer mit einer gottesdienstlichen Handlung am Krankenbett verbunden. Folgende Zahlen gibt Pfleghar kommentarlos wieder: 7 (1926), 10 (1927), 6 (1928), 5 (1929), 6 (1930), 1 (1932).[512] Bei diesen Zahlen vermute ich, daß wegen der besonderen Umstände im Krankenhaus unter den angegebenen Trauungen auch Personal vorhanden ist, das sich vom Krankenhausseelsorger hat trauen lassen.

Eine weitere Handlung ist die karitative Seelsorge. Bei den Besuchen werden die Krankenhausseelsorger häufig auch mit der sozialen Not der Patienten konfrontiert. Der Dienst an den armen Kranken war seit dem Mittelalter Pflicht des Priesters, trat jedoch zugunsten der Sakramentenspendung mehr und mehr in den Hintergrund. Dennoch spricht Pruner 1891 diesen Dienst des Krankenseelsorgers an: „Auch auf das leibliche Wohl der Kranken soll der Seelsorger sein Augenmerk richten, u.a. durch Unterstützung in ihrer Armut und Arbeitslosigkeit."[513] Fischer schreibt 1936 ganz im Stile seiner Zeit: „Der Priester am Krankenbett hat gerade in unseren Tagen in weitestem Maße auch fürsorgerische Arbeit zu leisten. Wo wirtschaftliche Not im Vordergrund steht, bieten die karitativen Pfarrausschüsse, [...] aber auch Wohlfahrtsämter, Versicherungsträger und der Fürsorgedienst im Krankenhaus Hilfsmöglichkeiten mancherlei Art.[514] [...] Materielle Hilfe ist niemals letzter Sinn der Krankenseelsorge, aber sie bereitet deren vornehmster Aufgabe den Weg, indem sie beim Kranken persönliche Vorurteile beseitigt, vielfältige Hindernisse aus dem Weg räumt und die Empfindlichkeit für die vom Priester angebotene übernatürliche Hilfe erhöht."[515] In Bezug auf das Umfeld des Kranken sagt Fischer: „Das sozial-karitative Moment spielt bei der Ausübung der Krankenseelsorge eine besonders wichtige Rolle, öffnet die verschlossensten Herzen und läßt den Priester auch dort Zutritt finden, wo man sonst von ihm nicht viel wissen will"[516].

Im Gegensatz zu den Angaben der Literatur über die Diakonie des Krankenhausseelsorgers erwähnt Pfleghar 1932 nur am Rande diesen Dienst an den Kranken, wenn er sagt: „Im Berichtsjahr war die Inanspruchnahme in karitativen Angelegenheiten wieder eine sehr grosse. Manche Not konnte gemildert bezw. behoben werden."[517] Andere Hinweise von Pfleghar geben Aufschluß über seinen karitativen Einsatz. Er engagierte sich im Namen der Patienten und deren Angehörigen bei vielen Behörden. 1926 schrieb er: „Im Interesse der Kranken usw. erfolgte Mitarbeit bei städt. und privaten sozial-caritativen Behörden und Vereinen."[518]

[512] In: Q 212, S.2 / Q 213, S. 3 / Q 217, S. 5 / Q 221, S. 5 / Q 222, S. 5 / Q 223, S. 2
[513] Pruner (1891), Sp. 1044
[514] Fischer (1934), S. 138
[515] Ebd., S. 139 f.
[516] Ebd., S. 221
[517] In: Q 223, S. 3
[518] In: Q 212, S. 3

4. Krankenhausseelsorge und Klinikpersonal

4.1 Die Verwaltung

Pfleghar würdigt die Verwaltung in der Mitte seiner Dienstzeit: „Nachdem ich nun volle sieben Jahre am Krankenhaus tätig bin, erachte ich es als meine Pflicht, einer verehrl. Verwaltung, sowie der Aerzte- und Schwesternschaft für alles Verständnis und alle Hilfsbereitschaft, die ich in so reichem Masse erfahren durfte, meinen herzlichsten Dank auszusprechen!“[519]
Als Krankenhausseelsorger hatte Pfleghar gute Beziehungen zur Verwaltung hergestellt, besonders zum Verwaltungsdirektor Wirth. Von ihm bekam er für seine Statistiken Einsicht in die internen Verwaltungsakten. In Bezug auf seine permanente Arbeitsüberlastung schreibt Pfleghar an das Bischöfliche Ordinariat: „Krankenhausdirektor Dr. Wirth zeigte in dieser Sache immer grösstes Verständnis, umsomehr, als die protestantische Seelsorge unter ähnlichen Schwierigkeiten leidet“.[520]
Als Pfleghar wegen der zeitlichen Verzögerung eines Versehganges durch ärztliche Anordnung in Konflikt mit der ärztlichen Tätigkeit in der „Professor Volhard'schen Klinik“ kommt, entscheidet die Verwaltung zu seinen Gunsten und weist darüber hinaus sämtliche andere Kliniken an, in gegebenen Fällen den Pfarrer nicht warten zu lassen.[521] Als Zeichen der guten Zusammenarbeit zwischen ihm und der Klinik sagt Pfleghar zum Erlaß des Ministers: „Die Verordnung des preußischen Ministers für Volkswohlfahrt […] die religiöse Betreuung der Kranken in Krankenanstalten betreffend ist in der im Städt. Krankenhaus geltenden Praxis schon seit vielen Jahren durchgeführt. Insbesondere ist anzuerkennen, dass die Abteilungen im Falle Schwerkranker seither den kath. Anstaltsgeistlichen benachrichtigten. Die genaue Kontrolle jedes einzelnen Sterbefalles berechtigt mich zu der Feststellung, dass diese Benachrichtigung nur in ganz vereinzelten Fällen hätte rechtzeitiger geschehen können.“[522]
Seit Februar 1930 überläßt die Verwaltung beiden Geistlichen Durchschläge der Aufnahmekarten der Kranken.[523] Wie sehr Pfleghar stets die Zusammenarbeit mit dem Personal des Städtischen Krankenhauses gesucht hat, geht aus einer Besprechung mit der Klinikleitung hervor: „In der Konferenz vom 15.

519 In: Q 223, S. 3
520 In: Q 218, S. 20
521 Ebd, S. 12. Vgl. Kap. IV.B.3.6
522 In: Q 222, S. 2
523 Es ging um die Frage der Einsichtnahme des Geistlichen in die Krankenlisten wegen der konfessionellen Zugehörigkeit der Patienten und um freien Zugang zu den Kranken: „[…] zwecks Vornahme religiöser Handlungen ist den Geistlichen ihrer Religionsgesellschaft Zutritt zu gestatten.“ (Absatz II des ministeriellen Erlasses vom 11.10.1930, vgl. Kap. IV.B.2.2)

Januar 1931, zu welcher Herr Direktor Dr. Wirth, Herr Amtmann Freund, Frau Oberin Schäfer, sämtliche Oberschwestern, sowie Herr Pfarrer Hünemörder erschienen waren, konnte ich zum ersten Male offiziell die Anregung geben, es möge den beiderseitigen Geistlichen Gelegenheit gegeben werden, an der Berufsvorbereitung der jungen Schwestern mitzuwirken. Die Konferenz [...] zeigte zu meinem Vorschlag durchgehende Zustimmung."[524]

4.2 Die Ärzte

Schon in der Dienstanweisung vom 28.7.1893, die der Pfarrer von St. Leonhard, Direktor Hilpisch, mit dem Armenamt des Magistrates der Stadt ausgehandelt hatte, heißt es: „Geistliche sind den Beamten und Ärzten nicht untergeordnet, sondern kooperativ. Die erste Aufgabe der Anstalt ist der Heilzweck. Ob der Kranke seelenkrank[525] ist, muß sich in der Praxis zeigen."[526]
Der katholische Krankenhausseelsorger Josef Hensler vom Stadtkrankenhaus Höchst weist 1918 auf die vorrangige Arbeit des Arztes hin: „Es muß auch darauf hingewiesen werden, dass im Spital der Arzt den Vortritt vor dem Geistlichen hat, und dass er seine Befugnis nicht überschreitet, wenn er erklärt, der Kranke sei gekommen, um von ihm, nicht von dem Geistlichen behandelt zu werden; einen Geistlichen habe er ja auch zuhause haben können. Nicht wenige Kranke hätten zu Hause noch gut kommunizieren können, die es dann im Spital nicht mehr können, sei es, dass eine Magenausspülung verordnet ist, so dass man die Kommunion nicht reichen könne oder sei es, dass der Transport im Wagen auf der Landstraße Erbrechen hervorgerufen hat."[527]
Henslers Erfahrungen werden auch von Rentz in der Universitätsklinik geteilt. Auf seine Bitte hin legt das Bischöfliche Ordinariat dem Nachfolger von Rentz nahe, mit dem ärztlichen und dem „Wartepersonal" in Kontakt zu treten.[528] Einen unregelmäßigen Aushilfskaplan lehnt Pfleghar deswegen ab, da dieser nicht im steten Kontakt mit den Ärzten, Schwestern und Kranken der betreffenden Abteilungen sei. „Diese *Stetigkeit* ist aber in der Krankenhausseelsorge eine unbedingte Voraussetzung einer *erspriesslichen* Betreuung der Kranken."[529]
Pfleghar sieht dagegen auch Einschränkungen seiner Arbeit durch die Ärzte. Als Grund benennt er die verstärkte wissenschaftliche Tätigkeit der Ärzte an der Universitätsklinik. Pfleghar weist darauf hin, daß die Zeit seiner „Kran-

[524] In: Q. 222, S. 4
[525] „seelenkrank" war nicht im psychiatrischen Sinne zu verstehen, sondern soll das Bedürfnis der Seele nach religiöser Zuwendung und Heilung ausdrücken.
[526] In: Q 201, S. 1
[527] In: Q 225, S. 1 f.
[528] In: Q 209
[529] In: Q 223, S. 1

kenseelsorgearbeit", zu der der Geistliche auf die einzelnen Abteilungen kommen kann, ohne mit dem Arzt zu kollidieren, erheblich eingeschränkt wurde. Als Beispiel fügt er den erwähnten Konflikt mit den Ärzten der „Professor Volhard'schen Klinik" an.[530]

An anderer Stelle betont Pfleghar seine gute Zusammenarbeit mit den Ärzten: „Von den offiziellen Krankenhauskreisen, von den Chefärzten, dem Schwesternverband usw. habe ich bereits die lobendsten Anerkennungen über meine dienstliche, gesellschaftliche, priesterliche Haltung. Ich darf erwähnen, dass ich mehrfach bei Chefärzten eingeladen war, und so die Möglichkeit hatte, in ungezwungener Aussprache auch Seelsorgefragen des Städt. Krankenhauses zu besprechen."[531]

In der Literatur wird immer wieder die Zusammenarbeit des Krankenhausseelsorgers mit den Ärzten propagiert, trotz der Schwierigkeiten, die auftreten können. Fischer weist auf die Geschichte hin, wenn er sagt: „Die Wege des Arztes und des Theologen gingen erst auseinander, als jener [der Arzt] in stärkerem Maße der Naturwissenschaft sich zuwandte und dann, überrascht und bedrückt von neuen gewaltigen Erkenntnissen, erschüttert und geblendet von den technischen Erfolgen, sich verleiten ließ, in der Leib-Seele-Einheit des Lebendigen die Seele zu übersehen. [...] Auf den Krankenstationen gebührt unbedingt dem Arzt der Vorrang. Es ist praktisch nun einmal so, daß der Kranke im Arzt seinen ersten und wichtigsten Helfer sieht, dem er alles Vertrauen entgegenbringt.[532] [...] Der Anstaltsseelsorger richte daher seine Besuche so ein, daß sie nicht mit der ärztlichen Visite zusammenfallen."[533]

An anderer Stelle hebt Fischer die Wichtigkeit der Zusammenarbeit zwischen Arzt und Seelsorger hervor, der deshalb auch besonders qualifiziert sein sollte: „Das Wichtigste bleibt, daß der Seelsorger in seinem Auftreten und Wirken sich stets als guter Helfer des Arztes erweist. [...] Den Kranken zu dieser Mitarbeit an seiner Wiedergenesung anzuhalten, darf vom Anstaltsseelsorger nicht übersehen werden.[...] Wo immer die Zeit es dem Seelsorger gestattet, lege er auf dieses persönliche, unmittelbare Wirken ganz besonderen Wert. Damit wird er die Tätigkeit des Arztes in wertvoller Weise ergänzen, und dieser wird ihm dankbar dafür sein. Diese Erfahrung lehrt, daß einem solchen Seelsorger kein Mediziner seine Achtung versagt. In einem großen allgemeinen Krankenhaus sollte aus diesem Grunde auch nur ein erfahrener und für die Spezialseelsorge besonders geeigneter Priester Anstellung finden."[534] Trotz seiner Kritik am Verhalten einiger Ärzte erhielt Pfleghar in der Universitätsklinik gerade wegen seines selbstbewußten, seelsorgerlichen Auftretens die Achtung der Mediziner.

530 In: Q 218, S. 12
531 Ebd., S. 26
532 Fischer (1934), S. 329 f.
533 Ebd., S. 331
534 Ebd., S. 331 f.

4.3 Das Pflegepersonal

Das Pflegepersonal ist für die Krankenhausseelsorge in besonderer Weise wichtig. Der Schwesternverband ermöglicht in seiner Kapelle den zentralen Gottesdienst an allen Sonn- und Feiertagen. Weiterhin haben die Schwestern oftmals auf ihren Stationen in besonderen Schränken Altarzubehör wie Kreuz, Kerzen, Decke und Bibel aufbewahrt. Beim Versehgang und bei der Krankenkommunion bereitet das Pflegepersonal meistens einen kleinen Altartisch am Bett des Kranken vor. Das Bischöfliche Ordinariat stellt 1918 fest: „Ob die katholischen Kranken bei einer Zahl von mindestens 1.100 durch Rufen zum Empfang der heiligen Sakramente erreicht werden, ist vom guten Willen des Pflegepersonals abhängig."[535] Daher ist es auch das Anliegen des Ordinariates, daß der Krankenhausseelsorger „[...] geeignete Verbindung mit dem ärztlichen und Wartepersonal suchen soll."[536]
Die Beschwerdebriefe einiger Schwestern aus dem Jahr 1928 über mangelnden Besuch des Krankenhausseelsorgers machten auch deutlich, daß die regelmäßige Präsenz des Krankenhausseelsorgers auf ihren Abteilungen vom Pflegepersonal erwartet wird.
Der Krankenhausseelsorger erfuhr in seiner Arbeit Unterstützung durch das Pflegepersonal. Das Personal suchte seinerseits Beistand und Hilfe für seine religiösen, sozialen und seelischen Probleme bei den Geistlichen. Eine große Zahl der katholischen Krankenschwestern nimmt täglich um 6.00 Uhr vor dem Dienstantritt an der heiligen Messe in der Rektoratskapelle teil. Außerdem besuchte das Pflegepersonal die Gottesdienste in der Kapelle des Schwesternhauses an den Sonn- und Feiertagen zahlreich. Nach dem Bericht von Pfleghar fanden 1929 zusätzlich für die Schwestern jeden Monat zwei bis drei Abendandachten statt. Angesichts ihrer vielseitigen physischen wie psychischen Belastungen im Pflegedienst auf den Stationen waren für viele Schwestern, die fast ausnahmslos ledig lebten, die verschiedenen Gottesdienste ein spiritueller Halt von nicht zu unterschätzendem Wert. Des Weiteren hielten die Krankenhausseelsorger manchmal berufsspezifische Vorträge für die Schwestern. [537]
Anfang der dreißiger Jahre versucht Pfleghar erstmals Kontakt zur Krankenpflegeschule zu bekommen. Er bittet in der Konferenz am 15.1.1931 die Klinikleitung darum, daß ihm und dem evangelischen Geistlichen die Gelegenheit gegeben werden sollte, an der Berufsvorbereitung der jungen Schwestern mitzuwirken.[538] Pfleghar erhält die „durchgehende Zustimmung" der Anwesenden. Aufgrund seiner Vorschläge in dieser Konferenz ist davon auszugehen, daß Pfleghar in den nächsten Jahren an der Krankenpflegeschule unterrichtete,

535 In: Q 206, S. 2
536 In: Q 209
537 In: Q 212, S. 2
538 In: Q 222, S. 4

da auch der evangelische Kollege Oberschmidt 1936 mit dem Unterricht begonnen hatte.[539]
Eine Folge der guten Zusammenarbeit mit dem Personal zeigte sich im Jahr 1944, als nach der Bombardierung des Rektorats die Frühmesse des Rektors in der Kapelle des Schwesternhauses stattfinden konnte.[540] Ein weiterer Beleg für die Anerkennung der Krankenhausseelsorger durch das Pflegepersonal ist ihr Einsatz für Kaplan Kinkel beim Bischöflichen Ordinariat, dafür, daß er als Krankenhausseelsorger der Heilanstalt für Nervenkranke erhalten bleiben sollte.[541]
1936 weist Fischer nachdrücklich auf die besondere Bedeutung des Pflegepersonals hin: „Von besonderer Wichtigkeit wird für den Krankenhausseelsorger die Zusammenarbeit mit dem Pflegepersonal. Als Helfer und Vertreter des Arztes und zugleich als ständige Umgebung des Kranken fällt den Pflegern und Pflegerinnen wohl die wichtigste Aufgabe in einer Anstalt zu. Schon dieser Umstand legt dem Seelsorger die Pflicht nahe, gute persönliche Beziehungen mit dem Pflegepersonal zu unterhalten und dieses, wo immer es angeht, für die gemeinsamen Aufgaben zu schulen und anzuleiten. [...] Gerade sie [die Pflegerinnen und Pfleger] bedürfen der berufsethischen Unterweisung, der Aufmunterung, der Stärkung und Mehrung seelischer Kräfte."[542]

4.4 Die Hausangestellten

Krankenhausseelsorger begegnen in ihrer Arbeit nicht nur dem Ärzte- und Pflegepersonal, sondern auch allen anderen Mitarbeiterinnen und Mitarbeitern der Universitätsklinik.
Für sie alle, vom Pförtner über die Hilfsdienste auf den Stationen (Raumpflegerinnen, Laboranten, Zustelldienste), die Fürsorgerinnen und die Angestellten der verschiedenen Betriebe (Küche, Handwerksstätten, Wäscherei, Kantine, Gärtnerei), der wissenschaftlichen Institute bis hin zu den Angestellten der Verwaltung ist der Seelsorger zuständig, soweit er sich als Seelsorger für das ganze Haus versteht.
Über das religiöse Angebot hinaus benennt Pfleghar seine Sprechstunden nicht nur für Kranke, Angehörige und Schwestern, sondern auch für alle Angestellten der Universitätsklinik.[543] Grundsätzlich hält er diese Kontakte „[...] als einen der wichtigsten Punkte für die Wirksamkeit der geschlossenen Anstaltsseelsorge."[544]

539 Vgl. Kap. IV. A. 4.3
540 In: Q 236
541 Vgl. Kap. IV.B.2.4.3
542 Fischer (1934), S. 332 f.
543 In: Q 212, S. 3
544 In: Q 218, S. 10

Krankenanstalten werden in dieser Zeit wie heute die Justizvollzugsanstalten, wo es immer noch eine streng regulierte Besuchszeit gibt, als ein geschlossenes System angesehen.
Fischer schreibt dazu: „Jedes Krankenhaus ist ein in sich geschlossener Organismus mit den verschiedensten Personen, Rangstufen und Aufgaben, alle jedoch geeint in dem Streben, den Kranken zu betreuen und möglichst bald wieder gesund zu machen. Auch der Seelsorger hat sich als Glied dieser weiten Familie zu fühlen und an ihrer Gemeinschaftsaufgabe mitzuwirken. Soll ihm das aber gelingen, dann ist ein einträgliches Zusammenarbeiten mit den übrigen im Krankenhaus tätigen Personen unentbehrlich."[545]

C. Zusammenfassung

1. Krankenhausseelsorge, das pastorale Randgebiet der Kirchen

1.1 Das seelsorgerliche Engagement der Kirchen in den Universitätskliniken

Mit der Gründung der Krankenhausseelsorge im Jahr 1914 und auch mit der ständigen Präsenz des Krankenhausseelsorgers in den Universitätskliniken betreten die Kirchen pastorales Neuland.
Die konkreten Gründe zum seelsorgerlichen Engagement der beiden Kirchen in den Universitätskliniken waren sehr unterschiedlich. Aus pastoraler Hirtensorge und aus Gründen der Sakramentenspendung stellte das Bistum Limburg einen Geistlichen für die Krankenhausseelsorge frei. Die evangelische Kirche benennt den Bau einer eigenen Kapelle am Städtischen Krankenhaus als ersten Grund der Errichtung einer Krankenhauspfarrstelle. Gleichzeitig benennt sie als weiteren Grund die soziale Fürsorge für die Person und Familie des Krankenhauspfarrers, der eine ebenso gesicherte Stellung bekommen sollte, wie der Gemeindepfarrer.[546] In diesen Jahrzehnten stand die Hirtensorge der Kirchen für die Kranken und für das Klinikpersonal wie die Ermöglichung der Arbeit für den Krankenhausseelsorger im Vordergrund ihres seelsorgerlichen Einsatzes in den Universitätskliniken. Von beiden Kirchen wird die pastorale Krankenhausseelsorge in dieser Zeit gegenüber der Gemeinde noch nicht als Schwerpunkt der Seelsorge gesehen. Dennoch hat sich für die Bedürfnisse der Kranken und des Klinikpersonals der Einsatz einer ganzen pastoralen Planstelle in der Universitätsklinik für die Kirchenleitungen bestätigt.

[545] Fischer (1934), S. 328
[546] Vgl. Ebrard (1916), S. 1

1.2 Die Auswahl der Krankenhausseelsorger

Die evangelischen Krankenhauspfarrer sind zu Beginn ihrer Tätigkeit an den Universitätskliniken älter als 45 Jahre. Als ehemalige Gemeindepfarrer brachten sie persönliche wie berufliche Erfahrungen im Umgang mit Menschen in Lebenskrisen mit. Das Bistum Limburg dagegen beauftragte junge Kapläne, jeweils nach ihrer dritten Kaplansstelle, für diesen verantwortlichen Dienst. Es waren junge Männer im Alter von Anfang 30, die sich noch in der Ausbildung zum Gemeindepfarrer befanden. Es war von Seiten des Bistums noch nicht im Blick, geeignete Geistliche zu finden, die Kranke in Lebenskrisen qualifiziert begleiten konnten. Man wollte vielmehr Seelsorger haben, die Sakramente in den Universitätskliniken spendeten.
Demgegenüber vertritt Fischer in seinem Buch „Katholische Krankenseelsorge" schon 1934 die These, daß in einem großen allgemeinen Krankenhaus nur ein erfahrener und für diese Spezialseelsorge besonders geeigneter Priester Anstellung finden sollte.[547] Das Bischöfliche Ordinariat sah zu dieser Zeit noch nicht die Notwendigkeit einer besonderen Qualifizierung des Seelsorgers für diese Stellung in einer Universitätsklinik. Vermutlich genügte den Verantwortlichen die Tatsache, daß jeder Kaplan gewisse praktische Seelsorgeerfahrung im Umgang mit Kranken aus seinen ersten Kaplansstellen mitbrachte. Denn in vielen Pfarreien liegt ein kleines Krankenhaus oder der junge Priester hatte bei seinen Hausbesuchen Kranke und Sterbende betreut. Dennoch wird in der speziellen Literatur zur Krankenhausseelsorge beider Konfessionen mehrmals betont, daß nur geschulte und kompetente Seelsorger zum Einsatz in Großkrankenhäusern eingesetzt werden sollten. Für das Bistum wie für das Königliche Konsistorium war allerdings jede Art von vorzubereitenden Schulungen ihrer Kandidaten für die Krankenhausseelsorge noch kein Anliegen.
Insgesamt gesehen wird deutlich, daß in beiden Kirchen der Beruf des Krankenhausseelsorgers noch nicht entwickelt ist. Die Amtsbezeichnungen variieren, je nachdem, ob der kirchenrechtliche oder staatskirchenrechtliche Begriff genommen wurde. Katholischerseits ist die neu errichtete Stelle wie folgt benannt: geschlossene Anstaltsseelsorge, Seelsorgestelle, Krankenseelsorgestelle. Der Inhaber dieser Stelle wird meistens als Rektor bezeichnet. Jedoch auch Namen wie Anstaltsgeistlicher, Seelsorger und Krankenhausseelsorger kommen vor. Sein Dienst selbst wird unterschiedlich als Krankenhausdienst, Krankenhaus-Seelsorge, Pastoration, seelsorgerliche Betreuung bezeichnet.
In der evangelischen Kirche schwanken die Bezeichnungen der Stelle zwischen evangelisch-lutherische Krankenhauspfarrstelle, Anstaltsgemeinde und Krankenhausgemeinde. Ihr Inhaber wird Seelsorger, Krankenhausgeistlicher oder auch ordentlicher Krankenhauspfarrer genannt. Sein Dienst ist im Unterschied

[547] Vgl. Fischer (1934), S. 332

zum Bistum Limburg nahezu gleichlautend benannt: Seelsorge, Krankenseelsorge oder Krankenhausseelsorge.
In den ersten Jahrzehnten des zwanzigsten Jahrhunderts waren beide Kirchenleitungen nicht bereit, mehr für den strukturellen und personellen Einsatz zu investieren, der eine qualifizierte Krankenhausseelsorge garantiert hätte. Bis 1945 entstand keine weitere hauptamtliche Krankenhausseelsorgestelle an der Universitätsklinik.

1.3 Die Haltung der Universitätsklinik gegenüber der Krankenhausseelsorge

Die Stadt Frankfurt am Main als auch die Leitung der Universitätsklinik verhalten sich anfänglich ähnlich wie die Kirchenleitungen. Sie sagen ja zur Errichtung der Krankenhausseelsorgestelle, beteiligen sich auch an der Finanzierung, sind jedoch weiterhin nicht bereit, personell wie baulich Krankenhausseelsorge zu erweitern.
Teilweise verhindert die Klinik die Ausübung der Seelsorge, indem sie sich weigert, im Siechenhaus einen Raum für Gottesdienste zur Verfügung zu stellen, obgleich die Mittel gespendet wurden.[548] Auffällig ist, daß weder in der Orthopädischen Klinik „Friedrichsheim" noch im Städtischen Krankenhaus bei ihrer Gründung eine Kapelle geplant worden ist. Die geplante Kapelle für die neue Nervenklinik wird aus Kostengründen gestrichen,[549] so daß dort nur noch ein Mehrzweckraum für die Gottesdienste angeboten wird. Ein Protest der evangelischen wie der katholischen Kirchenleitungen bleibt aus. Die Kirchen machen sich hier nicht zum Anwalt für die religiösen Bedürfnisse psychisch Erkrankter und ihres Personals, obgleich in der alten Heilanstalt die Kranken und das Personal die Kapelle zahlreich besuchten. Die Präsenz der Kirche durch sichtbare Kapellen in den Frankfurter Universitätskliniken scheint der Klinikleitung unerwünscht zu sein. Bis 1893 durfte nur auf Wunsch der Patienten ein katholischer Seelsorger in das Städtische Krankenhaus kommen.[550] Verwaltung wie Ärzte- und Pflegepersonal zeigten anfänglich eine reservierte bis ablehnende Haltung dem Krankenhausseelsorger gegenüber, wie Hünemörder berichtet.[551]
Dennoch veränderte sich das Verhalten öffentlicher Stellen einschließlich der Universitätsklinik zur Krankenhausseelsorge ins Positive. Gründe dafür sind vor allem die Zufriedenheit der Patienten und des Klinikpersonals über ihre seelsorgerliche Betreuung. Letztlich hat die zunehmende konstruktive Zusammenarbeit zwischen dem Klinikpersonal und den Geistlichen zu dieser Aufgeschlossenheit der Klinik gegenüber der Seelsorge geführt.

548 In: Q 16, S. 1
549 In: Q 21
550 In: Q 201, S. 1
551 In: Q 13, S. 2

Seitens der Verwaltung war schon längst die freie Ausübung der Seelsorge den Geistlichen beider Konfessionen zugestanden worden, bevor die Verordnung des Ministers vom 11.10.1930 „die religiöse Betreuung der Kranken in Krankenanstalten betreffend" in Kraft trat.[552] Als die Nazis die Krankenhausseelsorge zunehmend einschränkten, waren es wiederum die Verwaltung, die Ärzte und das Pflegepersonal, die gegenüber dem ministeriellen Verbot weiterhin die Tätigkeit der Krankenhausseelsorger an den Universitätskliniken duldeten.[553]

1.4 Das Schweigen der Krankenhausseelsorger in der Nazizeit

Aus der Nazizeit liegt mir keine Verlautbarung der Kirchenleitungen vor, die einen Hinweis auf eine pastorale Unterstützung der durch die Nazis bedrohten Kranken und des Personals gebracht hätte. Allein die Dompfarrer Frankfurts erhoben unermüdlich ihre Stimme gegen den menschenverachtenden Umgang der Nazis mit den Kranken und forderten vergeblich den Limburger Bischof zu einer Stellungnahme auf. Erst als es zu einem Einvernehmen der Bischofskonferenz kam, schrieb Bischof Antonius 1941 das Hirtenwort zur Krankenseelsorge.[554] Bis heute erschien kein weiteres Hirtenwort im Bistum Limburg zur Krankenhausseelsorge. Von den katholischen Krankenhausseelsorgern der Universitätsklinik dieser Zeit liegen weder bezüglich ihrer politischen Orientierung noch hinsichtlich irgendeiner Unterstützung für die von den Nazis verhörten, verfolgten und verschleppten Menschen Unterlagen vor.
Das Schweigen der evangelischen Krankenhausseelsorger ist aus ihrer Gesinnung erklärbar; mit Ausnahme von Knab hatten sie nicht nur zur Hitlerwahl, sondern auch zur Zustimmung zum Arier-Paragraphen aufgerufen.[555] Der Frankfurter Propst Alfred Trommershausen blieb der nationalsozialistischen Politik jahrelang bis zu seinem Tod im Jahr 1942 verbunden. „Die Rundbriefe des Jahres 1933, in denen es um Uniformtragen und Hitlergruß im Gottesdienst, um die Beflaggung kirchlicher Gebäude mit Hakenkreuzfahnen, um eine Fürbittenempfehlung für die Obrigkeit mit Dankesworten für den Kampf gegen den satanischen Bolschewismus oder um die Zusammenlegung ‚deutscher' und kirchlicher Erntedankfeiern ging, tragen seine Unterschrift."[556]
1934 verabschiedete Propst Trommershausen Hünemörder nach seiner 19jährigen Krankenhausseelsorgetätigkeit und führte Oberschmidt feierlich in sein neues Krankenhauspfarramt ein. Die ausgezeichnete Zusammenarbeit zwischen Krankenhausseelsorge und Klinikleitung während der ganzen Jahre des Nationalsozialismus ist u.a. darin begründet, daß sowohl die evangelische Kir-

552 In: Q 221, S. 2
553 In: Q 43, S. 1
554 Vgl. Antonius (1941), S. 45 f.
555 Vgl. Benad/Telschow (1985), S. 41
556 Ebd., S. 59

chenleitung in Frankfurt wie die Leitung der Verwaltung als auch die ärztliche Klinikleitung zumindest den Nationalsozialisten nahe standen.

1.5 Neuordnung der Krankenhausseelsorge

Pfleghar ist an einer qualifizierten, kompetenten Krankenhausseelsorge gelegen, daher sein unermüdlicher Einsatz in vielen Bereichen der Universitätsklinik wie innerhalb der Kirche. Ein eigenes Papier entwirft er 1928 zur Neuorganisation der katholischen Seelsorge im Städtischen Krankenhaus. Er benennt in seinem Schreiben vom 14.3.1928 die Veränderungen: Die Regelung von 1910 ist heute nicht mehr zu vertreten, da das Krankenhaus um 1000 Betten gewachsen ist. Wesentliche Aufgaben, z.B. regelmäßige Besuche sämtlicher Abteilungen, Sakramentenempfang, rechtzeitige Versehgänge können nicht mehr aufrecht erhalten werden. Auch würde eine angestrebte Intensivierung und Individualisierung der Seelsorge dem entgegenstehen. Die Lösung sah Pfleghar darin, zwei hauptamtliche Geistliche einzusetzen. Er sehe aber, daß bei der jetzigen Zusammensetzung des Stadtparlamentes und der städtischen Finanzpolitik eine solche Forderung nicht durchsetzbar sei. Leider würde der evangelische Geistliche eine zweite hauptamtliche Kraft zurückweisen, womit auch von der evangelischen Synode in der Hinsicht keine Unterstützung zu erwarten gewesen sei. Als Zwischenlösung sieht Pfleghar die Möglichkeit, einen Geistlichen der zuständigen Pfarrei für die Krankenseelsorge zur Verfügung zu stellen. Nach seiner Meinung würde dadurch der Sakramentenempfang erheblich gesteigert werden können. Solche Arbeiten seien z.B. am „Hospital zum Heiligen Geist“ durch die Dompfarrei und im Elisabethenkrankenhaus durch die Pfarrei St. Elisabeth üblich. Schließlich fordert Pfleghar, daß man in Anbetracht des weiteren Wachstums des Krankenhauses zu einer Generallösung kommen müsse.[557]
Mit seinen zukunftsorientierten Vorschlägen für eine qualifizierte Krankenhausseelsorge scheiterte Pfleghar an der ablehnenden Haltung sowohl des Bistums wie des Magistrates.

2. Die Patienten und ihre Krankenhausseelsorger

2.1 Die Bedürfnisse der Patienten

Es gibt mehrere Wege für den Patienten, den Geistlichen, wie für den Geistlichen, den Patienten zu erreichen. Im Vordergrund steht der Besuch des Geistlichen. Lauth schreibt 1913, daß er täglich in den Krankenhäusern Besuche gemacht habe.[558] Ebenso schreibt Pfleghar vom täglichen Besuch an Wochen-

[557] In: Q 215, S.1 f.

[558] In: Q 12, S. 6

tagen von zwei bis drei Stunden auf den Stationen.[559] Diente katholischerseits der Besuch vor allem dazu, den Patienten die Sakramente zukommen zu lassen,[560] so spricht der evangelische Seelsorger Hünemörder angesichts seiner Besuche von der Bedürftigkeit der bettlägerigen Patienten nach „seelischem Zuspruch".[561] Anfänglich rief das Klinikpersonal die Krankenhausseelsorger zu den Kranken ihrer Konfession auf die Stationen. Seit 1930 konnten sie aus der Patientenliste der Rettungswache erfahren, welcher Konfession der jeweilige Kranke angehörte.[562] Auch aus den Gemeinden gab es für die Geistlichen Hinweise, ihre Kranken in der Universitätsklinik zu besuchen. Die Patienten erwarteten seelischen Zuspruch von dem Geistlichen oder, wie Hünemörder schreibt, „[...] nicht von ihrer Kirche im Krankenhaus alleingelassen zu sein."[563] Ruth Fuehrer schreibt von ihren Erfahrungen seit 1925: „Damals stieß die Seelsorge in solchen Krankenhäusern [gemeint sind staatliche und städtische Krankenhäuser] kaum auf Widerstand, sondern wurde von den meisten Kranken dankbar aufgenommen. In der Zeit des dritten Reiches bedeutete es für jeden Patienten ein Bekenntnis, nach kirchlicher Seelsorge zu verlangen, wie auch für die Stationsschwester und für die Verwaltung, solch einen Wunsch an die zuständige kirchliche Stelle weiterzuleiten."[564]
Bei den religiös orientierten Kranken stand der Wunsch nach Teilhabe an Gottesdiensten, Andachten, Abendmahlsfeiern, Kommunionfeiern in der Kapelle, auf den Stationen, in den Krankensälen oder am konkreten Krankenbett im Einzelfall im Vordergrund. Mit den Gottesdiensten machten die Krankenhausseelsorger den Schwerpunkt ihrer Angebote, indem sie sich wie Pfleghar auf Predigten und Ansprachen vorbereiteten,[565] oder einfach mit Gesang und Andachten die Patienten „[...] in den Krankensälen erfreuen wollten", wie Hünemörder schreibt. [566] Des Weiteren lag den Geistlichen besonders an der liturgischen Ausschmückung ihrer Gottesdienste. Gleichzeitig waren sie bemüht, über Chöre und Solisten die Gottesdienste kirchenmusikalisch zu bereichern.
Besonders bei Geburt und Tod erwarteten Patienten wie Angehörige vom Seelsorger Beistand. Dabei nahmen die Seelsorger die Tauffeiern von der Gestaltung bis hin zur Eintragung in die Bücher besonders ernst. Den Beistand für die Sterbenden gestalteten die evangelischen Pfarrer liturgisch über die Darreichung des Abendmahles in Sonderfeiern. Die katholischen Geistlichen spendeten den Schwerkranken die „letzte heilige Ölung". An den darauffolgenden Tagen besuchten die Seelsorger manchmal täglich die Sterbenden.

559 In: Q 212, S. 2
560 In: Q 233, S. 1
561 In: Q 18, S. 1 f.
562 In. Q 221, S. 3
563 In: Q 18, S. 1
564 Fuehrer (1960), S. 5
565 In: Q 218, S. 19
566 In: Q 18, S. 2

Abgesehen von den generellen Erwartungen an den Krankenhausseelsorger gab es weitere Amtshandlungen, die auf Wunsch der Patienten oder Initiative des Geistlichen geschahen, so z.B. Beichte, Krankenkommunion, katechetischer Unterricht, Konfirmationsvorbereitung und Konfirmationsfeiern, Religionsunterricht, Trauungen und Wiedereintrittsfeiern in die jeweilige Konfession.
Beschwerden über die Krankenhausseelsorger seitens der Patienten, sei es direkt bei den Kirchenleitungen[567] oder über das Klinikpersonal, galten ausnahmslos mangelnden Besuchen am Krankenbett. Es ist eine Tatsache, daß es viele Patienten gab, die wegen der Größe der Universitätskliniken nie einen Geistlichen zu Gesicht bekamen.
Aus den vorliegenden Unterlagen gibt es aus dieser Zeit nur wenige Hinweise, daß die evangelischen und katholischen Seelsorger näher auf die sozialen Nöte der Patienten eingegangen sind oder karitative Hilfsmaßnahmen eingeleitet hätten. Diesen diakonalen Dienst sahen die Krankenhausseelsorger nicht als ihren Aufgabenbereich an, womit sie dem zeitgemäßen Verständnis der Krankenseelsorge entsprachen.

2.2 Erste Ansätze von Seelsorge im Kinderkrankenhaus

Seelsorge an kranken Kindern, so wie sie von den Geistlichen bei Erwachsenen geschieht, wird in dieser Zeit noch nicht wahrgenommen. Fast ausnahmslos gehen die Seelsorger in die Kinderklinik nur dann, wenn Amtshandlungen (Taufe, Beichte, Kommunion, Konfirmation, „letzte Ölung") anstanden. Das Bedürfnis des Kindes auf Besuch, Anteilnahme und Begleitung durch den Seelsorger wurde damals noch nicht genügend gesehen.

2.3 Seelsorge in der Nervenklinik

Als eigener Bereich innerhalb der Krankenhausseelsorge hat sich die Seelsorge an psychisch Kranken und ihrem Personal entwickelt. Jedoch kommt diese Seelsorge in der Universitätsklinik zu dieser Zeit zu kurz. Aus den Unterlagen geht hervor, daß die Patienten in der „Anstalt für Irre und Epileptische" durch den evangelischen Seelsorger Flath bis zu seinem Tod 1911 eine engagierte Seelsorge erhalten haben. Hünemörder schreibt nur gelegentlich von der Krankenhausseelsorge in dieser Anstalt. Oberschmidt geht schon gar nicht mehr selbst in die Nervenklinik, sondern beauftragt den Hilfsgeistlichen Pfarrer i. R. Franke, die Seelsorge dort zu verrichten.
Das Bistum Limburg stellt keinen eigenen Krankenhausseelsorger für die Nervenklinik frei. In der Pfarrei „Mutter vom guten Rat" ist offensichtlich das

567 In: Q 224

Thema Seelsorge an Nervenkranken nicht erwünscht, sondern wird nur als bischöflicher Auftrag miterledigt. Der zuständige Gemeindepfarrer Lamp ist zu dieser Krankenseelsorge nur bereit, wenn man ihm die zweite, von Frau von Weinberg gestiftete Kaplansstelle für die Gemeinde seitens des Bischöflichen Ordinariates nicht abzieht.[568] Bei der Jahreskonferenz der „Irrenseelsorger" 1935 in Frankfurt am Main ist kein Pfarrgeistlicher zugegen.[569] Nicht durch die kirchliche Struktur, sondern ausschließlich durch die persönliche Unterstützung des einzelnen Pfarrgeistlichen geschieht in der Nervenklinik qualifizierte Seelsorge, wie es sich an der Person des Kaplan Kinkel zeigte.

3. Die gegenseitige Angewiesenheit von Klinikpersonal und Krankenhausseelsorge

Ohne eine konstruktive Zusammenarbeit zwischen Krankenhausseelsorger und Krankenhauspersonal ist keine pastorale Krankenhausseelsorge möglich. Viele andere Themen weisen immer wieder neu auf die Angewiesenheit der Seelsorge auf das Klinikpersonal hin. Es hätte kein Sonntagsgottesdienst mit Kranken und Personal stattfinden können, wenn nicht der Schwesternverband e.V. seine Hauskapelle der Krankenhausseelsorge zur Verfügung gestellt hätte. Auch die Technik brachte eine große Erleichterung der Seelsorgepraxis, als die Klinikverwaltung 1928 der Seelsorge ein Haustelefon zur Verfügung stellte.[570] Seit Februar 1930 überläßt die Verwaltung beiden Geistlichen Durchschläge der Aufnahmekarten der Kranken.[571]

Der schwierige Umgang zwischen Ärzten und Seelsorgern wird nur indirekt angesprochen, wie es sich aus der historisch unterschiedlichen Entwicklung beider Berufe ergeben hat. 1918 betont der Höchster Krankenhausseelsorger Hensler den Vorrang der Medizin und des ärztlichen Handelns gegenüber dem seelsorglichen Einsatz. „Es muß darauf hingewiesen werden, dass er [der Arzt] seine Befugnis nicht überschreitet, wenn er erklärt, der Kranke sei gekommen, um von ihm, nicht von dem Geistlichen behandelt zu werden."[572] Deutlich wird auch hier, daß unabhängig von der Haltung der Ärzte die medizinischen Gegebenheiten dem seelsorgerlichen Handeln Grenzen setzten.[573]

Aufgrund medizinischer Notwendigkeiten veränderte die Verwaltung das Siechenhaus zu einer Schwerkrankenstation. Die Krankenhausseelsorger erhielten dadurch bedeutend mehr Arbeit.[574] Das Gleiche galt für die epide-

[568] In: Q 234, S. 2
[569] In: Q 231, S. 2
[570] In. Q 217, S. 5
[571] In: Q 222, S. 2
[572] In. Q 225, S. 1 f.
[573] In: Q 213, S. 4
[574] In: Q 217, S. 1

misch auftretende Grippe 1927.[575] Durch die zunehmende wissenschaftliche Arbeit der Ärzte fühlt sich Pfleghar in seiner Seelsorgearbeit dermaßen eingeschränkt, daß er sich über das Verhalten der Ärzte in der „Dr. Volhard'schen Klinik" bei der Verwaltung beschwerte. Der Streit hatte ein positives Ergebnis. Es kam zunehmend zu einer konstruktiven Zusammenarbeit zwischen Stations-, Ober- und Chefärzten mit den Krankenhausseelsorgern, was sowohl die Geistlichen lobten als auch die Kirchenleitung[576] würdigte.

Die Verwaltung, das Pflegepersonal und die Ärzte profitierten von den Angeboten der Krankenhausseelsorger. Die Krankenhausseelsorge stand auch für die seelischen Bedürfnisse des Personals zu Verfügung. Nach Pfleghar besuchten 1926 täglich 48 bis 50 Schwestern und Angestellte den Gottesdienst um 6 Uhr früh. Diesem religiösen Verhalten des Personals entspricht Pfleghar mit bis zu weiteren zwei bis drei Abendandachten im Monat.[577] Jedoch nicht nur das seelsorgerliche Angebot für die Kranken, sondern auch das Angebot von Gottesdiensten wurde dem Pflegepersonal zunehmend wichtig. So schreibt Oberschmidt bezogen auf die Abendmahlsfeiern auf den Stationen: „[...] für die Herrichtung und Ausschmückung des Abendmahlsaltares gebührt den Oberschwestern und Stationsschwestern besonderer Dank."[578]

Ein besonderes Beispiel der konstruktiven Zusammenarbeit zwischen dem gesamten Klinikpersonal und der Krankenhausseelsorge findet sich in den jährlichen Weihnachtsfeiern wieder. An einem Übersichtsplan des Verwaltungsdirektors Dr. Wirth über den Einsatz des katholischen und des evangelischen Krankenhausseelsorgers bei den Weihnachtsfeiern in den einzelnen Kliniken wird die oben angesprochene gegenseitige Angewiesenheit der Seelsorge und des Personals deutlich.[579]

Wegen seiner permanenten Arbeitsüberlastung bleibt dem Krankenhausseelsorger kaum Zeit für das Personal. Die Kirchenleitungen wissen seit der Gründung der Krankenhausseelsorgestelle darum, ohne die Bereitschaft, die Personalarbeit mehr in den Blick zu nehmen. Lauth bedauert schon 1913 gegenüber seiner Kirchenleitung, daß er keine Zeit wie sein Vorgänger habe, mit Vorträgen auf die Lebensprobleme der Schwestern einzugehen.[580] Nur am Rande können in diesen Jahrzehnten die Seelsorger auf die persönlichen Probleme der Ärzte, Schwestern und Angestellten der Klinik eingehen.[581]

Aus den Jahren zwischen 1914 und 1945 wird besonders deutlich, daß die Krankenhausseelsorge effektiver arbeiten kann, wenn sie entsprechend ihrem

575 In: Q 213, S. 1
576 In: Q 28, S. 1 f.
577 In: Q 212, S. 1
578 In: Q 32, S. 3
579 In: Q 27
580 In: Q 12, S. 8
581 In. Q 212, S. 3

Namen[582] eine Seelsorge für das ganze Haus, das heißt für Personal und Kranke anbietet.

4. Ökumenische Zusammenarbeit in der Krankenhausseelsorge

Es wäre verfrüht, in dieser Zeit von einer ökumenischen Krankenhausseelsorge zu sprechen. Von der evangelischen und katholischen Kirche wird Krankenhausseelsorge noch streng nach konfessioneller Seelsorgearbeit getrennt. Jedoch an der kirchlichen Basis gibt es Berührungspunkte. So ist es für Pfleghar selbstverständlich, daß er bei seinen Stationsbesuchen auch die andersgläubigen Kranken begrüßt. Es gab zahlreiche Kontakte zwischen den evangelischen und katholischen Seelsorgern. Dazu gehörten die gemeinsame Benutzung der Kapelle, der Gottesdiensträume und Sakristeien. Zusammen vereinbarten die Seelsorger ihre unterschiedlichen Besuchszeiten und Amtshandlungen auf den Stationen. Letztlich gab es gemeinsame Konferenzen mit dem Klinikpersonal.
Von Anfang an hatten die Weihnachtsfeiern in den Kliniken einen konfessionell kooperativen Akzent. 1917 sagt Hünemörder über die Weihnachtsfeier, daß sie im kollegialen Einvernehmen mit dem katholischen Kollegen stattgefunden hat.[583] Auch Oberschmidt lobt die festlichen Weihnachtsfeiern, die er mit seinem katholischen Kollegen jährlich durchführt.[584] Oberschmidt erwähnt oftmals in den vorliegenden Schriften den katholischen Kollegen. Besonders hebt er den gemeinsamen Gottesdienst 1937 anläßlich der Heldengedenkfeier hervor.[585] Angesichts der Krise des Altarstreites in der Nervenklinik sieht Oberschmidt die Lösung im ökumenischen Miteinander aller Beteiligten: „[...] dass wir als Christen nicht nur in demselben Raum, sondern auch an demselben Altar unsere Gottesdienste feiern können, ich bin gewiss, dass gerade heute alle gläubigen Katholiken und alle gläubigen Evangelischen, zumal in einer Klinik, so doch auch die Leiden die gleichen sind, durch eine gemeinsame Altarbenutzung nicht verletzt, sondern nur erbaut werden können."[586] Diese Aussage von Oberschmidt wie das Besuchsverhalten Pfleghars zu andersgläubigen Patienten lassen erkennen, daß Krankenhausseelsorge um so mehr bereichert ist, wenn sie ökumenisch verstanden wird. In der Universitätsklinik begannen die Seelsorger beider Konfessionen in der Zeit zwischen 1914 und 1945 mit ersten ökumenischen Ansätzen in der Krankenhausseelsorge.

[582] Sowohl in den Schriftstücken der evangelischen als auch der katholischen Seelsorge an den Universitätskliniken findet sich seit Beginn 1914 neben anderen Bezeichnungen schon der Name Krankenhausseelsorge.

[583] In: Q 17, S. 1 f.

[584] Ebd., S. 4

[585] In: Q 32, S. 2

[586] In: Q 33, S. 7

In dieser Arbeit möchte ich jeweils in den Kapiteln „Ökumenische Zusammenarbeit in der Krankenhausseelsorge" herausfinden, inwieweit eine Zusammenarbeit unter den Seelsorgerinnen und Seelsorgern beider Konfessionen gelang oder nicht gelang. Dennoch halte ich es hier für berechtigt, von einer „ökumenischen Krankenhausseelsorge" in der Universitätsklinik zu sprechen, da das Gemeinsame, nämlich Krankenbesuche, Krankengottesdienste und die seelsorgerliche Arbeit mit dem Personal, im Hinblick auf das Trennende der jeweils eigenen evangelischen wie katholischen Stelle und das unterschiedliche Sakramentenverständnis bedeutungsvoller ist.

V. Die missionarische Krankenhausseelsorge von 1945 bis 1968

Die Zeit nach dem Zweiten Weltkrieg war in Deutschland von Wiederaufbau und Erneuerung geprägt. Parallel zu dem äußerlichen Wiederaufbau riefen viele Organisationen auch zu einer neuen inneren ethischen Haltung auf. Die Kirchen belebten die „Volksmission", die „Innere Mission" und die „Evangelisation" wieder neu. Der Missionseifer der Krankenhausseelsorger an den Universitätskliniken zeigte sich in den Jahrzehnten nach dem Zweiten Weltkrieg in ihrem Tun. Vom Sendungseifer beseelt, brachten die Seelsorgerinnen und Seelsorger über Missionsschriften, Bücher und Vorträge den Patienten die christliche Lehre nahe. Sie hofften, durch ihre Präsenz am Krankenbett die „Kirchennahen" in ihrem Glauben zu bestärken und die „Kirchenfernen" wieder in die Kirche zurückzuholen. Stand noch in den ersten Jahrzehnten des 20. Jahrhunderts die Hirtensorge der Geistlichen im Vordergrund ihrer Krankenhausseelsorge, so führte nach dem zweiten Weltkrieg bis 1968 das starke Sendungsbewußtsein der Seelsorgerinnen und Seelsorger zur missionarischen Krankenhausseelsorge.

A. Die evangelische Krankenhausseelsorge 1945–1968

1. Das evangelische Krankenhauspfarramt

Den Namen „evangelisches Krankenhauspfarramt" gab es schon seit seiner Gründung im Jahre 1914, ohne daß damit zugleich eine eigentliche Krankenhausgemeinde ins Leben gerufen wurde. Jetzt nach dem Zweiten Weltkrieg versuchten die Krankenhauspfarrer, eine Gemeinde in der Universitätsklinik zu errichten, mit dem Ziel, sie ähnlich der Struktur einer Ortsgemeinde aufzubauen.[587]

[587] In: Q 53

1.1 Rechtliche Stellung des Krankenhauspfarramtes

1.1.1 Entwicklung zu einer „gesamtkirchlichen Krankenhauspfarrstelle"

Gleich nach dem Zweiten Weltkrieg stand die Bildung einer eigenen Krankenhausgemeinde im Vordergrund des Geschehens, wie aus mehreren Schreiben des ersten Krankenhauspfarrers der Nachkriegszeit, Kurt Waldeck, hervorgeht. Das evangelische Krankenhauspfarramt blieb der Lukasgemeinde angegliedert. Erst mit Beschluß der Synode der Evangelischen Kirche in Hessen und Nassau (EKHN) mit Sitz in Darmstadt vom März 1954 entstand in Frankfurt am Main eine „gesamtkirchliche Krankenhauspfarrstelle".[588] Er trat am 1.4.1954 in Kraft.[589] Die Kirchenleitung ernannte Ernst Fincke zum Pfarrer dieser „gesamtkirchlichen Krankenhauspfarrstelle" an den Universitätskliniken.[590]
1946 trug Waldeck der Kirchenleitung erstmalig Bemühungen um eine eigene Gemeindevertretung der Krankenhauspfarrstelle vor. Am 3.6.1946 schreibt er an die vorläufige Leitung der „Evangelischen Kirche Frankfurt am Main" und bittet um die Errichtung einer Gemeindevertretung der Krankenhausgemeinde. Waldeck macht in diesem Schreiben deutlich, daß die Seelsorge nicht nur die Kranken umfaßt, sondern alle Glieder, die im Krankenhaus tätig sind: Pfleger, Schwestern, Ärzte, Beamte und Arbeiter. Die Gemeindemitglieder sollten ihre Wohnung innerhalb der Anstalt haben. Es sollte eine Gemeindevertretung ins Leben gerufen werden, damit eine Krankenhausgemeinde entstehen könne. Das Schreiben schließt mit dem Hinweis, daß nach einer Besprechung mit dem Verwaltungsdirektor und der Frau Oberin die Gemeindevertretung aus fünf bis sechs Gliedern aus allen Arbeitszweigen der Kliniken bestehen sollte.[591]
1947 schreibt Waldeck: „Die vorläufige Kirchenleitung hat ihre Zustimmung gegeben. Der verantwortliche Kreis sollte 6 Personen, möglichst aus jedem Arbeitsstand, erfassen. Persönlich ist noch zu sagen, dass der derzeitige Direktor der Anstalt und die Frau Oberin sich gerne aktiv einschalten." Schon jetzt sieht Waldeck eine Schwierigkeit in der Mitarbeit des Personals: „Die Anforderungen, vor allem an Ärzte und Schwestern, sind derart gross, dass sie nach getaner Arbeit noch wenig Zeit und Musse für etwas Außerdienstliches haben. Ein jeder gehört in der freien Zeit sich selbst und ist bedacht, sein Privatleben so zu gestalten, dass er für die Überforderung des Betriebes einen Ausgleich hat. Darum ist es nicht leicht, diese Gemeindeglieder in evangelischer sowohl katholischer Gemeinde zu sammeln."[592]

588 „Gesamtkirchliche Pfarrstellen" wurden die von der EKHN eingerichteten und bezahlten Pfarrstellen benannt – im Gegensatz zu Pfarrstellen, die von anderen kirchlichen Institutionen innerhalb der EKHN eingerichtet wurden.
589 In: Q 65
590 In: Q 55
591 In: Q 37
592 In: Q 39, S. 4

Es kommt weder zu einer katholischen noch zu einer evangelischen Krankenhausgemeinde, obgleich nach Finckes Angaben 1948 von den 500 Schwestern 300 evangelisch und 200 katholisch sind. Von den 120 Ärzten sind 70 evangelisch und 50 katholisch. Von den Hausangestellten waren 110 evangelisch.[593] Ruth Fuehrer, selbst Krankenhauspfarrerin, schreibt in ihrem Buch, daß nach ihren Erfahrungen keine Krankenhausgemeinde zustande kommt, da viele ältere Schwestern lieber abends zu Hause bleiben, dagegen jüngere, vor allem die Schülerinnen, nach ihrem Dienst „aus den Mauern des Krankenhauses hinausstreben."[594]
Zusätzliche Stellen werden in diesen Jahrzehnten im evangelischen Krankenhauspfarramt geschaffen. 1951 wird zu der bestehenden ganzen eine halbe Pfarrstelle gegründet. 1953 wird eine zweite und 1967 eine dritte Pfarrstelle für die Universitätskliniken von der Kirchenleitung genehmigt. 1961 wird die erste und 1962 die zweite ganze Planstelle für Gemeindehelferinnen und Helfer geschaffen. Weiterhin arbeiten die Seelsorger mit Aushilfspfarrern und Ehrenamtlichen.

1.1.2 Die Finanzierung des evangelischen Krankenhauspfarramtes

Die Gehälter der Seelsorgerinnen und Seelsorger einschließlich der Aushilfsseelsorger werden von der EKHN bezahlt. Die Stadt Frankfurt gab bis 1966 einen monatlichen Zuschuß von 600 DM an den Gemeindeverband für die Pfarrstelle I an den Universitätskliniken.[595] Für den Haushalt des Krankenhauspfarramtes gibt die Kirchenleitung 1966 einen Zuschuß von 2000 DM, von dem jährlich 500 DM an die Kirchenkasse für Telefongebühren und 1500 DM für Zeitschriften an den Gemeindeverband bezahlt werden. Die Verwaltung der Universitätsklinik gibt jährlich 400 DM jeweils der katholischen und evangelischen Seelsorge als Zuschuß für ihre Haushalte. Darüber hinaus übernimmt sie die Kosten für Altarschmuck und liturgische Gegenstände des Gottesdienstes in der Nervenklinik. An Telefongebühren trägt die Stadt über die Universitätskliniken für jeden Pfarrer je 60 Gespräche im Monat.[596]
Weitere Einnahmequellen waren die Kollekten an Sonntagen und Spenden der Patienten. Aus diesen Einnahmen bezahlten die Pfarrer Zeitungen und Schriften für die Seelsorgebücherei.[597] Letzteres führte zu einer Beschwerde der Kirchenleitung, die darauf bestand, daß das Amtsblatt nicht aus Kollektenmitteln, sondern aus den Zuschüssen des Haushaltes zu zahlen sei.[598] Sonderausgaben,

593 In: Q 41, S. 2
594 Vgl. Fuehrer (1960), S. 62 f.
595 In: Q 113, S. 1
596 In: Q 112
597 In: Q 63
598 In: Q 64

wie z.B. für Vorträge der Volksmission, für die Bezahlung einer Karteihilfe, beantragte der jeweilige Pfarrer direkt bei der EKHN.[599] Alle Gelder wurden nachweislich gebucht über das Konto der Krankenhausgemeinde. Kontoinhaberin war Schwester Elisabeth Kayser. Sie trug den Titel Kirchenrechnerin.[600]

1.1.3 Ort des evangelischen Krankenhauspfarramtes

Im Schreiben vom 3.6.1945 gibt Waldeck als Ort des evangelischen Pfarramtes seine Wohnung in der Eschenbachstraße 14 an. Die Wohnung des Krankenhausseelsorgers ist gleichzeitig Pfarramt.[601] In seinem Jahresbericht 1962 schreibt der Krankenhauspfarrer Knodt: „Am Montag früh um 8.30 Uhr treffen wir uns in der Wohnung von Bruder Fincke oder in der Sakristei zur gemeinsamen Rüste und Besprechung für die Arbeit in der neuen Woche. Nach der Losung bringen wir alle Anliegen in Bitte, Fürbitte und Dank vor Gott und besprechen alle wichtigen Fragen gemeinsam."[602] Zu dieser Zeit wohnte Fincke in der unmittelbar am Haupteingang der Universitätsklinik gelegenen Töplitzstraße 7.[603]
Im Jahr 1948 führte Fincke folgende Aufgaben in seiner Wohnung aus: „Der Krankenhauspfarrer hält wöchentlich eine Sprechstunde und wird wie jeder Pfarrer ständig im Haus aufgesucht. Er braucht ½ Stunde für seine persönliche Andacht, ½ Stunde für die Erledigung amtlicher Korrespondenz (viele Taufbescheinigungen)[604] und eine gewisse Zeit, um theologisch und bildungsmässig für die dauernden Gespräche und kurzen Andachten gerüstet zu sein. – Ich persönlich habe endlich wöchentlich sicher einen halben Tag für gesamtkichliche Arbeit; Konferenzen, Mitarbeit bei ‚Arzt und Seelsorger,'[605] Mitternachtsmission,[606] Berneuchener Dienst,[607] theologisch-wissenschaftliche Arbeit zu rechnen. Das alles auf den Tag umgerechnet würde wohl etwa weitere 3 Stunden ergeben."[608]

599 In: Q 60
600 In: Q 112
601 In: Q 37
602 In: Q 95, S. 1
603 In: Q 60
604 Vgl. Kap. V.A.3.3
605 „Arzt und Seelsorger" ist eine Fachzeitschrift, die bis 1958 den Namen: „Arzt und Christ" trug.
606 Die Mitternachtsmission arbeitet mit Prostituierten und ihrem Umfeld. Vgl. Hauck/Schwinge (1997), S. 132
607 Berneuchener Dienst ist ein Dienst der evangelischen Erneuerungsbewegung mit dem Schwerpunkt des gottesdienstlichen Lebens. Mehrere Treffen fanden 1923 im Berneuchen statt. Aus ihr ging 1931 die Michaelsbruderschaft, eine evangelische spirituelle Gemeinschaft, hervor. Vgl. Hanselmann/Swarat (1996), S. 32
608 In: Q 41, S. 3

1.1.4 Die vorgesetzten Behörden der evangelischen Krankenhausseelsorge

Am 11.4.1945 bildete sich die vorläufige Leitung der „Evangelischen Kirche in Frankfurt am Main". Am 30.9.1947 wurde auf einem Kirchentag in Friedberg die Gründung der *Evangelischen Kirche in Hessen und Nassau (EKHN)* beschlossen.[609] Seitdem regelte die EKHN alle die Krankenhausseelsorge betreffenden grundsätzlichen Angelegenheiten. Dazu gehörten die Errichtung einer „gesamtkirchlichen Krankenhauspfarrstelle", die Gründung von weiteren Seelsorgestellen an der Universitätsklinik und die Ernennung und Abberufung von Seelsorgern, die Bereitstellung von zusätzlichen Geldern für Personen- und Sachausgaben. Die EKHN hatte Prüfungs- und Kontrollhoheit und erwartete vom jeweiligen Krankenhausseelsorger einen Jahresbericht über die seelsorgerliche Tätigkeit an den Universitätskliniken. Im Namen des Kirchenpräsidenten war jeweils ein Oberkirchenrat für die Krankenhausseelsorge zuständig. Er führte vor allem die fachliche Dienstaufsicht. Erster Kirchenpräsident war Martin Niemöller. In den fünfziger Jahren war Oberkirchenrat Bernhard Knell, in den sechziger Jahren Oberkirchenrat Hans Balz für die Krankenhausseelsorge zuständig. Der Sitz der Kirchenleitung ist Darmstadt.

Die EKHN vereinbarte alle das Krankenhauspfarramt betreffenden wichtigen Fragen in Übereinstimmung mit dem *Propst von Frankfurt*. Insbesondere war er bei allen Personalfragen beteiligt. Er führte jeweils den neuen Krankenhauspfarrer in sein Amt in der Klinik ein. Zusammen mit dem Oberkirchenrat repräsentierte er bei besonders festlichen Angelegenheiten der Krankenhausseelsorge die EKHN. Erster Propst nach dem Zweiten Weltkrieg war bis zum 1.4.1970 Pfarrer Karl Goebels.

Für die Krankenhausseelsorge an der Universitätsklinik war der *Gemeindeverband der evangelisch-lutherischen und evangelisch-unierten Kirchengemeinden* (heute Evangelischer Regionalverband) zuständig. In einem Schreiben des Gemeindeverbandes an die Kirchenleitung der EKHN vom 26.2.1955 heißt es: „In der am 25. Februar 1955 mit Herrn Oberkirchenrat Knell geführten Besprechung wurde für eine ordnungsmäßige Wahrnehmung der Krankenhausseelsorge folgendes als notwendig festgestellt. Neben der schon bestehenden gesamtkirchlichen Pfarrstelle (Pfarrer Fincke) und der gesamtkirchlichen Pfarrassistentenstelle (z.Zt. unbesetzt) [ist eine weitere] gesamtkirchliche Pfarrstelle für die Universitätskliniken in Frankfurt am Main", vorgesehen.[610] Mit diesem Antrag um Stellenerweiterung wurde der Gemeindeverband zum Anwalt der Krankenhausseelsorge.

Neben dem personellen Mitspracherecht war der Gemeindeverband für materielle und finanzielle Unterstützung der Krankenhausseelsorge zuständig. Über ihn liefen die gesamten Zeitschriften, die den größten Teil des Gesamthaushal-

[609] Vgl. Telschow (1999), S. 163 f.
[610] In: Q 59

tes der evangelischen Krankenhausseelsorgestelle ausmachten.[611] Sowohl für einen jährlichen Zuschuß von 200 DM für die Ausgaben des Krankenhauspfarramtes als auch für die Reisekosten einer Referentin oder für eine Aushilfskraft, die die Seelsorgekartei bearbeitete, stellte der Krankenhauspfarrer Anträge an den Vorstand des Gemeindeverbandes.[612] Wegen der fehlenden Mittel der Klinikverwaltung für die Renovierung der Kapelle wandte sich Fincke im Juli 1959 an den Vorstand des evangelischen Gemeindeverbandes und bat um finanzielle Unterstützung.[613]

Am 16.1.1950 gründete die Kirchenleitung in Frankfurt am Main den *Konvent der Krankenhausseelsorger der EKHN.* Die Leitung hatte Pfarrer Hans Jüngel aus Wiesbaden. Im Mai 1950 gab es die erste größere Tagung in Bad Schwalbach. Themen dieser Tagung waren: Der seelsorgerliche Dienst am Kranken; Krankenhaustaufen; Schriftenmission und das Wort der Bibel für den Seelsorger. Die zweite Tagung des Konventes fand im Oktober 1950 in Frankfurt am Main statt. Thema war: Neue Wege der Krankenseelsorge. Für die Frühjahrstagung 1951 waren an Themen vorgesehen: Was muß der Pfarrer medizinisch von den Kranken und Krankheiten wissen?, Seelsorge an Tb- und Krebskranken; Lage der Krankenhausseelsorge in der Ostzone und die Erfahrungen über die Arbeit in den Männersälen.[614] Im Mai 1951 erschien der erste Rundbrief des Konventes.[615]

In den Jahrzehnten nach dem Zweiten Weltkrieg trat der unmittelbare Zugriff des *Magistrates* auf die personellen und finanziellen Angelegenheiten der Krankenhausseelsorge zugunsten der Verwaltung der Universitätsklinik zurück. Bei der Besetzung der Pfarrstelle hatte der Magistrat kein Mitspracherecht mehr. Bis 1966 hatte sich die Stadt Frankfurt am Main am Haushalt wie am Gehalt des Krankenhauspfarrers beteiligt. Am 1.1.1967 ging das Klinikum der Johann Wolfgang Goethe-Universität von der Stadt Frankfurt am Main an das Land Hessen über.

1.2 Eine neue Berufsgruppe in der evangelischen Krankenhausseelsorge: Die Gemeindehelferinnen

In seinem Schreiben an die Kirchenleitung vom 22.4.1961 informiert Fincke von einem längst bestehenden Plan, daß es wie in Wiesbaden auch in Frankfurt am Main zu einer Zusammenarbeit von Krankenhauspfarrern und Gemeindehelferinnen kommen soll. Als Grund benennt er vor allem die Vergrößerung des Klinikums.

611 In: Q 72
612 In: Q 60
613 In: Q 78, S. 1 f.
614 Vgl. Euler (1951), S. 44 f.
615 Ebd.

„Es sind jetzt etwa 2600 Betten und zwei große Kliniken […] befinden sich im Bau. Man könnte dieser Aufgabe wohl gerecht werden mit zwei hauptamtlichen Krankenhauspfarrern und zwei Gemeindehelferinnen."[616]

Die EKHN genehmigte die Stelle einer Gemeindehelferin. Fincke bat darum, daß diese Gemeindehelferin rechtzeitig an einem Kurs zur Ausbildung im Krankenhausdienst teilnehmen kann.[617] Fuehrer begrüßt in ihrem Buch die Mitarbeit von Gemeindehelferinnen im Krankenhaus. Mit dem theologischen Hinweis auf das „allgemeine Priestertum aller Gläubigen" hebt sie hervor, daß die Krankenhausseelsorge der Gemeindehelferin gleichwertig mit der Seelsorge eines Pfarrers ist.[618]

Der erste Dienstvertrag mit der Gemeindehelferin Wilhelmine Baßmann an den Universitätskliniken in Frankfurt am Main besteht aus sieben Paragraphen. Wesentliche Punkte darin sind, daß sie nach einer Probezeit von vier Monaten als Gemeindehelferin für die Krankenhausseelsorge in den Universitätskliniken Frankfurt am Main angestellt wird. Sie erhält vier Wochen Jahresurlaub.[619] Ihr persönlicher Dienstvorgesetzter ist Fincke. Ihre Aufgaben werden in einer besonderen Dienstanweisung festgelegt [620]

Zwei Jahre später, im August 1963, richtete die EKHN eine zweite Stelle für die Gemeindehelferin Magdalena Gumm in der Universitätsklinik ein. Nach der Verabschiedung von Baßmann erhielt deren Stelle am 1.4.1964 Brigitte Friedrich. Fincke erarbeitete mit Friedrich eine Dienstanweisung, die aus zehn Punkten bestand. Am 4.10.1965 trat diese Dienstanweisung in Kraft. Ergänzend zu der ersten Dienstanweisung ist hier zusätzlich genannt, daß die Gemeindehelferin am Sonntag-, Mittwoch-, und Samstagnachmittag dienstfrei hat. Zusätzlich kann die Gemeindehelferin Patienten, die aus der Universitätsklinik in andere Kliniken verlegt worden sind, auch dort besuchen.[621]

Aufgrund der permanenten Arbeitsüberlastung eines Krankenhausseelsorgers schrieb 1964 Jüngel vom Konvent: „Wohl ist vielen Krankenhausseelsorgern zu ihrer Entlastung eine Gemeindehelferin beigegeben, die u.a. kirchliche Kinderarbeit auf den Kinderstationen übernehmen kann und aus der Mitarbeit nicht mehr wegzudenken ist."[622]

1.3 Die Krankenhausseelsorgerinnen und Seelsorger

1.3.1 Hauptamtliche in der Krankenhausseelsorge

Erster Pfarrer nach dem Zweiten Weltkrieg an den Universitätskliniken war *Kurt Adolf Jakob Waldeck*. Er wurde am 5.10.1908 in Frankfurt am Main geboren. Am 14.5.1934 begann er als Pfarrvikar. Nach einigen Pfarrstellen begann

616 In: Q 84 b
617 In: Q 86
618 Vgl. Fuehrer (1960), S. 47 f.
619 In: Q 88
620 In: Q 89, S. 1 f.
621 In: Q 109
622 Jüngel (1964), S. 6

er vom 15.10.1945 bis 1.7.1947 als Krankenhauspfarrer am „Städtischen Krankenhaus" zu arbeiten. Er wohnte in der Eschenbachstrasse 14.[623] Nach weiteren Pfarrstellen trat er auf eigenen Wunsch am 1.10.1975 in den Ruhestand.[624]
Ihm folgte 1947 *Ernst Fincke*. Er wurde am 23.12.1901 in Basel geboren. Nach Aufenthalten in Tübingen, Berlin, Rostock und Münster war er von 1930 bis 1947 Pfarrer in Aufenau. Von 1947 bis zu seiner Pensionierung 1966 arbeitete er am „Hospital zum Heiligen Geist" und an den Universitätskliniken. Seit 1955 war Fincke ausschließlich an den Universitätskliniken als Krankenhausseelsorger angestellt.[625]
1949 begann die Vikarin *Mechthild Mencke* ihre Arbeit als Krankenhausseelsorgerin. Zwei Jahre später stellte der Vorstand des Gemeindeverbandes zum 15.7.1951 Mechthild von Borstel, ehemals Mencke, mit einem halbtägigen Beschäftigungsauftrag ein.[626] Noch im gleichen Jahr[627] verabschiedete sich die Vikarin vom Krankenhauspfarramt.
Im Sommer 1951 erhielt *Adolf Allwohn* diese neu gegründete halbe Stelle in der Krankenhausseelsorge an den Universitätskliniken.[628] Er wurde am 3.7.1893 bei Gießen geboren. Von Juli 1926 bis 1932 war er Privatdozent für praktische Theologie an der Universität in Gießen, an der er von 1932 bis 1934 die Professur für praktische Theologie übernahm. Nach einigen Pfarrerstellen in Büdingen und Frankfurt am Main war er bis zum 31.12.1958 als Pfarrer am Universitätsklinikum tätig. Er starb am 18.2.1975 in Frankfurt am Main.[629]
Die zweite hauptamtliche Krankenhauspfarrstelle an der Universitätsklinik erhielt *Rudolf Irmler*. Er wurde am 11.8.1907 in Lüben/Schlesien geboren. „1931 ausgesandt nach Brasilien [...] 1939–1945 Pfarrer in Oberau/Schlesien (davon 1944/1945 Kriegsvertretung in Pleß/Oberschlesien u. Gefängnispfarrer in Kattowitz); [...] 16.8.1953–31.8.1954 Pfarrer in Frankfurt a.M. (Krankenhausseelsorge); 1.9.1954 Gustav-Adolf-Werk in Kassel."[630] Irmler blieb nur ein Jahr als Krankenhauspfarrer an den Universitätskliniken.
Irmlers Stelle erhielt *Ernst Dörsam*. Geboren wurde er am 15.1.1908 in Rokkenberg. Von August 1939 bis Mai 1945 war er Divisionspfarrer; bis 1955 Pfarrer in Waldmichelbach und vom 16.6.1955 bis 30.4.1961 Krankenhausseelsorger an den Universitätskliniken. Vom 1.5.1961 bis 31.8.1973 war er Pfarrer im Frankfurter Diakonissenhaus. Er trat am 1.9.1973 in den Ruhestand.[631]

623 In: Q 39, S. 1 f.
624 In: Q 38
625 Vgl. Telschow/Reiter (1985), S. 93
626 In: Q 50
627 In: Q 193
628 In: Q 49
629 Vgl. Telschow/Reiter (1985), S. 6 f.
630 Ebd., S. 165 f.
631 Vgl. Telschow/Reiter (1985), S. 72

Nach einem Jahr der Vakanz übernahm *Gottfried Knodt* 1962 von Dörsam die zweite Krankenhauspfarrstelle. Geboren wurde er am 23.3.1912 in Schonsheim. Er studierte in Erlangen. Als Pfarrer arbeitete Knodt in zwei Gemeinden. Vom 1.5.1962 bis 31.5.1977 war er 15 Jahre als Krankenhausseelsorger an den Universitätskliniken tätig. Am 1.6.1977 ging Knodt in den Ruhestand.[632]
Hermann Friedrich Wilhelm Brink erhielt 1967 die dritte hauptamtliche Krankenhauspfarrstelle an den Universitätskliniken in Frankfurt-Niederrad. Er wurde am 1.4.1909 in Wetter an der Ruhr geboren. Nach Studien in Marburg, Münster, Bonn und Berlin war seine erste Pfarrstelle in Berlin. Nach einer Pfarrstelle in Jüterbog begann er vom 1.10.1956 bis 30.9.1963 als Pastor und Vorsteher der Diakonissenanstalt in Dessau und zugleich als Landespfarrer der „Inneren Missionsanstalt" zu arbeiten. Von 16.10.1963 bis 30.4.1974 war er Krankenhauspfarrer in Frankfurt am Main. Am 1.5.1974 ging er in den Ruhestand.[633]
Am 1.6.1967 übernahm *Hans Walther* die Pfarrstelle von Fincke. Hans Walther wurde am 16.6.1929 in Michelstadt geboren. Nach Studien in Marburg war er zuletzt Pfarrer in Appenheim.[634] Am 11.6.1967 führte ihn feierlich Propst Goebels in sein neues Amt an den Universitätskliniken ein. Noch im gleichen Jahr verabschiedet er sich nach den Weihnachtsfeiern aus dem evangelischen Krankenhauspfarramt.[635] An Knodt schreibt die Kirchenleitung als Begründung: „Die freiwerdende Krankenhauspfarrstelle am St. Markuskrankenhaus soll mit Pfarrer Walther besetzt werden, obwohl er erst vor kurzem in die Klinikpfarrstelle I eingeführt worden ist. Diese Entscheidung hängt mit der beabsichtigten Eröffnung eines Institutes für Krankenhausseelsorge zusammen, dessen Errichtung am St. Markus-Krankenhaus vorbereitet wird."[636] Dieses Seelsorgeinstitut kam nicht zustande, da sich die EKD für Bethel als Ort entschied. Einige Jahre später, 1971, eröffnete die EKHN das „Therapeutische Seminar für Seelsorge" in Frankfurt am Main.
Am 1.10.1961 übernahm *Wilhelmine Baßmann* die erste neu geschaffene hauptamtliche Stelle für eine Gemeindehelferin an den Universitätskliniken. Geboren wurde Baßmann am 1.11.1905. Früher arbeitete sie in der Krankenpflege in Gilead und Bethel. Als Gemeindehelferin war sie im Reisedienst der Frauenhilfe in Wiesbaden und in Offenbach in der Gemeinde eingesetzt. Sie gab Religionsunterricht in der Mittelschule und Volksschule.[637] In seinem Schreiben vom 29.7.1962 an den Verwaltungsdirektor Benz stellt Fincke die neue Krankenhausseelsorgerin vor.[638] Baßmann war vom 1.10.1961 bis 31.12.1963 in den Universitätskliniken tätig.[639]

[632] Vgl. Telschow/Reiter (1985), S. 187
[633] Vgl. Telschow/Reiter (1985), S. 44 f.
[634] Vgl. Telschow/Reiter (1985), S. 374
[635] In: Q 121, S. 2
[636] In: Q 119, S. 1
[637] In: Q 87
[638] In: Q 91
[639] In: Q 97

Die zweite, im August 1963, neu gegründete Stelle für Gemeindehelferinnen erhielt Magdalena Gumm. Über die biographischen Angaben zu *Magdalena Gumm* fand ich keine Unterlagen. Bevor sie in der Universitätsklinik begann, arbeitete sie als Gemeindehelferin in Wiesbaden.[640] In seinem Jahresbericht 1963 betont Fincke, daß die Gemeindehelferinnen nicht selbständig Stationen für die Seelsorgearbeit übernahmen, sondern diese mit dem jeweiligen Pfarrer zusammen betreuten.[641] Gumm war Knodt zugeteilt.[642] Gumm blieb bis zum 31.12.1965 in den Universitätskliniken.[643]
Brigitte Friedrich trat die Nachfolge von Baßmann an. Sie war von 1964 bis 1971 als Krankenhausseelsorgerin an den Universitätskliniken tätig. Im Schreiben vom 21.2.1964 teilte die Kirchenleitung Brigitte Friedrich mit, daß sie mit Wirkung vom 1.4.1964 als Gemeindehelferin für die Krankenhausseelsorge in den Universitätskliniken Frankfurt am Main auf unbestimmte Zeit eingestellt wird.[644] In seinem Jahresbericht hebt Fincke lobend hervor, daß Friedrich eine geeignete Helferin sei und ihre Zusammenarbeit mit den Krankenhauspfarrern ausgezeichnet sei.[645]
Als Nachfolger von Gumm stellte die EKHN von August 1966 bis 1967 *Bernhard Roge* als Seelsorgehelfer[646] am Klinikum an. Knodt in seinem Jahresbericht 1966: „Durch Vermittlung von Pfr. Jüngel aus Wiesbaden und dem Propst wurde mir seit August 1966 ein Herr Roge (Buchhändler aus der Ostzone, gebürtiger Berliner) zugeteilt als Seelsorgehelfer. Als er nach dem Westen kam, machte er einige Monate Seelsorge in einem ostzonalen Jugendgefängnis. Er mußte als politisch Verfolgter flüchten, während seine Frau in der Ostzone blieb."[647] Weiterhin vermerkte Knodt, daß Roge 64 Jahre alt ist und nur teilweise in der Universitätsklinik arbeitet, weil er auch noch Besuche im „Hospital zum Heiligen Geist" und im Bethanienkrankenhaus machen muß.[648]

1.3.2 Die Mitarbeiterinnen und Mitarbeiter im Krankenhauspfarramt

Aus Gründen von Krankheit, Verabschiedung und Vakanz einer Stelle erhielten die hauptamtlichen Seelsorger Aushilfspfarrer. Am 4.10.1954 wird der ehemalige hauptamtliche Krankenhausseelsorger der Universitätsklinik, jetzt Pfarrer i.R. *Karl Knab* mit der Aushilfe beauftragt.[649] Anläßlich der Amtseinführung

[640] In: Q 96
[641] In: Q 100, S. 1
[642] In: Q 98, S. 2
[643] In: Q 111, S. 2
[644] In: Q 99
[645] In: Q 106, S. 1
[646] Seelsorgehelfer ist keine eigene Berufsbezeichnung in der evangelischen Kirche, sondern hier als Titel für die Arbeitstätigkeit zu sehen.
[647] In: Q. 114, S. 1
[648] In: Q 116
[649] In: Q 56

von Knodt verabschiedete der Propst Knab am 2.9.1962 feierlich.[650] Vermutlich hatte Knab, der inzwischen 82 Jahre alt geworden war, bereits zuvor seine Seelsorgebesuche eingestellt. Propst Goebels teilte Fincke und Dörsam in einem Schreiben vom 7.12.1959 mit, daß durch das Ausscheiden der beiden Pfarrer Allwohn und Knab eine empfindliche Lücke in der Krankenseelsorge der Universitätskliniken entstanden ist. Fünf Jahre lang waren Knab und Allwohn als Aushilfspfarrer im evangelischen Krankenhauspfarramt tätig.
Seit Oktober 1961 kam Pfarrer i.R. *Werner Haak* für die Dauer der Vakanz der zweiten „gesamtkirchlichen Krankenhauspfarrstelle" zuerst an einem Nachmittag, dann an zwei Nachmittagen der Woche in die Universitätskliniken.[651] Er blieb bis 1968. Nach der Pensionierung von Fincke 1966 kam Pfarrer i.R. Walter Jung als zusätzlicher Mithelfer in der Krankenhausseelsorge. Er war bis zum 15.6.1967 vor allem in der Nervenklinik tätig.[652]
Neben den *Aushilfspfarrern,* dem *Organisten* und einer zeitweiligen *Karteihilfe* gab es zahlreiche *Ehrenamtliche,* die sowohl auf den Stationen Besuche machten wie auch zum festlichen Rahmen des Gottesdienstes beitrugen. Unter ihnen gab es charismatische Gruppen, deren Missionseifer einmal zum Stationsverbot führte und eine Beschwerde des Verwaltungsdirektors Arthur Benz zur Folge hatte. 1956 schreibt Benz an Fincke, daß für die seelsorgerliche Betreuung unserer Patienten grundsätzlich die Anstaltsgeistlichen der beiden großen Konfessionen zuständig sind. Unter anderem schreibt er: „Das schließt selbstverständlich nicht aus, daß auch die Angehörigen sonstiger Religionsgemeinschaften grundsätzlich das Recht haben, ihren Geistlichen hier zu empfangen. Eine freie Religionsausübung muß auch ihnen sichergestellt bleiben. Zu Unzuträglichkeiten müßte es aber führen, wenn Religionsgemeinschaften die Besuche im Krankenhaus zum Anlaß einer missionarischen Betätigung nehmen. Hier muß von allen Beteiligten entsprechende Zurückhaltung erwartet werden."[653]
Die Krankenhauspfarrer Fincke, Allwohn und Dörsam verteidigten diese Gruppen als zur evangelischen Seelsorge dazugehörig. Dörsam schreibt 1960: „Bei diesen sog. Stationsgottesdiensten war öfters ein gemeinsamer Dienst mit Sendgruppen aus den Gemeinden (Kirchenchor, Jugendchor, Posaunenchor) möglich. Das war dann jedesmal die für den Krankenhauspfarrer ideale Situation, daß neben ihm die Kirche in Erscheinung tritt, deren Abgesandter er sonst in einer ‚splendid isolation' ist. [...] Ich berichte in diesem Zusammenhang, daß wir als rührigsten und zahlenmäßig stärksten Chor einen freikirchlichen Chor in unseren Kliniken aus- und eingehen haben, mit dem wir eine Absprache getroffen haben, daß Pfarrer Fincke oder ich mit ihnen zusammen Gottesdienst halten auf den Stationen.

650 In: Q 194
651 In: Q 90
652 In: Q 118
653 In: Q 69, S. 1

Wir waren uns darüber klar, daß wir nicht das Recht haben, einer ausserkirchlichen Gruppe den Zutritt zu den Patienten zu verwehren, solange sie nicht sektenhaft propagandistisch wirkt wie die Zeugen Jehovas. Ich muß gestehen, daß es mir meistens Freude gemacht hat, nach den heilsarmeemäßigen Liedern mit Klampfenbegleitung die Predigt zu halten vor Evangelischen, Katholiken und Anderen, je nach der Belegung des Saales. Daß sich ein Katholik oder Ausgetretener offiziell beschwert hätte darüber, daß die evg. Kirche ihn auf dem Krankenbett überfallen hätte, ist mir nicht bekannt geworden. Daß mal einer laut rief: ‚halts Maul!' oder dass die Ablehnenden und Uninteressierten sich als notorische Zeitungsleser tarnen, braucht uns nicht zu stören. Wenn einem der Zwischenrufer hernach die Hand gibt, dann hat man bei ihm zunächst genug erreicht."[654] Dennoch scheint mir die Haltung des Verwaltungsdirektors sehr verständlich und begründet, im Sinne aller Patienten, wenn man berücksichtigt, daß hier die Kranken von einer kleinen religiösen Gruppe zu Missionsobjekten gemacht werden und keine Möglichkeit haben, sich diesem Einfluß zu entziehen.
Fuehrer begrüßt in ihrem Buch die ehrenamtliche Mitarbeit, schreibt jedoch auch unmißverständlich: „Vorbedingung für die Mitarbeit eines Helferkreises ist die Einwilligung des Krankenhausdirektors und der Chefärzte der einzelnen Abteilungen. Wo überhaupt eine Fühlung zwischen dem Pfarrer und den leitenden Ärzten besteht, wird wohl kaum einer von diesen die Mitarbeit solch einer ‚Hilfstruppe' grundsätzlich ablehnen. Auch ist die Oberin (Oberschwester) des Hauses zu verständigen. Selbstverständlich trägt der Pfarrer für den Helferkreis die Verantwortung."[655]

1.3.3 Arbeitsbesprechungen der Krankenhausseelsorge

Arbeitsbesprechungen der Krankenhausseelsorge fanden zuerst in der Wohnung von Fincke [656] und später in der Sakristei der Kapelle im Schwesternhaus statt.
Fincke beschreibt in seinem Tätigkeitsbericht 1963 die Zusammenkünfte: „An jedem Montagmorgen trafen sich die Krankenhauspfarrer und die Gemeindehelferin in der Sakristei der Kapelle zum gemeinsamen Gebet, dienstlicher Besprechung und brüderlicher Aussprache. Hinzugekommen ist dann noch die gründliche Besprechung eines biblischen Buches, zunächst des zweiten Jesaja."[657] Knodt ergänzt 1963 dazu: „Die Zusammenarbeit mit Bruder Fincke, Frl. Gumm und mir ist sehr fein und brüderlich. Jeden Montag morgen um 8,45 kommen wir in der Sakristei der Schwesternhauskapelle zusammen, um

[654] In: Q 83, S. 2
[655] Fuehrer (1960), S. 56
[656] In: Q 95, S. 1
[657] In: Q 100, S. 4

uns in gemeinsamer Andacht, Fürbitte, Aussprache und Bibelarbeit zuzurüsten für die neue Woche.“[658] Einige Jahre später, 1966, bedauert Knodt, daß zu den gemeinsamen Besprechungen am Dienstagmittag der neue Pfarrer Walter Jung nicht kommt.[659]

1.3.4 Bekanntmachungen des evangelischen Krankenhauspfarramtes

Wie in den dreißiger und vierziger Jahren stellte sich die evangelische Krankenhausseelsorge durch Hinweise auf die Gottesdienste über Aushänge vor. Besonders zu den christlichen Hochfesten Weihnachten,[660] Ostern, Pfingsten[661] verteilten die Seelsorgerinnen und Seelsorger Briefe und Programmmitteilungen mit religiösen Schrifttexten an Patienten und Ehrenamtliche.
Bei Verabschiedung wie Neueinführung des Krankenhauspfarrers durch die Kirchenleitung lud das Krankenhauspfarramt jeweils Patienten und Personal zu diesen Gottesdiensten ein. Nach der gottesdienstlichen Einführung baten die Pfarrer besondere Gäste zu einem Imbiß mit folgender Formulierung hinzu: „Nach dem Gottesdienst werden alle Gäste, die in leitender Stellung sind (einschließlich Stationsschwestern und -ärzten) von 11.30–12.00 Uhr zu einem kleinen Imbiß in das Schwesternhaus eingeladen.“[662]
Durch Aushang wiesen die Seelsorger auf Referate und Lichtbildervorträge hin.
Im Sommer 1951 baten die evangelischen und katholischen Krankenhausseelsorger die Oberschwester, in allen Sälen und möglichst vielen Krankenzimmern einen Aushang der Krankenseelsorger anbringen zu lassen. Sie schrieben: „Wir haben den üblichen Aushang der Krankenseelsorger in einer religiös wie ästhetisch besonders ansprechenden Form herstellen lassen, die schon als Wandschmuck die Patienten erfreuen wird.“[663] Zehn Jahre später erschien zum erstenmal eine Begrüßungskarte für jeden Patienten.[664]

1.4 Die evangelisch-lutherische Lukasgemeinde

Direkt nach dem Krieg versuchte Waldeck, die Krankenhausgemeinde von der Lukasgemeinde zu lösen. Zum Verhältnis zur Lukasgemeinde schrieb er 1947, daß keine innere Verbindung zwischen den Gemeinden besteht. Es könnte nur

658 In: Q 98, S. 2
659 In: Q 114, S. 2
660 In: Q 45
661 In: Q 192
662 In: Q 195
663 In: Q 47
664 In: Q 196, S. 1 f.

sein, daß wegen der aufkommenden Kirchensteuer die Lukasgemeinde einen Teil der Besoldung des Krankenhauspfarrers mittragen müsse. Da die Kirche der Lukasgemeinde zerbombt war, durfte die Gemeinde den Kapellenraum des Schwesternhauses mitbenutzen.[665]

Die Lukasgemeinde begrüßte diesen Prozeß des Krankenhauspfarramtes, selbstständig zu werden. Zwei Tage nach dem Beschluß der Synode, eine eigenständige „gesamtkirchliche Krankenhauspfarrstelle“ an den Universitätskliniken zu errichten, schreibt der Pfarrer der Lukasgemeinde am 27.3.1954, daß die Krankenhausgemeinde selbständig werden solle. Hierfür werde ein Arbeitsausschuß eingesetzt. Der Pfarrer der Lukasgemeinde hebt ausdrücklich hervor, daß von seiner Gemeinde aus nichts unternommen werde, damit nicht der Eindruck entstehe, daß sie die Krankenseelsorger los sein möchten. Dennoch sei er persönlich schon lange dafür, daß im „Städtischen Krankenhaus“, im „Hospital zum Heiligen Geist“ und in der Nervenklinik eine selbständige Gemeinde mit allen Organen und Mitarbeitern entstehen solle. Nur so könne die sehr schwere und schwierige Arbeit einer neuen Gemeinde richtig getan werden. Abschließend bot er seine Hilfe und Mitarbeit für den Neubeginn an.[666]

1.5 Ökumenische Zusammenarbeit in der Krankenhausseelsorge

Wie vor dem Zweiten Weltkrieg begegneten sich vor allem die Krankenhausseelsorger beider Konfessionen in der Kapelle des Schwesternhauses. Sie nahmen an Besprechungen mit der Klinikleitung teil und organisierten die Weihnachtsfeiern. Im Jahr 1950 kam es zu einer gemeinsamen Bekanntmachung der Krankenhausseelsorge. Mencke und Fincke verfaßten gemeinsam mit dem katholischen Krankenhauspfarrer, Rektor Rudolf Messmer, ein Informationsblatt über die Krankenhausseelsorge der Universitätskliniken.[667]

Trotz gemeinsamer Ansätze der ökumenischen Begegnung kann von einer ökumenischen Zusammenarbeit der Geistlichen in dieser Zeit noch nicht gesprochen werden. Bereitschaft bestand von Dörsam und Knodt, auch katholische Patienten und Personal seelsorgerlich zu begleiten, falls diese es wünschten.[668] Die traditionsbezogenen Glaubensunterschiede der beiden Kirchen regten die Pfarrer eher an, das Trennende als das Gemeinsame in den verschiedenen ökumenischen Begegnungen herauszustellen.

[665] In: Q 39, S. 4 f.
[666] In: Q 54, S.1 f.
[667] In: Q 46
[668] Vgl. Kap. V. A 2.2

2. Die Kranken besuchen

2.1 Die seelsorgerliche Situation auf den Stationen

Ein Jahr nach Gründung der gesamtkirchlichen Krankenhauspfarrstelle teilten sich die beiden hauptamtlichen Pfarrer Fincke und Dörsam mit dem nebenamtlichen Seelsorger Knab die Stationen sämtlicher Kliniken auf.
In einem Schreiben vom 15.12.1955 teilte Fincke der Kirchenleitung folgende Vereinbarung unter den drei Krankenhausseelsorgern mit:[669] Als erstes Kriterium für die Aufteilung der Stationen benannte Fincke die Bettenzahl, dabei unterschied er zwischen haupt- und nebenamtlichen Krankenhausseelsorgern. Weniger Betten bekam der Pfarrer zugeteilt, der die Verwaltungsarbeit hatte. Als weiteres Kriterium erwies es sich als sinnvoll, daß ein Pfarrer die Stationen in den Häusern übernahm, die auch örtlich zusammen lagen. So erhielt Dörsam „die nach Niederrad zu gelegenen Kliniken" insgesamt 835 Betten für Erwachsene und 175 Betten „für Kinder im ansprechbarem Alter." Fincke, der zu dieser Zeit die Verwaltungsarbeit bewältigte, erhielt insgesamt 768 Betten für Erwachsene und 50 Betten „für Kinder in ansprechbarem Alter" in Kliniken, „die nach Sachsenhausen zu gelegen sind." Als nebenamtlicher Pfarrer erhielt Knab weniger Patienten. Insgesamt bekam er 320 Betten für Erwachsene. Die Stationen einiger Krankenzentren wurden geteilt. Für kranke Schwestern gab es in der Universitätsklinik eine eigene Station, die Fincke und Dörsam gemeinsam übernahmen. Diese Station lag in der alten Kinderklinik, heute Haus 18.[670]
Seit 1961 kamen Gemeindehelferinnen in die Krankenhausseelsorge. Als Frauen erhielten sie vorzugsweise die Frauen-, Schwestern- und Kinderstation.[671] Laut Jahresbericht 1963 betreute die Gemeindehelferin die Station nicht allein, sondern jeweils mit dem ihr zugewiesenen Pfarrer.[672]
1962 schrieb Knodt über die unterschiedliche Persönlichkeit der Patienten: „Obwohl mir das Einzelgespräch und die Einzelseelsorge liegt, war es doch eine sehr große Umstellung, so viele verschiedenartige Kranke zu begrüßen und anzusprechen. Es gehört ein großes Feingefühl und eine gewisse Zurückhaltung dazu, erst einmal zu erkennen, mit was für einem Menschen man es zu tun hat. Die Begegnungen sind außerordentlich verschieden, man muß sich für alles offen und bereit halten. Eine gewisse Schwierigkeit ist es, daß man den Einzelnen nicht allein hat, sondern mehrere, oft sehr viele, zusammenliegen. Nur von Fall zu Fall kann man entscheiden, ob ein Gebet bzw. eine Andacht angebracht ist. Ich glaube, dafür habe ich ein genaues Gefühl."[673]

[669] In: Q 66, S. 1 f.
[670] In: Q 295
[671] In: Q 102
[672] In: Q 65, S. 1
[673] In: Q 95, S. 1

Für Dörsam hatte die Andacht bei seinen Krankenbesuchen nicht mehr diese vorrangige Bedeutung wie bei seinen Kollegen Fincke und Knodt. Dörsam schreibt: „Bei längst nicht allen Begegnungen am Krankenbett kommt es zu dem, was man landläufig eine ‚Andacht' nennt. Vielleicht ist es manchmal dann wenigstens zu einem echten menschlichen Kontakt mit einem Mann der Kirche gekommen. In der Armut und Hilflosigkeit der Worte bin ich dankbar für jede Gelegenheit, da und dort eine kleine Handreichung zu tun, etwa einen Eingegipsten zu füttern."[674]
Pfarrer Hans Jüngel vom Konvent der Krankenhausseelsorger wies, seiner Zeit weit voraus, auf einen Rollentausch des Krankenhauspfarrers hin. Bezüglich des seelsorgerlichen Gespräches schrieb er, daß früher der Kranke dem Pfarrer zuhören mußte, heute aber der Pfarrer zuzuhören habe. Beim Erstbesuch am Krankenbett sind das Sehen und Hören vor allem wichtig. Danach habe der Pfarrer eine „seelsorgerliche Diagnose„[675] zu stellen und schließlich habe er dem Kranken praktische Hilfe und Wegweisung zukommen zu lassen.[676] Im Jahr 1963 schreibt Gottfried Knodt: „Die katholischen Ärzte und Schwestern sind im allgemeinen mehr aufgeschlossen für unseren Dienst als die evangelischen. Aber auch da gibt es rühmliche Ausnahmen."[677] Ein Jahr später konkretisiert Knodt seine Begegnungen mit dem katholischen Personal: „Vor allem die katholischen Schwestern und Ärzte bitten mich immer wieder darum, zu den von ihnen betreuten Schwerkranken und Angefochtenen zu kommen und lassen mich oft rufen, vor allem zu den Sterbenden und ihren Angehörigen."[678] Eine generelle Aussage zum Personal macht Knodt 1967: „Die Schwestern sind, bis auf ganz wenige Ausnahmen, aufgeschlossen, und viele Ärzte haben auch Verständnis für unseren Auftrag."[679] Diese Erfahrungen von Knodt weisen daraufhin, daß das religiöse Pflichtgefühl bei katholischen stärker als bei den evangelischen Krankenschwestern der Universitätsklinik verwurzelt war. Laut dem katholischen Krankenhausseelsorger Rektor Martin Czapka waren die katholischen Krankenschwestern noch dahingehend erzogen, daß sie der Person des Priesters wie seinen Anordnungen großen Respekt entgegenbrachten,[680] was letztlich auch den evangelischen Krankenhausseelsorgern zugute kam.

[674] In: Q 75, S. 2
[675] Der Begriff Diagnose aus der ärztlichen Praxis wird hier von Jüngel mit der Seelsorgepraxis zusammengebracht. „Seelsorgerliche Diagnose" ist mir so als Bezeichnung nicht mehr begegnet. Eine Entsprechung dazu findet sich in den Kursen der klinischen Seelsorgeausbildung (vgl. Kap.VI.A.1.3.3). Die genaue Wahrnehmung und Beschreibung des Patienten nach dem Erstbesuch wird in diesen Kursen von den Seelsorgerinnen und Seelsorgern erwartet. Diese Erhebung ist wichtig für die weitere Gestaltung der seelsorgerlichen Beziehung. Dazu haben die Auszubildenden Fallberichte und Gesprächsprotokolle anzulegen.
[676] Vgl. Jüngel (1964), S. 2
[677] In: Q 98, S. 1
[678] In: Q 107, S. 1
[679] In: Q 121, S. 2
[680] In: Q 295

2.2 Die Krankenbesuche

Im Vordergrund der Arbeit der Seelsorgerinnen und Seelsorger standen die Krankenbesuche auf den einzelnen Stationen. 1958 schrieb Fincke: „Im allgemeinen war ich 2 ½ Stunden Vormittags und 3 ½ Stunden Nachmittags in den Kliniken und abends etwa 3 mal wöchentlich zu Abendandachten. Durchschnittlich nahm ein Gespräch am Krankenbett etwa 20 Minuten in Anspruch. Fast jedesmal fand dann in dem betr. Raum mit allen zusammen eine kurze Andacht statt. Gewöhnlich wurde den Kranken ein entsprechendes Blatt, ein Heft oder eine Spruchkarte, je nach Aufnahmefähigkeit, in die Hand gegeben."[681]

Knodt schrieb 1967 über seine Besuche: „Bei sehr angespanntem Einsatz ist es möglich, an einem Vormittag bzw. Nachmittag 1 Station durchzubesuchen, was natürlich nicht immer gelingt, wenn man länger aufgehalten wird und es zu einem längeren Gespräch kommt oder ein wirklicher seelsorgerlicher Dienst erwartet wird."[682]

Zur Reaktion der Patienten auf den Besuch des Seelsorgers schrieb Knodt: 1966: „Die Aufgeschlossenheit der einzelnen Patienten dem Seelsorger gegenüber ist sehr verschieden. Die meisten freuen sich über die Besuche des Pfarrers."[683] 1964 sagt er: „Auch zu den *Kranken*[684] bekomme ich sehr schnell einen guten Kontakt, und die meisten freuen sich aufrichtig über die Besuche. Natürlich kann man nicht mit der Tür ins Haus fallen, und ich gehe oft sehr behutsam vor, nachdem ich schon bei Nennung meines Namens und Amtes feststellen kann, wie die Kranken reagieren. Es gibt sehr viele, besonders unter den Männern und Jugendlichen, die der Kirche ganz entfremdet sind und eine indifferente Haltung einnehmen, aber auch mit manchem von ihnen kommt es zu einem guten und echten Gespräch und einer echten Aussprache. Groß ist die Freude, wenn man einem Gotteskind begegnet, das sich im Leben und Sterben ganz geborgen weiß in der Liebe Gottes."[685]

Bei diesen Kranken kam es oft über den Erstbesuch hinaus zu wiederholten Besuchen bis zur Entlassung des Patienten oder bis zu seinem Tod auf der Station. Fichtner forderte in seinem Buch hinsichtlich dieser Patienten: „Schwerkranke dagegen sollten in der Woche sogar mehrere Male besucht werden. Es darf bei keinem das Gefühl der Verlassenheit aufkommen, namentlich, wenn es sich um Kranke in Todesgefahr handelt, die, soweit angängig, sogar täglich mehrere Male besucht werden müssen."[686] Knodt schrieb 1965: „Besonders schwierig ist der Dienst an den Sterbenden […] wo lauter Krebskranke behan-

681 In: Q 74, S. 1
682 In: Q 121, S. 2
683 In: Q 114, S. 3
684 Die Hervorhebungen einzelner Worte entsprechen dem Orginaltext.
685 In: Q 107, S. 1
686 Fichtner (1957), S. 95

delt werden; viele sind schon vom Tod gezeichnet."[687] Ein Jahr später schrieb er: „[...] mache ich bei Schwerkranken, besonders Trostbedürftigen und Sterbenden, Schwerpunktbesuche, d.h. ich besuche diese Menschen öfters hintereinander, wofür sie sehr dankbar sind."[688]
Aufgrund der Errungenschaften von Medizin und Pflege in der Krankenbehandlung wies Jüngel in seinem Konventsbericht auf eine veränderte Haltung der Seelsorge Sterbenden gegenüber hin: „Schließlich verlangt auch die neue Weise des Sterbens heute eine Neuorientierung der Seelsorge. Wenn nach der Statistik 96,3 % aller Patienten das Krankenhaus lebend verlassen und nur 3,7 % im Krankenhaus sterben, so hat sich gegenüber früheren Zeiten, in denen die genannten Verhältniszahlen im Hospital nahezu umgekehrt waren, der Auftrag der Kirche im Krankenhaus von der Sterbeseelsorge erheblich nach einer Genesendenseelsorge hin verschoben."[689] Die Begleitung von Sterbenden bleibt für den Seelsorger ein Schwerpunkt seiner Arbeit. Im Gegensatz zu früher nehmen derzeit die Krankenbesuche bei genesenden Patienten inzwischen den größten Teil seiner Arbeitszeit ein.
Schon in den ersten Jahrzehnten des 20. Jahrhunderts begrüßten bei ihren Krankenbesuchen einzelne Krankenhausseelsorger auch andersgläubige Patienten. Doebert sah 1967 diese Begrüßung in seinem Buch als unerläßlich an: „Die Krankenhauspfarrer beider Konfessionen müssen darum auch die Angehörigen der jeweils anderen Konfession begrüßen und sich von ihnen verabschieden."[690] 1962 schrieb Knodt: „Mit der chirurgischen Klinik, die insgesamt 13 Stationen hat, habe ich 6 Häuser mit zusammen 30 Stationen – 800 Betten mit Patienten zu betreuen. Wohl ist ein Teil davon katholisch oder gehört einer Freikirche oder Sekte an, aber auch die werden alle begrüßt und angesprochen. Auch Juden oder Dissidenten[691] finden sich. [...] Mit Katholiken kommt es oft zu außerordentlich regen Gesprächen, bei denen viele eine leidenschaftliche Abneigung gegen die Bevormundung und oft verletzende Behandlung von seiten ihrer Kirche bekunden."[692]
Aus den Berichten von Knodt geht hervor, daß er immer wieder auch das Gespräch mit katholischen Patienten suchte. 1964 schrieb er: „Da der *katholische* Krankenhauspfarrer, Rektor Czapka, keine ‚Routinebesuche' bei den Kranken macht, wie er sagt, sondern nur die Schwerstkranken und Sterbenden besucht, halten sich sehr viele katholische Patienten an mich. Es kommt zu manchen Gesprächen mit ihnen, und sie nehmen die Gebete und Trostworte mit besonderer Inbrunst auf. Die Begegnung mit diesen katholischen Menschen hat eine

687 In: Q 111, S. 2
688 In: Q 114, S. 3
689 Jüngel (1964), S. 7
690 Doebert (1967), S. 35
691 Dissidenten (lat.) Bezeichnung für Personen, die aus jeder religiiösen Gemeinschaft ausgeschieden sind. Vgl. Hanselmann/Swarat (1996), S. 53
692 In: Q 95, S. 2

ganz besondere Bedeutung und ein großes Gewicht bei der heutigen kirchlichen Lage. Dabei versuche ich keineswegs, sie von der katholischen Kirche abzubringen, oder ihnen ihren Krankenhauspfarrer ‚madig' zu machen."[693]
Fuehrer bestätigt in ihrem Buch Knodt in seinen Erfahrungen, indem sie feststellte: „Es ist auffallend, daß man mit Katholiken leichter zu den wesentlichen Dingen vorstößt."[694]
Unter den Kranken waren auch ausländische Patienten anderer Konfession und Religion. Über sie schrieb Knodt 1964: „Außerdem haben wir Bibeln, Neue Testamente, Bibelteile, auch in fremden Sprachen, die wir aus Kollektenmitteln angeschafft haben, und die begierig von kranken Ausländern genommen und gelesen werden."[695]
Berichte der Krankenhausseelsorger aus der Nachkriegszeit von ihren seelsorgerlichen Begegnungen mit Angehörigen habe ich mit Ausnahme der Nervenklinik wenig gefunden. Ich vermute, daß die Seelsorger kaum Angehörige bei den Patienten antrafen, da sie das in der Vorkriegszeit errungene Privileg, Seelsorgebesuche außerhalb der offiziellen Besuchszeiten zu machen, einmal gerne für sich in Anspruch nahmen und zudem vermutlich lieber den Patienten allein antrafen. Knodt berichtete 1967: „Die *Besuchsarbeit* verlief, wie die ganzen Jahre schon, vormittags von 9–12 und nachmittags von 3–6 Uhr. Mittwoch und Sonntagnachmittags werden keine Besuche gemacht, da dies die offiziellen Besuchszeiten in unseren Kliniken sind."[696]
Dennoch reagierten die Angehörigen auf die Seelsorger. So beschwerte sich am 22.6.1964 die Ehefrau eines Patienten bei Fincke, daß ihr Mann als Patient nicht vom Pfarrer besucht worden sei.[697] Ebenso erhielt Fincke am 19.5.1967 wiederum ein Dankesschreiben von einer Mutter, deren kranken Sohn er besucht hatte.[698]

2.3 Der Einsatz der Krankenhausseelsorge bei den Weihnachtsfeiern

Schon vor dem Zweiten Weltkrieg gestaltete die evangelische Krankenhausseelsorge Weihnachtsfeiern mit einem Festgottesdienst. Diese Tradition nahmen die Pfarrer in den fünfziger und sechziger Jahren auf und intensivierten sie. Alle evangelischen Patienten erhielten einen Weihnachtsbrief mit Hinweis auf die Gottesdienste an den Feiertagen und zur Jahreswende.[699] Die Weihnachtsfeiern wurden von den Krankenhausseelsorgern für die Patienten vorbereitet.

693 In: Q 107, S. 4
694 Fuehrer (1960), S. 54
695 In: Q 107, S. 3
696 In: Q 121, S. 2
697 In: Q 103
698 In: Q 117, S. 1 f.
699 In: Q 45, S. 1 f.

Daran nahmen auch Ärzte, Pflegepersonal und Hausangestellte teil. Oftmals hielt der leitende Arzt eine Rede. Ein eigener Schwesternchor bereicherte die Weihnachtsfeiern musikalisch.[700]

Aus verschiedenen Jahren liegen einige Berichte von Knodt über sein Erleben der jeweiligen Weihnachtsfeiern vor. Über die Weihnachtsfeier 1962 schrieb er: „An Weihnachten, das in allen Häusern ganz überwältigend gefeiert wird, hielt ich 3 Ansprachen in der I. und II. Medizinischen Klinik. Alle Ärzte (vor allem der Chef), Schwestern und gehfähige Kranke versammeln sich im festlich geschmückten Saal oder Flur, Chöre, Instrumentalgruppen und z.T. Kinder tragen sehr feine, oft sehr innerliche Sachen vor. Es spricht der Pfarrer und der betr. Chefarzt. In jedem Krankenraum brennt ein geschmückter Baum und nach der Feier werden alle Kranke durch den Chefarzt, den Pfarrer und die Oberschwester persönlich besucht und begrüßt. Die Gestaltung der ganzen Feier liegt in den Händen der Oberschwester und hat beachtliches Niveau. In der Weihnachts- und Epiphaniaszeit[701] haben wir auf vielen Stationen Lichtbilder gezeigt, was sehr dankbar aufgenommen wurde."[702]

Jüngel vom Krankenhauskonvent forderte die Präsenz der Pfarrer gerade an Feiertagen im Krankenhaus: „An Karfreitag, Ostern und Weihnachten gehört der hauptamtliche Krankenhausseelsorger nicht auf die Kanzel, sondern in die Krankensäle, um mit der Abendmahlsfeier den nicht zur Entlassung gekommenen Patienten die Festtage gottesdienstlich zu gestalten."[703]

2.4 Seelsorgeerfahrungen in der Universitätsklinik

2.4.1 Seelsorgeberichte aus einzelnen Häusern

Aus dieser Zeit liegen mir folgende Seelsorgeberichte aus einzelnen Häusern vor. 1959 schrieb Dörsam von der *Wachstation der Chirurgie:* „Auf der Wachstation der Chirurgie muss ich sehr oft sein, werde auch zu allen Tageszeiten dorthin gerufen. Im Übrigen dauert es bei den routinemäßigen Besuchen ca. 3–4 Wochen, bis alle Stationen durchbesucht sind." [704]

Knodt schrieb 1966 über die Wachstation hinaus von der *Frauenklinik* und von den *Stationen in der Strahlentherapie:* „Seelsorgerlich mache ich in erster Linie Besuche auf den Schwerkrankenstationen, das sind vor allem die Wachstation der Chirurgie (St.31), die inoperablen Krebsfälle der Frauenklinik (St. 37 und

[700] In: Q 57

[701] Epiphaniaszeit meint die Zeit nach dem Fest der Erscheinung (Epiphanie) bzw. dem Fest der Hl. Drei Könige, also die Zeit nach dem 6. Januar bis Mitte Januar.

[702] In: Q 95, S. 2

[703] Jüngel (1956), S. 1

[704] In: Q 79, S. 1

37a), die 5 Stationen für Strahlentherapie (St. 74 und 75), bei denen es sich um lauter Krebskranke handelt, die z.T. um ihren Zustand wissen, z.T. aber nicht, und wo die Seelsorge oft sehr schwer ist.“[705]

Fincke erwähnte in seinen Jahresberichten 1958 und 1960 folgende Stationen und Kliniken. Auf der *Wöchnerinnenstation* arbeitete er insbesondere mit den Eltern der Neugeborenen.[706] In einem anderen Schreiben an das Hilfswerk der EKHN vom 5.6.1958 bat er für einen ehemaligen Patienten aus der *Halsklinik,* der z.Zt. in einem Flüchtlingslager wohnt, um Arbeit und Unterkunft an der Nordsee.[707] Am 12.7.1960 teilte Pfarrer Hermann Löprich aus St. Blasien Fincke mit, daß er auf seinen Wunsch hin sich für die weitere Betreuung eines Patienten aus der Augenklinik einsetzt, der große seelische und familiäre Probleme hat.[708]

2.4.2 Seelsorge mit kranken Kindern

Erstmalig 1951 erhielt die neue Vikarin Mechthild von Borstel die seelsorgerliche Betreuung kranker Kinder als eine ihrer Aufgaben in der Dienstanweisung.[709] Dörsam erzählte 1958 von seiner Erfahrung mit kranken Kindern, daß es bei den Gruppengesprächen, einer Art Religionsstunde, auf den Kinder- und Jugendlichenstationen keine Schwierigkeiten zwischen katholischen und evangelischen Patienten gegeben habe: „Überhaupt hat das Nebeneinander der evg. und kath. Krankenhausseelsorge, auch nach dem Wechsel auf kath. Seite, keine unliebsamen Reibungen mit sich gebracht.“[710]

Einige Jahre später erwähnte Fincke die seelsorgerliche Arbeit in der Kinderklinik wieder aufgrund der Mitarbeit der neuen Gemeindehelferin Wilhelmine Baßmann. Über deren Arbeit in der Kinderklinik berichtete Fincke in seinem Schreiben vom 29.7.1962 an den Verwaltungsdirektor Benz: „Seit ¾ Jahren steht nun auch eine weibliche Kraft in diesem seelsorgerlichen Dienst, und zwar in den Kinderstationen und den Stationen der Frauenklinik, Frau Baßmann. Sie hat jahrelange Erfahrung mit Kindern und Frauen. Vor allem darüber, wie sie mit den Kindern umgeht und ihnen die oft monatelange Zeit im Krankenhaus wertvoll macht, sind die Schwestern, vor allem auch die Oberschwester Marie, sehr erfreut.“[711]

Knodt schrieb 1963: „Fräulein Gumm betreut vor allem die Universitätskinderklinik (Neubau). Fünfmal in der Woche hält sie Katechese auf den Statio-

[705] In: Q 114, S. 2
[706] In: Q 67
[707] In: Q 73, S. 1 f.
[708] In: Q 81
[709] In: Q 51
[710] In: Q 75, S. 2
[711] In: Q 91

nen 103, 105, 107 und 108 nach dem Kindergottesdienstplan; Sie benutzt dabei gelegentlich Lichtbilder (Farbdias) und Flanellbilder. [...] Auch die Kinderstationen der Hautklinik, Hals-Nasen-Ohrenklinik sowie der Chirurgischen Klinik werden von ihr betreut."[712] Ergänzend dazu schrieb Knodt 1964 „[...] hält Frl. Gumm in der Kinderklinik biblische Katechesen und Kinderstunden. Außerdem sammelt sie Schwestern zu einem kleinen Chor, der 14-tägig auf den Stationen singt, sowie zu Bibel- und Ausspracheabenden. Leider habe ich fast keine Entlastung in meiner Besuchsarbeit bei den 850 Betten, da Frl. Gumm keine Kraft und Zeit dafür findet und nur gelegentlich Krankenbesuche außerhalb der Kinderabteilungen macht."[713] Entsprechend diesem Bericht beurteilte Knodt die Arbeit mit kranken Kindern von Gumm als zeitintensiv und belastend.
In ihrer Besuchsstatistik 1966 schrieb Friedrich, daß sie in der Kinderstation mit den Kindern, je nach Krankheitsbild, in kleinen Gruppen arbeitet. Sie zeigte Farb-Dias, erzählte biblische Geschichten und spielte den Kindern Hörspielplatten vor.[714] Dieser Erfahrung entspricht Fuehrer in ihrem Buch mit der Feststellung: „Auf den Kinderstationen wird der Helfer bei regelmäßigem Besuch biblische Geschichten erzählen, mit den Kindern singen und beten, also einen kurzen Kindergottesdienst halten. Hier vollzieht sich Seelsorge selbstverständlich, aber unbemerkt, weil uns über Seelsorge zu Kindern erst allmählich die Augen aufgehen."[715] Fuehrers Andeutung stimmt mit den seelsorgerlichen Jahresberichten aus der Universitätsklinik überein, daß Seelsorge an kranken Kindern im Vergleich mit erwachsenen Patienten für die Krankenhauspfarrer der Universitätsklinik noch nicht den gleichen Stellenwert hatte. Dagegen engagieren sich erstmalig in der Krankenhausseelsorge die Gemeindehelferinnen in der Kinderklinik. Sie nehmen sich in ihrer Seelsorgearbeit Zeit für die kranken Kinder und bringen ihre vielseitigen gestalterischen Erfahrungen aus der Gemeinde mit auf die Kinderstationen.

2.4.3 Seelsorge mit Nervenkranken

In den fünfziger und sechziger Jahren intensivierten die Pfarrer die Seelsorge in der Nervenklinik. Sie blieb jedoch ein Randgebiet in der allgemeinen Krankenhausseelsorge, was sich u.a. an der hohen Fluktuation der Seelsorgerinnen und Seelsorger deutlich machte.[716]

712 In: Q 98, S. 2
713 In: Q 107, S. 3
714 In: Q 115, S. 1 f.
715 Fuehrer (1960), S. 57
716 Zuständig waren in der Nervenklinik seit 1947 Waldeck, seit 1948 Fincke, seit 1951 Allwohn, seit 1958 Dörsam, seit 1962 Knodt, seit 1966 mit einer Station Friedrich, seit 1966 mit drei Stationen Jung und seit 1967 Brink.

In seinem Bericht vom 22.6.1947 „Das Evangelische Krankenhauspfarramt" geht Waldeck konkret auf die Krankenhausseelsorge in der Nervenklinik ein. Er nennt die Zahl von 150 Betten, berichtet vom Pflegepersonal, zählt die religiösen Handlungen auf und ermuntert zur Seelsorge dort, auch wenn die Arbeit mit diesen Kranken viel Liebe und Geduld erfordert.[717] In den folgenden Jahren schreibt Fincke von Spenden für die Nervenklinik. 1949 kauft er Spiele für die Nervenheilanstalt.[718] 1958 schreibt Fincke: „Eine besonders dankbare und zeitraubende Arbeit war die Seelsorge in der Nervenklinik. Hier konnte manchmal sichtliche Hilfe aus Gottes Wort gegeben werden, und viele verlangten nach einer mindestens wöchentlichen längeren Aussprache. [...] Aus den Besuchen ergaben sich vielerlei fürsorgerische Arbeiten, besonders für die so abgeschnittenen Nervenkranken wurde manchmal eine ganze Korrespondenz notwendig. Manche kamen auch nach der Entlassung immer wieder mit seelsorgerlichen Fragen."[719] 1962 sagt Fincke über die Nervenklinik: „Weit mehr als die Hälfte der Zeit erfordert die Nervenklinik, weil hier die Situation nach der gründlichen seelsorgerlichen Betreuung und eignenden Aussprache drängt. [...] Hier sind es auch oft die Ärzte, die um eine Betreuung einzelner bitten."[720] Noch einmal geht Fincke 1963 auf seine Arbeit in der Nervenklinik ein: „In einigen Fällen ist auch eine Seelsorge nach der Entlassung nötig, ebenso an den Angehörigen, die häufig den Krankenhauspfarrer aufsuchen."[721]
Dörsam sagt 1958 über seine Seelsorge in der Nervenklinik, daß er dort regelmäßig Gottesdienste hält und auch näheren Kontakt zu Ärzten und der Krankenhausfürsorge bekommen hat. Er schrieb, daß der Dienst in der Nervenklinik am meisten strapaziere. Hier erfahre er aber auch die Unterstützung von katholischen Schwestern und Ärzten.[722] Seit 1959 betreute er die gesamte Nervenklinik. „Nach wie vor verlangt die Begegnung mit den Kranken der Nervenklinik auf den psychiatrischen Stationen am meisten Einfühlung, Kenntnisse und Weisheit. Die seelsorgerliche Aussprache mit dem Pfarrer wird in vielen Fällen von diesen Patienten ausdrücklich gewünscht – im Gegensatz zu den Erfahrungen auf anderen Stationen."[723] 1960 lobte Dörsam die Mithilfe des kirchenmusikalischen Amtes. Er erhielt Tonbänder mit musikalischen Darbietungen und Lichtbildern. Mit Hilfe dieser Medien hielt Dörsam Vorträge auf größeren Stationen der Orthopädischen Klinik und der Nervenklinik.[724]
Knodt begann 1962 als Seelsorger in der Nervenklinik. Er teilte sich die Stationen mit Fincke. Er war zuständig für vier Stationen mit insgesamt 80

717 In: Q 39, S. 5
718 In: Q 42
719 In: Q 74, S. 1
720 In: Q 94, S. 2
721 In: Q 100, S. 2
722 In: Q 75, S. 1 f.
723 In: Q 79, S. 1
724 In: Q 83, S. 2

Betten.[725] 1965 schreibt Knodt, daß er in der Nervenklinik im 14tägigen Wechsel mit den Katholiken den Gottesdienst mit hl. Abendmahl hält. „Jede Woche halte ich samstags oder sonntags oder werktagabends meine schlichten *Feiern* mit Tonbandgesang, kurzer Schriftlesung, Ansprache und Gebet. Die Feiern sind meistens auf dem Flur und die Türen sind geöffnet, die Aufsteher kommen heraus auf den Gang. Sie werden gerne angenommen, und die Leute bedanken sich immer sehr. Wöchentlich sind es 4–5 Feiern zu je 20 Minuten. [...] Große Freude macht mir der Dienst auf den psychiatrischen Abteilungen der Nervenklinik, wo ich sehr feine Gruppenseelsorge machen kann. Es ist dort sinnlos, jeder einzelnen Krankheit nachzugehen, sondern durch gemeinsames Lied, Katechese und Gespräch ist es möglich, die Menschen innerlich von ihren oft abwegigen Problemen loszulösen. Ich arbeite da allerdings in engem Kontakt mit den Ärzten. Ein besonderes Problem, das dankbar ist, ist die Seelsorge an solchen, die einen Selbstmordversuch gemacht haben und lebensmüde sind; oft sagen sie ‚Wenn wir einen Menschen gehabt hätten, dem wir uns hätten anvertrauen können, so hätte ich das nicht getan.'"[726]

1964 entstand ein Arbeitskreis für Seelsorge bei Geisteskranken in der EKHN unter der Leitung des Krankenhauspfarrers Willy Frey aus Herborn. Die erste Sitzung fand am 20.4.1964 im Heim des „Christlichen Vereins Junger Männer" am Wiesenhüttenplatz in Frankfurt am Main statt. Von der Universitätsklinik nahm Knodt an dieser Sitzung teil.[727] Bereits 1958 hatte Frey ein Referat gehalten: „Die Begegnung mit dem Kranken, insbesondere dem seelisch Kranken, gesehen von einem Pfarrer". Hier weist er auf die Wichtigkeit der Zusammenarbeit mit den Ärzten hin: „Wenn wir als Seelsorger bereit sind, zu hören, was die Ärzte sagen, *so werden wir auch Fragen an die Ärzte stellen dürfen.* [...] In solcher Not haben wir als Seelsorger eine Hilfe, die dem Arzt als Arzt versagt ist: Was wir nicht können, dürfen wir im Gebet von Gott erflehen. *Ist nicht das Gebet das Wesentliche bei jeder Seelsorge?* Ist nicht Entscheidendes in der Seelsorge geschehen, wenn ich einen Menschen in die Fürbitte einschließe, und wenn es nun gar ein Kranker ist, zu dessen seelischer Not ich zunächst keinen Zugang finde?"[728]

1966 schrieb Knodt über die Aufteilung der Seelsorge in der Nervenklinik, daß der Pfarrer i.R. Walter Jung ihm als Mithelfer durch den Propst vermittelt worden ist. Jung hatte drei Stationen in der Nervenklinik übernommen. Eine Station hatte Brigitte Friedrich übernommen.[729] Dankbar ist Knodt 1967 über die Mitarbeit von freiwilligen Helfern: „In den geschlossenen Stationen der Nervenklinik wurden mit Hilfe von freiwilligen Helfern fünf Stations-Nachmittage gestaltet mit Liedern, Vorlesen, gemeinsamer Bibelbesprechung u.a.

[725] In: Q 95, S. 2
[726] In: Q 111, S. 2
[727] In: Q 101
[728] Frey (1958), S. 1
[729] In: Q 114, S. 2

eine notwendige und schöne Arbeit, die uns vom Direktor der Nervenklinik nicht nur gestattet, sondern ans Herz gelegt wurde.“[730]
Im Schreiben vom 14.12.1967 teilte die EKHN Knodt folgenden Beschluß mit: „Es wurde eine dritte Pfarrstelle bei den Universitätskliniken errichtet, die die Nervenklinik, die Neurochirurgie und das Friedrichsheim umfaßt. Sie ist mit sofortiger Wirkung Herrn Pfarrer Brink übertragen worden.“[731]

2.4.4 Seelsorge mit orthopädischen Kranken

Mit Gründung der „gesamtkirchlichen Krankenhauspfarrstelle“ am 1.4.1954 übernahm die Seelsorge in der Orthopädischen Klinik „Friedrichsheim“ das evangelische Krankenhauspfarramt der Universitätskliniken. Bis zu dieser Zeit gehörte die Krankenseelsorge zu den Aufgaben der Geistlichen der Paul-Gerhardt-Gemeinde in Frankfurt-Niederrad. Als erster Krankenhausseelsorger übernahm Dörsam neben anderen Kliniken 1955 die Orthopädische Klinik „Friedrichsheim“ mit 9 Stationen und 345 Betten.[732] 1958 schrieb Dörsam von seiner Begegnung mit den Patienten: „[...] und dass mir das seelsorgerliche Wort für die Patienten im Friedrichsheim, die lange, sehr lange, manchmal 1–3 Jahre liegen müssen und verständlicherweise verbittert sind und resignieren, schwerer fällt als der Zuspruch auf den Stationen, wo sich ein für Krankenhausverhältnisse normales Kommen und Gehen ereignet.“[733]
1959 ergänzte Dörsam: „Die Situation in der orthopädischen Klinik erhält ihr Gepräge durch die monatelange, manchmal jahrelange Behandlungsdauer und die dadurch gebene Gefahr der Verbitterung und der Anklage gegen Gott und die Menschen, zumal in nicht wenig Fällen neben der Krankheitsnot Belastungen durch familiäre und soziale Mißstände getragen werden müssen. Hier im Gespräch einen Zugang zu finden, im Angesicht der Tatsache, dass an den harten Realitäten nichts geändert werden kann, fällt nicht leicht. Gleichgültigkeit gegenüber Glaubensfragen und das Eingeständnis, dass man ‚mit diesen Sachen fertig sei‘ begegnen in dieser Klinik am meisten. Lichtbildervorträge, Gebrauch des Tonbandgerätes, Sendgruppen der jungen Gemeinde, auch Filmvorführungen des evg. Filmdienstes sind sehr hilfreich gewesen.“[734]
1957 setzte sich Dörsam für die Einrichtung einer Bibliothek für das „Friedrichsheim“ ein. In einem Bittschreiben an das Amt für Öffentlichkeitsarbeit der EKHN begründete er sein Anliegen mit der langen Liegezeit der Patienten: „[...] manche über 1 oder gar 2 Jahre. In Zusammenarbeit mit der orthopädischen Fürsorge und dem zuständigen katholischen Krankenhauspfarrer

[730] In. Q. 121, S. 3
[731] In: Q 120
[732] In. Q. 75, S. 1
[733] Ebd.
[734] In: Q 79, S. 1

ist der Plan gefasst worden, die lächerlich kleine Bücherei des Hauses durch Büchergaben des Staates und der Kirchen den vorhandenen Bedürfnissen entsprechend auszugestalten. Ich weiß, daß Sie mit mir darin einig sind, daß unsere Kirche hier helfen sollte. Zumal, wie ich von katholischer Seite erfahre, der Borromäusverein bereit ist, Bücher zur Verfügung zu stellen."[735]
Als hilfreich für seine Besuche schrieb Dörsam 1960: „Der Besuchsdienst in der Chirurgischen und Orthopädischen Klinik hat sein Gepräge dadurch, daß in den neuen Klinikbauten die kleineren Zimmer mit den wenigen Betten viel leichter ein Gespräch zustandekommen lassen als die alten überbelegten Säle mit dem fortwährenden Kommen und Gehen des Pflegepersonales." Zum Gottesdienst im „Friedrichsheim" schreibt er im gleichen Jahr: „Die Lösung im Friedrichsheim, daß der Schwesternspeisesaal zur Kirche hergerichtet wird (Wandaltar zum Aufklappen) hat den großen Vorteil, daß kein Patient über den Hof gehen muß. Neuerdings hat die Verwaltung des Friedrichsheimes aus eigenen Mitteln ein sehr schönes handgeschmiedetes silbernes Abendmahlgerät für fast 400.– DM angeschafft."[736]
Nach der Verabschiedung von Dörsam 1961 ernannte die EKHN offiziell in den folgenden Jahren keinen weiteren Pfarrer für das „Friedrichsheim". Im Einteilungsplan der Stationen des Krankenhauspfarramtes vom 1.9.1962 ist das „Friedrichsheim" nicht mehr erwähnt.[737] Vermutlich hatte dennoch Anfang der sechziger Jahre Pfarrer Hermann Brink mit der Seelsorge im Friedrichsheim aushilfsweise begonnen, da im Jahresbericht 1966 Knodt den Name Brink zum erstenmal benennt: „Es ist sehr die Frage, ob nicht Bruder Brink, der z.Zt. nur die orthopädische Univ.-Klinik Friedrichsheim betreut, noch die neurochirurgische Univ.-Klinik mit ihren 4 Stationen und 110 Betten übernehmen kann. Er hat sich dazu bereit erklärt, wenn er einen diesbezüglichen Auftrag vom Herrn Propst bekommt."[738] Ein Jahr später gründete die EKHN eine dritten Pfarrstelle an den Universitätskliniken mit dem Schwerpunkt, im „Friedrichsheim" eine qualifizierte Krankenhausseelsorge zu gestalten.[739]

3. Seelsorgerliche Handlungen

3.1 Die Kapelle

Die Kapelle des Schwesternhauses benutzten nach dem Zweiten Weltkrieg sowohl die katholische Krankenhausseelsorge, deren Rektorat ausgebombt war, zusätzlich für die Werktagsmessen als auch die Lukasgemeinde, deren

735 In: Q 70, S. 1
736 In: Q 83, S. 2
737 In: Q 92
738 In. Q.114, S. 2
739 In: Q 120

Kirche zerbombt war.[740] Gleichzeitig feierten die Pfarrer nach wie vor die Sonntagsgottesdienste der Krankenhausseelsorge in der Kapelle. Die festliche Ausgestaltung der Kapelle für die Gottesdienste übernahm die Oberschwester des Mutterhauses oder von ihr beauftragte Schwestern.
Medizinstudenten hatten ihre Andachten in dieser Kapelle. Fincke berichtet 1959: „Wöchentlich 2 mal kamen vor Beginn der Vorlesung 10–20 Medizinstudenten in der Kapelle zusammen. Meist wurde die Morgenandacht im Beisein des Pfarrers von den Studenten selbst gehalten. Doch war gerade dies ganz brüderliche Zusammensein den Studenten offenbar wert und lieb."[741] In den mir vorliegenden Unterlagen gab es nur noch einmal, 1960, von Fincke einen Hinweis auf diese Andachten.[742]
In den fünfziger und sechziger Jahren diente die Sakristei der Kapelle den evangelischen Seelsorgern wöchentlich als Gebets- und Arbeitszusammenkunft. Von hier aus gingen die Seelsorgerinnen und Seelsorger täglich zu Besuchen auf die Krankenstationen.[743] Werktags stand die Kapelle dem Krankenhauspersonal zur Verfügung. Mit Hilfe von auswärtigen Referenten hielt Fincke seit 1948 einen Jugend- und Singkreis, Bibelstunden, Wochenschlußandacht, musikalische Feierstunden, Vortragsabende und monatliche Vorträge in dieser Kapelle.[744] Zur Erneuerung und Verschönerung des Kapellenaltars trat Fincke sowohl mit dem Verwaltungsdirektor als auch mit dem evangelischen Gemeindeverband in Kontakt.[745]
Weitere Kapellen gab es in der Universitätsklinik in dieser Zeit nicht. Im „Friedrichsheim" hielten die Pfarrer den Gottesdienst im Schwesternspeisesaal und in der Nervenklinik in einem Mehrzweckraum. 1963 trat Fincke mit dem Wunsch, die Orgel überholen zu lassen, an Verwaltungsdirektor Fritz der Nervenklinik heran. Im gleichen Schreiben teilte er mit, daß er gemeinsam mit dem katholischen Pfarrer Peter von Niederrad ein neues Kreuz und dafür passende Leuchter habe anfertigen lassen: „Nicht das Leiden, sondern der Sieg über Not und Tod findet einen mächtigen Ausdruck. Nun möchte ich noch einmal sagen, auch auf Bitten von Herrn Pfarrer Peter, daß der Raum viel gewinnen würde, besonders auch für profane Veranstaltungen, wenn der Altarraum durch einen Vorhang verdeckt werden könnte. Der jetzige Mechanismus ist so schwer zu handhaben, daß man ihn meist nicht recht benutzt, und wirkt dann auch wie eine unfreundliche Bretterwand."[746] Aus dieser Beschreibung wird ersichtlich, wie sehr die liturgische Ausgestaltung der Kapelle Fincke am Herzen lag. Im Schreiben vom 8.7.1955 teilt Fingerhut als Stadtamtmann der

[740] In: Q 48
[741] In: Q 80, S. 4
[742] In: Q 84 a, S. 1
[743] In: Q 107, S. 3
[744] In: Q 41, S. 2
[745] In: Q 80, S. 2
[746] In: Q 93

Verwaltung der Nervenklinik Fincke mit, daß sie zu der Beschaffung neuer Gesangbücher einen finanziellen Beitrag leisten wollen.[747] Sowohl die Kosten für die Gesangbücher wie für die Renovierung der Orgel übernahm die Klinikverwaltung. Mit dieser finanziellen Beteiligung macht die Verwaltung deutlich, daß Krankenhausseelsorge von der Nervenklinik gewollt und unterstützungswürdig ist.

3.2 Der Gottesdienst

Die Krankenhausseelsorger beklagten in den fünfziger und sechziger Jahren, daß der Gottesdienstbesuch sehr gering sei. Fincke schrieb 1960: „Die Gottesdienste wurden im gleichen Turnus gehalten. Der Besuch war leider auch dieses Jahr sehr gering, im Durchschnitt gegen 20 Personen. Schwestern kamen kaum, da sie dann dazu nicht gern im Krankenhaus bleiben. Nur an drei Abenden kamen sie in einer Zahl von 30–40, mehr als im Vorjahr, und zwar am Gründonnerstag und am Reformationstag und am Silvestertag."[748] Als Gründe dafür gab Dörsam 1960 an: „Der Gottesdienstbesuch in der Kapelle der Universitätskliniken leidet sehr darunter, daß die Kapelle sehr ungünstig und weit von den Kliniken entfernt gelegen ist. Hoffentlich ist es noch zu erreichen, daß bei dem Klinikneubau ein anderer Gottesdienstraum erstellt wird, der mit einer großen Klinik unter einem Dach vereinigt ist."[749]
Im Jahr 1949 finanzierte die EKHN der evangelischen Krankenhausgemeinde 50 Gesangbücher.[750] Im Jahr 1952 übernahm die Verwaltung der Universitätsklinik die Kosten für 50 gemeindeeigene Gesangbücher mit dem Aufdruck: „Evang. Krankenhausgemeinde Frankfurt/M."[751] Die Klinik bezahlte nach wie vor den Organisten, der bei jedem katholischen wie evangelischen Gottesdienst spielte. Dank der Unterstützung der Schwesternschaft wiesen die Pfarrer durch Aushänge in allen Krankensälen auf den sonntäglich katholischen Gottesdienst um 9.00 Uhr und auf den evangelischen um 10.15 Uhr hin.
Neben den Gottesdiensten in der Kapelle und in den Gottesdiensträumen gab es Gottesdienste und Andachten auf den Stationen. Knodt schrieb 1963 dazu: „Auf den Stationen mit großen Sälen, von denen es noch viele gibt, halte ich oft abends nach dem Essen, oder samstag abends, sowie sonntags morgens *halbstündige Andachten* mit Hinzunahme des Tonbandgerätes, die dankbar dann angenommen werden, wenn man vorher alle Patienten einzeln begrüßt und gesprochen hat, so daß man sie doch alle ein bißchen kennt. Die freie Auslegung eines Bibelwortes mit Bezug auf die äußere und innere Lage der

747 In: Q 62
748 In: Q 84 a, S. 1
749 In. Q 83, S. 2
750 In: Q 44
751 In: Q 52

jeweiligen Patienten kommt besser an, als nur die Verlesung von Losungs- und Bibelwort oder von formulierten Gebeten, die ich jedoch auch manchmal benutze."[752] Zu der Anzahl der Stationsandachten schreibt Knodt 1967: „Im vergangenen Jahr habe ich auf Stationen, die ich vorher durchbesucht habe, insgesamt 86 Stationsandachten gehalten, darunter 9 Stationsabendmahle mit durchschnittlich 10–12 Abendmahlsgästen."[753]

3.3 Die Taufen

Eine der größten Veränderungen in der Pastoral der Krankenhausseelsorge betraf die Taufpraxis nach dem Zweiten Weltkrieg. Bisher tauften die Krankenhausseelsorger alle in der Klinik geborenen Kinder. Auf Anweisung der Kirchenleitung sollte nunmehr grundsätzlich jedes Kind in der Gemeinde, in der es aufwächst und sein soziales Umfeld hat, getauft werden. Im Jahre 1954 schrieb Fincke eine Ordnung für die Taufen im Krankenhaus. Er bezog sich auf ein Schreiben der Kirchenleitung, in dem geregelt ist, in welchen Fällen der Krankenhauspfarrer taufen durfte.[754] Konkret gab Fincke für das Jahr 1959 folgende Angabe: „23 Taufen bei Heimatlosen, Unehelichen, Mischehen, oder in Scheidung begriffenen und bei längerer Krankheit der Mutter."[755]

1958 schrieb Dörsam: „Die Taufen, die auf verschiedenen Stationen gehalten worden sind, waren Nottaufen in großer körperlicher Schwachheit, vor Operationen oder in ungewöhnlichen familiären Situationen, die eine Kliniktaufe rechtfertigten. Im letzten Fall wurde das Dimissoriale [756] des Gemeindepfarrers eingeholt."[757] Für 1962 gab Fincke Zahlen an: „Eine wichtige Arbeit bleiben die Taufen bei kranken Kindern und in besonderen Fällen. Es waren 1962 34 Nottaufen und 35 andere."[758] 1963 geht Fincke auf die Tradition ein, daß Schwestern bereit sind, die Patenschaft für ein krankes Kind zu übernehmen: „Konnte die Schwester als Patin nicht zur Taufe ihres Patenkindes fahren, so fand mit ihr allein in der Kapelle – möglichst am gleichen Tag oder gar zur gleichen Stunde wie die ferne Taufe – ein Aufnahmeakt in das Patenamt mit Gebet, stellvertretendem Bekenntnis und Gelübde und Segen statt, was jedesmal als Stärkung empfunden wurde und das Verhalten zum Krankenhauspfarrer vertiefte."[759] Im Rahmen seines Unterrichtes an der Schwesternschule hielt Fincke 1965 einen sechsseitigen Vortrag zum Thema: „Gespräch über die Taufe".[760]

[752] In: Q 98, S. 1
[753] In: Q 121, S. 2
[754] In: Q 58, S. 1 f.
[755] In: Q 80, S. 5
[756] „Dimissoriale (lat.): Entlassschreiben zu einer kirchlichen Handlung in einer anderen Gemeinde." Hanselmann/Swarat (1996), S. 52
[757] In: Q 75, S. 2
[758] In: Q 119. S. 3
[759] In: Q 100, S. 3
[760] In: Q 110

3.4 Das Abendmahl

Im Gegensatz zu allen anderen Kliniken war für Fincke das Abendmahl in der Nervenklinik besonders segensreich. Er schreibt 1960: „Das Abendmahl wurde wieder in den meisten Gottesdiensten gehalten, auch in der Nervenklinik, wo der Gottesdienst weiter wöchentlich abwechselnd sonntags oder samstags stattfand und besser als in der allgemeinen Kapelle besucht ist. Das Abendmahl scheint dort besonders segensreich zu sein. In den Stationen wurde das Abendmahl nur in den Festzeiten als Gesamtfeier gehalten. Privatabendmahle habe ich 10 gehalten."[761] Fuehrer wies auf die besondere Freude des einzelnen Kranken beim Abendmahl über die Gegenwart „des Herrn in Brot und Wein" hin. Sie sagte, daß eine Abendmahlsfeier einen Kranken wirksamer stärken kann als viele Gespräche.[762]
Knodt bedauerte 1963, daß die Gabe des Abendmahls von vielen Patienten mit dem Sterben in Verbindung gebracht werden würde: „Das Hl. Abendmahl wird auf den Stationen leider nur sehr wenig begehrt. Einzelne erbitten es vor einer schweren Operation, aber die meisten verschmähen es. Es scheint weiterhin das Vorurteil zu herrschen, wer das Hl. Abendmahl nähme, müsse bald sterben. Es widerstrebt mir auch, das Hl. Abendmahl einem Menschen aufzudrängen. Ich möchte aber versuchen, es von Zeit zu Zeit anzubieten und es zimmerweise zu feiern."[763] Dennoch gibt es einzelne Kranke, die in ihrer schweren Krankheit angesichts des Sterbens nach dem Abendmahl verlangen:
Fincke dazu 1963: „Die nächtliche Bitte um Besuch bei Sterbenden, auch das damit manchmal verbundene Verlangen nach dem Abendmahl war etwas häufiger als in den letztvergangenen Jahren."[764] Jüngel vom Konvent wies auf den Mangel einer besonderen evangelischen Amtshandlung am Sterbebett hin: „Wenn der Sterbende nicht selbst ausdrücklich das Abendmahl begehrt hat, sollten wir in solchen Fällen den Angehörigen vorsichtiger Weise von der Abendmahlsfeier für den Sterbenden abraten und dafür eine schlichte Andacht am Sterbelager empfehlen."[765]
Dörsam bedauerte schon 1958: „Das Fehlen des Sterbesakramentes lässt das Fehlen des evg. Pfarrers am Sterbebett nicht von grossem Belang sein [...] Die bekannte Tatsache, dass in unseren Gemeinden die allermeisten Sterbenden ohne ihren Pfarrer sterben, stellt sich in den Krankenhäusern so dar, dass dort auch sehr selten von dem Schwerkranken oder seinen Angehörigen der Seelsorger verlangt wird. Dass wir trotzdem öfter gerufen werden, ist den guten Stationsschwestern zu danken, die von sich aus handeln oder die Betroffenen auffordern, den Pfarrer kommen zu lassen.

761 In: Q 84 a, S. 2
762 Vgl. Fuehrer (1960), S. 47
763 In: Q 98, S. 2
764 In: Q 100, S. 2
765 Jüngel (1956), S. 3

Es sind allerdings Fälle vorgekommen, die den Schwestern die Freudigkeit und den Mut solchen Handelns nehmen könnten: Angehörige, denen berichtet wird, dass der Pfarrer bei ihrem Verstorbenen vor dessen Tod gewesen ist, machen den betr. Schwestern Vorwürfe und Vorhaltungen (seelsorgerliche Vergewaltigung, Ausnützen einer Notlage u.a.). Wahrscheinlich suchen dieselben Angehörigen den Gemeindepfarrer auf und bitten um die kirchliche Beerdigung."[766] Dörsam beschwert sich hier über das ambivalente Verhalten der Anghörigen von Patienten, die sich einerseits darüber beklagen, daß die Stationsschwestern den Pfarrer herbeirufen, ohne genau geprüft zu haben, ob ein religiöser Dienst seitens des Patienten oder seiner Angehrigen erwünscht ist. Andererseits wird aber von denselben Angehörigen die Feier der Beerdigung durch einen Pfarrer traditionsgemäß gewünscht.

3.5 Weitere Amtshandlungen

Weitere Amtshandlungen, insbesondere die Beerdigungen, blieben die Ausnahme. 1959 schrieb Fincke von zwei Beerdigungen mit der Begründung, daß hier im Krankenhaus eine besondere seelsorgerliche Verbindung entstanden sei. Weiterhin vollzog er im selben Jahr einen Wiedereintritt in die evangelische Kirche im Zusammenwirken mit dem Kirchenvorstand der Lukasgemeinde.[767] 1960 gab Fincke die Beerdigung einer Hausangestellten bekannt. [768]
Knodt informiert 1964 von zwei Beerdigungen: „Bei der einen handelte es sich um einen Heimatlosen, der in keine Gemeinde gehörte, in anderem Fall um eine Frau von auswärts, die aber auf dem Frankfurter Hauptfriedhof beerdigt werden sollte. Der Gemeindepfarrer dieser Frau – es handelte sich um einen schweren Fall – bat mich, die Beerdigung zu übernehmen."[769] Nur in der Form der Aufzählung berichtet Knodt 1967 von zwei Trauungen, vier Beerdigungen und von zwei Übertritten von der römisch- katholischen Kirche in die evangelische Kirche.[770]
Wie in den ersten Jahrzehnten erwähnten die evangelischen Krankenhausseelsorger die Einzelbeichte nicht. Die Seelsorgeliteratur beschrieb sie dennoch als gängige evangelische Krankenhauspraxis, die nach Fichtner vom Patienten ausgeht. „Wird Einzelbeichte gewünscht, soll sie in dem vom Krankenhaus zur Verfügung zu stellenden Sprechzimmer des Geistlichen abgenommen werden."[771] Kritisch sah Fuehrer den Umgang mit der Beichte: „Beichte ist Bekenntnis von Schuld und Not vor Gott in Anwesenheit eines Christen, der

[766] In: Q 75, S. 1 f.
[767] In: Q 80, S. 4
[768] In: Q 84 a, S. 2
[769] In: Q 107, S. 2
[770] In: Q 121, S. 3
[771] Fichtner (1957), S. 92

uns in klaren Worten Gottes Vergebung zuspricht, expressis verbis. Wir Protestanten halten die Einzelbeichte weiterhin für ‚katholisch' und sind erst auf dem Wege, sie neu zu entdecken. Dabei stehen wir in einer doppelten Gefahr. Einmal machen wir die Beichte ‚zu billig'. Wir hören ohne vorhergehendes Gespräch (meistens werden es mehrere sein) ein Schuldbekenntnis und sprechen Gottes Vergebung zu. Oder wir wagen es nicht, von den Seelsorgegesprächen zur Beichte hinzuführen. Oft quälen sich Kranke mit Geschehnissen aus ihrer Vergangenheit, besonders der Kindheit und Jugend. Alles stürmt auf sie ein, was sie verkehrt gemacht haben. Bei jedem Besuch bringen sie das gleiche Thema mit Variationen vor. Da bedeutet es eine Befreiung, von der Möglichkeit der Einzelbeichte und Vergebung zu sprechen."[772] Die evangelischen Krankenhausseelsorger der Universitätsklinik kannten die Beichte nur als öffentliche Gemeindebeichte in Vorbereitung auf den Empfang des Abendmahls.

3.5.1 Die Diakonie

Der soziale Einsatz der Krankenhausseelsorger kam in den mir vorliegenden Unterlagen kaum vor. Allein aus dem Briefwechsel einzelner Patienten und Angehöriger wird eine materielle, finanzielle wie ideelle Unterstützung der Krankenhausseelsorger im Einzelfall deutlich. In einem Fall wird Fincke von einem Anwalt angeschrieben, daß er auf einen Patienten einwirken möge, dessen Ehefrau als Mutter kein Unterhaltsgeld für ihren Sohn bekommt, da sie einen Meineid geleistet hat.[773] Ebenso erhält er Dankschreiben von Patienten, so z.B. von einer Frau, die ihm am 30.9.1956 schreibt, daß Fincke ihre einzige Hilfe ist.[774] Am 10.10.64 schrieb ein Patient ihm ein Dankesschreiben, daß er die ihm zur Last gelegte Straftat nicht begangen habe und daß er die geliehenen Bücher noch behalten wolle.[775] Eine andere Patientin bat Fincke am 21.4.1965 um Vermittlung. Es gehe um Behandlungsunterbrechung, weswegen sie einen Anwalt eingeschaltet habe.[776] Für Fincke ist einerseits diese diakonische Arbeit zeitraubend, andererseits vermag er dabei den Patienten einen religiösen Dienst zu erweisen: „In einer Anzahl von Fällen ergab sich eine zeitraubende Beschäftigung mit der ganzen Lebenslage und die Bemühungen, in geldlichen, rechtlichen oder ehelichen Schwierigkeiten beizustehen, was manchem auch innerlich weiterhalf."[777]
Dörsam schrieb von der Zusammenarbeit mit der Fürsorgerin im „Friedrichsheim". Nach dem Zweiten Weltkrieg konnten die Krankenhausseelsorger

[772] Fuehrer (1960), S. 46 f.
[773] In: Q 82, S. 1 f.
[774] In: Q 68, S. 1 f.
[775] In: Q 104
[776] In: Q 108
[777] In: Q 80, S. 1

mittels Formularen Kinder-, Frauen-, Herrenbekleidung und Schuhe für bedürftige Patienten anfordern.[778] Das evangelische Krankenhauspfarramt stellte in ihrem Haushalt für diese Dienste keine Mittel bereit: Dazu Knodt 1966: „Die Gaben, die wir bei Amtshandlungen (Taufen, Abendmahlen und Besuchen) erhalten, bucht jeder Mitarbeiter für sich und darf sie auch nach eigenem Ermessen für die Kranken und Mittellosen ausgeben."[779]

3.5.2 Die Schriftenmission

Lesestoff für Patienten hatte bis Ende des Zweiten Weltkrieges für die Krankenhauspfarrer kaum Bedeutung. Seit den fünfziger Jahren sehen es die Krankenhausseelsorger als eine ihrer Hauptaufgaben an, christlichen Lesestoff zu vermitteln. Dazu zählen verschiedene Blätter, Bibelteile, Spruchkarten und religiöse Traktate.

Diese Schriften werden bei den Stationsbesuchen den Kranken übergeben und von den Pfarrern als unentbehrlich angesehen. Knodt schreibt 1964 dazu: „Unser *Schrifttum*, was wir verteilen können, ist sehr reichhaltig. Neben 50 [Exemplaren] ‚Weg und Wahrheit' bekommen wir 30 ‚Sonntagsblätter' und eine ganze Menge anderer z.T. recht guter Blätter (Krankengruß, Für alte Augen, 8 Seiten Freude, Für alle, Frau und Mutter, Leuchtspur, Kraft und Licht, Frohe Botschaft, Kirche und Mann). Außerdem haben wir Bibeln, Neue Testamente, Bibelteile, auch in fremden Sprachen, die wir aus Kollektenmitteln angeschafft haben, und die begierig von kranken Ausländern genommen und gelesen werden. Ausgezeichnet ist die Serie: ‚Helfende Worte' aus dem Stauda-Verlag Kassel. Sie führen wirklich in die Tiefe und Besinnung mit ihren Gebeten, Versen und Meditationen."[780] Interessant ist, daß dies zum Teil auch katholische Zeitschriften wie z.B. „Frau und Mutter" sind.

Zur Finanzierung schreibt Knodt 1966: „Unsere Blätter und Schriften, die wir verteilen, betragen jährlich fast 1000.– DM. Die Kollekten aus den Gottesdiensten, die sehr schlecht besucht sind (etwa zwischen 2 und 20 Besuchern), sind sehr zurückgegangen, so daß wir auf den Zuschuß der Landeskirche (2000.– DM abzüglich der Bezugskosten der Verteilblätter) angewiesen sind."[781] Im Gegensatz zum diakonischen Dienst installierten die Krankenhauspfarrer für die Schriftenmission einen Haushaltsposten. Es ist ihnen wichtig, über diese Medien evangelische Präsenz auf den Stationen zu zeigen. Darüber hinaus haben die Geistlichen die Erwartung, neben dem Unterhaltungswert der Zeitungen die Kranken kirchlich beeinflussen zu können, so daß fernstehende Christen wieder zur evangelischen Gemeinde finden.

[778] In: Q 40, S. 1 f.
[779] In: Q 114, S. 2
[780] In: Q 107, S. 3
[781] In: Q 114, S. 2

4. Krankenhausseelsorge und Klinikpersonal

Statt Krankenseelsorge bezeichnen die Geistlichen nach dem zweiten Weltkrieg ihre Seelsorge als Krankenhausseelsorge. Nicht mehr nur für die Kranken, sondern für das gesamte Personal des Krankenhauses fühlen sich die Seelsorger zuständig. Fuehrer schreibt dazu: „Seelsorge im Krankenhaus wendet sich nicht nur an die Patienten, sondern an die ganze Belegschaft. Bisweilen wird sie in säkularen Häusern von solchen Schwestern und Pflegern erbeten, die auf besonders schwierigen Stationen arbeiten oder es mit schwierigen Patienten zu tun haben. Auch tut es mancher Stationsschwester einfach wohl, sich mit einem Seelsorger über ihre Arbeit auszusprechen. Meist ist das äußere Zeichen dafür die spontane Einladung zu einer Tasse Kaffee im Stationszimmer. Solch einer Einladung soll der Seelsorger Folge leisten und nötigenfalls die für den Tag geplante Arbeit umdisponieren."[782]

4.1 Die Verwaltung

Als geschäftsführender Pfarrer hatte Fincke von Anfang an mit dem leitenden Verwaltungsdirektor Arthur Benz einen regen Kontakt. Besonders regen Austausch gab es bezüglich der Kapelle zwischen ihnen. 1959 stellte Fincke bei Benz einen Antrag auf Umgestaltung des Altars und Chorraums in der Krankenhauskapelle.[783] Benz lehnte dieses Anliegen ab, mit dem Hinweis auf eine generelle Erneuerung des Speisesaals des Schwesternhauses, der gleichzeitig als Kapelle diente. Er sei aber bereit, Ausbesserungsarbeiten am Altar durch die Werkstätten der Klinik durchführen zu lassen.[784]
Intensive Verhandlungen zwischen der Krankenhausseelsorge und der Verwaltung gab es in den sechziger Jahren bei der Planung und Gestaltung der neuen Kapelle in dem zu errichtenden Zentralbau der Universitätsklinik. Am 24.4.1961 schrieb Fincke mit seinem katholischen Kollegen Rektor Czapka einen Brief an den Direktor Benz mit Vorschlägen der Gestaltung einer möglichen Kapelle in dem geplanten Klinik-Hochhaus.[785] Am 10.11.1964 antwortete Benz Fincke, es sei noch zu früh, über die Kapelle zu sprechen.[786] Der neue Zentralbau sollte Anfang der siebziger Jahre fertig sein.
Meinungsunterschiede zwischen Fincke und dem Verwaltungsdirektor Benz gab es wegen des missionarischen Verhaltens der freikirchlichen Chorgruppen auf den Stationen.[787]

782 Fuehrer (1960), S. 52
783 In: Q 76
784 In: Q 77
785 In: Q 85, S. 1 f.
786 In: Q 105
787 In: Q 69, S. 1; Vgl. Kap. V.1.3.2

4.2 Die Ärzte

Die Krankenhauspfarrer lobten besonders die wohlwollende Achtung der Ärzte ihrer Seelsorgearbeit gegenüber. 1958 sagte Fincke: „Viele Einzelgespräche mit den Ärzten führten zu den zentralen Fragen des Glaubens, und es war ihnen meist ernsthaft an einer Antwort gelegen.“[788]
Über eine Zusammenarbeit von Seelsorgern und Ärzten auf den Stationen schrieb Dörsam 1959: „In der allgemeinen Chirurgie ist der Seelsorgedienst am Krankenbett sozusagen in normalen Bahnen, und ich bin dankbar, dass er durch ein gutes Verhältnis zu Ärzten und Schwestern erleichtert wird. Je länger desto mehr wird es mir klar, dass die Seelsorge geschehen muß Hand in Hand mit dem ärztlichen und pflegerischen Bemühen um den Menschen. Ohne entsprechende Hinweise von Seiten des Arztes oder der Schwester auf bestimmte Patienten in ihrer leib-seelischen Notsituation wäre es in vielen Fällen überhaupt nicht zu einer seelsorgerlichen Begegnung gekommen. Es geht um das beiderseitige Vertrauen zwischen Arzt und Seelsorger, das dem ihnen beiden anvertrauten Menschenbruder in seiner Krankheit zu gute kommen soll und kann.“[789]
Zusammenarbeit mit den leitenden Ärzten der Universitätsklinik äußert sich besonders an den Weihnachtstagen, wenn der Pfarrer gemeinsam mit dem Chefarzt, den Oberärzten und Stationsärzten die Kranken in ihren Zimmern besucht und manchmal gemeinsam bei den zentralen Weihnachtsfeiern auftritt.
Ende der Vierziger Jahre begann die Kirche in der Evangelischen Akademie Arnoldshain jährliche Tagungen mit Ärzten durchzuführen.[790] Die Tagung vom 21.1. bis 24.1.1949 für Ärzte und Naturwissenschaftler hatte zum Thema „Das Wort Gottes und unsere Zeit“. Referate gab es zu folgenden Themen: „Zur Metaphysik des Krankseins“; „Der Dienst des Arztes im Lichte des Neuen Testamentes“; „Arzt sein: Geschäft, Dienst und Beruf“ und der „Sinn von Krankheit und Leid“.[791]
Im Juli 1955 geht von dieser Akademie eine Einladung an alle leitenden Schwestern, Chefärzte, Verwaltungsdirektoren und Krankenhausseelsorger in Hessen und Nassau zu einem Gespräch am Wochenende zum Thema: „Die Zusammenarbeit im Krankenhaus“.[792] Fuehrer schreibt zu diesem Thema in ihrem Buch: „Wo eine örtliche Arbeitsgemeinschaft ‚Arzt und Seelsorger‘ besteht, ist es möglich, über diese zum Einzelgespräch mit Ärzten zu kommen. Andererseits können durch die persönliche Fühlungnahme mit dem Chefarzt gelegentlich Zusammenkünfte zwischen Ärzten und Seelsorgern stattfinden.

[788] In: Q 74, S. 2
[789] In: Q 79, S. 1
[790] In: Q 190
[791] In: Q 191
[792] In: Q 61

Es ist die Eigenart dieser Arbeit, nicht in die Breite, sondern in die Tiefe zu wirken."[793]

4.3 Das Pflegepersonal

Wie oben aufgezeigt, gab es zwei wesentliche Berührungspunkte zwischen Krankenpflegepersonal und Krankenhausseelsorgern. Einmal war die Zusammenarbeit unerläßlich bei den Stationsbesuchen der Seelsorger. Dörsam bringt es 1959 auf den Punkt, daß eine Krankenhausseelsorge ohne die Unterstützung des Pflegepersonals nicht möglich wäre.[794] Ebenso unterstützen Fincke und Knodt ihrerseits das Personal in ihren Anliegen: „Mit dem Pflegepersonal wurde bei jeder Gelegenheit Kontakt gesucht. [...] Persönliche Einladungen in meine Privatwohnung im kleinstem Kreis wurden dankbar angenommen, und es kam dabei meist zu wertvollen Gesprächen."[795] 1962 schreibt Fincke: „Im übrigen suchen Pfarrer Knodt und ich einen weitgehenden persönlichen Kontakt zu Schwestern und Ärzten und hoffen, auf dieser Voraussetzung auch zu gemeinsamen Stunden kommen zu können. Da die Schwestern oft Patenschaften [für kranke Kinder][796] übernehmen und wegen Patenscheinen zu mir kommen, ist diese Ordnung eine große Hilfe, ihnen nahe zu kommen."[797]
Knodt schreibt 1962: „Die Verbindung mit den Schwestern und Ärzten ist sehr gut. Sie haben fast alle Verständnis für unseren Dienst und ebnen uns den Weg. Oft kommt es mit Ärzten und Schwestern auch zu einem guten und tiefen Gespräch."[798]
In den ersten Jahren nach dem Krieg besuchte das Personal noch zahlreich die Gottesdienste. In den folgenden Jahren kamen immer weniger Schwestern und Pfleger zu den Gottesdiensten in die Kapelle. Die Bibelstunde mit Schwestern mußte wegen mangelnder Teilnahme eingestellt werden. 1958 bedauert Fincke den Verlust dieser Bibelstunde: „Die mit Pfarrer Dörsam gemeinsam vor zwei Jahren begonnenen Schwesternbibelstunden konnten trotz großer Bemühung wegen zu geringer Beteiligung nicht fortgeführt werden."[799] Als Gründe gibt Dörsam 1958 an: „Es mag mit der arbeitsmässigen Überlastung der Schwestern zusammenhängen, aber auch damit, dass gerade die bewusst evg. Schwestern zum Teil in Frankfurter Gemeindekreisen ihre Heimat gefunden haben, wie überhaupt ihre Tendenz ‚heraus aus dem Krankenhaus in der Freizeit' nur zu gut verständlich ist."[800]

793 Fuehrer (1960), S. 52
794 In: Q 79, S. 1
795 In: Q 74, S. 2
796 Vgl. Kap. V.A.3.3
797 In: Q 94, S. 3
798 In: Q 95, S. 2
799 In: Q 74, S. 2
800 In: Q 75, S. 2

Das evangelische Krankenhauspfarramt entwickelte verschiedene Freizeitangebote. Im Mai 1957 veranstaltet Dörsam einen Sonntagnachmittagausflug zu den Marienschwestern in Darmstadt-Eberstadt. Neben der Besichtigung: „[...] des meist selbsterbauten künstlerischen reizvollen Anwesens und Einblick in Wesen und Leben der Marienschwesternschaft" weist er in seiner Einladung noch auf folgende Veranstaltung hin: „Teilnahme an dem Verkündigungsspiel ‚Ruf um die Mitternacht'."[801] Fincke schreibt 1958 zu den verschiedenen Angeboten: „Da wir merkten, daß die Schwestern nur zu Lichtbilderabenden sehr zahlreich kommen, so veranstalten wir 5 solcher Abende in der Kapelle, die sehr gut besucht wurden. Eine Passionsandacht mit Dürerbildern, (von mir gehalten), einen Evangelisationsvortrag mit Sternbildern von einem Astronomen gehalten, einen Missionsvortrag über Indien von Missionar Erni, und zwei Filmabende vom Filmdienst (‚Wo der Himmel sang' und ‚Und sie sollen getröstet werden')."[802]

1967 berichtet Knodt: „Außerdem konnte ich 3 Schwestern-Jugendabende und 3 Schwesternabende in der Bibliothek des Schwesternhauses abhalten. Es handelte sich um Ausspracheabende, einer anläßlich des Reformationsfestes, die alle außerordentlich lebendig waren. Frl. Friedrich hielt 4 Schwesternsingeabende, in denen Lieder für das Osterfest und Weihnachtsfest eingeübt und dann auch auf den Stationen vorgetragen wurden."[803]

4.3.1 Unterricht an der Krankenschwesternschule

Nach Ende des zweiten Weltkrieges nahmen die Krankenhauspfarrer zunehmend intensiveren Kontakt zu den Krankenpflegeschulen auf: „Mit jedem in die Schwesternschule neu aufgenommenen Kurs fand gemeinsam mit Pfarrer Dörsam ein Abend statt, bei dem man sich bekannt machte und das begonnene Schwesternleben ins Licht des Wortes Gottes stellte. [...] Im Rahmen der Schwesternschule hielt ich 2 Stunden ein Gespräch über die Taufe",[804] schreibt Fincke 1958, und 1960 ergänzt er: „Ein Seelsorgeunterricht ist in das Unterrichtsprogramm der Schwesternschule eingebaut worden. In jedem Semester wird eine Doppelstunde gehalten, und zwar mit dem ersten Kurs, ehe dieser seine Arbeit in den Stationen bekommt. Dabei wird auch die Frage der Nottaufe behandelt."[805]

1964 schreibt Knodt: „In der Schwesternschule ist es bis jetzt noch nicht soweit gekommen, daß von uns evangelische Jugendabende gehalten werden kön-

801 In: Q 71
802 In: Q 74, S. 2
803 In: Q 121, S. 3
804 In: Q 74, S. 2
805 In: Q 84 a, S. 1

nen, wie dies katholischerseits geschieht."[806] Seit 1966 hält Knodt auch in der Schwesternschule Unterricht.[807]

4.3.2 Unterricht an der Krankenpflegerschule

Zu den Inhalten seines Unterrichtes schreibt Fincke 1958: „[...] im Rahmen des Unterrichtes der Pflegerschule [hielt ich] zwei Vorträge mit Aussprache je zwei Stunden über ‚Das Sterben bei Sokrates, bei Christus und im Krankenhaus' und ‚Der Sinn der Krankheit'."[808]

1959 berichtet er: „Auch mit den Pflegeschülern wurde Kontakt gesucht und gefunden. In Vereinbarung mit der Leitung der Pflegerschule wurde von mir ein Vortrag gehalten über Ursprung und Geschichte des Pflegerberufes, der an der Würde und Achtung der Diakonie Christi teil hat. Daraus ergab sich ein häufigeres Zusammensein im kleineren Kreis und sehr persönliche Verbundenheit mit einer Anzahl der Pflegeschüler."[809]

1962 bereitet sich Knodt auf seinen Unterricht in der Krankenpflegerschule vor: „Ich will demnächst die Verbindung mit den Pflegerschülern aufnehmen, deren Lehroberpfleger Runge mich gebeten hat, monatlich 1 bis 2 mal mich zu einem Gespräch über Glaubens- und Lebensfragen mit den jungen Männern zusammenzusetzen. Ich hoffe, daß diese Arbeit mir besondere Freude bereiten wird."[810] 1964 schreibt Knodt: „In der Pflegerschule konnte ich in den letzten Jahren etwa 10 Stunden halten über verschiedene Themen (Die Gottesfrage, Die Sakramente im Krankenhaus, Seelsorge an den Kranken u.a.m.). Die Teilnahme und das Gespräch waren sehr lebendig."[811]

Zum Religionsunterricht kommt Ende der sechziger Jahre für Knodt das Fach Ethik hinzu: „In der Pflegerschule halte ich jeden Monat 2 Stunden Unterricht über Ethik sowie Glaubens- und Lebensfragen, in der Schwesternschule einen ähnlichen Unterricht 2 Stunden im Vierteljahr. Das Gespräch in diesen Stunden ist außerordentlich lebendig. Daran nehmen Evangelische, Katholiken und Dissidenten teil."[812] Zusammenfassend zu beiden Schulen schreibt er: „An den Schulen der Universitätskliniken, der Schwesternschule und der Pflegerschule, konnte ich Unterricht in Ethik und Seelsorge halten. Bei den Schwestern 5 × 2 Stunden, bei den Pflegern 9 × 2 Stunden. Der Unterricht war sehr lebendig, und es wurden auch Glaubens- und Lebensfragen besprochen."[813]

[806] In: Q 107, S. 3
[807] IIn: Q 114, S. 3
[808] In: Q 74, S. 2
[809] In: Q 80, S. 4
[810] In: Q 95, S. 3
[811] In: Q 107, S. 3 f.
[812] In: Q 114, S. 3
[813] In: Q 121, S. 3

4. 4 Das Hauspersonal

Auf die Seelsorge mit allen anderen Hausangestellten geht nur Fincke einmal in seinem Jahresbericht 1959 ein. „Mehrmals fand auch ein Abend bei den sog. Hausschwangeren[814] statt, wobei der Lichtbilderapparat gute Dienste leistete, die schwierige Gesellschaft zu sammeln."[815] 1960 erzählt er ohne Kommentar von der Beerdigung einer Hausangestellten.[816] Weiterhin werden Hausangestellte, auch wenn sie eigens in den Unterlagen nicht erwähnt sind, vermutlich sowohl an den Gottesdienstangeboten wie Bildungsveranstaltungen teilgenommen haben. Außerdem wird sich kein Seelsorger verweigert haben, wenn der Wunsch nach Beratung seitens einer Hausangestellten anstand, wie mir Zeitzeugen bestätigten.[817]
Fuehrer legt in ihrem Buch besonderen Wert auf die Begegnungen der Krankenhausseelsorger mit allen dort Angestellten: „Neben den Schwestern, bisweilen abseits von ihnen, arbeiten die Stationsmädchen und Putzfrauen. Von manchen geht eine große Freundlichkeit und Wärme aus. Oft sind sie es, die des Morgens ein ermutigendes Wort sagen und den Kranken nach einer fast durchwachten Nacht trösten, wo die Schwestern es nicht tun können. Auch die Menschen der Verwaltung helfen mit, die Atmosphäre des Krankenhauses zu gestalten. Der Patient hat unmittelbar mit ihnen nur bei der An- und Abmeldung zu tun und auf der Kasse. Dabei kann er freundlichen und unfreundlichen Menschen begegnen. Die anderen, den Direktor, Amtmann, die verschiedenen Inspektoren, Buchhalter und Handwerker bekommt er kaum zu Gesicht. Gelegentlich begegnet er im Krankenhausgarten den Gärtnern, meist stillen und fröhlichen Menschen. Schwestern, Ärzte, Verwaltung, die Belegschaft bis hin zum Pförtner sind alle miteinander ein großes Gewebe, ein lebendiges Gewebe, in welchem die einzelnen Menschen aufeinander einwirken. Innerhalb dieses Gewebes finden sich die Kranken."[818]
Erst von den Seelsorgerinnen und Seelsorgern der siebziger Jahre werden einzelne der hier aufgezählten Angestelltengruppen namentlich genannt. Die evangelische Krankenhausseelsorge lud diese Hausangestellten der Universitätsklinik zur Zusammenarbeit ein. [819] Nach meinen Erfahrungen können gerade die von Fuehrer angesprochenen „Stationsmädchen und Putzfrauen" zu Seelsorgerinnen einzelner Patienten werden. Durch ihre täglichen Putzarbeiten im Krankenzimmer ist oftmals eine von gegenseitiger Sympathie getragene Beziehung zwischen ihnen entstanden. Ich begrüße jede Person als Seelsorgerin und Seelsorger, die durch ihre herzliche Art der Zuwendung ermunternde und tröstliche Wirkung auf den Schwerkranken und Sterbenden hat.

814 Hausschwangere war die damalige Bezeichnung für uneheliche Frauen, die während ihrer Schwangerschaft im Krankenhaus betreut wurden und wohnen konnten. Sie übernahmen verschiedene Aushilfsarbeiten.

815 In: Q 80, S. 4

816 In: Q 84 a, S. 2

817 In: Q 296

818 Fuehrer (1960), S. 16.

819 Vgl. Kap. VI.A 4.5

B. Die katholische Krankenhausseelsorge 1945–1968

1. Die katholische Krankenhausseelsorge von 1945 bis 1968

Die Bezeichnung „missionarische Krankenhausseelsorge" für die Zeit von 1945 bis 1967 trifft für die katholischen Krankenhausseelsorger nicht im Sinne ihrer evangelischen Kolleginnen und Kollegen zu. Katholische Seelsorger rief das Klinikpersonal auf die Stationen zur Sakramentenspendung Tag und Nacht. Katholische Patienten und Personal besuchten unverändert gut die Gottesdienste. Jede Art von missionarischer Beeinflussung der Patienten und des Personals zur Gewinnung von mehreren Teilnehmern an Veranstaltungen der Krankenhausseelsorge lag den Geistlichen fern. Dennoch scheint mir die Überschrift „missionarische Krankenhausseelsorge" auch für die katholischen Geistlichen im Sinne von Sendung und Gesandtsein berechtigt. Ihnen allen war es ein besonderes Anliegen, die katholische Kirche in der Universitätsklinik so zu repräsentieren, daß sie die Achtung, Wertschätzung und das Wohlwollen seitens der Patienten, Angehörigen und des Personals stets erfahre. Bei der zunehmend säkularisierten Atmosphäre in der Universitätsklinik waren die katholischen Krankenhausseelsorger bemüht, über ihre Mission den guten Ruf der Kirche herzustellen oder zu erhalten.

1.1 Rechtliche Zuordnung der Krankenhausseelsorge

1.1.1 Entwicklung nach dem Zweiten Weltkrieg

Kurz vor Beendigung des zweiten Weltkrieges beginnt Rektor Rudolf Messmer als sechster katholischer Krankenhausseelsorger an den Universitätskliniken. Unverändert führt er die traditionelle Krankenhausseelsorge fort, die in erster Linie „sakramentale Seelsorge" bleibt. Rektor Josef Hilf, der Messmer 1952 ablöst, blickt dankend auf eine 50jährige Geschichte der katholischen Krankenhausseelsorge zurück, die allseitige Anerkennung und einen festen Stand in der Universitätsklinik erhalten hat. Dennoch kritisiert er den häufigen personellen Wechsel der Geistlichen zu Lasten einer kontinuierlichen Qualität in der Krankenhausseelsorge. Sein Nachfolger, Rektor Martin Czapka, bleibt dreißig Jahre am Klinikum tätig.
Im Jahr 1966 entsteht eine zweite Pfarrerstelle und ein Jahr später 1967 entstehen zwei Stellen für Laien in der katholischen Krankenhausseelsorge an den Universitätskliniken.

1.1.2 Die Vorgesetzten der Krankenhausseelsorger

Die Ernennungen zu Seelsorgern der Universitätsklinik spricht der *Bischof* von Limburg, Wilhelm Kempf, aus. Als Vertreter des Bischofs ist Generalvikar Pfarrer Georg Höhle für die Krankenhausseelsorge zuständig. Der unmittelbare Vorgesetzte des Rektors ist der Personaldezernent Pfarrer Heinrich Karell.
Wie Czapka berichtet, beauftragte das Bistum Priester, die zuvor noch als Kapläne ihren Dienst in den Pfarrei verrichteten, als Krankenhausseelsorger an den Universitätskliniken. Die relativ kurze Verweildauer seiner Vorgänger führt Hilf wie Czapka darauf zurück, daß kein Priester diese schwere Seelsorgearbeit freiwillig über mehrere Jahre machen wollte, zumal diese Seelsorge oft einen Dienst rund um die Uhr bedeutete.[820] Dem entspricht die Aussage des Generalvikars Berthold Merkel gemäß der Eignung eines Krankenhausseelsorgers für den Pfarrdienst, daß jeder, der länger an den Universitätskliniken tätig war, zuerst als Bewerber für eine Pfarrstelle genommen wird.[821]
Wolfgang Gilles, der Archivar der Pfarrei St. Bonifatius, kritisiert die Personalpolitik des Bischöflichen Ordinariates. Im Hinblick auf die Nachkriegszeit macht er die kritische Feststellung: „[...] von Limburg aus werden nur für die Gemeinde ungeeignete Priester in die Krankenhausseelsorge geschickt.„[822]
Ähnliche Beschwerde kam von Czapka selbst. Das Bischöfliche Ordinariat habe zur Vertretung während seines sechswöchigen Krankenhausaufenthaltes einen psychisch nicht belastbaren Pfarrer geschickt.[823]
Auf der Stadtebene war weiterhin der *Stadtpfarrer* für die Krankenhausseelsorge an den Universitätskliniken zuständig. Bei seinem Beginn als neuer Rektor erfuhr Czapka keine Unterstützung durch den Stadtpfarrer Alois Eckert, der von 1950 bis 1963 Stadtpfarrer am Frankfurter Dom war.[824] Nur einige Male, als ein Gemeindemitglied von Stadtpfarrer Eckert in der Klinik lag, habe man sich getroffen. Bei seinem Nachfolger, dem Stadtpfarrer Walter Adlhoch, erlebte Czapka großes Interesse an der Krankenhausseelsorge. Mit ihm habe er sich viele Stunden unterhalten, daß eine Seelsorgehelferin für die Universitätsklinik notwendig sei.[825]
Das Rektorat gehörte zu dem „Katholischen Gesamtverband Frankfurt am Main". In einer Baubeschreibung des Gesamtverbandes vom 15.9.1948 heißt es: „Über das Wohnhaus mit Rektorat des katholischen Anstaltsgeistlichen des städt. Krankenhauses Sachsenhausen Hochw. Herrn Rektor R. Messmer, Frankfurt a./Main, Eschenbachstrasse 7. Das Anwesen Eschenbachstrasse 7 diente schon vor seiner durch Kriegseinwirkung erfolgten starken Beschädi-

[820] In: Q 295
[821] In: Q 243, S. 1
[822] In: Q 300
[823] In: Q 295
[824] Vgl. Feußner (1997), S. 30
[825] In: Q 295

gung als Wohnung und Rektorat des jeweiligen kath. Anstaltsgeistlichen des städt. Krankenhauses. Der Eigentümer des Anwesens ist und war der Gesamtverband der kath. Pfarrgemeinden Frankfurt am Main, Niedenau 27."[826] Die Renovierung des Hauses übernahm der Gesamtverband.
Weiterhin ist der Gesamtverband für den Haushalt der Krankenhausseelsorge wie für die finanzielle Absicherung der Stelle zuständig. 1966 übernahm der Gesamtverband die Verhandlungen mit dem Dezernenten der Stadt Frankfurt am Main zur Errichtung einer zweiten hauptamtlichen Planstelle eines katholischen Krankenhausseelsorgers in der Nervenklinik und im „Friedrichsheim".[827]
Der *Magistrat* verlor an Bedeutung für die katholische Seelsorge. Statt dessen war die Verwaltung der Universitätsklinik in baulichen und finanziellen Angelegenheiten für die Krankenhausseelsorge zuständig. Allerdings wirkte der Magistrat noch einmal 1966 bei der Errichtung einer zweiten katholischen Seelsorgestelle für einen Pfarrer an den Universitätskliniken durch den Stadtrat Ernst Gerhardt entscheidend mit.[828]
Als einziger Austausch über seine Seelsorgearbeit bot sich für Rektor Czapka die Teilnahme an den monatlichen Sitzungen des Priesterkonveniats.[829] Sie fanden zuerst im Dekanat Dom und später im Dekanat Süd unter der jeweiligen Leitung des Dekans statt. Neben einem geselligen Austausch, bei dem auch die Erfahrungen der Seelsorgepraxis der einzelnen Pfarrer eingebracht wurden, gab es an diesen Abenden offizielle Mitteilungen aus dem Bistum Limburg.
Seit 1967 treffen sich die katholischen Frankfurter Krankenhausseelsorger regelmäßig in einer *Arbeitsgemeinschaft der Krankenhausseelsorger.* Durch den Stadtpfarrer Adlhoch läßt Bischof Wilhelm Kempf mitteilen, daß er seinen Besuch bei der Arbeitsgemeinschaft in sein Gesamtprogramm eines jeden Jahres einplanen will.[830]

1.1.3 Finanzierung der katholischen Krankenhausseelsorge

Das Gehalt des Krankenhausseelsorgers wird vom Bistum Limburg bezahlt. Anfänglich bestimmte die Höhe des Gehaltes der Gesamtverband im Einvernehmen mit dem Magistrat.
Der Rektor erhielt ein normales Pfarrergehalt. Für die Krankenhausseelsorgestelle stand ein kleiner Haushalt zur Verfügung, den anfangs das Bischöfliche Ordinariat ohne Beteiligung des Rektors festsetzte. In den sechziger Jahren

[826] In: Q 270
[827] In: Q 254
[828] In: Q 253
[829] Konveniat, vgl. Fußnote 392
[830] In: Q 273

ging Czapka jährlich ins Rentamt,[831] um mit den dortigen Angestellten den Haushalt für die Krankenhausseelsorge an den Universitätskliniken festzusetzen. Neben dem Posten für Liturgie: Hostien, Wein, Weihrauch, Christbäume, Osterkerzen gab es einen Posten für die Seelsorge, aus dem Zeitungen bezahlt wurden. Dazu gehörte die bistumseigene Zeitung „Der Sonntag", von der Czapka 30 bis 40 Exemplare wöchentlich an der Pforte des Schwesternhauses abgab.
Für Geschenke und für soziale Unterstützung der Patienten und des Personals hatte Czapka genug Geld durch die Spenden, die er bei Amtshandlungen von Patienten und ihren Angehörigen erhielt. Den Organisten bezahlte zuerst die Klinik und später das Rentamt. Für den Unterhalt und die Einrichtungsgegenstände der Kapelle kam die Klinik auf.[832]
Bis 1958 übernahm die Klinik die Telefonrechnung des Rektors. Darüber hinaus brauchte Czapka für seine Außenkontakte ein eigenes Telefon, dessen Telefonkosten der Gesamtverband übernahm. Einen Hausapparat stellte ihm weiterhin die Klinik.[833]

1.1.4 Wohnort des Rektors

Wie vor dem Krieg dient das Rektorat in der Eschenbachstraße 7 (heute Ludwig-Rehn-Straße 7) als Wohnhaus und Arbeitsplatz des Krankenhauspfarrers.[834] Gleichzeitig ist die Kapelle das Zentrum des Rektorates. Messmer stellt im Bischöflichen Ordinariat den Antrag, dem Gottesdienstraum den Charakter eines „Oratorium semipublicum"[835] zu geben, weil die seelsorgerlichen Belange dieses erfordern. Die sonntägliche Frühmesse, die wegen des Bombenschadens vorübergehend in der Kapelle des Schwesternhauses stattfand, feierte Messmer wieder im Rektorat mit der Begründung, daß die Wohnverhältnisse der Schwestern dies erfordern. Mit dem Schreiben vom 13.12.1951 wird dem Rektor der Titel des „Vicarius cooperator"[836] der Pfarrei St. Bonifatius verliehen. Damit kann er jederzeit, wenn es seelsorgerliche Gründe notwendig erscheinen lassen, Trauungen und Taufen in der Kapelle des Rektorates durchführen.[837]

831 Rentamt ist der Name der Haushaltsabteilung der Verwaltung des katholischen Gesamtverbandes Frankfurt am Main.
832 In: Q. 295
833 Ebd.
834 In: Q 270
835 „Oratorium semipublicum" bedeutet hier eine halböffentliche kleine Kirche. In diese ursprünglich als Privatkapelle gedachte Kirche dürfen auch Nachbarn und andere Gläubige kommen, daher die Bezeichnung halböffentlich.
834 „Vicarius cooperator" ist hier im Sinne eines Amtsvertreters des Gemeindepfarrers zu verstehen.
837 In: Q 239

Im Dienstzimmer des Rektorates verrichteten die Krankenhausseelsorger auch alle Verwaltungsarbeiten. Juristisch gesehen hatte das Rektorat als Amtssiegel den Stempel der Pfarrei St. Bonifatius in Frankfurt-Sachsenhausen. Zu seinen Amtsgeschäften gehörte u.a. eine Buchführung über alle Versehgänge, Krankenkommunionen, Taufen, Trauungen und Beerdigungen. Seltener kam es vor, daß der Rektor jemand in die katholische Kirche wieder aufnahm.[838]

1.2 Eine neue Berufsgruppe in der katholischen Krankenhausseelsorge: Die Seelsorgehelferinnen

In den zwanziger Jahren entstand eine starke Laienbewegung in der katholischen Kirche, aus der 1928 der Beruf der hauptamtlichen Seelsorgehelferinnen hervorgegangen ist.[839] Das Bistum stellte sie in den katholischen Pfarreien an, nicht aber in der Krankenhausseelsorge, die bis in die sechziger Jahre allein den Priestern vorbehalten blieb. Durch die Erfahrung des Einsatzes der Gemeindehelferinnen in der evangelischen Krankenhausseelsorge versuchte Czapka in mehreren Gesprächen, die Vorsitzende der Seelsorgehelferinnen des Bistums Limburg von der Wichtigkeit des Einsatzes ihrer Berufsgruppe in der Krankenhausseelsorge zu überzeugen. Ihre Frage war: „Sind die wirklich ausgelastet?, was sollen die denn da tun?“ Es habe lange Zeit gedauert, bis die Vorsitzende dieser Berufsgruppe Czapkas Argumente teilte. Jedoch fand sich bis 1968 keine geeignete Seelsorgehelferin, die bereit gewesen wäre, in die Krankenhausseelsorge zu gehen. Zumal sie zum einen als Laie keinen sakramentalen Dienst verrichten durfte und zum anderen auf die Gemeindepastoral und den Religionsunterricht hin ausgebildet war.
Im Schreiben vom 28.11.1967 stellt Czapka an das Bischöfliche Ordinariat Limburg folgenden Antrag: „Betr.: Seelsorgehelferin für die Universitätskliniken: Da ich eine günstige Gelegenheit habe, eine Seelsorgehelferin zu bekommen, beantrage ich die Errichtung einer Seelsorgehelferinnenstelle für die Universitätskliniken und bitte um deren Genehmigung.“[840] Letztlich schließt sich die Vorsitzende der Seelsorgehelferinnen, Gertrud Koob, dem Anliegen von Czapka an. In ihrem Schreiben vom 11.12.1967 an das Bischöfliche Ordinariat z.Hd. Herrn Domdekan Löhr benennt sie die Aufgaben einer Seelsorgehelferin an den Universitätskliniken:

- „Religionsunterricht für Kinder, die längere Zeit in der Klinik sein müssen. Profaner Unterricht wird erteilt, früher gab die Seelsorgehelferin von Ffm-Niederrad auch Religionsunterricht dort – seit längerer Zeit aber nicht mehr.

[838] In: Q 295
[839] Vgl. Eckert (1953), S. 30
[840] In: Q 264

- Besuche in der Frauenklinik.
- Vorbereitung und Mitgestaltung des Gottesdienstes in der Klinik. Hier half bisher eine pensionierte Oberschwester.
- Kontakte und Abende mit den jungen katholischen Schwestern und Schwesternschülerinnen.
- Benachrichtigungen an die Pfarreien über Taufen und Spendung des Sterbesakramentes.
- Zusätzlich Übernahme von Religionsunterricht in der Schule (2 Klassen) für die Pfarrei St. Bonifatius.

Fräulein Schweer in Ffm Maria Himmelfahrt, die sich für diese Stelle interessierte, versicherte mir dieser Tage, daß sie unter keinen Umständen mehr in einer Pfarrgemeinde arbeiten wolle und auch könne. Durch Vermittlung von Herrn Stadtpfarrer Adlhoch war sie vor einem Jahr nach Frankfurt gekommen und dieser hatte ihr nun auch die Arbeit an der Universitätsklinik angeboten. Nach meiner Meinung wäre eine Mitarbeit durch eine Seelsorgehelferin in der Universitätsklinik durchaus sinnvoll, zumal von evangelischer Seite dort 2 Gemeindehelferinnen sehr viel tun."[841]

Noch 1967 richtete das Bistum diese neue Stelle in der Krankenhausseelsorge an den Universitätskliniken ein, jedoch erst 1968 übernahm Elisabeth Schweer diese erste Planstelle für eine Seelsorgehelferin.

1.3 Die Krankenhausseelsorger

1.3.1 Hauptamtliche in der Krankenhausseelsorge

Noch während des zweiten Weltkrieges ernannte der Bischof ab 1.11.1944 *Rudolf Messmer* zum Rektor am Städtischen Krankenhaus. Er wurde am 23.11.1911 in Geisenheim geboren und am 8.12.1934 zum Priester geweiht. Seine letzte Kaplanstelle war in der Pfarrei Deutschorden in Frankfurt am Main. Er blieb siebeneinhalb Jahre in der Krankenhausseelsorge. Vor seinem Ausscheiden schreibt Rektor Messmer an den Generalvikar des Bistums Limburg, Prälat Berthold Merkel: „[...] daß seit nahezu zwei Jahren der Name Städt. Krankenhaus nicht mehr die offizielle Bezeichnung für diese Krankenanstalt ist, sondern daß die Bezeichnung ‚Universitätskliniken der Stadt Frankfurt/Main' gewählt worden ist."[842] Am 1.4.1952 übernahm er die Pfarrei in Lorch. Am 10.1.1988 verstarb er in Fünfstetten bei Donauwörth.[843]

Sein Nachfolger *Josef Hilf* wurde am 5.1.1905 in Limburg geboren. Am 20.10.1939 weihte der Bischof ihn zum Priester. Nach seiner letzten Kaplanstelle in Siershahn begann er am 1.5.1952 als Rektor an der Universitätsklinik.

841 In: Q 266
842 In: Q 240
843 In: Q 266 f

Als Aufgabenumschreibung für seine Tätigkeit als Krankenhausseelsorger an den Universitätskliniken verweist ihn das Bistum auf die Dienstinstruktion vom 21.5.1910.[844] Vor seiner Verabschiedung aus der Krankenhausseelsorge begründet Hilf in einem Schreiben an das Bischöfliche Ordinariat, daß ein längerer Verbleib des katholischen Seelsorgers an der Universitätsklinik sinnvoll sei. Nach sechs Jahren Krankenhausseelsorge begann Hilf am 1.5.1958 als Pfarrer in Wiesbaden-Biebrich. Er verstarb am 14.3.1990 in Wiesbaden.[845]
Martin Czapka wurde am 14.5.1917 in Brünn geboren. 1937 absolvierte er an einem humanistischen Gymnasium das Abitur. Danach studierte er in Brünn Philosophie und in Prag Theologie. Für vier Jahre wurde er als Soldat eingezogen. 1948 weihte der Bischof von Limburg ihn zum Priester. Nach seiner letzen Kaplanstelle in Maria Hilf in Wiesbaden begann Czapka am 16.4.1958 als Rektor an den Universitätskliniken. Am 1.1.1967 wurde ihm der Titel ‚Pfarrer' verliehen.[846] Nach dreißig Jahren Seelsorgetätigkeit an den Universitätskliniken trat er am 1.5.1988 in den Ruhestand. Seitdem arbeitet er als Subsidiar[847] in der Pfarrei „Mutter vom guten Rat" in Frankfurt-Niederrad. Rückblickend auf seine 30-jährige Krankenhausseelsorge sagt Czapka: „Manchmal war der Dienst sehr schwer und ich fühlte mich sehr allein. Jahrelang hatte ich keinen Urlaub. Es war sehr hart und schwierig, eine Urlaubsvertretung zu bekommen. Das Bischöfliche Ordinariat hätte Krach gemacht, wenn ich mal nicht da gewesen wäre. Ich war nicht nachtragend. Im Privatleben habe ich musische Sachen genossen: Konzerte, Opern, Operetten. Ich liebe feierliche Liturgie."[848]
Pfarrer *Wilhelm Pöhler* erhielt die zweite katholische Krankenhausseelsorgestelle an den Universitätskliniken. Er wurde am 22.9.1930 in Köln geboren. Nach Studien der „Geisteswissenschaften" und Theologie in Bonn, München und Innsbruck trat er 1956 in das Noviziat der Oratorianer[849] in München ein. Am 4.8.1960 weihte der Bischof ihn zum Priester. Als Kaplan arbeitete er in der Pfarrei der Oratorianer St. Michael im Frankfurter Nordend. Am 15.4.1966 begann er mit der Krankenhausseelsorge in den „Niederräder Kliniken": Psychiatrie, Neurologie, Neurochirurgie und Orthopädie. Nach fünf Jahren verabschiedete sich Pöhler 1971 aus der Krankenhausseelsorge. Er blieb Leiter der von ihm 1968 ins Leben gerufenen „frankfurter werkgemeinschaft". 1977 war er Mitbegründer des „Heinrich Hoffmann-Museums"[850] in Frankfurt am Main. 1980 ging er zu weiteren „psychosozialen" und „sozio-kulturellen" Stu-

844 In: Q 241
845 In: Q 266 g
846 In: Q 266 h
847 Subsidiar ist im Bistum Limburg eine Bezeichnung für pensionierte Priester, die freiwillig weiterhin in der Seelsorge mit kirchlichem Auftrag arbeiten.
848 In: Q 295
849 „Oratorianer sind Mitglieder einer kath. Weltpriestervereinigung, die aus Zusammenkünften von Weltpriestern im Oratorium (lat. Betsaal) des Priesterhauses ihres Gründers, des hl. Phillipp Neri (1515-1595), in Rom entstand." Heim (1998), S. 329
850 Vgl. Pöhler (1978)

dien nach Köln. 1982 wurde er laisiert. 1993 promovierte Pöhler zum Doktor der Theologie.

Katharina Hensel wurde im August 1926 geboren. Im Schreiben vom 24.2.1967 an das Bischöfliche Ordinariat beantragt Pöhler die Einstellung seiner Mitarbeiterin, Katharina Hensel, die schon seit Juni 1966 ehrenamtlich tätig ist. Seine Begründung: „Z.Zt. sind maximal rund 800 Patienten zu betreuen, von denen etwa 40 % katholisch sind. Die Seelsorge kann aber niemanden ausschließen, zumal das Friedrichsheim nur halbtags ein evangelischer Pfarrer betreuen kann und die Nervenklinik und Neurochirurgie im gesamten Komplex aller Universitätskliniken nur von einem evgl. Pfarrer versorgt werden, d.h. praktisch kaum. Die Arbeit dieser drei Spezialkliniken erfordert neben der speziellen und zeitraubenden Seelsorgetätigkeit einen starken Sozial- und Bildungsdienst, daneben eine eigene Betreuung der Kinder und Frauen."

Am 1.4.1967 wird Hensel für die Krankenhausseelsorge eingestellt.[851] Mit Pöhler verläßt sie 1971 die Krankenhausseelsorge, um sich ganz der „frankfurter werkgemeinschaft" zu widmen.

1.3.2 Die Mitarbeiterinnen und Mitarbeiter in der Krankenhausseelsorge

Von 1958 bis 1966 hatte Czapka *Maria Götz* als Haushälterin. Sie wohnte im gleichen Haus. Neben der Führung des Haushaltes übermittelte sie telefonische Nachrichten an den Rektor. Weiterhin empfing sie jeden Besucher an der Haustür.

Als *Vertretungen* im Krankheitsfall bzw. im Urlaub kamen jugoslawische und italienische Priester, die im Rektorat wohnten. Rektor Martin Czapka selbst konnte nicht jedes Jahr Urlaub nehmen, da er keine Vertretung bekommen konnte.

Zum Thema der Vergütungen von Vertretungen schreibt Messmer am 4.7.1952 an den Gesamtverband der katholischen Kirchengemeinden: „Durch die Größe des städt. Krankenhauses (ca. 2500 Kranke) und die häufigen und schnellen Versehgänge muß der Rektor Tag und Nacht erreichbar sein. Laut Dienstanweisung für den Rektor des städt. Krankenhauses durch das Bischöfl. Ordinariat hat der Rektor das Recht auf zwei freie Nachmittage in der Woche und auf seinen Jahresurlaub. Auf Grund der gleichen Dienstanweisung hat die Pfarrei Bonifatius die Verpflichtung, jeweils die Vertretung für den abwesenden Rektor zu übernehmen, und zwar sowohl für die freien Nachmittage wie auch für den Jahresurlaub. Durch die Größe der Pfarrei und die Arbeit der H.H. Kapläne an den Schulen ist eine solche Vertretung nahezu unmöglich. Ich bin dadurch gezwungen, für jede auch nur stundenweise Vertretung und für die Vertretung im Jahresurlaub Ordensgeistliche zu bitten und zu bezahlen. Ich bitte darum,

[851] In: Q 263

dem Gesamtverband wie auch meinem Vorgänger für Vertretungen 1952/53 mir 350 DM bewilligen zu wollen.“[852]
Zu den *ehrenamtlichen Personen* gehörten Krankenschwestern der Universitätsklinik und Meßdiener von St. Bonifatius. Hinzu kamen Jugendliche, die von den verschiedenen Kaplänen der Pfarrei „Mutter vom guten Rat“ für die Mitgestaltung der Gottesdienste im „Friedrichsheim“ gewonnen wurden. *Fritz Gruber* spielte als Organist regelmäßig bei allen Gottesdiensten.[853] Neben der Werbung um ehrenamtliche Mitarbeiterinnen für die Nervenklinik, setzte sich Pöhler für weitere hauptamtliche Stellen in der Krankenhausseelsorge ein. Auf seine Initiative hin wird ab 1.11.1967 *Magda Röhr* als Bürokraft halbtags in der Nervenklinik angestellt.[854]

1.4 Die Nachbarpfarreien der katholischen Krankenhausseelsorge

1.4.1 Pfarrei St. Bonifatius

Mit der Pfarrei St. Bonifatius in Frankfurt-Sachsenhausen hatte Czapka regelmäßigen Kontakt. Einmal wöchentlich brachte er die Taufformulare in das Pfarrbüro. Obgleich diese Pfarrei zwei Kapläne hatte, waren diese so sehr beschäftigt, daß sie vermutlich keine Zeit für die Vertretung des Rektors hatten. Nur im Notfall kam einer von ihnen in die Klinik. Wichtig für den Rektor war das Pfarrsiegel der Pfarrei St. Bonifatius, das er nicht nur für seine Amtshandlungen brauchte, sondern auch für Beglaubigungen des Klinikpersonals. Regelmäßig kamen die Schwestern einmal im Jahr ins Rektorat, um ihre Rentenbescheinigungen beglaubigen zu lassen. Von St. Bonifatius kamen für die Sonntagsmesse Meßdiener (anfangs auch für die Werktagsmesse im Rektorat) in die Kapelle des Schwesternhauses.[855]

1.4.2 Pfarrei „Mutter vom guten Rat“

Bis zum 15.4.1966 war die Pfarrei „Mutter vom guten Rat“ in Frankfurt-Niederrad weiterhin für die Krankenseelsorge im „Friedrichsheim“, in der Neurochirurgie und in der Nervenklinik zuständig. Der Gemeindepfarrer beauftragte anteilmäßig seine beiden Kapläne mit der Krankenseelsorge oder stellte jeweils einen der Kapläne für die Kliniken ab. Immer jedoch hatten sie auch Pfarreiaufgaben zu übernehmen. Zeitweise gab die Gemeindereferentin im „Friedrichsheim“ Religionsunterricht bei den kranken Kindern.

[852] In: Q 272
[853] In: Q 307
[854] In: Q 265
[855] Ebd.

Eine Reihe von ehrenamtlichen Gemeindemitgliedern, Jugendliche wie Erwachsene, engagierten sich mit den Geistlichen in den Kliniken. Zu Weihnachten kam der Musikdirektor Rötzel mit seinem Chor aus Niederrad. Sie besuchten mehrere Stationen. Anfang der sechziger Jahre unterstützten der Gemeindepfarrer Leo Peter wie der zuständige Dekan Friedrich Atzert die Initiative verschiedener Ärzte und Oberschwestern darin, daß eine ständige hauptamtliche Seelsorgestelle vom Bistum Limburg in den Kliniken Frankfurt am Main Niederrad errichtet werden würde.[856]

1.5 Ökumenische Zusammenarbeit in der Krankenhausseelsorge

In diesen Jahrzehnten gab es zuwenig ökumenische Zusammenarbeit unter den Seelsorgern. Vielmehr war es ein Nebeneinander in gegenseitiger Achtung, soweit eine persönliche Sympathie zwischen den Pfarrern bestand. Czapka hatte bei der Benutzung derselben Kapelle im Schwesternhaus, beim gemeinsamen Auftreten anläßlich der Weihnachtsfeiern und bei Treffen mit der Klinikverwaltung mit den evangelischen Kollegen zu tun.
Er sagt über seinen evangelischen Kollegen dieser Zeit: „Die evangelischen waren zum Teil zu fünf Seelsorgern. Ich konnte natürlich nicht so wie sie über die Stationen gehen. Dennoch wurde ich vom Personal viel mehr gerufen als sie. Die evangelischen hatten nur Besuche zu machen, während ich den ganzen religiösen Dienst zu versehen hatte.“[857] Diese Aussage Czapkas macht das konkurrente Verhalten unter den Seelsorgern auf den Stationen deutlich. Ihre Seelsorgearbeit stellt dadurch keinen konstruktiven Beitrag für die Patienten und das Personal dar, sondern zeigt eher den Mangel an Ökumene auf.

2. Die Kranken besuchen

2.1 Die seelsorgerliche Situation auf den Stationen

Zur Vorbereitung der Krankenbesuche war den Seelsorgern die Durchschrift des Aufnahmescheines, der auf allen Stationen vorlag, besonders wichtig. In ihm ist die jeweilige Konfession des Patienten vermerkt. Weiterhin erfuhr der Krankenhausseelsorger über die Stationsschwester, in welchem Zimmer ein katholischer Kranker liegt. Czapka besuchte die Patienten aller Konfessionen. Einen besonderen Vorrang hatten die Besuche bei denjenigen Patienten, die eines der Sakramente erhielten: Taufe, Kommunion oder Krankensalbung. Einige Kliniken und Stationen, in denen weniger Schwerkranke lagen, wie in

[856] In: Q 307
[857] In: Q 295

der Hautklinik oder Infektionsklinik, besuchte Czapka nur selten oder nur auf Wunsch der Angehörigen oder des Pflegepersonals.
Czapkas Ziel bei den Besuchen war, „[...] den Patienten Trost und Hilfe zu geben. Mein Wunsch war, daß es ihnen besser ergeht, daß sie Erleichterung haben. Ich hatte nicht die Absicht, sie auf unsere Bahn zu führen. Ich wollte und mag keine Bekehrung.“[858]
Einen sehr guten Kontakt mit den Stationsschwestern zu pflegen, war allen Seelsorgern bei ihren Patientenbesuchen wichtig. Czapka sagt: „Ohne sie würde nichts gehen. Bestand ein guter Kontakt zwischen den Schwestern und dem Rektor, dann haben die Schwestern auch rechtzeitig gerufen, wenn ein schwerkranker Patient da lag.“ Bei dieser Gelegenheit besuchte Czapka auch eine Reihe anderer Patienten. Manchmal habe er nicht alle Patienten einer Station besucht, weil er längere Gespräche mit den Stationsschwestern geführt habe. Czapka war bestrebt, ein gutes Verhältnis zum Stationspersonal zu haben: „Ohne die Mithilfe der Schwestern gibt es keinen guten Kontakt zu den Patienten, der Seelsorger ist angewiesen auf die Mitarbeit und das Wohlwollen der Schwestern, Ärzte sind hier nicht so wichtig. Für viele Schwestern war die Präsenz des Pfarrers auf ihren Stationen sehr wichtig. Gerne riefen sie mich auch deshalb, weil ich mir immer Zeit nahm, mit evangelischen wie katholischen Schwestern Gespräche zu führen, die dann auch intimen persönlichen Charakter haben konnten. Es war ganz wichtig, daß die Schwestern einen kennen. Sicher gab es auch Schwestern, die mich nicht mochten, ihnen gegenüber blieb ich korrekt in der Begrüßung, da ich auch auf ihre Mithilfe angewiesen war.“[859]
In seinem Buch „Krankenseelsorge“ legt Robert Svoboda besonderen Wert auf das Auftreten des Seelsorgers am Krankenbett, was Kleidung, Äußeres und innere Haltung betrifft: „So wie man ihn sieht und beurteilt, so wird man auch die Kirche sehen und beurteilen. Und darum wird auch die Haltung der Kirche die Grundhaltung des Krankenseelsorgers sein müssen in ihrer äußeren Erscheinungsform und in ihrer inneren Repräsentanz des Ewigen.“[860] In seinem Auftreten entsprach Czapka diesem Leitbild. „Ich habe mich selbst eingeführt bei den Chefärzten, bei den Oberschwestern. Es gab keine Einführung seitens der Vorgesetzten. Als ich die Nachricht meiner Versetzung in die Universitätsklinik bekam, bin ich mal zum Rektor Hilf nach Frankfurt gefahren und habe mit ihm über alles gesprochen. Ich schrieb jede Krankenkommunion auf, die Krankensalbungen sowieso. Somit hatte man die Namen von allen Patienten, die Sakramente erhalten hatten. Mit der Namensliste konnte ich mich leichter sonntags nach dem Gottesdienst auf den Weg in die Stationen zum Besuch der Kranken machen.“[861]

[858] In: Q 295
[859] Ebd.
[860] Svoboda (1962), S. 45
[861] In: Q 295

Aus seinen Erfahrungen als Krankenhausseelsorger schreibt 1956 Pisulski bezüglich der Erwartungen der Patienten an den Seelsorger: „Am liebsten werden Ordenspriester in den Reihen der Kranken erwartet, Priester, die im Krieg waren, Priester, die selbst Krankheit, Leid und Verfolgung durchgemacht haben [...]."[862] Die Patienten trauten diesen Geistlichen auf Grund ihrer Herkunft eine besonders tiefe Religiosität und Menschlichkeit im Umgang mit Krankheit, Sterben und Tod zu.

2.2 Die Krankenbesuche

Die Beschwerde eines Dechanten aus Bad Soden bei Salmünster vom 19.8.1961, daß bei ihm wiederholt Klage über den Krankenhausseelsorger geführt worden sei, zeigt „[...] daß Patienten, die in den Frankfurter Kliniken liegen, keinen katholischen Seelsorger zu Gesicht bekämen, während der evangelische Geistliche regelmäßig die Kranken besuchte."[863] Im Schreiben vom 23.8.1961 bittet das Bischöfliche Ordinariat daraufhin Czapka, zu dieser Beschwerde Stellung zu nehmen.[864] In seinem Antwortschreiben vom 27.8.1961 an das Bischöfliche Ordinariat schreibt Czapka ausführlich über die Durchführung seiner Krankenbesuche.[865]

Czapka machte seine Erstbesuche auf den Stationen in den Sälen der Männer und Frauen von Bett zu Bett. Es gab noch Säle von 10 bis 25 Patienten. Er nahm sich dabei täglich immer eine andere Klinik vor. So ging er im Laufe einer Woche von der Augen- zur Ohren-, zur Haut-, Frauen-, Strahlen-, Medizinischen und Chirurgischen Klinik. Bei der Begrüßung stellte er sich als der katholische Seelsorger vor, der alle im Saal besucht. Hatte ein katholischer Patient besondere Wünsche, so hat Czapka versucht, sie zu erfüllen. Es war für ihn immer eine Anstrengung, wenn er in die Säle zu Besuch ging, da er nicht wußte, was ihn dort im Saal erwartete. Manchmal ist er auch von Patienten belästigt worden, die ihre Witze über Pfarrer gemacht haben. Czapka erzählt von einem Ereignis auf der Tuberkulose-Station: Ein Patient sagte: „Pfarrer müßte man sein, dann hat man ein gutes Leben wie Gott in Frankreich." Czapka antwortete darauf: „Es steht jedem frei, Pfarrer zu werden." Vor Ansteckung hatte er nie Angst gehabt. Bei seinen Besuchen habe Czapka nie fromm gesprochen noch große Reden gehalten, sondern sich auf die Sprache der Patienten eingestellt.[866]

Das vorrangige Anliegen der Krankenhausseelsorger dieser Zeit war, daß jeder katholische Patient die Sakramente bekam, daß auf den Stationen die katho-

862 Pisulski (1956), S. 4
863 In: Q 245
864 In: Q 246
865 In: Q 247; s. Dok 3
866 In: Q 295

lische Kirche präsent war und daß alle Patienten zu den Gottesdiensten persönlich eingeladen wurden. Svoboda schreibt: „Das Rituale Romanum[867] stellt am Krankenbett zwei Aufgaben in den Vordergrund: den Kranken für den Genesungsfall zu einer Besserung und Verinnerlichung des Lebenswandels anzuleiten (V.4,17), und ihn zum Empfang der heiligen Sakramente, namentlich bei Lebensgefahr zu bewegen (V.4,10).“[868]
Oftmals riefen Angehörige schwerkranker Patienten oder Schwestern und Ärzte nach dem Tod eines Patienten den Krankenhausseelsorger auf die Stationen. Czapka sollte den Angehörigen die Todesnachricht überbringen. Diese Art von Trauerbesuchen, besonders wenn sie nachts waren, hat Czapka als besonders anstrengend erlebt. Bei Schwerkranken, die nicht mehr sprechen konnten, erlebte er, daß die Angehörigen sehr dankbar waren, daß er sich mit ihnen unterhielt und ihnen Worte des Trostes und Beistand schenkte.
Unabhängig von der religiösen Zugehörigkeit bzw. Weltanschauung der Kranken besuchte Czapka von Anfang an jeden Patienten in den Krankensälen. Auf besonderen Wunsch eines evangelischen Patienten vermittelte er sofort den evangelischen Seelsorger. Czapka teilt weiterhin mit:
„Israelis hatten ihre eigenen Waschungen der Toten. Neuapostolische Patienten haben ihre eigenen Seelsorger gewollt. Ärzte baten mich mehrmals zu kommen, wenn Zeugen Jehovas keine Bluttransfusion haben wollten. Ich sollte dann vermitteln, sagte aber aus Respekt vor der anderen religiösen Anschauung, daß jeder selbst damit fertig werden muß“.[869] Hilfreich war es einigen Ärzten, wenn bei der Entscheidungsfindung, ob weiter behandelt oder die Behandlung eingestellt wird, der Krankenhausseelsorger gefragt wird, der zuerst mal ein Gespräch mit dem Patienten führen sollte. Czapka hatte als kirchliche Autorität das Vertrauen und den Respekt des Klinikpersonals. Manchen Ärzten fiel es schwer, die anwaltliche Position des Krankenhausseelsorgers zugunsten des Zeugen Jehovas hinzunehmen, besonders dann, wenn der Patient noch jung war oder kleine Kinder unversorgt hinterließ.

2.3 Das Einsatz der Krankenhausseelsorge bei den Weihnachtsfeiern

Czapka berichtet: „Jede Klinik hatte eine eigene Weihnachtsfeier für Patienten. Hier war der Pfarrer eingeladen zu einer kleinen Ansprache. Anschließend wurden die bettlägerigen Patienten besucht. Die Weihnachtsfeiern begannen immer mit dem vierten Adventssonntag. Organisatorisch hatte im Wechsel mit den evangelischen Seelsorgern jedes Jahr die katholische Seelsorge die Hälfte

[867] Rituale Romanum: „(von Ritus) das auch Agende genannte liturgische Buch der katholischen Kirche, das die vorgeschriebenen Texte (Gebete und Anweisungen zum Vollzug) für die Spendung der Sakramente und Sakramentalien enthält,[...]“ Heim (1998), S. 387
[868] Svoboda (1962), S. 122
[869] Ebd.

aller Kliniken zu versorgen. Frau Oberin Harms hat uns Seelsorger alle eingeladen und die ganzen Weihnachtsfeiern koordiniert. In der Hautklinik hatte die Oberin Schwester Maria die Weihnachtsfeier im Hörsaal durchgeführt. Eine Schulklasse hatte sie organisiert, die gesungen und musiziert haben. In der Frauenklinik hatte eine Schwester ein echtes Baby als Jesuskind beim Krippenspiel.
In der Strahlen- und Augenklinik war es auch sehr schön. Da die Strahlenklinik keinen geeigneten Raum hatte, mußte die Weihnachtsfeier auf dem Flur stattfinden. Alles war noch sehr persönlich gestaltet und daher auch sehr anstrengend, obgleich wir keine Arbeit damit hatten, was die Vorbereitung anging. Der Schmuck und der ganze festliche Rahmen der Feier wurde von den Schwestern organisiert. Auch die Ärzte und Chefs der einzelnen Häuser, Professor Naujoks in der Frauen- und Professor Lorenz in der Strahlenklinik, waren immer dabei. Liturgisch hatte ich immer um Mitternacht die Christmesse am Heiligabend. Die Oberin hatte ihre Wohnung direkt über der Kapelle und deshalb hörte sie immer das Orgelspiel. Am ersten Feiertag war das Hochamt und abends gab es immer noch eine Abendandacht. Die Schwestern bekamen von mir zu Weihnachten einen Abreißkalender der Caritas, die ich an der Schwesternpforte des Mutterhauses abgab."[870] Für Czapka haben die Weihnachtsfeiern eine besonders festliche Bedeutung für Patienten, Schwestern und Ärzte, gleichzeitig geben sie auch ein Beispiel für die gute Zusammenarbeit zwischen Krankenhausseelsorge und Klinikpersonal.

2.4 Seelsorgeerfahrungen in der Universitätsklinik

2.4.1 Seelsorgeberichte aus einzelnen Häusern

Besonders das Personal der *chirurgischen Intensivstation, in der Frauen- und Strahlenklinik* riefen Czapka am häufigsten zur „letzten Ölung". Manchmal hatte er in einer Nacht zwei Versehgänge auf diesen Stationen. Als ein Arzt der Chirurgie als Patient für mehrere Wochen auf der *Tuberkulose-Station* lag, besuchte Czapka ihn dort regelmäßig, obgleich er dort die Stationsatmosphäre als „sehr kühl" empfand. „Es lag immer an den Schwestern, auf welche Stationen man besonders gerne hinging". In besonderer Erinnerung sind Czapka die wöchentlichen Tauffeiern in der *Frauenklinik* und die Weihnachtsfeiern in der *Haut-, Strahlen- und Augenklinik* geblieben.
Pfarrer Karl Kindermann erzählt von seinen ersten Erfahrungen als damaliger Kaplan der Pfarrei „Mutter vom guten Rat" in der *Neurochirurgie:* „Ich habe die Einweihung der Neurochirurgie erlebt. Ich lernte Frau Oberin von Glasenapp kennen. Sie hatte konvertiert und kam aus der Mark Brandenburg. Ich kannte

870 In: Q 295

dort den Pfarrer, und dann war natürlich sofort eine feste Verbindung mit der Oberin entstanden. Somit hatte ich einen guten Einstieg." Auf die fehlende Kapelle angesprochen, sagte Kindermann: „Es war ein Versäumnis, daß ich da nicht mit geschaltet habe. Ich hätte mir die Baupläne zeigen lassen sollen, um eine Kapelle zu fordern. Von mir waren nur die Amtshandlungen: Krankensalbung und Kommunion gesehen worden. Es war keine Komm-, sondern Gehseelsorge dort.[871] Auch die Neurochirurgie konnte ich ertragen, die Kopfoperierten zu sehen. Dort kam die Krankensalbung besonders oft vor. Von den Stationen 5 und 6 kamen nachts die Anrufe, wenn jemand katholisch war und einen Suizid gemacht hatte. Es kam vor, daß ich um drei Uhr auf die Station 5 und um 4 Uhr morgens auf die Station 6 gerufen wurde. Es kam manchmal mehrmals in der Woche vor, mal weniger."[872] Im Gegensatz zu seinen Erfahrungen in der orthopädischen Klinik „Friedrichsheim" berührte Kindermann das Schicksal einiger Patienten in der Neurochirurgie wegen der Schwere ihrer Erkrankung besonders.

2.4.2 Seelsorge mit kranken Kindern

Weder bei Messmer noch bei Hilf lassen sich in den vorliegenden Unterlagen Hinweise auf ihre Begegnung mit kranken Kindern finden. Czapka ging nur dann in die Kinderklinik, wenn er Sakramente zu spenden hatte. Manchmal habe er größere Kinder besucht, die zur „Ersten Heiligen Kommunion" gehen wollten. Guten Kontakt habe er zu den Kinderkliniken über die Stationsschwestern gehabt, die regelmäßig zu ihm in die heilige Messe kamen.[873]
Nur im „Friedrichsheim" bekamen zeitweise die kranken Kinder durch eine Gemeindehelferin der Pfarrei „Mutter vom guten Rat" Religionsunterricht erteilt.[874] Aus dem „Friedrichsheim" berichtet Kindermann: „Auf der Kinderstation waren Langzeitkranke, auch solche, die in der Gemeinde auf die Erstkommunion vorbereitet wurden und jetzt unterbrechen mußten. Da half die Gemeindehelferin Frau Huber, (sie heißt heute Christ) die hat auf der Mädchenstation unterrichtet und ich bin auf die Bubenstation gegangen. Daraus hat sich im Laufe der Zeit ein Unterricht entwickelt, da kam eine pensionierte Lehrerin und ein Lehrer, die haben dann auch andere Fächer unterrichtet. Und wir sind dann zu den katholischen Kindern gegangen und haben mit denen altersgemäß den Stoff des Religionsunterrichtes durchgenommen und sie jeweils auf Firmung und Kommunion vorbereitet. Sie waren dann vorbereitet, zumal

[871] Die Patienten kamen nicht zum Pfarrer in den Gottesdienst, sondern der Pfarrer mußte zu den Patienten gehen. Diesen Unterschied bezeichnet Kindermann mit den Begriffen Komm- und Gehseelsorge.

[872] In: Q 307

[873] In: Q 295

[874] In: Q 266

sie öfters dann samstags oder sonntags nach Hause entlassen wurden. Die neue Oberin hat das initiiert, zwei pensionierte Lehrerinnen eingeführt."[875]
Im Vordergrund der Seelsorge mit kranken Kindern stand in dieser Zeit ausschließlich der Religionsunterricht. Vereinzelt bereitete der Rektor Kinder auch auf den Empfang der Sakramente vor. Die Bedürfnisse kleiner Kinder und ihrer Angehörigen nach Zuwendung und Begleitung nahm die Krankenhausseelsorge dieser Zeit noch nicht wahr.

2.4.3 Seelsorge mit Nervenkranken

Die Seelsorge in der Nervenklinik lag nach dem zweiten Weltkrieg weiterhin bei den Kaplänen der Pfarrei „Mutter vom guten Rat" in Frankfurt-Niederrad. Bis zu seiner Versetzung nach Frankfurt-Bornheim am 1.5.1946 blieb Walter Kinkel als Kaplan in der Nervenklinik. Das Bemühen der Oberschwester, Rosa Pfoh, Kinkel als ständigen Krankenhausseelsorger in der Nervenklinik zu halten,[876] scheiterte an der Haltung des Bischöflichen Ordinariates. Bis zur Einrichtung einer eigenen Seelsorgestelle 1966 übernahmen Kapläne der Pfarrei „Mutter vom guten Rat" die Seelsorge in der Nervenklinik, der Orthopädischen und Neurochirurgischen Klinik.
Über ihre Durchführung der Krankenhausseelsorge in diesen Universitätskliniken schreibt am 12.12.1962 Pfarrer Leo Peter aus Niederrad an das Bischöfliche Ordinariat detailliert über die Anzahl der Betten der Kliniken (Nervenklinik 310, „Friedrichsheim" 345 und die sich noch im Bau befindliche Neurochirurgie, die mit 120 Betten geplant ist), über die Gottesdienste, Krankenbesuche, Kontakte mit Ärzte- und Schwesternpersonal und über kulturelle Angebote der Seelsorge. Peter wollte mit seinem Schreiben die Notwendigkeit einer hauptamtlichen Seelsorgestelle herausstellen.[877]
Die Gründung einer neuen Planstelle für einen katholischen Krankenhausseelsorger in der Nervenklinik hatte schon seit 1946 das Personal der Klinik gefordert, insbesondere verschiedene Ärzte. Im Schreiben der Ärztin Frau Dr. Anro van Bergen[878] an den Bischof von Limburg vom 8.1.1963 beschwert sie sich anfangs, daß die beiden Krankenanstalten, „Friedrichsheim" und Nervenklinik im Hinblick auf die katholische Seelsorge „sehr schwer und fast möchte ich sagen, in kaum wiedergutzumachender Weise vernachlässigt" wurden.[879] Sie bezieht sich auf den verstorbenen Niederräder Gemeindepfarrer Walter Gelhard,

875 In: Q 307
876 In: Q 238
877 In: Q 248
878 Zur Person von Frau Dr. med. Anro van Bergen schreibt Pfarrer Peter: „Ihre Nationalität ist mir unbekannt. Sie hat früher hier im Friedrichsheim gearbeitet und sei jetzt in den Uni-Kliniken beschäftigt." In: Q. 251
879 In: Q 249, S. 1

der mit ihr einer Meinung gewesen sei, daß die beiden Kliniken einen eigenen Seelsorger brauchen. Der neue Kaplan Karl Kindermann sei mit der Aufgabe überfordert, da er zu viel Aufgaben in der Gemeinde habe. „[...] es genügt daher nicht alle 4–6 Wochen 5 Minuten kurze Visite um Guten Tag zusagen, da findet kein Mensch Trost und Rat, und dies soll ja wohl der Hauptzweck seines Besuches sein. Oder nicht? [...] Es genügt auch nicht, dass Ärzte u. Schwestern u. Pfleger um sie sind, wir Ärzte finden nicht immer den richtigen seelischen Kontakt zu Ihnen. Dazu ist ein Geistlicher mehr fähig, wir können nur körperliches Leid mildern durch unsere Mittel, aber ein Geistlicher Herr vermag oft Wunder wirken mit seinem Zuspruch und Gebet. Dazu muß der Mann aber Zeit haben und nicht immer auf seine Uhr sehn, ob er nicht schon im Pfarrhaus erwartet wird, wo er sich um weitere Arbeit kümmern muß." Außerdem weist sie noch auf die „Gefahr" eines immer größeren Einflusses von Sekten auf die Patienten hin.[880]

Ihr Schreiben gab das Bistum zur Stellungnahme an den zuständigen Gemeindepfarrer Leo Peter weiter. Anro van Bergen erhielt aufgrund ihres Engagements einen persönlichen Besuch von Weihbischof Dr. Walter Kampe in ihrer Wohnung in Frankfurt-Niederrad.[881]

Am 12.1.1963 nimmt Oberarzt Dr. Rudolf Degkwitz in seinem Schreiben an den Bischof von Limburg Stellung zur Notwendigkeit eines hauptamtlichen katholischen Seelsorgers an der Nervenklinik. In diesem Brief stellt Degkwitz insbesondere die Notwendigkeit der seelsorgerlichen Betreuung des Personals heraus. Lobend erwähnt er den seelsorgerlichen Einsatz von Kindermann, wünscht sich jedoch für die noch zu gründende Stelle einen älteren Priester, der acht bis zehn Jahre bleiben sollte, allein wegen der sich anzueignenden Spezialkenntnisse.[882]

Diesem Anliegen der Ärzte schließt sich einundeinhalb Jahre später der Dekan von Frankfurt Main-Süd, Pfarrer Friedrich Atzert, an. Er setzt sich im Schreiben vom 26.7.1964 an das Bischöfliche Ordinariat dafür ein, daß Kindermann die selbständige Seelsorgestelle für die Universitätsnervenklinik, für die Neurochirurgie und für die Orthopädische Universitätsklinik erhalten soll. Als Wohnung für ihn schlägt er ein der Klinik unmittelbar benachbartes städtisches Hochhaus vor, da dort eine Wohnung der Existenz des Priesters „mitten in der Welt" entsprechen würde. Abschließend schreibt Atzert: „Oberarzt Dr. med. habil. Degkwitz, Ffm-Niederrad, Univ. Nervenklinik, wird gern beratend Auskünfte geben können; er war zu Referat u. Aussprache auch schon auf unserm Dekanatskonveniat. Zu den Ärzten, unter denen ausgezeichnete Katholiken sind, hat Kaplan Kindermann seit Jahren beste, nicht nur gesellschaftliche Beziehungen, was gerade in solchen Kliniken mit meist sehr langem Aufenthalt für die Seelsorge von großer Bedeutung ist."[883]

[880] Ebd., S. 5
[881] In: Q 251
[882] In: Q 250, S. 1 f.
[883] In: Q 252

1955 stellte Hans Wehrle, Arzt an einer schweizerischen Heilanstalt, in seinem Artikel: „Psychiater und Seelsorger miteinander im Dienst des Kranken“ die segensreichen Auswirkungen einer guten Zusammenarbeit zwischen beiden Berufsgruppen für den Patienten dar. In seinem Artikel geht er den beiden Fragen nach: „a) Wie soll der Seelsorger den Psychiater unterstützen? b) Wie soll der Psychiater den Seelsorger beiziehen und unterstützen?“[884]
Am 15.4.1966 beginnt der neue Krankenhausseelsorger Pfarrer Wilhelm Pöhler in Niederrad. Nach dem Beginn seiner Arbeit empfiehlt Pöhler im Schreiben vom 27.10.1966 an das Bischöfliche Ordinariat, jetzt sofort eine neue Planstelle der katholischen Krankenhausseelsorge in Frankfurt-Niederrad zu gründen:
„Seit dem 15. April dieses Jahres nehme ich hauptamtlich die Seelsorge an den drei Kliniken von Frankfurt-Niederrad wahr. Da diese mit Jahresbeginn 1967 in den Besitz des Landes Hessen übergehen, bin ich von seiten des Gesamtverbandes Frankfurt ebenso wie von der Stadt und den Kliniken her dringend gebeten worden, unbedingt noch vor der Übergabe die Planstelle für katholische Krankenhausseelsorge der Stadt bzw. dem Land gegenüber einzurichten, parallel zu derjenigen an den Universitätskliniken Sachsenhausen (mit Rektor Czapka).“ Als Begründung führt Pöhler in diesem Schreiben an, daß sich die Notwendigkeit für die Planstelle in dreifacher Hinsicht ergibt: a) wegen des Gottesdienstes, b) wegen der Patientenbetreuung und wegen des Seelsorgebüros. Letztlich weist er auf seine persönlichen Kontakte zu Stadtrat Ernst Gerhardt hin.[885]
Das Gehalt bekam Pöhler vom Bistum Limburg. Für die Seelsorge an den Universitätskliniken Niederrad stellt Pöhler für 1967 einen Etat von 7.600 DM auf, wobei er den Anteil des Bistums Limburg von 4.000 DM errechnet für die Seelsorge, für den Sozialdienst, und für das Bildungsprogramm.[886]
Durch die Zusage von Degkwitz erhielt Pöhler zuerst ein kleines Zimmer, das bisher von einer Psychologin benutzt wurde. Unter dem neuen Direktor der Nervenklinik Professor Hans-Joachim Bochnik bekam die katholische Krankenhausseelsorge ein größeres Büro. [887]
Entsprechend seiner Konzeption für die Krankenhausseelsorge Niederrad fordert Pöhler folgende Planstellen: Ein leitender Krankenhausseelsorger (Laie),[888] zwei Assistenten, ein nebenamtlicher Priester und eine Halbtagssekretärin. Sein Ziel war, sich später als Krankenhausseelsorger frei zu machen für eine andere Tätigkeit. Inhaltlich benennt Pöhler seinen Seelsorgedienst „absichtslos“. Zuwider waren ihm Krankenhausseelsorger, die mit einer

884 Wehrle (1955), S. 55 f.
885 In: Q 253, S. 1 f.
886 In: Q 261, S. 1 f.
887 In: Q 242
888 Laie ist in der römisch-katholischen Kirche die Bezeichnung für alle Gläubigen, die nicht Priester oder Diakon sind.

„missionarischen Sendung“ auftraten, dabei Bibelsprüche zu den Patienten sagten und Heftchen verteilten. Mit Degkwitz stimmte er überein, daß für die Seelsorge in der Psychiatrie der Gottesdienst wichtig sei. Den Patienten sollte Trost und Hilfe und menschliche Unterstützung durch den Seelsorger zugute kommen.[889]
Seit 1909 gab es für die Fort- und Weiterbildung wie für geselligen und persönlichen Austausch die „Vereinigung katholischer Seelsorger an deutschen Heil- und Pflegeanstalten“. Bei ihrer Mitgliederversammlung am 31.3.1966 in Aachen änderten sie ihren Namen in: „Vereinigung katholischer Seelsorger an Heil- und Nervenanstalten“. Themen der Seelsorger 1966 und 1967 waren: „Ärzte und Seelsorger im psychiatrischen Krankendienst“ (1966 in Düren); „Kritische Stellungnahme zum Artikel in der Neuen Bildpost“: „Geistig gesund ins Irrenhaus gesperrt!“ (Freiburg 1966); „Rejet“[890] (Es ging um die Tatsache, daß viele geistig erkrankte Menschen sowohl von ihrer Umgebung abgeschoben und ausgesondert werden wie auch sich selbst von ihren Mitmenschen mehr und mehr absondern,) (Chartres/Frankreich 1967); „Psychiatrische Krankheitsbilder im Blick auf die Seelsorge“, (Eckhardtsheim 1967). Die Seelsorger in den Nervenkliniken leisteten über ihre Vereinigung Pionierarbeit seit Beginn des 20. Jahrhunderts mit vielseitigen Fort- und Weiterbildungen zu Themen der Psychiatrie und Seelsorge. Diese betrifft alle Krankenhausseelsorgerinnen und Seelsorger, die ebenfalls der speziellen Aus-, Fort-, und Weiterbildung bedurften, jedoch dazu vom Bistum Limburg noch nicht angehalten wurden.

2.4.4 Seelsorge mit orthopädischen Kranken

Die Krankenseelsorge lag bei Kaplänen der Pfarrei „Mutter vom guten Rat“. Aus einem Schreiben des Gemeindepfarrers Josef Hilf an das Bischöfliche Ordinariat von Mai 1952 geht hervor, daß die Seelsorge vor allem in der Sakramentenspendung zu den Feiertagen, Ostern, Pfingsten und Weihnachten bestand. Weiterhin sagt er, daß sich Kaplan Otto Floss auch der kranken Kinder angenommen habe, er habe von seinen Jugendgruppen den Kindern ein „religiöses Adventgedenken“ zukommen lassen. Außerdem habe seine Jugend im Saal des „Friedrichsheims“ ein Weihnachtsspiel aufgeführt.[891]
Kaplan Wolfgang Bender schreibt in seinem Brief vom 27.6.1961 von den „auffallenden Aktivitäten“ anderer christlicher Religionsgemeinschaften im „Friedrichsheim“: „Bei dieser Gelegenheit werden zahlreiche Schriften verteilt, die zum Teil ausgesprochen bedauerliche Äußerungen über die katholische Kirche

889 In: Q 242
890 Rejet, (französisch): das Zurückweisen, rejeter bedeutet: ausstoßen, zurückweisen. absondern.
891 In: Q 242

enthalten. [...] Eine Abhilfe könnte geschaffen werden, wenn es möglich wäre, für die beiden Kliniken eine Anzahl Zeitschriften wie z:B. Der Sonntag, Mann in der Zeit, Christi Reich, Leben und Erziehen, Der Fährmann, Der Brunnen, Am Scheideweg zu abonnieren, und außerdem den einzelnen Stationen eine Anzahl von guten Büchern zur Verfügung zu stellen. Hier kämen vor allem einige Veröffentlichungen der Herder-Bücherei in Frage."[892]

1962 erzählt Peter, daß 14-tägig ein Sonntags-Gottesdienst im „Friedrichsheim" im Speisesaal des Schwesternhauses um 9.00 Uhr stattgefunden habe. Daran nahmen 40 bis 50 Besucher teil. 130 Patienten haben in der Zeit zwischen 1. Mai und 1. Dezember 1962 die Kommunion empfangen. Zu den Krankenbesuchen schreibt Peter: „Durch die Krankenbesuche werden die vierwöchentlichen Krankenkommunionen auf den einzelnen Stationen vorbereitet, abgesehen von den Einzelwünschen der Patienten. Im letzten Halbjahr waren es 76 Beichten und Kommunionen im Friedrichsheim, dazu 44 Versehgänge (Krankensalbung). Die zur Verfügung stehende Zeit ermöglicht es, nur jede vierte Woche auf derselben Station Besuche aller Kranken nach einem dafür aufgestellten Plan zu machen."[893]

Kindermann beschreibt den Verlauf des Gottesdienstes: „Sonntags war der Engpaß. Ich hatte die Frühmesse und alle drei Sonntage das Hochamt in der Pfarrei zu zelebrieren. Vor dem Gang ins Friedrichsheim wurde der Koffer mit allem, was für die Feier der Hl. Messe notwendig war, vom Küster der Gemeinde gepackt. Der Organist Fritz Gruber spielte auf einem Harmonium. Dafür bekam er vom Gesamtverband ein Taschengeld. 14-tägig war ich um 9.00 Uhr im Friedrichsheim, im Speisesaal des Schwesternhauses, zum Gottesdienst. Da war in der Wand so ein Altar eingelassen mit Flügeltüren. Den Altar und das Kreuz benutzten auch die Evangelischen.

Vor dem Gottesdienst schaffte ich die Tische bei Seite, ich brachte Jugendliche aus der Pfarrei mit, die dann die Betten geholt hatten. Sie gehörten alle einer Mädchengruppe an, aus dieser Gruppe sind fünf Krankenschwestern geworden. Alle 14 Tage halfen mir drei Mädchen beim Holen der Patienten. Sie arbeiteten ehrenamtlich. Die Patienten meldeten sich bei der Schwester, wenn man zum Gottesdienst wollte, manche lagen monatelang dort, manchmal auch über ein Jahr. Die Schwestern haben die Betten an den Aufzug gefahren und die Mädchen haben von dort aus die Kranken zum Speisesaal abgeholt. So um die 20 Patienten kamen, auch die Gehfähigen kamen dazu.

Ich habe dann schon zum Volk zelebriert, ich konnte doch nicht den Leuten, die sowieso schon im Bett liegen, den Rücken zukehren. Und dann habe ich schon vor dem Konzil einen großen Tisch genommen, ihn in die Mitte des Saales gestellt und daran den Menschen zugewendet die Messe gelesen. Ich habe mir die Freiheit aus heiterem Himmel genommen. Ich mußte mich doch

892 In: Q 244
893 In: Q 248

den Menschen zuwenden, nicht nur bei der Predigt, beim Evangelium und bei der Lesung. Die Liturgiereform kam erst viel später.Ich kannte fast alle Leute, die da zum Gottesdienst kamen, auch Evangelische kamen, die haben auch kommuniziert, manchmal haben auch die Leute abgewinkt, wenn ich durch die Reihen der Betten mit der Kommunion ging, ich wußte ja nicht wer Katholik oder Protestant war.
Ich hatte die Mädchengruppe übernommen und ihnen vom Gottesdienst im Friedrichsheim erzählt und dann waren sie Feuer und Flamme. Der Vorgänger, Kaplan Paul Jäger, hat das alleine gemacht. Meßdiener gab es nicht. Bestenfalls hat mal eine Schwester die Texte in Deutsch gelesen oder wenn die Gemeinschaftsmesse gehalten wurde, das war im lateinischen Ritus, zum Teil aus dem Schott,[894] in Deutsch vorgelesen. Es wurde laut und vernehmlich, Tagesgebet, Evangelium, erst in Latein und dann in Deutsch, Gloria und Credo angestimmt und dazwischen wurden Lieder gesungen."[895]
Seiner Zeit weit voraus lebt Kaplan Karl Kindermann eine Krankenhausseelsorge, die in der sensiblen Wahrnehmung der Bedürfnisse der Kranken ganz auf sie und das Personal ausgerichtet ist. Gegen die liturgischen Anordnungen der katholischen Kirche seiner Zeit wendet er sich bei der Meßfeier in seiner Körperhaltung den Gottesdienstbesuchern zu. Kindermann betont in einer Welt der Krankheit, Lebenskrisen, Schmerzen und Sterben mehr das Gemeinsame der Christen als das Trennende.

3. Seelsorgerliche Handlungen

3.1 Die Kapellen

Die Kapelle des Rektorates war eine halböffentliche Kirche, in der Tauf-, Trauungs-, Ablaß- und Trauerfeiern stattfanden. Nach Ausbesserung des durch Bomben beschädigten Hauses und Wiedereinzug des Rektors erhält Messmer im Schreiben vom 15.12.1947 aus Limburg die Erlaubnis, durch seinen Segen den Weihecharakter der Kapelle wiederherzustellen.[896] Täglich hielt hier um 6.15 Uhr Czapka die hl. Messe, an der acht bis zehn Personen, überwiegend Klinikpersonal teilnahmen. „Mit den Medizinstudenten hatte ich nichts zu tun. Seit 1958 kam der katholische Studentenpfarrer immer mittwochs nachmittags um 15.00 Uhr ins Rektorat. Hier feierte er den Gottesdienst mit den Studenten."[897]
Die Kapelle des Schwesternhauses in der Universitätsklinik blieb auch nach dem Krieg als Mehrzweckraum erhalten. Seitens des Bistums war es nicht

[894] Der Schott ist ein handliches Meßbuch.
[895] In: Q 307
[896] In: Q 268
[897] In: Q 295

selbstverständlich, daß in der profanen Kapelle des Schwesternhauses katholische Gottesdienste stattfinden konnten. Im Schreiben vom 3.3.1947 erhielt Messmer vom Bischöflichen Ordinariat die Erlaubnis, eine Abendmesse in der Kapelle der Universitätsklinik zu feiern.[898] Zusätzlich durfte er ein Jahr später mit dem Allerheiligsten in dieser Kapelle und in der Kapelle des Rektorates den Segen erteilen.[899] Weiterhin teilte dem Rektor das Bistum genau mit, an welchen Feiertagen und bei welchen Andachten im Jahreskreis der Segen ausgeteilt werden dürfte.[900] Wie sehr es dem Bistum in dieser Zeit um den rechtmäßigen Umgang mit den Sakramenten ging, zeigt sich auch daran, daß am 2.7.1951 der Generalvikar des Bistums Limburg eine eigene Ordnung für die Kapelle der Universitätsklinik in Frankfurt am Main herausgab, bei der es allein um die Aussetzung des Allerheiligsten und die Segensordnung ging.[901]
Als Meßdiener dieser Zeit berichtet Wolfgang Gilles über die Kapelle des Schwesternhauses: „Die Kapelle des Krankenhauses lag im Erdgeschoß des Mutterhauses, da, wo heute die Bibliothek ist. Generell vom Süden her betrachtet wirkte dieses Haus wie ein wunderschönes Schlösschen, auch architektonisch gut gelungen. In einer kleinen Nische der Kapelle nach Süden war die Apsis, in der der Altar stand. Über dem Altar war im Nazarenerstil sehr realistisch gemalt Maria und Josef, wobei das Jesuskind auf einem Altar dargestellt wurde. Später wurde das Bild weiß übermalt. Die Kapelle war eine Art Speisesaal für die Schwestern."[902]

3.2 Der Gottesdienst

Über die Meßfeier der vierziger und fünfziger Jahre in der Schwesternkapelle sagt Wolfgang Gilles: „Als für die Klinik zuständige Gemeinde wurden wir Meßdiener von St. Bonifatius sonntags immer abgeordnet, in der Klinikkapelle zu dienen. Es waren zuerst die Pfarrer Gollasch, dann Heinzmann und zum Schluß Dr. Schöpping von St. Bonifatius, die uns Jungen den Auftrag gaben. Wir haben es gerne gemacht, mal in einer anderen Kirche zu dienen. Für viele war es Neugierde auf die Kranken und Schwestern. Für mich bot der Kapellenraum eine gute Möglichkeit, mich zu konzentrieren und zu meditieren. Bei Pfarrer Messmer war der Kirchenraum immer sehr sehr gut besucht. Manchmal an Feiertagen war bis zum letzten Platz alles voll. Er feierte das Hochamt in entsprechender Kleidung mit allem was dazu gehört: Weihrauch etc. Die

[898] In: Q 267
[899] Das Allerheiligste bezeichnet in der katholischen Kirche die konsekrierte Hostie. Diese geweihte Hostie wird in eine Monstranz, in ein Schaugefäß gestellt, mit dem der Priester vor allem nach Andachten, Anbetungsstunden und nach Prozessionen den Gläubigen den Segen erteilt.
[900] In: Q 269
[901] In: Q 271
[902] In: Q 300

Meßdiener waren meistens zu viert und an Feiertagen zu sechs Jungen in der Klinikkapelle. Die Schwestern kamen immer im gleichen Habit. Es kamen auch Kranke dorthin. Für viele Anwohner war diese Messe der Ersatz für den Kirchgang. Der Gottesdienst begann immer um 9.00 Uhr, der evangelische Gottesdienst um 11.00 Uhr.
Unter Czapka begann 1958 der Gottesdienst um 9.30 Uhr, an dem vor allem Ärzte und Schwestern teilnahmen. Nach meiner Erfahrung nahmen so 40 bis 60 Besucher an der Sonntagsmesse teil. Vor allem an warmen Tagen kamen mehr Patienten aus allen Häusern zum Gottesdienst. Eine halbe Stunde vor Beginn nahm Czapka in der Sakristei der Kapelle die Beichte ab.“[903]
Peter Krett berichtet als Pfleger über seine Erfahrungen aus den sechziger Jahren mit dem Gottesdienst: „Ich wurde als „Frömmler“ eingestuft, wenn ich am Sonntag um 9.30 Uhr in die alte ökumenische Kapelle ging. Zu dieser Zeit, Ende der sechziger Jahre, bestand unter dem Personal der Uni-Klinik eine kirchenfeindliche Tendenz. Diese Kapelle diente auch der Verabschiedung von Schwestern und wurde für Theateraufführungen benutzt. Es waren 10 bis 20 Gottesdienstbesucher da, überwiegend Personal, selten Patienten. Einige von ihnen gingen in die Frühmesse ins Rektorat, somit waren am Sonntag immer zwei Messen. Als Prediger gefiel mir Rektor Czapka nicht besonders. Er war zu stark an der Bibel orientiert, konservativ und sagte nichts zu dem Zeitgeist.“[904]
Nach dem Bericht von Czapka nahmen an jedem Herz-Jesu-Freitag[905] im Monat regelmäßig bis zu 80 Personen an der Messe teil. Auch die Mai- und Rosenkranzandachten[906] waren gut besucht. Außerhalb dieser Zeiten fanden besondere Gottesdienste dann statt, wenn eine besondere Feier für das Personal anstand, wie z.B. ein Requiem.[907]

3.3 Die Taufen

Die Tradition der Taufen in der Klinik blieb bis Ende der sechziger Jahre unverändert. Czapka sagt: „Sie fanden jeden Donnerstag um 10.00 Uhr oben auf der Station 39 in der Frauenklinik statt. In der Woche wurden durchschnittlich 7 bis 10 Kinder getauft. Ich selbst trug einen Talar mit Rochett[908] und Stola und hatte immer einen Küster dabei.

[903] In: Q 300
[904] In: Q 310
[905] Der Herz-Jesu-Freitag ist jeweils der erste Freitag eines Monat. An diesem Freitag findet entsprechend einer Frömmigkeitsbewegung aus dem Mittelalter eine Andacht statt, in der das allerheiligste Herz Jesu verehrt wird.
[906] Maiandachten sind Andachten, die zu Ehren der Muttergottes im Monat Mai stattfinden. Die Rosenkranzandachten werden im Oktober gehalten.
[907] In: Q 295
[908] Rochett ist ein weißes Chorhemd.

Die Feier fand im Aufenthaltsraum statt. Im Schrank war ein eingebauter Altar. Die Kinder waren wunderschön angezogen, die Buben in blau und die Mädchen in rosa. Am Sonntagnachmittag fanden immer auf der Privat-Station 38 die Taufen statt. Hier konnten die Angehörigen wie Paten bei der Feier sein, was auf Station 39 nicht erlaubt war.[909] Anschließend gab es immer ein gemütliches Beisammensein bei Kaffee und Kuchen. Einige Angehörige wollten auch, daß ich ihr Kind im Anschluß an die Entlassung aus der Klinik in der Rektoratskapelle taufe.
Die Angehörigen hatten diese Taufen in der Klinik sehr gerne, da es ihnen unnötige Behördengänge und große Verwandtschaftsfeiern ersparte, zumal manche auch nicht das Geld dazu hatten. Wegen der Formalitäten hatte ich schon am Vortag auf den Stationen die individuellen Angaben aufgenommen. Die Daten gab ich zum Eintrag an das Standesamt der Klinik im alten Eingang weiter. Die Taufbescheinigungen kamen in das Pfarramt nach St. Bonifatius. Nach dem Konzil gab es die Bestimmung, daß nur noch in der Pfarrei getauft werden darf. Ich selbst ging nur noch zu Nottaufen in die Frauen- und Kinderklinik."[910] Erst nach dem Zweiten Vatikanischen Konzil setzte sich die Praxis durch, alle Kinder nach ihrer Entlassung in der Ortskirche zu taufen. Svoboda schreibt in seinem Buch 1962: „Wenn auch nach dem Kirchenrecht die Pfarrkirche der Ort ist, wo in der Regel die Taufe gespendet werden soll, so sprechen doch manchmal Gründe dafür, die Kindertaufe in der Anstalt wünschenswert zu machen. Eine Nottaufe kommt besonders bei schwächlichen Frühgeburten, bei Mißgeburten und auch nach Schwangerschaftsunterbrechungen in Betracht, eventuell noch in der Fruchthaut."[911] Für die Krankenhausseelsorge war der Wegfall der wöchentlichen Kindertaufe nach dem Zweiten Vatikanischen Konzil der Verlust der Spendung des ersten Sakramentes. Dennoch ist es für die religiöse Entwicklung der Kinder zu begrüßen, daß sie in ihrem sozialen und pfarrlichen Umfeld getauft werden.

3.4 Das Bußsakrament

Czapka stand eine halbe Stunde vor jeder Sonntagsmesse für eine Beichtgelegenheit zur Verfügung. Überwiegend machte vor allem vor den Feiertagen das Personal von diesem Angebot Gebrauch. Vereinzelt waren darunter auch Patienten, die zum Gottesdienst kamen.
Bei der Spendung der „letzten Ölung" gehörte das Bußsakrament dazu. Selten

[909] Station 39 ist die allgemeine Neugeborenenstation dritter Klasse. Es ist nicht nur eine soziale, sondern auch eine religiöse Diskriminierung, wenn wegen einer Stationsordnung weder Angehörige noch Paten zur Tauffeier zugelassen wurden. Czapka selbst respektierte diese Ordnung widerspruchslos.
[910] In: Q 295
[911] Svoboda (1962), S. 166

riefen die Patienten die Krankenhausseelsorger zur Beichtabnahme. Kindermann erzählt: „Extrema unctio war der lateinische Ausdruck für letzte Ölung, letzte Salbung im äußersten Augenblick, wir waren schon im Seminar dafür ausgebildet, auch auf die Beichte hin, nicht nur Buße aufzugeben, sondern ein Beichtgespräch zu führen. Es war sehr oft ein Beichtgespräch bei den Patienten. Einmal ließ mich der Chef Prof. Zutt rufen. ‚Ich bin zwar nicht katholisch, aber ich bin zu der Überzeugung gekommen, daß hier bei dem Patienten nur die Beichte hilft'. An diesen Fall kann ich mich noch gut erinnern. Das liegt auch an dem guten Kontakt, den ich zu den Ärzten hatte, obwohl es doch Psychotherapeuten gab, die sagten: ‚Beichte bräuchte man nicht mehr'."[912]
Für viele gläubige Kranke bedeutete es besonders angesichts des bevorstehenden Todes eine große Erleichterung, die Beichte ablegen zu können. Die Frage: „Was habe ich verbrochen, daß ich mit dieser Krankheit bestraft wurde?" ist nicht selten. Nach der Beichte fühlen sich manche Patienten seelisch geheilt. Einige berichten, daß es ihnen nach der Absolution auch körperlich besser ergeht.

3.5 Die Krankenkommunion

Die Krankenkommunionen wurden sonntags nach der Messe ausgeteilt. Czapka berichtet: „Ich hatte immer eine große Liste von Anfragen in allen Häusern. Ich war allein. Die Patienten wollten noch nicht von anderen Helfern die Kommunion empfangen. Viele Schwestern hatten mich im Laufe der Woche angerufen für die Kommunionwünsche der Kranken. Es gab Häuser wie die Hautklinik, in der wenige Kommunionen verlangt wurden. Die Schwestern bereiteten diese Kommunionfeiern am Krankenbett immer gut vor mit Kreuz, Kerzen, Blumen, frischer Tischdecke. Ich selbst nahm mir so fünf Minuten Zeit für jede Feier, um vor dem Mittagessen alle Patienten besucht zu haben. Durchschnittlich waren es sonntäglich 5 bis 10 Kommunionfeiern."[913]
Für die Durchführung der Kommunionfeiern bestand bei Czapka ein erheblicher Zeitdruck, da die meisten Patienten am Sonntag die Kommunion wünschten, wenn sie schon nicht an der hl. Meßfeier teilnehmen konnten. Zu dieser Zeit bestand auch noch das Nüchternheitsgebot, was besagte, daß vor dem Empfang der hl, Kommunion der Gläubige drei Stunden nüchtern zu sein hatte. Auch wenn Kranke von diesem Gebot entbunden waren, so fühlten sie sich entsprechend ihrer religiösen Einstellung nur wohl, wenn sie auch als Kranke dieses Gebot vor Empfang der hl. Kommunion eingehalten hatten.

[912] In: Q 307
[913] In: Q 295

3.6 Die „letzte heilige Ölung"

Die Spendung der „letzten heiligen Ölung" blieb die wichtigste aller Tätigkeiten des Krankenhausgeistlichen. Manchmal rief das Personal zweimal in der Nacht den Rektor auf die Station. Dies war ein Grund, warum Czapka jahrelang keinen Urlaub machen konnte, da er keinen Vertreter finden konnte. Es bestand von seinem Vorgänger noch das Diktat, daß kein katholischer Patient „unversehen" in der Klinik sterben darf. Die Schwestern wußten um diese religiöse Tradition und taten alles, damit der Rektor rechtzeitig gerufen wurde.[914]

Czapka sagte aus heutiger Sicht zu den Versehgängen: „Früher, in den fünfziger und sechziger Jahren, wurde viel mehr gerufen. Manchmal mußte ich zweimal in einer Nacht heraus. Durchschnittlich wurde ich zweimal nachts die Woche gerufen. Die Schwestern haben mit geholfen, mich frühzeitig, oftmals am Abend noch zu rufen." Einige Stationen in der Chirurgie, Frauen- und Strahlenklinik waren für Czapka die „Sterbestationen". Die häufigen Besuche dort konnte er psychisch verkraften, wenn er den Tod gerade nach schmerzvoller Krankheit als Erlösung ansah. Besonders häufig war Czapka auf der chirurgischen Intensivstation: „Früher hatten wir da leichter Zugang. Die Schwester Elisabeth hat das immer gut gemacht, daß wir Pfarrer zuerst gerufen wurden. Die Krankensalbung dauerte ja nur 5 Minuten. Danach kamen die Ärzte zusammen, dann entstand viel Aufregung und Hektik, und die Ärzte waren froh, daß ich schon die Krankensalbung gemacht hatte. Wenn jemand bewußtlos dort lag, blieb ich still und habe ihm still alles Gute gewünscht. Auch wenn ich von den Schwestern anderer Stationen gerufen worden bin, habe ich nie den Grund meines Kommens genannt. Die Patienten kamen sich bevormundet vor: Muß ich schon sterben? Statt dessen habe ich gesagt, daß ich zufällig zu Besuch hier vorbei gekommen bin und wolle ihn einladen, mit mir zusammen zu beten. War der Patient dazu bereit, sagte ich, daß ich ihm die Krankensalbung geben möchte, das sei ein Hilfsmittel, das den Kranken wieder stärken soll. Ich wollte den Patienten nicht zusätzlich in eine Krise führen. Man solle auch nie nur eine Amtshandlung machen, sondern immer persönlich mit dem Patienten sprechen. Alle Krankensalbungen und Kommunionen hatte ich in meinem Terminkalender eingetragen. Ich habe ja Rechenschaft abzulegen über diejenigen, die getauft, gesalbt wurden oder die Krankenkommunion erhalten haben."[915]

Schon nach dem Krieg bevorzugten die Autoren in der Fachliteratur statt „letzte Ölung" die Bezeichnung „Krankensalbung". Letztlich jedoch erhielt die Krankensalbung „durch das Vaticanum II insofern einen neuen Akzent, als sowohl die ekklesiologische Dimension als auch der personale Vollzug dieses

[914] In: Q 309
[915] In: Q 295

Sakramentes hervorgehoben wurde."[916] Um den Todkranken nicht zusätzlich zu erschrecken, riefen sowohl Personal wie Angehörige erst in letzter Minute den Krankenhausseelsorger. Czapka versucht mit seinen Worten dem Kranken die Angst zu nehmen, daß die Spendung der Krankensalbung nicht immer den Tod zur Folge hat. Im Bewußtsein der katholischen Bevölkerung war jedoch diese Meinung vorhanden. Gleichzeitig bestand die Überzeugung bei vielen Katholiken, daß erst durch den Empfang der Krankensalbung der Sterbende in den Himmel kommt.

3.7 Weitere Amtshandlungen

Czapka zählte als weitere Amtshandlungen die Trauungen des Personals und im Ausnahmefall auch die Trauungen am Krankenbett auf. Angesichts des nahen Todes gab es vereinzelt die Aufnahme in die katholische Kirche. Beerdigungen kamen nur noch beim Personal vor.[917]

3.7.1 Die karitative Seelsorge

Die karitative Seelsorge bestand in der Einzelhilfe. Czapka konnte bedürftige Patienten mit Spendengeldern unterstützen. In der Nervenklinik machte die soziale Unterstützung der Patienten den größten finanziellen Anteil des Haushaltes aus. Die karitative Seelsorge war auch in dieser Zeit zu keinem Schwerpunkt der Krankenhausseelsorge geworden, zumal zunehmend sich die Krankenhausfürsorge aller sozialer Probleme der Patienten annahm.

3.7.2 Das Schrifttum

Religiöses Schrifttum hatte für die katholischen Krankenhausseelsorger kaum Bedeutung. Für sie stand entsprechend der Theologie dieser Zeit das Sakrament und nicht das Wort oder schriftliche Texte im Vordergrund der Seelsorge. Dennoch berichtet Czapka von Zeitungen und Gebetbüchern:
„Die bistumseigene Zeitung, ‚Der Sonntag', ging in 40 Exemplaren an die Schwesternpforte. Weitere Zeitungen für die Kranken waren das ‚Weltbild' und das ‚Kamillusblatt', soweit Geld zur Verfügung stand. Zu Beginn meiner Dienstzeit habe ich gar keine Zeitungen verteilt. Wenn jemand ein Gebetbuch wünschte, haben wir es auch ihm ermöglicht."[918] Pöhler ergänzte den Schrif-

[916] Letter (1969), Sp. 75
[917] In: Q 295
[918] Ebd.

tenbestand vor allem mit Zeitungen, die im Interesse der Patienten lagen. Dazu gehörten z.B. der ‚Tierfreund' für die Kinderabteilung. Pöhler betont aus dieser Zeit: „[...] der Zeitschriftendienst gehört mit zu den wichtigsten Bildungs- und Informationsträgern im Krankenhaus."[919]

4. Krankenhausseelsorge und Klinikpersonal

4.1 Die Verwaltung

Vor seinem Abschied aus der Krankenhausseelsorge 1958 erwähnt Rektor Josef Hilf die Verwaltung in einem Schreiben an das Bischöfliche Ordinariat: „Erst durch langjähriges gutes Verhältnis zu den Ärzten, besonders zu den Stationsschwestern, die ja nicht wechseln, und zu der Verwaltung bekommt er [der Krankenhausseelsorger] eine genaue Kontrolle über seine Arbeit."[920] Czapka spricht dankend von der Verwaltung: „Die haben uns manches ermöglicht. Die Klinikverwaltung hat die ganze neue Kapelle und die Orgel bezahlt. Der Verwaltungsdirektor Benz war katholisch und gewerkschaftlich engagiert. Er bat mich, seinen Vater zu beerdigen. Angesichts der neu zu bauenden Kapelle hatten wir viele gemeinsame Sitzungen mit der Verwaltung und den Bauleuten."[921]

4.2 Die Ärzte

Czapka berichtet hier: „Besonders auf den Intensivstationen hatte ich viel Kontakt mit den Ärzten, und auch mit den Chefärzten saß man öfters im Stationszimmer zusammen. Einige von ihnen kamen ab und zu auch mal zum Gottesdienst. Als ein Arzt, den ich gut von der Chirurgie her kannte, selbst an Tuberkulose erkrankt war, besuchte ich ihn regelmäßig auf der Tuberkulosestation. Mit der Familie von Prof. Weber habe ich heute noch guten Kontakt."[922]
Zu einem persönlichen wie fachlichen partnerschaftlichen Austausch zwischen katholischen Krankenhausseelsorgern und Ärzten kam es in den sechziger Jahren in der Nervenklinik Die Initiative ging von den katholischen Ärzten aus, die eine regelmäßige vierteljährliche Zusammenkunft mit dem Seelsorger wünschten.[923]

919 In: Q 261, S. 1 f.
920 In: Q 243, S. 1 f.
921 In: Q 295
922 Ebd.
923 In: Q 248, S. 2

Czapka berichtet: „Besonders intensiven Kontakt hatte ich mit den Schwestern, die regelmäßig zu den verschiedensten Gottesdiensten kamen. Auf den Stationen ergaben sich immer wieder sehr persönliche Gespräche. Ich war bemüht, einen guten Kontakt zu allen Schwestern herzustellen. Es war mir nie zu viel, auch mal 20 Minuten Zeit für die Sorgen einer Schwester zu haben. Das ist das Wichtigste. Dadurch wird die Arbeit enorm erleichtert. Problematisch für seine Krankenbesuche wird es, wenn Schwestern den Pfarrer ablehnen und es ihnen egal ist, wie er zu seinen Leuten kommt. Schwestern sind Vermittlungspersonen zwischen Patienten und Seelsorgern. Seinerzeit waren die Schwestern noch sehr bereit, alles für den Seelsorger vorzubereiten, sie hatten noch einen anderen Geist als die freien Schwestern, die auf Arbeitszeit und Geld achten. Für sie war der Pfarrer noch eine Respektperson. Die Pfleger waren oftmals gestandene Männer, die den Krieg mitgemacht haben. Sie waren meistens älter und sehr nett. Einige Schwestern kamen regelmäßig ins Rektorat zu persönlicher Aussprache oder für ihre Rentenbescheinigungen, für die sie das Amtssiegel brauchten." Zu besonderen Anlässen wie Krankheit und persönlichen Festtagen machte Czapka auf Wunsch Seelsorgebesuche in den Wohnungen des Personals.[924]

Czapka gab im Rektorat Tauf- und Brautunterricht für Pflegepersonal. Er leitete sowohl Trauungsfeiern wie Beerdigungsfeiern für das Personal. Koreanische und indische Schwestern betreute jeweils ihr eigener Pfarrer. Aus Mainz kam der koreanische Pfarrer.

Von einem traditionellen Gottesdienstverständnis der Schwestern im „Friedrichsheim" berichtet Kindermann: „Diese Schwestern waren auf die Sonntagspflicht getrimmt, und manche gingen dann vor ihrem Dienst am Sonntag um 6.00 Uhr in die Rektoratskapelle zur Ludwig-Rehn-Straße. Ich sagte ‚Krankendienst ist Gottesdienst', und erklärte ihnen, daß der diakonische Dienst genauso wichtig ist wie die Teilnahme an der hl. Messe. Das gab den Anlaß öfter mal in kleiner Runde mit Schwestern mich zu treffen zu Problemen ähnlich wie bei meinem Unterrricht im Paritätischen Wohlfahrtsverband[925] zu Themen wie Kasualien[926] und Übungen der Krankenkommunionen, oder überhaupt was ich mache, dann entwickelte sich eine persönliche Seelsorge, so daß die Schwestern auch ein Einzelgespräch wollten. Das Manko war, ich hatte weder in der Nervenklinik noch im Friedrichsheim ein Sprechzimmer, die Schwestern mußten in das Pfarrbüro nach Niederrad kommen".[927]

[924] In: Q 295

[925] Der Paritätische Wohlfahrtsverband fördert u.a. die Fort- und Weiterbildung von Pflegepersonal

[926] Kasualien bezeichnet Amtshandlungen wie Taufe, Trauungen, Beerdigungen.

[927] In: Q 307

4.3.1 Unterricht an den Krankenpflegeschulen

Einen regulären Unterricht hielten die Seelsorger nicht in den Krankenpflegeschulen. Dennoch war Rektor Czapka dort gut bekannt. „Jedes halbe Jahr war ich bei den neuen Kursen und habe dort die katholische Krankenhausseelsorge vorgestellt. Mir war wichtig, daß die Schwesternschülerinnen rechtzeitig erfuhren, daß sie für das Seelenheil der Patienten zuständig sind. Zuerst war der Unterricht im alten Schwesternhaus. Die Oberin Schwester Elly Kaufmann, eine sehr katholische Frau, rief mich. An der Pflegeschule für Männer war ich nicht, obgleich ich Herrn Runge, den Leiter der Pflegerschule, gut kannte.“[928]
Kindermann sagt, daß er über den Agnes Karll-Verband und die Vermittlung der neuen Oberin des „Friedrichsheimes“ in der Ausbildung von Altenpflegern und Pflegerinnen durch den Paritätischen Wohlfahrtsverband regelmäßig mitwirkte: „Es wurden dort ausgediente Krankenschwestern, die nach Familie und Kindern, im Alter von 50 oder Mitte 50 noch mal Altenpflege machen wollten, geschult. Ich sollte den katholischen Teil Ethik dort in diesen Altenpflegekursen unterrichten. Dort bekam man guten Kontakt. Ich hatte eine Doppelstunde in der Woche. Wenn die Kurse morgens lagen, war ich in dem Stundenplan mit eingeplant. Über den Agnes Karll-Verband[929] kam ich dazu. Den Unterrichtsstoff habe ich selbst zusammengestellt.“[930]
Es war ein Anliegen des Oberarztes Rudolf Degkwitz, daß im Paritätischen Wohlfahrtsverband ein katholischer Krankenhausseelsorger Unterricht geben sollte. Degkwitz schreibt an das Bistum Limburg: „Ein hauptamtlicher Seelsorger könnte auch noch folgende, m.E. sehr wichtige Aufgabe mit übernehmen. Auf der anderen Straßenseite, unmittelbar gegenüber der Nervenklinik, befindet sich seit 3 Jahren die Schwesternhochschule des Agnes Karll-Verbandes im sogenannten Polligkeits-Institut[931] [...] Man erreicht mit dem Unterricht, wie gesagt, Schwestern, die in leitenden Stellungen tätig sind oder sein werden und vor allem auch die Schulschwestern. Für diese alle wäre es gut, eine gute Gemeinschaft katholischer Schwestern, die nicht einem Schwesternverband angehören, zu haben.“[932] Die Leitung der Schwesternhochschule des Agnes Karll-Verbandes hatte Ingeborg Bauer. Die Oberin war Annemarie Witt.[933]

928 In: Q 295
929 Der Agnes Karll-Verband ist eine Vereinigung von nicht kirchlich gebundenen Krankenschwestern und Pflegern.
930 In: Q 307
931 Polligkeitsinstitut ist der Name für das Haus des Paritätischen Wohlfahrtsverbandes.
932 In: Q 250, S. 1 f.
933 Die Agnes Karll-Schwester (1965), S. 371

4.4 Die Hausangestellten

Für Czapka war es selbstverständlich, sich Zeit für eine Begegnung mit den Hausangestellten zu nehmen:
„Man schwätzte mit jedem. Hausangestellte nahmen ebenso wie Schwestern an den Gottesdiensten teil. Oftmals wollten sie Gegenstände wie Kreuz, Rosenkranz, ein Heiligenbild geweiht haben, was ich gerne gemacht habe. Ich sah immer, daß die Hausangestellten, ob sie jetzt in der Küche, der Wäscherei, im Büro tätig waren oder im Labor oder in der Röntgenabteilung, genauso geschafft haben wie wir. Besonders zu den Pförtnern und dem Wachpersonal hatte ich ein herzliches Verhältnis, da ich oftmals nachts nach dem Versehgang mich noch ausführlich mit ihnen unterhalten habe. Immer wieder erfuhr ich ihre persönlichen Familiengeschichten wie auch die des Obersezierers, der sich auch bei mir beraten hat. Ich kannte wirklich fast alle von den Pförtnern bis zu den Professoren."[934] Mit der Aussage „die haben genauso geschafft wie wir", zeigt sich Czapka als echter Krankenhausseelsorger, als Pastor, der den Hausangestellten dieselbe Wertschätzung entgegen bringt wie den Chefärzten. Czapka begegnet den Hausangestellten in einer seelsorgerlichen Haltung, die Fuehrer in ihrem Buch von den evangelischen Krankenhausseelsorgern ihrer Zeit fordert.[935]

C. Zusammenfassung

1. Die missionarische Krankenhausseelsorge von 1945 bis 1968

1.1 Kirche erkennt Krankenhausseelsorge als ihren Auftrag an

Seit dem Zweiten Weltkrieg wird die Krankenhausseelsorge an den Universitätskliniken von den Kirchenleitungen sowohl finanziell wie personell erweitert. Besonders deutlich wird diese Entwicklung an der Zunahme der Planstellen. Gab es noch bis 1945 je einen evangelischen und einen katholischen Krankenhausseelsorger für die Universitätskliniken mit Ausnahme der Orthopädischen- und der Universitätsnervenklinik, so hat sich die Krankenhausseelsorge bis 1967 evangelischerseits auf fünf volle Planstellen und katholischerseits auf zwei volle und zwei halbe Planstellen erweitert. Durch höhere Kirchensteuereinnahmen aufgrund des wirtschaftlichen Aufschwunges in Deutschland hatten beide Kirchen die nötigen Finanzen für Stellenerwei-

934 In: Q 295
935 Vgl. Kap. V.A.4.4

terungen. Die Einflußnahme des Magistrates der Stadt Frankfurt trat in den Hintergrund.

Krankenhausseelsorge ist nicht mehr ein Randgebiet der Kirchen, sondern zu einem Schwerpunkt der Seelsorge geworden. Die Krankenhäuser, auch die Universitätskliniken, werden unter dem Aspekt der Volksmission in dieser Zeit von den Kirchenleitungen als „Missionsgebiet" angesehen, da hier über die missionarische Arbeit der Krankenhausseelsorger fernstehende Christen wieder zur Teilnahme am Gemeindeleben gebracht werden könnten. Das Krankenhaus wird zum Objekt des „missionarischen Auftrages" der Kirche.

Die evangelischen Krankenhausseelsorger der Universitätskliniken versuchen über viele missionarische Schriften die Patienten zum religiösen Leben zu beeinflussen. Gleichzeitig unterstützen sie charismatische Gruppen, die ihrerseits mit Liedern, Gebeten und Schriften auf den Stationen auftreten.[936] In seinem Buch 1957 fördert Fichtner diese Haltung, indem er sagt: „Der Krankenhausseelsorger soll sich das Krankenhaus erobern."[937]

Für die katholischen Patienten sind die Amtshandlungen des Seelsorgers noch selbstverständlich. Der „missionarische Eifer" des Priesters besteht mehr darin, durch den Einsatz seiner Person katholische Kirche in den Universitätskliniken präsent werden zu lassen. Svoboda klagt öfters in seinen Büchern über die Randständigkeit des Krankenhausseelsorgers auf den Stationen. Aus persönlicher Unsicherheit und Unerfahrenheit heraus verstecke der Geistliche sich in den Zimmern der Kranken und werde nicht zu einer zentralen Person auf den Stationen. Gleichzeitig benennt Svoboda die Naturwissenschaft seiner Zeit grundsätzlich als antiklerikal,[938] Diese Erfahrungen veranlassen Rektor Josef Hilf vom Bistum Limburg zu verlangen, daß sein Nachfolger über viele Jahre in den Universitätskliniken bleiben könnte, um somit zu einem immer sichereren Auftreten vor allem gegenüber dem Klinikpersonal zu kommen, was Rektor Martin Czapka gelang.

1.2 Die verhinderte Krankenhausgemeinde

Grundsätzlich versteht sich die evangelische Krankenhausseelsorge als Krankenhausgemeinde, ohne je Gemeinde zu werden. Von allen evangelischen Pfarrern werden bis Ende der sechziger Jahre Anstrengungen unternommen, Gemeinde unter dem Klinikpersonal herzustellen, was mißlingt, da grundsätzlich christlich orientiertes Personal lieber in seine Ortsgemeinde zur Teilnahme am Gemeindeleben geht. Vermutlich steckt auch der Wunsch der Seelsorger dahinter, den Ortsgemeinden ebenbürtig zu werden. Jedoch be-

[936] In: Q 83, S. 2
[937] Vgl. Fichtner (1957), S. 94
[938] Vgl. Svoboda (1962), S. 111

kommen sie in diesen Jahrzehnten noch nicht einmal ein eigenes Pfarrbüro. Die Kirchenleitung läßt hier die Seelsorger in diesem Anliegen allein, da sie nicht bereit ist, die personellen und materiellen Voraussetzungen für eine Krankenhausgemeinde zu schaffen. Die katholischen Krankenhausseelsorger haben mit dem Rektorat ein eigenes Büro, in dem für das Personal eine Reihe von Amtshandlungen stattfanden. Ohne den Anspruch einer Gemeindevertretung ereignet sich katholischerseits Gottesdienstgemeinde. Täglich kommen Pflegepersonal, Angestellte der Klinik und Gottesdienstbesucher aus der Nachbarschaft zur hl. Messe. Tag und Nacht wird der katholische Pfarrer vom Klinikpersonal auf die Stationen zu Amtshandlungen gerufen. Begegnungen mit Hauspersonal von Handwerkern über Raumpflegerinnen bis hin zum Pförtner sind Czapka genauso selbstverständlich wie seine Begegnungen mit Ärzten und Pflegepersonal.

1.3 Planstellen und Haushalt in der Krankenhausseelsorge

In der evangelischen Literatur der sechziger Jahre wird die Planstelle eines Pfarrers nicht mehr nach einzelnen Krankenhäusern beurteilt, sondern nach der Bettenzahl eines Krankenhauses errechnet. Heinz Doebert, ein evangelischer Krankenhauspfarrer aus Frankfurt am Main, stellt in seinem Buch auf die gesamte Evangelische Kirche Deutschlands bezogen fest: „Demnach kommen auf jeden hauptamtlichen Krankenhauspfarrer etwa 850 Betten und etwa rund 12000 Patienten pro Jahr. Auf solche hohe Zahlen kommt kein großstädtischer Seelsorgebezirk." Doebert erwähnt, „[...] daß in Amerika auf einen lutherischen Krankenhauspfarrer 100 Betten als Norm gelten."[939] Bei der Beantragung weiterer Stellen weist Fincke 1961 bei einer Größe von 2600 Betten an den Universitätskliniken vor allem auf diese Zahl hin.[940]
Die Kirchenleitungen richten mehr Planstellen an den Universitätskliniken ein, da die Krankenhausseelsorge seit dem Zweiten Weltkrieg nicht mehr von der finanziellen Unterstützung des Magistrates der Stadt Frankfurt am Main abhängig ist. Dennoch zahlt weiterhin bis 1966 der Magistrat einen finanziellen Zuschuß für die Krankenhauspfarrstelle und den Haushalt. Der Haushalt der Krankenhausseelsorge wird erstmalig von den Kirchenleitungen als fester Bestandteil jährlich eingeplant. Ein großer Teil dieses Geldes wird in der evangelischen Krankenhausseelsorge für Schriften mit überwiegend missionarischem Einfluß verwendet.[941]

[939] Doebert (1967), S. 37
[940] In: Q 84 b
[941] In: Q 112

In der Seelsorgeliteratur der Zeit wird vom Krankenhausseelsorger in den Universitätskliniken ein besonderes medizinisches und psychologisches Fachwissen gefordert. Voraussetzung für diese Seelsorge seien eine Auswahl und Schulung der in Frage kommenden Personen.[942] Jedoch weder Informationen über Bewerbung und Auswahl der Krankenhausseelsorger noch von ihrer späteren Fort- und Weiterbildung sind mir bekannt geworden. Für die EKHN gab es keine Auswahl, da in den fünfziger und sechziger Jahren ein großer Pfarrermangel herrschte,[943] so daß die Kirchenleitung u.a. pensionierte, kranke und heimatvertriebene Pfarrer in der Krankenhausseelsorge an den Universitätskliniken einsetzte.

Katholischerseits beauftragte der Bischof, wie vor dem Krieg, Kapläne vor ihrem Einsatz in der Pfarrei mit der Krankenhausseelsorge. Mit Schreiben vom 15.12.1966 erreichte Pfarrer Wilhelm Pöhler, daß alle in der Krankenhausseelsorge tätigen Priester den Titel „Krankenhauspfarrer" verliehen bekamen.[944] In Angleichung zum Ortspfarrer ernannte der Bischof seit 1967 die Krankenhausseelsorger. Seine Tätigkeit im Krankenhaus war dem Bischof direkt unterstellt.[945] Hiermit erfuhr die Krankenhausseelsorge der Gemeindeseelsorge gegenüber eine erhebliche Aufwertung. Erstmalig beauftragte das Bistum auch Frauen für die katholische Krankenhausseelsorge in der Universitätsklinik. Katharina Hensel hatte sich als ehrenamtliche Mitarbeiterin in der Seelsorge der Psychiatrie qualifiziert. Pöhler gelingt es 1967, beim Bischöflichen Ordinariat Hensel mit einer vollen Planstelle als seine Assistentin in der Krankenhausseelsorge einzustellen. Magda Röhr wird im gleichen Jahr bei Pöhler als erste Sekretärin in der Krankenhausseelsorge der Universitätskliniken eingestellt.

1961 kam es innerhalb der evangelischen Krankenhausseelsorge zum Einsatz von Gemeindehelferinnen. Die Krankenhauspfarrer waren mit Arbeit überfordert angesichts der noch zunehmenden Bettenzahlen an den Kliniken und stellten deshalb erfolgreich den Antrag auf Unterstützung durch Gemeindehelferinnen. Die beiden ersten Gemeindehelferinnen blieben zwei Jahre, der Gemeindehelfer nur ein Jahr. Ursprünglich hatte Pfarrer Ernst Fincke an einen eigenständigen Einsatz der Gemeindehelferin auf den Stationen gedacht. Sie sollte den Titel Krankenhausseelsorgerin tragen.[946] Für die erste Gemeindehelferin fordert Fincke von der Einsatzleitung eine spezielle Schulung für die Arbeit in der Klinik, die er und seine Kollegen selbst nie genossen hatten.[947] Schon in der Dienstanweisung 1965 wird der Titel „Krankenhausseelsorgerin"

942 Vgl. Doebert (1967), S. 36
943 Vgl. Jüngel (1967), S. 2
944 In: Q 255 S. 1
945 In: Q 256
946 In: Q 89, S. 1 f.
947 In: Q 86

weggelassen. Statt eigenständiger Arbeit wird die Gemeindehelferin einem Krankenhauspfarrer zugeordnet. Die dritte Gemeindehelferin, Brigitte Friedrich, blieb sieben Jahre.
In der katholischen Krankenhausseelsorge kam es noch nicht zum Einsatz von Seelsorgehelferinnen, da einige Vorgesetzte auf Grund ihres rein sakramentalen Verständnisses der Krankenhausseelsorge sich noch keine Mitarbeit für Laien in der Krankenhausseelsorge vorstellen konnten.[948] Trotz physischer und psychischer Belastungen einzelner Seelsorgerinnen und Seelsorger ist allen ein hohes Maß an Engagement in den Kliniken zu eigen.

2. Der Patient und die Krankenhausseelsorge

2.1 Der missionarische Dienst

Im Vordergrund der seelsorgerlichen Begegnung zwischen evangelischen Pfarrern und Kranken steht wie vor dem Krieg die Wortverkündigung, der Gottesdienst und die Andacht. Neu hinzugekommen sind die zahlreichen kirchlichen Blätter, deren Verteilen an die Patienten den Seelsorgern ein besonderes Anliegen ist. Möglich wird dieser Schriftendienst durch die stärker gewordene finanzielle Zuwendung der Kirchenleitung für die Krankenhausseelsorge. Gleichzeitig soll den Patienten die Kirche und ihre Botschaft über christliche Schriften nahe gebracht werden.
Mit Ausnahme der Psychiatrie bezogen sich die Schriften der katholischen Krankenhausseelsorge ausschließlich auf die bistumseigene Zeitung „Der Sonntag", der vor allem für die katholischen Schwestern reserviert war.[949] Den Verzicht auf religiöse Zeitschriften für Patienten verantwortete Czapka, dem jede Art von „Missionierung" bei den Kranken fern lag.[950] Dagegen hielt sein katholischer Kollege Bender in der Orthopädie es für angebracht, verschiedene katholische Zeitungen an die Patienten zu verteilen, um den diversen Schriften anderer christlicher Religionsgemeinschaften im „Friedrichsheim" eigene katholische Literatur entgegen halten zu können.[951]
Während katholische Patienten das sakramentale Angebot, Gottesdienst, Taufe, Beichte, Kommunion und Krankensalbung unverändert verlangten, beklagten sich die evangelischen Pfarrer über den ständigen Rückgang der Gottesdienstbesucher und der Abendmahlshandlungen.[952] Die neue Taufpraxis in der Klinik brachte eine einschneidende Veränderung für die Krankenhausseelsorger mit sich. Grundsätzlich sollten die Kinder nur noch in den Ortsgemeinden

948 In: Q 295
949 Ebd.
950 Ebd.
951 In: Q 244
952 In: Q 98, S. 2

getauft werden. Für die evangelische und katholische Krankenhausseelsorge galt die Vorschrift, nicht mehr alle neugeborenen Kinder zu taufen, sondern nur noch an schwerkranken und sterbenden Kindern die Nottaufe zu vollziehen. Der Dienst an den Sterbenden dagegen blieb unverändert.

2.2 Die Anliegen der Patienten

Obgleich die überwiegende Zahl aller Kranken weiterhin in Sälen liegen, bekommt der persönliche Gesprächskontakt ein immer größeres Gewicht. Zuerst die evangelischen Seelsorger machen zunehmend die Erfahrung, daß nicht mehr in erster Linie ihre Amtshandlungen gefragt sind, sondern das Gespräch. Knodt schreibt, daß es eines großen Feingefühls bedarf, die Anliegen der verschiedensten Patienten richtig zu erkennen.[953] Für Dörsam ist es selbstverständlich, einem eingegipsten Patienten auch mal das Essen zu reichen.[954] Dennoch sehen beide diese Handlungen nicht als Seelsorge an, sondern erleben ihren Dienst als wirklich seelsorgerlichen, wenn es dann auch zu einer Andacht oder mindestens zu einem Gebet gekommen ist.[955] Ganz anders sieht ihr älterer Kollege Pfarrer Karl Knab seine Aufgabe als Seelsorger, wenn er den Bedürfnissen der Patienten entsprechend Lichtbilder zeigt. In seinem Vortrag: „Lichtbilder, Helfer in der Krankenhausseelsorge“ schreibt er nach zwanzigjähriger Tätigkeit als Pfarrer an den Universitätskliniken in Frankfurt am Main: „Die quälende Krankheit und das eintönige Einerlei – vor allem in den großen Sälen – links und rechts ein Bett, links eine kahle Wand, rechts eine kahle Wand und darüber eine kahle Decke. Wie könnte man in dieses Einerlei einmal etwas Abwechslung bringen – etwas Freude schaffen? [...] Und, so meine ich, soll und kann das bei der Lichtbilderarbeit auch sein: Vom Freude machen mit dem Lichtbild zum frommen Ernst mit der Bibel.“[956]
Aufgrund der Erfahrung mit orthopädischen Patienten, die monatelanger bis jahrelanger Behandlung bedürfen, sieht Pfarrer Ernst Dörsam einen Mangel an Angeboten im „Friedrichsheim“ und verlangt in Zusammenarbeit mit dem katholischen Kollegen und der orthopädischen Fürsorge die Errichtung einer Bibliothek. Hierzu erbittet er finanzielle Unterstützung seiner Kirchenleitung. Hier nimmt zum ersten Mal die Seelsorge über ihren eigentlich religiösen Dienst hinaus ganzheitliche Bedürfnisse der Patienten wahr, die die Klinik selbst aus verschiedenen Gründen nicht ermöglichte.[957] Patientenorientiert übernahm die Krankenhausseelsorge dabei Funktionen, die eigentlich Aufgabe der Klinikleitung hätte sein sollen.

953 In: Q 95, S. 1
954 In: Q 75, S. 2
955 In: Q 121
956 Knab (1955), S. 1
957 In: Q 70, S. 1

2.3 Seelsorge mit kranken Kindern

Gab es vor dem Krieg schon Ansätze von seelsorgerlicher Begleitung kranker Kinder, so erhalten zum ersten Mal die evangelischen Seelsorgerinnen, ausschließlich Frauen, in ihrem Dienstauftrag die Aufgabe, sich der kranken Kinder anzunehmen.[958]
Obgleich der Dienst vor allem der Seelsorgehelferinnen an den Kindern überwiegend aus religiösen Angeboten besteht, wie Gottesdienst, Katechese, biblische Geschichten und Hörspielplatten[959], kommt das Wort „Seelsorge" noch nicht vor, sondern wird als kirchliche Kinderarbeit auf den Kinderstationen umschrieben.[960] Katholischerseits hat sich nichts verändert. Czapka geht in die Kinderklinik nur dann, wenn er zu sakramentalen Amtshandlungen gerufen wird.[961] Im „Friedrichsheim" erteilte eine Gemeindehelferin der Pfarrei „Mutter vom guten Rat" den Kindern Religionsunterricht.[962]

2.4 Seelsorge mit Nervenkranken

Die Art der speziellen Seelsorge mit Nervenkranken wird zum ersten Mal von den Krankenhausseelsorgern näher beschrieben. Gleichwertig zum religiösen Dienst bedürfen die Kranken der fürsorglichen Zuwendung des Seelsorgers.[963] Dörsam berichtet, daß die Kranken vor allem der Einfühlung, Kenntnis und „Weisheit der Seelsorger" bedurften.[964] Alle evangelischen Krankenhausseelsorger betonen die anstrengende und zeitaufwendige Arbeit in der Nervenklinik. Mit Ausnahme von Dörsam sind weder Finke noch Knodt bereit, die Nervenklinik als Ganze seelsorgerlich zu besuchen. Zum Nachteil der Patienten und des Personals teilen die Seelsorger sich die einzelnen Stationen mit Aushilfspfarrern auf. Offensichtlich waren weder Fincke noch Knodt bereit, einen Schwerpunkt ihrer Seelsorgearbeit in die Nervenklinik zu legen. Andererseits hatten sie hierzu auch keine besondere Schulung von der Kirchenleitung angeboten bekommen. Erst 1967 übernimmt Brink neben dem „Friedrichsheim" und der Neurochirurgie die Nervenklinik insgesamt.
Von den evangelischen Pfarrern wird in diesen Jahrzehnten die Notwendigkeit der Zusammenarbeit mit Ärzten und Pflegepersonal hervorgehoben.[965] Die katholischen Seelsorger aus der Pfarrei „Mutter vom guten Rat" haben be-

958 In: Q 51
959 In: Q 107, S. 3
960 Vgl. Jüngel (1964), S. 5
961 In: Q 295
962 In: Q 307
963 In: Q 94, S. 2
964 In: Q 79, S. 1
965 Ebd.

gonnen, mit Pflegepersonal und einer Gruppe von katholischen Ärzten in der Nervenklinik zusammenzuarbeiten. Es ist vor allem das katholische Personal der Nervenklinik, das vom Bistum Limburg eine hauptamtliche Krankenhausseelsorgestelle verlangt. Hier vollzieht sich eine Umkehrung des ursprünglichen Anliegens der Kirche im säkularen Krankenhaus. Nicht die Kirche will mit einer ganzen Stelle des Seelsorgers zu den Kranken in die Nervenklinik, sondern das Personal der Nervenklinik will die ständige Präsenz der Krankenhausseelsorge in ihrem Haus.[966]
Seit 1909 besteht zur Aus- und Fortbildung wie zum geselligen Austausch der Krankenhausseelsorger die „Vereinigung katholischer Seelsorger an Heil- und Nervenanstalten". Auf der Ebene der Landeskirche entsteht für die evangelischen Pfarrer in der Nervenklinik seit 1964 ein eigener „Arbeitskreis für Seelsorge an Geisteskranken in der EKHN".

3. Krankenhausseelsorge und Klinikpersonal

Wie vor dem zweiten Weltkrieg war der *Verwaltungsdirektor* der Ansprechpartner für die Krankenhausseelsorger. 1947 zeigt der Verwaltungsdirektor großes Interesse am Aufbau einer Krankenhausgemeinde und bietet seine aktive Hilfe an.[967] Über den Verwaltungsdirektor gehen alle finanziellen Zuwendungen seitens der Universitätsklinik an die Krankenhausseelsorge.[968] Personelle Veränderungen in der Krankenhausseelsorge werden ihm mitgeteilt. In hausinternen Angelegenheiten ist der Verwaltungsdirektor den Krankenhausseelsorgern gegenüber weisungsbefugt, wovon er einmal wegen der Missionierung evangelisch-freikirchlicher Gruppierungen in Zusammenarbeit mit den hauptamtlichen Seelsorgern Gebrauch macht. Grundsätzlich blieb eine wohlwollende konstruktive Zusammenarbeit zwischen den Krankenhausseelsorgern beider Konfessionen und der Verwaltung in diesen Jahrzehnten bestehen.
In der Begegnungsstruktur zwischen Krankenhausseelsorgern und *Ärzten* hat sich im Vergleich zur Vorkriegszeit grundsätzlich nichts verändert. Es bestehen wie früher freundliche individuelle Kontakte. Zusammenarbeit geschieht vor allem bei den Weihnachtsfeiern. Von einem Konflikt zwischen Ärzten und Seelsorgern ist aus dieser Zeit nichts bekannt. Erst in den sechziger Jahren kommt es in der Nervenklinik zu einer echten Zusammenarbeit zwischen den dortigen Ärzten und den katholischen Seelsorgern. Jedoch ging diese Zusammenarbeit anfänglich nicht von den Seelsorgern, sondern von den Ärzten aus, als sei der Seelsorger für sie „[...] in gewisser Hinsicht der verlängerte Arm der psychotherapeutischen Behandlung."[969]

[966] Vgl. Kap. V.B.2.4.3
[967] In: Q 39, S. 4
[968] In: Q 112
[969] Pisulski (1956), S. 4

Neu sind Gottesdienste für Medizinstudenten, die jedoch nicht von den Krankenhausseelsorgern, sondern von den Studentenseelsorgern katholischerseits in der Rektoratskapelle und evangelischerseits in der Kapelle des Schwesternhauses gefeiert werden.
In dem Bereich der Fort- und Weiterbildung bietet die evangelische Krankenhausseelsorge seit 1948 jährlich Tagungen für Ärzte in der Evangelischen Akademie Arnoldshain an. Über die Teilnahme der Ärzte der Universitätsklinik liegen mir keine Auskünfte vor.
Das Pflegepersonal bleibt wie vor dem Krieg eine wichtige Personalgruppe für die Krankenhausseelsorge. Bei ihren Krankenbesuchen erfahren die Seelsorger weiterhin die tatkräftige Unterstützung des Pflegepersonals. Während das gottesdienstliche Angebot vom katholischen Seelsorger unverändert wahrgenommen wird, erleben die evangelischen Seelsorger zunehmend weniger Schwesternbesuche bei ihrem sonntäglichen Gottesdienst. Gemeindeabende für Schwestern werden dagegen weiterhin gut besucht, wie Knodt noch 1967 schreibt. Dennoch gelingt es ihm auch über diese Schwesternkontakte nicht, eine evangelische Krankenhausgemeinde, wie in den vierziger Jahren geplant, ins Leben zu rufen. Dennoch ist die Bereitschaft der Geistlichen und Seelsorgerinnen, Krankenhausseelsorge entsprechend ihrem Namen nicht nur für die Kranken, sondern auch für das Personal anzubieten, in diesen Jahrzehnten erheblich gestiegen.
Als konkreter Beleg gilt die zunehmende Mitarbeit der evangelischen Krankenhausseelsorger in den beiden großen Krankenpflegeschulen, wobei sich ihr Angebot von ausschließlicher Glaubenslehre zu berufsethischen Themen weiter entwickelte.[970] Für den katholischen Krankenhausseelsorger blieb es bei einer Informationsstunde an der Schwesternschule zu Beginn jedes Ausbildungskurses.[971]
Zum Personal allgemein hält der katholische Seelsorger vor allem zu den Hausangestellten lebhaften Kontakt. „In diesem Zusammenhang sei nur darauf hingewiesen, daß oft ein Zweifaches übersehen wird; daß wir Anstaltsseelsorger nicht bloß für die Patienten, sondern auch für das Hauspersonal seelsorglich verantwortlich sind; und daß zahlenmäßig die stärkste Gruppe innerhalb dieses Personals gewöhnlich von den arbeitenden Hausangestellten gebildet wird."[972] Aus den vorliegenden Berichten finden sie seitens der evangelischen Seelsorger kaum Beachtung. Allein die Zusammenarbeit mit der Fürsorgerin[973] im „Friedrichsheim" hebt Dörsam lobend hervor.[974]

[970] In: Q 121, S. 3
[971] In: Q 295
[972] Frey (1955), S. 22
[973] Fürsorgerin; heute Sozialarbeiterin.
[974] In: Q 70, S. 1

4. Ökumenische Zusammenarbeit in der Krankenhausseelsorge

Ökumene scheint in dieser Zeit der Krankenhausseelsorge ein Fremdwort zu sein. Mit Ausnahme von Dörsam, der mit seinem katholischen Kollegen im „Friedrichsheim" eine von beiden Kirchen verantwortete Patientenbibliothek einrichtete, gab es zwischen 1945 und 1968 nur vereinzelt ökumenische Zusammenarbeit. Jede Kirche versuchte für sich, Profil in der Universitätsklinik zu gewinnen. Im Vordergrund stand die Repräsentation der eigenen konfessionellen Krankenhausseelsorge. Zudem waren die evangelischen Krankenhausseelsorger über ihr missionarisches Wirken u.a. anhand ihrer vielseitigen Schriftenmission bemüht, Patienten und Personal für ihre Krankenhausgemeinde zu gewinnen. Katholische Seelsorger blieben unverändert vor allem durch ihr Sakramentenverständnis von Patienten und Personal gefragt. Sie sahen daher keinen Grund für ökumenische Zusammenarbeit mit ihren evangelischen Kolleginnen und Kollegen.
Vermutlich sahen in dieser Zeit sowohl die evangelischen als auch die katholischen Geistlichen nicht, daß ihr demonstrativ konfessionelles Verhalten nicht nur bei kirchenfernem Personal, sondern auch bei gläubigen Patienten und Stationspersonal Befremden auslöste.[975]

[975] In: Q 296

VI. Die personenzentrierte Krankenhausseelsorge von 1968 bis 1984

Die personenzentrierte Krankenhausseelsorge beschreibt von ihrer Namensgebung her einen anderen Umgang des Seelsorgers sowohl mit Patienten wie mit Klinikpersonal. Nicht mehr der Patient ist für die Angebote der Kirche da, sondern die Kirche erfragt die persönlichen Bedürfnisse der Patienten. Die je eigene Person des Patienten steht im Mittelpunkt des seelsorgerlichen Besuches. Der Seelsorger kommt mit „leeren Händen", hat weder Bibel noch religiöse Informationszeitschriften bei sich, sondern versucht, sich mit seinem Besuchsangebot, so es bejaht wird, auf die Person des Patienten einzustellen. Der Begriff „personenzentriert" ist der „Personenzentrierten Psychotherapie" Carl Rogers[976] entnommen. Seine Form von Gesprächspsychotherapie wurde zum ersten Mal in den USA in der Sozialarbeit, Krankenpflege und Seelsorge praktiziert.

A. Die evangelische Krankenhausseelsorge 1968–1984

1. Der Übergang zur „Seelsorgebewegung"

Mitte der sechziger Jahre begannen auch die Kirchen in Deutschland, sich für die „therapeutische Seelsorge", die die Kirchen in den USA seit einigen Jahrzehnten praktizierten, zu interessieren. Zu den Modellen der Aus- und Fortbildung in Seelsorge gehörte die „Klinische Seelsorgeausbildung" (KSA). In den USA wurde sie zuerst unter dem Namen „Clinical Pastoral Training" (CPT), dann als „Clinical Pastoral Education" (CPE) entwickelt und praktiziert. Diese neue Bewegung in der Seelsorge kam von den USA über holländische katholische und evangelische Geistliche nach Deutschland. Nicht mehr

[976] Carl Rogers (8.1.1902–4.2.1987) ist Mitbegründer der humanistischen Psychologie. Er entwickelte eine spezielle Gesprächstherapie. Die personale Begegnung steht für ihn im Zentrum seiner Auffassung von zwischenmenschlichen Beziehungen. „Begegnung kann nicht gemacht oder irgendwie technisch herbeigeführt werden, sondern sie muß geschehen. Wir können lediglich die Bedingungen schaffen, dieses Geschehen eher zu ermöglichen." Wiltschko (1988), S. 183

allein die Missionierung über die Verkündigung des Evangeliums, sondern die Begleitung der Patienten in ihren Lebens-, Krankheits- und Sterbekrisen stand jetzt, durch diese „Seelsorgebewegung" angeregt, im Mittelpunkt der Krankenhausseelsorge.

Ende der sechziger Jahre, nach dem Weggang von Pfarrer Ernst Fincke, leiteten Pfarrer Gottfried Knodt und Hermann Brink das evangelische Krankenhauspfarramt. Bernhard Roge war noch bis 1967 als Seelsorgehelfer tätig und Brigitte Friedrich blieb weiterhin als Gemeindehelferin an den Universitätskliniken. Am 1.9.1968 bekam Pfarrer Werner Becher auf Wunsch des Kirchenpräsidenten Wolfgang Sucker die durch Finckes Pensionierung vakant gewordene Pfarrstelle an den Universitätskliniken. Becher kam von der evangelischen deutschen Auslandsgemeinde aus Glasgow/Schottland mit dem Auftrag, die „Seelsorgebewegung" an den Universitätskliniken in Frankfurt am Main zu gründen, die in den USA und Holland schon bekannt war.[977]

Nach einem Jahr seelsorgerlicher Erfahrung an den Universitätskliniken schreibt Becher einen ausführlichen Bericht. über seine Neuansätze in der Krankenhausseelsorge. Becher unterteilt seinen Jahresbericht 1969 in fünf Kapitel. In der Vorbemerkung schreibt er ausdrücklich, daß er neben den routinemäßigen Krankenbesuchen und gottesdienstlichen Veranstaltungen vor allem viel Zeit darauf verwandt habe, möglichst viele Kontakte mit den Mitarbeitern der Kliniken herzustellen. Becher schreibt:

„Durch die folgenden vier Zitate versuche ich die Grundfragen anzudeuten, auf die es bei meiner Arbeit anzukommen scheint.

1. Theologisch, Frage: Wie können wir die Erfahrungen von Krankheit, Leid und Tod in den Zusammenhang des ganzen christlichen Lebens einbeziehen? […]
2. Psychologisch, Frage: Wie können wir die Erfahrungen Sigmund Freuds mit der ‚Sprache als Therapeutikum' für unsere Seelsorge fruchtbar machen? […]
3. Soziologisch/sozialpsychologisch/psychosomatisch, Frage: Wie können wir die Erkenntnisse von der gesellschaftlichen Bedingtheit von Krankheit und Krankenbehandlung in die Krankenhausseelsorge aufnehmen? […]
4. Klinisch, Frage: Welchen Platz und welche Rolle nimmt der Krankenhauspfarrer in dem klinischen Alltag ein?"

In dem Kapitel „Erste praktische Versuche" geht Becher zuerst auf die Einzelveranstaltungen (Schwesternabende, Dichterlesung, ökumenischer Gottesdienst, Pflegerabend) der Krankenhausseelsorge ein. Danach benennt er die Krankenpflegeschulen. Becher gab neben regelmäßigem Unterricht an der Pflegerschule Unterricht bei Schwestern, Pflegehelferinnen und Vorschülerinnen über die Krankenhausseelsorge und über berufsethische und lebenskundliche Fragen.

[977] In: Q 296

Im gleichen Kapitel schreibt Becher über einen neuen Arbeitskreis, an dem teilnehmen: „[…] Ärzte, Schwestern, Pfleger, Sozialarbeiter, Psychologen etc., zusammen mit Medizinaldirektor Dr. Lechler vom Stadtgesundheitsamt leite ich den im Sommer 1969 neu gebildeten Arbeitskreis ‚Medizin und Gesundheitswesen' der Evangelischen Akademie in Arnoldshain. Die erste Tagung über ‚Sozialpsychiatrie heute' vom 28. bis 30. November wurde besonders stark durch die Mitarbeiter der psychiatrischen Klinik unserer Universität und den katholischen Krankenhauspfarrer dieser Klinik geprägt." Zur Zusammenarbeit von Seelsorge und medizinischer Fakultät schreibt er: „Zusammen mit der Studentengemeinde und Vertretern der medizinischen Fakultät habe ich an dem Konzept für eine Studentenpfarrstelle an dieser Fakultät gearbeitet. […] Dieses Konzept setzt voraus, daß der Theologe sich für einige Zeit voll auf das Medizinstudium einläßt, mit den Professoren, Assistenten und Studenten der Fakultät zusammenarbeitet und sich von ihnen beraten läßt. […]"
Abschließend gibt Becher in diesem Bericht seine Zielvorstellungen unter personellen Aspekten an:
„Für die bereits vorhandenen Pfarrstellen in der Universitätsklinik sollte folgende Arbeitsteilung vorgenommen werden:
1. Krankenseelsorge in den allgemeinen Kliniken (mit einer Mitarbeiterin – bereits im Dienst),
2. Krankenseelsorge in den psychiatrischen Kliniken,
3. Seelsorge unter den Mitarbeitern und an den Schulen der Kliniken (mit einer Mitarbeiterin – bereits im Dienst),
4. Studentenpfarramt an der medizinischen Fakultät.

Alle vier Pfarrer sollten in der Krankenhausseelsorge tätig sein. Die genannten Arbeitsbereiche sind nur als Schwerpunkte ihrer Arbeit zu verstehen. Wenn sich die Ausbildung in Clinical Pastoral Training[978] verwirklichen läßt, könnten die beiden speziellen Krankenseelsorger (1. und 2.) in der Pfarreraus- und -fortbildung im Rahmen des Clinical Pastoral Training mitarbeiten.
Zusammenfassend stellte Becher ein Dreisäulenkonzept der Krankenhausseelsorge an den Universitätskliniken wie folgt vor:
a) den Kontakt zu den Medizinern, Professoren und Studenten.
b) die reguläre Krankenhausseelsorge an den Patienten und dem Personal.
c) die Krankenhausseelsorgeausbildung.
Hierfür bekam er in den folgenden Jahren die Zustimmung der Kirchenleitung der EKHN.[979] Von seinem Kollegen Knodt bekam Becher heftigen Widerstand gegen seinen neuen Seelsorgeansatz zu spüren. Knodt wollte sein traditionelles, liturgisches Verständnis von Krankenhausseelsorge beibehalten.[980] Die Kirchenleitung versetzte Knodt zum 1.5.1971 an ein anderes Krankenhaus.[981]

[978] „Clinical Pastoral Training" (amerikanisch), Krankenhausseelsorgeausbildung
[979] In: Q 296
[980] In: Q 122, S 2 f.
[981] In: Q 124, S. 2

Brink war trotz seiner Vorbehalte bezüglich des „Clinical Pastoral Trainings“ zur Zusammenarbeit mit Becher bereit.[982] Zum 1.10.1973 ging Brink in Pension. Mit Friedrich bestand eine gute Zusammenarbeit. Für sein neues Konzept bekam Becher 1970 durch Dora von Oettingen engagierte Unterstützung. Als Seelsorgerin hatte von Oetingen die freigewordene Stelle von Roge erhalten. Becher gab der Krankenhausseelsorge den neuen Namen KKD (Kirchlicher Krankenhausdienst). Als Gründe nannte Becher folgende: Die verschiedensten seelsorgerlichen, sozialen, theologischen und kulturellen Dienste sollten sich unter dem einen Dach der evangelischen und katholischen Krankenhausseelsorge an den Universitätskliniken wiederfinden.[983]

1.1 Rechtliche Einbeziehung des Kirchlichen Krankenhausdienstes (KKD)

1.1.1 Das „Leitende Geistliche Amt“ in der EKHN

Das Leitende Geistliche Amt[984] der EKHN in Darmstadt ist das oberste Kirchengremium. Die Krankenhausseelsorge liegt im Bereich der Sonderseelsorge eines Oberkirchenrates. Neue Krankenhausseelsorgerinnen und Seelsorger berief mit Zustimmung des Evangelischen Regionalverbandes Frankfurt am Main das Leitende Geistliche Amt für jeweils sechs Jahre in die Stelle. Am 20.12.1971 gibt der Kirchenpräsident der EKHN, Helmut Hild, eine „Ordnung für Pfarrer und Mitarbeiter in der Krankenhausseelsorge der EKHN“ heraus. Es heißt darin unter Punkt

1) „Die Krankenhausseelsorge geschieht unbeachtet der Verpflichtung der Einzelgemeinde in der Gesamtverantwortung der EKHN.“
2) Die Krankenhauspfarrer haben Sitz und Stimme in der jeweiligen Dekanatssynode. Sie nehmen an den Dekanatskonferenzen teil.
3) Gehören mehrere Krankenhauspfarrstellen zu einem Dekanat, wählen sie für die Dauer von zwei Jahren einen geschäftsführenden Krankenhauspfarrer.
4) In Zusammenarbeit mit den Mitarbeitern stellt er den Haushaltsplan auf, der von der Dekanatssynode beschlossen werden muß. Weiterhin haben Pfarrer und Mitarbeiter über Kollekten und Gaben Rechenschaft zu leisten.
5) Zur Klärung von Sachfragen und in Konfliktfällen können Dekan und Propst den Ausschuß, der aus fünf Mitarbeitern der Krankenhausseelsorge besteht, zu Rate ziehen.

982 In: Q 125, S. 2
983 In: Q 296
984 Das „Leitende Geistliche Amt“ bilden in der EKHN die Pröpste zusammen mit dem Kirchenpräsidenten und seinem Stellvertreter.

6) Bestimmungen für die Visitation gelten auch für die Krankenhausseelsorge.
7) Die Dienstaufsicht übt der Dekan aus.

In einem weiteren Kapitel wird gesagt:

1) Ein Krankenhauspfarrer soll möglichst nicht mehr als 800 Betten haben.
2) „Jedem Krankenhauspfarrer soll nach Möglichkeit ein Beraterkreis zur Seite stehen, dem Personen aus dem ärztlichen, pflegerischen und Verwaltungsbereich angehören können.
3) Krankenhauspfarrer und Mitarbeiter suchen durch geregelte Mitarbeit die Verbindung zu den gottesdienstlichen Versammlungen der Gemeinden und bemühen sich, die Gottesdienste und Veranstaltungen auch für die Gemeinden offenzuhalten."

Abschließend werden in der Ordnung einige Angaben zu dem Konvent der Krankenhausseelsorger der EKHN benannt. Der Konvent besteht aus einem Vorsitzenden und zwei Beisitzern für eine Amtszeit von vier Jahren. Wiederwahl ist zulässig. Er ist für Fragen der Fort- und Weiterbildung zuständig. Der Vorsitzende wird zu den Dekanatskonferenzen eingeladen. Der Konvent gibt sich im Einvernehmen mit der Kirchenverwaltung eine Geschäftsordnung.[985]

Bei allen wichtigen Repräsentationen der Krankenhausseelsorge wie bei der Einführung eines neuen Krankenhauspfarrers ist die Kirchenleitung durch den Oberkirchenrat vertreten. An ihn haben alle Mitarbeiter den Jahresbericht über ihre Seelsorgearbeit im Krankenhaus zu schicken.

1.1.2 Der Propst von Frankfurt am Main

Personelle Fragen werden mit dem Propst von Frankfurt, seiner Zeit Pfarrer Dieter Trautwein, besprochen. Er wird zu allen festlichen Anlässen des KKD eingeladen. Insbesondere führt er den jeweils neuen Seelsorger in sein Amt an der Universitätsklinik ein.[986]

1.1.3 Der Evangelische Regionalverband in Frankfurt am Main

1975 erläßt der Evangelische Regionalverband Frankfurt am Main eine Geschäftsordnung für die Krankenhausseelsorge.

Aus dem ersten Teil der Ordnung geht hervor, daß der Regionalverband wie die Gemeinden und Dekanate auch die Krankenhausseelsorge bei der Erfüllung ihrer Aufgaben zu unterstützen hat: „Die evangelische Krankenhausseel-

985 In: Q 134, S. 1 f.
986 In: Q 162

sorge in Frankfurt am Main nimmt deshalb im Bereich des Evangelischen Regionalverbandes Frankfurt am Main die Aufgaben der Krankenhausseelsorge im Sinne der ‚Leitlinien für die Krankenhausseelsorge in der Evangelischen Kirche in Hessen und Nassau' vom 21.4.1975 wahr." Zum religiösen Aspekt heißt es in dieser Geschäftsordnung: „Dementsprechend ist es ihre Aufgabe, die Zuwendung Gottes zu den Menschen in Jesus Christus unter der besonderen Lebenssituation im Krankenhaus erfahrbar zu machen."
Im zweiten Teil wird gesagt, daß die Krankenhausseelsorge zum Fachbereich III des Regionalverbandes gehört.
Im dritten Teil werden alle Planstellen der Krankenhausseelsorge in Frankfurt aufgezählt. Die Inhaber des Stellenplanes werden auf Beschluß des Vorstandes des Regionalverbandes eingesetzt. Abschließend geht es im Teil vier bis sieben um die Fragen des evangelischen Konventes für die Krankenhausseelsorge in Frankfurt am Main. Der Konventvorstand besteht aus dem Vorsitzenden, seinem Stellvertreter und zwei weiteren Mitgliedern. Er benennt im weiteren die Aufgaben des Konventsvorstandes. Der Vorstand erfüllt die laufenden Geschäfte des Konventes. In Personalangelegenheiten beteiligt der Vorstand den Regionalverband. Ferner habe er in allen wichtigen Angelegenheiten Fühlung mit dem Propst zu Frankfurt, dem zuständigen Referenten in der Kirchenverwaltung und dem Vorstand des Konvents für Krankenhausseelsorge in der EKHN aufzunehmen.[987]

1.1.4 Die evangelischen Konvente für Krankenhausseelsorge

Die Krankenhausseelsorgerinnen und -seelsorger gehörten dem evangelischen Konvent für die Krankenhausseelsorge in Frankfurt am Main an. Der Konvent traf sich monatlich. Neben thematischer Arbeit hatte der Konvent bei der Neubesetzung von Planstellen in der Krankenhausseelsorge ein Mitbestimmungsrecht. Dagegen arbeitete der evangelische Konvent für die Krankenhausseelsorge der EKHN ausschließlich thematisch. Er traf sich einmal jährlich.
Alle Mitarbeiterinnen und Mitarbeiter des KKD nehmen an den Konventen auf der Ebene Frankfurts und auf der Ebene der EKHN teil. Einige Pfarrer des KKD hatten zeitweise den Vorsitz oder Beisitz in einem der beiden Konvente. Von der Universitätsklinik hatte Pfarrer Rolf Heinz Geissler 1975 den Vorsitz im Konvent für Krankenhausseelsorge in Frankfurt. Gleichzeitig war er Beisitzer im Konvent der EKHN. Vorstellungen und Erfahrungen der Mitarbeiterinnen und Mitarbeiter des KKD über die Qualität der Krankenhausseelsorge flossen in diese Konventsarbeit mit ein.
Aktuelle Themen der beiden obengenannten Konvente waren Diskussionspunkte in den Arbeitsbesprechungen wie in den Klausurtagungen des KKD.

987 In: Q 149, S. 1 f.

1.2.1 Der Patientenclub

Im Jahresbericht 1971 wird zum erstenmal der Patientenclub erwähnt: Er befand sich im Haus am alten Haupteingang der Universitätsklinik. „Durch Entgegenkommen der Klinikverwaltung haben wir einen kleinen Raum zur Verfügung. Er ist von 8.30 Uhr bis 17.00 Uhr montags bis freitags geöffnet. Aufstehpatienten und Patienten, die zu Untersuchungen in die Polikliniken müssen, benutzen diesen Raum zur Erholung. Ehrenamtliche Helferinnen geben Getränke aus. Wir überlegen, ob und wie wir diesen Raum auch an Wochenenden öffnen können, zumal dieser Wunsch von Aufstehpatienten häufig geäußert wurde.“[988]
Ergänzend dazu schreibt der Klinikpfarrer Fritz-Alfred Maglett, daß neben Patienten auch Angehörige, Klinikpersonal der verschiedenen Berufsgruppen, Studenten, Einzelpersonen und Gruppen von draußen zu Besuch in den Clubraum kommen.[989]
Nach der Verlegung des Patientenclubs in die Kapelle des neuen Zentralbaues der Universitätsklinik schreibt die Gemeindehelferin Annelie Moxter in ihrem Jahresbericht 1974: „Der Patientenclub (vor der Kapelle im Zentralbau), einem Raum, dem Küche und ein kleines Büro angegliedert sind, ist von montags bis freitags Treffpunkt für Patienten untereinander, hier treffen sie sich auch mit ihren Angehörigen, hierher kommen Patienten, die in ambulanter Behandlung sind, hier haben wir als Gäste auch Pflegepersonal, Handwerker der Klinik und Studenten. Für die letzteren gibt es in der Klinik keinen anderen Raum zur Pause, in dem sie auch ein warmes Getränk zu sich nehmen können. Ehrenamtliche Helferinnen, fast ausschließlich pensionierte Schwestern[990], kochen Kaffee oder Tee und bieten Säfte und Lesematerial an. [...] Ich selbst versehe dort in Abständen halbtägigen Dienst oder mache Vertretungen. Der Clubraum ist auch Ausgangspunkt für die Bibliotheksarbeit im Zentralbau. Von hier leihe ich Bücher aus oder bringe sie nach Wunsch ins Krankenzimmer.“[991]

1.2.2 Die Patientenbibliothek

In seinem Jahresbericht 1971 schreibt Maglett: „Wir haben insgesamt 7 Klinikbüchereien in sieben unserer Kliniken zu verwalten (Ausleihe, Neuanschaffungen). Davon wurde eine, die Bücherei in der Hautklinik im vergangenen Jahr

[988] In: Q 133, S. 6
[989] In: Q 136, S. 1 f.
[990] Seit Beginn des Patientenclub arbeiteten auch Frauen, die nicht zu den pensionierten Schwestern zählten, wie z.B. Irmgard Hövels, die Frau des Kinderarztes Prof. Dr. Otto Hövels, ehrenamtlich mit.
[991] In: Q 147, S. 1 f.

neu von mir angelegt (etwa 150 gekaufte und 100 geschenkte Bücher). Jeder Patient bekommt 1 × in der Woche ein Angebot seiner Bücher ins Zimmer."[992]
Im Gesamtjahresbericht 1971 des KKD steht ergänzend: „Als gute Hilfe, relativ häufig in die Krankenzimmer zu kommen, erweist sich die Bücherei. In verschiedenen Kliniken werden von den Mitarbeitern einmal wöchentlich Bücher der Klinik ausgeliehen. Diese Arbeit entlastet den Mitarbeiter von manchen negativen Vorstellungen, die Patienten beim Erscheinen eines kirchlichen Mitarbeiters manchmal entwickeln."[993]
Auf der Klausurtagung des KKD im Oktober 1973 wird festgehalten, daß die katholischen Kolleginnen Margot Wurm und Elisabeth Schweer für die gesamte Bibliothek verantwortlich sind. Mehr und mehr übernehmen in späteren Jahren ehrenamtliche Personen den Bücherdienst in den einzelnen Kliniken.[994]

1.2.3 Auswahl und Ausbildung der Ehrenamtlichen

Geissler sieht als Aufgaben für die Ehrenamtlichen folgende: den Club für Patienten zu betreuen, die Bücherei für Patienten zu verwalten, Besuche bei Patienten zu machen, die keine Angehörigen haben und bei Veranstaltungen für Patienten mitzuhelfen. Ehrenamtliche sollen für die Krankenhausseelsorge geworben werden durch gezielte Einladungen in den Kirchengemeinden und durch öffentliche Werbung in Zeitungen. Nach einer Auswahltagung soll eine Einführungstagung und ein Ausbildungsseminar für neue Ehrenamtliche stattfinden. Entsprechend der Erfahrung der Telefonseelsorge werden in der Praxis stehende Ehrenamtliche durch Begleitseminare weiterhin geschult. Geissler fordert eine Auswahl der Ehrenamtlichen unter der Berücksichtigung, daß Interessenten ungeeignet (z.B. therapiebedürftig) sein könnten und deshalb eine Aussprache mit den Bewerberinnen erforderlich sei.[995]
Im Laufe der Zeit kamen zu den pensionierten Schwestern Frauen aus dem Besuchsdienst vom „International Womens Club" und vom „Diskussionskreis Taunus" (zwei Institutionen, die sich besonders um die Förderung des Dienstes ehrenamtlicher Frauen bemühen) als Ehrenamtliche des KKD dazu. Darüber hinaus arbeiteten auch Angehörige vom Klinikpersonal ehrenamtlich im Patientencafe mit. Der KKD setzte eine Person aus dem Seelsorgeteam hauptverantwortlich für die Ehrenamtlichen ein. Nach dem Weggang von Moxter bekam die Gemeindepädagogin Ursula Becker diesen Auftrag. Zusammen mit Wurm begann Becker regelmäßig eine Aussprachegruppe für Ehrenamtliche durchzuführen. [996]

992 In: Q 136, S. 2
993 In: Q 133, S. 4
994 In: Q 145, S. 3
995 In: Q 148, S. 3
996 In: Q 168, S. 2 f.

Im Mai 1978 gab es ein Gespräch über die „Laienseelsorger"[997], die das Seminar für therapeutische Seelsorge ausbilden wollte. Es bestand die Frage, ob der KKD an der Beschäftigung der Laienseelsorger interessiert ist. Im Hinblick auf die eigenen, in der Patientenbibliothek und in dem Patientenclub engagierten Ehrenamtlichen, entschied man sich dagegen, weil diese die Funktion der Laienseelsorger in der Klinik schon einnehmen.[998] Der KKD hat sich zwischenzeitlich entschieden, keine Ehrenamtlichen zu seelsorgerlichen Patientengesprächen einzusetzen, weil die Krankenhausseelsorgerinnen und Seelsorger für sich selbst über ihren Beruf hinaus eine fachspezifische Ausbildung (über KSA-Kurse z.B.) als Vorbereitung für den Seelsorgebesuch verlangten.

1.3 Die Krankenhausseelsorgerinnen und Seelsorger des KKD

1.3.1 Das Team des Kirchlichen Krankenhausdienstes

In den siebziger Jahren bis 1984 gab es vier Planstellen für Pfarrerinnen und Pfarrer und zwei Planstellen für Seelsorgerinnen. Hinzu kamen Pfarrerinnen und Pfarrer mit Sonderauftrag, Pfarrvikarinnen und Pfarrvikare, Jahrespraktikantinnen und Jahrespraktikanten, Auszubildende und Zivildienstleistende.

Pfarrerinnen und Pfarrer seit 1968 bis 2001:

Knodt, Gottfried (1962–1971),
Brink, Wilhelm (1963–1973),
Becher, Werner (1968–1971),
Reitz, Monika (1970–1971),
Geissler, Rolf-Heinz (1971–1976),
Maglett, Fritz-Alfred (seit 1971)
Trommershäuser, Rolf (1972–1972)
Riess, Richard (1972–1973)
Adam, Ingrid (1975–1987)
Siegmund-Schultze, Christa (1975–1981)
Horst, Karl-Heinz (1977–1995)
Helbich, Gerhard (1982–1985)
Cseri, Katalin (1984–1986)
Leuers, Friedhelm (1985–1995)
Hess, Winfried (1992–1999)
Matthies, Ulrich (seit 1993)
Roos, Dieter (1988–1992)
Heimbrock-Stratmann, Hildegard (seit 1996)
Knecht, Elisabeth (seit 1996)
Krieg, Werner (seit 1999)

[997] Laienseelsorger sind Ehrenamtliche, die in der Seelsorge mitarbeiten.
[998] In: Q 168, S. 2

Seelsorgerinnen seit 1968 bis 2001:

Friedrich, Brigitte (1964–1971)
Oettingen, Dora von (1968–1973)
Moxter, Annelie (1973–1977)
Wehrt, Brigitte (1973–1985)
Becker, Ursula (1976–1992)
Schwenn, Maria (seit 1978)
Pinder, Irmgard (1985–1997)
Reinhold, Christina (seit 1992)

Dienstgespräche der Seelsorgerinnen und Seelsorger fanden weiterhin in der Sakristei der Schwesternkapelle statt. Becher hatte für seine Beratungsgespräche einen zusätzlichen Raum hinter der Orgelempore bekommen. Für eine kontinuierliche Teamarbeit waren andere Räumlichkeiten notwendig.[999] Sein erstes Büro erhielt der KKD 1971 nach Verhandlungen mit der Klinikverwaltung in dem Eingangstorbogen Ludwig-Rehn-Straße 14, gegenüber der Verwaltung des Carolinums. Besondere Unterstützung in ihrem Wunsch nach neuen Räumen erhielt die Krankenhausseelsorge von der neuen Pflegedienstleitung, Oberin Ellen Gassenmeyer. Mit dem neuen Büro bekam der KKD von der Kirchenleitung 1971 die Halbtagsstelle einer Sekretärin. Hedwig Groß war die erste Stelleninhaberin. Am 1.9.1978 begann Anneliese Gutmann als Sekretärin.[1000]

1979 findet wiederum ein Umzug in neue Büroräume im Haus 10, der ehemaligen Wohnung der Schuloberin der Frankfurter Schwesternschaft, statt. Im Jahresbericht heißt es dazu:

„Unsere bisherigen Büroräume wurden von der Klinik benötigt, als Ersatz wurden uns durch die Klinikleitung Räume in einem anderen Gebäude zur Verfügung gestellt. Die notwendigen Renovierungsarbeiten wurden vom Evangelischen Regionalverband Frankfurt finanziert, worauf uns die Klinik die Räume mietfrei überlassen hat. Einer der Räume steht den katholischen Mitarbeitern zur Verfügung. Aufgrund der größeren räumlichen Möglichkeiten konnte die Gruppenarbeit intensiviert werden (Schwesternfortbildung, Arbeiten mit den Studenten des theologischen Konvikts[1001] usw.). Der Studentenpfarrer Keith Chamberlain hält seine Sprechstunden hier ab und mit den katholischen Mitarbeitern finden im regelmäßigen Turnus Gespräche statt.“[1002]

Für zwei Jahre ernannte das Team des KKD, gemäß den Richtlinien der EKHN für die Krankenhausseelsorge, einen der Pfarrer als Geschäftsführer. Die Stellvertretung nahm oftmals eine Seelsorgerin wahr.[1003] Auf Becher folgten Reitz und Maglett. Später lösten sich die Krankenhauspfarrer turnusgemäß als

[999] In: Q 168, S. 2
[1000] In: Q 171, S. 2
[1001] Konvikt ist die Ausbildungsstelle für evangelische Theologiestudentinnen und Studenten.
[1002] In: Q 180, S. 2
[1003] In: Q 185

Geschäftsführer alle zwei Jahre ab. Der geschäftsführende Pfarrer war für den ganzen Bereich der Verwaltung zuständig, für personelle Fragen, für Verhandlungen mit der Klinikverwaltung, der Kirchenleitung und anderen Organisationen. Er lud auch zu den Teamsitzungen ein.[1004]
Die Arbeitsbesprechungen des Teams fanden zuerst alle 14 Tage statt, später wöchentlich. Im Jahresbericht 1971 heißt es: „Sie dienen in erster Linie zur Klärung von Problemen der Geschäftsführung und der Planung gemeinsamer Veranstaltungen. In einigen Fällen wurden in dieser Besprechung auch erste Kontakte zu Interessenten an unserer Arbeit aufgenommen."[1005] Zeitlich teilte das Team diese Besprechungen in organisatorische und inhaltliche Themen auf. Themenschwerpunkte entwickelten sich aus den Erfahrungen im Umgang mit Patienten, Angehörigen und Klinikpersonal. [1006]
Seit Mitte 1983 kam ein Bereitschaftsdienst der Seelsorgerinnen und Seelsorger hinzu. Der Diensthabende trug von Montag bis Freitag jeweils von 8.30 Uhr bis 17.00 Uhr einen „Piepser" bei sich. Im Jahresbericht 1983 heißt es, daß Patienten und Stationspersonal von dem Angebot der Rufbereitschaft wenig Gebrauch machten.[1007] Seit 1984 dehnte der KKD diesen Bereitschaftsdienst auf die Nächte und Wochenenden aus.
Zu den Arbeitsbesprechungen kamen in den ersten Jahren monatliche Fallbesprechungen hinzu. Im Jahresbericht 1971 wird dazu erwähnt: „Daneben wurde eine monatliche Zusammenkunft aller Mitarbeiter geschaffen, in der Probleme unserer praktischen Arbeit theoretisch reflektiert werden. Sie sind eine Vorwegnahme für spätere geplante Fallbesprechungsgruppen."[1008] Im Jahre 1973 erweiterte das Team diese Treffen um eine wöchentliche Fortbildungsveranstaltung, jeden Donnerstagvormittag für alle Mitarbeiter des KKD.[1009]
Jährlich fand eine Klausurtagung des Teams des KKD statt, zu besonderen Anlässen auch halbjährlich. Außerhalb von Frankfurt trafen sich die Mitarbeiterinnen und Mitarbeiter für drei Tage zur Besprechung von personellen Fragen, organisatorischen Problemen und Grundsatzthemen.[1010]

1.3.2 Fort- und Ausbildung der Krankenhausseelsorgerinnen und Seelsorger

Der Beruf der Gemeindehelferin erhielt in den siebziger Jahren die neue Bezeichnung Gemeindepädagogin. Jedoch wurden von der EKHN auch Bewerberinnen und Bewerber mit anderen beruflichen Qualifikationen, wie z.B.

[1004] In: Q 311
[1005] In: Q 133, S. 1
[1006] In: Q 148, S. 1
[1007] In: Q 184, S. 3
[1008] In: Q 133, S. 1
[1009] In: Q 145, S. 2
[1010] In: Q 142, S. 1

Religionslehrerin, mit der Krankenhausseelsorge in den Universitätskliniken beauftragt.
Fast alle Seelsorgerinnen und Seelsorger des KKD haben an Kursen in Klinischer Seelsorgeausbildung am Seelsorgeseminar oder anderen Instituten der „Klinischen Seelsorgeausbildung" teilgenommen. Darüber hinaus war Becher von der Kirchenleitung zur Teilnahme an einem „Clinical Pastoral Training" in die USA geschickt worden, mit dem Ziel, Supervisor in Klinischer Seelsorgeausbildung zu werden.[1011]
Entsprechend ihrer Seelsorgearbeit oder ihrem persönlichen Interesse nahmen die Mitarbeiter und Mitarbeiterinnen an Angeboten anderer Therapierichtungen teil, z.B. Transaktionsanalyse, Gestalttherapie und Themenzentrierte Interaktion. Weitere Themen waren: Seelsorge am kranken Kind, Seelsorge an Behinderten, Fragen nach dem Sinn des Lebens, Homiletisches Seminar, Gottesdienst und Seelsorge, Seminar über Beratungsfähigkeiten, Gestaltkurs zu Gruppenregeln, Bedeutung der Einzel- und Gruppensupervision, gruppendynamische Sitzungen für Gemeindeberatung, Psychosomatik und Schulmedizin.

1.3.3 Mitarbeit des KKD im „Seminar für therapeutische Seelsorge"

Auf Anfrage arbeitete der KKD mit verschiedenen kirchlichen Einrichtungen zusammen. Somit gewann die Krankenhausseelsorge innerhalb der EKHN ein zunehmendes Maß an Einfluß und Bedeutung. Insbesondere arbeitete der KKD mit dem Seminar für therapeutische Seelsorge gemeinsam, weil sich dort nicht nur die Seelsorgerinnen und Seelsorger der Universitätsklinik, sondern auch Theologinnen und Theologen, Pfarrerinnen und Pfarrer, Priester und Ordensleute fort- und ausbilden konnten, um mehr an seelsorgerlicher Kompetenz zu erlangen.
Das Leitende Geistliche Am der EKHN hat am 11.3.1971 der Errichtung eines „gesamtkirchlichen Fortbildungszentrums für therapeutische Seelsorge" in Frankfurt zugestimmt und dessen Einrichtung beschlossen. Mit der Leitung dieser Arbeit beauftragte das Leitende Geistliche Amt Becher und Pfarrer Richard Riess aus Erlangen. Als Kurzinformation zum Arbeitspapier zur Errichtung eines Zentrums für „Clinical Pastoral Training „(CPT) in Frankfurt schreibt Roman Roessler, Referent für Pfarrerfortbildung: „Das CPT-Zentrum in Frankfurt soll Basis künftiger Pfarrerfortbildung im Fachbereich ‚Seelsorge' sein. Seine Einrichtung im Arbeitsbereich der Universitätskliniken Frankfurt und im Zusammenhang mit der dortigen Krankenhausseelsorge gewährleistet den nötigen Praxisbezug. Die Lage im Kirchengebiet ist zentral. Aufnahme finden sollen ein- oder mehrwöchige Kurse mit je 10 Teilnehmern (Pfarrer und

[1011] In: Q 296

Mitarbeiter). Vorgesehen ist die personelle Besetzung mit zwei ausgebildeten ‚Supervisoren'. [...] Vom Stellenplan her erfordert es (bei Mitverwendung der Krankenhauspfarrstelle von Pfr. W. Becher) die Einrichtung einer neuen Stelle und die Anstellung einer Gemeindehelferin oder eines Vikars zur Entlastung der Krankenhausseelsorge."[1012]
Die erste Anschrift des Seminars für therapeutische Seelsorge hatte die Adresse des Klinikums der J.W. Goethe-Universität und die Telefonnummer des KKD.[1013]
Nach seiner Rückkehr vom USA-Studienaufenthalt leitete Becher im Sommer 1971 den ersten Sechs-Wochen-Kurs. Das Praxisfeld der Kursteilnehmer setzte sich zusammen aus den Stationen der Universitätsklinik. Vom 14. bis zum 16.7.1972 fand in der „Evangelischen Akademie Arnoldshain" eine Informationstagung zum Thema: Klinische Seelsorgeausbildung, „Clinical Pastoral Education" statt, an der Referenten aus den USA und Deutschland mitwirkten.[1014]
1972 rief das Leitende Geistliche Amt auf, die frei gewordene Planstelle von Knodt dem pastoraltheologisch geschulten Pfarrer Richard Riess zu geben. Er erhielt den Auftrag der Supervision und Fortbildung am neu gegründeten Seminar.[1015] Die beiden Studienleiter Becher und Riess erstellten jährlich ein Programm. Neben Grundkursen in Gesprächsführung gab es themenzentrierte Fortbildungen für Theologiestudenten und Pfarrer. An den Angeboten von Zwei- und Sechswochen-Kursen in Klinischer Seelsorgeausbildung nahmen fast alle evangelischen und zwei katholische Krankenhausseelsorger der Universitätsklinik teil.[1016]
Anfänglich fanden die Gruppensitzungen der Langzeitkurse in den kirchlichen Räumen der Universitätsklinik statt, später in der Philosophisch-Theologischen Hochschule Sankt Georgen oder im Seminar der Claretiner[1017] in Frankfurt-Sachsenhausen bis zum Neubau des Seelsorgeseminars. Für ihre praktische Ausbildung setzte die Kursleitung die Teilnehmerinnen und Teilnehmer jeweils auf verschiedenen Krankenstationen der Universitätsklinik ein. Der KKD informierte das Stationspersonal brieflich, welcher Kursteilnehmer für sechs Wochen auf ihre Station kommen wird. Des Weiteren teilte der Brief dem Stationspersonal das Anliegen des Seminars für therapeutische Seelsorge in Zusammenarbeit mit dem KKD mit. Diese Briefe unterschrieb sowohl Czapka als katholischer Dienststellenleiter als auch der jeweilige evangelische geschäftsführende Pfarrer.[1018]

1012 In: Q 127, S. 1
1013 In: Q 141
1014 In: Q 197; s. Dok 5
1015 In: Q 138, S. 2
1016 In: Q 144
1017 Claretiner sind ein katholischer Orden und eine Missionsgenossenschaft. Sie wurde 1849 in Vich (Spanien) vom hl. Antonius Maria Claret y Clarà gegründet.
1018 In: Q 143

Von der EKHN erhielten in späteren Jahren die Klinikpfarrer Geissler, Maglett, Siegmund-Schultze, Adam, Horst, Helbich einen Dienstauftrag, in der Leitung der Kurse am Seminar tätig zu werden. Maglett berichtet 1975 in seinem Jahresbericht unter dem Punkt 6 von seiner Mitarbeit im Seminar für therapeutische Seelsorge:

„6.1. Einführung in Gesprächsführung (2-Wochen-Kurs) 17.–29.8.75.

6.2. Einführung in Gesprächsführung für Mediziner und Theologen (3-Wochen-Kurs) 8.–26.9.1975.

6.3. Seelsorge und Gottesdienst (2-Wochen-Kurs) 1.–14.10.1975.

6.4. Halbjähriges Praxisprojekt ‚Seelsorge' des Theolog. Konvikts Frankfurt: einwöchiges Einführungsseminar 22.–26.9.75; anschließend eine Veranstaltung halbtägig pro Woche (1975/76).“[1019]

Nach dem Weggang des Studentenpfarrers Karl-Martin Schönhals aus dem Fachbereich Humanmedizin beriet das Team des KKD im Juni 1976 an Hand eines Arbeitspapieres über die Zukunft des Seminars. Fragen zur Durchführung der Kurse und der weiteren engen Zusammenarbeit mit Ärzten und Medizinstudenten wurden diskutiert.[1020]

Einige Jahre später zog Becher sich aus der Krankenhausseelsorge zurück, da er schwerpunktmäßig die Leitung des Seminars für therapeutische Seelsorge übernommen hatte. Am 11.7.1979 berieten Oberkirchenrat Hans-Martin Heusel von der EKHN und ein Vertreter des evangelischen Regionalverbandes sich mit dem Team des KKD, welche Auswirkungen der Entschluß von Becher auf die weitere Zusammenarbeit des KKD mit dem Seminar für therapeutische Seelsorge haben werde. Fast alle Mitarbeiter des KKD erklärten sich bereit, in der Fort- und Weiterbildung des Seminars weiterhin mitzuarbeiten. Heusel faßte folgendes Ergebnis so zusammen: „[...]

a) Die Pfarrstellen bleiben Krankenhauspfarrstellen.

b) Die Mitarbeiter des KKD wollen mitarbeiten.

c) Da das Praxisfeld Krankenhaus nicht beliebig variierbar ist, ist es notwendig, daß die Kurse am Klinikum weiterhin gehalten werden.“

Abschließend stellten die Anwesenden fest, daß sich der KKD vor Überforderungen zu schützen habe, und deshalb scheine eine schriftliche Vereinbarung zwischen KKD und Seminar notwendig.[1021]

Seit 1979 hatte sich das Seminar für therapeutische Seelsorge in Seminar für Seelsorge der EKHN umbenannt. Studienleiter waren Becher und Pfarrer Dr. Martin Ferel. Seinen Sitz verlegte das Seminar von der Universitätsklinik in die Eschenheimer Landstraße 565–567.[1022] 1982 eröffnete die Kirchenleitung das neue Seminar für Seelsorge der EKHN feierlich in Frankfurt-Niederrad, direkt neben der Universitätsklinik.

1019 In: Q 153, S. 5

1020 In: Q 162

1021 In: Q 173, S. 2 f.

1022 In: Q 174

1.3.4 Mitarbeit des KKD in der Evangelischen Akademie Arnoldshain

Als neuer Krankenhausseelsorger der Universitätsklinik strebte Becher eine enge Zusammenarbeit des Personals der Universitätsklinik mit der evangelischen Akademie Arnoldshain an, zumal diese ihn zum nebenamtlichen Studienleiter ernannt hatte. Mehrere Tagungen gestaltete Becher mit den Seelsorgerinnen und Seelsorgern des KKD.
An der Universitätsklinik entstand der Arbeitskreis Arnoldshain/Alternative Medizin. Ihm gehörten Pflegende, Unterrichtsschwestern der Krankenpflegeschulen und Krankenhausseelsorger an. Dieser Kreis gab dem Arbeitskreis Medizin und Gesundheitswesen der Evangelischen Akademie Arnoldshain Impulse zu Tagungen.
Folgende Tagungen gestaltete die Evangelischen Akademie Arnoldshain von 1969 bis 1980 in Zusammenarbeit mit verschiedenen Zentren der Universitätsklinik und der Krankenhausseelsorge:[1023]

23.–30.11.1969	Sozialpsychiatrie heute
28.–30. 9.1973	Berufsethische Fragen in der Krankenpflegeausbildung
25.–27. 1.1974	Krankheit, Konflikt und Heilung in Psychoanalyse und Seelsorge
7.–9. 2.1975	Psychische und soziale Aspekte der Arzt-Patienten-Beziehung
6.–7. 9.1975	Die Schwestern-Patienten-Beziehung
12.–13. 1.1976	Kinder im Krankenhaus, Strukturprobleme im Medizinbetrieb
27. –29. 2.1976	Modelle der Kooperation in der Klinik. Beispiel: Kinderkrankenhaus
3.–5.12.1976	Wirtschaftlichkeit im Gesundheitswesen. Medizinische, pflegerische, ökonomische und sozialethische Aspekte
22.–24. 4.1977	Die psychosoziale Situation der chronisch Kranken. Beispiel: Patienten in der Orthopädischen Klinik
14.–16. 4.1978	Der Umgang mit Schmerz in der Frauenklinik[1024]
21.–23.10.1978	Humanität im Krankenhaus kostet Geld
17.–19.11.1978	Lebenshilfe, Leiderfahrung und Leidbewältigung
11.–13. 5.1979	Suizid-Patienten in der Klinik
9.–11. 5.1980	Kranke Kinder - kranke Familien[1025]

Während der Klausurtagung des KKD im Oktober 1973 stellt Pfarrer Becher dem Team das Programm der Tagungen für 1974 in der Akademie Arnoldshain vor:

[1023] In: Q 199
[1024] In: Q 198
[1025] In: Q 199

Januar: Beginn einer Tagungsreihe aus dem Bereich Medizin und Gesundheitswesen;
Februar: Tagung mit Krankenschwestern über berufsethische Fragen;
Mai: Fortbildungstage für Schwestern und Pfleger;
September: Tagung mit Ärzten aus dem Klinikum;
November: Arbeitskreis Medizin und Gesundheitswesen.[1026]

Die Tagungsprogramme gab der KKD dem Personal der Universitätsklinik durch schriftliche Einladungen, Aushänge und persönliche Informationen bekannt.

1.3.5 Zusammenarbeit des KKD mit dem Studentenpfarrer

Mit Beginn seiner Arbeit hat Becher zusammen mit der Evangelischen Studentengemeinde und Vertretern der Medizinischen Fakultät am Konzept für eine Studentenpfarrstelle an der Medizinischen Fakultät gearbeitet.
In seinem Jahresbericht 1969 schreibt Becher:
„Die Studentenpfarrstelle ist inzwischen in dem Haushalt der EKHN für 1970 vorgesehen und mit folgenden Worten (in Auswahl) ausgeschrieben worden:
Die evangelische Studentengemeinde hat die Absicht, eine Pfarrstelle nach einer neuen Konzeption zu besetzen. Nicht gebunden durch die Aufgabe an einer Gemeinde, soll ein Theologe den Versuch machen, an der medizinischen Fakultät von kirchlicher Seite bisher vernachlässigte Fragen fachspezifischer, wissenschaftsorganisatorischer und hochschulpolitischer Art aufzugreifen, sie theologisch zu reflektieren und für Kirche und Theologie verständlich zu machen. Dieses Konzept setzt voraus, daß der Theologe sich für einige Zeit voll auf das Medizinstudium einläßt, mit den Professoren, Assistenten und Studenten der Fakultät zusammenarbeitet und sich von ihnen beraten läßt.
Zweitens ist vorausgesetzt eine enge Zusammenarbeit mit zwei bereits vorhandenen Krankenhauspfarrern, von denen der eine Krankenseelsorge in traditionellem Sinne ausführt, während das Arbeitsgebiet des anderen die Kliniken als soziale Einrichtungen (Probleme des Arzt-Patienten-Verhältnisses, Pflegepersonals) umfaßt. Wir stellen uns vor, daß diese drei Theologen gemeinsam ihre Arbeit planen und ihre Erfahrungen auswerten. Diese Team-Arbeit, und dazu der anhaltende Kontakt mit den Medizinern, ist nach unserer Meinung der Angelpunkt unseres Konzeptes."[1027]
In diesem Anliegen wurde Becher nicht nur von der Kirchenleitung, sondern auch von der Basis der Studentengemeinde und durch ihren Leiter,

[1026] In: Q 145, S. 2
[1027] In: Q 123, S. 4

Studentenpfarrer Gerhard Wendland, unterstützt. Wendland hatte am obengenannten Konzept einer Studentenpfarrstelle in der Humanmedizin mitgearbeitet.[1028]
Den Auftrag bekam Pfarrer Karl-Martin Schönhals. Becher fühlte sich durch die Mitarbeit des neuen Studentenpfarrers entlastet und war darüber erfreut, daß Schönhals seinen primären Arbeitssitz in die Räume der Universitätsklinik und nicht ausschließlich in die Studentengemeinde im Bonhoefferhaus legte. Durch eigene Teilnahme an CPT-Kursen in den USA war Schönhals mit dem Konzept der Verknüpfung von Seelsorge und Medizin vertraut. Zusätzlich förderte er Medizinstudenten, die sich in Gruppen auf das Physikum vorbereiteten.
Zusammen mit Schönhals hielt Becher am „Seminar für therapeutische Seelsorge“ einen 14-Tage-Kurs für Medizinstudenten. Schönhals nahm den Kontakt zu Medizinern, Professoren und Studenten der verschiedenen Häuser der Universitätsklinik auf und arbeitete intensiv mit der Evangelischen Akademie Arnoldshain zusammen.[1029]
Mit dem Team der Seelsorger der Universitätsklinik hatte Schönhals festen Kontakt, da er an den Dienstgesprächen wie an den Klausurtagungen des Teams teilnahm. In der Klausurtagung von August 1971 heißt es dazu unter Punkt 10: „Die speziellen Erfahrungen und Kenntnisse des Studentenpfarrers im Fachbereich der Humanmedizin sollen von ihm in unserer Gruppe vermittelt werden. Seelsorgerliche Arbeit auf einer Station ist nach Vereinbarung mit den Mitarbeitern im KKD vorgesehen. Er nimmt an den Fallbesprechungsgruppen teil. Die Zusammenarbeit zwischen den Supervisoren und dem Studentenpfarrer soll inhaltlich noch entwickelt werden (z.B. Kontakt zwischen Supervisoren und medizinischem Fachbereich, Mitarbeit an CPT-Programmen: Einführungen, Referate.)“[1030]
1976 beendete Schönhals seine Arbeit als Studentenpfarrer an der Medizinischen Fakultät. Er begann als Krankenhausseelsorger an den Städtischen Kliniken Frankfurt-Höchst. 1979 ernannte die Evangelische Akademie Arnoldshain Schönhals zum nebenamtlichen Studienleiter.
Keith Chamberlain begann die Nachfolge in diesem Amt als Studentenpfarrer an der Humanmedizin. Er hielt seine Sprechstunden mit Medizinstudenten und Dozenten in den neuen Büroräumen des KKD.[1031]

1.3.6 Mitarbeit des KKD in kirchlichen Fort- und Ausbildungsstellen

Der KKD hat die Begleitung der Pfarramtskandidaten während ihres zweiten Praktikums in der Krankenhausseelsorge übernommen. Becher schreibt in seinem Jahresbericht 1969:

[1028] In: Q 296 [1029] Ebd. [1030] In: Q 128, S. 2 [1031] In: Q 180, S. 3

„Die Möglichkeit, in der Krankenhausseelsorge ein zweites Praktikum zu absolvieren, wird schon jetzt – seit 16.10.1969 – von der Pfarramtskandidatin Monika von Rath an meiner Pfarrstelle wahrgenommen."[1032] Mit Beginn der siebziger Jahre institutionalisierte die Kirchenleitung der EKHN dieses Halbjahrespraktikum. Der KKD beauftragte in den ersten Jahren Geissler und Maglett als Verantwortliche für diese Pfarramtskandidaten.[1033] In Zusammenarbeit mit den Seelsorgern kamen von den Pfarramtskandidaten immer wieder neue Anregungen für das Team: so z.B. erstellte Dora von Oettingen mit dem Pfarramtskandidaten Lothar Decher ein Arbeitspapier zur Gestaltung der Gottesdienste. Dem Seelsorgeteam brachte dieses Papier neue Impulse für Gottesdienste.[1034]

Weiterhin arbeiteten die Krankenhausseelsorgerinnen und Seelsorger am Theologischen Seminar Friedberg[1035] mit. Im Jahresbericht 1976 heißt es dazu unter der Überschrift: „Einführung in Krankenhausseelsorge" für die Kandidaten des Theologischen Seminars Friedberg: „Nachdem Herr Studienleiter Becher sich aus dieser Arbeit vorübergehend zurückgezogen hat, hat das Team diese Einführung übernommen. Die Kandidaten werden einen Tag lang mit der Arbeit in der Klinik bekannt gemacht und haben Gelegenheit zu Rückfragen und zur Diskussion."[1036]

Weiterhin übernahm das Team des KKD ein halbjähriges Praxisobjekt Seelsorge des Theologischen Konvikts in Frankfurt.[1037] Es bestand aus einem einwöchigen Einführungsseminar und anschließend einer Sitzung pro Woche halbtags.[1038] Als Seelsorgerin des KKD schreibt Maria Schwenn in ihrem Jahresbericht 1984: „Praxisobjekt der Theologiestudenten des Theol. Konvikts während des Wintermonates. Wöchentlich ein Vormittag: Gruppenarbeit (Gesprächsprotokollanalyse und gemeinsames Gruppengespräch. Zwei Wochenenden Themen: ‚Seelsorge und Verkündigung' und ‚Krankenhaussoziologie')."[1039] Besonders führten anfangs Geissler und Maglett diese Schulung der Theologiestudenten durch. Später beteiligten sich fast alle anderen Seelsorgerinnen und Seelsorger des Teams an diesem Praxisobjekt.

[1032] In: Q 123, S. 5
[1033] In: Q 145, S. 3
[1034] In: Q 139, S. 1 f.
[1035] Das Theologische Seminar Friedberg war als Predigerseminar eine der beiden Ausbildungsstätten der EKHN nach dem ersten theologischen Examen zu Vikarinnen und zu Vikaren.
[1036] In: Q 157, S. 3
[1037] Im Theologischen Konvikt haben Studentinnen und Studenten während ihres Theologiestudiums die Möglichkeit, zu wohnen und Hilfe beim Studium insbesondere der alten Sprachen zu erfahren.
[1038] In: Q 153, S. 2
[1039] In: Q 188, S. 5

1.3.7 Mitarbeit des KKD in Gemeinden und Organisationen

Die Krankenhauspfarrerinnen und Pfarrer bekamen Anfragen zu Vorträgen und Seminaren von seiten verschiedener Organisationen (überwiegend kirchlicher Art) in Frankfurt und außerhalb. Meistens waren diese Veranstaltungen ein einmaliger Termin, seltener gab es Fortsetzungsveranstaltungen. Die unterschiedlichen Veranstaltungen stellt Geissler im Gesamtjahresbericht 1975 dar. Dazu gehörten Mitarbeit bei Seminaren für Häusliche Krankenpflege, Unterricht in Gesprächsführung für Gemeindeschwestern, Besuchsdienst in der Gemeinde, Besuchsdienst bei alten Menschen, Mitarbeit bei der Fortbildung der Altenpfleger und Fallbesprechungsstunden mit Krankenhausseelsorgern.
Des Weiteren hielt der KKD Einzelvorträge in Gemeinden und eine Wochenendtagung für Gemeindeschwestern. In Hanau leitete Geissler Grund- und Aufbaukurse der Telefonseelsorge.[1040]

1.3.8 Bekanntmachung von Veranstaltungen des KKD

Zu Beginn der siebziger Jahre gab der KKD eine Grußkarte an alle Patienten heraus, auf der sich die Mitarbeiterinnen und Mitarbeiter der katholischen und der evangelischen Seelsorge vorstellten.[1041]
Auf der zentralen Hinweistafel des Zentrums der Inneren Medizin im Haus 23, Eingang B hatte die Krankenhausseelsorge ein Drittel der Fläche für ihre Informationen, wobei insbesondere die Gottesdienste angegeben waren, so wie ein Hinweis auf den Patientenclub.[1042] Am schwarzen Brett der Stationen aktualisierte der KKD regelmäßig die Angebote der Seelsorge. Weitere Informationen über Gottesdienstzeiten und telefonische Erreichbarkeit waren dort zu finden. 1975 gab der KKD in Zusammenarbeit mit dem Seelsorgeseminar eine Informationsbroschüre „Kirche für Kranke. Evangelische Krankenhausseelsorge in Frankfurt“ heraus, in der die Seelsorgerinnen und Seelsorger über ihre Arbeit mit Patienten und Personal des Klinikums informierte.[1043]
Im Oktober 1976 gab es ein abendliches Fest des KKD, zu dem insbesondere das Klinikpersonal eingeladen war.[1044] Außerhalb des Klinikums informierte die evangelische Krankenhausseelsorge in kirchlichen Zeitungen und mehrmals im Hessischen Rundfunk über ihre Arbeit am Klinikum.[1045]
Zu den Veranstaltungen schreibt Maglett 1971: „Veranstaltungen in offener Form. Wir bieten Räume zum Ausruhen, Spielen, zu Treffpunkt, zu geselligem

[1040] In: Q 153, S. 4
[1041] In: Q 282
[1042] In: Q 257
[1043] In: Ebd.
[1044] In: Q 162
[1045] In: Q 162

Beisammensein usw. Möglichkeit zu Gesprächen werden gegeben. – Getränke werden von unserer Sekretärin Frau Gross und ehrenamtlichen Helferinnen zubereitet: Mo–Fr 8.30–17.00."[1046]

In Zusammenarbeit mit allen Mitarbeitern des KKD und deren Ehrenamtlichen entstanden weitere Angebote für Patienten und deren Angehörige, für Klinikpersonal und für Gäste von draußen:

September 1969: Dichterlesung mit Manfred Hausmann

Oktober 1971: Ein Abend mit Dorothee Sölle

Mai 1975: Dichterlesung mit Siegfried Lenz

Juni 1978: Ein Sommerkonzert

November 1982: Bilderausstellung der Gruppe Randweg und ein Jazzkonzert der Gruppe Roaring Forties

Dezember 1982: Diavortrag: „Die indianischen Hochkulturen Mittelamerikas".[1047]

Diese mannigfachen Angebote der evangelischen Krankenhausseelsorge an der Universitätsklinik wie die Mitarbeit des KKD in Aus- und Fortbildung gaben der Krankenhausseelsorge in der Kirche ein neues Ansehen. Krankenhausseelsorge blieb gegenüber der Gemeindeseelsorge nicht mehr am Rande von Kirche und Gesellschaft, sondern wurde zunehmend zu einem Schwerpunkt kirchlicher Seelsorge.

1.4 Die evangelischen Nachbargemeinden der Universitätsklinik

Entsprechend der Dienstordnung war der jeweilige Dekan der unmittelbare Vorgesetzte der Seelsorgerinnen und Seelsorger der Universitätsklinik. Sie waren auch verpflichtet, an den Dekanatskonferenzen teilzunehmen. Klinikpfarrer Gerhard Helbich faßt im Jahresbericht 1983 wie folgt seine Aufgaben im Dekanat zusammen: „Teilnahme an Dekanatskonferenzen, Vorbereitung der Dekanatskonferenzen. Zur Zeit heißt das Thema Krankenhausseelsorge; Seelsorge – Kontakte zu Gemeindegliedern. In Einzelfällen: Einladung eines Gemeindekreises in die Klinik; Mitglied im Dekanatssynodal-Vorstand; Mitglied im Ausschuß des Fachbereich III (Seelsorge und Beratung) des Regional-Verbandes."[1048]

Die Seelsorger hielten regelmäßig Kontakte zu den Nachbargemeinden der Universitätsklinik und zu anderen evangelischen Gemeinden. Zu den Aktivitäten gehörten die Zusammenarbeit mit Kirchenvorständen; Supervision für eine Dekanatskonferenz; Pfarrerfortbildung; Supervision für einen Kirchenvorstand; Wochenende für Gemeindeschwestern; ein Abend zum Thema

[1046] In: Q 136, S. 1
[1047] In: Q 162
[1048] In: Q 182

„häusliche Krankenpflege". Auf Wunsch einzelner Gemeinden hielten Seelsorgerinnen und Seelsorger themenzentrierte Vorträge: Bewußtsein bei Tod und Sterben von Kindern, Umgang mit Sterbenden, Jugendabend mit Konfirmanden, zwei Gemeindeseminare: Sterben im Krankenhaus, Besuchsdienst bei Kranken.
Manchmal luden Gemeinden die Krankenhausseelsorger ein, ihre Gottesdienste zu Themen der Krankenhausseelsorge zu gestalten. Vertretungen für Gemeindepfarrer waren selbstverständlich für die Krankenhauspfarrer des KKD.[1049] Am Beispiel der Seelsorge in der Orthopädischen Klinik zeigt sich, wie sehr auch Gemeinden bereit waren, sich in der Krankenhausseelsorge zu engagieren. Es kamen Chöre in die Klinik und Jugendgruppen gestalteten Gottesdienste. Ehrenamtliche Frauen arbeiteten im Patientenclub und ermöglichten den Bücherdienst für die Kranken in ihren Zimmern. Zum Teil bezog sich diese Mitarbeit von Ehrenamtlichen auch auf andere Kliniken. Eine besonders gute Zusammenarbeit bestand mit der Zachäusgemeinde in Frankfurt-Niederrad.[1050]

1.5 Ökumenische Zusammenarbeit in der Krankenhausseelsorge

Becher suchte seit Beginn seiner Arbeit als Krankenhausseelsorger das Gespräch mit katholischen Kollegen. 1969 führte er eine gemeinsame Tagung mit seinem katholischen Kollegen Pöhler zum Thema: „Sozialpsychiatrie heute" in der Evangelischen Akademie Arnoldshain durch.[1051] Weiterhin arbeitete er mit anderen katholischen Krankenhausseelsorgern zusammen, wie insbesondere mit Pfarrer Pötter vom Städtischen Krankenhaus Höchst. An der Universitätsklinik begannen verstärkt konkrete organisatorische und finanzielle Absprachen mit den katholischen Kollegen.[1052]
Becher organisierte mit dem evangelischen Team seit 1971 regelmäßige Besprechungen mit allen katholischen Kolleginnen und Kollegen. Diese fanden vierteljährlich statt. Themen dieser ökumenischen Sitzungen waren: Zusammenarbeit mit der Klinikverwaltung, u.a. über die Abwicklung der für die seelsorgerliche Arbeit im Haushaltsplan der Klinik vorgesehenen 1500 DM, gemeinsame Grußkarte an alle Patienten, Kapelleneinweihung, Absprachen wegen der Gottesdienste und dem Einsatz des Organisten, insbesondere zu Weihnachten; Hinweisschilder, gemeinsame Treffen mit Sozialarbeitern, Einsatz von Theologiestudenten und der Kursteilnehmer des Seelsorgeseminars. 1975 gab es einen gemeinsamen Ausflug mit allen katholischen Mitar-

[1049] In: Q 162
[1050] In: Q 158, S. 4
[1051] In: Q 283
[1052] In: Q 296

beitern. Besonders feierte man 1974 das 25jährige Priesterjubiläum von Czapka.[1053] Darüber hinaus nahmen katholische Kollegen an den Seelsorgekursen des evangelischen Seelsorgeseminars teil.[1054] Mit den evangelischen Kursteilnehmern wohnten anfangs die katholischen Seelsorgerinnen und Seelsorger während der sechs Wochen Kursdauer im katholischen Seminar der Claretiner in Frankfurt-Sachsenhausen.
Dr. Alvin Hammers, einer der ehemaligen Kursteilnehmer, heute katholischer Theologieprofessor in Trier, berichtete: „Unseren Krankenhausseelsorgekurs leitete eine evangelische Pfarrerin, Eva-Renate Schmidt und ein evangelischer Pfarrer, Werner Becher. Hier wurde schon Anfang der siebziger Jahre ganz selbstverständlich Ökumene unter katholischen und evangelischen Seelsorgerinnen und Seelsorgern praktiziert."[1055]

2. Die Kranken besuchen

2.1 Die seelsorgerliche Situation auf den Stationen

Seit 1971 hatten die Patienten über die Grußkarten des KKD nähere Information über die Krankenhausseelsorge. Mit Ausnahme der Psychiatrie, die eine eigene gestaltete Rückseite auf der Grußkarte hatte, erhielten die Patienten aller Kliniken die gleiche Grußkarte.[1056]
Durch räumliche Veränderungen und neue Seelsorgerinnen und Seelsorger variierte im Laufe der Jahre der Informationsteil der Grußkarte, während die grüne Farbe und das Gebet der KKD unverändert beibehielt.[1057] Das Gebet auf der Vorderseite stammt aus dem 18. Jahrhundert: „Gib mir Gelassenheit, Dinge hinzunehmen, die ich nicht ändern kann, den Mut, Dinge zu ändern, die ich ändern kann und die Weisheit, das eine vom andern zu unterscheiden."[1058] Seit 1984 schickte der KKD die Begrüßungskarte zusammen mit einem persönlichen Schreiben der beiden für diese Station zuständigen evangelischen und katholischen Seelsorgerinnen und Seelsorger im Briefumschlag an alle Patienten mit der klinikinternen Post. Becker schreibt 1984 von ihren Erfahrungen in der Frauenklinik: „Unsere Begrüßungsschreiben an alle Patientinnen verkürzen bei Besuchen die Phase des Bekanntmachens und erleichtern ein Gespräch".[1059]

[1053] In: Q 162
[1054] In: Q 144
[1055] In: Q 302
[1056] In: Q 155, S. 1
[1057] In: Q 287
[1058] Das Gebet wird dem Theologen F. Chr. Oettinger (1702-1782) zugeschrieben.
[1059] In: Q 186, S. 2

2.2 Die Krankenbesuche

Seit Ende der siebziger Jahre teilten sich unabhängig von den jeweiligen Konfessionen der Patienten die Seelsorgerinnen und Seelsorger die Stationen in den einzelnen Kliniken untereinander, so daß jeweils nur eine Person für eine Station zuständig war. Verlangten die Kranken die ihrer Konfession entsprechende Seelsorge, so verständigte man die Kollegin bzw. den Kollegen. Dadurch entstand ein intensiverer regelmäßiger Austausch zwischen den jeweiligen katholischen und evangelischen Kolleginnen und Kollegen über die Seelsorgeangebote in „ihren" klinischen Zentren.[1060]
Angehörige der Patienten werden in den Jahresberichten der Seelsorgerinnen und Seelsorger meist im Zusammenhang mit dem Patientenclub genannt. Für sie und ihre Kranken ist der Patientenclub eine willkommene Abwechslung zum Stationsbetrieb. Hier ist es den Angehörigen möglich, ungestörter als auf der Station mit ihrem Kranken zu sprechen, da die Patienten meistens in Mehrbettzimmern liegen.[1061]

2.3 Der Einsatz der Krankenhausseelsorge bei den Weihnachtsfeiern

Wie in den Jahrzehnten zuvor luden Seelsorgerinnen und Seelsorger Anfang der siebziger Jahre Patienten durch persönliche Einladungsschreiben zum Weihnachtsabend auf ihren Stationen mit Gottesdienst und anschließendem gemütlichen Beisammensein herzlich ein.[1062]
Auf einem Handzettel standen die Zeiten der evangelischen und katholischen Weihnachtsgottesdienste.[1063] Auf der Klausurtagung im November 1976 macht das Team Gestaltungsvorschläge zu Weihnachtsfeiern und -andachten, Weihnachtsgeschichten, Bücher, Meditationen und Liedhefte. An Veranstaltungen wird benannt: Nachmittag mit pensionierten Schwestern und Adventgottesdienste mit allen Mitarbeitern. Adam, Brock und Maglett hatten in der Nervenklinik, HNO-Klinik und Hautklinik eigene Weihnachtsfeiern am Heiligen Abend. Weiterhin fanden am 25. und 26. 12. Weihnachtsgottesdienste in der Kapelle des Zentralbaues statt. Auf Wunsch bettlägeriger Patienten hielten die Seelsorgerinnen und Seelsorger auch Zimmerandachten auf einzelnen Stationen.[1064]

[1060] In: Q 296
[1061] In: Q 136, S. 1
[1062] In: Q 152
[1063] In: Q 135
[1064] In: Q 155, S. 2 f.

2.4 Seelsorgeerfahrungen in der Universitätsklinik

2.4.1 Seelsorgeberichte aus einzelnen Häusern

Geissler schreibt 1971 von der *Wach- und Intensivstation:* „Auf einer Station wollte ich in besonderer Weise heimisch werden, um hier – exemplarisch – den Stationsalltag näher kennen zulernen. Im Wechsel mit einer Mitarbeiterin der katholischen Krankenhausseelsorge besuche ich zweimal wöchentlich diese Wach- und Intensivstation. Nach anfänglichen Schwierigkeiten (von Seiten der Station) gelang es mir allmählich, mit dem Pflegepersonal in Kontakt zu kommen und Verständnis für unseren Dienst zu wecken. Da auf dieser Station nur sehr schwere und kritische Fälle behandelt werden, ist hier die Gelegenheit zu Intensiv-Seelsorge in besonderer Weise gegeben: Begleitung von Patienten durch die Krisen ihrer Krankheit, Betreuung Sterbender."[1065]

Maglett versucht in der *Hautklinik* eine stärkere Integration seiner Arbeit im Gespräch mit dem Personal. „Wegen der Kürze der Zeit ist ein ausführlicher Bericht noch nicht möglich. Mit einem Stationspfleger bestand relativ guter Kontakt, so daß ein Austausch von Arbeitserfahrungen möglich ist."[1066]

In der *Frauenklinik* entstand eine Gesprächsgruppe von Patientinnen mit Ärzten und Schwestern auf Wunsch des Klinikdirektors. Geissler schreibt 1972 dazu: „Das Unternehmen wurde angeregt durch einen Vortrag von Herrn Becher sowie einer Fallbesprechung mit Herrn Becher, Herrn Geissler und Ärzten. [...] Das erste Gespräch fand am 29.6.72 ganz ohne eine Vorbesprechung statt und verlief ganz gut. Es stellte sich aber dann heraus, daß im Grunde genommen nichts geändert werden kann und es stellte sich die Frage, ob es Zweck habe, diese Gespräche fortzusetzen.

Das zweite Gespräch fand nach 14 Tagen statt. Es waren nur 3 Patientinnen erschienen gegenüber etwa 7–10 Ärzten und Herrn Geissler, was zur Folge hatte, daß die Patientinnen sich stark gedrängt fühlten. [...] Als das 3. Gespräch stattfinden sollte, zeigte es sich, [...] daß nur die Patientinnen über ihre Probleme reden sollten. Die meisten Schwestern sind überhaupt gegen die Fortführung solcher Gespräche eingestellt, weil sie eine negative Wirkung bei den Patientinnen befürchten."[1067] Die Initiatoren der Fallbesprechungsgruppe hatten die ideelle Vorstellung, durch die persönliche Aussprache aller an der medizinischen Behandlung Beteiligten konstruktive Veränderungen im Stationsablauf zu erreichen. Das hierarchische Gefälle zwischen Arzt, Schwester und Patientin wie der Personenschutz eines jeden Gruppenteilnehmers setzten Grenzen, zumal alle Teilnehmerinnen und Teilnehmer in stationärer Abhängigkeit zueinander standen.

[1065] In: Q 130, S. 2
[1066] In: Q 133, S. 4
[1067] In: Q 140

Aus der *Strahlenklinik* erzählt Monika Reitz 1971, daß sie dort mit einzelnen Patienten intensiv in Kontakt kam: „So liegen in den Mehrbettzimmern der Strahlenklinik Patienten über Sonntag öfter allein, da die Mitpatienten Sonntagsurlaub bekommen haben. Mit einer Frau, die mehrere Wochen im Bad lag und dort permanent durch Schwestern gestört wurde, die irgend etwas holen mußten, konnte ich mich ungestört am Abend nach 19.00 Uhr unterhalten. Je länger man eine Station kennt, desto mehr solcher Möglichkeiten findet man."[1068] Maria Schwenn schreibt 1982 von einer langfristigen Betreuung von Krebspatienten in der Strahlenklinik. Die Patienten liegen hier zwischen drei Wochen bis zu einem halben Jahr. 1984 schreibt sie: „Ich hatte in dem letzten Jahr bewußt den Kontakt mit dem Pflegepersonal dieser Klinik gesucht. Die Gespräche über die Situation der von mir besuchten Patienten haben mir wichtige Anhaltspunkte gebracht. Ein anderes Thema in den Gesprächen ist die Situation des Pflegepersonals (Belastung durch die Arbeit, Auseinandersetzung in der Beziehung zur Oberschwester). Durch ein Gespräch mit meinem katholischen Kollegen und drei Ärzten dieser Klinik hat sich für mich ein guter Kontakt zu einem dieser Ärzte ergeben. In der Strahlenklinik und in der Kieferchirurgie erlebe ich, daß das Pflegepersonal es nach Möglichkeit vermeidet, ein Zimmer zu betreten, in dem ich gerade einen Besuch mache."[1069]
Als Pfarrvikarin berichtet Christa Brock 1975 aus der *Hals-Nasen-Ohren-Klinik:* „[...] in der Hals-Nasen-Ohren-Klinik besteht ein guter Kontakt zu Pflegern und Schwestern." Dennoch macht sie die Erfahrung bei Schwestern, die selbst der Kirche fern stehen, daß sie im Hinblick auf den Patienten sagen, „[...] der ist religiös nicht interessiert, zu dem brauchen sie nicht zu gehen." Brock informiert von dem Besuch bei einer Patientin auf der Intensivstation, die vor der Operation große Angst hatte: „Ich sehe noch den dankbaren Blick der Patientin, in dem vieles mitschwang, Dankbarkeit, daß sie wieder aufgewacht war, daß es überstanden war, daß sie es jemandem mitteilen konnte, der ihre Angst gekannt hatte. Für unsere weitere Beziehung war diese Begegnung wohl wichtig." Über ihre eigenen Erfahrungen sagt sie: „Für mich begann mit diesen Besuchen ein Prozeß des Angstabbaus, ein Prozeß, neue seelsorgerliche Möglichkeiten zu entdecken und somit eben auch meine Kriterien zu verändern, ohne daß ich sie schon konkret benennen könnte. Der Angst-Abbau hat mir ein ‚besseres' Gefühl von mir selbst gegeben, ich kann mir etwas mehr zutrauen. Das wiederum wirkte sich auf das aus, was Schwestern mir zutrauen können. Zunächst ist es eine Veränderung in meinem Empfinden, ich fühle mich intensiver anwesend und habe die Patienten intensiver im Bewußtsein."[1070]

[1068] In: Q 133, S. 1
[1069] In: Q 188, S. 6
[1070] In: Q 152, S. 5

Auch von anderen Kliniken liegen mir einzelne Berichte vor, die ich jedoch hier nicht berücksichtigte, da sie keine neuen speziellen Aspekte enthielten.

2.4.2 Seelsorge mit kranken Kindern

Am 1.9.1968 begann Becher als neuer Krankenhausseelsorger. Über seine Vorstellung in der Kinderklinik sagt Becher: „Ich habe Professor Hövels, den damaligen geschäftsführenden Direktor der Kinderklinik, und Oberschwester Elfriede der Seelsorge gegenüber sehr aufgeschlossen erlebt. Sie haben mir beide viel gezeigt, was ich vorher so nicht kannte. Alles hat mich sehr beeindruckt, was auch daran lag, daß ich selbst Vater von drei Kindern bin. Schwester Elfriede stellte mich dem ganzen Team der Stationsschwestern vor.“[1071]
Aus einem Gespräch zwischen Otto Hövels und Becher auf der Tagung vom 13.1. bis 15.1.1978 in Bad Orb zum Thema „Seelsorge für das kranke Kind“ geht hervor, daß es zwischen ihnen zu regelmäßigen Besprechungen von wöchentlich einer Stunde kam. Hövels schreibt über seine Treffen mit dem Seelsorger in der Kinderklinik: „[...] dann würde ich gerne sagen, daß sich diese regelmäßige Besprechung, schon allein von der Regelmäßigkeit her, so bewährt hat, daß, nachdem ich nun die Leitung dieser Abteilung abgegeben habe und die Leitung der gesamten Klinik übernommen habe, diese Stunde eine fixe Stunde nunmehr für den Krankenhauspfarrer [nicht mehr nur für die Seelsorgearbeit auf einer Station, sondern] für die ganze Klinik geworden ist. [...] Ich möchte noch einiges sagen über die Notwendigkeit, mit dem Seelsorger auch über den medizinischen Hintergrund der Behandlung, ihre Aussichten und ihre Risiken und zwar immer bezogen auf ein konkretes Kind zu sprechen, also ich habe Herrn Becher keine Vorträge über die Behandlung der Leukose als solcher gehalten, sondern wir haben immer von einem Kinde gesprochen und haben von den dort auftretenden Problemen natürlich auch auf die allgemeinen Gesetzmäßigkeiten dann Bezug genommen.“[1072]
Becher sagt über die Bedeutung der regelmäßigen Gespräche mit Hövels: [...] und das Charakteristische dieser Gespräche ist für mich auch in zwei Richtungen zu suchen gewesen, einmal, daß ich Informationen über die Kinder bekommen habe, die mir manches verständlich gemacht haben, was ich aufgrund meines Laienzuganges zu den ärztlichen Vorgängen nicht verstehen konnte. Denn diese Folgen der ersten Phase der Behandlung, die Herr Hövels hier angedeutet hat, ist für einen Laien erschreckend zu sehen. Man kriegt erstmals das Gefühl, diese brutalen Ärzte machen die Kinder ja fertig, wenn man von außen herankommt. Und da ist ein Stück Information einfach nötig.“[1073]

[1071] In: Q 296
[1072] In: Q 167, S. 10 f.
[1073] In: Q 167, S. 9

Bei dieser Tagung benennt Becher Grundhaltungen für die Seelsorge in der Kinderklinik: „Nämlich einmal, daß es für die Kooperation und gerade für die Beteiligung des Seelsorgers an der Kooperation in der Kinderklinik wichtig ist, daß er sich auskennt und bekannt ist. Als zweites, daß Kooperationsarbeit arbeits- und zeitaufwendig ist. Das werde ich noch ausführlicher beschreiben. Das jetzt speziell auch aus der Sicht des Seelsorgers gesehen, die Bereitschaft zur Zusammenarbeit auch erfordert, sich in Konfliktfelder hineinzubegeben, aus denen er nicht unverändert hervorgeht.[1074]
„Ein dritter Sektor und das ist ja dann der Hauptbereich, in dem es um Bekannt werden und Vertrautheit geht, ist für mich eigentlich erst so in der letzten Zeit wirklich sichtbar geworden, nämlich daß es auch in solch einer großen Klinik mit einem relativ großen Patientenwechsel wachsende Beziehungen über längere Zeiten gibt."[1075]

Seelsorger auf der Leukämiestation
Becher macht jeden Donnerstag von 13.00 Uhr bis 21.00 Uhr als Seelsorger auf der Leukämiestation Dienst:
„Das sieht also so aus, daß ich am frühen Nachmittag zuerst auf die Station gehe und mit den beiden Stationsärzten kurz spreche und mir berichten lasse, wer neu hinzugekommen ist, bei welchen Kindern sie den Eindruck haben, daß ich einen Besuch von mir aus machen sollte, und daß sie mir auch die Entwicklungen bei den Kindern beschreiben, die ich am vergangenen Donnerstag besucht hatte. Wobei ich sagen muß, daß ich es sowohl von dem Arbeitsaufwand her nicht schaffe als auch von den Notwendigkeiten her nicht unbedingt für erforderlich halte, daß ich alle Kinder der Station kennen lerne, sondern mich verlassen kann auf die Ratschläge, die ich von den Ärzten bekomme, gerade in der letzten Zeit, in der sich die Arbeit eben stärker entwickelt hat, habe ich einfach auch – denke ich – Glück gehabt, daß alle Ärzte kooperationswillig waren, was ja nicht in jedem Fall vorauszusetzen ist. Das ist so ein Gespräch von 10 bis 15 Minuten, danach gehe ich zu den Schwestern hinein und frage sie noch, ob sie irgendeinen Hinweis haben, was sie meinen, welchen Besuch von denen, die vorgesehen worden sind, ich mir als ersten vornehmen sollte, im Hinblick auf sonstige Verrichtungen und Vorgänge auf der Station.
Dann kommen also ganz reguläre Krankenbesuche bzw. für mich war die neue Erfahrung in der Kinderklinik, jetzt gerade in diesem Bereich – auch das soll nachher an den Fällen noch illustriert werden – daß meine Besuche in den Krankenzimmern vorwiegend Elternbesuche geworden sind. [...]
Um 16.00 Uhr ist es üblich, auf dieser Station Kaffee zu trinken, und zwar mit der doppelten Funktion, wie ich gelernt habe. Einmal eine gewisse Fluchtmöglichkeit, und ich sage es jetzt nicht in einem moralischen, sondern in einem

[1074] Ebd., S. 1
[1075] Ebd., S. 3

psychologischen Sinne, der nicht werten will. Ein notwendiger Schutz, im Ablauf eines Tages sich zurückziehen zu können und nicht ständig konfrontiert zu werden mit vor allen Dingen den Eltern, aber eben auch den Kindern, von denen ja doch sehr viele dem Tod geweiht sind. Und wo durch diese Organisation der klinischen und pflegerischen Tätigkeit ja auf einen Ausschnitt von Mitarbeitern in dieser Klinik auch eine ganz konzentrierte Belastung ausgeübt würde, eben der Umgang mit infaust Erkrankten[1076].
Das ist die eine Funktion und die andere, die sehr positive, das ist so ein Stück von informeller Stationsbesprechung, bei dem Kaffee sind sowohl die Schwestern als auch die Ärzte anwesend, da kommt auch mal schnell die Erzieherin hereingehuscht, die Lehrer leider nicht, weil sie in der Regel vormittags da sind. Und da gibt es oft eine Fallbesprechung, ohne daß diese sehr stark strukturiert wird."[1077]

Veränderungen der Besuchszeiten
Nach seinen ersten Erfahrungen als Seelsorger in der Kinderklinik gelingt es Becher in Zusammenarbeit mit Hövels, die streng regulierten Besuchszeiten abzuschaffen.
„Zu sehen, wie die Mütter nach der Besuchszeit beim Abschied von ihren Kindern litten, ging mir besonders nahe. [...] Damals begann die große Diskussion um eine Erweiterung der Besuchszeiten. Pfarrer Klein kam aus Australien, wo es schon unbegrenzte Besuchszeiten für die Angehörigen kranker Kinder gab. Ich selbst hatte als Auslandspfarrer in Schottland Erfahrungen gemacht, daß Eltern rund um die Uhr bei ihren kranken Kindern auf der Station bleiben konnten. Unsere Tochter hatte zu dieser Zeit eine kleine Operation gehabt. Damals durfte meine Frau sie nicht besuchen.
Und als ich von Schottland erzählte, haben sich von der ‚Aktion Kind im Krankenhaus', die gerade 1968 hier in Frankfurt gegründet worden war, einige Frauen auf mich gestürzt, und Hövels machte damals auch in dieser Aktion mit. Für mich war es selbstverständlich, daß ich als Seelsorger diese Aktion unterstützte. Besuche gab es in der Kinderklinik nicht jeden Tag, nur ab und zu einmal eine Stunde. Hövels hatte da einen Riecher, unser Anliegen der unbegrenzten Besuchzeiten durchzusetzen."[1078] Sie hatten Erfolg. Während anfangs die Kinderklinik die Zeiten auf täglichen Besuch erweiterte, gelang es schon nach einigen Jahren, unbegrenzte Besuchszeiten zu ermöglichen.
In der Kinderklinik waren neben Becher in den siebziger Jahren Geissler und Dora von Oettingen tätig. Von Oettingen begründet in ihrem Jahresbericht 1972, warum sie im Gegensatz zu früher einen Kindergottesdienst in der Kinderklinik nicht für vorrangig erachtet: „Wegen der vielen Religions- und

[1076] Infaust (lat.) aussichtslos; z.B. infauste Prognose.
[1077] Ebd., S. 7 f.
[1078] In: Q 296, S. 66

Konfirmandenstunden, die unsere Kinder erhalten, scheint es mir nicht so notwendig, in der Kinderklinik eine Art Kindergottesdienst- oder Jugendarbeit zu machen. Vielmehr scheint mir die intensive Bemühung um einzelne Kinder notwendig in Koordination mit Ärzten und Schwestern. So beschäftige ich mich jeden Samstag mit Kindern, die entweder schwer krank sind oder Monate hier bleiben müssen oder deren Angehörige sich nicht ausreichend um sie kümmern. Mit diesen Kindern spiele ich, erzähle ihnen und spiele ihnen Platten vor oder mache, wozu sie gerade Lust haben. Kinder, bei denen es nötig ist, die z.B. auf den Tod zugehen, wurden täglich oder alle zwei Tage von mir besucht und begleitet. Hausbesuche bei den Eltern sind in einigen Fällen notwendig. Ein echter Konflikt entstand, als ich in den letzten Monaten den Eindruck hatte, daß ich mit einem 12-Jährigen über sein Sterben sprechen müßte. Nach meiner Vermutung sucht er das Gespräch. Da Ärzte, Schwestern und Eltern dies aber nicht wollten und bis zuletzt von Gesundwerden mit dem Jungen sprachen, sah ich keine andere Möglichkeit als zu schweigen. War das richtig?"[1079] Das Ansprechen des Konfliktes, sei es im Teamgespräch, in einem Seelsorgekurs oder bei einer Klausurtagung, ist für die Seelsorgerin und den Seelsorger von erheblich entlastender Wirkung, ohne dass immer eine Lösung gefunden werden kann.

Das Personal der Kinderklinik

1977 kam als neuer Krankenhausseelsorger Pfarrer Karl-Heinz Horst hinzu. Er übernahm von Anfang an neben anderen Kliniken die Kinderklinik. Zur Einführung von Horst hielt Hövels folgende Ansprache:

„Lieber Herr Pfarrer Horst, Sie haben mich gebeten, Ihnen zu Ihrer Einführung in den kirchlichen Krankenhausdienst am Klinikum der Johann Wolfgang Goethe-Universität ein Bibelwort zu sagen. Nach manchem Nachdenken bin ich auf den ersten Vers des 27. Psalms gekommen: ‚Der Herr ist mein Licht und mein Heil, vor wem sollte ich mich fürchten? Der Herr ist meines Lebens Kraft, wovor soll mir grauen?' [...] Als geschäftsführender Direktor des Zentrums der Kinderheilkunde überbringe ich Glück- und Segenswünsche für eine fruchtbare Zusammenarbeit. Ich freue mich, daß wir einen Pfarrer bekommen haben, der für die besonderen Nöte unserer kranken Kinder, für die Sorgen ihrer Eltern und derer da ist, die hier unsere Patienten zu behandeln und pflegen haben. Mit Ihnen beschreiten wir in der Kinder- und Elternseelsorge neue Wege. Viele neue Ansätze wurden in den letzten Jahren in unserer evangelischen Kirche, nicht zuletzt in unserer Landeskirche versucht."[1080]

Als geschäftsführender Direktor der Kinderklinik ist Hövels der seelsorgerliche Umgang des neuen Krankenhausseelsorgers Horst mit dem Personal der Kinderklinik besonders wichtig: „Wobei Herr Horst uns große Dienste erwie-

[1079] In: Q 139
[1080] In: Q 165, S. 1 f.

sen hat, indem er sich um das Personal gekümmert hat. Er fühlte sich für uns zuständig. Ja, das war die moderne Schiene. Früher kümmerte sich der Pfarrer um die Kranken, er war Krankenseelsorger. Später kam man zu der Erkenntnis, daß mindestens so große Probleme, wie es bei den Kranken gibt, auch beim Personal vorhanden sind. Solange Schwestern nicht davon überzeugt sind, daß der Seelsorger auf der Kinderstation da etwas Gutes tut, solange läuft dann nichts auf der Station. Das ist auch heute so. Ich war ja auch öfters Patient auf verschiedenen Stationen, da gibt es freundliche Schwestern, die sofort sagen, da gibt es den Seelsorger, andere hingegen nicht."[1081]

1978 gründete Horst die sogenannte „Sprudelgruppe". In dieser Aussprachegruppe trafen sich Schwestern verschiedener Stationen 14tägig zu Fallbesprechungen mit Horst. Hövels berichtet dazu: „Der sogenannte Sprudelkreis hatte eine wohltätige Rolle. Die Schwestern konnten sagen, was sie wollten und in welchem Ton sie das sagen wollten. Die Teilnehmerinnen dieser Gruppe wußten, daß ihre Berichte nicht über diesen Kreis hinaus weitergetragen werden. Sie hatten durch ihre Mitarbeit dort keine Nachteile. Viele Probleme haben sich untereinander geregelt. Manches wurde in einer Form an uns herangetragen, daß man nicht wußte, wer auf diesen Mißstand hingewiesen hat. Es wurden Dinge bekannt, die man verändern kann, was wiederum der Leitung der Klinik zugetragen wurde."[1082]

Zusätzlich beginnt Horst 1979, Unterricht in Fallbesprechungen und Gesprächsanalysen an der Kinderkrankenpflegeschule zu geben, zuerst mit acht Stunden pro Semester[1083] und ab 1983 mit sechs Stunden pro Monat.[1084]

Eigene Fortbildung des Seelsorgers

Becher nimmt zur eigenen Verarbeitung des Erlebten an einer Balintgruppe[1085] mit acht Ärzten und einer Psychologin unter der Leitung eines Psychoanalytikers jeden Donnerstagabend teil. Neben Selbsterfahrung und Strukturproblemen der Kinderklinik stehen Fallbesprechungen der Kinder und Eltern im Vordergrund. Er erzählt von dieser Gruppe, an der er von 1976 bis 1979 teilnahm:

„Eine Balintgruppe für Psychologen und Kinderärzte ist entstanden. Wir haben uns sehr schnell gut verstanden. Jeder hat seine Gebühren für die Teilnahme an dieser Gruppe selbst bezahlt. Als Leiter hatten wir den jüdischen Psychoanalytiker Dr. Paal. In dieser Gruppe haben wir mehrere Jahre zusammen gearbeitet, sehr klassisch, nach Fallbeispielen. Als Mitarbeiter der Universitätskinderklinik hatten wir alle mit denselben Kindern zu tun. An diesen Abenden

[1081] In: Q 305
[1082] Ebd.
[1083] In: Q 177, S. 3
[1084] In: Q 183, S. 3
[1085] Die Balintgruppe wurde von dem Psychoanalytiker Michael Balint (1896–1970) entwikkelt.

durften wir auch die Kooperation unter uns und mit anderem Stationspersonal bearbeiten. Man bekommt nur die Probleme heraus, wenn man miteinander redet. Nach den aufwühlenden Erlebnissen auf der Kinderkrebsstation habe ich in der Balintgruppe wieder Ruhe gefunden."[1086]
Becher sah die Notwendigkeit, Fort- und Ausbildung im Umgang mit dem kranken Kind allen Mitarbeiterinnen und Mitarbeitern der Kinderklinik und darüber hinaus zukommen zu lassen. „Als Studienleiter war ich in der Lage, immer die Gruppe ‚Kind im Krankenhaus' in die Akademie nach Arnoldshain einzuladen. Es gab eine Dreiecksbeziehung: Aktion ‚Kind im Krankenhaus', ‚Arnoldshain' und Kinderklinik.[1087] Diese qualifizierte Seelsorge in der Kinderklinik führte zu einem weiteren Seelsorgeschwerpunkt des KKD in der Universitätsklinik.
In der *Orthopädischen Klinik* engagierte sich Pfarrerin Christa Siegmund-Schultze insbesondere für Kinder und Jugendliche. Sie kam von der Jugend-, Familien- und Erwachsenenbildung in die Krankenhausseelsorge. Siegmund-Schultze bildete sich über spezielle Tagungen zur Kinderseelsorge fort, so z.B. nahm sie 1978 an der Tagung: „Seelsorge an kranken Kindern" in Bad Orb teil.[1088] 1976 nahm sie Kontakt auf zum Religionspädagogischen Institut Schönberg im Taunus mit dem Ziel der gegenseitigen Information über die Situation der Kinder in der Klinik und in den Sonderschulen. 1976 begann sie wegen der behinderten Jugendlichen im Friedrichsheim mit der Beratungsstelle für jugendliche Behinderte beim Arbeitsamt zusammenzuarbeiten.[1089] Von etwa 300 Patienten im Friedrichsheim gab es durchschnittlich 70–80 Kinder und Jugendliche.[1090]
In einem Interview der Zeitung „Evangelisches Frankfurt" mit Siegmund-Schultze im September 1978 benennt sie einige Themen, bei denen es um Kinder und ihre Angehörigen ging:

- „Die Einweisung eines Kindes in das Krankenhaus führt oftmals zur Verunsicherung der ganzen Familie. Furcht, Erschrecken und Ratlosigkeit entstehen.
- Kinder haben vor allem im Krankenhaus Angst und Heimweh.
- Kinder brauchen gegebenenfalls unbegrenzte Besuchszeit, dennoch kommt es oft vor, daß Kinder keinen oder nur seltenen Besuch haben, da die Familie weit weg wohnt, oder weil die Mutter ohnehin überlastet ist oder auch deshalb, weil die Familie nicht weiß, wie sie mit dem kranken Kind umgehen soll.

1086 In: Q 296, S. 67
1087 Aus dieser Zusammenarbeit zwischen Klinikpersonal und Seelsorgern entstanden verschiedene Tagungen in der Evangelischen Akademie Arnoldshain.
1088 In: Q 172, S. 4
1089 In: Q 158, S. 4
1090 In: Q 172, S. 2

- Kinder können sich wegen ihrer Krankheit als Last für die Eltern und für die Geschwister fühlen, worauf manche Gespräche mit ihnen notwendig sind.
- ‚Wir reden sowieso über alles, und wenn wir nicht weiterkommen, dann spielen wir oder sprechen mit verteilten Rollen', erzählt ein junges Mädchen, das schon fünf Wochen da ist, im Hinblick auf den Besuch der Pfarrerin."

Daraus sieht Siegmund-Schultze die Aufgabe:

„[...] das Kind in seiner ganzen seelischen Situation zu sehen und ihm in der Krise – wenn ich sie erkenne – beizustehen. Dabei habe ich auch den Vorteil, daß ich entscheiden kann, an welches Bett ich mich setze und wie lange ich dort bleibe. Auch die Lehrkraft oder die Kindergärtnerin spielt oft eine wichtige Rolle für das Kind, aber sie müssen meistens weiter oder gleichzeitig für mehrere da sein.„[1091]

Abschließend sagt Siegmund-Schultze: „Das kranke Kind in seiner besonders ausgelieferten Situation ist erst in den letzten Jahren allmählich ins Blickfeld geraten, dank vieler Bemühungen von Eltern und Pädagogen. In diesem Zusammenhang sei die Aktion ‚Kind im Krankenhaus' erwähnt, 1968 als Bürgerinitiative in Frankfurt gegründet und seit 1970 als eingetragener Verein in der ganzen Bundesrepublik wirksam.[...] Was hier in der Orthopädie an Seelsorge an kranken Kindern praktiziert wird, ist zur Zeit nur ein Beispiel von leider sehr wenigen. An den Universitätskliniken in Frankfurt bemühen sich insgesamt drei Pfarrer in verschieden Bereichen um die kranken und die sterbenden Kinder. Und in demselben Rahmen ist auch die Kinderseelsorge am Städtischen Krankenhaus Höchst anzusehen. Sicher bemüht sich der eine oder andere Pfarrer auch um ein krankes Kind in seinem Krankenhausbereich, aber als gezieltes Arbeitsfeld rückt auch hier das kranke Kind erst allmählich ins Blickfeld."[1092]

Die engagierte Kinderseelsorge von Becher, Horst und Siegmund-Schultze würdigte die Kirchenleitung der EKHN mit der Einrichtung einer weiteren halben Planstelle in der Kinderklinik.

2.4.3 Seelsorge mit psychiatrischen Patienten

Pfarrer Heinz Brink übernahm 1968 die Nervenklinik. Über seine ersten Erfahrungen schreibt er: „Die seelsorgerliche Betreuung der Nervenklinik und der Klinik für Neurochirurgie hat der Unterzeichnende erst zu Beginn des Jahres 1968 aufgenommen. Anfangs waren einige Schwierigkeiten zu überwinden, zumal die Ärzte und die Schwesternschaft sich der ev. Krankenseelsorge

[1091] Sunus (1978), S. 3
[1092] Ebd.

gegenüber ein wenig reservierten. Die Gründe für die Zurückhaltung sind in der Vergangenheit zu suchen."[1093] Die Unzufriedenheit des Klinikpersonals mit der evangelischen Krankenhausseelsorge lag auch in der ständigen Fluktuation der Seelsorgerinnen und Seelsorger der letzten zehn Jahre begründet. Als besonderes Ereignis aus dem Jahre 1968 berichtet Brink von den beiden Weihnachtsfeiern in der Nervenklinik mit Ärzten, Schwestern, Pflegern und Patienten.[1094]

1970 schreibt Brink, daß sich die Teilnahme an den Gottesdiensten in der Nervenklinik im Laufe des Jahres gebessert hätte. Die Gesamtbesucherzahl lag 1970 bei 625 Patienten, wovon ca. 500 nach vorausgegangener Beichte das Sakrament des Abendmahls feierten. „Bei den psychisch Kranken kommt es verhältnismäßig leicht zu Gesprächen, die fast durchweg in Beichtgespräche übergehen. Die Frage ist, soll ein Seelsorger es dabei bewenden lassen oder solchen Beichtgesprächen nun auch den feierlichen Beichtakt mit Bekenntnis, Absage und Absolution folgen lassen. Das wäre gewiß seelsorgerlich korrekt gehandelt. Nach meiner Meinung kommt es aber für die Hilfe, die dem Kranken zu gewähren ist, nicht entscheidend auf die Beichte in aller Form an. Wichtig allerdings ist, daß Beichtgespräche mit der Zusage der Vergebung, was schon aus der Tatsache hervorgeht, daß psychisch Kranke – vor allem Neurotiker – sehr freimütig von ihrem Versagen sprechen und damit ihre Schuld anerkennen, wenn das auch nicht für alle Neurotiker gleichermaßen gilt."[1095]

In dem Jahresbericht 1971 widmet Brink einen Abschnitt der Seelsorge in der Psychiatrie und Neurologie. Er schreibt: „Intensive Einzelgespräche waren in diesem Jahr nur auf der Privatstation möglich; Gruppengespräche wurden in den geschlossenen Abteilungen durchgeführt, wobei gesagt werden muß, dass diese Gespräche oft durch drogensüchtige Jugendliche gestört wurden. Dieselben Schwierigkeiten haben auch die Ärzte, weshalb die Klinik dabei ist, die Kranken genauestens zu differenzieren, d.h. die psychisch Kranken von den Süchtigen zu trennen, was bisher aus technischen Gründen nicht möglich war."[1096]

Arbeitskreis für die Seelsorger an psychiatrischen Krankenhäusern

Bei einem Treffen der Pfarrer an psychiatrischen Kliniken im Dominikanerkloster in Frankfurt am Main am 21.10.1971 gründeten die Anwesenden im Beisein von Brink einen „Arbeitskreis für die Seelsorger an Psychiatrischen Kliniken" im Rahmen des Konvents für Krankenhausseelsorger der EKHN. Maglett schrieb in den ersten Jahren die Protokolle. Der Kreis beschrieb seine Aufgaben: „[…]

[1093] In: Q 126, S. 1
[1094] IEbd.
[1095] In: Q 125, S. 1
[1096] In: Q 132, S. 3

1) In ihm sollte eine Zielbestimmung der seelsorgerlichen Arbeit an psychiatrischen Kliniken erarbeitet werden.
2) Der Stellenwert dieser Arbeit im Rahmen der gesamten kirchlichen Seelsorge sollte ermittelt werden. Man war der Meinung, der Seelsorge an psychiatrischen Kliniken komme eine Schlüsselposition zu, da sie die Zuspitzung allgemeiner Seelsorge sei.
3) Der Arbeitskreis wird sich mit Fragen der Personalgewinnung für die Seelsorge an psychiatrischen Kliniken beschäftigen.
4) Fragen der Aus- und Fortbildung für die Mitarbeiter in der Seelsorge an psychiatrischen Kliniken sollen aufgegriffen werden. Stichwort: Praxisentwicklung und Praxisgestaltung.
5) Fragen der sachlichen Ausstattung der Pfarrstellen.
6) Vertretung des Anliegens der Seelsorge an psychiatrischen Kliniken nach außen."[1097]

Folgende Themen gab es bei den Tagungen des Arbeitkreises:

1971: Tagung zum Thema: Seelsorge an psychisch Kranken: Leitung Pfarrer Becher.
1971: Das Besondere der Krankenhausseelsorge in der Psychiatrie, Zusammenarbeit mit Gemeindepfarrern.
1972: Erster Fortbildungskurs für Seelsorger in der Psychiatrie,
Über die Rolle des Pfarrers in der Seelsorge an psychisch Kranken.
1972: Verabschiedung des Papiers: Seelsorge in psychiatrischen Kliniken.
1972: Bericht über die Arbeit des Sozialzentrums des Psychiatrischen Krankenhauses Weilmünster.
1973: Die Identität des Seelsorgers im Psychiatrischen Krankenhaus".
Die Zukunft des Landeswohlfahrtsverbandes,
1974: Darstellung psychiatrischer Krankenhäuser und Einrichtungen beim Kirchentag 1975.
1976: Zukunft und Weiterarbeit unseres Kreises.

Nach fünf Jahren endete der Arbeitskreis wegen mangelnder Teilnahme.[1098]

Seelsorge in den siebziger Jahren bis 1984

Am 1.10.1973 begann die neue Pfarrerin Ingrid Adam ihre Arbeit in der Psychiatrie. In ihrem ersten Arbeitsbericht vom 12.7.1974 unterteilt sie ihre ersten Erfahrungen in fünf Punkte:

„I. Anfangssituation

Beim Beginn meiner Arbeit am 1.10.1973 traf ich etwa folgende Situation an: Auf der katholischen Seite war die Nervenklinik seit langem sehr gut versorgt worden. [...] Auf der evangelischen Seite war Seelsorge in der Klinik so gut wie unbekannt. Mein Vorgänger hatte zwar regelmäßig Gottesdienste gehalten,

[1097] In: Q 129, S. 3
[1098] In: Q 163

ansonsten aber aus Gründen, die ich nicht kenne, in der Klinik kaum Spuren hinterlassen. Vor allem eines hatte er mir nicht hinterlassen, einen Raum. […] Ich wurde von den Ärzten und dem Pflegepersonal mit außerordentlichem Wohlwollen und hohen Erwartungen aufgenommen, sobald klar war, daß ich meinen katholischen Kollegen nicht etwa ersetzen, sondern seine Arbeit ergänzen würde. Wohlwollen und Erwartung hatten zwei Komponenten, zum einen wurde es begrüßt, daß ‚sich nun endlich auch die evangelische Kirche um unsere Patienten kümmert', und zum anderen war man erfreut darüber, daß ich Psychologin bin und Zeit für Gespräche mit dem Patienten habe."[1099]

II. Arbeitsformen
Als Ziele ihrer Arbeit benennt Adam: „[…]
- alte Probleme zu bearbeiten, die zu seiner Erkrankung geführt haben und einer Besserung seines Zustandes im Wege stehen (neurotische Patienten);
- zu lernen, mit der Krankheit zu leben, ohne zu resignieren (psychotische Patienten);
- sein soziales Verhalten zu überprüfen und zu verändern. […]

Kritisch stellt Adam fest: „Die Umstände, unter denen psychisch Kranke in einer Klinik ‚gesund' werden sollen, sind oft eher dazu angetan, sie noch kränker werden zu lassen. Die – berechtigten – Klagen der Patienten kommen aber eher mir zu Ohren als den zuständigen Ärzten, weil der Respekt vor den weißen Kitteln immer noch sehr groß ist. Einige der jüngeren Ärzte sind dankbar dafür, etwas über die Kritik der Patienten an ihrem Verhalten, z.B. bei der Visite, zu erfahren. […]
Als kontinuierliche Arbeitsformen haben sich für Adam die folgenden allmählich herauskristallisiert:
1. „Therapeutische Einzelgespräche.
2. Stationsbesuche.
3. Gottesdienste.
4. Teilnahme an den Teambesprechungen der sozialpsychiatrischen Abteilung."[1100]

„III. Doppelausbildung als Theologin und Psychologin.
Wenn ich mich als Krankenhauspfarrerin vorstelle, was ich gewöhnlich zuerst tue, […] ist das Gespräch zunächst wohlwollend – unverbindlich, gelegentlich höre ich Rührstücke über schreckliche Pfarrer, sobald ich aber berichte, daß ich auch Diplom-Psychologin bin, nimmt das Gespräch eine andere Wendung. Die Kombination der Fächer erregt die Neugier, ich muß berichten, was ich mit den Patienten machen, wodurch ich ihnen helfen kann. […] Als Theologin bin ich hauptsächlich wegen meiner vermuteten Beziehung zu diakonischen Ein-

[1099] In: Q 146, S. 1 f.
[1100] In: Q 146, S. 3

richtungen der Kirche gefragt, dann aus der etwas diffusen Vorstellung heraus, daß ‚der Glaube' den Patienten nichts schaden könne, sondern sie tröste (dies besonders bei Schwestern). Von einigen wenigen Ärzten wird vermutet, ich sei als Theologin besonders für solche Psychosen zuständig, die sich in religiösen Wahnvorstellungen äußern (sie zählen dazu die Vorstellungen eines Patienten, Christus zu sein, außerdem den Beitritt zu einer Sekte, dann Versündigungsideen usw.). Patienten erbitten meinen theologischen Rat, wenn sie Probleme mit konservativen dogmatischen Vorstellungen haben. [...] Da ich innerhalb der Klinik von niemandem abhängig bin und unter Schweigepflicht stehe, kommen auch Ärzte und Angehörige des Pflegepersonals zu mir, um ihre persönlichen Schwierigkeiten im Privatleben, in ihrer Tätigkeit mit Patienten oder in ihrer Zusammenarbeit mit Kollegen mit mir zu besprechen."[1101]

„IV. Kirchlicher Krankenhausdienst (KKD)
Ich gehöre zum Team des KKD an den Frankfurter Universitätskliniken. Einmal in der Woche trifft sich dieses Team einen Vormittag lang zu Fallbesprechungen, Gesprächsanalysen und zur fachlichen Weiterbildung auf dem Gebiet der Krankenhausseelsorge mit Hilfe von Literatur."

„V. Mitarbeit bei Fortbildungsveranstaltungen der EKHN
Schon während des Zweitstudiums habe ich begonnen, an gruppendynamischen Kursen teilzunehmen. Seit ich in der Klinik arbeite, leite ich auch solche Kurse innerhalb des Fortbildungsprogramms der EKHN zusammen mit Frau Eva Renate Schmidt [...] Meine Erfahrungen mit Gemeindeberatung/Organisationsentwicklung helfen mir, bei den Teamsitzungen der Sozialpsychiatrie und des Kirchlichen Krankenhausdienstes gezielte Fragen zu stellen, die Probleme der Kooperation und der Organisation klarer zutage treten zu lassen; viele Probleme der Teilnehmer bei Kommunikationskursen tauchen, für mich dann leichter erkennbar, auch bei Patienten auf; verschiedene Arten, Identitätsprobleme zu bearbeiten, habe ich in einem entsprechenden Fortbildungskurs kennen- und anwenden gelernt."[1102]
Nachdem Adam ihren Seelsorgestil in der Psychiatrie gefunden und verankert hatte, schreibt sie in einem weiteren Bericht ausführlich über ihr Erlebnis mit Patienten, Angehörigen und Personal.

Die Patienten
Zu den Einzelgesprächen mit den Patienten schreibt Adam: „Ich habe im Parterre zwei Räume, wo ich dienstags und freitags vormittags meistens telefonisch und persönlich zu erreichen bin. Dort führe ich auch Einzelgespräche mit Patienten. An diesen Tagen kommen außer Patienten aus dem Haus auch ehemalige Patienten vorbei [...] Die Patienten aus dem Haus können sich dort offener und ungestörter aussprechen als auf den Stationen."

[1101] Ebd., S. 6 f.
[1102] In: Q 146, S. 7 f.

Über ihre Stationsbesuche schreibt Adam:
„Außerdem gehe ich dienstags, donnerstags und freitags am Mittag in die Stationen, wobei ich mich bemühe, auf jeder Station mindestens einmal pro Woche zu sein. Meinen Schwerpunkt sehe ich dabei in den geschlossenen Stationen, wo die Patienten wirklich darauf angewiesen sind, daß man zu ihnen kommt. Ich setze mich dort meistens in den Aufenthaltsraum und warte ab, wer sich zu einer Unterhaltung einfindet. [...] Die häufigsten Themen sind: Das Eingesperrtsein, die Medikamente, die Angst um den Arbeitsplatz, das Unverständnis der Angehörigen und Bekannten, die Ungewißheit darüber, wie lange die Krankheit noch dauert. [...] Natürlich wird auch viel über das Personal und die Ärzte und die Medikamente geschimpft. [...]
Ich erkundige mich absichtlich nicht vorher beim Arzt nach der Krankheit und Diagnose eines Patienten. Das bewahrt mir erstens die Unbefangenheit im Gespräch, und zweitens halte ich die Art, in der ein Mensch mit seinen Problemen umgeht, für wichtiger als den Namen, den ein Arzt ihnen gegeben hat. Manchmal allerdings spreche ich hinterher mit dem behandelnden Arzt, um mit ihm abzuklären, wie ich weiterhin mich verhalten werde. Das tue ich aber nur, wenn der Patient einverstanden ist, weil das, was Patienten mir anvertrauen, unter das Beichtgeheimnis fällt."[1103]
Patienten haben das Verlangen, auch nach ihrer Klinikentlassung in Kontakt mit der Krankenhausseelsorge zu bleiben. Sie suchen immer wieder die Seelsorgerin auf. Adam berichtet: „Ich habe schon erwähnt, daß bereits entlassene Patienten zu Einzelgesprächen oder zum Gottesdienst kommen. Viele von ihnen finden draußen keinen Kontakt und sehen in der Klinik ein Stück Heimat; andere sind akut behandlungsbedürftig, brauchen wohl aber einen Gesprächspartner im Schutzraum der Psychiatrie." Adam bleibt brieflich mit ihnen in Kontakt oder besucht sie in Heimen, Gefängnissen oder psychiatrischen Landeskrankenhäusern. „Auf Wunsch eines Patienten nehme ich auch Kontakt zu seinen Bezugspersonen auf (Eltern, Ehepartner, Hausarzt, Verwandte, Gemeinde- und Gefängnispfarrer, Heimleiter)."[1104]
Im Jahresbericht 1979 schreibt Adam von einem Kreis für Angehörige psychisch Kranker, den sie 14tägig anbietet.[1105] Durch diese Arbeit bezieht Adam das ganze Umfeld des Kranken mit ein. Oftmals bedürfen die Angehörigen mehr die Seelsorgerin als der Patient.

Kaffeestube
Am 28.11.1979 hat Adam die Bedürfnisse der Patienten, sich mit ihren Angehörigen gemeinsam zu treffen, realisiert. In einem Teil der ehemaligen Küche richtete Adam eine Kaffeestube für Patienten, ihre Angehörigen und die Mitarbeiter des Hauses ein. Diese Kaffeestube entstand mit Hilfe von Spenden, aus

[1103] In: Q 170, S. 2 f.
[1104] In: Q 170, S. 5
[1105] In: Q 176, S. 2

Mitteln der evangelischen Kirche und mit viel eigener Arbeit. Hier findet auch ein 14tägiger Clubabend für Patienten statt.[1106]

Soziale Hilfen
Adam pflegt den Kontakt zu den Sozialarbeitern des Hauses. Über das Schreiben von Bettelbriefen oder einen Aufruf bei der Zeitung „Frankfurter Rundschau“ bekommt Adam sowohl finanziell wie materiell Hilfe für die Patienten und für die Stationen. So z.B. unterstützt sie Stationsfeiern und schafft Mittel für die Beschäftigungstherapie an, neben individueller Hilfe für mittellose Patienten und deren Bezugspersonen.[1107]

Gottesdienste
Adam gestaltet einen Gottesdienst in der Psychiatrie, der ganz auf die Lebenswirklichkeit der Patienten ausgerichtet ist. „Alle vierzehn Tage – im Wechsel mit dem katholischen Kollegen – halte ich einen Gottesdienst in der Kapelle. Wir sitzen dabei um einen großen Tisch herum, so daß man auch während der Predigt einander ansehen und miteinander ins Gespräch kommen kann. Ich versuche, Themen zu finden, die mit der Situation der Patienten in Beziehung stehen, und habe im Laufe der Zeit bemerkt, daß es eine Menge biblischer Symbole gibt, in denen die Patienten sich wiederfinden und auf die sie sehr emotional reagieren (z.B. der Satz ‚Und ob ich schon wanderte in finstern Tal‘ aus Psalm 23; ‚Ich bin das Brot des Lebens‘, wenn ich ‚Brot‘ als das interpretiere, was ein Mensch zum Leben braucht: Liebe, Verständnis, Geborgenheit; ‚Wenn der Herr die Gefangenen Zions erlösen wird, werden wir sein wie die Träumenden‘, wobei ‚Gefangenschaft‘ ein Symbol ist für Krankheit, Aufenthalt in dieser Klinik, Fesseln der Erziehung und der Vorurteile).
Manche Predigten lege ich von vornherein so an, daß ein Gespräch daraus entstehen kann, manchmal werde ich auch mit Zwischenfragen unterbrochen, die ich nicht eingeplant hatte. Zu einigen Anlässen des Kirchenjahres (Neujahr, Erntedankfest) gebe ich den Anwesenden Zettel, auf die sie ohne Angabe des Namens schreiben sollen im Rückblick auf das vergangene Jahr, wofür sie dankbar sind, und im Ausblick auf das neue Jahr, welches ihr größter Wunsch ist. Ich zittere jedes Mal vorher, ob sie auch wirklich etwas schreiben, aber sie reißen mir immer fast die Zettel aus der Hand. Danach lese ich die Antworten vor, und wir sprechen darüber.
Zum Abendmahl, das für mich eine Form des gemeinsamen Essens und Trinkens ohne Ansehen der Religionszugehörigkeit ist, gibt es Weißbrot und Traubensaft. Meistens sind die Anwesenden sehr feierlich ergriffen, wenn sie das Brot herumgeben und jemand die Gläser füllt.“[1108]

[1106] In: Q 175
[1107] In: Q 170, S. 6
[1108] In. Q.170, S. 4

Personal

Vielseitige Begegnungen entstehen bei den Stationsbesuchen der Seelsorgerin auf Fluren oder anderen Räumen der Klinik mit Schwestern, Ärzten, Sozialarbeitern, Sekretärinnen, Pförtnern, Handwerkern, Putzfrauen. „Seit August 1977 lade ich donnerstags von 13–14 Uhr Schwestern, Pfleger, Schüler und Praktikanten zum Kaffeetrinken ein. Es kommen manchmal bis zu acht Leute, meistens aber weniger. Ich hatte am Anfang gedacht, daß in dieser Stunde gemeinsame arbeitsbedingte Probleme besprochen werden; das stößt aber auf verschiedenartige Widerstände. So dient die Unterhaltung jetzt meist dem gegenseitigen Kennenlernen, dem Gespräch über Patienten, die von einer geschlossenen auf eine offene Station (und umgekehrt) verlegt werden, manchmal werden Ideen zur Freizeitgestaltung der Patienten ausgetauscht. Wie die Unterhaltung läuft, hängt von den Teilnehmern ab und dem, was sie an Gesprächsstoff mitbringen. Assistententreffen habe ich im November 1974 ins Leben gerufen. Zu Anfang haben wir dabei Fallbesprechungen gemacht, fast ein halbes Jahr lang haben wir am Thema Gruppengespräche auf den Stationen gearbeitet. Dann ging die Organisation der Treffen von mir auf den jeweiligen Assistentensprecher über, und damit wechselten auch die Themen."[1109]

Themen der Psychiatrie

Adam gibt Informationsabende in den Gemeinden zum Thema „Psychisch Kranke". 1976 arbeitet Adam mit den Mitgliedern von drei Kirchenvorständen zusammen. Weiterhin nimmt sie an deren Rüstzeiten teil. Im gleichen Jahresbericht bekräftigt sie, daß das Interesse der Gemeindepfarrer an der Psychiatrie wächst. Zum ersten Mal werden unter ihrer Leitung Pfarramtskandidaten in dem Spezialbereich der Krankenhausseelsorge Psychiatrie als Praktikanten eingesetzt.[1110] Adams Anliegen ist, so früh wie möglich auch junge Seelsorgerinnen und Seelsorger mit den psychiatrischen Patienten vertraut zu machen. Als Aufgaben für die Ehrenamtlichen sieht Adam: „Besuche bei Patienten ohne Angehörige (Ausländer!), Nachbetreuung. Hilfe bei meinen Gottesdiensten, auch bei der musikalischen Gestaltung. Später werden ehrenamtliche Männer und Frauen in der Kaffeestube der Klinik mitarbeiten".[1111]

Durch ihr großes Engagement und ihre Kompetenz als Theologin und Psychologin hat Adam über viele Jahre der evangelischen Krankenhausseelsorge zu einem guten Ansehen in der Psychiatrie unter Patienten und Personal verholfen. Seit 1984 teilt Adam sich mit der neuen Pfarrerin der Psychiatrie, Katalin Cseri, je eine halbe Stelle in der Psychiatrie. 1986 verabschiedet sich Adam aus der Krankenhausseelsorge.

[1109] Ebd., S. 5
[1110] In: Q 161, S. 3 f.
[1111] In: Q 151, S. 3

2.4.4 Seelsorge mit orthopädischen Patienten

Brink berichtet 1969, daß er von den Patienten bei seinen Besuchen freudig aufgenommen und dabei vom Personal unterstützt wird. Oftmals kommt es zu Glaubensgesprächen am Krankenbett. Brink erlebt die religiöse Ansprechbarkeit der Kranken in hohem Maße. Als Gründe der Kritik der Kranken an der Kirche sieht er den „Linksdrall" der Kirchen.[1112] Seine Nachfolgerin Siegmund-Schultze legt den Schwerpunkt ihrer Arbeit in die Orthopädie. Sie kam am 16.5.1975 als neue Seelsorgerin in das Friedrichsheim. Vom Personal wird sie in den Vorstand der Stiftung Friedrichsheim gewählt.[1113] Ihre Arbeit gilt besonders den behinderten Patienten. Kranke Jugendliche vermittelte Siegmund-Schultze an das Arbeitsamt. Weiterhin pflegt sie den Kontakt zu alleinstehenden Behinderten, deren Angst und Vereinsamung besonders groß ist. Weitere Schwerpunkte ihrer Arbeit sind die Kinder und die Patienten, die nicht mehr sprechen können. Ärzte weisen sie auf den psychosomatischen Zusammenhang zwischen Krankheit und Person hin, ohne bei der Konfliktlösung zu helfen. Die Erwartungen an den Pfarrer werden dadurch größer.[1114] Hier werden ärztliche Aufgaben an die Pfarrerin delegiert.

In der Zusammenarbeit mit Ärzten, Pflegepersonal und dem katholischen Kollegen Pater Horestes Pfeiler organisierte Siegmund-Schultze den Patientenclub. Die Veranstaltungen des Clubs fanden am Abend im Hörsaal, in der Eingangshalle des Friedrichsheims oder im Warteraum des Chefarztes statt. Die Idee zum Patientenclub kam dem Personal der Orthopädischen Universitätsklinik Friedrichsheim während einer Akademietagung. Siegmund-Schulze organisierte vom 22.–24.4.1977 diese Tagung in Arnoldshain zum Thema: „Die psychosoziale Situation des chronisch Kranken, Beispiel: Patient in der Orthopädischen Klinik." Als Referenten gewann Siegmund-Schultze verschiedene Professoren der Klinik.[1115]

„Allen Teilnehmern der Tagung in Arnoldshain wurde plötzlich bewusst, wie allein gelassen und mit wie viel Ängsten gegenüber ihrer Krankheit die Patienten sich fühlen müssen. Doch zu einer Betreuung jedes einzelnen Patienten reicht die Zeit nicht. Und so entschlossen sich die Tagungsteilnehmer spontan, einen Patientenclub zu gründen:"[1116]

„Krankheitsbilder in der Orthopädie" und „Probleme der Patienten im Klinikalltag" waren die häufigsten Themen des Patientenclubs. Des Weiteren gab es Gesellschaftsspiele mit den Kranken. Die Patienten sangen und musizierten. Siegmund-Schultze und ihr katholischer Kollege Pfeiler hielten Diavorträge wie z.B.: „Wie kann ich meinen Balkon und Garten gestalten" oder „Eine

[1112] In: Q 126, S. 2
[1113] In: Q 166, S. 2
[1114] In: Q 172, S. 2
[1115] In: Q 166, S. 2
[1116] In: Q 172, S. 2. und S. 5

Reise nach Moskau". Vierteljährlich gab die Krankenhausseelsorge eine Programmübersicht des Patientenclubs heraus, wobei genauere Informationen zu den einzelnen Angeboten am weißen Brett in der Eingangshalle nachzulesen waren.[1117] Im Jahresbericht 1979 informiert Siegmund-Schultze vom Aufbau einer Patientenbibliothek.[1118]

3. Seelsorgerliche Handlungen

3.1 Die Kapelle als Mehrzweckraum

Im Herbst 1972 war der Umzug in die neue Kapelle im Zentralbau der Universitätsklinik. Im Dezember fand die Einweihung der neuen Kapelle statt. Unter der Überschrift: „Dienst der Kirche an den Kranken" schreibt die Zeitung: „In Anwesenheit von Kirchenpräsident Helmut Hild und Domdekan Engelbert Löhr, dem Vertreter des Bischofs von Limburg, übernahm am 8. Dezember 1972 der Kirchliche Krankenhausdienst am Klinikum der Johann-Wolfgang-Goethe Universität seinen großzügig gestalteten Mehrzweckraum im neuen Zentralbau des Klinikums. Der katholische Pfarrer Martin Czapka, einer der Krankenhausseelsorger dort, konnte dort neben den beiden hohen Kirchenrepräsentanten auch den Vertreter des Präsidenten der Frankfurter Universität, den Dekan für den Fachbereich Humanmedizin, Professor Dr. Otto Hövels, Oberin Ellen Gassenmeyer vom Pflegedienst des Klinikums; Verwaltungsdirektor Arthur Benz vom Klinikum sowie Karl Sänger, den Architekten des Neubaus begrüßen. [...]
Hild sagte wörtlich: ‚Das ernsthafte Eingehen der Seelsorger auf kirchliche oder praktische Fragen der Patienten ist nicht selten dazu in der Lage, den Genesungsprozeß der Kranken zu fördern. Gerade im Krankenhaus kann von der Verkündigung der Botschaft Jesu Christi eine starke Wirkungskraft ausgehen.'
Domdekan Löhr betonte den ökumenischen Gedanken, der im Krankenhauswesen schon immer eine große Rolle gespielt habe. Professor Dr. Hövels übergab den Mehrzweckraum dem Kirchlichen Krankenhausdienst mit den besten Wünschen für die Arbeit der sechs Geistlichen und fünf Mitarbeiterinnen.
Die beiden evangelischen Pfarrer Fritz-Alfred Maglett und Rolf-Heinz Geissler vermittelten der Festversammlung einen Eindruck von ihrer seelsorgerlichen Arbeit am Krankenbett sowie von der Tätigkeit des Therapeutischen Seminars für Pfarrer aller Konfessionen in diesem Haus".[1119] In dieser Kapelle fanden Bilderausstellungen, Konzerte, Vorträge und geselliges Beisammensein wie z.B. die Weihnachtsfeier der pensionierten Schwestern statt.

[1117] In: Q 169
[1118] In: Q 179, S. 2
[1119] Dienst der Kirche an den Kranken (1972), S. 8 b

Wie Becher vermerkt, ist man von der rein liturgischen Gestaltung der Kapelle als Sakralraum, wie er noch von seinen Vorgängern Fincke, Stodt und Brink geplant war, abgekommen, da auch schon die früheren Pfarrer die Erfahrungen gemacht haben, daß kaum noch Besucher zu ihren Gottesdiensten kamen. Andererseits hatte der neu eingerichtete Patientenclub in den Räumen der neuen Kapelle eine starke Nachfrage als „Ort des Auftankens, der Erholung, der Begegnung, der Möglichkeit, Freude wie Trauer zum Ausdruck zu bringen".[1120] 1974 teilte der KKD ein Drittel des eigentlichen Kapellenraumes der Cafeteria zu, da immer mehr Besucherinnen und Besucher kamen. Vom sakralen Bereich war dieser Raum durch eine Bambusstellwand abgetrennt.[1121]

3.2 Der Gottesdienst

Im Gesamtjahresbericht 1971 veränderte der KKD die Gottesdienstzeiten aufgrund mangelnder Besucher in der Kapelle des Zentralbaues: „Die sonntäglichen Gottesdienste sind durchweg sehr schwach besucht, einige fielen aus, da keine Besucher kamen. Ohne Zweifel spielt auch die ungünstige Lage der alten Kapelle eine Rolle, die von den Patienten oft nicht gefunden wird. Sobald wir die neue Kapelle benutzen – sie soll über eine Übertragungsanlage verfügen -, werden wir uns Gedanken machen müssen über die Gestaltung der Gottesdienste."[1122]

Auf das Jahr gesehen kamen durchschnittlich z.B. 1977 fünf Patienten zum Gottesdienst.[1123] Ab 1979 bot die evangelische Krankenhausseelsorge in der Kapelle den wöchentliche Gottesdienst nur noch 14tägig an. Sie legte ihn auf den 1. und 3. Sonntag im Monat. Die Zeit am Sonntagmorgen von 10–11 Uhr hielt der KKD bei. Die Seelsorgerinnen und Seelsorger einigten sich, aufgrund der größeren Bedürftigkeit der Patienten in den anderen Zentren, die Gottesdienste zu dezentralisieren. Propst Trautwein erlaubte Becker, Schwenn und Wehrt, daß sie Gottesdienste übernehmen und gelegentlich das Abendmahl austeilen dürften, obgleich sie als Seelsorgerinnen keine Geistlichen waren.[1124]

Die Gottesdienste und Andachten in den anderen Kliniken waren besser besucht. 1977 gab der KKD folgende durchschnittliche Besucherzahlen an: In der Orthopädie gab es monatlich (25) und in der Psychiatrie, vierzehntägig (22) Besucher. In der Augenklinik wurde zuerst monatlich und ab 1981 im Wechsel mit dem katholischen Seelsorger vierzehntägig bei (18) Besuchern der Gottesdienst gehalten. Ab 1976 fanden monatliche Gottesdienste auch im Zentrum

[1120] In: Q 296
[1121] In: Q 147, S. 1 f.
[1122] In: Q 133, S. 3
[1123] In: Q 164, S. 2
[1124] In: Q 180, S. 1

der Neurologie und Neurochirurgie bei einer durchschnittlichen Besucherzahl von vier Personen statt[1125].

Auf Wunsch einzelner Patienten hielten die Seelsorgerinnen und Seelsorger Stationsandachten, die jedoch zu Beginn der siebziger Jahre weniger als früher verlangt wurden. 1971 schreibt Reitz: „Auch die Stationsandachten hatten nicht überall vollen Zuspruch. Die Andacht in der Strahlenklinik, die ich anfangs einmal monatlich hielt, mußte ich wegen der gleichbleibenden geringen Teilnehmerzahl einstellen. Dagegen waren die Andachten in der Frauenklinik (in einem Krankenzimmer, was ziemliche Probleme aufwirft) und in der Augenklinik (im Tagesraum) oft gut besucht.“[1126]

Mit Ausnahme der Psychiatrie hielten die Seelsorgerinnen und Seelsorger seit Beginn der siebziger Jahre im gesamten Klinikum kaum noch Abendmahlsfeiern. 1983 waren im gesamten Klinikum 21 Einzelabendmahle gehalten worden.[1127]

3.3 Weitere Amtshandlungen

Taufhandlungen waren eine große Ausnahme. Für das Jahr 1983 trug der KKD sechs Taufen in sein Taufregister ein.[1128]

Weitere Amtshandlungen kamen selten vor. Im Jahr 1976 traute Siegmund-Schultze eine koreanische Schwester aus der Orthopädie und einen deutschen Krankenpfleger im Gottesdienst.[1129]

Das religiöse Schrifttum hatte in den siebziger Jahren nach wie vor eine große Bedeutung. In einem eigens erstellten vierseitigen Referat stellt die Referentin Heilwine Valentien, selbst Mitarbeiterin in der Krankenhausseelsorge, im April 1972 dem evangelischen Konvent für Krankenhausseelsorge eine Analyse vor, welcher der vielen Zeitungen das besondere Interesse der Patienten gilt. Neben den kirchenamtlichen Zeitungen begrüßt sie die Schriftenmissionsreihe aus Gladbeck, Zeitungen für Senioren, den Blätterverlag der Anstalt Bethel und schließlich den evangelischen Digest. Auf derselben Tagung bestellten die Seelsorger ihre gewünschten Zeitungen über den Frankfurter Konvent.[1130]

Die Herausgabe einer eigenen Zeitung war seit 1971 Thema der Mitarbeiterbesprechung des KKD: „Nächstes Jahr wollen wir u.U. ein Informationsblatt für die Mitarbeiter der Klinik herausgeben. Nach unseren bisherigen Vorstellungen könnten u.a. aktuelle Probleme aus dem gesellschaftlichen Bereich darge-

1125 In: Q 164, S. 2
1126 In: Q 131, S. 2
1127 In: Q 184, S. 5
1128 In: Q 184, S. 5
1129 In: Q 154, S. 1
1130 In: Q 137, S. 1 f.

stellt werden."[1131] Im Februar 1972 beschloß das Team, eine eigene Zeitung für die Mitarbeiter der Klinik herauszugeben.[1132] Es blieb bei einer Ausgabe, da es dem KKD ein zu großer Zeitaufwand war, diese Zeitung regelmäßig herauszugeben.

4. Krankenhausseelsorge und Klinikpersonal

Mit Beginn der siebziger Jahre begann das gesamte Team der evangelischen Krankenhausseelsorge, neben den Besuchen der Patienten seine Zusammenarbeit mit dem Klinikpersonal zu intensivieren. Über seine Tätigkeit in den ersten Monaten schrieb Becher 1969, daß er seine Zeit: „[...] vor allem darauf verwandt habe, möglichst viele Kontakte zu den Mitarbeitern der Kliniken im ärztlichen und pflegerischen Bereich, in der Verwaltung und den technischen/wirtschaftlichen Abteilungen an der medizinischen Fakultät und den Krankenpflegeschulen zu finden."[1133]

4.1 Die Verwaltung

Nach Beschluß der EKHN führt der geschäftsführende Pfarrer für den KKD die laufenden Verhandlungen mit der Klinikverwaltung.[1134] In der Zusammenarbeit mit Dekan, Pflegedienstleitung und Verwaltungsdirektor pflegte der KKD ein Miteinander, so daß u.a. die Krankenhausseelsorge zunehmend mehr in der Fortbildung des ärztlichen pflegerischen Klinikpersonals gefragt wurde. Besonderes Ergebnis dieser engagierten Zusammenarbeit war am 8.12.1972 die Einweihung der neuen Kapelle, an der die Vertreterinnen und Vertreter der leitenden Abteilungen der Verwaltung und der medizinischen Zentren der Universitätsklinik teilnahmen. Ebenso unterstützte die Verwaltung den KKD bei seinem Umzug 1979 in die neuen Büroräume.
Bei jeder Neubesetzung von Personalstellen informierte der KKD die Verwaltung. Der Verwaltungsdirektor und sein Stellvertreter sind jeweils bei den feierlichen Einführungen der neuen Mitarbeiterinnen und Mitarbeiter in den Seelsorgedienst eingeladen.

4.2 Die Ärzte und Medizinstudenten

Eine hervorragende Zusammenarbeit mit den Ärzten bestand auf der Ebene der Tagungen der Evangelischen Akademie Arnoldshain. Dagegen fanden die Begegnungen zwischen Seelsorgern und Ärzten im Praxisfeld der Stationen

[1131] In: Q 133, S. 6 [1132] In: Q 162 [1133] In: Q 123, S. 1 [1134] In: Q 128, S. 2

seltener statt. Im Jahresbericht 1971 wird generell festgehalten: „Schwierig gestaltet sich die Kontaktaufnahme zu den Ärzten. Neben vorhandenen Vorurteilen gegenüber der Krankenseelsorge – die Ärzte haben meistens nichts gegen uns, messen unserer Arbeit aber auch nicht allzu viel Bedeutung zu – ist wegen der Arbeitsüberlastung der Ärzte auf den Stationen der Zusammenarbeit zwischen Seelsorgern und Ärzten eine Grenze gesetzt. Den Fürsorgerinnen der Klinik geht es da nicht anders. Hier liegt ein weites zukünftiges Arbeitsfeld vor uns."[1135]

Differenzierter dazu schreibt Reitz 1971 aus ihren Erfahrungen in der Strahlenklinik: „Die Stationsärzte wechseln in den Universitätskliniken häufig, so daß es mir schwer fiel, mit ihnen näher bekannt zu werden. Sprach ich dann mit ihnen, sahen sie es fast immer als Einmischung in ihren Bereich an. [...] Leider sind die meisten Ärzte aber selbst psychologisch nicht geschult und bringen daher nicht das richtige Verständnis mit."[1136]

Rückblickend auf ihre zwölfjährige Tätigkeit schreibt Brigitte Wehrt 1985 über ihre Erfahrungen mit Ärzten: „Daher muß ich mich natürlich fragen, weshalb unser seelsorgerliches Anliegen seitens der Ärzte doch nur wenig zur Kenntnis genommen worden ist und wird." Gründe sieht sie im häufigen Wechsel der Stationsärzte und dem Fehlen einer sauberen Trennung zwischen psychischem und somatischem Bereich: „Vielleicht vermögen die Ärzte an der Frankfurter Klinik auch nicht anders zu argumentieren als in dieser Zertrennung, denn ihre Medizin beruht auf der streng objektivierenden naturwissenschaftlichen Methode." Als Ergebnis stellt sie fest: „Ärzte und Seelsorger arbeiten schließlich friedlich aneinander vorbei, auch wenn jeder den anderen toleriert. Man findet aber am leidenden Menschen nicht zueinander."[1137]

Andere Erfahrungen mit Ärzten hat Siegmund-Schultze. In ihren Jahresberichten schreibt sie von einem sehr guten Miteinander in der Orthopädie zwischen ihr und Ärzten. Mit den leitenden Ärzten des Zentrums der Neurochirurgie und Neurologie ist sie nicht nur in Kontakt gekommen, sondern pflegt einen regelmäßigen Austausch mit ihnen.[1138] In der Frauenklinik entstand unter der Leitung von Geissler im August 1972 eine Fallbesprechungsgruppe mit Patientinnen, Pflegepersonal unter der regen Teilnahme von Ärzten. Dieser konstruktive Ansatz der Zusammenarbeit scheiterte letztlich an den hierarchischen Gegebenheiten in der Universitätsklinik.[1139]

Mit den Medizinstudenten arbeitete im Namen des KKD der eigens dafür angestellte Studentenpfarrer.

[1135] In: Q 133, S. 4
[1136] In: Q 133, S. 7
[1137] In: Q 189, S. 1 f.
[1138] In: Q 172, S. 3
[1139] Vgl. Kap. VI.A.2.4.1

4.3 Das Pflegepersonal

Erste Kontakte

Der Kontakt zum Pflegepersonal wird im Jahresbericht 1971 von Becher sehr ausführlich erwähnt: „Hier ist noch nicht viel zu berichten. Wir versuchen zurzeit, bestimmte Berufsgruppen der Klinik, mit denen wir den stärksten Kontakt haben, einzuladen. So waren die Pflegeschüler einmal bei uns zu Gast, was insofern wichtig ist, als sie die Möglichkeit zur Herstellung von Primärkontakten gegenüber den Mitarbeitern auf den Stationen haben. Die pensionierten Schwestern waren einer Tradition folgend zu einem Nachmittag eingeladen. Es sind Mitarbeiter der Klinik, die viele Jahre ihres Lebens hier gearbeitet haben, nun teils in der Vereinzelung leben. Das große Echo, das dieser Nachmittag gefunden hat, ist aus dem Bedürfnis zu erklären, wieder einmal mit den ehemaligen Kollegen zusammenzukommen und das bisher Erlebte auszutauschen.

Es folgt in diesem Jahr noch ein Abend mit der Gruppe der Pförtner. Ab Januar sind regelmäßig (vielleicht jeden Monat) Zusammenkünfte mit dem Pflegepersonal geplant. Wir wollen mit einem Abend beginnen, an dem Herr Becher über seine Erfahrungen aus der amerikanischen Seelsorge berichten wird.“[1140]

Später gestaltete der KKD regelmäßig zu Weihnachten eine Feier mit pensionierten Schwestern, an der 1982 zweihundert Personen teilnahmen.[1141]

Von Abenden mit Schwestern berichtet Becher 1969: „Schwesternabend, Thema: Kennenlernen, Geselligkeit, 30 Minuten Lichtbilder aus meiner Arbeit in einer Auslandsgemeinde mit starker Betonung des geselligen Zusammenlebens. Teilnehmerzahl: 80. […] Dichterlesung mit Manfred Hausmann: Beitrag zu einem Freizeitprogramm für Schwestern und Pfleger, Schüler und Schülerinnen und gehfähige Patienten. Teilnehmerzahl: 100. […] Koreanischer Schwesternabend: gemeinsames koreanisches Essen, Gelegenheit zum Kennenlernen von ‚alten und gerade neu angekommenen‘ Krankenschwestern aus Korea, Vorstellung der Krankenhauspfarrer und ihrer Mitarbeiterinnen, Teilnehmerzahl: 75.“[1142]

Auf den Stationen kam es zu persönlichen Kontakten. Zu ihrem Austausch über Patienten schreibt Reitz 1971: „Am leichtesten hatte ich es in diesem Punkt wiederum mit einigen (wenigen) Schwestern. Es gibt Schwestern bei uns, die instinktiv fühlen, was die Patienten brauchen, und ihnen z.B. die nötige Liebe und Fürsorge entgegenbringen, die ihnen wenigstens zur Gesundung der körperlichen Krankheit verhelfen.“[1143] U.a. durch diese Art der Begegnungen vertrauten sich immer mehr Pflegepersonal den Seelsorgern an, so daß einige zur persönlichen Beratung in den KKD kamen, wie Maglett in seinem Jahresbericht 1984 schreibt.[1144]

[1140] In: Q 133, S. 5 f.
[1141] In: Q 181, S. 3
[1142] In: Q 123, S. 3
[1143] In: Q 133, S. 8
[1144] In: Q 187, S. 7

Siegmund-Schultze teilt 1978 von leitenden Schwestern der Orthopädie mit, die in Konfliktfällen zu ihr in die Beratung kommen. Im gleichen Bericht sagt sie unmißverständlich, daß ein Viertel bis ein Drittel ihrer Gesamtarbeit für die Mitarbeiter benötigt wird.[1145] 1976 berichtet Maglett von Fallbesprechungsgruppen mit Schwestern und Pflegern.[1146] 1984 schreibt Schwenn vom monatlichen Treffen mit dem Pflegepersonal einer Station der Universitätsklinik. Die Themen der Abende sind von den Teilnehmern bestimmt.[1147]
Auf Wunsch der Pflegedienstleitung sollte sich seit 1976 regelmäßig der KKD neu eingestelltem Personal vorstellen. Je ein evangelischer und katholischer Seelsorger berichteten eine Stunde von der Arbeit des KKD.[1148]

Fortbildung für das Pflegepersonal

In der Akademie Arnoldshain wiederholten sich themenzentrierte Angebote für das Pflegepersonal der Universitätsklinik. Zusätzlich hielt Maglett berufsethischen Unterricht für Schwestern und Pfleger, die in der Weiterbildung zu Stationsschwestern bzw. Oberschwestern im Berufsbildungswerk des DGB Kurse besuchten. Des Weiteren nahm Maglett die Tradition der katholischen Kollegen auf, an der Schwesternhochschule des Agnes Karll-Verbandes Unterricht zu geben.[1149]
Horst informiert 1979 von fünf Fortbildungskursen in der Universitätsklinik von je drei Tagen Dauer zu den Themen: Selbsterfahrung, Fallbesprechung, Umgang mit Sterbenden, bei denen er mit 120 Stations- und Zweitschwestern der Universitätsklinik in intensivem Austausch war. Im Frühjahr 1979 trafen sich 25 Mitarbeiter der Hautklinik unter der Leitung von Horst, um über den Umgang mit sterbenden Patienten zu sprechen.[1150]
Auf Wunsch der Pflegedienstleitung, Oberin Gassenmeyer, führten 1983 Becker und Horst eine einwöchige Fortbildungsmaßnahme mit den Leitern der verschiedenen Zentren der Universitätsklinik durch zum Thema Ganzheitspflege.[1151] Becker schreibt 1984 dazu:
„[...] vor allem um die praktische Umsetzbarkeit von ganzheitlicher Pflege im Arbeitsablauf einer großen Klinik ging es."[1152] Ausführlicher berichtet Schwenn 1982 über diese Gruppe: „Seit September 1982 arbeite ich mit meiner Kollegin Frau Becker mit dem Pflegeteam einer Station zusammen (vierzehntägig in deren Freizeit). Dieses Team hat auf seiner Station das Zimmerpflegesystem eingeführt, d.h. daß eine Schwester/Pfleger für ein bestimmtes Zimmer

[1145] In: Q 172, S. 3 f.
[1146] In: Q 160, S. 2
[1147] In: Q 188, S. 5
[1148] In: Q 159, S. 2
[1149] In: Q 150, S. 2
[1150] In: Q 177, S. 3
[1151] In: Q 183, S. 2
[1152] In: Q 186, S. 4

und nicht – wie sonst üblich für die Durchführung bestimmter Funktionen zuständig ist. Das Interesse des Teams war es, etwas über Gesprächsführung zu lernen, um besser mit den Problemen der Patienten umgehen zu können. Ziemlich zu Beginn der Zusammenarbeit stellte sich heraus, daß die Konflikte des Teams untereinander vorrangig waren und dadurch die Probleme, die es mit den Patienten gab, in den Hintergrund traten. Das heißt, daß wir – bis auf ganz wenige Male – versucht haben, mit dem Team die Konflikte zu bearbeiten, die teilweise auch durch diese neue Form der Pflege entstanden sind. Der Erfolg ist, daß die Spannungen auf Station nach Aussage der Mitglieder des Teams spürbar nachgelassen haben. Ein weiterer Erfolg ist, daß auf Grund der Analyse eines Gesprächsprotokolls die Beziehung eines sterbenden Mannes zu seinen Angehörigen und dem Pflegepersonal erheblich verbessert werden konnte.“ [1153]

Unterricht an den staatlichen Krankenpflegeschulen

1969 schreibt Becher über seine Erfahrungen mit Schülern im Unterricht an den Krankenpflegeschulen:

a) „Es gab Diskussionsabende mit Pflegeschülern über einen Film und (gemeinsam mit einem katholischen Kollegen) über interkonfessionelle Fragen der Schüler. Teilnehmer je ca. 35.
b) einzelne Unterrichtsstunden bei Schwestern, Pflegehelferinnen und Vorschülerinnen über die Krankenhausseelsorge und über berufsethische und lebenskundliche Fragen,
c) regelmäßiger Unterricht an der Pflegerschule über „Berufsethik“ nach folgendem eigenen Stoffplanentwurf:
    1. Leben und Tod
        a) Freiheit zum Leben (Beispiel: Selbstmord)
        b) Schutz des Lebens (Beispiel: Schwangerschaftsunterbrechung)
        c) Grenzen des Lebens (Beispiel: Organtransplantation)
        d) Lebens-Sterbehilfe (Beispiel: Wahrheit am Krankenbett)
    2. Über individuelle Lebensbereiche
        a) Ethik der Geschlechter: Beispiel: Geburtenregelung, künstliche Insemination, Homosexualität
        b) Ethik der Wirtschaft: Beispiele: Beruf, Arbeitsrecht im Krankenhaus
        c) Ethik der Gesellschaft: Beispiele: Wohlfahrtsstaat (Ist Nächstenliebe institutionalisierbar?), Elternrecht (Kind im Krankenhaus)
        d) Ethik der Rechtssphäre: Beispiele: Euthanasie, Aufklärungs- und Schweigepflicht
    3. Schülerfragen: z.B. Suchtprobleme in der psychiatrischen Klinik.“[1154]

[1153] In: Q 164, S. 11 f.
[1154] In: Q 123, S. 3.

In seinem Ethikunterricht gelang es Becher, neben thematischer Arbeit, auf die aus der Stationspraxis und persönlichen Erfahrungen erwachsenen Bedürfnisse der Schüler einzugehen.
1971 übernahm Maglett den berufsethischen Unterricht von Becher.
An beiden Krankenpflegeschulen gab er 12 Stunden Unterricht im jeweiligen Ausbildungsjahrgang. Themen des Unterrichts waren u.a.: Kommunikation, Beziehungsaspekte, Homo- und Heterosexualität, Umgang mit Patienten und Mitarbeitern auf Station und Gesprächsführung.[1155] Aus dieser Arbeit entstanden für Maglett längere persönliche Begleitungen von einzelnen Krankenpflegeschülern in Krisensituationen. Moxter schreibt 1975 über ihre Erfahrungen mit dem Unterricht von Maglett:
„Die Teilnahme an den Unterrichtseinheiten in den beiden Pflegeschulen und beim DGB sehe ich als wichtigen Bestandteil meiner Arbeit. Ich erlebe in diesen Stunden, wie bei einem großen Teil der Schwestern- und Pflegeschüler Interesse für die Arbeit des KKD geweckt wird, aus dem bei manchen wiederum Bereitschaft zur Zusammenarbeit und vielleicht sogar so etwas wie Vertrauen erwächst. Bei vielen entsteht ein neues und positives Verständnis von Krankenhausseelsorge. Die Auswirkung davon bekomme ich öfters auf den Stationen zu spüren, wenn mich nämlich Pflegeschüler von sich aus auf einzelne Patienten aufmerksam machen."[1156]
Hinzu kam ab 1977 der Unterricht der Seelsorgerinnen und Seelsorger an der Kinderkrankenpflegeschule. Siegmund-Schultze schreibt von 3 Doppeleinheiten je Ausbildungskurs zum Thema: Einführung in das helfende Gespräch für Kinderkrankenschwestern.[1157] 1979 hält Horst regelmäßig Unterricht an der Kinderkrankenpflegeschule. Er beginnt mit acht Stunden je Ausbildungskurs zu folgenden Themen: Fallbesprechung und Gesprächsanalyse.[1158] Horst steigerte 1983 seine Mitarbeit in der Kinderkrankenpflegeschule auf monatlich sechs Stunden im Fach Berufsethik.[1159]
Seit 1976 gibt Siegmund-Schultze regelmäßig pro Semester acht Unterrichtseinheiten im Fach Psychologie an der Schule für Krankengymnasten der Orthopädischen Klinik.[1160] 1979 gab es einen zusätzlichen Unterricht, der aus vier Doppeleinheiten für Krankengymnasten im Anerkennungsjahr bestand. Hinzu kamen weiterhin 1979 drei Doppeleinheiten zum Thema: Gesprächsführung an der Krankenpflegehelferschule.[1161]

[1155] In: Q 136, S. 2 f.
[1156] In: Q 147, S. 2.
[1157] In: Q 166, S. 3.
[1158] In: Q 177, S. 3.
[1159] In: Q 183, S. 3.
[1160] In: Q.158, S. 3.
[1161] In: Q 179, S. 3.

4.4 Die Sozialarbeiterinnen und Sozialarbeiter

Aus dem Erleben der konkreten sozialen Not vieler Patienten suchten die Krankenhausseelsorger einen engeren Kontakt zu den Sozialarbeiterinnen, die früher noch Fürsorgerinnen hießen: „In Zusammenarbeit mit den Fürsorgerinnen müssen viele akute soziale Probleme der Patienten gelöst werden. Wer kümmert sich um unversorgte Angehörige, Rentenfragen, Umschulung, Beschaffung eines Wohnraumes nach der Entlassung, Arbeit usw.? Aus dem Jahresbericht 1970 des Klinikums geht hervor, daß von 25.664 im Jahre 1970 verpflegten Kranken 801 ohne festen Wohnsitz waren. Wir werden überlegen müssen, wie wir dieser Gruppe von Patienten unsere Hilfe anbieten."[1162]
Am 20.5.1976 gab es ein gemeinsames Treffen der katholischen und evangelischen Seelsorger und Seelsorgerinnen mit den Sozialarbeiterinnen.[1163]
Brock hebt 1976 hervor, daß für die Patienten die Zusammenarbeit der Seelsorge mit der Sozialarbeit in der Klinik nötig ist. Drogenberatung, Kleiderkammer, Erziehungsberatung und Essen auf Rädern sind zentrale Themen, denen sie bei den Patienten begegnet.[1164] Siegmund-Schultze benennt in ihrem Jahresbericht 1979 einen regelmäßigen Kontakt zu den zuständigen Sozialarbeitern der Kliniken. Außerdem hat sie ab und zu Kontakt zu Sozialstationen der Gemeinden, wobei sie auch von Angeboten der Bekleidungsstelle und des Möbel-Reservoirs des Diakonischen Werkes für mittellose Patienten Gebrauch machte.[1165] Schmidt-Mappes berichtet 1979, daß sie oft zum Sozialen Krankenhausdienst Kontakt hat, wegen Weiterversorgung, Rechtsberatung und Weitervermittlung der Patienten und wegen der Nichtsesshaftenhilfe.[1166]

4.5 Das Hauspersonal

Die anfänglichen Treffen mit Pförtnern und Mitarbeitern der Poststelle der Universitätsklinik behielt der KKD nicht bei.[1167] Intensiven Kontakt mit Hausangestellten insbesondere der Werkstätten pflegten einzelne Seelsorgerinnen und Seelsorger in dem Patientenclub des Zentralbaues der Universitätsklinik.

1162 In: Q 133, S. 4
1163 In: Q 162
1164 In: Q 156, S. 4
1165 In: Q 179, S. 4
1166 In: Q 178, S. 5
1167 In: Q 162

B. Die katholische Krankenhausseelsorge 1968–1984

1. Der Übergang zur „Seelsorgebewegung“

Seit dem Zweiten Vatikanischen Konzil öffnete sich die katholische Amtskirche immer mehr den Gläubigen. Es entstand so eine neue Seelsorgebewegung, die nach den pastoralen Bedürfnissen der Menschen fragte und sie einlud zur Mitgestaltung des Glaubenslebens. Die hl. Messe wurde in der Landessprache gelesen. In Anlehnung an das allgemeine Priestertum aller Gläubigen erhielten nun auch Laien den Auftrag, zu predigen, Wortgottesdienste zu leiten und bei den Kranken eine Kommunionfeier zu gestalten. Das neue Bildungs- und Beratungshaus der katholischen Kirche in Frankfurt am Main erhielt nicht mehr den Namen eines Heiligen, sondern das Bistum gab ihm den Namen „Haus der Volksarbeit“ entsprechend der Gesellschaftsbewegung Ende der sechziger Jahre. In Heidelberg entstand in den siebziger Jahren das erste katholische Seelsorgeinstitut,[1168] wohin verschiedene Bistümer, auch das Bistum Limburg, regelmäßig Laien, Priester und Ordensleute zur Qualifizierung in der Krankenhausseelsorge zu 6- und 12-Wochen-KSA-Kursen schickte.

Das Profil der katholischen Krankenhausseelsorge an den Universitätskliniken wurde Mitte der sechziger Jahre von Grund auf erneuert. Mit Dienstantritt Pfarrer Wilhelm Pöhlers 1966 an den Universitätskliniken Frankfurt-Niederrad erhielt die Krankenhausseelsorge in Frankfurt einen neuen Stellenwert. Gegenüber der Gemeindeseelsorge war sie das Stiefkind des Bistums geblieben. Mit einem seiner vielen Anträge gelingt es Pöhler, mit Unterstützung des Gesamtverbandes der katholischen Kirchengemeinden Frankfurts,[1169] eine zweite hauptamtliche Krankenhausseelsorgestelle an den Universitätskliniken zu installieren.[1170] Für die Krankenhausseelsorge beantragt er einen Haushalt[1171] vom Bistum Limburg, der einem Pfarreihaushalt ebenbürtig ist. Weiterhin beantragt er Gelder für die Erstausstattung eines Sekretariates,[1172] die Einstellung einer hauptamtlichen Mitarbeiterin[1173] und die Anstellung einer Bürokraft für Halbtagsarbeiten.[1174] Mit dem Schreiben vom 28. März 1967 genehmigt das Bistum Pöhlers Anträge.[1175]

[1168] Institut für Klinische Seelsorgeausbildung (KSA) der Erzdiözese Freiburg in Heidelberg, Gaisbergstraße 58, 69115 Heidelberg
[1169] In: Q 254
[1170] In: Q 253, S. 1 f..
[1171] In: Q 257
[1172] In: Q 258
[1173] In: Q 259
[1174] In: Q 260
[1175] In: Q 262

Nach diesen äußerlichen Voraussetzungen für eine qualifizierte Krankenhausseelsorge setzt sich Pöhler mit ihrer inhaltlichen Struktur auseinander. Nach Gesprächen mit Prälat Heinrich Karell und den Frankfurter Krankenhausseelsorgern im Frühjahr und November 1966 zeigte sich die dringende Notwendigkeit einer Strukturverbesserung der Krankenhausseelsorge. In seinem Schreiben vom 15.12.1966 an das Bischöfliche Ordinariat benennt Pöhler in vier Punkten sein Anliegen.[1176] Zur Aufwertung der Krankenhausseelsorge gegenüber der Pfarrei sollte der Krankenhausseelsorger den Titel „Pfarrer" tragen, und er sollte dem Bischof direkt und nicht wie bisher dem Gemeindepfarrer untergeordnet sein. Er sollte frei von jeder Nebentätigkeit sein und das Recht auf einen freien Tag in der Woche haben. Letztlich sollte die Krankenhausseelsorge zu einer Personalpfarrei erhoben werden.
Das Bistum greift seine Anliegen auf und stellt sie als Diskussionsvorlage über die Krankenhausseelsorge an den Städtischen Krankenhäusern in Frankfurt am Main einer Arbeitsgruppe von Krankenhausseelsorgern zur Verfügung.[1177] Karell teilt am 11.5.1967 Pöhler mit, daß inzwischen alle Krankenhausseelsorger den Titel Pfarrer erhalten hätten. Seine Frage nach Errichtung einer Personalpfarrei müsse er mit dem Domdekan und dem Prälaten Hans Seidenather besprechen.[1178]. Pöhler scheiterte mit seinem Antrag im Bistum Limburg, die Krankenhausseelsorge an der Universitätsklinik zu einer Personalpfarrei aufzuwerten. Dagegen hat die katholische Krankenhausseelsorge an den Universitätskliniken Heidelberg den Rechtstitel Pfarrei vom Bistum Freiburg erhalten. Zähe Verhandlungen von Pöhler mit der Unterstützung anderer Frankfurter Krankenhausseelsorger führten zum ersten Statut für die hauptamtlichen Krankenhausseelsorger im Bistum Limburg.[1179] Die Qualität der katholischen Krankenhausseelsorge wie die Kompetenz der Seelsorger und ihrer Mitarbeiterinnen und Mitarbeiter erhielt durch dieses Statut gegenüber der bisher noch gültigen Dienstanweisung von 1910 erhebliche Verbesserungen. Krankenhausseelsorge hat damit gegenüber der Pfarrseelsorge ein eigenes pastorales Profil erhalten.

1.1 Rechtliche Einbeziehung der Krankenhausseelsorge

1.1.1 Das Bistum Limburg

Von 1949 bis 1981 ernannte Bischof Wilhelm Kempf und seit 1982 Bischof Franz Kamphaus die Krankenhausseelsorger. Oberster Vorgesetzter war der Generalvikar Hans Seidenather, später Gottfried Perne. Unmittelbar zuständig

[1176] In: Q 255
[1177] In: Q 256
[1178] In: Q 274
[1179] Vgl. Statut für hauptamtliche Krankenhausseelsorger (1968), S. 185

für die Krankenhausseelsorge und deren Mitarbeiterinnen und Mitarbeiter war das seit 1972 geschaffene „Dezernat Kirchliche Dienste“ im Bischöflichen Ordinariat. Die Leitung hatte seit 1975 Ordinariatsrat Josef Frank.
Pöhler setzte mit dem Statut erstmalig für die Hauptamtlichen in der Krankenhausseelsorge des Bistums Limburg eine diözesane Rechtsstruktur durch. Darüber hinaus erarbeiteten die Seelsorgerinnen und Seelsorger der Universitätsklinik, Wurm, Klüsche und Pöhler, mit anderen Krankenhausseelsorgern Anfang der siebziger Jahre ein Konzept des Kirchlichen Krankenhausdienstes im Bistum Limburg. Am 31.10.1974 wurde dieses Konzept bei der Tagung des Hauptausschusses des Diözesansynodalrates vorgestellt. Im ersten Teil des Konzeptes geht es um die Seelsorge, um soziale Hilfen und um die Bildungsarbeit. Der zweite Teil behandelte die theologische Begründung der Aufgaben. Im dritten Teil ging es um die Zusammenarbeit des kirchlichen Krankenhausdienstes mit anderen Gruppierungen. Weitere wichtige Punkte des Papiers waren die Schulung für den kirchlichen Krankenhausdienst, die Arbeitsweise und die Arbeitsmittel. In diesem Konzept spiegelten sich die Errungenschaften der Seelsorgebewegung wider. In den Mitteilungen des Bistums Limburg 1976 wird die Vorlage dieses Papiers, das der Diözesansynodalrat zur Erprobung beschloß, veröffentlicht.[1180]

1.1.2 Der Stadtdekan von Frankfurt am Main

Vom 1.10.1965 bis 30.9.1982 war Walter Adlhoch und seit 14.11.1982 Klaus Greef Stadtpfarrer und Stadtdekan am Frankfurter Dom. Sowohl in Personalfragen wie auch in pastoralen Angelegenheiten der Krankenhausseelsorge engagierten sich beide Stadtpfarrer. Es gab einen ständigen Informationsaustausch. Der Dompfarrer selbst wie die Kapläne des Domes kamen u.a. in Vertretung zur Spendung der Krankensalbung in die Universitätsklinik. Bei besonderen Feierlichkeiten in der Klinik kam der Stadtdekan als Vertreter des Bischofs von Limburg.
Sowohl Adlhoch als auch Greef pflegten den pastoralen persönlichen Austausch mit einzelnen Seelsorgerinnen und Seelsorgern der Universitätsklinik. Schweer erzählt über ihre Erfahrungen mit Adlhoch:
„Er war absolut mein Mentor. Mit Fragen und Problemen konnte ich zu ihm kommen. Ein paarmal im Jahr hat mich der Pfarrer Adlhoch in sein Dompfarramt eingeladen. Er war sehr glücklich zu hören, daß ich mit der Arbeit zufrieden war und ihm sagen konnte, daß ich in der Uni-Klinik am richtigen Ort bin. Bis zu seinem Tod hat er mich in meiner Krankenpastoral regelmäßig begleitet.“[1181]

1180 Vgl. Krankenhausdienst im Bistum Limburg (1975), S. 17
1181 In: Q 314

1.1.3 Der Gesamtverband der katholischen Gemeinden in Frankfurt am Main

In den sechziger Jahren war der Gesamtverband noch maßgeblich an der Einrichtung und Stellenbesetzung in der Krankenhausseelsorge beteiligt. In den siebziger Jahren gehen die meisten Entscheidungen an das Bistum über. Die Abteilung Rentamt des Gesamtverbandes war weiterhin für den Haushalt der Krankenhausseelsorge zuständig. Unverändert verantwortete der Gesamtverband alle bautechnischen Angelegenheiten des Rektorates, in deren Besitz das Haus des Rektors blieb.

1.1.4 Die „Pastoral-Klinische Arbeitsgemeinschaft", Region Frankfurt

Entsprechend dem gewonnenen pastoralen Profil der Krankenhausseelsorge gründeten die Seelsorgerinnen und Seelsorger der Frankfurter Krankenhäuser 1970 die „Pastoral Klinische Arbeitsgemeinschaft".
In der Präambel des Gründungsprotokolls vom 20.9.1970 heißt es: „Der Regionalbereich Frankfurt umfaßt alle verkehrsgünstigen Orte des Bistums und anderer Diözesen. Mitglieder können alle werden, die im Krankenhausdienst tätig sind. Gäste sind willkommen. Pater Vetter wird beauftragt, als Verantwortlicher für ökumenische Kontakte auf regionaler Ebene tätig zu sein. Sprecher der Arbeitsgemeinschaft ist Pfarrer Wilhelm Pöhler, seine Stellvertreterin Frau Wurm. Schriftführer ist Herr Klüsche und wird von Frau Schweer vertreten."
Die Gründungsversammlung fand im St.-Katharinen-Krankenhaus in Frankfurt am Main statt. Noch im gleichen Herbst 1970 gab sich die Arbeitsgemeinschaft ein Statut von vier Hauptpunkten: „[...]

1. Die Pastoral-Klinische Arbeitsgemeinschaft will den katholischen Beitrag zur Seelsorge-, Sozial- und Bildungsarbeit in den Kliniken der Region Frankfurt/Main fördern.
2. Mitglieder der Pastoral-Klinischen Arbeitsgemeinschaft sind sowohl Geistliche als auch Laien, Damen wie Herren.
3. Die Pastoral-Klinische Arbeitsgemeinschaft verwirklicht ihre Zielsetzung.
4. Die Pastoral-Klinische Arbeitsgemeinschaft wählt Personen mit einfacher Mehrheit für die Dauer von zwei Jahren zu Mitgliedern des geschäftsführenden Ausschusses."

Klüsche berichtet von den ersten Themen der Arbeitsgemeinschaft: „Die Erstellung einer Arbeitshilfe Krankenseelsorge; Seelsorge an Kranken in der Gemeinde; Der neue Ritus der Krankensalbung; Pastoral an alten Menschen; Der alte Mensch von heute."[1182]

[1182] In: Q. 308

1.2 Die Ehrenamtlichen in der Krankenhausseelsorge

Bei der Gewinnung und Begleitung von ehrenamtlichen Mitarbeiterinnen für den Patientenclub und für die Patientenbibliothek engagierten sich Wurm und Schweer. Schweer berichtet: „Die Evangelischen haben die ehrenamtlichen Damen betreut. Frau Becker hatte die Leitung. Da waren aber auch Leute aus meinem Bekanntenkreis dabei und einige pensionierte Schwestern habe ich für unsere ehrenamtliche Arbeit gewonnen. Selbst habe ich auch Dienst im Patientenclub oder im Bücherdienst gemacht, wenn keiner da war. Mit den Ehrenamtlichen im Patientenclub und im Bücherdienst auf den Stationen haben wir viele Gespräche geführt. Es war ein gutes Miteinander. Ihre Arbeit war eine sehr wichtige Sache und für uns von der Kirche sehr fruchtbar, weil sie mit vielen Patienten zusammenkamen. Diese Damen haben uns manche Patienten mit Namen bekannt gegeben, für die ein Seelsorgebesuch wichtig wäre".[1183]
Bevor die Ehrenamtlichen den Bücherdienst durchführten, waren zuvor eine Bibliothekarin und dann die Seelsorgerinnen selbst mit dem Bücherwagen über die Stationen gefahren, wie Wurm sagt: „Zuerst hatte es eine Bibliothekarin gemacht, bis sie verstarb. Da muß der Rektor Czapka vorübergehend mal einen Kaplan gehabt haben, der hat das initiiert. Er sorgte dafür, daß die liegengebliebene Bücherei wieder zur Geltung kam. Und das haben wir Seelsorgerinnen dann gemacht, zuerst in der HNO. Da war ein Patient aus Afrika, der mit einer deutschen Frau verheiratet war. Als er sich die Bücherliste durchschaute, sagte er: ‚Die sind ja alle überholt'. Einmal die Woche sind Fräulein Schweer und ich mit dem Bücherwagen über die Stationen gegangen. Dann haben es die Ehrenamtlichen gemacht. Auswahl und Ausbildung der Ehrenamtlichen lief über die Evangelischen. Die Leitung hatte Frau Becker, und zeitweise war ich als Stellvertreterin, mal auch in der Leitung, mit tätig."[1184]
Das gute Ansehen der Ehrenamtlichen des KKD ist eine Frucht der ausgezeichneten ökumenischen Zusammenarbeit zwischen evangelischer und katholischer Krankenhausseelsorge an den Universitätskliniken.

1.3 Die Krankenhausseelsorgerinnen und Seelsorger

Bis 1967 übernahmen jeweils Priester ausschließlich die hauptamtliche Krankenhausseelsorge an der Universitätsklinik. Noch 1967 stellte das Bistum Limburg Katharina Hensel als erste Mitarbeiterin und Magda Röhr als erste Sekretärin in der katholischen Krankenhausseelsorge ein. Es folgte ihnen als erste Gemeindehelferin 1968 Elisabeth Schweer[1185] und Thomas Klüsche als erster Theologe. Seit dem Zweiten Vatikanischen Konzil beauftragten die deutschen

[1183] In: Q 314
[1184] In: Q 319
[1185] Vgl. Kap. V.B.1.2

Bistümer Frauen und Männer nach dem Theologiestudium mit der Seelsorge. 1980 begann Willibald Troemer als erster Diakon[1186] und 1981 Hans-Jürgen Hemmerling als erster Pastoralreferent in der Universitätsklinik. Nach wenigen Monaten wechselte Hemmerling in die Gefängnisseelsorge. Ihm folgte im gleichen Jahr Gregor Schorberger als Pastoralreferent.[1187]

1.3.1 Das Team der katholischen Krankenhausseelsorge

In den beiden Ortsteilen der Universitätskliniken Sachsenhausen und Niederrad gibt es seit 1966 zwei eigenständige Dienststellen der katholischen Krankenhausseelsorge. Den jeweiligen Teams gehörten seit 1968 folgende Personen an:

Universitätskliniken (Frankfurt am Main-Sachsenhausen)

Czapka, Martin, Rektor (1958–1988)
Schweer, Elisabeth, Seelsorgehelferin (1968–1983)
Wurm, Sr. Margot, Seelsorgerin (1969–1980)
Thangalathil, P. Ambrosse, Pfarrer (1971–1976)
Troemer, Willibald, Diakon (1980–1984),
Hemmerling, Hans-Jürgen, Pastoralreferent (1981–1981)
Schorberger, Gregor, Pastoralreferent (seit 1981)
Kehl, Miriam, Gemeindereferentin (1983–1987)
Wanka, Helmut, Pfarrer (1984–1986)
Gruber, Bernhard, Pfarrer (seit 1987)
Weidemann, Sr. Helga, Seelsorgerin (seit 1988)
Host, Rita, Seelsorgerin (1989–1990)
Hennig, Sr. Gabriele, Gemeindereferentin (seit 1990)
Kretzer, Angelika, Pastoralreferentin (1990–1999)
Weyerhäuser, Sabine, Gemeindereferentin (1996–2001)
Smerekovska, Dr. Beatrix, Seelsorgerin (seit 1998)
Schmidt, P. Dr. Georg, Pfarrer (seit 2001)
Kuhn, Cäcilia, Seelsorgerin (seit 2002)

[1186] Diakon (gr. Diakonos, Gehilfe, Diener). Er ist ursprünglich Gehilfe des Bischofs in der Liturgie, in der Armen- und Krankenpflege und in der Verwaltung. Seit dem Zweiten Vatikanischen Konzil gibt es das zeitbedingte Diakonat als Vorbereitung auf das Priestertum und das ständige Diakonat.Geweiht werden im Bistum Limburg vom Bischof nach einer pastoralen Ausbildung ledige und verheiratete Männer. Sie werden in Seelsorge, Liturgie und Gemeindeleitung eingesetzt. Vgl. Heim (1998), S. 108.

[1187] Nach dem Diplomstudium können sich Frauen und Männer nach Richtlinien der Deutschen Bischofskonferenz über eine mehrjährige pastorale Ausbildung mit dem Abschluß der zweiten Dienstprüfung zur Pastoralreferentin oder zum Pastoralreferent ausbilden lassen. Im Bistum Limburg werden sie in der Gemeinde-, Schul- und Kategorialseelsorge eingesetzt. Einige arbeiten in der Verwaltung und in leitenden Positionen des Bischöflichen Ordinariates in Limburg.

Vier hauptamtliche Stellen gab es bis 1984: Eine Stelle für den Rektor und zwei hauptamtliche Stellen für je einen Mitarbeiter bzw. Mitarbeiterin. Thangalathil war zeitweise zusätzlich als Entlastung für Czapka vom Bistum der Krankenhausseelsorge zugeteilt.

Universitätskliniken (Frankfurt am Main-Niederrad)

Pöhler, Dr. Wilhelm, Pfarrer (1966–1971),
Hensel, Katharina, Seelsorgerin (1967–1971),
Klüsche, Thomas, Seelsorger (seit 1968)
Pfeiler, P. Dr. Horestes, Pfarrer (1971–1993)),
Röhr, Magda, Sekretärin und Seelsorgerin (1967–1993)
Gutfleisch, Paul, Pfarrer (1975–1977)

Das Bistum genehmigte zwei hauptamtliche und eine halbe Stelle in der Krankenhausseelsorge der Niederräder Kliniken. Nach dem Weggang von Pöhler übernahm Klüsche am 1.1.1972 die Leitung des katholischen Krankenhausdienstes in Frankfurt-Niederrad.
Als Priester blieb mit einer halben Stelle Pfeiler insbesondere für die Orthopädische Klinik und das Zentrum für Neurologie und Neurochirurgie zuständig.
Röhr erhielt nach dem Weggang von Hensel eine ganze Stelle als Sekretärin, bei der sie sich insbesondere neben ihrer Sekretärinnenarbeit seelsorgerlich den Patienten in der Psychiatrie zuwandte.
Ort der Krankenhausseelsorge blieb für den Sachsenhäuser Teil das Rektorat. Gelegentlich trafen sich die Mitarbeiterinnen und Mitarbeiter mit Czapka zum Dienstgespräch.
Im Rektorat verrichtete Czapka weiterhin alle Verwaltungsarbeit. Im Niederräder Teil entstand das katholische Büro in der Psychiatrie. Hier fanden wöchentliche Mitarbeitertreffen statt.

1.3.2 Fort- und Ausbildung in der Krankenhausseelsorge

Die Mitarbeiterinnen und Mitarbeiter von Czapka machten von Angeboten der Aus- und Fortbildung regen Gebrauch. Schweer beantragte nach ihren ersten Erfahrungen in der Krankenhausseelsorge der Universitätsklinik eine Fortbildung. Im Sommer 1968 besuchte sie in Hünfeld bei Fulda mit zehn weiteren Teilnehmern einen Zwei-Wochen-Kurs zum Thema Gesprächsführung. Die Leitung hatte Prof. Schwermer aus Paderborn. Später besuchte sie auch einen Kurs am katholischen Seelsorgeinstitut in Heidelberg.[1188] Klüsche nahm Anfang der siebziger Jahre zweimal an einem 6-Wochen-Klausurkurs in Klinischer Seelsorgeausbildung unter der Leitung von Becher in Frankfurt am Main teil.[1189]

[1188] In: Q 314

[1189] In: Q 308

Wurm hatte die CPT-Ausbildung schon in Graz absolviert, als sie noch den süddeutschen Redemptoristinnen[1190] angehörte. 1971 führte sie in Arnoldshain diese Lernerfahrung über einen 2-Wochen-Kurs bei Becher weiter. 1972/73 nahm sie an einem 6-Wochen-Kurs bei Becher, den er gemeinsam mit Pfarrerin Renate Schmidt leitete, teil. Im Katholischen Institut in Heidelberg arbeitete Wurm mit den dortigen KSA-Supervisoren Pfarrer Arthur Rainer und Pfarrer Josef Meyer-Scheu zusammen. Mitte der siebziger Jahre besuchte Wurm auf Einladung der Katholischen Akademie München einen Vortrag zum Thema Sterbebegleitung von Elisabeth Kübler-Ross.
Wurm besuchte im Rahmen ihrer Fortbildung pastoraltheologische Ringvorlesungen an der Philosophisch-Theologischen Hochschule St. Georgen, Frankfurt am Main. Weiterhin nahm Wurm begleitend zu ihrer Arbeit mehrere Jahre an einer Supervisionsgruppe bei Professor Pater Karl Frielingsdorf in St. Georgen teil.[1191]
Troemer nahm an einem viermonatigen Praktikum 1980 am Seelsorgeinstitut in Heidelberg teil. Am selben Institut begann Schorberger[1192] 1983 mit einem 12-Wochen-Klausurkurs eine Ausbildung zum Supervisor der Deutschen Gesellschaft für Pastoralpychologie (DGfP).[1193]

1.3.3 Zusammenarbeit mit anderen Einrichtungen

Mit der Studentengemeinde bestand weiterhin guter Kontakt. Die Zusammenarbeit mit dem Studentenpfarrer bestand darin, daß ein Informationsaustausch stattfand und die Krankenhausseelsorge ihm ihre eigenen Räume für die Arbeit mit den Medizinstudenten zur Verfügung stellte. Diese Treffen fanden zuerst im Rektorat statt und ab 1972 in der neuen Klinikkapelle.
Mitte der siebziger Jahre beauftragte der Regens des Priesterseminars in Limburg Margot Wurm, den Priesteramtskandidaten regelmäßig eine Einführung in die Klinikseelsorge zu geben. Zusätzlich waren Theologiestudenten der Philosophisch-Theologischen Hochschule St. Georgen und Lizentiatsstudenten[1194] während des Semesters einmal in der Woche zu Krankenbesuchen auf den Sta-

[1190] Die Redemptoristen (vom lat. Redemptor = Erlöser) ist eine 1732 vom hl. Alfons Maria di Liguori im Königreich Neapel gegründete Klerikergemeinschaft. Ihre Hauptaufgabe ist die Volksmission.

[1191] In: Q 319

[1192] In: Q 315. 1995 erhielt Schorberger in Eisenach die Anerkennung als Supervisor der KSA/DGfP.

[1193] Die Deutsche Gesellschaft für Pastoralpsychologie (DGfP) wurde 1972 gegründet. Ihr gehören u.a. in einer eigenen Sektion alle katholischen und evangelische Zentren für „Klinische Seelsorgeausbildung" an.

[1194] Lizentiatsstudenten absolvieren nach ihrem Theologischen Diplom an der Philosophisch-Theologischen Hochschule St. Georgen, Frankfurt am Main, ein weiteres Studium mit dem Ziel des theologischen Magister-Abschlusses.

tionen tätig. Wurm hatte die Stationen ausgesucht und auch die Studenten vorgestellt. Gesprächsprotokolle, die die Studenten von ihren Patientenbesuchen mitbrachten, besprachen sie mit Wurm. Aufgrund der guten Zusammenarbeit mit der Hochschule bot Frielingsdorf Wurm einen Lehrauftrag für St. Georgen an. Wurm erhielt vom Generalvikar Georg Höhle diesen Lehrauftrag. [1195]
In der Universitätsklinik selbst nahm Pöhler sowohl an Pflege- wie an Ärztefortbildungen teil, weiterhin wurde er zu medizinischen Kongressen als Referent eingeladen.[1196]

1.3.4 Bekanntmachung von Veranstaltungen der katholischen Seelsorge

Das Team des Rektorates hatte über die Bekanntgabe der Gottesdiensten hinaus keine eigenen Programmhinweise. Bei Veranstaltungen der evangelischen Krankenhausseelsorge mit dem Pflegepersonal wirkte die katholische Krankenhausseelsorge mit. Wurm sagte zu dem Engagement der evangelischen Seelsorge: „Die Evangelischen haben sehr viel in der Klinik gemacht. Sie haben Spuren hinterlassen, die für uns Katholischen leichter gangbar wurden, wie z.B. in der Gestaltung der Weihnachtsfeiern in der Augen- und Hautklinik. Sie waren uns nicht nur mit einer Nasenlänge voraus."[1197] Die Mitarbeiterinnen und Mitarbeiter des „Katholischen Krankenhausdienstes" in der Psychiatrie verfolgten einen Schwerpunkt ihrer Krankenhausseelsorge, indem sie über zahlreiche Veranstaltungen und Gründungen von Vereinen die Öffentlichkeit auf die Situation der psychisch Kranken aufmerksam machten.

1.4 Die katholischen Nachbarpfarreien der Universitätsklinik

Unverändert blieb ein reger Austausch mit der Pfarrei St. Bonifatius bestehen. Weiterhin meldeten die Seelsorgerinnen und Seelsorger die persönlichen Daten der notgetauften Kinder dem Pfarramt. Am Priesterkonveniat des Dekanates nahmen neben den Geistlichen auch Klüsche und Schorberger von der Universitätsklinik teil. Sowohl Pfarrer Richard Weiler von Sachsenhausen als auch Pfarrer Heinz Duchscherer von Niederrad waren zu Vertretungsdiensten in der Klinik bereit: Beide hatten ihre eigenen Erfahrungen mit der Universitätsklinik. Für Weiler sind die Krankenbesuche ein Schwerpunkt seiner Seelsorgearbeit: „Für mich ist es selbstverständlich, alle Kranken der Pfarrei zu besuchen, so sie es wünschen. Ich verstehe Seelsorge in erster Linie in der pastoralen Begegnung bei Besuchen. Dazu gehört, sich Zeit zu lassen und gut zu

[1195] In: Q 319
[1196] In: Q 313
[1197] In: Q 313

zuhören. Von den Klinikseelsorgern bin ich immer wieder zu Krankensalbungen gerufen worden, wenn der Klinikpfarrer nicht erreichbar war. Ich habe es immer gerne gemacht. Ablehnung von Personal habe ich nie erfahren. Manche waren reserviert, jedoch die meisten freundlich und hilfsbereit."[1198]

Duchscherer berichtet über seine Erfahrungen: „In den sechziger Jahren habe ich das Klinikpersonal sehr abweisend gegenüber Seelsorgebesuchen erlebt. Damals betrachtete uns Seelsorger anfänglich das Klinikpersonal als Fremdling und als Eindringling: ‚Was will der schon hier?' Heute werde ich freundlich begrüßt, wenn ich mich als Pfarrer vorstelle. Ich glaube, daß es daran liegt, daß sich auch in der Medizin ein Wandel vollzogen hat. Heute wird auch von den Ärzten die psychische Komponente in der Krankheitsverursachung und im Verlauf viel stärker erkannt und gesehen. Weiterhin führe ich es darauf zurück, daß die Krankenhausseelsorgerinnen und Seelsorger mehr auf den Stationen präsent sind und auch über eine spezifische Ausbildung sich mehr Kompetenz angeeignet haben. Die heutigen Seelsorgerinnen begegnen dem Personal viel mehr kollegial helfend als es früher üblich war. Ich bin alle Wochen oder alle 14 Tage in der Klinik, weil wir so viele Patienten in der Klinik haben. Die Leute sagen, unser Bruder, unsere Mutter, der Onkel liegt in der Klinik. Wenn ich festgestellt habe, daß ein Besuch erwünscht ist, freuen sich die Leute, und oftmals wünschen sie auch die Kommunion für ihre Kranken.

Die Nähe der Klinik spüren wir deshalb schon, weil in unserer Gemeinde sehr viele Krankenschwestern wohnen. Ich stelle fest, daß bei unseren Veranstaltungen,bei Gottesdiensten, Bildungsreisen viele alte Krankenschwestern teilnehmen, die sich gut untereinander kennen. Das sind sehr gute aufgeschlossene und gläubige Menschen. Wir können sie zu allen möglichen Diensten ansprechen, und sie sind gerne dazu bereit."[1199]

Die Gemeindepfarrer kommen zum Seelsorgebesuch in die Klinik. Andererseits wünschen sie auch den Besuch der Krankenhausseelsorger in ihren Gemeinden. Sie fragen in der Universitätsklinik an, ob Seelsorgerinnen oder Seelsorger bei Jugendlichen und Erwachsenen zu den Themen: Krankheit und ihre Bewältigung, Sterben zu Hause, Aids-Kranke, Kind im Krankenhaus einen Informationsabend in der Pfarrei halten können. Weiterhin ist Schorberger seit 1984 an der Schulung einer ehrenamtlichen Gemeindegruppe beteiligt, die sich auf Hospizarbeit in ihrem Stadtteil vorbereitet.[1200]

1.5 Ökumenische Zusammenarbeit in der Krankenhausseelsorge

Anfang der siebziger Jahre begannen aufgrund der Initiative der evangelischen Krankenhausseelsorge vierteljährlich ökumenische Arbeitsbesprechungen der Seelsorgeteams des Sachsenhäuser Teils der Universitätsklinik. Neben einem

[1198] In: Q 318 [1199] In: Q 299 [1200] In: Q 315

persönlichen Austausch ging es u.a. um verwaltungstechnische Angelegenheiten wie z.B. Finanzen. Gemeinsam traf man sich mit anderen Personalgruppen der Universitätsklinik.
Der 1970 entstandene Name KKD sollte laut Czapka alles unter einem Dach vereinigen, sowohl die Seelsorge als auch die verschiedensten Dienste beider Kirchen in der Universitätsklinik. Czapka stimmte dem neuen Namen grundsätzlich zu, pflegte aber parallel dazu weiterhin die Bezeichnungen Rektorat und katholische Seelsorge beizubehalten. Schweer stellte sich weiterhin den Patienten bei ihren Erstbesuchen auf den Stationen als „Mitarbeiterin des Rektors Czapka" vor.
Von dieser Übereinkunft des KKD ausgeschlossen blieben die Seelsorger im Niederräder Teil der Universitätskliniken. Als selbständige Abteilung traten sie unter dem neuen Namen: „Katholischer Krankenhausdienst" auf. Dennoch bestand zu den evangelischen Pfarrern ein „punktuell" freundlicher Kontakt. Ökumenische Zusammenarbeit auf einer strukturellen Ebene gab es in den Niederräder Kliniken nicht.[1201] Auf regionaler Ebene engagierten sich Pöhler und Klüsche im „Ökumenischen Kontaktkreis Frankfurt am Main", dem sowohl die evangelischen wie katholischen Seelsorgerinnen und Seelsorger der Frankfurter Krankenhäuser angehörten.
Als Sprecher wählte der Kontaktkreis für die katholische Seelsorge Pöhler und für die evangelische Seelsorge Pfarrerin Rudolph. Klüsche ernannten die Anwesenden zum Schriftführer. Das erste ökumenische Plenartreffen fand am 6.10.1970 im „Klubhaus Preungesheim" der „frankfurter werkgemeinschaft für soziale Integration (fwg)" statt. Die Anwesenden bildeten folgende Arbeitsgruppen: „Praktische Zusammenarbeit, Fortbildung und Vertretung nach außen. Dieser Kreis gab sich ein eigenes Statut, bei dem es unter Punkt 1 heißt: ‚Der Kreis will die ökumenische Kooperation in Frankfurt im Blick auf eine gemeinsame christliche Zukunft stärken und gestalten.' Bei dieser Gründungsveranstaltung wurde das Statut des Kontaktkreises verabschiedet."
Nach anfänglich verschiedenen Orten traf sich der Kontaktkreis seit 1972 bis heute halbjährlich im Frühjahr im Dominikanerkloster und im Herbst in der Philosophisch-Theologischen Hochschule St. Georgen.[1202]

2. Die Kranken besuchen

2.1 Die seelsorgerliche Situation auf den Stationen

Die Stationsbesuche Czapkas hatten überwiegend sakramentalen Charakter. Mit Arbeitsbeginn der Gemeindehelferin Elisabeth Schweer am 1.1.1968 kam es zunehmend zu pastoralen Besuchen, bei denen das Seelsorgegespräch im

[1201] In: Q 313

[1202] In: Q 308

Vordergrund des Kontaktes stand. Die Förderung durch den Stadtdekan sah Schweer als Auftrag für sich. Adlhoch hatte ihr gesagt:"Seit vier Jahren suche ich eine geeignete Person, die sich bereit erklärt, ins Krankenhaus zu gehen. Dort ist seit vielen Jahren Pfarrer Czapka ganz alleine tätig. Bei 1500 Betten schafft er es alleine nicht mehr. Er kann nur noch Sakramentenbetreuung machen. Zeit für Gespräche am Krankenbett habe er nicht. Dringend werde jemand gebraucht, auch ein Laie, auch eine Frau, die diese Krankenpastoral übernimmt."[1203]

2.2 Die Krankenbesuche

In meinem Interview mit Schweer stellte sie mir exemplarisch am Ablauf eines Arbeitstages ihre Krankenbesuche dar. Schweer gehörte noch der ersten Generation der Seelsorgehelferinnen an. Das waren überwiegend unverheiratete Frauen, die aus ihrer religiösen Einstellung heraus einen großen Teil auch ihrer Freizeit in den Dienst der Kirche stellten.
Schweer begann ihren Dienst morgens um 8.30 Uhr. In der ersten Zeit ihrer Tätigkeit besuchte sie morgens um 7.30 Uhr im Rektorat die hl. Messe. Nach Absprache mit den evangelischen Kollegen hatte sie ihre festen Stationsbereiche, die sie im Laufe eines Monats besuchte. Bei Erstbesuchen ging sie durch alle Zimmer, von Bett zu Bett. Nach der Mittagspause war Schweer um 15.00 Uhr wieder im Dienst, und blieb gewöhnlich bis 18.00 Uhr. Manchmal ging sie früher, wenn die Begegnungen am Krankenbett zu anstrengend waren. Schweer blieb manchmal bis 21.00 Uhr auf einer Station, wenn sie erfuhr, daß Sterbende ohne Angehörige waren oder von diesen nicht besucht wurden. Für sie war es kein Problem, eine ganze Nacht bei Sterbenden zu bleiben, da sie in der Nähe der Klinik wohnte. Am Wochenende nahm sie an den Gottesdiensten in der Kapelle der Universitätsklinik teil. Vielen Kranken ermöglichte Schweer die Teilnahme am Gottesdienst, da sie die Patienten von den Stationen abholte und zur Kapelle brachte.
Den Patienten stellte sich Schweer bei ihren Besuchen folgendermaßen vor: „Ich komme von der katholischen Seelsorge als Mitarbeiterin von Rektor Czapka." Nach Meinung von Czapka waren die Seelsorgehelferinnen für das Gespräch und für die Begegnung mit den Patienten da. Sie sollten katholische Kirche möglichst auf den Stationen präsent machen. Einen Schwerpunkt ihrer Arbeit legte Schweer auf die Besuche in der Frauen-, Strahlen- und Medizinischen Klinik. Auf Wunsch des Personals besuchte sie auch andere Kliniken, insbesondere die Hautklinik. Schweer sah in ihrem Stand als Laiin auch einen Vorteil, daß bei einem Erstbesuch nicht gleich beim Patienten der Eindruck erweckt würde, da komme jemand von der Kirche, der die Sterbesakramente

[1203] In: Q 314

spenden wollte. Wenn sie auf die Stationen ging, führte sie der erste Weg ins Stationszimmer mit der Frage: „Kann ich jetzt Besuche machen oder ist jetzt keine gute Situation? Gibt es Kranke, bei denen ich besonderen Wert darauf legen sollte, viel Zeit zu haben?„[1204]

Im Hinblick auf ihre Begegnungen mit Patienten erzählt die Seelsorgerin Margot Wurm: „Immer habe ich mich als Anwalt der Patienten gefühlt. Ich sagte mir, der Patient ist hier im Haus der schwächste Part. Er liegt im Bett, ist abhängig vom Pflegepersonal, von den Ärzten und Laboranten, die da kommen und stechen. Er ist abhängig von allen und meistens wird über ihn statt mit ihm gesprochen. Wenn Patienten offen mit mir reden und sich beschweren, dann bin ich das große Ohr für sie. Wenn sie erlauben, ihre Beschwerde weiterzugeben, dann nahm ich die Rolle des Anwaltes ein."[1205]

Bei Czapka hatten die meisten Krankenbesuche sakramentalen Charakter, dennoch ging er auf menschliche Probleme ein: „Patientinnen, die wochenlang bei uns in der Klinik lagen, hatten nicht nur Sorge um ihre kleinen Kinder, sondern vor allem sorgten sie sich oftmals um ihren Mann, daß er fremd geht, wenn er über längere Zeit alleine zuhause war: Die Patienten merkten, daß ich nicht prüde bin und konnten darüber sprechen. Es gab auch Patienten, zu denen spontan eine Sympathie entstanden ist, mit denen konnte ich über alles reden, über Kochen, Politik. Manche Frauen und Männer hatten einen derartigen Charme, daß ich mich bei ihnen sehr wohl fühlte und sie besonders gerne aufsuchte nach sehr anstrengenden Erlebnissen in anderen Krankenzimmern."[1206] Schweer und der Diakon Willibald Troemer sprachen in ihrer seelsorgerlichen Begleitung oft den religiösen Aspekt der Krankheit an, indem sie die katholischen Patienten zu Krankenkommunion, Gottesdienst, Beichte oder Krankensalbung einluden. Gleichzeitig sorgten sie auch im Einzelfall für die sozialen Bedürfnisse der Patienten und ihrer Angehörigen. Czapka äußerte sich zum sozialen Einsatz der Mitarbieterin: „Die Schweer hat dann auch bei alleinstehenden Patienten deren Wäsche mitgenommen und sie gewaschen."[1207]

Bei Wurm und den Pastoralreferenten Hans-Jürgen Hemmerling und Gregor Schorberger stand die personale Begegnung und Begleitung im Vordergrund ihrer Arbeit. Sie führten patientenzentrierte Gespräche, die manchmal zu religiösen Inhalten führten. Aus ihrer Begleitung heraus entstand manchmal der Wunsch des Patienten, daß der Seelsorger seine Anliegen, Bitten oder Beschwerden bei Ärzten, Pflegepersonal oder bei Behörden vortrug. Hier übernahmen Wurm, Hemmerling und Schorberger anwaltliche Positionen für die Patienten.

[1204] In: Q 314
[1205] In: Q 319
[1206] In: Q 295
[1207] Ebd.

2.3 Der Einsatz der Krankenhausseelsorge bei den Weihnachtsfeiern

Die Tradition der großen Weihnachtsfeiern ersetzten die Seelsorgerinnen und Seelsorger durch individuelle Stationsfeiern. Der KKD hatte an großen Feiern nur noch die jährliche Adventfeier für pensionierte Schwestern und eine Weihnachtsfeier für alle Ehrenamtlichen. Wurm berichtet:
„Weihnachten von Kliniken gab es nicht. Der Rektor Czapka hielt am hl. Abend seine Weihnachtsmesse. Patienten aus dem Zentralgebäude, die eben gehen konnten, kamen dahin. Manchmal fuhren wir auch die bettlägerigen Patienten zur Kapelle. Die meisten Patienten waren vor den Weihnachtstagen entlassen worden. Für diejenigen, die keine Angehörigen hatten, war es besonders schlimm, zu diesen Tagen alleine im Krankenhaus zu liegen. Ich hatte immer Besuch von meiner Mutter zu Weihnachten. Mit Einverständnis der Patienten brachte ich dann zur Verstärkung meine Mutter mit, und gemeinsam haben wir Besuche gemacht. Jeder Patient bekam von uns ein kleines Geschenk. Wir nahmen uns Zeit, lasen den Patienten Weihnachtsgeschichten vor. Ich hatte einen kleinen Schallplattenapparat dabei, so daß wir auch in den Krankenzimmern Weihnachtsmusik spielen konnten.„[1208]
In der Hautklinik übernahm Schorberger 1981 die Tradition der Weihnachtsfeiern seiner Vorgänger: „Zusammen mit dem evangelischen Kollegen Karl-Heinz Horst begann am Heiligabend um 18.00 Uhr für alle Patienten in einem von dem Pflegepersonal sehr schön geschmückten Aufenthaltsraum ein kleiner Gottesdienst mit anschließendem gemütlichen Beisammensein bei Kaffee, Kuchen und Wein. Die Patienten und das Personal sangen mit uns viele Weihnachtslieder, jeder bekam ein Liederheft, zudem lasen die Seelsorger, wenn es sich anbot, Geschichten vor. Meistens waren die Unterhaltungen zwischen den Patienten so lebhaft, daß keine Geschichten vorgelesen werden mußten. Durchschnittlich kamen 12 Patienten von allen Stationen der Hautklinik. Zu ihnen gehörten akut Erkrankte, Alleinstehende, Obdachlose und manchmal von ihren Angehörigen offensichtlich zu Weihnachten in die Klinik abgeschobene Patienten."
Diese Tradition führten die beiden Seelsorger dann auch seit 1984 auf der AIDS-Station ein, bei der die Weihnachtsfeier einschließlich Gottesdienst dann um 15.00 Uhr begann, um in der Hautklinik am Heiligabend die traditionelle Weihnachtsfeier beibehalten zu können. Von einem weiteren Erlebnis in der Strahlenklinik berichtet Schorberger: „In der Strahlenklinik war zu Beginn der achtziger Jahre eine Patientin, die sich noch einmal unter dem Weihnachtsbaum eine richtige Weihnachtsfeier wünschte. Zusammen mit dem Stationspersonal und der Oberschwester, die eigens deswegen aus ihrem Urlaub kam, ermöglichten wir am 1. Weihnachtstage der Patientin, aus dem Krankenzimmer in die mit Christbaum geschmückte Eingangshalle zu

[1208] In: Q 285

kommen. Dort erlebten wir in einer kleinen Gruppe von fünf Personen einen festlichen Gottesdienst mit anschließender Weihnachtsfeier. Daß die Patientin evangelisch war, spielte hier keine Rolle."[1209]
An solchen Festtagen, wie vor allem Weihnachten, sind die Patienten für jede Art von seelsorgerlicher Zuwendung besonders empfänglich. Die Präsenz der Seelsorgerinnen und Seelsorger auf den Stationen zu Weihnachten ist auch dem Personal wichtig, zumal einige von ihnen wegen ihrer Dienstzeiten an keinem Weihnachtsgottesdienst teilnehmen können.

2.4 Seelsorgeerfahrungen in der Universitätsklinik

2.4.1 Seelsorgeberichte aus einzelnen Häusern

Das Personal der *Wach- und Intensivstationen* rief vor allem Czapka wegen der Krankensalbung und der Trauerbegleitung von Angehörigen. Da er tagsüber wie nachts auf alle Intensivstationen kam, kannte er das Personal sehr gut, was ihm immer wieder eine besondere Aufmerksamkeit wert war. „Die Gespräche mit den Schwestern und Ärzten bei den Versehgängen waren meistens zeitintensiver als die eigentliche Krankensalbung."[1210] Troemer schreibt von der Angst der Patienten. Mit seinen seelsorgerlichen Besuchen will er dazu beitragen, die Angst durch Zuhören und Anteilnehmen zu verringern.: „Auf der Intensivstation begegnet man der Angst direkt – sie tritt offener hervor, versteckt sich nicht so wie auf Normalstationen. Auch Angehörige, die ihre Patienten dort besuchen, werden oft davon angesteckt. Die fremde Welt, die Ungewißheit trotz informierender Gespräche mit Arzt und Pflegepersonal, das ‚Nichts-tun-Können' belasten, machen unsicher. Da ist es gut, wenn der Seelsorger Ruhe ausstrahlt, wenn er durch sein Dasein betont, daß auch in dieser Apparatewelt immer noch Menschen das Sagen haben."[1211]
Ähnliche Erfahrungen machte Schorberger, als ihn 1983 ein Stationsarzt auf die *neurochirurgische Intensivstation* rief: „Vom Arzt erfuhr ich, daß die Patientin schon tot ist und die Eltern einen Seelsorger wünschten, auch stände eine Organentnahme an, gegen die sich die Eltern sperren würden. Im Intensivzimmer lag wie schlafend eine junge Frau, ein nervös wirkender junger Mann stand am Bett und das Elternpaar weinend. Mir berichtete der junge Mann, daß er morgens noch gut mit seiner Freundin gefrühstückt habe und sie eine Wochenendfahrt gemeinsam geplant hatten. Sie klagte dann über plötzliche Kopfschmerzen. Der Freund sagte ihr: ‚Mach doch keine Witze, du willst doch nur noch nicht so früh auf Reisen gehen'. ‚Als ihr dann noch schlecht

[1209] In: Q. 315
[1210] Ebd.
[1211] Troemer 1997, S. 23.

wurde', sagte der junge Mann, ‚lief ich gleich zum Nachbarn, der Arzt ist. Da lag meine Freundin schon so bewußtlos da wie jetzt hier ohne das Anzeichen einer Krankheit. Wir riefen den Notarzt, der sie sofort hierher brachte, wo nur noch ihr Tod festgestellt werden konnte.' Er berichtete weiter: ‚Ich bin für eine Organspende, dann gibt sie wenigstens noch in ihrem Tod Leben weiter.' Die anwesenden trauernden Eltern erzählten mir die erfolgreiche Ausbildungsgeschichte ihrer einzigen Tochter und sagten, wie könnten wir dem Wunsch der Ärzte zustimmen, ohne mit der Kirche gesprochen zu haben. Unsere Tochter war immer gläubig. Ich versuchte in den weiteren Gesprächen, Wege aufzuzeigen, daß die Organentnahme kein Widerspruch zur katholischen Lehre ist, und bezog in meiner Argumentation die lebensbejahenden Gründe des Verlobten mit ein.
Die Eltern waren nun still geworden. Ich lud die Eltern und den Verlobten zu einem Trauer-Abschiedsgottesdienst ein. Nachdem die Eltern die Kommunion empfangen hatten und ich ihre verstorbene Tochter berührte und segnete, sagten sie plötzlich: ‚Jetzt können sie den Oberarzt rufen, wir geben unser Einverständnis zur Organentnahme.'"[1212]
1981 begann Schorberger, in der *Hautklinik* katholischerseits regelmäßig Besuche zu machen. Zuvor war die katholische Krankenhausseelsorge nicht regelmäßig auf den Stationen präsent, weil die Seelsorgerinnen und Seelsorger schon aus Zeitgründen nicht alle Patienten besuchen konnten. Das Personal der Hautklinik sprach dennoch Schweer mehrere Male an, „[...] bei ihren Kranken Besuche zu machen. Die Schwestern haben telefoniert und gesagt, kommen sie doch auch mal zu uns herüber; mir war es ganz wichtig, daß ich auch mal katholischerseits auf die anderen Stationen kam. Ich wußte doch, daß die katholische Kirche dort keine regelmäßigen Besuche macht. Es waren die Ausnahmen, da ich meine eigenen Stationen im Rhythmus weiter besucht habe."[1213]
Zur *Frauenklinik* sagt Schweer: „Ich habe seit meinem Beginn 1968 dort in der Frauenklinik sehr viel von den Patientinnen gelernt, vor allem, wenn sie zum Sterben kamen. Abends bin ich dann noch mal in die Klinik gegangen, um die letzten Stunden bei den Sterbenden zu verbringen. Hier ist es wichtig, einfach die Hand zu halten, keine großen Gespräche zu führen. Einfach den Menschen das Bewußtsein zu geben, sie sind jetzt in dieser Stunde nicht allein. Das war mir wichtig."[1214]
1969 übernahm Wurm von Schweer die Seelsorge auf den Stationen der *Strahlenklinik:* „Hier gab es, als ich anfing, das Verbot, über Sterben und Tod zu sprechen. Der Grund war, daß vor Jahren hier ein Priester gelegen hat, der auf seine Frage, ob er Krebs habe, vom Professor gesagt bekam, daß es so sei und er nur noch einige Wochen zu leben habe. Daraufhin sprang er einige Tage später

1212 In: Q 315
1213 In: Q 314
1214 In: Q 314

aus dem Fenster. Das Personal der Strahlenklinik war so geschockt, daß Tod und Sterben nach diesem Erlebnis in der Klinik geleugnet wurden: „Es gibt bei uns keine Todeskandidaten." Als Seelsorgerin war ich die einzige, der gegenüber die Patienten ihr Sterben und ihre Todesvorstellung ansprechen konnten. Das Positive an meiner Seelsorgearbeit war die Begegnung mit Patienten. Ich habe Patienten im Sterben begleitet, die mich als Begleiterin gewählt haben. Es waren meistens junge Menschen. Sie haben mir als Personen selbst sehr viel gegeben. Manchmal haben sie mich, trotz engster Angehöriger, gebeten, sie in ihrem Sterben zu begleiten.„[1215]

Für Schweer war es ein schlimmes Erlebnis mitzubekommen, wie die Angehörigen ihre sterbenden Kranken vertrösteten: „Es wird schon wieder." Die Patienten konnten dann nicht über ihre seelische Not mit ihren Angehörigen sprechen und blieben allein mit ihren Ängsten, Fragen, Sterbeahnungen. Schweer gegenüber erlebten die Kranken es als angenehm, über ihre Gefühle mit ihr sprechen zu können. Von einigen Patienten erfuhr Schweer, daß in den Familien Krankheit, Sterben und Tod ein absolutes Tabu waren. Angehörige aus solchen Familien zogen sich zurück und kamen in den Sterbephasen immer seltener den Patienten besuchen. Einige blieben dann auch ganz weg.[1216]

Wurm erzählt von einem Erlebnis in der *Hals-Nasen-Ohren-Klinik:* „Ein Patient bekam keinen Wochenendurlaub, da jeder Arzt etwas anderes sagte. Er war ganz deprimiert. Mit seiner Erlaubnis bin ich zum Stationsarzt gegangen. Er sagte mir sofort, das ist ein schwieriger Patient. Darauf ich zum Arzt: ‚Herr Doktor, ich sage Ihnen jetzt mal etwas, wenn Sie da liegen und haben drei behandelnde Ärzte, von denen jeder ihnen etwas anderes sagt, wären Sie dann nicht auch zu einem schwierigen Patienten geworden?' Daraufhin erklärte er mir genau, warum der Patient am Wochenende keinen Urlaub bekommt. Ich bat ihn, daß er sich 10 Minuten Zeit nehmen solle und genauso die Gründe dem Patienten erklären solle, wie er es gerade mir gegenüber getan hatte. Am anderen Tag kam ich zu demselben Patienten. Der Mann strahlte mich an. Ich fragte ihn, was passiert sei, worauf er mir berichtete: ‚Der Doktor war da, der hat sich an mein Bett gesetzt und mir genau erklärt, warum ich jetzt am Wochenende dableiben muß.'"[1217]

Weiterhin informiert Wurm von ihrer Erfahrung mit dem Personal bei ihrer Vorstellung in der *Infektionsklinik:* „Als ich mich dort vorstellte, sagte die Stationsschwester: ‚Warten sie mal einen Moment, bis ich wiederkomme.' Dann hatte sie mir alle katholischen Patienten aus den Patientenakten heraus geschrieben, ich sagte ihr: ‚Das müssen Sie nicht, ich besuche alle Patienten und gehe von Zimmer zu Zimmer, von Bett zu Bett.' Sie hat mich ganz freundlich angeguckt und mir zugerufen: ‚Bevor sie gehen, kommen sie mal erst zum Kaffee zu uns ins Stationszimmer.'"[1218]

[1215] In: Q 319 [1216] In: Q 314 [1217] In: Q 319 [1218] In: Q 319

Über seine Erfahrungen in der *Augenklinik* schreibt Troemer: „Ein Heilungswunder habe ich noch nicht erlebt. In der Augenklinik verwandten die Patienten das Wort Wunder oft. Patienten, die dorthin kamen, nur wenig oder keine Sehkraft mehr hatten, sahen plötzlich wieder. Sie waren am grauen Star operiert worden und bekamen dabei eine neue Linse eingesetzt. Diese machte es möglich, nachdem die Verbände abgenommen worden waren, eine Fülle von Licht und Farben und eine zumindest sehr viel stärkere Sehkraft zu erfahren und an ein Wunder denken zu lassen. ‚Das ist ein Wunder!' So hörte ich die Patienten oft sprechen. [...] Manchmal baten sie mich, Blinden vorzulesen oder ein kleines Radio zu beschaffen, vor allem aber wiederzukommen. Die Kommunionfeiern bei diesen Patienten waren immer gut besucht, sie fanden in einem Vorraum der Station statt. Da nur ganz wenige sehen konnten, brachte ich Musik und Lieder auf Kassetten mit".[1219]
Zu seiner Erfahrung in der *Kieferchirurgie* schreibt Troemer: „In der Kieferchirurgie liegen auch sehr viele Patienten aufgrund eines Unfalls; aber auch wegen Schädigung bei Sport, Raufereien oder durch Tumore. Hier herrscht oft Sprachlosigkeit, bedingt durch eine Operation. [...] Auch das Zuhören ist für den Besucher nicht leicht. Er muß hier einige Hürden nehmen in Hinsicht auf das, was er sieht und hört und riecht. Wenn er es kann, bringt es Freude und Segen für beide. Ein Kommunionempfang ist nur selten möglich, aber Gebet und Segen bezeugen auch hier die helfende Nähe Gottes."[1220]
Troemer schreibt über ein besonderes Erlebnis auf der *Dialysestation:* „Auf der Dialysestation lernte ich einen Patienten kennen, der für eine Transplantation nicht mehr vorgesehen war. [...] Eines Tages teilte er mir mit, daß er nicht mehr kommen wolle. Das kam einem Todesurteil gleich. Er sagte, daß er dieses Leben nicht mehr aushalten könne, daß er auch mit seiner Frau darüber gesprochen habe und daß sie damit einverstanden sei, wenn er lieber sterben wolle. Wir sprachen über das Wenn und Aber, letztendlich konnte ich aber seinem Vorhaben zustimmen. Vom behandelnden Arzt wußte ich, daß er zu Hause schmerzfrei gehalten würde und somit nur noch auf die schnelle Erlösung durch den Tod zu warten brauchte. Weihbischof Krätzl aus Wien sagt zu diesem Thema folgendes. ‚Die Kirche macht sich auch zum Anwalt eines menschlichen Sterbens. Das heißt, daß Lebensfunktionen des Menschen nicht künstlich verlängert werden sollen, wenn offensichtlich die Lebenskraft insgesamt zu Ende ist und keine Hoffnung mehr auf Besserung besteht.' (Aus Ansprache beim 36. Österreichischen Ärztekongreß in Wien)."[1221]
Diese Berichte aus den verschiedenen Stationen und Kliniken stehen exemplarisch für andere seelsorgerliche Erfahrungen in der Krankenhausseelsorge an der Universitätsklinik. Ich habe einige spezifische Berichte ausgesucht, da

[1219] Troemer 1997, S. 45 f.
[1220] Ebd., S. 46 f.
[1221] Troemer 1997, S. 49

sie den Neuansatz der personenzentrierten Krankenhausseelsorge hervorheben. Der folgende Bericht von Wurm ist mir in seiner Ausführlichkeit deshalb wichtig, weil er aufzeigt, daß durch die seelsorgerliche Gestaltung der persönlichen Begegnung mit einem Repräsentant der katholischen Kirche konstruktive Veränderungen in der Krankenhausseelsorge hervorgerufen werden können. Gleichzeitig ließ sich dieser Repräsentant, Kardinal Julius Döpfner, als Patient sowohl von anderen Patienten wie von der Seelsorgerin berühren, die ihr Anliegen zugunsten einer qualifizierten Krankenhausseelsorge vehement vortrug.

Seit ihrer Tätigkeit in der Universitätsklinik 1969 arbeitete Wurm auf den *chirurgischen Stationen*. Sie war gerne auf diesen Stationen, zumal sie die Unterstützung der Oberschwester hatte: „Mit der Oberschwester der Chirurgie Gretel konnte ich einfach so über meine Erfahrungen mit den Patienten und dem Personal reden, andererseits brachte auch sie ihre Sorgen und Probleme ein. Da hatte ich das Gefühl, hier in der Chirurgie bist du akzeptiert.

Ein besonderes Erlebnis hatte ich 1973 in der Chirurgie. Ich war gerade aus dem Urlaub zurückgekommen, als mein evangelischer Kollege Pfarrer Maglett mir berichtete, daß auf meiner Station der Kardinal Döpfner liegt. Es sei aber schwer, zu ihm zu kommen, da er immer vor seinem Zimmer eine Nonne habe. Dennoch ging ich hin, um mich bei der Nonne anzumelden. Ich hatte noch einen Arm voll Bücher, da ich glaubte, ich werde erst einen Gesprächstermin bekommen. Von der Stationsschwester hatte ich zuvor die Zimmernummer erhalten. Ich klopfte an die Zimmertür und da stand auch schon der Kardinal im Schlafanzug mir gegenüber. Ich mußte lachen und er fragte mich ‚wollen sie zu mir' und bot mir einen Platz an. Ich sah die grüne Begrüßungskarte vom KKD und sagte ihm, daß ich diejenige bin, die da auf der grünen Karte steht.

Dann haben wir sehr offen geredet. Ich wußte, daß er der Vorsitzende der Deutschen Bischofskonferenz ist und dachte mir, jetzt oder nie habe ich die Chance, ihm mein Leid zu klagen. Ich sagte ihm, daß ich die Ausbildung bei den Evangelischen gemacht habe, da es katholischerseits keine klinische Seelsorgeausbildung gibt. Die katholische Klinikseelsorge sei ein Stiefkind der Pastoral.

Da werden problematische Priester in die Krankenhausseelsorge von den Ordinariaten gesteckt, die im Grunde genommen abgeschoben sind. Es sei kein Wunder, daß man da nicht ernst genommen werde vom Pflegepersonal und von den Ärzten. Die meisten katholischen Seelsorger trauen sich gar nicht auf Stationspersonal geschweige denn auf Ärzte zuzugehen, da sie nicht eine spezifische Seelsorgeausbildung, eine Kompetenz, ein nötiges Selbstbewußtsein haben. Die Evangelischen Klinikseelsorger hatten ja zuerst auch keinen leichten Stand im Kontakt zum Klinikspersonal, jedoch über ihre Ausbildung haben sie mehr und mehr das Personal für sich gewinnen können und damit auch einen viel leichteren Zugang zu den Patienten bekommen. Letztlich entschuldigte ich mich bei ihm, da er nichts für die Zustände im Bistum Limburg kann, jedoch

sei er der Vorsitzende der Deutschen Bischofskonferenz, in der dauernd von den Fernstehenden, den Randständigen geredet wird, jedoch für die Krankenseelsorge werde nichts Qualitatives getan. Entweder ist Kirche auf angenehme Weise präsent oder gar nicht.
Der Kardinal Döpfner hörte sehr gut zu, nickte mal mit seinem Kopf. Ich konnte mal meinen ganzen Frust, den ganzen Dampf ablassen, was ich nicht getan hätte, wenn es dem Kardinal als Patient gesundheitlich nicht gut an diesem Tag gegangen wäre. Er hatte auch schon begonnen, anderen Patienten auf der Station die Krankenkommunion zu bringen. Unter den Patienten lag zur Zeit auch eine junge Frau im Sterben, auch sie ging er besuchen, solange er auf der Station war. Am Sonntag zelebrierte er dann die Messe und unter den Besuchern waren viele Professoren und Oberärzte, die sonst nie in den Gottesdienst kamen. Die Predigt des Kardinals gefiel mir so gut, daß ich dachte, lieber Gott, warum schickst Du uns nicht einen solchen Bischof daher.
Ich war sehr glücklich später zu hören, daß trotz aller konservativen Strömungen und Gegnerschaft mancher Bischöfe ein KSA-Institut [1222] in Heidelberg als einziges der katholischen Kirche den Schutz der Bischofskonferenz erhielt."[1223]

2.4.2 Seelsorge mit kranken Kindern

Die Seelsorge an kranken Kindern blieb wie in den Jahrzehnten zuvor vorwiegend sakramental. Schorberger informiert von seinen Erfahrungen als neuer katholischer Seelsorger in der Kinderklinik:
„Als ich 1981 als Krankenhausseelsorger meine Arbeit in den Universitätskliniken aufnahm, gehörte die Kinderklinik neben anderen Kliniken zu meinen Aufgaben. Sofort entstand eine enge Zusammenarbeit mit dem evangelischen Pfarrer Karl-Heinz Horst, der mich sowohl dem ärztlichen Direktor Hövels wie den verschiedenen ärztlichen und pflegerischen Leitungen der einzelnen Stationsbereiche vorstellte. Als katholischer Seelsorger war meine Begegnung mit den kranken Kindern und ihren Eltern nicht anders als die, wie oben beschrieben, der evangelischen Kollegen.
Eine Spezialausbildung in Kinderseelsorge strebte ich an, die ich einerseits durch regelmäßige Gespräche mit Horst erhielt, anderseits indem ich an mehreren Seminaren teilnahm, die Prof. Stange aus Amsterdam, ein Experte für die Seelsorge an kranken Kindern, im Seelsorgeseminar Frankfurt jährlich anbot. Hier lernte ich auch Dorothea Bobzin kennen, die den ‚Arbeitskreis Kinderseelsorge im Krankenhaus' bundesweit publik gemacht hatte.[1224] Bobzin schreibt über diese Seminare in ihrem Grundlagenpapier ‚Seelsorge in Kinderkliniken' im September/Oktober 1985:

[1222] KSA ist die Abkürzung für Klinische Seelsorgeausbildung
[1223] In: Q 319 [1224] In: Q 315

„Der Herbstkurs der Konferenz für evangelische Krankenhausseelsorge 1982 in Frankfurt/M. bot das Thema: ‚Seelsorge in Kinderkliniken' an. Teilnehmerinnen dieses Kurses haben sich am Ende der Tagung verabredet (auf eigene Initiative in Zusammenarbeit mit dem Seminar für Seelsorge der EKHN in Frankfurt/M.), sich weiterhin einmal jährlich zu einer Supervisionstagung zu treffen. Tagungsleitung: Supervisor Prof. Otto Stange/Amsterdam. Diese Supervisionstagungen (die dritte findet im Dezember 1985 statt) sind uns (Kinderseelsorgern) lebensnotwendig und wichtig und bedeuten uns eine große Hilfe und Entlastung."[1225]
Schorberger berichtet von einem Fall, in dem er als Seelsorger „anwaltliche" Funktionen für das Kind wahrnahm: „Bei einem meiner Besuche auf der Kinderkrebsstation lernte ich ein Mädchen von neun Jahren kennen, das sich nicht mehr behandeln lassen wollte. Auf meine Frage: ‚Warum bist du dann zum dritten Mal zur Behandlung hier?,' sagte die kleine Patientin: ‚Der Mama zuliebe und wegen des Doktors. Ich möchte lieber nach Hause und wieder in die neue Schulklasse gehen, da habe ich neue Freundinnen gefunden, eine liebe Lehrerin.' Nach meinen Gesprächen mit der ärztlichen Leitung und später mit den Eltern ermöglichte die Kinderklinik, das todkranke Kind nach Hause zu entlassen, wo es symptomfrei noch eindreiviertel Jahr die Schule besuchen konnte."[1226]
Besonders nahe gehende Erfahrungen machen die Krankenhausseelsorger in der Begleitung von sterbenden Kindern. Schorberger erzählt: „Ein Mädchen von 13 Jahren lag im Endstadium wegen ihres Gehirntumors. Wir hatten über Monate hin eine sympathische Beziehung entwickelt. Trotz freien Wochenendes hatte ich das Verlangen, sie am Sonntagvormittag zu besuchen. Sie freute sich sehr, obgleich sie starke Kopfschmerzen hatte und schon dreimal erbrochen hatte. Ganz unvermittelt fragte sie mich, ob ich mit ihr in den Baseler Zoo gehen möchte. Ich war überrascht, sagte gerne zu und ließ mir von ihr erzählen, was da so besonders im Baseler Zoo ist. Sie sagte, daß dort alle Tiere frei seien, dort würde der Wolf mit dem kleinen Schaf spielen, es gäbe wunderschöne Blumen dort. Bei meinem mitgehenden Interesse erzählte sie immer farbenprächtiger und schlief dabei ein. Ich ging leise und erfuhr am anderen Tag von den Schwestern, daß das Mädchen nach meinem Abschied nicht mehr aufgewacht und am frühen Nachmittag verstorben sei." [1227] In ihrer Offenheit berichten manchmal schwerkranke Kinder von Geschichten, wie hier im paradiesischen Erleben des Mädchens deutlich wurde, indirekt von ihrer Nahtodvision.
Von einem unmittelbaren Zugang zur Seele ihres verstorbenen Kindes berichtete eine Mutter Schorberger auf der Kinderintensivstation. „Einmal rief mich das Personal auf die Intensivstation zu Eltern, die sich nicht von ihrem gerade

[1225] In: Q 276
[1226] In: Q 315
[1227] Ebd.

verstorbenen Kind trennen wollten. Nach einer Stunde des Beisammenseins (Gespräch, Stille, Gebet) merkte ich eine zunehmende Unruhe der Mutter, die ich ansprach. Ich erfuhr, daß sie unruhig sei, weil es hier im Zimmer kein Fenster gäbe. Erst in einem Zimmer mit Fenster könne sie sich von ihrem Kind verabschieden. Die Schwestern waren gerne bereit, das tote Kind in ein Zimmer zu legen, in dem es ein Fenster gab. Die Mutter rannte zum Fenster, riß es auf und atmete befreit durch. Sie sagte: ‚Jetzt kann die Seele meines Kindes in den Himmel gehen.'"[1228]

Die monatlichen Kinderfeiern in der Kinderklinik
Über die Geschichte der Entstehung der Kinderfeiern schreibt Horst folgendes: „‚Es fehlt ein Veranstaltungsangebot der Kirchen in der Kinderklinik', sagte Gregor Schorberger, mein katholischer Kollege, vor etwa drei Jahren zu mir, als er von einer Fortbildung aus Heidelberg zurückkehrte. Ich stimmte zwar zu (oft genug hatte ich schon ähnliche Gedanken gehabt), hatte aber großes Bedenken wie etwa: Was sagt die Klinikleitung dazu? Wie können die Kinder erreicht werden? Welche Art der Veranstaltung können wir dann anbieten, wenn die Mehrzahl der Kinder oft Ausländer sind, Nichtchristen, oft auch der deutschen Sprache nur unvollkommen mächtig? Werden wir die Arbeit, die damit verbunden ist, auch über mehrere Zeiträume bewältigen können?
So viel war uns sofort klar, daß wir nicht einfach einen Kindergottesdienst anbieten wollten. Sind doch auch die meisten christlichen Eltern ihren Kirchen gegenüber fernstehend. Der innere Schwung, der von Gregor Schorberger ausging, ließ uns nach Antworten auf unsere Fragen suchen.
Herr Prof. Dr. Otto Hövels, der Chef der Kinderklinik, war über unsere Überlegungen erfreut und ermunterte uns, weiter an diesem Projekt zu arbeiten.
Anläßlich eines Gespräches mit den evangelischen Seelsorgern Harro Betzold und Gisela Mechelhoff des Stadtkrankenhauses Höchst stellte sich heraus, daß diese ähnliche Überlegungen angestellt hatten. Wir trafen uns im Frühjahr 1984 zu einer ersten Besprechung, um miteinander zu erörtern, wie dieses Projekt verwirklicht werden könnte. Wir bildeten damals eine ständige Arbeitsgruppe, die uns den Mut zum Anfang gab. [...] Für die künstlerische Gestaltung der Plakate und Handzettel, die für die Werbung in den Kliniken von großer Wichtigkeit werden sollte, konnte Angelika Betzold gewonnen werden.
Die erste Veranstaltung, ein Erntefest, fand am 6. Oktober des gleichen Jahres im Stadtkrankenhaus Höchst unter meiner Leitung statt. Sie wurde eine Woche später in der Uni-Klinik wiederholt. Seitdem werden regelmäßig monatlich Kinderfeiern sowohl im Stadtkrankenhaus Höchst als auch in der Uni-Klinik von den Mitgliedern der Arbeitsgruppe durchgeführt. Die Arbeitsgruppe selbst traf sich lediglich alle 6 Monate, um die Themen der Kinderfeiern

[1228] In: Q 315

festzulegen und die Aufgaben untereinander zu verteilen. Sehr bald stieß die Krankenschwester Ursula Steinhofer als ständige Mitarbeiterin zur Arbeitsgruppe hinzu.
Eine weitere Ausweitung auf nun sieben Mitarbeiter und Mitarbeiteriinnen erfuhr diese Arbeitsgemeinschaft durch das Hinzukommen der Seelsorgerinnen: Ute Krutzki, Bürgerhospital, und Carmen Willms, Marienhospital. Die erste Veranstaltung im Bürgerhospital fand am 30.08.1986 statt. Die Kinder des Marienkrankenhauses wurden zu dieser Veranstaltung gebracht.“[1229]
Über den Verlauf einer Kinderfeier zum Thema: Martinsfeier sagt Horst:
„‚Eine denkwürdige Martinsfeier', ‚Wer will mit uns zusammen die Martinsgeschichte spielen?', so fragte Gregor Schorberger dreißig zum Teil schwerkranke Kinder, die sich im Bibliotheksraum der Kinderklinik Frankfurt an jenem für mich denkwürdigen Dezembermorgen des Jahres 1985 eingefunden hatten und erwartungsvoll auf den katholischen Seelsorger blickten.
Drei Kinder meldeten sich. ‚Kommt her', sagte Gregor, und du bist der Ritter Martin, du der frierende Bettler und du bist das Pferd des Martin“. Er nahm die Kinder an die Hand und wollte das improvisierte Spiel beginnen.
Eine alte Dame meldete sich: ‚Micha möchte auch mitspielen'. – Micha, das war ein achtjähriger Spastiker, der eingesunken und unbeweglich in seinem Rollstuhl saß. Er hatte einen seiner Finger ein wenig von der Lehne abheben können. Das war seine Meldung. Der Berichterstatter konnte es ebenfalls jetzt sehen.
Gregor Schorberger sprang schnell zum Rollstuhl, schob ihn auf die improvisierte Bühne zu den anderen Mitspielern und sagte zu Micha herunter gebeugt. ‚Du bist das zweite Pferd des Martin.' Er setzte ihm eine Kappe auf den Kopf. Michas Augen leuchteten. Er war das zweite Pferd, obwohl er sich doch gar nicht bewegen konnte.
Nach dem kurzen Spiel wurden Lampions verteilt und der Elendszug der kranken Kinder in Rollstühlen oder die Infusionsständer schiebend zog langsam durch die langen Flure. Viele Kinder hatten kahle Köpfe. Mir schnitt das Elend der Kinder ins Herz. Ich konnte die Martinslieder kaum mitsingen, weil ich den Tränen nahe war. Mitten unter den Kindern war jetzt Micha. Warum müssen schon Kinder so viel leiden, dachte ich kummervoll. Ich werde diesen Martinszug wohl nie mehr vergessen können.
Einige Wochen später, die nächste Kinderfeier war gerade zu Ende gegangen, kam eine junge Kinderärztin auf einen unserer Mitarbeiter zugestürzt und fragte ihn: ‚Was haben Sie neulich mit unserem Micha gemacht?'. Seit jener Kinderfeier spricht er wieder.“[1230]
Für Micha hatte die Teilnahme und das Mitspielen bei der Martinfeier eine so große Bedeutung, daß er trotz seiner schweren Krankheit wieder Lebensmut

[1229] In: Q 277, S. 1.
[1230] In: Q 277, S. 11.

schöpfte und seitdem sich viel aktiver an der medizinischen Therapie und in der Spielstube der Kinderklinik beteiligte. Schorberger besuchte ihn noch über Monate bis zu seiner Verlegung in eine Rehabilitationsmaßnahme.
Zusammenfassend zur Struktur und Bedeutung dieser Kinderfeiern schreibt Betzold vom Städtischen Krankenhaus Frankfurt-Höchst: „Die Themen unserer Veranstaltungen sollen die Situation kranker Kinder berücksichtigen, jedoch so, daß sie uns bei der Vorbereitung beschäftigten, bei der Ausführung aber weder belehrend noch beratend ins Spiel kommen. [...][1231]
Wir beschlossen, die Kinderfeiern in Absprache mit den Krankenhausverwaltungen, den Chefärzten, den Schwestern und Ärzten der Kinderstationen und den dort arbeitenden Kindergärtnerinnen und Lehrerinnen als eine feste Einrichtung bekannt zu machen. [...] Die Räume für unsere Kinderfeier (Uni-Klinik: Bibliotheksraum, Höchst: Gemeinschaftssaal) sollten bei den Klinikverwaltungen beantragt werden. Sie wurden uns auch genehmigt. Wir sahen in der persönlichen Einladung an die Kinder den Vorteil, auf diese Weise wenigstens einmal im Monat alle Kinder auf unseren Stationen kennenzulernen, dabei auch mit Eltern in Kontakt zu kommen.[...][1232]
Im Lauf der Jahre erkannte das Team der Kinderseelsorgerinnen und Seelsorger, die sich den Namen gaben „Ökumenischer Arbeitskreis für Kinderfeiern in Frankfurter Krankenhäusern", „[...] wie wichtig es für Kinder im Krankenhaus ist, einen Grund zum Lachen finden zu können. Daher legten wir Wert darauf, in größerer Anzahl lustige Kinderfeiern zu gestalten. Als Form der Gestaltung hat sich herausgebildet eine Mischform aus Erzählen und Spielen. Wir haben aber auch die reine Erzählform und das Theaterspielen bzw. Puppenspiel gepflegt. Soweit es bei kranken Kindern möglich ist, möchten wir möglichst viele Kinder an den gespielten bzw. erzählten Geschichten beteiligen, indem wir sie z.B. zum Mitspielen oder Nachspielen, zum Malen oder Musizieren (Orff-Instrumente) auffordern. Manchmal haben wir für unsere Geschichten eine Dekoration aufgebaut, manchmal lassen wir sie auch ganz weg, um die Phantasie der Kinder herauszufordern."[1233]
Wie wichtig vielen Eltern die Teilnahme ihrer Kinder an diesen Feiern geworden ist, zeigt Schorberger an dem Engagement eines jungen Vaters für den Besuch seines schwerkranken Sohnes bei einer Nikolausfeier auf: „Mein fünfjähriger Sohn ist hochgradig immungeschwächt. Trotz des Verbotes der Ärzte der Kinderkrebsstation will ich, daß mein Sohn an der Nikolausfeier teilnimmt. Ich weiß, mein Sohn wird in einigen Monaten sterben, für ihn ist es die einzige Möglichkeit, eine Nikolausfeier noch einmal zu erleben und sich zu freuen, was macht da eine zusätzliche Infektion, auch wenn er deshalb früher sterben sollte."[1234]

1231 Betzold (1991), S. 10
1232 Ebd.
1233 Ebd.
1234 In: Q 315

Der Besuch unserer Kinderfeier ist in der Regel gut. Durchschnittlich kommen etwa 35 Kinder der Universitätsklinik und des Stadtkrankenhauses. Etwa 15 Kinder des Bürgerhospitals und des Marienkrankenhaus nehmen an den dortigen Kinderfeiern teil. Themen der Kinderfeiern waren u.a.:

- Große Aufregung im Zoo.
- Suana und ihre Freunde (eine Pferdegeschichte).
- Das Geschenk des Oparis.
- Freunde.
- Erntedank.
- St. Martin.
- Nikolaus im Zauberwald.
- Die kleine Hexe auf dem Weihnachtsmarkt.
- Wintermärchen.
- Mit nackten Beinen durchs Gras, das macht den Störchen Spaß.
- Eine Reise mit dem großen Schiff.
- Das Geheimnis im Garten (die Paradiesgeschichte).
- Die Leute aus der Anatol-Straße.
- Eine Zirkusgeschichte.
- Die Geschichte vom zerrissenen Mantel.
- Die Irrfahrten des Herrn N
- Die Gespensterjäger
- Der kleine Prinz auf Reisen
- Die Geschichte des Indianerjungen Chuka
- Die kluge Krähe
- Der Apfelkastanienbaum[1235]

Die Kinderfeiern zeigen, daß auch in einer Klinik, in der gelitten und gestorben wird, alles zusammen gehört: Lachen und Weinen, Feiern und Trauern, Klagen und seiner Freude vollen Ausdruck geben. Das Erlebnis dieser Kinderfeiern motivierte Horst und Schorberger, jeden Sommer ein großes Fest auf der AIDS-Station der Universitätsklinik zu veranstalten.

Krankenhausseelsorgerinnen und Seelsorger in der Kinderklinik können ebenso wie die Ärzte und das Pflegepersonal von der natürlichen Offenheit der Kinder lernen, die sich ihnen in ihren Lebens-, Krankheits- und Sterbephasen anvertrauen.

2.4.3 Seelsorge mit psychiatrischen Patienten

Pfarrer Wilhelm Pöhler gab 1968 der Krankenhausseelsorge in Frankfurt-Niederrad den neuen Namen: „Katholischer Krankenhausdienst". Als Begründung sagte er:

[1235] Vgl. Betzold (1991), S. 10 f.

1. „Das Krankenhaus hat einen soziologischen Stellenwert zwischen Medizin und Mensch.
2. Das Krankenhaus als Brennpunkt, da sich hier alle Lebensbereiche verschärfen.
3. Ich begegne den Menschen und bin ihr spiritueller Begleiter in dieser Welt, somit werde ich zum spirituellen Faktor zwischen Medizin und Mensch.
4. Krankenhausseelsorge hat eine Bedeutung in der klinischen Psychiatrie.
5. Der neue Namen: „Katholischer Krankenhausdienst“ umfaßt sowohl die Seelsorge, die Sozialarbeit und die Bildungsarbeit.“[1236]

Dieses Konzept realisierte Pöhler mit seinen Mitarbeitern und Mitarbeiterinnen sowohl innerhalb der Psychiatrie als auch außerhalb in vielen patientennahen Organisationen. Für die Patienten der Niederräder Kliniken gestaltete Pöhler eine eigene Begrüßungskarte.[1237]

Voraussetzungen für diese Seelsorgearbeit

Für Pöhler galt es in der neuen Seelsorgestelle vor allem, präsent zu sein. Als Krankenhauspfarrer für die Kinder- und Jugendpsychiatrie, Erwachsenenpsychiatrie, Neurologie, Neurochirurgie und Orthopädie hatte für Pöhler der Kontakt zum Personal großer Bedeutung.

Sowohl die ärztliche als auch dier pflegerische Leitung der Psychiatrie hieß Pöhler willkommen. Über sein Selbststudium der Psychiatrie hinaus hospitierte er bei Ärzten während der Behandlung der Patienten und machte sich vor allem kundig in der gerade neu aufgebauten Sozialpsychiatrie. „Als Seelsorger besuchte ich Seminare und Vorlesungen und eignete mir so alles Wissen an. Ich wurde zu neuro-chirurgischen Operationen eingeladen und immer wieder zu Patienten in Krisen gerufen, z.B. bei Selbstmordpatienten, wenn sie Schwefelsäure getrunken und geschrien haben. Unter der neuen Leitung von Prof. Dr. Hans-Joachim Bochnik entstand in der Psychiatrie für jeden Patienten ein zwanzigseitiger Datenbogen. Hier gab es Kästchen zum Thema Krankenhausseelsorge. Ich schaute mir stundenlang die Blätter durch und besprach sie oft mit Prof. Bochnik.“

In der Evangelischen Akademie Arnoldshain leitete Pöhler gemeinsam mit Becher und einigen Ärzten 1969 die Tagung: „Sozialpsychiatrie heute. Modell und erste Erfahrungen sozialpsychiatrischer Arbeit in Frankfurt am Main“.[1238]

Mit den evangelischen Krankenhausseelsorgern in der Psychiatrie hatte Pöhler wenig Berührungspunkte.

Über sich selbst sagt Pöhler: „Als Mitglied des Frankfurter Oratoriums war ich selbständig. Ich hatte keine klerikalen Vorgaben, als Karl Rahner-Schüler war ich frei von jeder Art theologischer Zwangsjacken. Ich hatte eine hervor-

[1236] In: Q 313
[1237] In: Q 284
[1238] In: Q 283

ragende Position. Die Klinik wurde mir zum zweiten Zuhause, wo ich tags und nachts auftauchte. Ich war nicht Krankenseelsorger, sondern Krankenhausseelsorger."

Pöhler berichtet von seiner *Zusammenarbeit mit dem Klinikpersonal:* „Am Anfang fand ich eine Antipathie, Gleichgültigkeit seitens des Klinikpersonals mir als Seelsorger gegenüber vor. Der Seelsorger mußte sich erst einmal positiv beweisen. Das Personal machte eine neue Erfahrung mit mir, die im Gegensatz zu ihrem Bild von Kirche und Pfarrei stand. Ich wurde erst einmal von ihnen geprüft, z.B. bei Weihnachtsfeiern: Wie redet er jetzt, fromm, ethisch oder anthropologisch. Redet er in die Medizin hinein oder verstärkt er die Medizin von innen her. Ich war der Prüfstein für die Ärzte.

Nach und nach war ich von seiten des Personals gerne gesehen. Ich war ein stabiler Faktor, der immer da war. Zu meiner ersten Phase gehörte es, Leute zu gewinnen und ein positives Bewußtsein für Pfarrer und Seelsorger zu schaffen. Ich ging auf Ärzte, Schwestern und Betriebspersonal zu. Schwestern luden mich zum Kaffee in ihre Stationszimmer ein, und Ärzte wurden zunehmend gesprächsbereiter.

Das Personal litt darunter, daß das allgemeine Bewußtsein über die Psychiatrie negativ war. Sie hatte ein verheerendes Image. Kleist[1239] hat noch Schädeluntersuchungen gemacht. Und ich bekam das Büro einer Psychologin, die an der Vernichtung der Sinti und Roma beteiligt war. Ich erfuhr, daß nicht die Psychiatrie für den Patienten da war, sondern der Kranke für die Medikamente, für die Therapie und für die Anstalt da ist."[1240]

Zu Patienten gestaltet Pöhler ein persönliches Verhältnis: „Ich bin für die Patienten da. Ich fragte mich z.B. angesichts eines autistischen Patienten, wer spricht, wer spielt mit ihm, ist er immer unansprechbar?

Ich war solidarisch mit den Patienten und wurde zu einem von ihnen. Wie hätte ich sonst mit ihnen reden können? Bei Gottesdiensten, Predigten, Besuchen am Krankenbett besonders auf den neurochirurgischen Stationen habe ich nur über die Augen mit den Patienten geredet. Mir war wichtig, einer von ihnen zu sein, mit ihnen identisch zu sein, das bedeutet auch mit ihnen zu weinen, ihre Hand zu halten, wenn sie Elektroschockbehandlung erhielten. Mir war die Bedeutung der Patienten als Mensch wichtiger als sein Patientsein. Ich hatte einen ganzheitlichen Anspruch, der Mensch als Ganzes sollte im Vordergrund stehen, auch in seiner Behinderung. Hilfe zur Selbsthilfe war für mich oberstes Gebot.

Bei den Erwachsenen arbeitete ich mit in der Sozialpsychiatrie, nahm regelmäßig an Gesprächsrunden der Mitarbeiter teil, war behilflich bei der Arbeitsbeschaffung und beim Wohnen. In der Kapelle und später im Vorlesungssaal

[1239] Prof. Dr. Karl Kleist war von 1920 bis 1950 der zweite Direktor der Universitätsnervenklinik.

[1240] In: Q 313

zeigte ich wöchentlich aktuelle Spielfilme, ermöglichte Dichtervorlesungen. Ich begleitete Angehörige und organisierte für sie und ihre Patienten Feste. Für die Kinderpsychiatrie sammelte ich Spielzeug in den Frankfurter Schulen. Spielzeug, das sie wieder kaputt machen konnten. Ich machte Ausflüge mit den Kindern, bis die Verwaltung es mir aus versicherungstechnischen Gründen verbot"[1241].

Im Interesse der Patienten und ihrer Angehörigen unternahm Pöhler mehrere Vereinsgründungen: Als erster Verein entstand 1967 die *Kranken-Hilfsgemeinschaft e.V.*: „In der Klinik gründete ich Treffpunkte sowohl für Patienten in der Klinik wie für ehemalige Patienten und ihre Angehörigen. Dazu gehörte die Kranken-Hilfsgemeinschaft e.V., dessen Vorsitzender der Sozialdezernent der Stadt Frankfurt, Stadtkämmerer Ernst Gerhardt war. Sie hatte das Ziel, die Drehtürpsychiatrie[1242] zu durchbrechen. Weiterhin sollten Leute kontaktiert werden, die bereit waren, größere Geldspenden der Kranken-Hilfsgemeinschaft zugute kommen zu lassen. Diese Gemeinschaft hatte den Spruch von Bertolt Brecht: „Sorgt doch, daß ihr, die Welt verlassend, nicht nur gut wart, sondern verlaßt eine gute Welt (aus Hl. Johanna der Schlachthöfe)."[1243]

Als Krankenhausseelsorger entwickelte Pöhler 1968 aus der Kranken-Hilfsgemeinschaft e.V. die *frankfurter werkgemeinschaft (fwg)*. „Sie sollte sich der nichtklinischen Rehabilitation und Integration psychisch kranker Patienten widmen. Dieses Ziel sollte neben dem inhaltlichen Aufbau des Klubhauses in Frankfurt-Preungesheim auch über eine sinnvolle Arbeit in völlig neu zu formierenden Rehabilitationswerkstätten erreicht werden. Als Logo wählte der Verein das Känguruh, das unter anderem einen ‚Hinweis auf die kommenden großen Sprünge mit leerem Beutel' gibt. Der Verein legte rechtliche Grundlagen. Mit der Psychiatrischen Universitätsklinik Frankfurt wurde ein vom Hessischen Kultusministerium genehmigter Kooperationsvertrag geschlossen, der dazu helfen soll, die beiderseitigen wissenschaftlichen und medizinischen Aufgaben zu optimieren."[1244]

Von der Zusammenarbeit der katholischen Krankenhausseelsorge in Frankfurt-Niederrad mit der frankfurter werkgemeinschaft und dem Krankenhilfsdienst erzählt Pöhler: „Der Katholische Krankenhausdienst an den Universitätskliniken Frankfurt-Niederrrad ist die Aktionsmitte des Kranken-Hilfsdienstes der fwg. Rund fünfzig ehrenamtliche Mitarbeiter kommen z.Z. von draußen nach drinnen, die meist aus sozial aktiven Schichten, z.B. Lehrer, Kindergärtnerinnen, Studenten, Pfadfinder stammen, zusammengefaßt sind sie in Teams von zwei bis drei Mitarbeitern. Dem Einsatz ein- bis zweimal im Monat für einige Stunden geht eine Einführung voraus. Darüberhinaus wer-

[1241] Ebd.

[1242] Drehtürpsychiatrie bezeichnet die Tatsache, daß einige entlassene Patienten in zeitlichen Abständen immer wieder neu eingeliefert werden.

[1243] In: Q 313

[1244] Ebd.

den die Ehrenamtlichen angeleitet, in ihrem Einsatz begleitet und schließlich wird ihre Arbeit ausgewertet.

Der Kranken-Hilfsdienst arbeitete innerklinisch, zunächst mit den Schwerpunkten: Psychiatrische und Neurologische Klinik sowie Kinder- und Jugendpsychiatrische Klinik. Immer geht es dabei um die (an die Möglichkeiten der Klinik oder Station und des Patienten) angepaßte Aktivierung des psychisch Kranken.

Dem dienen folgende Aktivitäten: Zeitschriften- und Bücherdienst – Besuchs- und Hilfsdienst – der Filmklub Känguruh – eine Dauersammlung für Kleider, Bücher, Spielzeug (von Gemeinden, Gruppen, Schulen, Privatleuten) – der Beschäftigungsdienst mit Arbeitsgruppen für Werken und Basteln, Filme und Dias, Einzel- und Gruppengespräche, Nachmittags- und Abendveranstaltungen, Ausflüge und Unternehmungen."[1245]

Pöhler stellte auf Kongressen, bei Organisationen und Vereinen die Zusammenarbeit der Krankenhausseelsorge mit der frankfurter werkgemeinschaft dar. 1969 fuhr Pöhler mit dem Oberarzt der Psychiatrie Dr. Caspar Kuhlenkampff nach Heidelberg zu einem interdisziplinären Pflegekongreß. Hin-sichtlich des Stellenwertes der Krankenhausseelsorge in der Psychiatrie erfuhr Pöhler hier die Anerkennung: „Das, was sie machen, ist Modell". Für das Ansehen und eine lebensbejahende Zukunft der psychisch Kranken rief Pöhler mehrere öffentlichkeitswirksame Veranstaltungen ins Leben. Bei der Gründung des Heinrich-Hoffmann-Museums arbeiteten Professor Helmut Siefert vom Senckenbergischen Institut für Geschichte der Medizin der Universität Frankfurt am Main, G.H. Herzog und Pöhler zusammen.[1246] Ende 1969 verabschiedet sich Pöhler auf allen Stationen als Krankenhausseelsorger. Zusammen mit Katharina Hensel, die sich ebenfalls aus der psychiatrischen Universitätsklinik verabschiedete, begann Pöhler seinen ausschließlichen Dienst in der „frankfurter werkgemeinschaft" bis zu seinem Wegzug 1981 nach Köln.[1247]

Vor der Verabschiedung von Pöhler im Sommer 1969 ernannte das Bistum Thomas Klüsche als Laientheologen zum Dienststellenleiter der Krankenhausseelsorge der Universitätskliniken in Frankfurt-Niederrad. Gleichzeitig bekam Magda Röhr als Sekretärin eine Ganztagsstelle. Obgleich dienstrechtlich als Sekretärin geführt, hatte Röhr von Anfang an die Anerkennung als „Seelsorgerin" von Patienten, ihren Angehörigen und vom Klinikpersonal. Klüsche nahm 1970 und 1971 an den ersten beiden Langzeitkursen in Klinischer Seelsorgeausbildung unter der Leitung von Becher in Frankfurt teil. 1970 erhielt Pater Dr. Horestes Pfeiler als Priester eine Halbtagsstelle in der Krankenhausseelsorge Frankfurt-Niederrad. Die andere halbe Stelle hatte er als

[1245] In: Q 313
[1246] In: Q 313
[1247] In: Q 313

Krankenhausgeistlicher im Hospital zum Heiligen Geist. Für den sakramentalen Dienst hatte er die ständige Rufbereitschaft, gleichzeitig engagierte er sich sowohl in Erstbesuchen wie in begleitenden Besuchen der Kranken vor allem im Friedrichsheim und in der Neurologischen wie Neurochirurgischen Klinik. Pfeiler organisierte mit Schweer Kunstreisen und Pilgerreisen, an denen Krankenschwestern und ihre Angehörigen teilnahmen. Hier entwickelte sich eine ständige Gruppe aus dem Personal der Universitätsklinik, die sich bis Mitte der achtziger Jahre regelmäßig traf. Unter dem Namen Katholischer Krankenhausdienst führten Röhr, Klüsche und Pfeiler die mit Pöhler begonnene Seelsorgearbeit an der Psychiatrie, wie oben beschrieben, weiter.[1248]

2.4.4 Seelsorge mit orthopädischen Patienten

Von der katholischen Krankenhausseelsorge in Niederrad war Klüsche als Dienststellenleiter für die Orthopädische Klinik Friedrichsheim zuständig. Die Seelsorge in der Orthopädie gestaltete Pfeiler. Neben Gottesdiensten, Krankenkommunionen und Krankensalbungen hatte er den Anspruch, möglichst alle Patienten im Friedrichsheim zu besuchen, was ihm auch nahezu gelang. Einige Patienten wünschten Pfeiler über seinen kurzen Erstbesuch hinaus zur weiteren seelsorgerlichen Begleitung. Gemeinsam mit der evangelischen Kollegin Siegmund-Schultze wirkte er auch am Bildungsangebot für die Patienten mit. Im Patientenclub bot er regelmäßig Diaabende zu verschiedenen Ländern an, wobei er deren christliche Kulturen besonders herausstellte.[1249] Nicht nur in seinen Kliniken, sondern in der gesamten Universitätsklinik war Pfeiler jederzeit Tag und Nacht bereit, in Vertretung für Czapka sofort zur Krankensalbung zu kommen.[1250] Nach wie vor besuchte der Gemeindepfarrer Heinz Duchscherer häufig Kranke aus seiner Pfarrei im Friedrichsheim.[1251]

3. Seelsorgerliche Handlungen

3.1 Die Kapellen

In der Kapelle des Rektorates feierte Czapka nach wie vor jeden Morgen die Frühmesse. Nach Fertigstellung des elfgeschössigen Zentralbaus mit je zur Hälfte chirurgischen und medizinischen Stationen wurde im Herbst 1972 im zweiten Stock die neue Kapelle feierlich eingeweiht. Hier fand nach dem neuen

[1248] In: Q 308
[1249] Vgl. Kap. VI B.1.4
[1250] In: Q 308
[1251] In: Q 299

liturgischen Ritus[1252] am Samstagabend die hl. Messe statt. Im Vergleich zur Kapelle im Schwesternhaus beobachtete Czapka, daß die Besuchszahlen der Patienten aus dem Zentrum der Medizin und dem Zentrum der Chirurgie in Anbetracht der Meßfeier zunahmen, da sie nur im selben Haus mit dem Aufzug in die zweite Etage fahren mußten.
Wolfgang Gilles, ein Anwohner der Universitätsklinik, empfand diesen Wechsel von der alten Kapelle im Schwesternhaus zu der neuen im Zentralbau als großen Bruch. Er sagte: „Es war dann der große Bruch, der in den siebziger Jahren kam. Dieser Raum hat nichts an Flair oder Atmosphäre. Die Besucherzahl des Gottesdienstes hat abrupt nachgelassen. Es sind viel weniger Anwohner gekommen. Dennoch bin ich gerne hier mit meiner Frau zum Gottesdienst gekommen, weil wir in der Nähe wohnten. Hier in dieser Gegend haben relativ viele Katholiken gewohnt, und somit war es einfacher für sie, hier in den Gottesdienst zu gehen als in die Pfarrei St. Bonifatius. Es kamen jedoch auch in die neue Kapelle so gut wie keine Kranken. Nur an Feiertagen war die Kapelle gut besucht. Als Kardinal Döpfner hier als Patient war und die Messe hielt, da war die Kapelle proppevoll."[1253] Was die Besucherzahl in der neuen Kapelle anging, haben sowohl Czapka als auch Gilles recht. Da die Kapelle im Schwesternhaus außerhalb jeder Klinik lag, kamen dorthin viel weniger Patienten als in die neue Kapelle. Dennoch hat die absolute Zahl der Besucher in der neuen Kapelle laut Gilles abgenommen, da immer weniger Anwohner sich mit der neuen Kapelle anfreunden konnten, und somit in andere Kirchen am Sonntag zum Gottesdienst gingen.
Troemer schreibt über die Bedeutung einer Krankenhauskapelle: „Eine Kapelle gehört ins Krankenhaus wie die Kirche ins Dorf. Man kann diesen Ort der Stille im Hinblick auf das seelische Wohlbefinden aller Patienten nicht hoch genug einschätzen. Der Andachtsraum sollte immer offen sein und eine christliche Prägung haben, dann kommen die Patienten gerne, um zu beten oder einfach nur vor dem Kreuz zu sitzen und in Ruhe nachzudenken."[1254]
Für den Küsterinnendienst in der neuen Kapelle war Schweer verantwortlich, während die evangelischen Kolleginnen für das an Werktagen offene Patientencafe die Verantwortung übernommen hatten. Viele Patienten hatten den Wunsch nach einem Cafe im neuen Zentralbau, Doch der Bauherr, die Universitätsklinik, hatte bei der Planung diese sozial notwendige Einrichtung übersehen. Die Verwaltung war dem KKD dankbar, daß er in ihrer neuen Kapelle eine „Oase der Erholung und persönlichen Begegnung" für Patienten und ihre Angehörigen anbot.[1255]

1252 Entsprechend der Liturgie-Konstitution des Zweiten Vatikanischen Konzils wurde u.a. die hl. Messe in deutscher Sprache gefeiert. Dabei wendete der Priester den Gläubigen nicht mehr den Rücken zu, sondern war ihnen stets zugewandt.
1253 In: Q 300
1254 Troemer 1997, S. 31
1255 Vgl. Kap. VI A. 1.2.1

Bis 1972 hielt Czapka den Gottesdienst in der Kapelle des Schwesternhauses nach dem alten Ritus. Czapka sagte: „Die Orgel war oben auf der Empore, vorne in der Nische war der Altar, darüber hing ein großes Nazarener-Bild ‚Der verlorene Sohn'. Das waren wertvolle Sachen. Es war eine Simultan-Kapelle[1256]. Das Allerheiligste war nicht da. Die Evangelischen hatten auch ihre Schränke dort wie in der neuen Kapelle. Die Messe feierte ich am selben Altar, in dem eine Reliquie eingelassen war."[1257]
Zum Gottesdienst schreibt Troemer: „Die Sonntagsgottesdienste im Krankenhaus haben einen hohen Stellenwert.[...] Die Predigt darf nicht zu lange dauern, wie der Gottesdienst in seiner zeitlichen Ausdehnung insgesamt Rücksicht zu nehmen hat auf Kranke und Behinderte. In der Predigt können Sorgen und Not der Patienten Berücksichtigung finden und aus der Bibel und Tradition Helfendes, Heilsames angeboten werden. Der Sonntagsgottesdienst im Krankenhaus kann die Intentionen, Gebetswünsche, Sorgen und Ängste einer ganzen Woche hinüberleiten in das Vertrauen auf die heilbringende Nähe Gottes."[1258]
Gottesdienstvertretungen übernahmen bei Verhinderung des Rektors zeitweise Thangalathil und Pfeiler. Schweer war immer bei den Gottesdiensten am Sonntag und später am Samstag dabei. „Natürlich habe ich Patienten geholt. Dabei hatte ich die Gelegenheit, mit einzelnen ins Gespräch zu kommen. Patienten, die man bisher nicht besucht hatte, lernte man über den Gottesdienst kennen und eine bleibende Besuchsbegleitung entstand."[1259] Seit 1981 hielten grundsätzlich die Laienseelsorgerinnen und Seelsorger bei Urlaubs- und Krankheitsvertretung des Priesters den Wortgottesdienst mit Kommunionfeier statt einer hl. Messe in der Universitätsklinik.
Neben dem zentralen Gottesdienst in der Kapelle fanden weitere Meßfeiern in der Psychiatrie 14tägig im Wechsel mit den evangelischen Seelsorgern statt, ebenso in der Augenklinik und im Friedrichsheim. In der Hautklinik gab es einen eigenen ökumenischen Gottesdienst, den die beiden Seelsorger zusammen im Aufenthaltsraum einer Station hielten. Später fand auch sonntäglich ein Gottesdienst in der Neurologie/Neurochirurgie statt. Bei den meisten Gottesdiensten sorgten für die musikalische Begleitung die Organisten Fritz Gruber und seit 1982 Heinz Pfeiffer.
Eigene Stationsgottesdienste hielt Schweer: „Auf den Stationen habe ich Gottesdienste sonntags morgens selber gestaltet. Den Evangelischen gab ich auch

1256 Simultankirche ist eine Kirche, die gemeinsam von mehreren Konfessionen benutzt wird.
1257 In: Q 295
1258 Troemer 1997, S. 58
1259 In: Q 314

die Kommunion nach vorheriger Absprache, daß sie auch den Leib Christi wirklich und wahrhaftig empfangen. Stimmten sie diesem Glaubensakt zu, waren sie in meinen Wortgottesdiensten mit Kommunionfeiern am Sonntagmorgen immer eingeschlossen. Er dauerte gut eine halbe Stunde. Der Inhalt des Gottesdienstes bestand aus Liedern, Gebeten, Kommunionausteilung und einem Schlußlied. Ich hielt diese Gottesdienste in der Frauen- und Strahlenklinik und in der Medizinischen Klinik. Zu besonderen Anlässen und an Feiertagen habe ich auf Wunsch der Patienten zusätzliche Gottesdienste abgehalten."[1260] Wie schon Pfarrer Kindermann in den sechziger Jahren lud auch Schweer aus der besonderen pastoralen Situation einer Krankenstation heraus auch evangelische Christen zu ihrer Kommunionfeier ein. Erst das Zweite Vatikanische Konzil ermöglichte Laienseelsorgern, außerhalb der Eucharistiefeier einen Wortgottesdienst mit Kommunionfeiern zu halten, insbesondere bei Krankenbesuchen.

3.3 Die Krankenkommunion

War es bis zum Konzil allein dem Priester vorbehalten, die Krankenkommunion auszuteilen, so beauftragte der Bischof in den siebziger Jahren Laien, die hl. Kommunion den Kranken zu bringen. Wurm sagt: „Als wir vom Bistum Limburg die Kommuniongenehmigung erhielten, wollte Fräulein Schweer dennoch diesen Dienst dem Priester, Rektor Czapka, überlassen. Ich sagte ihr, das machen wir nicht. Wir haben doch eine Beziehung zu den Patienten aufgebaut. Dann ist es doch naheliegend, daß wir auch ihnen auf Wunsch die Kommunion geben. Aus diesen Gründen hätte ich gerne auch die Krankensalbung gespendet. Die Hostien habe ich dann jeweils in der Rektoratskapelle abgeholt und den Patienten im Laufe der Woche gebracht. Ich hatte eine eigene Burse."[1261]

Schweer berichtet: „Einzelnen habe ich natürlich öfters die hl. Kommunion gebracht, solange sie auf der Station lagen. Das ist doch selbstverständlich. Jedoch ist das nicht so oft vorgekommen, da die meisten Patienten doch zur Kapelle gehen konnten. Ich spendete die Kommunion immer verbunden mit einer Andacht oder Feier im Krankenzimmer oder im Aufenthaltsraum. Das war immer unterschiedlich, je nachdem, was die Station für Möglichkeiten hatte, mir für diese Feier einen Raum anzubieten."[1262]

An dem Bericht von Wurm wird der personenzentrierte Ansatz der Krankenhausseelsorge besonders deutlich. Entsprechend ihrer persönlichen Begleitung

[1260] In: Q 314

[1261] In: Q 319, Burse (lat. Bursa Tasche, Geldbeutel) meint hier eine kleine Ledertasche, in der in einem metallenen Gefäß die hl. Kommunion zu den Kranken getragen wird.

[1262] In: Q 314

und seelsorgerlichen Beziehung, die sie zu den Patienten als „Frau Gottes" aufgebaut hat, will sie nicht mehr wegen Amtshandlungen einen dem Patienten fremden Priester herbeiholen, sondern auch in diesem religiösen Vollzug als beauftragte Seelsorgerin des Bischofs die Kommunionfeier gemeinsam mit dem Patienten gestalten.

3.4 Die Krankensalbung

Die Krankensalbung spendete weiterhin nur der Priester. Troemer schreibt: „Der Wunsch nach Krankensalbung wird leider oft erst spät geäußert. Immer noch denken manche an ‚die letzte Ölung' im allerletzten Stündchen. Es sollte aber längst bekannt sein, daß bei jeder schweren Erkrankung das Sakrament der Krankensalbung gespendet wird, und zwar vom Priester. Dieses Sakrament vermittelt dem Empfänger die Kraft des Heiligen Geistes, die Nähe des Herrn, der von Sünden befreit und das Heil schenkt."[1263]

Krankenpfleger Peter Krett teilt von seinem Erlebnis bei einer Krankensalbung mit: „Ich war Schüler auf der medizinischen Station 21. Dort lag ein junger Patient aus Südtirol mit Hodentumor. Er war dort zum Sterben. An ihm habe ich alle Phasen des Sterbens kennengelernt. Bekannte, ebenfalls aus Südtirol, kamen ihn regelmäßig besuchen. Seine Mutter kam wegen der großen Reise nur einmal. Seine Familie gehörte der katholischen Bewegung Fokolare[1264] an. Die Mutter beauftragte einen Theologiestudenten von St. Georgen, ihren Sohn regelmäßig zu besuchen. Der Patient lehnte diesen Studenten ab. Mir gegenüber hatte er den Wunsch, eine Beichte abzulegen. Pfarrer Czapka war angesagt. Ich rief ihn im Rektorat an und bat ihn zu kommen, was er auch sofort tat. Inzwischen wußte ich, wo alle religiösen Zeichen auf der Station aufbewahrt wurden. Kerze, Kreuz, Tischdecke. Dazu holte ich noch Blumen aus den anderen Zimmern mit Einverständnis der Mitpatienten. Über diese Vorbereitung war Pfarrer Czapka hoch erfreut. Er nahm die Beichte ab, gab die Krankenkommunion und spendete dem jungen Mann ‚die letzte heilige Ölung'. Der Patient wirkte nach dem Besuch vom Rektor sehr ruhig und ausgeglichen."[1265]

Deutlich wird an dieser sorgfältigen Vorbereitung durch den Krankenpfleger, daß die Krankensalbung nicht mehr nur als Anzeichen des kommenden Todes angesehen, sondern als Zeichen der Zuwendung und Stärkung Gottes durch die ihm nahestehenden Menschen wahrgenommen wird. In den ersten 800 Jahren Kirchengeschichte spendeten Angehörige, Freunde und Freundinnen dem Schwerkranken die Krankensalbung. Sie holten sich das geweihte Öl vom

1263 Troemer 1997, S. 23

1264 Fokolare ist eine geistliche ordensähnliche Gemeinschaft, die 1943 in Italien gegründet wurde.

1265 In: Q 310

Bischof. Heute gibt es in der katholischen Kirche vielseitige Bestrebungen, die Krankensalbung wie die Krankenkommunion wieder den getauften und gefirmten Gläubigen zum Trost und Beistand ihrer Schwerkranken zu überlassen.[1266] Als katholischer Christ hätte dann auch der Krankenpfleger dem Patienten die Krankensalbung spenden können, zumal heute deswegen einige Kranke die Krankensalbung trotz Verlangen nicht mehr erhalten, da aus Priestermangel oft kein Priester rechtzeitig zu finden ist.[1267]

3.5 Weitere Amtshandlungen

3.5.1 Das Gebet

Das Gebet hilft den Kranken auszusprechen, was sie bedrückt oder quält. Besonders die Gebete von Menschen, die selbst schwerkrank, seelisch oder körperlich gelitten haben, berühren die Kranken. Manche von ihnen finden durch das Gebet neue Kraft, um ihre Gesundheit zu kämpfen oder ihre Krankheit anzunehmen.[1268] Das Gebet hilft einigen depressiven Kranken, ihre Sprache wieder zu finden.

Schorberger berichtet: „Manchmal sprechen die Patienten selbst die Bitte aus, mit ihnen zu beten. Wird mir aus dem Gespräch ihre religiöse Grundhaltung deutlich, biete ich zum Abschluß eines Besuches ein Gebet an. Meistens frage ich die Patienten, welches Gebet sie wünschen. Manchmal kommt die Bitte eines Kindergebetes, oft das Vaterunser oder ‚Gegrüßet seist du Maria‘ oder andere Mariengebete bei katholischen Patienten. Der Abschluß eines Gebetes ist der Segen, wobei ich die Patienten frage, ob ich sie auf die Stirne segnen darf. Bejahen die Patienten mein Angebot, so lege ich meine beiden Handflächen auf ihren Kopf, spreche den Segen, der alle diejenigen Menschen mit einbezieht, die dem Patienten nahegestanden haben. Einmal traf ich einen Patienten an, der sich vor Schmerzen krümmte. Er lud mich ein, mich dennoch an sein Bett zu setzen, woraufhin ich seine Hand hielt, die zitterte und schweißgebadet heiß war. Plötzlich sagte er: ‚Wissen sie, was mich noch hält bei all diesen Schmerzen?‘ Ich schaute ihn verwundert an, und er zeigte daraufhin aus dem Fenster des Krankenzimmers. Ich sah nur das mir vertraute Klinikgelände, worauf er mir sagte, ‚sehen sie dahinten die Kirche und das Kreuz darauf‘. Ich sah, was ich bisher nie gesehen hatte und hörte den Patienten leise sagen: ‚Das gibt mir Kraft.‘ Dieses Erlebnis war für mich ein Hinweis, ihm bei meinem nächsten Besuch ein Handkreuz mitzubringen. Obgleich der Patient aus der Kirche ausgetreten war, freute er sich über dieses religiöse Zeichen. Nach sei-

[1266] In: Q 315
[1267] Ebd.
[1268] Barth/Benad/Braun/Flesch-Thebesius (1980), S. 1

nem Tod gab mir der Stationspfleger das Kreuz mit dem Hinweis, daß sie ihn so tot gefunden hätten, das Kreuz in seiner Hand."[1269]

3.5.2 Die Taufen

Nach dem Konzil taufte Czapka Kinder nur noch in Notfällen. Später bildete sich die Tradition heraus, daß immer die Person, die gerade für die ganze Woche die Rufbereitschaft in der katholischen Seelsorge übernommen hatte, auch alle Nottaufen spendete. Die Taufunterlagen erhielt wie bisher die Pfarrei St. Bonifatius.

3.5.3 Das religiöse Schrifttum

Auch in der katholischen Krankenhausseelsorge gibt es noch kirchliche Zeitungen, mit denen die Seelsorgerinnen und Seelsorger unterschiedlich umgehen. Während Czapka dafür sorgte, dass die Krankenschwestern wunschgemäß die bistumseigene Zeitung „Der Sonntag" erhalten, ergänzt Wurm: „Wir haben auch die Zeitschriften auf den Stationen in den Aufenthaltsräumen verteilt. Manchmal nahmen auch Stationsschwestern gerne eine Zeitschrift von uns."[1270]. Schweer teilt dazu mit: „Zeitungen habe ich immer für die Patienten mitnehmen können. Dazu gehörten „Weltbild", „Frau und Mutter" und das „Sonntagsblatt". Natürlich habe ich auch den Kranken Zeitungen gebracht, die sie sich selbst wünschten."[1271]
Wurm nimmt bei ihren Krankenbesuchen die Haltung der instrumentenlosen Seelsorge ein. Als Seelsorgerin hat sie nichts zu bringen oder zu übergeben außer mit ihrer Person bei dem Patienten zu verweilen. Ihr Anliegen ist nach der Begrüßung und dem Gesprächsangebot zu schauen und wahrzunehmen, was zwischen ihr und dem Patienten in der seelsorgerlichen Begegnung am Krankenbett entsteht. Eine Schrift oder Zeitungsübergabe kann leicht das eigentliche Anliegen des Patienten an dem Seelsorgerbesuch verhindern.
Schweer dagegen bringt noch im alten Stil der Fürsorge und mit einer unausgesprochenen Haltung: „Die Kirche hat was zu bringen" religiöse Zeitungen den Patienten. Schweer ist jedoch auch personenzentriert, indem sie wie selbstverständlich die Zeitungen holt, die sich die Patienten wünschen.

[1269] In: Q 315
[1270] In: Q 319
[1271] In: Q 314

4. Krankenhausseelsorge und Klinikpersonal

4.1 Die Verwaltung

Intensiven Kontakt gab es mit der Verwaltung wegen des Kapellenneubaus in den sechziger Jahren bis zur Fertigstellung und Einweihung des neuen Gottesdienstraumes im Zentralgebäude im Herbst 1972. Der Verwaltungsdirektor selbst oder seine Vertretung nahmen an besonders festlichen Anlässen wie dem 25jährigen Priesterjubiläum von Czapka oder dem Adventtreffen aller ehemaligen Schwestern und Pfleger sowie an der Einführung eines neuen Krankenhausseelsorgers teil.[1272]

4.2 Die Ärzte und Medizinstudenten

Grundsätzlich begegneten die katholischen Seelsorgerinnen und Seelsorger den Ärzten nur auf den Stationen oder bei größeren Feiern. Bei der Visite baten Ärzte manchmal den Seelsorger, im Krankenzimmer zu bleiben. Es kam auch vor, daß der Professor jenes Zimmer bei seiner Visite ausließ, in dem er eine Seelsorgerin, einen Seelsorger im Gespräch oder bei einer religiösen Handlung antraf.

Wurm erzählt, daß es sehr schwierig war, mit den Stationsärzten in näheren Kontakt zu kommen, da die Ärzte häufig die Station wechselten: „Ich habe oft auch eine Abwehr des Stationspersonals bezogen auf Kirche erlebt. Ich hatte den Eindruck gehabt, da muß man schon einen Durchbruch[1273] schaffen. Es war am Anfang für mich sehr hart, in der Uniklinik als Seelsorgerin zu beginnen, was etwas ganz anderes war als im katholischen Krankenhaus, wo man herzlich willkommen ist. Bei den Besuchen der Patienten habe ich oft nicht auf die Uhr geschaut, und da konnte es schon mal vorkommen, daß ich über eine Stunde bei einem Patienten blieb, worauf ein junger Arzt mal spöttisch anfragte: ‚Na was machen sie denn da schon, Händchen halten, das kann jeder, schöner Job, so gemütlich sitzen, was kommt da schon bei raus.' Ich habe ihn angeschaut und gesagt, daß die Patientin, bei der ich gerade über eine Stunde war, Blasenkrebs hat, daß sie weiß, daß sie sterben muß. Ich fragte den Stationsarzt: ‚Wen hat sie schon, der sich Zeit für ihre Ängste nimmt'?" Für viele Ärzte der Universitätsklinik ist die Arbeit der Krankenhausseelsorger weiterhin fremd, insbesondere dieser neue personenzentrierte Seelsorgestil, der bewußt zeitintensiv ist. Lösungen zum besseren Verständnis sind einmal das hier von Wurm begonnene Aufklärungsgespräch und zum anderen der immer

[1272] In: Q 295

[1273] „Durchbruch" steht für Wurm hier als Synonym für die persönliche Begegnung mit dem Stationspersonal.

wieder erneute Versuch der Zusammenarbeit zwischen Krankenhausseelsorge und Ärzteschaft über persönliche Kontakte, Gruppenarbeit, Fortbildung und Akademietagungen, wie sie der KKD durchführte.[1274]
Wurm suchte den näheren Kontakt zu Medizinstudenten und bot sich im Clubraum zu Gesprächen an: „Einige kamen ja mittags immer zu uns in den Clubraum. Dabei kamen wir ins Gespräch. Ich erfuhr von den Studenten, daß sie mit medizinischem Wissen bis oben hin vollgepumpt und vollgepaukt werden: Sie sagten mir: ‚Jedoch mit den Patienten, mit Menschen umzugehen, das haben wir nicht gelernt'. Ich sagte ihnen: ‚Berichten Sie doch davon Ihren Professoren.' Es ist schon ein guter Beginn, daß sie sich ihrer Mängel da bewußt werden. Der evangelische Studentenpfarrer Karl-Martin Schönhals hat sich dieser Studenten angenommen und ihnen hilfreich zur Seite gestanden. Er hatte auch engen Kontakt mit dem KKD."[1275] Wurm pflegte diese Kontakte mit den Medizinstudenten, zumal sie schon mit Theologiestudenten der Philosophisch Theologischen Hochschule St. Georgen regelmäßig zusammenarbeitete. Für Wurm gehörte der Umgang mit Medizinstudenten zur Arbeit der Krankenhausseelsorge wie die Patientenbesuche, da diese von den späteren Ärzten gemachte Erfahrung mit der Seelsorge wiederum den Patienten zugute kommt.

4.3 Das Pflegepersonal

Auch zum Pflegepesonal gab es die meisten näheren Kontakte der Seelsorgerinnen und Seelsorger über die Stationen. Czapka hatte zudem über die Gottesdienstbesuche einen besonderen Kontakt zu einzelnen, die auch zu ihm in das Rektorat zur Beratung kamen. Grundsätzlich hat Czapka das Pflegepersonal als sehr hilfreich erlebt und war jederzeit bereit, seine Hilfe dem Pflegepersonal, wenn eben möglich, über religiöse Handlungen hinaus anzubieten. Wurm: „Das Pflegepersonal war immer auf den Stationen anwesend. Es trug auch erheblich zu einer guten Atmosphäre auf der Station bei. Es gab aber auch Stationen, da hätte man das Eis von den Wänden abkratzen können. Und dann hat es wieder Stationen gegeben, wo die Schwester sagt: ‚Hallo Frau Wurm, für Sie habe ich jetzt keine Zeit, ich war einige Tage weg und muß jetzt erstmals zu meinen Patienten gehen und sie begrüßen.' Vor dieser Schwester hatte ich Respekt. Sie war auch die Person, die mir bei der Visite sagte: ‚Jetzt bleiben Sie mal ruhig hier, da, wo Sie jetzt sind'. Früher war ich immer, wenn die Visite kam, sofort aufgestanden und herausgegangen. Solche Frauen wie diese Schwester haben mich in der Seelsorge bestärkt. Diese Schwestern waren die Vorbilder für mich Jüngere."[1276]

[1274] Vgl. Kap. VI A.1.3.4 [1275] In: Q 319 [1276] In: Q 319

Das Stationspersonal der Hautklinik sprach Schorberger an: " 'Sie sind so oft bei den Patienten in den Zimmern, wann haben sie mal Zeit für uns und unsere Probleme?" Erst war ich überrascht und dann erfreut über ihr Interesse an meiner Arbeit. Ich machte mit ihnen ein Treffen auf der Station aus. Sie luden mich zur Stationsübergabe[1277] ein und wollten ihre Probleme mit Patienten, mit Angehörigen und mit der Station mal loswerden. Zusammen mit dem evangelischen Kollegen Horst entstand 1984 eine Aussprachegruppe, an der neben dem Pflegepersonal der Hautklinik Personal aus den Zentren Medizin, Kinderheilkunde, Strahlenklinik und Psychiatrie teilnahm. In dieser Gruppe trafen sich 14tägig abends nach dem Spätdienst Schwestern und Pfleger fünf Jahre lang."[1278]

Aus einem ursprünglichen Bibelkreis, den Schweer Anfang der siebziger Jahre für Pflegepersonal gegründet hatte, wurde mit Hilfe von Pfeiler eine Reisegruppe von 12 Schwestern, die sich über viele Jahre stabilisierte. Schweer berichtet: „Natürlich haben wir da auch sehr viele religiöse Gespräche untereinander gehabt. Pater Pfeiler hat ganz ausgezeichnet die Reisen geplant und durchgeführt. Das war ein großer Gewinn für sehr viele Schwestern. Mir war es sehr wichtig, daß sowohl katholische wie evangelische Schwestern und ihre Angehörigen teilnahmen. Vor den großen Reisen haben wir uns immer in der Kapelle getroffen. Jedes Jahr eine Fahrt, wir waren immer 25 Leute. Wir waren mehrere Male in Israel, aber auch in Griechenland, Sizilien, Spanien, Frankreich und anderen Ländern. Einmal ist ein Ehepaar dazu gestoßen, und gemeinsam mit den Schwestern und Pater Pfeiler haben wir viel Freude erlebt. Noch heute, 10 Jahre später, stehe ich mit einigen von ihnen immer noch in freundschaftlicher Verbindung."[1279]

Diese Angebote der Krankenhausseelsorge pflegten und stärkten nicht nur die freundschaftliche Beziehung des Personals untereinander, sondern förderten auch die berufliche Motivation, an diesem Arbeitsplatz zu bleiben. Gleichzeitig wurde gerade von diesen Schwestern die Präsenz der Seelsorge auf den Stationen unterstützt, so daß Schweer als auch Pfeiler öfter auf diejenigen Stationen gerufen wurden, von denen eine Schwester zur Reisegruppe gehörte, als auf andere Stationen. [1280]

Als katholischer Krankenhausseelsorger der Universitätsklinik gab zum ersten Mal von 1968 bis 1970 Pöhler an der Krankenpflegehochschule im Wilhelm-Polligkeit-Institut Vorlesungen und Kurse zu Themen der Berufsethik aus der Sicht katholischer Anthropologie.1984 begann Schorberger, Unterricht an den staatlichen Krankenpflegeschulen zu geben. Anfang der achtziger Jahre

[1277] Bei der Stationsübergabe berichtet die Frühschicht der Spätschicht über das Ergehen eines jeden Patienten.

[1278] In: Q 315

[1279] In: Q 314

[1280] In: Q 314

waren die beiden getrennten Pflegeschulen zusammengeführt worden. Nach Verhandlungen mit der Schulleitung, was sowohl die Stundenzahl als auch die Inhalte anging, entwickelte Schorberger innerhalb des gesetzlich vorgeschriebenen Rahmens einen an der Praxis der Schülerinnen und Schüler orientierten Lehrplan im Unterrichtsfach Ethik. Der Lehrplan beinhaltete insgesamt 36 Schulstunden. 12 Schulstunden waren im ersten Jahr zum Thema: Allgemeine Gesprächsführung vorgesehen. Im zweiten Ausbildungsjahr gab es 12 Stunden zum Thema Lebensqualität in der Phase des Sterbens und zum Umgang mit Tod und Trauer auf den Stationen. Im dritten Jahr unterrichtete Schorberger 12 Stunden spezielle Ethik zu Themen, die in dem jeweiligen Ausbildungskurs aktuell geworden sind, z.B. Apparatemedizin, Organtransplantationen, Kindesmißhandlung, Suizid und Pflegeleitbild.[1281]

4.4 Die Hausangestellten

Czapka blieb nach wie vor mit verschiedenen Berufsgruppen in einem guten Gesprächskontakt, der über Jahrzehnte entstanden war. So bedachte die Krankenhausseelsorge z.B. auch die Pförtner, die Krankenwagenfahrer, die Handwerker und die Leute von der Telefonzentrale zu Weihnachten mit einem kleinen Geschenk. Bei verschiedenen Gelegenheiten pflegten die Seelsorgerinnen und Seelsorger den Kontakt mit dem Hauspersonal. Mit einzelnen führten sie Gespräche auf dem Klinikgelände oder im Anschluß an die verschiedenen Gottesdienste. Mit Raumpflegerinnen und Raumpfleger kam es auf den Stationen zu Gesprächs- und Beratungskontakt. Besonders nachts hatte Czapka nach seinen seelsorgerlichen Besuchen bei den Patienten längere Gespräche mit den Pförtnern und dem Wachpersonal.

[1281] In: Q 315

C. Zusammenfassung

1. Die neue Krankenhausseelsorgestruktur

1.1 Der neue Name „Kirchlicher Krankenhausdienst“ (KKD)

Am neuen Namen der Krankenhausseelsorge wird Ende der sechziger Jahre die einschneidende Veränderung besonders deutlich. Unter der gemeinsamen Bezeichnung „Kirchlicher Krankenhausdienst (KKD)“ treten nun die evangelische und die katholische Krankenhausseelsorge innerhalb und außerhalb der Universitätsklinik in Erscheinung. Während die neu angestellten evangelischen Seelsorgerinnen und Seelsorger ausschließlich unter diesem Namen auftreten, stellten sich die katholischen Seelsorgerinnen und Seelsorger weiterhin als Mitarbeiterinnen und Mitarbeiter von Czapka vor.

Die katholische Seelsorge in den Niederräder Kliniken behielt den Namen „Katholischer Krankenhausdienst“ bei. Die evangelische Seelsorge war Anfang der siebziger Jahre noch zu wenig präsent in der Psychiatrie, als daß ein gemeinsamer Name hätte entstehen können. Wilhelm Pöhler, ebenso sein Nachfolger Thomas Klüsche waren trotz der konfessionellen Bezeichnung ökumenisch ausgerichtete Seelsorger.

Mit dem Abschied von den Bezeichnungen „Evangelisches Krankenhauspfarramt“ und „Katholische Krankenhausseelsorge“ wird mit dem neuen Namen KKD deutlich, daß man sich nicht mehr auf eine rein religiös konfessionelle Seelsorge festlegen lassen will. Außerdem machte es die Öffnung der Krankenhausseelsorge für soziale, kulturelle und bildungsmäßige Angebote sowohl kirchenfernen Patienten als auch dem Personal leichter, dem neuen ökumenischen System des KKD zu begegnen.

Viele kirchensteuerzahlende Patienten, die sich schon seit Jahren von der sonntäglichen Gottesdienstgemeinde ihrer Pfarrei verabschiedet hatten, erfuhren zum ersten Mal wieder einen Dienst ihrer Kirche, ohne vereinnahmt zu werden. Sie fühlten sich durch die personenzentrierte Seelsorge ernst genommen in ihren Anliegen, beruflichen und familiären Lebensproblemen.

Uneingeschränkt bleibt weiterhin der sakramentale Dienst der Krankenhausseelsorge für diejenigen Patienten und für Teile des Personals, die es wünschen, bestehen.

Bezogen auf die Gesamtzahl der Patienten und des Personals ist die Nachfrage nach amtlichen Handlungen der Geistlichen in der Universitätsklinik erheblich gesunken.

Die Krankenhausseelsorge wird mit diesem neuen Namen strukturell von einer Randfigur zu einem Mittelpunkt der Universitätsklinik, wie es am Beispiel der Hinweisschilder der Klinikverwaltung im Zentrum der Inneren Medizin besonders deutlich wird. Der KKD füllte ein Drittel der Gesamtfläche der Hinweistafel in der Eingangshalle des Zentralgebäudes der Univewrsitätsklinik aus.[1282]

1.2 Neue Persönlichkeiten in der Krankenhausseelsorge

Neuanfang, so er einschneidend gelingen will, braucht neue Personen. Vom theologischen Aufbruch des Zweiten Vatikanischen Konzils, „Wir sind das Volk Gottes" waren die katholischen Seelsorger und Seelsorgerinnen Pöhler, Klüsche, Wurm und Schweer begeistert und öffneten die Krankenhausseelsorge von der fast ausschließlich sakramentalen Prägung hin zur personenzentrierten Seelsorge. Czapka blieb zwar seiner religiösen Tradition treu, war jedoch gleichzeitig tolerant genug, die neue Seelsorgebewegung zu respektieren. Gegenüber den früheren Jahren fordert 1972 M. Vodopivec in seinem Artikel von der Bistumsleitung: „Es geht nicht an, daß zum K.dienst [Krankenhausdienst] Geistliche verwendet werden, die wegen körperlicher oder/u. seelischer Gebrechen nicht (mehr) für eine Arbeit in einer Pfarrei geeignet sind. Da ein adäquater K.dienst sehr belastend u. risikoreich ist, sollten in größeren Krankenanstalten mehrere Seelsorger u. unter Umständen Seelsorgehelfer zur Verfügung stehen. Im Sinne des Vat. II [Zweiten Vatikanischen Konzils] erscheint es grundsätzlich möglich, daß auch geeignete u. entsprechend ausgebildete Laien in der K. [Krankenhausseelsorge] mitwirken."[1283]
Evangelischerseits befreiten sich Becher, von Öttinger, Maglett und Geissler von der missionarischen Seelsorge ihrer Vorgänger und schlossen sich einer ökumenischen Seelsorgebewegung an, die von den USA über die Niederlande nach Deutschland kam. Widerstand leisteten ihnen ihre Kollegen Stodt und Brink, die sich ihrer traditionellen Krankenhausseelsorge weiterhin verpflichtet fühlten. Gemeinsam ist den neuen Seelsorgerinnen und Seelsorgern die Einsicht, daß sie nur über eigene spezielle Aus- und Weiterbildung mit der Bereitschaft zur Selbsterfahrung zu einer kompetenteren Krankenhausseelsorge kommen konnten. Neben anderen therapeutischen und pastoraltheologischen Fort- und Ausbildungen gewann zunehmend die „Klinische Seelsorgeausbildung" mit ihren Kurz- und Langzeitkursen bei vielen Seelsorgerinnen und Seelsorgern an Bedeutung. „Learning by doing" wurde für Krankenhausseelsorger das Zauberwort, um persönlich wie beruflich weiterzukommen. Ebenso berichten diese Seelsorgerinnen und Seelsorger von ihrem eigenen Ergehen, von ihren Ängsten, Unsicherheiten, Überforderungen und von Widerstand und Ablehnung bei ihren Stationsbesuchen. Gerade dieses Ansprechen der eigenen Gefühle und Erfahrungen im Umgang mit Patienten und Personal im Team, in der Supervision und Fortbildung führte letztlich zu einer größeren

[1282] In: Q 286, S. 2
[1283] Vodopivec (1972), S. 286

Kompetenz in der Seelsorge. Die Bereitschaft, für seine eigene Seele zu sorgen, erfuhren immer mehr Kolleginnen und Kollegen als ein Qualitätsmerkmal der Krankenhausseelsorge.
Mayer-Scheu beobachtet in den siebziger Jahren eine „wachsende Bereitschaft zum ‚Learning by doing' (eigene Krankenbesuche in Seelsorgepraktika) und zu kritischer Infragestellung der eigenen Praxis (etwa in Gesprächsprotokollanalysen und Fallbesprechungen) [...]".[1284] Diese Bereitschaft zeigte sich auch bei den ehrenamtlichen Personen, die der KKD als Mitarbeitende in ihren Rechten und Pflichten ernst nimmt. Klessmann unterstreicht, zu den zentralen Aufgabenbereichen einer jeden Krankenhausseelsorge gehöre, ehrenamtliche Mitarbeiter und Mitarbeiterinnen zu gewinnen und zu begleiten.[1285]
In den neu geschaffenen Berufsverbänden, der katholischen „Pastoral-Klinischen Arbeitsgemeinschaft", und dem „Evangelischen Konvent für Krankenhausseelsorge" und dem „Ökumenischen Kontaktkreis Frankfurt am Main" traf man sich. Dort wurden die neuen Seelsorgeentwicklungen berufsspezifisch diskutiert, qualifiziert und zu Konzepten der Krankenhausseelsorge ausgebaut. Im Gegensatz zu früher waren die neuen Seelsorgerinnen und Seelsorger der Universitätsklinik bei diesen Zusammenkünften nicht nur anwesend, sondern arbeiteten in wichtigen Gremien verantwortlich mit. Gleichzeitig dienten diese Treffen auch dem geselligen Beisammensein und halfen zur psychischen Entlastung gemäß eigener Erfahrungen mit Patienten und Personal auf den Stationen. Oberkirchenrat Hans Martin Heusel schreibt, daß die „Krankenhauspfarrer, die ja nun einmal mit dem Schwerpunkt Seelsorge tätig sind, in jedem Fall bereit sein und die Möglichkeit haben sollten, in einer seelsorgerlichen Arbeitsgemeinschaft, die sich als Gruppe versteht, zu arbeiten."[1286]
Die Kirchenleitungen, sowohl die EKHN als auch das Bistum Limburg, unterstützen diese neue Seelsorgebewegung. Statt der bisher 1000 Betten werden von ihnen rund die Hälfte dieser Bettenzahl für eine Seelsorgeplanstelle im Krankenhaus vorgesehen. „Die Deutsche Bischofskonferenz hat durch ihren ständigen Rat nach Anhörung der Arbeitsgemeinschaft der Katholischen Krankenhausseelsorger Deutschlands [...] 1974 folgende Empfehlung verabschiedet: ‚Der ständige Rat empfiehlt den Diözesen, 1. Die Richtzahl für einen hauptamtlichen Krankenhausseelsorger nach Möglichkeit von ca. 1000 Patienten auf 500 bis 600 herabzusetzen'."[1287] Die Kirche erkannte ihre Chance, daß die Krankenhausseelsorge nur über spezifisch ausgebildete Personen in den Kliniken vom Personal als integrierter Bestandteil anerkannt wird.
1968 entstand das Statut für hauptamtliche Mitarbeiter in der Krankenhausseelsorge, womit sich das Bistum Limburg von der Dienstinstruktion aus

[1284] Mayer-Scheu (1980), S. 91
[1285] Vgl. Klessmann (1996 a), S. 14
[1286] Heusel (1977), S. 11
[1287] Mayer-Scheu (1977), S. 21

dem Jahre 1910 verabschiedete.[1288] Am 20.12.1971 entsteht evangelischerseits eine „Ordnung für Pfarrer und Mitarbeiter in der Krankenhausseelsorge" der EKHN, in Zusammenarbeit mit den in verschiedenen Krankenhäusern praktizierenden Seelsorgerinnen und Seelsorgern.
Es zeigt sich, wie Mayer-Scheu es Anfang der siebziger Jahre forderte, daß in der Universitätsklinik Theologen als Krankenhausseelsorger begonnen hatten, „die zur Kooperation mit anderen Berufen bereit und befähigt sind, die durch den engagierten Einsatz der eigenen Person in der modernen Medizin einen wichtigen Platz auszufüllen haben."[1289]

1.3 Die neue Struktur der Krankenhausseelsorge

Das Bonner Grundgesetz (Art. 140 in Verbindung mit Art. 141 der Weimarer Reichsverfassung)[1290] garantiert zwar die Seelsorge im Krankenhaus, dennoch blieb sie sowohl durch die Persönlichkeiten wie durch die Art der missionarischen Krankenhausseelsorge eine Randerscheinung im Klinikum. Mit Beginn der siebziger Jahre kommt durch die neue fachspezifische Klinische Seelsorgeausbildung und den neuen ökumenischen Ansatz des KKD die entscheidende Komponente hinzu, daß die Krankenhausseelsorge ihrerseits personenzentrierte Angebote sowohl den Patienten wie dem Personal der Universitätsklinik macht. Dieses Angebot beizubehalten war nur möglich, indem die Krankenhausseelsorger und Seelsorgerinnen einerseits sich ständig fort- und ausbildeten und andererseits mit Institutionen wie z.B. mit der Philosophisch-Theologischen Hochschule St. Georgen in Frankfurt am Main, mit der Evangelischen Akademie Arnoldshain, mit dem Seelsorgeseminar der EKHN in Frankfurt-Niederrad und dem Heidelberger katholischen „Zentrum für Klinische Seelsorgeausbildung" zusammenarbeiteten.

2. Die Kranken besuchen

2.1 Der Patient als Person

Im Vordergrund der Krankenhausseelsorge stand der Besuch. Die Veränderung der Besuchsart macht Mayer-Scheu mit dem Hinweis deutlich, daß nun der Seelsorger Menschen begegnet, „die nicht gläubig unter der Kanzel auf ihn warten", sondern als Patienten im Krankenhaus dem Seelsorger als Person begegnen.[1291] Richard Riess spricht 1975 von einer partnerzentrierten Seelsorge. Er schreibt:

1288 Vgl. Kap. VI.B.1
1289 Mayer-Scheu (1977), S. 22
1290 Vgl. Gestrich (1987), S. 152 f.
1291 Mayer-Scheu (1977), S. 24

„Die partnerzentrierte Seelsorge bezieht sich in ihrer Sicht des Menschen auf theologische, human- und sozialwissenschaftliche Erkenntnisse. [...] Die partnerzentrierte Seelsorge nimmt – zusammenfassend gesagt – die psychosomatischen und psychosozialen Sichtweisen auf. Sie sieht in ihnen unentbehrliche Aspekte einer offenen Anthropologie (offen im Sinne eines ‚offenen Systems') [...] Eine Anthropologie, die die Ganzheitlichkeit und Geschichtlichkeit des Patienten ernst nimmt, hat in der Praxis zur Folge, daß alle therapeutischen Bemühungen miteinander in Beziehung zu bringen sind."[1292]

Im Zentrum der Krankenhausseelsorge blieben die Kapelle und das Gottesdienstangebot. Die Einweihung der neuen Kapelle im Herbst 1972 im Zentralgebäude der Universitätsklinik mit vielen Ehrengästen aus Kirche und Universität war für die Krankenhausseelsorge eine besondere Bestätigung ihres Platzes in der Kirche, in der Klinik und darüber hinaus in der Gesellschaft.

Die evangelischen Seelsorgerinnen und Seelsorger öffneten sich neuen Seelsorgeangeboten. Gegen den erheblichen Widerstand ihrer älteren Kollegen gelang es den neuen Pfarrern, diese Kapelle werktäglich auch als Patientenclub anzubieten. Entsprechend dem Namen KKD ermöglichte die Krankenhausseelsorge für Jahrzehnte, einen humanen Ort in der naturwissenschaftlich orientierten Klinik einzurichten. Eine Cafeteria im Zentralgebäude war seinerzeit von den Verantwortlichen des Klinikvorstandes bei der Bauplanung zugunsten einwandfrei medizinisch steriler Diagnose- und Therapieräume verhindert worden.

Eine stete Würdigung seitens der Klinik erhielt die Krankenhausseelsorge durch ihr tägliches Angebot des Patientenclubs. Die dortige Arbeit der ehrenamtlichen Mitarbeiterinnen und ihre herzliche Zuwendung zu den Besuchern ist entsprechend der diakonischen Grundhaltung der Kirche ebenso „Gottesdienst" zu nennen, wie das audrückliche liturgische Gottesdienstangebot. Denn in dieser Cafeteria konnten auch schwerkranke Patienten sozial wie seelisch auftanken, trotz ihrer körperlichen und seelischen Behinderungen, abschalten von einem nur technischen Klinikbetrieb. Ebenso kamen Angehörige und Personal verschiedenster Berufsgruppen zum „Auf- und Durchatmen" in die Oase des Patientenclubs im Zentralgebäude. Zu dem zugrundeliegenden Seelsorgekonzept sagt Heusel: „Der Seelsorger begegnet dem Kranken im säkularen Bereich des Krankenhauses nicht mit einem u.U. verdeckten Anspruch an die Leistungsfähigkeit des Patienten in Sachen Religion, sondern mit der Bereitschaft, sich auf das, was ihn bewegt, einzulassen. Er folgt damit Jesu Wort: Der Sabbat ist um des Menschen willen gemacht, nicht der Mensch um des Sabbats willen (Mk 2,27)."[1293]

Die Gottesdienste in dieser Kapelle nahm weiterhin nur eine verschwindend kleine Zahl aller Patienten in Anspruch. Die katholischen Gottesdienste blie-

[1292] Riess (1975), S. 31 f.
[1293] Heusel (1977), S. 9

ben nur deshalb noch gut besucht, da die Mehrheit der Teilnehmer aus Nachbarn der Universitätsklinik und pensionierten Schwestern bestand. Czapka verlegte den katholischen Gottesdienst von Sonntag auf den Samstagabend. Die Gottesdienste in den anderen Kliniken waren besser besucht als in der Zentralkapelle am Wochenende. Die evangelische Seelsorge zog die Konsequenz, nur noch 14tägig sonntags den Gottesdienst anzubieten. Dennoch blieben die religiösen Angebote: Stationsgottesdienste, Abendmahl, Krankenkommunion und Gebet, für Patienten bestehen. Durch diese Art von Seelsorge erhielten viele Patienten Trost, Kraft und Hoffnung in ihrer Krankheitskrise. Zum ersten Mal durften seit den siebziger Jahren mit besonderer Erlaubnis der Kirchenleitungen sowohl evangelische wie katholische Mitarbeiterinnen und Mitarbeiter, die nicht Pfarrer waren, Kommunion- bzw. Abendmahlsfeiern durchführen.
Personenzentrierte Seelsorge nahm bei den meisten Seelsorgerinnen und Seelsorgern zunehmend Gestalt an, indem sie die Bedürfnisse der Patienten am Kranken- und Sterbebett wahrnahmen und auf sie eingingen. Die Variablen der personenzentrierten Psychotherapie von Carl R. Rogers[1294]: „wahrnehmen, sich einfühlen, echt sein, da sein", wurden zu Grundhaltungen der Krankenhausseelsorge. Auf Wunsch der Kranken oder aufgrund eigener Wahrnehmung eines Patientenkonfliktes wurden einige Seelsorgerinnen und Seelsorger zu Anwälten der Patienten. Beim Personal stieß dieses seelsorgerliche Verhalten besonders auf der Intensivstation manchmal auf Unverständnis und Abwehr. Alleine ständige Begegnungen der Krankenhausseelsorge mit dem Stationspersonal halfen Vorurteile abzubauen und zu einer konstruktiven Zusammenarbeit insbesondere mit der Krankenpflege zu kommen. Letztlich bleibt der Seelsorger im Spannungsfeld zwischen individuell-heilender Begleitung und einem politischen Anspruch nach Veränderung, wenn das Umfeld des Patienten bzw. des Personals inhuman geworden ist.[1295]

2.2 Seelsorge mit kranken Kindern

Seelsorge mit kranken Kindern wurde in den siebziger Jahren im deutschen Sprachraum zu einem selbständigen Bereich innerhalb der Krankenhausseelsorge. Hier zeigte sich, daß zunehmend Ärzte und Pflegepersonal eine ständige Präsenz des Seelsorgers in der Kinderklinik wünschten. Besonders dem Arzt Ottheinz Braun gelang es in den sechziger Jahren, Seelsorge im Kinderkran-

[1294] C. R. Rogers betont 1942 als die drei wesentliche Merkmale des Therapeutenverhaltens: 1. Akzeptieren und Wertschätzen des Klienten. 2. Einfühlendes Verstehen des Klienten. Verbalisieren seiner Erlebnisinhalte und 3. Echtheit (Kongruenz des Therapeutenverhaltens mit seinen eigenen Gefühlen und Überzeugungen). Diese Merkmale werden auch Variablen, veränderliche Größen, genannt.
[1295] Vgl. Heller (1990), S. 453

kenhaus zu intensivieren. Er begründete die Präsenz der Seelsorge damit, daß gerade sterbende Kinder um ihren frühen Tod wissen, daß selbst kleine Kinder im Alter von drei bis fünf Jahren manchmal fähig sind, mit der ihnen eigenen Sprache über ihren Tod zu sprechen und schließlich seien kranke Kinder religiösen Fragen gegenüber oft sehr aufgeschlossen.[1296]
Strukturelle Veränderungen der Krankenhausseelsorge waren die Voraussetzungen. Der Krankenhausseelsorger versuchte nicht mehr gleichermaßen für alle Patienten dazusein, sondern begann, in einigen Kliniken pastorale Schwerpunkte seiner Arbeit zu setzen. Becher, Horst und Schorberger arbeiteten schwerpunktmäßig in der Kinderklinik. Im Mittelpunkt stand nicht mehr wie bisher die Frage, was können wir für das Kind tun, sondern was braucht das Kind? Dazu schreibt Stange: „Ein Pastor, der sich nicht für ihre Spiele, für ihr Essen oder für ihre Zeichnungen interessiert, hat kaum eine Chance. Außerdem ist das Gespräch mit den Eltern von vornherein verloren, wenn sie merken, daß man nicht ein richtiges Interesse an ihren Kindern hat."[1297]
Als Pfarrerin auf einer onkologischen Station hebt Maria Herrmann in ihrem Bericht noch einen anderen Aspekt hervor: „Die unausgesprochene Frage der Kinder an den Seelsorger ist, ob er bereit ist, mitzugehen auch in die depressiven und aggressiven Phasen hinein, ob er dabei bleibt, ohne in der Situation aufzugeben."[1298] Für Stange gibt es drei Themen, mit denen sich der Seelsorger befassen muß: mit der Angst der Kinder, mit ihren Schuldgefühlen und mit der Frage: „Warum gerade ich?". Diese Themen betreffen alle: Kinder, Eltern, das Personal und den Seelsorger.[1299]
Mißstände in der Kinderklinik sprach Becher in Zusammenarbeit mit Hövels an, so wurde z.B. auf den Kinderstationen eine unbegrenzte Besuchszeit durch die Angehörigen rund um die Uhr ermöglicht. Statt Katechese und Kindergottesdienst führten die Seelsorger eine monatliche Kinderfeier ein, die aus diakonischer Sicht nicht weniger Gottesdienst als die liturgische Feier einer hl. Messe ist, an der jedoch alle kranken, zum Teil schwerkranken und sterbenden Kinder gleich welcher Weltanschauung teilnehmen konnten. Diese Aktionen waren wiederum nur möglich in enger Zusammenarbeit mit der ärztlichen und pflegerischen Leitung und dem Personal der einzelnen Stationen der Kinderklinik. Diese Kooperation intensivierte sich letztlich dadurch, daß die Krankenhausseelsorge für das Personal der Kinderklinik regelmäßige Fort- und Ausbildungsangebote durchführte. Einzelne Ärzte und Schwestern nahmen über Jahre am Angebot der Einzel- und Gruppensupervision verschiedener Seelsorger teil. Bei der Zeiteinteilung des Seelsorgers entstand ein Konflikt, den Schorberger mit Stange teilt: „Erfahrungsgemäß gehen etwa 40 Prozent

1296 Vgl. Braun (1983), S. 18 f.
1297 Stange (1979), S. 6
1298 Herrmann (1983), S. 73
1299 Vgl. Stange (1983), S. 30

der Zeit an die Mitarbeiter, 40 Prozent an die Eltern und nur 20 Prozent bleiben für die kranken Kinder. Widmet man diesen mehr als 40 Prozent, dann kommen die Eltern zu kurz. Dieser Konflikt läßt sich oft nicht lösen."[1300] In den siebziger und achtziger Jahren haben sich innerhalb Deutschlands Seelsorgerinnen und Seelsorger an Kinderkliniken zur „Fachkonferenz für Seelsorger an Kinderkliniken und auf Kinderstationen" zusammengeschlossen. In den einzelnen Landeskirchen und Bistümern existieren Regionalgruppen, wie der „Ökumenische Arbeitskreis für Kinderfeiern in Frankfurter Krankenhäusern". Stange bot in den achtziger Jahren im „Seminar für Seelsorge" in Frankfurt am Main jährlich zwei Fortbildungen an mit den Themen: „Einführung in die Seelsorge auf Kinderstationen" und „Supervision für praktizierende Seelsorgerinnen und Seelsorger in den Kinderkliniken."

2.3 Seelsorge mit psychiatrisch Kranken

Durch den unermüdlichen Einsatz von Pöhler bekam die Krankenhausseelsorge in der Psychiatrie eine Qualität, die so bisher noch nie da war. Grundvoraussetzung für seine erfolgreiche Arbeit war die Bereitschaft, die Schwerpunkte seiner Tätigkeit auf die Begegnung mit dem Personal der Psychiatrie zu legen. Dabei brachte er sich selbst als lernwilliger Schüler mit eigener persönlicher Kompetenz ein. Erleichternd für den Aufbau der Krankenhausseelsorge kam hinzu, daß die ärztliche Leitung qualifizierte Seelsorge zu Recht verlangte.[1301] Somit wurde die Krankenhausseelsorge ein wichtiger Bestandteil der Psychiatrie, nachdem Pöhler couragiert vom Bistum die Ausstattung von Räumlichkeit, einen Haushaltsplan und zusätzliches Personal gefordert hatte.
Pöhlers seelsorgerliche Grundhaltung: „Nicht der Patient ist für den Seelsorger da, sondern der Seelsorger für den Patienten" behielten auch Klüsche, Röhr und Pfeiler bei. Pöhler gelang es, über seine patientenorientierten Initiativen Krankenhausseelsorge gesellschaftspolitisch ein Ansehen zu geben. Er und seine Mitarbeiterinnen und Mitarbeiter nahmen die Stadt, Universitätsklinik und Kirche in die Mitverantwortung für eine bleibende Lebensqualität psychisch kranker Menschen. Die erfolgreiche Arbeit der frankfurter werkgemeinschaft ist ein Beispiel dafür. Katholische Krankenhausseelsorge qualifizierte sich in der Psychiatrie gerade durch ihren unkonventionellen Seelsorgestil. Die Seelsorgerinnen und Seelsorger arbeiteten einfallsreich mit den verschiedensten privaten, staatlichen und städtischen Organisationen, z.B. Arbeitsamt, Magistrat der Stadt Frankfurt am Main, Landesbehörden und auch Sponsoren konstruktiv zusammen. Nach Meinung des Arbeitskreises für Seelsorge an Psychiatrischen Kliniken im Konvent der Krankenhausseelsorger der EKHN „[...] ist die Seelsorge in der Psychiatrie insgesamt gesehen methodisch viel-

[1300] Ebd. [1301] In: Q 298

fältiger als die allgemeine Krankenhausseelsorge und – gemessen pro Einzelpatient – arbeitsintensiver."[1302] Dementsprechend fordert der Arbeitskreis an Qualifikationen für den Seelsorger in der Psychiatrie:

1. Grundkenntnisse in Psychiatrie (Krankheitsbilder, Genese der Krankheit, Medizinsoziologie); in Krankenhausorganisation, in juristischen und sozialen Problemen psychisch Kranker.
2. Fähigkeit der Affektkontrolle im Umgang mit Patienten. Der Seelsorger muß in der Lage sein, die eigenen Affekte gegenüber Patienten (Sympathie, Abneigung, Haß, Ekel, Angst und ähnliches) zu deuten und kontrolliert einzusetzen.
3 Fähigkeit, Gruppenprobleme zu erkennen und Gruppen aufzubauen; Fähigkeit der Gesprächsführung.
4. Analytisches Vermögen im Blick auf den Zusammenhang von religiösen Symbolen und Reizwerten mit Krankheitssymptomen.[1303]

Die evangelische Krankenhausseelsorge in der Psychiatrie blieb trotz der neuen Stelle von Wilhelm Brink zunächst eine Randerscheinung, da Brink durchaus dem missionarisch traditionellen Seelsorgestil verpflichtet blieb. Seine Nachfolgerin Ingrid Adam scheint unter den obengenannten Qualifikationsmerkmalen von der Kirchenleitung ausgesucht und für die Psychiatrie als Seelsorgerin ernannt worden zu sein. Gerade als Psychologin analysierte Adam zuerst die Grundbedingungen, in denen Patienten und Personal sich in einer gegenüber der hochmodern ausgestatteten medizinischen und chirurgischen Klinik vernachlässigten psychiatrischen Klinik befanden. Adam entwickelte und förderte eine personenzentrierte Krankenhausseelsorge, die sie auf Wunsch der Patienten auch nach der Entlassung beibehielt. Der von Adam ins Leben gerufene Patientenclub wurde zu einem geselligen Ort der Entspannung für Patienten und längst entlassene psychisch Kranke. Diese Bereitschaft der Seelsorgerinnen und Seelsorger, in der Begleitung mit psychisch Kranken auch nach ihrer Entlassung zu bleiben, über Telefon, Hausbesuche, Kriseninterventionen, Umzugshilfe, Ämtergänge, führte zum Ansehen der katholischen und evangelischen Krankenhausseelsorge in den siebziger und achtziger Jahren.

Magda Röhr und Thomas Klüsche wiesen nachdrücklich daraufhin, daß ihnen sowohl auf den Stationen wie im Patientenclub seitens der Patienten die zentralen Themen: persönliche Zuwendung, Gott, Religion, Schuld und Vergebung und soziale Abhängigkeit immer wieder neu begegneten. C.G. Jung schreibt: „Unter allen meinen Patienten jenseits der Lebensmitte, das heißt jenseits 35, ist nicht ein einziger, dessen endgültiges Problem nicht das der religiösen Einstellung wäre. Ja, jeder krankt in letzter Linie daran, daß er verloren hat, was lebendige Religionen ihren Gläubigen zu allen Zeiten gegeben haben,

[1302] Arbeitskreis (1973), S. 387
[1303] Ebd., S. 390 f.

und keiner ist wirklich geheilt, der seine religiöse Einstellung nicht wieder erreicht, was mit Konfession oder Zugehörigkeit zu einer Kirche natürlich nichts zu tun hat.“[1304]

2.4 Seelsorge mit orthopädischen Kranken

Krankenhausseelsorge erweiterte sich auch in der Orthopädischen Klinik von einer religiösen Betreuung einiger Kranker zum humanen Angebot für alle Patienten und für das Klinikpersonal. Hier gelang es der neuen Pfarrerin Christa Siegmund-Schultze gerade durch ihre Mitarbeit im Vorstand der Stiftung Friedrichsheim, sowohl in der Klinik personenzentrierte seelsorgerliche Ansätze zu gestalten wie Patientenclub, Patientenbibliothek, Aussprachegruppen für Patienten und Personal als auch Unterricht in den verschiedenen Schulen der Orthopädie anzubieten. Mit ihrem katholischen Kollegen Pfeiler baute sie parallel dazu ein regelmäßiges Bildungsprogramm auf und arbeitete mit in einer Beratungsstelle des Arbeitsamtes für jugendliche Behinderte.
Dort gelang es den Seelsorgern und Seelsorgerinnen, durch ihre Wahrnehmung und Beobachtungen des Ergehens der Langzeitpatienten und Körperbehinderten seelsorgerliche Programme zu entwickeln, die die Lebensqualität der Patienten noch während ihres stationären Aufenthaltes verbesserten. Deutlich wird auch hier wieder, wie sehr das Erscheinungsbild der Krankenhausseelsorge von der Herkunft und der mitgebrachten Kompetenz der Seelsorgerinnen und Seelsorger beeinflußt ist. Siegmund-Schultze kam aus der Jugend-, Familien- und Erwachsenenbildung. Ihrem Talent entsprechend legte sie dort einen Schwerpunkt in der Seelsorge mit kranken Kindern. Pater Horestes Pfeiler hatte in Anthropologie promoviert und brachte daher ein sehr weltoffenes Menschenverständnis in die Krankenhausseelsorge mit, was seinen Gottesdiensten und zahlreichen Patientenbesuchen zugute kam.

3. Das Krankenhauspersonal

Mit den siebziger Jahren beginnt eine neue Ausrichtung der Krankenhausseelsorge, die vor allem durch die evangelischen Pfarrer und deren Arbeit mit dem Klinikpersonal geprägt ist. Als Vertreter der Kirchenleitung schreibt Heusel dazu. „Die Krankenhausseelsorge muß es als ihre Aufgabe ansehen, auch den Angehörigen, dem Personal vom Arzt bis zur Hilfsschwester bei der Ausarbeitung ihrer Probleme beim Umgang mit Patienten zu helfen. Dazu gehört dann auch die Mitarbeit in der Pflegeausbildung, ein Freizeit- und Tagungsangebot für Mitarbeiter des Krankenhauses und der Versuch, die oft schwierigen Ent-

[1304] Jung (1977), S. 182

scheidungen im Grenzbereich, die in einer Klinik ständig getroffen werden müssen, mitzutragen."[1305]
In einem Positionspapier der bayerischen Kirche zur Krankenhausseelsorge heißt es im Hinblick auf die Zeitaufteilung des Seelsorgers: „50 % Zeit für Patienten und Angehörige und 50 % Zeit für Personal, Unterricht, Kontakt zu den Organen des Krankenhauses, Gottesdienste und Veranstaltungen, ehrenamtliche Mitarbeiter, Kontakte zu Gemeinden, eigene Fortbildung".[1306]
Mit diesem Schwerpunkt der Seelsorgearbeit gelingt es der Krankenhausseelsorge, von ihrem Rand-Dasein mehr in den Mittelpunkt des Klinikgeschehens zu kommen. Die Klinikverwaltung stellte dem KKD neue Räume im Haus 10, dem ehemaligen „Mutterhaus" der Frankfurter Schwesternschaft zur Verfügung. Ärzte wirken auf Einladung verschiedener Krankenhausseelsorgerinnen und Seelsorger bei Tagungen der Evangelischen Akademie Arnoldshain mit. Die Pflegedienstleitung Ellen Gassenmeyer erteilt den Seelsorgerinnen und Seelsorgern den Auftrag, systematisch innerhalb der betriebseigenen Fortbildung das Pflegepersonal zu schulen. An allen Krankenpflegeschulen kommt es, einschließlich der Schule für Gymnastik, zum regelmäßigen berufsethischen Unterricht, der in Zusammenarbeit zwischen der Krankenhausseelsorge und den betreffenden Schulleitungen ausgebaut und bis Anfang der achtziger Jahre erweitert wird. Neben anderen Berufsgruppen der Universitätsklinik stellen sich im Rahmen der klinikeigenen Veranstaltung die katholische und die evangelische Krankenhausseelsorge allen neuen Pflegekräften der Kliniken vor.
Ist das Personal der „Schlüssel zu den Patienten", so haben die Seelsorgerinnen und Seelsorger auf den Stationen einen viel selbstverständlicheren Zugang zu den Patienten als früher, weil sie begonnen haben, stärker mit dem Klinikpersonal zusammenzuarbeiten. Andererseits erfahren die Patienten durch die seelsorgerliche Ausbildung des Pflegepersonals in Fallbesprechungsgruppen, Fortbildungen, Akademietagungen, Aussprachegruppen und dem erweiterten Ethikunterricht eine fachgerechtere Art von pflegerischer Zuwendung. Als auf einer Modellstation das „Zimmerpflegesystem" eingeführt wurde, suchte sich das Stationspersonal die Seelsorgerinnen Maria Schwenn und Ursula Becker für eine 14tägige Supervision aus.
Dagegen sind Fortschritte in der alltäglichen Zusammenarbeit zwischen Krankenhausseelsorge und Ärzten nur der Initative einzelner Personen zu verdanken. Mit Ausnahme der gescheiterten Aussprachegruppe mit Ärzten, Pflegepersonal und Patientinnen, die Geissler 1972 in der Frauenklinik ins Leben rief, finden sich keine weiteren Angaben in den mir vorliegenden Unterlagen. Neben den klassischen Vorbehalten einiger Schulmediziner gegenüber christlich heilender Seelsorge gibt Andreas Heller in seinem Buch einen weiteren Grund an: „Im Blick auf die Seelsorge entstehen nicht selten latente Neid- und

[1305] Heusel (1977), S. 12
[1306] Klessmann (1996 a), S. 14

Aggressionsimpulse (‚So gut wie Sie möchte ich es auch einmal haben – dasitzen und plaudern')".[1307] Vereinzelte regelmäßige Gespräche zwischen leitenden Ärzten und Seelsorgern vor allem in der Kinderklinik, Orthopädischen Klinik und in der Psychiatrie halfen gegenseitige Voruteile abzubauen und waren für alle Beteiligten und insbesondere für die Patienten und ihre Angehörigen fruchtbar. Mit Hilfe der evangelischen Akademie Arnoldshain entstanden themenzentrierte Angebote für das Personal der Universitätsklinik.
Trotz der Ansätze der evangelischen Krankenhausseelsorge, auch mit anderen Berufsgruppen, Verwaltungsangestellten, Sozialarbeitern und Handwerkern der Universitätsklinik zusammenzuarbeiten, bleiben diese Treffen Einzelaktionen. Ähnlich wie bei den Ärzten gab es auch von diesen Berufsgruppen kein Verlangen nach ständigem institutionalisiertem Austausch mit der Seelsorge im alltäglichen Umgang. Persönliche Begegnungen zwischen den katholischen und evangelischen Seelsorgerinnen und Seelsorgern mit Personen anderer Berufsgruppen wurden weiterhin gepflegt.
Festzustellen ist, daß durch diese intensive Arbeit der Krankenhausseelsorge mit dem Klinikpersonal der Seelsorge bedeutend weniger Zeit für die Krankenbesuche zur Verfügung stand. Siegmund-Schultze informiert, daß sie ein Viertel bis ein Drittel ihrer Gesamtarbeit für die Mitarbeiter benötigt. Nimmt man jedoch das Wort Krankenhausseelsorge ernst, so ist verständlich, daß je fünfzig Prozent der Seelsorge den Patienten und fünfzig Prozent dem Personal zugute kommen sollten. Kompetente Personalarbeit bedarf einer intensiven Vor- und Nacharbeit für die Krankenhausseelsorger. Mit Ausnahme von Siegmund-Schultze spricht niemand von dem erheblichen Stundenanteil der Personalarbeit, obgleich bei einzelnen Seelsorgern allein über die Aufzählung der zahlreichen Aktivitäten mit Personal ein weit über fünfzigprozentiger Arbeitsanteil herauskommen würde.

4. Ökumenische Zusammenarbeit in der Krankenhausseelsorge

Zentraler Ausdruck der ökumenischen Zusammenarbeit seit den siebziger Jahren an der Universitätsklinik ist der gemeinsame Name: Kirchlicher Krankenhausdienst, unter dem sich alle anderen Dienste der Krankenhausseelsorge wiederfanden. Man traf sich zu regelmäßigen ökumenische Dienstgesprächen. Mayer-Scheu schreibt dazu: „Schließlich muß der Seelsorger Partner praktizierender Ökumene im Krankenhaus sein. Das wird heutzutage nicht nur vom Pflegepersonal vorausgesetzt, sondern von den meisten Patienten, die in Mehrbettzimmern selbstverständlich erwarten, daß der Seelsorger sie alle besucht. Ja, nicht selten gehen die Erwartungen darauf hinaus, daß auch die Angehörigen anderer Konfessionen bei Gebet und Gottesdienst mit angesprochen und

[1307] Heller (1990), S. 449

beteiligt werden."[1308] Einige Seelsorgerinnen und Seelsorger des KKD hatten begonnen, sich die Stationen der Universitätsklinik untereinander aufzuteilen. Sie vertreten sich gegenseitig und rufen jeweils die Kollegin oder den Kollegen der anderen Konfession auf „ihre Station", wenn die Patienten das wünschen. Durch diese Art des seelsorgerlichen „Vorder- und Hintergrunddienstes" auf einer Station halbiert sich die Arbeitszeit zugunsten der Patienten und des Personals. So praktizierte Ökumene setzte sich seit den achtziger Jahren für die gesamte Krankenhausseelsorge an den Universitätskliniken durch. Den meisten Patienten dagegen sind die konfessionellen Unterschiede der beiden Kirchen uninteressant, überholt und nicht mehr nachvollziehbar. Rückblickend auf die Geschichte sagt Pfarrer Bernhard Gruber in einem Interview mit der klinikeigenen Zeitung: „In der Vergangenheit wurden meistens die Unterschiede zwischen evangelisch und katholisch betont. Die Gemeinsamkeiten unseres Glaubens sind so überzeugend – der Glaube an den Gott der Bibel und an Jesus Christus – , daß es sehr viel konsequenter ist, unsere Nähe zu betonen."[1309]
Die konfessionelle Unterschiedlichkeit der in der Krankenhausseelsorge arbeitenden Personen mit ihrem je eigenen Lebens-, Glaubens- und Ausbildungsweg bleibt bewahrt. Sie ist nicht ein Weniger an Ökumene, sondern durch ihr Mehr an Vielfalt bereichert sie die Zusammenarbeit.
1970 gelang es den Krankenhausseelsorgern beider Konfessionen, den „Ökumenischen Kontaktkreis Frankfurt am Main" zu bilden, zu dessen halbjährlichem Treffen die Seelsorgerinnen und Seelsorger der Frankfurter Krankenhäuser bis heute jeweils zu einer bestimmten Thematik eingeladen sind.[1310]
Praktizierte Ökumene ist für die evangelische und katholische Krankenhausseelsorge der Universitätsklinik unentbehrlich geworden.

[1308] Mayer-Scheu (1977), S. 26
[1309] Gruber (1995), S. 8
[1310] In: Q 275

VII. Ausblick: AIDS und Krankenhausseelsorge

1. Neuansatz in der Krankenhausseelsorge

In der Krankenhausseelsorge begann eine neue Epoche. Exemplarisch hierfür ist meines Erachtens die Krankheit AIDS und die Art und Weise, wie man medizinisch und seelsorgerlich auf die besonderen Herausforderungen, die mit der Krankheit verbunden sind, reagierte. In erster Linie hervorzuheben ist, daß die Patienten selbst zu einem anderen gesellschaftlichen Umgang mit dieser Krankheit entscheidend beitrugen und innerhalb der Universitätsklinik ein Modell selbstbestimmter Theapie mitentwickeln halfen. Durch ihre Kreativität foderten vor allem schwule Patienten in den ersten Jahren sowohl das Stationspersonal und die Krankenhausseelsorger heraus. Angesichts der neuen Krankheit AIDS sah sich die Krankenhausseelsorge an der Universitätsklinik zum humanen Umgang mit den Kranken in der Klinik selbst, in Kirche und Gesellschaft verpflichtet. Die Seelsorger stellten sich den Anfragen der AIDS-Patienten und des Klinikpersonals, indem sie in aller Öffentlichkeit gegen die vorherrschende Diskriminierung der Kranken kämpften. In dem Buch: „AIDS, das Spektrum des Krankheitsbildes in Kasuistiken" schreibt die Ärztin und Medizin-Journalistin Elisabeth Nolde: „Der Krankenhausseelsorger erfüllt als ‚Begleiter' von HIV-infizierten und an AIDS erkrankten Menschen eine wesentliche Aufgabe. Mitunter kann er dem Patienten tiefer begegnen, als dies dem medizinischen Personal möglich ist."[1311]

2. Die AIDS-Station

Der amtliche Name für eine Station, auf der 1982 die ersten AIDS-Patienten behandelt wurden, ist Allgemeine Infektionsstation im Zentrum der Inneren Medizin, Haus 68,2 in der Universitätsklinik. Wegen der rapiden Zunahme der neuen Krankheit AIDS behandelte das Personal seit Mitte der achtziger Jahre ausschließlich AIDS-Patienten auf dieser Station mit durchschnittlich 15 Planbetten. Die Arbeitsbedingungen, die mit einer Intensivstation zu vergleichen sind, forderten vom Pflege- und Ärztepersonal fast übermenschliche Kräfte.[1312]

[1311] Stille/Helm/Nolde (1989), S. 195
[1312] Vgl. Schorberger/Bußmann (1988), S. 102

Das „Acquired Immune Deficiency Syndrom" (AIDS) ist heute von weltweiter Bedeutung. Die Ursache dieser Krankheit ist die Infizierung durch den Virus namens Human Immunodeficiency Virus (HIV) über Blut- und Spermakontakte. Bis Ende der achtziger Jahre lagen auf der AIDS-Station vor allem homo- und bisexuelle Männer und intravenöse Drogenkonsumenten. Das Durchschnittsalter der Kranken war mit 35 Jahren etwa dem des Stationspersonals gleich.[1313] Zunehmend kamen seit Mitte der achtziger Jahre Patienten auf die AIDS-Station, die sich über Blutprodukte als Bluterpatienten, über Bluttransfusionen oder durch heterosexuellen Geschlechtsverkehr mit dem Virus infiziert hatten. Weiterhin kamen als Patienten Montagearbeiter, Entwicklungshelferinnen- und Helfer, die sich über Sexualverkehr in anderen Erdteilen angesteckt hatten. Auf der Kinderstation lagen Mitte der achtziger Jahre vor allem Bluterkinder und Kinder, die vor der Geburt den Virus über Mutter-Kind-Kontakt erhalten hatten.

Als Krankenhausseelsorger waren für die allgemeine Infektionsstation Anfang der achtziger Jahre evangelischerseits Gerhard Helbich und katholischerseits Willibald Troemer zuständig. Von seiner ersten Begegnung mit einem AIDS-Patienten schreibt Troemer: „Der erste Aidspatient, dem ich begegnete, das Wort Aids war noch nicht im Umlauf, lag isoliert auf der Intensivstation. Ich mußte mich noch mit Schutzkleidung und Mundschutz versorgen, um an ihn herantreten zu können. Es blieb bei dieser ersten Begegnung, er wollte keinen Seelsorger. Im Laufe der Jahre traf ich immer wieder auf Patienten, die durch die Immunschwäche erkrankt waren. Ein Patient sagte mir: ‚Ich komme, um hier zu sterben.' Das sah man ihm zunächst nicht an. Er saß in seinem Bett und strickte etwas für seinen Freund. Dieser besuchte ihn häufig und war auch da, als der Patient nach vielen Wochen starb."[1314] Als Krankenhausseelsorger wechselte Troemer 1984 von der Universitätsklinik in die „Berufsgenossenschaftliche Unfallklinik." Mit dem Hinweis, daß auf dieser Station besonders viele junge Männer im Sterben lagen, übergab Troemer im Februar 1984 diese Abteilung des Zentrums der Inneren Medizin an seinen Kollegen Gregor Schorberger. Mit Helbichs beruflichem Wechsel von der Universitätsklinik in die Verwaltung der EKHN übernahm 1985 Karl-Heinz Horst die AIDS-Station.

Zum ersten Mal in der Geschichte der Krankenpflege und der Medizin wurde das überwiegend heterosexuelle Stationspersonal mit der konkreten Persönlichkeit des homosexuellen Mannes konfrontiert, und damit gleichzeitig auch mit seiner eigenen Sexualität und seiner Einstellung verschiedenem sexuellen Verhalten gegenüber. Weil sich das Personal und die Seelsorger immer wieder neu den von den Patienten angesprochenen Themen Sexualität, Tod, soziale Ausgrenzung und Spiritualität stellten, entstand auf der AIDS-Station eine

[1313] Engel (1994), S. 237
[1314] Troemer (1997), S. 47 f.

Atmosphäre der Offenheit statt der Tabuisierung, der Gastfreundschaft statt der Verdrängung und der Zuwendung statt der Ausgrenzung.
Aufgrund dieser stationären Atmosphäre ist es manchen Patienten leichter gemacht, sich ohne Angst zu offenbaren, entsprechend dem Lied aus dem Musical „La cage aux folles“: „Ich bin, was ich bin, ich bin, was ich geworden bin.“ Hier liegt der Schlüssel für Krankenpfleger, Schwestern, Ärzte, Raumpflegerinnen, Seelsorger und Sozialarbeiter, auf dieser Station trotz erheblicher physischer wie psychischer Belastung zu bleiben. Gab es 1983 auf der Station vier AIDS-Patienten, so sind bis zum Frühjahr 1987 150 HIV-Kranke behandelt worden, von denen ungefähr die Hälfte gestorben ist.[1315] 1994 schreibt der Stationsarzt Bernhard Knupp: „Von den 872 Aids-Patienten, die bisher in unserer Ambulanz behandelt wurden, sind über 570 gestorben. Das bedeutet für alle Mitarbeiterinnen und Mitarbeiter nach und nach den Verlust von Hunderten junger Menschen, zu deren Lebens- und Krankengeschichte in vielen Fällen eine enge Beziehung gewachsen war.“[1316]

3. Die AIDS-Patienten

In den ersten Jahren lagen fast ausschließlich homo- und bisexuelle Männer auf der Station. Die meisten von ihnen lehnten den Seelsorger als Kirchenvertreter, wie Troemer berichtete, ab, durch jahrzehntelang erlittene Vorurteile, diskriminierende Handlungsweisen und Verurteilungen offizieller Kirchenvertreter und ihre kirchlichen Verlautbarungen homosexuellen Menschen gegenüber. „Denn für sie war ihre Emanzipation, ihre Selbstbejahung als Homosexuelle nur möglich durch einen gründlichen Bruch mit der Kirche und ihrer eigenen christlichen Sozialisation. Daher müssen sie jeder kirchlichen Annäherung oder jedem Betreuungsangebot mit Vorbehalt und Mißtrauen begegnen.“[1317] Vertrauen dagegen brachten die Kranken den ehrenamtlichen und hauptamtlichen Mitarbeitern der Frankfurter AIDS-Hilfe entgegen, die für ihre pflegerische, soziale und „seelsorgerliche“ Betreuung auf der AIDS-Station aufkamen.
Erfuhren die Patienten im Gegensatz zu ihren Vorstellungen von einer missionarischen und moralisch-belehrenden eine personenzentrierte Krankenhausseelsorge, so öffneten sie sich zunehmend den kirchlichen Angeboten. Schon beim Erstbesuch berichteten die Patienten den Seelsorgern: „ich bin AIDS-krank“, „ich bin positiv“, „ich bin Fixerin“, „ich bin HIV-Träger“, „ich habe eine seltene Lungenentzündung“, „ich habe ein Kaposi-Sarkom“, „ich habe drei bis viermal am Tage Durchfall“, „meine Fieberschübe gehen nicht mehr weg“, „ich

[1315] Schorberger (1987), S. 13
[1316] Knupp (1994), S. 247
[1317] Kunz/Fischer (1986), S. 129

bin blind geworden", „ich bin zum Aussätzigen von den Ämtern erklärt worden", „ich bin zum Spott der Dorfbewohner geworden", „von Ihrer Kirche bin ich als moralische Unperson bezeichnet worden".[1318]
Diese Aussagen der Patienten machen sofort deutlich, daß AIDS nicht nur eine medizinische, sondern auch eine sozialpolitische und ethisch-religiöse Herausforderung ist. Ernst-Werner Kleine, ein Kölner AIDS-Seelsorger, übersetzt demzufolge „A.I.D.S. für Angst, Isolation, Diskriminierung und Schuldzuweisung."[1319]
Gerade da ist die Fähigkeit des Seelsorgers gefragt, Gefühle der Patienten zuzulassen: „Die Offenheit des Seelsorgers wird daran erkennbar, daß er die Flut von Gefühlen bei der Begegnung mit den Patienten aushält: Er steckt viel ein und bleibt trotzdem bereit zum Helfen. Die Patienten können Wut, Zorn und Enttäuschung aussprechen oder abreagieren. [...] In der Folge kann dann ein Seelsorger, der standhält, auch zum Beistand, zu einem wichtigen Halt und Garanten für die Patienten werden."[1320]
In dieser Haltung unterscheidet sich gerade in der Phase des Kennenlernens der Seelsorger von dem Klinikpersonal: „Anders als Ärzten, Schwestern und Pflegern gegenüber, von denen sich der Patient abhängig fühlt, kann sich die Aggression dem Seelsorger gegenüber schlagartig entladen. Diese Situation ist für den Seelsorger eine der schwierigsten Belastungsproben. Wenn es ihm gelingt, diese Situation auszuhalten, die Aggressionen nicht auf sich zu projizieren, und wenn er versucht, den Patienten aus seiner Lebensgeschichte heraus zu verstehen, kann ein Vertrauensverhältnis wachsen. Projiziert der Seelsorger die Aggression auf sich, gerät er leicht in eine Verteidigungshaltung, die bei den Patienten Scham- und Schuldgefühle und somit ein distanziertes Verhalten zum Seelsorger auslösen. Andere Patienten laden den Seelsorger zum Bleiben ein."[1321] Die in der Seelsorgebewegung propagierte Haltung des „aktiven Zuhörens" ist hier besonders gefragt, was der Patient Andreas M. der AIDS-Station in seinem Gedicht so benennt:

> „Höre mich, auch wenn kein Laut über meine Lippen dringt. Spüre meinen Atem, selbst wenn meine Brust sich nicht hebt. Denke an mich, wenn ich nicht mehr bin, und höre mich jetzt, denn gerade zerspring ich."[1322]

Immer ist der AIDS-Patient in seiner Finalphase auch Sterbender, was nicht heißt, daß er bei erfolgreicher medizinischer Behandlung der sekundären Krankheitsbilder zeitweilig wieder ins Arbeitsleben, zum Tanzen oder auf Weltreise gehen kann.
Wie auf keiner anderen Schwerkrankenstation der Universitätsklinik erfahren auf der AIDS-Station das Personal wie die Seelsorger eine selbstbewußte und

[1318] In: Q 315
[1319] Kleine (1988), S. 19
[1320] Bußmann (1987), S. 131 f.
[1321] Pfau (1989), S. 36
[1322] Schorberger (1988), S. 3

selbstbestimmte Auseinandersetzung vieler Patienten mit ihrem Sterben. Sie sagen dem Seelsorger: „Ich bin ein Sterbender", „ich möchte nicht auf dem Heimatfriedhof beerdigt werden, sondern hier in der Stadt, wo ich meine Lebensmitte im Freundeskreis gefunden habe", „ich will mir im Wohnzimmer eine Urne aufstellen, um gemeinsam mit meinem Lebenspartner das Sterben zu erlernen", „ich stelle meinen Körper der AIDS-Forschung zur Verfügung", „ich lasse meinen Besitz homosexuellen Flüchtlingen in aller Welt zugute kommen", „was wird aus meinen Kindern, wenn ich nicht mehr bin?", „meiner Familie habe ich gesagt, daß wir zum letzen Mal Weihnachten gefeiert haben", „als Sterbender habe ich das Recht, meine Fragen ehrlich beantwortet zu bekommen", „wie Heinrich Böll will ich mit allem gut abschließen, ich will in die Kirche wieder eintreten", „ich will keine unnötige Behandlung mehr, ohne Komplikationen will ich schmerzfrei sterben", „versprechen Sie mir, daß mein Freund in der letzten Stunde bei mir ist", „halten Sie mir die Hand, wenn ich nicht mehr sprechen kann?", „hören Sie, diese Musik möchte ich bei meiner Trauerfeier spielen lassen!", „weder hier auf der Station noch in einem Hotelzimmer will ich meine letzten Tage verbringen. Können Sie mir nicht ein Zuhause besorgen, wo ich in Würde sterben kann?"[1323]

Roger Delaet, ein AIDS-Kranker, organisierte sich selbst sein Sterben zu Hause: „Also der erste Wunsch ist, daß ich zu Hause sterbe, und ich bin heute von Menschen umgeben, auch von Professionellen, bei denen die Bereitschaft da ist, mich da zu unterstützen. Und das sind nicht eine oder zwei, das sind mittlerweile so viele, als daß mir da die vierundzwanzig stündliche Pflege gewährleistet ist."[1324]

Auf Wunsch vieler Patienten übernahmen die Krankenhausseelsorger die Gestaltung der Trauerfeier und die Beerdigung. Manchmal mußten sie gegen den Willen der Angehörigen den Willen des Verstorbenen, in Frankfurt am Main beerdigt zu werden, mit Hilfe amtlicher Stellen durchsetzen. Es gab jedoch auch Angehörige, die die Lebensweise des Kranken akzeptierten und die letzten Wünsche des Verstorbenen respektierten. Diese Angehörigen luden die Seelsorger nach der Beerdigung zum anschließenden Beisammensein ein oder wollten das Leben des Verstorbenen über seinen Tod hinaus gewürdigt wissen. So gestaltete Schorberger mit Unterstützung der Geschwister eines an AIDS gestorbenen Patienten eine halbstündige Morgenandacht im Hessischen Rundfunk. Der Verstorbene hatte sein Lebensthema unter den Psalm 23 („Der Herr ist mein Hirte") gestellt. Tom Rees, ein Seelsorgepraktikant auf der AIDS-Station, begleitete musikalisch den Gottesdienst. Er sang mit seiner Frau in englisch und deutsch den Psalm 23.

[1323] Schorberger (1994), S. 256 f.

[1324] Schorberger (1988), S. 14. Als einer der ersten AIDS-Kranken wollte Roger Delaet mit seinem richtigen Namen in der Öffentlichkeit benannt werden, um zu zeigen, daß AIDS eine Krankheit ist, wie jede andere auch.

Hier wie am Beispiel zahlreicher literarischer und filmischer Zeugnisse wird das Anliegen der Betroffenen, sich mit ihrer Lebensgeschichte auch nach dem Tod zu zeigen, deutlich, was letztlich dazu geführt hat, daß statt Ausgrenzung sich ein Miteinanderleben in Deutschland durchgesetzt hat. „Der Krankenhausseelsorger vollzieht, was wir die Barmherzigkeit Jesu nennen können, oft selbst sprachlos und zerrissen von Mitleiden, manchmal mitklagend und Gott anklagend, oft auch tröstend und helfend, miteinander eine Antwort auf die Frage nach dem Sinn zu finden, häufig machtlos an der Grenze, die der Tod setzt. ‚Die einzige Form des Überschreitens dieser Grenze – schreibt D. Sölle – besteht darin, den Schmerz der Leidenden mit ihnen zu teilen, sie nicht allein zu lassen und ihren Schrei lauter zu machen.‚ „[1325]
Lebenspartner, Freunde, Eltern, Geschwister und Angehörige wendeten sich nach der Beerdigung in ihrer Trauer immer wieder an das Pflegepersonal, an die Ärzte und an die Krankenhausseelsorger, um hier ein Stück Heimat und Solidarität zu erfahren. Zusammen mit dem damaligem Stationsarzt Bernhard Knupp bot Schorberger ab 8.8.1991 vierzehntägig eine Trauergruppe an, die sich mit 12 Teilnehmern über ein Jahr traf und dann in eine Selbsthilfegruppe überging.[1326] „In einer Trauergruppe für Angehörige verstorbener Aids-Patienten machten wir die Erfahrung, daß der Verlust des Angehörigen oft ebenso schwer zu ertragen war, wie die Unfähigkeit, irgend jemand von der Erkrankung des Verstorbenen zu erzählen. Isolation und Diskriminierung treffen über den Tod des HIV-Infizierten hinaus dessen Partner, Eltern, Geschwister, Kinder."[1327]
Knupp hatte schon als Medizinstudent jahrelang ehrenamtlich im Patiententreff auf der AIDS-Station gearbeitet. Er schrieb als erster Arzt der Universitätsklinik seine Promotion zum Thema Thanatologie.[1328] Prof. Dr. Wolfgang Stille vom Zentrum der Inneren Medizin empfindet es als Skandal in der Medizin, daß es bisher kein von einem Mediziner geschriebenes Buch über den Tod gibt, im Gegensatz zur Situation bei den Theologen. „In der Medizin hat skandalöser Weise niemand über das Thema Tod gearbeitet. Die Medizinstudenten hören keine Vorlesung über den Tod. Man muß Medizinstudenten Vorlesungen über den Tod halten. Fragt man Medizinstudenten: ‚Hast Du schon mal einen Tod oder eine Geburt gesehen?' dann antworten sie mit nein. Die beiden großen Themen Tod und Geburt werden von der Medizin vernachlässigt."[1329] Aus diesen Gründen lud Stille die Krankenhausseelsorger zu verschiedenen ärztlichen Fort- und Weiterbildungsveranstaltungen ein, damit auch dort über das Thema „Sterbebegleitung" referiert werden sollte.[1330]

[1325] Kunz (1987), S.43
[1326] In: Q 281
[1327] Knupp (1994), S. 253
[1328] Knupp (1990), S. II
[1329] In: Q 316
[1330] Ebd.

4. Spiritualität der AIDS-Patienten

Erfahren die AIDS-Patienten die Wertschätzung ihrer Person durch die Krankenhausseelsorger und erleben eine emotionale Zuwendung durch körperliche Gesten wie Handhalten, Umarmung, zärtliche Berührung am Krankenbett, so durften die Seelsorger oftmals als Vertrauensperson an den Lebens- und Glaubensberichten einzelner Kranker teilnehmen.[1331] Folgende Themen erfahren die Seelsorger von den Patienten: ob ihr Lebensentwurf gelungen oder mißlungen ist; wie er mit seinen Beziehungen, Intimerlebnissen, Stärken und Schuldgefühlen umgegangen ist. Immer wieder neu stellt sich für einige Patienten die Frage nach Gott, Schöpfung, christlichem Leben, Kirche, anderen Religionen und Weltanschauungen, häufig auch unter dem Aspekt: Was geschieht in meinem Sterben, was ist nach dem Tod, was wird von mir bleiben, was wieder auferstehen? Mehrmals erlebten die Seelsorger eine Neuorientierung seitens der Kranken zur Kirche hin.
Wie auf keiner anderen Station der Universitätsklinik fragten auf der AIDS-Station Patienten nach religiösen Handlungen: sei es Gebet oder Wortgottesdienst am Krankenbett, sei es der Wunsch nach täglicher Bibellesung oder täglicher Krankenkommunion, nach einem Beicht- oder Seelsorgegespräch oder der Wunsch nach Krankensalbung. Einige Patienten traten wieder in die evangelische oder. katholische Kirche ein. War zu diesen Handlungen Czapka als zuständiger Priester von den Patienten gewünscht, gestaltete er im Beisein des Stationsseelsorgers einen feierlichen Gottesdienst anläßlich der Aufnahme in die Kirche.
Horst sagte, daß er in seinen acht Jahren Tätigkeit als Krankenhausseelsorger der Universitätsklinik noch auf keiner Station ein so großes Verlangen seitens der Patienten nach seelsorgerlicher Begleitung und kirchlichen Amtshandlungen erlebt habe wie auf der AIDS-Station.[1332] „Die besondere Herausforderung durch AIDS bietet eine Möglichkeit, den ökumenischen Dialog voranzutreiben. Der Austausch von Erfahrungen zwischen katholischen und evangelischen Seelsorgern kann für beide Seiten wichtige Anstöße und Anregungen für eine Begleitung AIDS-Kranker bieten."[1333]
Auf Wunsch von Patienten und durch die Initiative des Seelsorgepraktikanten Stefan Bey entstand im Jahr 1987 jeden Freitagabend ein Meditationskreis von einer halben Stunde mit anschließendem Beisammensein im Patientencafé. Diese Meditation gestalteten ehrenamtliche Frauen und Männer.[1334] Hier erfuhren Kranke, Angehörige und Personal die Kraft des Glaubens und die Solidarität von Mitchristen. Sich offen ohne Angst vor Diskriminierung in einem katholischen Gottesdienst zeigen zu können, nehmen viele AIDS-Pa-

[1331] In: Q 304
[1332] In: Q 306
[1333] Pfau (1989), S. 42
[1334] In: Q 301

tienten mit ihren Freunden und Verwandten in der „Katholischen Schwulen Gemeinde" wahr. Seit ihrer Gründung 1991 feiert diese „Gemeinde" jeden Sonntagabend in der Pfarrei Maria Hilf im Gallusviertel einen Gottesdienst. In einem besonderen Fürbittgebet wird jede Woche das Anliegen aller von AIDS betroffenen Menschen vor Gott getragen.

Seit 1995 trägt diese „Gemeinde" den kirchenrechtlichen Titel: „Projekt schwul und katholisch in der Gemeinde Maria Hilf". Der Sprecher, Burkhard Cramer, berichtet im Jahr 2001: „In unserer Gemeinde zeigen sich AIDS-Kranke und ihre Lebenspartner, Freundinnen, Freunde und Familienangehörige ohne Angst. Das Motto des 10-jährigen Festjahres des Projektes: ‚Du deckst mir den Tisch und darum feiern wir, ist von einer Theologie Jesu geprägt, die besagt, daß Jesus selbst sonntäglich zum Tisch des Herrn einlädt. Er, der selbst zu seinem Lieblingsjünger Johannes eine innige Freundschaft lebte, schließt keinen von seiner Mahlfeier aus. Zum anschließenden Umtrunk nach dem sonntäglichen Gottesdienst im Gemeindehaus gehören AIDS-Kranke selbstverständlich dazu, berichtet Ingo Bernhardt vom Diakoniekreis des Projekts. Die Krankenhausseelsorgerin der AIDS-Station, Helga Weidemann, hält im Wechsel mit vier Seelsorgerinnen und 17 Priestern unsere sonntäglichen Gottesdienste. Über die Krankenbesuche hinaus nehmen Gemeindemitglieder am jährlichen Sommerfest auf der AIDS-Station teil."[1335]

Inzwischen haben sich an vielen Orten zahlreiche Initiativen dem spirituellen Verlangen der von AIDS betroffenen Menschen angenommen. So feiert monatlich in Hamburg eine Gottesdienstinitiative unter der Leitung von Pastor Rainer Jarchow mit Hunderten Besuchern einen Gottesdienst für alle an AIDS-erkrankten und verstorbenen Menschen. Unter den Besuchern befindet sich oftmals die Bischöfin von Hamburg, Maria Jepsen. „Rainer Jarchow hat viel zu tun. So viel, daß die nordelbische Kirche zum 1. Juni einen zweiten Aids-Pastor eingestellt hat, ein deutliches Signal der Kirchenleitung in einer Zeit, in der sie in anderen Bereichen Stellen abbauen muß."[1336] In Berlin ist in ökumenischer Zusammenarbeit eine „AIDS-Kirche" entstanden, die bei allen Katholikentagen und Kirchentagen präsent ist.

Anläßlich eines Gottesdienstes zum „Welt-Aids-Tag" unter dem Motto: „I have a dream" antwortete die Bischöfin auf die Frage „Wie sieht ihr Traum aus?": „Ich wünsche mir, daß noch mehr Gemeinden und Einzelne sich öffnen, so wie ich es in St. Georg und Altona erlebe. Daß Gespräche nicht aus Barmherzigkeit geführt werden, sondern daß es einen Austausch gibt. Wenn ich die Aidsgottesdienste erlebe, ist das schon ein Stück Erfüllung dieses Traumes."[1337]

Wie andere Krankheiten auch ruft diese Krankheit nach spiritueller Begleitung. Neu ist, daß die Schwulen, als eine bis Mitte der neunziger Jahre in Deutsch-

[1335] In: Q 294
[1336] Rüssmann (1995), S. 60 f.
[1337] Jepsen (1996), S. 26

land von AIDS hauptbetroffene Gruppe selbst spirituelle Räume innerhalb der evangelischen und katholischen Kirche gegründet haben wie in Hamburg, Berlin und Frankfurt am Main. Anderen Gruppen von Kranken könnte diese Haltung zum Vorbild werden. Gerade homosexuellen AIDS-Betroffenen gelang es durch ihre Initiativen in vielen Städten die ersten Hospize für Sterbende zu realisieren, wie z.B. das Franziskushaus in Frankfurt am Main.

5. Feiern, Trauern und Leben auf der AIDS-Station

Ohne je die amtliche Bezeichnung einer palliativen Einrichtung zu haben, hatte die AIDS-Station der Universitätsklinik Frankfurt am Main von Anfang an durch die Initiative schwuler Patienten in Zusammenarbeit mit Selbsthilfegruppen und auch durch das Engagement der Seelsorgepraktikantin Sr. Monika Niehues aus Coesfeld einen Hospizcharakter erhalten. Zusammen mit den Stationsseelsorgern unterstützte das Pflege- und Ärztepersonal dieses selbstbestimmte Anliegen der Patienten. In ehrenamtlicher Eigenarbeit entstand im Frühjahr 1987 aus einem selten benutzten Schlafzimmer des Bereitschaftsarztes ein Patientencafé, dessen Einrichtung von Geldern der Kirchen und Wirtschaft gesponsert wurde.

Anfänglich lehnte die Verwaltung der Universitätsklinik die Gründung des Patientencafés ab und gab keine offizielle Genehmigung.[1338] Als nach einigen Jahren Vertreter der Klinikverwaltung auf die Station kamen, um das Zimmer dieses Cafés wieder in ein Dienstzimmer zurückzuführen, erfuhren die Inspektoren, daß nicht nur die Krankenhausseelsorge, sondern große Teile des Pflege- und Ärztepersonals hinter dieser Einrichtung des Patiententreffs standen. Eine Einwilligung der diensttuenden Bereitschaftsärzte des Zentrums der Inneren Medizin, dieses Zimmer nicht als ihren Schlafraum zu gebrauchen, lag vor. Letztlich genehmigte die Verwaltung den Patiententreff offiziell. Die Ehrenamtlichen, die dort arbeiteten, waren von Anfang an namentlich der Verwaltung mit einer Bestätigung der Schweigepflicht gemeldet worden. Aufgrund eines Zeitungsartikels mit der Überschrift: „Aids – Kampf gegen Angst, Vorurteile, Ausgrenzung“, in dem ein Aufruf um ehrenamtliche Mitarbeit auf der AIDS-Station warb,[1339] meldeten sich 45 Personen, von denen 30 ihren Dienst im Patientencafé begannen. Dank der großen Zahl von ehrenamtlichen Mitarbeiterinnen und Mitarbeitern konnte ab sofort das Patientencafé täglich angeboten werden, statt zweimal wöchentlich.

Ein Besucher des Patiententreffs erzählt: „Direkt neben der Station haben es sich die Patienten gemütlich gemacht, auf der einen Seite die Krankenzimmer mit den Eisenbetten, Infusions- und Beatmungsgeräten, auf der anderen Seite

[1338] Vgl. Diefenhardt (1989), S. 50
[1339] Sunus (1987), S. 3

ein Wohnzimmer, ein Couchtisch, Sofasessel, Stehlampe und Bücherregale. In diesem Café arbeiten Frauen und Männer ehrenamtlich, die sich trotz ihrer eigenen Familien nicht scheuen, einen ganzen Nachmittag bei Kaffee und Kuchen mit den AIDS-Patienten zu verbringen. Täglich treffen sich Patienten und Besucher, feiern, trauern und tauschen ihre Erlebnisse untereinander aus. Es wird gelacht, geschimpft, geweint, sich gegenseitig beraten, Solidarisierung findet statt unter den Patienten wie auch mit den Besuchern, die von draußen kommen. Manchmal ist es spannend, wer gerade von den 32 ehrenamtlichen Frauen und Männern Dienst hat. Ist es heute der 18jährige Gymnasiast oder die Seniorin, der Arbeiter oder die Hausfrau, der Bankier oder der Motorradfahrer, die Therapeutin oder der Manager, die Mutter oder die Studentin? Oftmals ist es nicht unwichtig, was für ein Kuchen mitgebracht wird, was für Blumen oder sonstige Aufmerksamkeiten, und nicht selten haben Patienten selber etwas gebacken, den Tisch gedeckt oder den Kaffee schon gekocht, bevor die oder der Mitarbeiter da ist.
Hierher kommen auch die ‚Buddis', die ehrenamtlichen Betreuer und Betreuerrinnen der Frankfurter AIDS-Hilfe. Sie sind für das Stationspersonal eine große Entlastung, da sie Patienten auf der Station[1340] und auch zu Hause besuchen. Sie stehen den AIDS-Patienten in allen Konfliktfällen mit Vermietern, Arbeitgebern, Sozialamt und Versicherungen bei. Oft entwickelt sich zwischen den Betreuern und den HIV-Infizierten und AIDS-Kranken ein freundschaftlicher Kontakt, der über alle Krisen hinweg bis zum Tod anhält."[1341]

Aus dem Patientencafé heraus entstanden weitere Aktionen auf der AIDS-Station. Ehrenamtliche gestalteten das wöchentliche Abendessen der AIDS-Hilfe für Patienten, ihre Besucher und für das Stationspersonal. Des Weiteren sind sie beteiligt an dem wöchentlichen Meditationskreis und gestalten Sommerfeste, Geburtstags-, Genesungs- und Hochzeitsfeiern besonders vielseitig. Solche Feiern hatten einen festlichen und wehmütigen Charakter zugleich, der besonders bei den Weihnachtsfeiern mit Gottesdienst und anschließendem geselligen Beisammensein am Heiligen Abend ausgeprägt war.

Daß gerade auch auf einer Station, auf der viel gestorben wird, sich alle Seiten des Lebens bis zur letzten Minute widerspiegeln, zeigt das jährliche Sommerfest. Die Stationsschwester Inge Iff, der Stationsarzt Walther Heipertz und die

1340 Gleichzeitig mit dem Patientencafe entstand 1987 seitens des Positivtreffens [HIV-positive Gruppenmitglieder] der Frankfurter AIDS-Hilfe ein Patientenrestaurant auf der AIDS-Station: „Zusammen mit den Betreuern kochen Männer des Positivtreffs allmontaglich auf der AIDS-Station der Uniklinik für Kranke und Personal: die Aktion ‚Besser Essen'/Patientenrestaurant bildet für die zahlreichen Hilfswilligen mit knappen Zeitkapazitäten eine Möglichkeit, auch etwas Solidarisches beizutragen; für einige Professionelle aus Gastronomie und Küche bietet es die Möglichkeit, Kunst und Fertigkeit unter Beweis zu stellen. Die Unternehmung ist ein grandioser Erfolg." AIDS-Hilfe Frankfurt e.V. (1990), S. 64

1341 Schorberger (1988), S. 5 f.

beiden Krankenhausseelsorger luden zum ersten Sommerfest am 12.9.1987 alle von AIDS Betroffenen, Kinder, Frauen und Männer und vor allem die Mitarbeiter und Mitarbeiterinnen aller kirchlichen und gesellschaftlichen Organisationen von der AIDS-Hilfe über ambulante Pflege bis zur AIDS-Beratungsstelle des Stadtgesundheitsamtes ein.[1342] Über 100 Personen feierten mit Schwerkranken und Sterbenden der Station und Ambulanz von nachmittag 15.00 Uhr bis zum späten Abend in der Universitätsklinik.
Patienten, Angehörige und Personal besuchten das Patientencafé wie das jährliche Sommerfest zunehmend mehr. Wegen Bauarbeiten in der Infektionsklinik bot 1989 die katholische Stadtkirche im Haus der Volksarbeit für das Sommerfest Räumlichkeiten an. Dienste der Malteser und Johanniter holten alle Schwerkranken und Sterbenden von der Universitätsklinik für einige Stunden in den Festsaal des Hauses der Volksarbeit in der Innenstadt Frankfurts. Sie brachten nach individuellem Wunsch die Kranken während und nach dem Sommerfest auf die AIDS-Station zurück. Bis heute findet sowohl das tägliche Patientencafé wie das Sommerfest mit AIDS-Patienten, Klinikpersonal und Besuchern statt. Helga Weidemann, die derzeitige katholische Krankenhausseelsorgerin der AIDS-Station, berichtete, daß zum Sommerfest 2000 einige hundert Besucher gekommen waren.[1343]
Zum Gelingen der vielseitigen Aktionen auf der AIDS-Station trägt eine vierzehntägige Supervision für das Stationspersonal und monatlich für die Ehrenamtlichen bei. Diese Supervision riefen Horst und Schorberger 1987 ins Leben.
Auch von anderen Organisationen, wie von der AIDS-Hilfe und der „Wake up Gruppe“[1344] kamen Anfragen an die Krankenhausseelsorge mit ihnen supervisorisch zu arbeiten. Über mehrere Jahre entstanden auf Anfrage der „Wake up Gruppe„und des Hospizvereines „Die Insel“[1345] für ihre Ehrenamtlichen, darunter AIDS-Kranke und Positive, ein dreitägiges Sterbeseminar im Kloster Johannisberg im Rheingau. Die Leitung des Seminars hatten der Diplomtheologe und Pädagoge Dr. Matthias Proske, ehemals Praktikant der Krankenhausseelsorge, und Schorberger. Bezüglich der vielseitigen Anfragen von Patienten, Personal und Angehörigen an die Krankenhausseelsorge sagt die Professorin der AIDS-Station Dr. Eilke Brigitte Helm: „Diese Vertrauensstellung ist nur durch einen auf der AIDS-Station integrierten Krankenhausseelsorger möglich geworden. Sie kann niemals durch Krankenbesuche von Gemeindeseelsorgern ersetzt werden.“[1346]

[1342] In: Q 291
[1343] In: Q 317
[1344] „Wake up“ ist eine Initiative, die sich aus Stewards, Stewardessen und Piloten der Lufthansa für ihre an AIDS erkrankten Kollegen entwickelt hatte.
[1345] „Die Insel“ ist ein eingetragener Verein, dessen Ehrenamtliche aus dem „AIDS-Hospiz“ Franziskus-Haus in Frankfurt am Main hervorgegangen sind.
[1346] In: Q 303

6. Seelsorge mit AIDS-kranken Kindern

1988 behandelte die Universitätsklinik 55 AIDS-kranke Kinder. Einige von ihnen kamen bei schwerer Erkrankung oder komplizierten chirurgischen Eingriffen auf die Infektionsstation der Kinderklinik.

AIDS-kranke Kinder begegnen dem Krankenhausseelsorger ebenso wie andere schwerkranke Kinder. Ist Vertrauen gewonnen, brauchen die Kinder, wenn sie unter Schmerzen stehen, die tröstende zärtliche Zuwendung des Seelsorgers, geht es ihnen gut, wollen sie spielen, Geschichten hören oder dem Seelsorger von ihrem Tageserlebnis erzählen. Allein die soziale Ausgrenzung der AIDS-kranken Kinder in den achtziger Jahren sowohl in der Universitätsklinik selbst als auch in der Gesellschaft draußen unterschied diese kranken Kinder von anderen schwerkranken Kindern. Als Mutter informierte Ilse Ellis[1347] von ihren Erfahrungen auf der Infektionsstation der Kinderklinik: „Meine Tochter hat AIDS. Sagen Sie mir, wer hilft uns Eltern? Wo finden wir Orte der Geborgenheit? Wo können wir unsere Fragen, Ängste, Gefühle der Hoffnung wie Ohnmacht angesichts des Sterbens unserer Kinder zum Ausdruck bringen? Wir kamen aus einer großen Familie in die Klinik, wurden auf einmal abgeschirmt. Es durfte, außer dem Pflegepersonal, keiner von der Erkrankung des Kindes wissen. Das Kind durfte auch auf Grund seiner Erkrankung nicht mit anderen Kindern spielen.

Der Raum, 1,90 m breit und dreieinhalb Meter lang, kam uns vor wie ein Gefängnis. Sehr isoliert, und so war diese Kinderfeier das erste Mal, daß wir wieder raus durften, daß unser Kind Kontakt mit andern Kindern haben durfte, und ich hatte während der Feier immer wieder Angst, daß wir doch noch rausgeschickt würden, daß uns wieder gesagt würde ‚ihr gehört da nicht dazu.'"[1348]

Diese ausgrenzende Aussage bestätigte Horst durch seine Erfahrung: „Eine Großmutter machte mich auf das AIDS-kranke Enkelkind aufmerksam. Als ich auf der Infektionsstation nach dem AIDS-kranken Bluterkind fragte, schimpfte eine Ärztin, ich solle ruhig sein. Ich dürfte das Wort AIDS hier in der Kinderklinik nicht in den Mund nehmen."[1349] Wie diese Ärztin der Kinderklinik verhielt sich in dieser Zeit das Personal einiger Stationen und Ambulanzen der Universitätskliniken aggressiv gegenüber den AIDS-Patienten. Ihr Verhalten war von einem Gemisch aus Unwissenheit, von Panikmache durch die Medien, von Vorurteilen und von Ansteckungsangst geprägt.

In der Zusammenarbeit von Schwestern, Ärzten, Seelsorgern und einer Sozialarbeiterin entstand Ende der achtziger Jahre ein monatlicher Kreis in der

[1347] Ilse Ellis will namentlich genannt sein aufgrund ihres Engagements für alle von AIDS betroffenen Menschen.

[1348] Schorberger (1988), S. 9

[1349] In: Q 306

Kinderklinik, zu dem alle Eltern und Angehörigen AIDS-kranker Kinder zu medizinischen, sozialen, psychologischen und seelsorgerlichen Themen eingeladen waren.[1350] Nach einem Treffen mit Angehörigen und Eltern HIV-infizierter und -kranker Kinder sagte ein Vater den Seelsorgern: „In unserem Lande haben wir jährlich Zehntausende von Verkehrstoten. Meinen Sie, das Thema Tod sei einmal in unserem Kindergarten behandelt worden? Überhaupt nicht. Aber jetzt über AIDS ängstigen sich unsere Eltern zu Tode. Es könnte ja mal ein ‚Positivkind' dabei sein. Am Elternabend wurden ganze Strategien der Ausgrenzung von Reihenuntersuchung bis hin zum Verbot des Kindergartenbesuches ernsthaft überlegt. Stellen Sie sich vor, ein Mann verlangte sogar, daß keine Bluterkinder, keine Kinder von Ausländern und keine Kinder von ehemals drogenabhängigen Müttern in unserem Kindergarten aufgenommen werden dürfen."

In der Kinderklinik änderte sich das Verhalten des Personals von Ablehnung in Zuwendung. Ilse Elis berichtet: „Wir hatten erst gedacht, all diese Gespräche bewirken nichts. Aber dieses Jahr kommen die gleichen Schwestern rein, streicheln das Kind ohne Handschuhe. Und ziehen jetzt wirklich nur noch dann, wenn es Blutkontakte gibt, Handschuhe an. Es hat sich auch etwas insofern verändert, daß die Ärzte und Pflegekräfte sich immer mehr als unser Partner und als die Partner der Kinder einbringen."[1351] Vor allem waren es die Schwulen selbst, die durch ihr soziales Verhalten entängstigten und zu einem normalen Umgang aufforderten. Ellis erzählt von ihren Erfahrungen mit schwulen Männern: „Und trotzdem ist da mittlerweile eine ganz, ganz schöne Beziehung geworden, insofern: Wir sind für diese Männer, die ja alleinstehend sind, Familie geworden. Und wir verbringen sehr, sehr schöne Tage zusammen, mal einfach losgelöst von dem Ganzen, von der ganzen Problematik."[1352]

Auf Initiative der Ärztin Friederike Störkel der Bluterambulanz des Zentrums der Inneren Medizin traf sich monatlich ein Kreis der Eltern und Angehörigen von Bluterkindern im Haus der katholischen Klinikseelsorge.[1353] Aufgrund seiner mehrjährigen Erfahrung auf der AIDS-Station bat Störkel Schorberger, mit ihr zusammen die Supervisionsgruppe zu übernehmen. Als Vertrauen gewachsen war, berichteten Eltern von ihren Ängsten: „Der Pfarrer hat unserer Gemeindeschwester verboten, weiterhin unser Kind zu versorgen. Zu viele anständige Leute des Ortes hätten daran Anstoß genommen. Der Schwester guter Ruf bei allen anderen Kranken stünde in Gefahr." Eine Mutter erfuhr von der Lehrerin ihrer großen Tochter: „Der Schulleiter versucht, auf verschiedenen Wegen herauszubekommen, ob das Bluterkind nicht doch AIDS habe. Vorsorglich läßt er gegen den Willen der Eltern das Kind vom Sport- und Ba-

1350 Ebd.
1351 Schorberger (1988), S. 10
1352 Ebd., S. 11
1353 Benkner (1987), S. 55

stelunterricht ausschließen."[1354] Ein junger Pflegevater sagte: „Letzte Woche ist unser Kind fünf Jahre alt geworden. Der Kaffeetisch blieb leer. Alle Nachbarkinder, die letztes Jahr noch fröhlich mit uns feierten, blieben fort. An diesem Tag war mir zumute, als ob wir alle einen Stern tragen würden."[1355]
Für uns Krankenhausseelsorger entstand hier die Frage an die Gemeindepfarrer und Gemeindepfarrerinnen: „Fragen wir uns überhaupt, wie es einer Familie ergeht, die ein AIDS-infiziertes oder -krankes Kind hat?" In Zusammenarbeit mit dem geschäftsführenden Direktor der Kinderklinik, Prof. Bernhard Kornhuber, organisierte die Krankenhausseelsorge in der Dreikönigskirche in Frankfurt-Sachsenhausen eine Benefizveranstaltung für mittellose AIDS-kranke Kinder. Die Jugendkantorei führte von Händel das Oratorium „Messias" auf. Die Ansprache von Pfarrer Karl-Heinz Horst hatte das Thema des gesellschaftlichen Umganges mit den Angehörigen und Familien AIDS-kranker Kinder. Der Erlös von 23.000 DM kam auf ein Konto der Krankenhausseelsorge, um spontan notleidenden Angehörigen eine finanzielle Hilfe zukommen zu lassen. Diese und andere Aktionen in Stadt und Land führten zu einem humaneren Umgang mit AIDS-kranken Kindern. Auch die alltäglichen konstruktiven Erfahrungen, die die Krankenhausseelsorger von der AIDS-Station in die Kinderklinik mitbrachten, führten dort zunehmend zu einem Klima des Miteinanders zwischen Personal und AIDS-infizierten und -kranken Kindern. Hier kam der Zufall zugute, daß die gleichen Seelsorger, die auf der AIDS-Station arbeiteten und somit einige Jahre früher als das Personal der Kinderklinik Erfahrungen im Umgang mit AIDS-Patienten hatten, auch für die Kinderseelsorge zuständig waren.

7. Politische Positionen der Krankenhausseelsorge

Anfang der achtziger Jahre war durch die in Kirche und Gesellschaft entbrannte AIDS-Hysterie ein gefährliches Klima zwischen faschistoider Ausgrenzung und humanem Umgang mit den AIDS-Kranken entstanden. Politische Vertreter vor allem aus der CDU und CSU forderten offen Meldepflicht, Isolation und Zwangsmaßnahmen für die von AIDS-betroffenen Menschen, wobei der CSU-Politiker Peter Gauweiler zu Denunziation und Festnahme von AIDS-Kranken aufrief.[1356] Innenminister Friedrich Zimmermann ordnete an, alle AIDS-Kranken an den Grenzen festzunehmen.[1357] Der Frankfurter Oberbürgermeister Wolfram Brück wollte 1987 im Städtischen Krankenhaus Höchst eine eigene Isolationsabteilung für von AIDS betroffene Prostituierte schaffen.[1358]

1354 Ebd., S. 70
1355 In: Q 315
1356 Vgl. Salmen (1986), S. 155
1357 Vgl. Wolff (1988), S. 267
1358 Vgl. Q. 306

Der 1988 verstorbene Kardinal Joseph Höffner sagte in einem Interview gegenüber der Illustrierten „Bunte“ am 3.10.1985 bezogen auf die Frage, ob AIDS eine Strafe Gottes sei: „So kleinlich dürfen wir nicht denken. Es wäre eine falsche Vorstellung, daß Krankheit – auch diese – eine Strafe Gottes sei. Nach christlicher Auffassung ist die Krankheit eine Heimsuchung Gottes.“[1359] Stefan Bentz zitiert Höffner in seiner wissenschaftlichen Arbeit zu diesem Artikel in der „Bunten“: „In diesem Abschnitt sagt Höffner, daß sich die Ordnung, die Gott den Menschen gegeben habe, nicht ungestraft verletzen lässt. So sei die Aids-Erkrankung für viele Folge unmoralischen Lebens, andere Kranke sind ohne ihre Schuld angesteckt worden‘.“[1360] Dennoch sagt Höffner auch: „Die christliche Liebe gebietet, den Aids-Kranken zu helfen‘ Der AIDS-Seelsorger Ernst-Werner Kleine kann in dieser Aussage nur Zynismus sehen: „Und tatsächlich wirkt die Kirche wenig glaubwürdig, wenn sie plötzlich sterbende Schwule beseelsorgern will, aber gesunde Schwule nachhaltig diskriminiert, so als ob nur ein todkranker, ein sterbender Schwuler ein guter Schwuler sei: einer, der erst durch seine Hilflosigkeit, durch tödliche Erkrankung akzeptabel wird.“[1361]
Kurt Henning, Mitglied des Leitungsgremiums der EKD, verurteilt ganz offen die Kranken: Aids wird gewertet „[...] als Gericht Gottes über die Sünde der Homosexualität oder der wahllosen Promiskuität.“ Bentz schreibt bezogen auf Hennig: „Er meint, die Bibel spricht eindeutig davon, daß Gott die Menschen durch Katastrophen straft, wenn sie seinem Willen nicht gefolgt sind.“[1362] Aus meiner Sicht ist Krankheit ein genauso natürliches Phänomen wie Gesundheit. Beide Möglichkeiten der Natur sollten wir versuchen anzunehmen.
Die Boulevardpresse griff genüßlich diese und ähnliche Aussagen in den Titelüberschriften auf: „In den nächsten zehn Jahren gibt es kein Heilmittel“, „Sind AIDS-Kranke unsere Mörder von morgen?“ „Wer schützt die gesunde Bevölkerung vor den Seuchenträgern?“, „Kein Abendmahlskelch mehr, Einzelkelche in Königstein, damit sich evangelische Christen nicht anstecken“, „Kein AIDS-Infizierter in den öffentlichen Dienst, Bayern zieht erste Konsequenzen.“
AIDS-Patienten werden im Unterschied zu anderen schwerkranken Patienten zusätzlich mit sozial diskriminierenden Aussagen von Politikern, Bischöfen und Behörden konfrontiert. Ein Patient sagt dem Krankenhausseelsorger: „Hier lesen Sie mal, was der Höffner zu AIDS sagt. AIDS sei eine Heimsuchung Gottes. Das ist doch lieblos. Mit welcher Arroganz wagt dieser Kardinal über uns AIDS-Kranke zu sprechen? Als seien wir von Gott gestraft. Solche Behauptungen sind nicht nur unchristlich, sie sind ein großes Verbrechen. Hier auf unserer Station sehe ich die Menschen unter grausamen Schmerzen leiden. Einige Patienten haben dazu schwere soziale Belastungen zu tragen. Als oberster

[1359] Vgl. Bentz (1988), S. 62
[1360] Ebd., S. 65
[1361] Kleine (1988), S. 20 f.
[1362] Vgl. Bentz (1988), S. 78

Hirte stellt sich dieser Kardinal auf die Seite rechter Strömungen in unserem Land. Er stimmt genau in die allgemeine Hetze gegen AIDS-Kranke und uns Homosexuelle ein. Als Minderheit müssen wir Schwule wieder büßen für alle Mängel in der Gesellschaft. Da brauchen die sich nicht zu wundern, dass ich als Schwuler eine äußerste Distanz zur Kirche habe. Gott sei Dank habe ich mich schon längst als gleichgeschlechtlich Liebender akzeptiert. Meine Sexualität erfahre ich als etwas Natürliches und Schönes. Heute bin ich stolz, einen Freund gefunden zu haben, den ich liebe und von dem ich geliebt werde. Alles fällt mir leichter, seit wir zusammen sind. Selbst die Arbeit als Krankengymnast macht mir seitdem viel mehr Spaß. Sie engagieren sich doch auch in Ihrer Arbeit hier bei uns auf der Station. Schreiben Sie doch mal Ihrem Bischof über die Situation der AIDS-Kranken hier. Wir müssen der Kirche eine Chance geben, etwas für die Hauptbetroffenen zu tun."[1363]

Die Aussage der Theologin Dorothee Sölle auf die Frage, wer Jesus heute wäre: „Jesus ist der, der den gelben Stern und den rosa Winkel[1364] trägt" könnte man dahingehend erweitern, daß Jesus auch der ist, der die Krankheitszeichen von AIDS trägt. Die Krankenhausseelsorger der Station, wollten sie authentisch bleiben, standen in der Pflicht der Patienten, ihr seelsorgerliches Engagement über die Universitätsklinik hinaus in der politischen und kirchlichen Öffentlichkeit darzustellen. Voraussetzung war, daß sie selbst sich mit ihren Ängsten, Vorurteilen und anerzogenem Wissen auseinandersetzten. Die Patienten waren ihre besten Lehrmeister. Die leitenden Ärzte der Station, Prof. Wolfgang Stille und Prof. Eilke Brigitte Helm, hatten die Krankenhausseelsorge zu ihren regelmäßigen wissenschaftlichen Informationsveranstaltungen zum neuesten Stand über den HIV-Virus und das Krankheitsbild AIDS eingeladen und fortgebildet.

Angesichts von über 75 % homo- und bisexueller Patienten in den achtziger Jahren auf der AIDS-Station informierten sich die Krankenhausseelsorger im Institut für Sexualwissenschaft der Universitätsklinik über Homo-, Bi- und Heterosexualität. Einer ihrer Professoren, Martin Dannecker, sagt: „Wir können von einem Homosexuellen sicherlich nur dann sprechen, wenn jemand auch von seiner Homosexualität weiß. Wir leben in einer Zeit, wo wir uns auch über das Wissen über sexuelle Richtungen Identitäten bilden. Das Bewußtsein, ich bin heterosexuell, ich bin homosexuell oder ich bin irgendwie anders sexuell, ist heutzutage etwas ganz Wichtiges. Es reicht ja nicht mehr aus, sich zurückzulehnen und zu sagen, ich bin sexuell. Die Selbstverständlichkeit, daß Sexuell-Werden Heterosexuell-Werden bedeutet, ist historisch vorbei."[1365]

[1363] Schorberger (1987), S. 91

[1364] Mit einem rosa Winkel wurden von den Nazis im Konzentrationslager homosexuelle Häftlinge gekennzeichnet. Damit waren sie der Willkür und Folter von Wachpersonal und Mithäftlingen zusätzlich ausgeliefert.

[1365] Dannecker (1987), S. 105

Weiterhin informierten sich die Krankenhausseelsorger bezogen auf die beiden anderen Hauptbetroffenengruppen, der drogenabhängigen Frauen und Männer und der Bluterpatienten bei den jeweiligen Fachleuten.

Aus dreierlei Gründen traten die Krankenhausseelsorger in die Öffentlichkeit: einmal, um die Menschlichkeit der AIDS-Patienten zu dokumentieren und zum anderen, um zu Begegnungen mit ihnen einzuladen. Voraussetzung dazu war die Bereitschaft der Seelsorger, an der sachlichen Aufklärung über die Hauptbetroffenen und über AIDS in den verschiedensten gesellschaftlichen Gruppen mitzuwirken. Und deshalb galt es, gegen jede Art von Diskriminierung der Kranken und Gesunden vorzugehen.

Als Ende 1987 die Pläne über die Gründung einer Isolierstation von HIV-Prostituierten im Städtischen Krankenhaus Höchst bekannt wurden, baten Karl-Heinz Horst, Karl-Martin Schönhals (Krankenhausseelsorger in Höchst) und Gregor Schorberger um einen Gesprächstermin bei Oberbürgermeister Wolfram Brück. Bei diesem Gespräch[1366] Anfang 1988 im Amtszimmer des Oberbürgermeisters im Römer hörten die Seelsorger von Brück, daß diese Isolation der HIV-infizierten Prostituierten notwendig sei, da er sich Sorge mache, daß Familienväter über ihre Besuche im Bordell das Virus an ihre Ehefrauen weitergeben würden. Kinder würden ihre Mütter an AIDS verlieren. Die Seelsorger argumentierten, daß nicht Festnahme, Verurteilung und „Lagerhaltung" zu rechtfertigen sei, zumal die Prostituierten hinsichtlich der Ansteckungswege eine der bestaufgeklärtesten Personengruppen sei, sondern Information, Anleitung zum Umgang mit Kondomen und immer wieder Aufklärung der Freier. Schorberger berichtete von seinen Erfahrungen in San Francisco, einer Stadt, die ähnlich wie Frankfurt am Main der Herausforderung dieser neuen Krankheit AIDS begegnete. Über humane Wege der Aufklärung und einer Bereitschaft, nicht gegen, sondern mit allen von AIDS betroffenen Menschen zu leben, ging in San Francisco die Ansteckungsrate zurück. Frankfurt könne nur von dieser Stadt lernen, die schon Mitte der achtziger Jahre eines der ersten Hospize für AIDS-Kranke im Finalstadium eröffnete hatte. Horst sagte: „Herr Oberbürgermeister, sollten sie bei ihrem Vorhaben bleiben, so werden Sie als Bürgermeister des ersten Nachkriegskonzentrationslagers in die Geschichte eingehen."[1367] Brück ließ sich wenig durch diese Argumentation der Krankenhausseelsorger überzeugen. Letztlich kam es nicht zur Einrichtung einer Isolierstation für HIV-infizierte Prostituierte in den Städtischen Kliniken Höchst.

[1366] In: Q 306

[1367] Ebd.

8. Öffentliche Auftritte der Krankenhausseelsorger

Im Auftrage der Patienten begannen die Krankenhausseelsorger der AIDS-Station zunehmend seit Mitte der achtziger Jahre in die Öffentlichkeit zu gehen. An den Fernsehsendungen in der Reihe „Gott und die Welt" zum Thema: „AIDS – die Kirchen und die Moral,"[1368] „Das Haus am Ende des Tunnels"[1369], und „AIDS macht Angst"[1370] nahmen Patienten, Ärzte, Pflegepersonal und Krankenhausseelsorger teil. Radioredakteure[1371] und Zeitungsjournalisten[1372] wandten sich bis Anfang der neunziger Jahre auch deswegen an die Krankenhausseelsorge, um aufgrund ihrer praktischen Erfahrung hinsichtlich ausgrenzenden und verurteilenden Nachrichten den alltäglichen selbstverständlichen Umgang mit den Patienten aufzuzeigen und vor allem die Patienten selbst zu Worte kommen zu lassen. Sieben schwule Patienten der AIDS-Station erzählten dem Seelsorger von ihrem Leben mit allen seinen Sonnen- und Schattenseiten, vom Umgang mit der Krankheit AIDS und von ihrem Erlebnis mit Sterben und Tod. Über eine Veröffentlichung wollten die Patienten der Kirche und der Gesellschaft deutlich machen „[…] daß wir nicht Grenzen und Gräben ziehen dürfen zwischen denen, die nicht infiziert sind, die überleben wollen und denen, die sich infiziert haben oder auch schon vom Tode gezeichnet sind."[1373]
Verschiedene kirchliche und gesellschaftliche Organisationen luden die Krankenhausseelsorger als Referenten und Vortragende ein. Mehrmals fragte die Akademie für ärztliche Fort- und Weiterbildung, Bad Nauheim, Schorberger an, der von seinen Erfahrungen im Umgang mit den AIDS-Patienten, besonders in ihrer Finalphase, berichten möge.[1374] Medizinstudenten und Ärzte luden gerade im Hinblick auf den ethischen Umgang mit den Hauptbetroffenengruppen und ihren Lebenspartnern, Freunden, Familienangehörigen und Freundinnen die Krankenhausseelsorger ein.[1375] Trotz der Gefahr der

[1368] Ein Film von Christian Modehn, ausgestrahlt von der ARD am 28.4.1986 in der Reihe: „Gott und die Welt" um 22.05 Uhr.

[1369] Ein Film von Gero von Böhm, ausgestrahlt vom SWF am 27.2.1987. Er wurde mehrfach vom WDR und dem HR gesendet.

[1370] Interview im HR 3: Meinhard Schmidt-Degenhard im Gespräch mit dem Klinikseelsorger Gregor Schorberger zum Thema: „AIDS macht Angst". Ausgestrahlt am 15.8.1987.

[1371] Ulrike Holler von HR 3 interviewt Gregor Schorberger zu seelsorgerlichen Begegnungen mit AIDS-Patienten am 5.6.1987. Weitere Radiointerviews fanden statt.

[1372] Lokale und überregionale Journalisten von Tages-, Wochen- und Fachzeitschriften interviewten sowohl Horst wie Schorberger zu ihrer Seelsorgearbeit auf der AIDS-Station.

[1373] Bußmann (1987), S. 128

[1374] Am 13.6.1987 (Darmstadt); 3.10.1987 (Wiesbaden); 14.11.1987 (Frankfurt am Main).

[1375] Stadtgesundheitsamt Frankfurt am Main (15.4.1988), Tagung der Fachschaft Medizin im Cusanuswerk in Zangberg/München (4.-5.6.1988); Medizinische Fakultät der Universität Erlangen (6.6.1988); Gesellschaft für Ethik und Medizin in Marburg (4.–5.11.1988); Seminar von Prof. Dr. Helmut Siefert und Pater Dr. Ulrich Niemann in der Universitätsklinik (13.12.1989).

Festnahme gelang es Schorberger, Aufklärungsmaterial zur Krankheit AIDS und den Hauptbetroffenengruppen nach Ostberlin mitzubringen, wo ein Kreis von Ärzten, Pflegern und Seelsorgern u.a. aus der Charité sich heimlich informieren wollte.[1376] Bei den 7. internationalen Fortbildungstagen der Krankenpflege,[1377] beim 4. Deutschen AIDS-Kongress[1378] und beim 91. Deutschen Katholikentag[1379] war es den Veranstaltern wichtig, als Referent auch einen Krankenhausseelsorger von der AIDS-Station zu hören.

Nach einer ersten Distanz AIDS-Kranken gegenüber zeigten auch kirchliche Stellen seit Mitte der achtziger Jahre großes Interesse für die Seelsorgearbeit der beiden Krankenhausseelsorger auf der AIDS-Station. Pfarrgemeinden, Kirchenleitungen und Bistümer[1380], Ordenshäuser[1381] und christliche Vereine informierten sich. Für die beiden Krankenhausseelsorger war es von Anfang an ein Anliegen, Begegnungen mit AIDS-Patienten herzustellen, vor allem für pastorale Mitarbeiter und Mitarbeiterinnen der verschiedensten kirchlichen Häuser und Organisationen. Einige von ihnen hospitierten auf der AIDS-Station innerhalb der Seelsorge. Mit der Fragestellung, „Wie ergeht es einer Familie, die ein AIDS-krankes Kind hat?", luden Kindergärtnerinnen, Sozialarbeiter und Psychologen die Krankenhausseelsorger ein. Soziale Dienste und andere politische Organisationen, ein SPD-Ortsverein[1382], Zivildienstleistende, eine bayerische Militärhochschule,[1383] sowie Eheberatung[1384] und Telefonseelsorge[1385] wollten sich über die Krankenhausseelsorge auf der AIDS-Station informieren.

Die Schule tat sich als ganz neuer Bereich für die Krankenhausseelsorge auf. Verschiedene Verlage baten um einen Beitrag des Krankenhausseelsorgers

[1376] Am 20.9.1988 im Gemeindehaus am Hauptbahnhof von Ostberlin.

[1377] Am 20.3.1987 in Gießen zum Thema: „Psychosoziale Begleitung von Schwerstkranken und Sterbenden mit AIDS."

[1378] Vom 25. bis 29.3.1992 in Wiesbaden zum Thema: „Möglichkeiten und Grenzen der Seelsorge bei Aids-Kranken."

[1379] Vortrag von Schorberger zum Thema AIDS auf dem 91. Deutschen Katholikentag in Karlsruhe 1992.

[1380] Predigerseminar der Rheinischen Kirche in Bad Kreuznach (15.10.87); Priesterseminar des Bistums Limburg (24.11.87); Oberkirchenräte Heusel und Hinnenthal der EKHN (30.10.87); Evangelischer Kirchentag in Berlin (10.6.1989).

[1381] Vor allem Ordenshäuser, die ein Krankenhaus leiteten. Die Ordensoberin Sr. Salesiana Bach der Dernbacher Schwestern, die in Frankfurt am Main das Marien- und das Elisabethkrankenhaus leiten, wollte, bevor sie ihren Schwestern den Auftrag zur Pflege von Aids-Patienten gab, selbst eine Erfahrung von mehreren Wochen in der Pflege auf der Aids-Station machen. Vorträge des Krankenhausseelsorgers in Dernbach (30.3.1988), in Münster bei den Franziskanerinnen (6.11.87).

[1382] Am 8.6.1988 in Wiesbaden, „AIDS kein Problem von Risikogruppen, sondern von Risikoverhalten."

[1383] In: Q. 315

[1384] Stellenleitertreffen der Eheberater, 25.1.1988 im Haus der Volksarbeit, Frankfurt am Main.

[1385] Am 12.12.1989 in Hanau.

in ihren religionspädagogischen Büchern. Das Religionspädagogische Amt Wiesbaden und die „Bundesgemeinschaft evangelischer Eltern und Erzieher" fragten nach den von AIDS-betroffenen Kranken und Sterbenden.[1386] Ebenso luden städtische und kirchliche Schulen regelmäßig über Jahre die Krankenhausseelsorger zur Information ein.[1387] Eine Diaserie, in der AIDS-Kranke und ihre Angehörigen zu Worte kommen, entstand sowohl für Schülerinnen und Schüler als auch für Erwachsene.[1388] Dabei wurde deutlich, daß es hilfreich ist, nicht über die Kranken zu reden, sondern die Betroffenen selbst zu Worte kommen zu lassen: „In diesem Tonbild kommen Betroffene zu Wort: Ein AIDS-Kranker, die Mutter eines AIDS-kranken Kindes, zwei Frauen, die AIDS-Kranke zu Hause begleiten, und ein Krankenhausseelsorger. Er berichtet von seinen Begegnungen auf der AIDS-Station, von ehrenamtlichen Mitarbeitern und Mitarbeiterinnen, von Schülerinnen, von Menschen, die berühren und sich berühren lassen, Begegnungen mit AIDS-Kranken herstellen und somit hören, was sie sagen wollen."[1389] Jugendliche einer Schulklasse aus Fulda erzählte Schorberger beim Besuch in der Krankenhausseelsorge, daß sie eine große Ausstellung zu AIDS und allen von AIDS Betroffenen, Kranken und Gesunden organisiert hatten. Zu ihrer Ausstellung kamen Schüler, Eltern, Lehrer und Interessierte aus Stadt und Land. Den Erlös des Basars ließen die Schülerinnen den mittellosen Patienten der AIDS-Station zugute kommen.
Dieser hilfreiche Einsatz der Schülerinnen entspricht den Aussagen von Siegfried Dunde: „Religionsunterricht könnte auch zu einer Ethik der Barmherzigkeit ermuntern, allerdings nicht im Sinne einer Mitleidsethik, die den Schmerz des einzelnen isoliert, sondern im Sinn der ‚Ehrfurcht vor dem Leben' (Albert Schweitzer); [...] Religionsunterricht darf auf Moralpredigten verzichten, die ohnehin niemanden lehren (es sei denn durch das Mittel der Angst, die aber jede Frohbotschaft rasch in eine Drohbotschaft verwandelt). Allerdings kann das Recht und die Pflicht auf sexuellen Fremd- und Selbstschutz herausgestellt werden. Verantwortung heißt heute auch, nach Möglichkeiten der Verhütung einer HIV-Virus-Infektion zu suchen und diese Möglichkeiten dann aus dem Motiv der Selbst- und Nächstenliebe heraus anzuwenden."[1390]

1386 Landesverband Hessen und Rheinlandpfalz/Saar der Bundesarbeitsgemeinschaft Evangelischer Eltern und Erzieher e.V., Kronberg (20.3.1988): „Hören, was die Betroffenen sagen wollen".

1387 Georg-Büchner-Schule im Rodgau (11.7.1988), Eichwaldgymnasium in Schwalbach (12.7.1988), Ursulinengymnasium Oberursel (19.10.1987), Marienschule Limburg (Dezember 1987), Hauptschule in Neu Isenburg (25.3.1988).

1388 „Höre, was ich dir sagen will", Begleitung von AIDS-Kranken, Tonbildserie von Gregor Schorberger, Studio Union im Lahn-Verlag 1988.

1389 Schorberger (1988), S. 3.

1390 Dunde (1986), S. 858

9. Krankenhausseelsorge zu Gast im Kaiserdom

9.1 Die Solidarität der Kirchen mit allen von AIDS betroffenen Menschen

Im Frühjahr 1991 fand eine Ausstellung von AIDS-Patienten in Zusammenarbeit mit Haupt- und Ehrenamtlichen der AIDS-Station im Frankfurter Dom, der ehemaligen Salvatorkirche, statt. Als erste Adresse kam der Frankfurter Dom in Frage, da er von allen Kirchen Frankfurts durch seine Lage, durch seine historische Bedeutung und durch seine Sehenswürdigkeiten besondere Attraktivität genießt. Angesichts der Thematik der Bilder und des mit der Ausstellung verbundenen Anliegens, Begegnung zwischen von AIDS Betroffenen und Gesellschaft herzustellen, sagte der Dompfarrer, Stadtdekan Klaus Greef, auf Anfrage von Schorberger sofort zu. Es zeigt sich jedoch auch, daß einige Ordinariatsräte des Bistums Limburg wegen der Thematik erhebliche Bedenken gegen diese Ausstellung hatten.[1391] Seitens einiger Bischöfe und Kirchenpräsidenten in Deutschland war in bezug auf AIDS-Kranke inzwischen jedoch ein Klima der Zuwendung statt einer Ausgrenzung entstanden.
Anfang 1987 erbat der Caritaspräsident Georg Hüssler aus Freiburg bei der katholischen Klinikseelsorge der Universitätsklinik einen Bericht für die Deutsche Bischofskonferenz mit der Fragestellung, was die katholische Kirche in Deutschland für die AIDS-Kranken tun könne. Schorberger lud Hüssler nach Frankfurt ein: „Kommen Sie selbst und sprechen mit den Patienten und ihren Angehörigen auf der AIDS-Station. Sie alleine können Ihnen am besten sagen, welche Art von Hilfe sie brauchen."[1392] Als unmittelbare Folge seines Besuches am 24.2.1987 in der Universitätsklinik entstanden von der Caritas in Berlin, Essen, Köln, Frankfurt und München die ersten von der katholischen Kirche getragenen Wohngemeinschaften für schwerkranke ambulante AIDS-Patienten.[1393]
In Frankfurt traf sich regelmäßig ein katholischer Kreis von Vertretern verschiedener Dienststellen mit Krankenhausseelsorgern, um ein Hospiz, das spätere Franziskushaus, ins Leben zu rufen. Hilfreich waren da u.a. die Konzepte und Jahresberichte aus katholischen Hospizen in New York, Washington und San Francisco, die Schorberger anläßlich seines Studienaufenthaltes dort mitgebracht hatte. Das eigentliche Anliegen, ein Hospiz zu gründen, faßt Jürgen Janik 1992 in seiner Arbeit mit einem Satz zusammen: „Ziel der Hospizidee ist es gerade, daß der Mensch ‚seinen eigenen Tod' sterben kann, begleitet von den Menschen, die ihm im Leben bedeutungsvoll geworden sind."[1394] Der Limburger Bischof Franz Kamphaus setzte sich persönlich für dieses Franziskushaus

[1391] In: Q. 315
[1392] In: Q 290, S. 1
[1393] Ebd., Anlage S. 2
[1394] „So fordern Student/Zippel (1987) und Schorberger/Bußmann (1987) und AIDS-Hilfe Düsseldorf (o.J.) Hospize für Menschen mit AIDS." Janik (1992), S. 34:

ein, das er als Bischof für zwanzig Kranke aus der Gruppe der homo- und bisexuellen Männer im April 1992 eröffnete.[1395]

Einige Jahre zuvor, im April 1988, hatte Kamphaus die AIDS-Station besucht. Die persönliche Ausstrahlung der AIDS-Kranken berührte den Bischof bei seinem Besuch. „Kurz nach seiner Ankunft [im Patientencafé] stürzte eine Krankenschwester aufgelöst auf die Station. Eben erst habe sie erfahren, dass Herr X. jetzt querschnittsgelähmt sei, ‚praktisch nur noch ein Wrack'. Vor ihrem Urlaub sei es ihm doch gut gegangen. Im Patientencafé […] lernt er [der Bischof] diesen Patienten kennen. Bewegungsunfähig sitzt er im Rollstuhl, Krebsgeschwüre zwingen seinen Kopf in eine gesenkte Haltung. Was ihn jetzt noch trage, möchte der Bischof von ihm wissen. ‚Daß ich nicht mehr nach oben schaue, sondern nur nach unten', antwortete der Gefragte schlicht. ‚Da sehe er Menschen, denen es viele schlechter geht als mir.' Sichtlich bewegt dankt ihm der Bischof: ‚Sie haben mich etwas gelehrt!' Wenige Tage später war Herr X. tot. ‚Was kann ich tun?' [fragte Kamphaus den Krankenhausseelsorger], ‚Das, was Sie gerade tun: sich auf der Seite der Betroffenen zeigen' [antwortete Schorberger]. Sein Besuch sei wohltuend für die Patienten wie für das Personal. Sei er doch ein Zeichen, dafür, daß sie ‚nicht allein gelassen werden'. Wohltuend insbesondere ‚weil der Bischof die Menschen berührte und sich berühren ließ'." [1396]

Im Bistum Limburg wie in anderen Bistümern wurden Veranstaltungen zum Thema AIDS initiiert mit dem Ziel der Aufklärung und des Miteinanderlebens: Weihbischof Walther Kampe vom Bistum Limburg „[…] sieht die Herausforderung für die Kirche darin, den bereits an AIDS-Erkrankten als auch den von dieser Krankheit Bedrohten in besonderer Weise zu helfen. Sie dürfen weder hochmütig verdammt noch wie Aussätzige isoliert werden."[1397] Beim „Tag der Caritas" im Rahmen der Limburger Kreuzwoche am 17.9.1987 erinnert Kamphaus: „[…] daß Jesus den Zusammenhang von Schuld und Strafe durchbrochen habe. Er fragt: ‚Wozu machen wir den Menschen, wenn wir ihn zum Objekt der Strafe Gottes machen, und wozu machen wir Gott, wenn wir ihn zum Strafrichter einsetzen?' Dies sei nicht der Gott Jesu Christi; Jesus sei vielmehr dem Ausgegrenzten und Aussätzigen nahegekommen und habe sich ihnen zugewandt. Diesem Beispiel Jesu müßten auch wir folgen. ‚Sorgen wir dafür, daß wir mit dem Kreuz, dem Zeichen unseres Glaubens, nicht zu spät kommen'."[1398]

Dementsprechend sagt auch der Kirchenpräsident der EKHN, Helmut Spengler, unmißverständlich, „[…] daß die AIDS-Erkrankten nicht isoliert werden dürfen wie die neuen Aussätzigen der Gesellschaft'. Die Kirche muß in der Aufklärung einer ‚Tabuisierung' wehren und die Menschen ermutigen, die

[1395] Vgl. Janik (1992), S. 54

[1396] Vgl. Bischof Dr. Franz Kamphaus in den Uni-Kliniken. (1989), S. 40 f.

[1397] Vgl. Bentz (1988), S. 65

[1398] Ebd., S. 67

Vorsorge des Staates ernst zu nehmen. Außerdem muß sie mithelfen, daß sexuelle Promiskuität abgebaut wird, und „zeigen, wie verantwortliche Liebe aussieht, die den andern schützt'."[1399] In der Folgezeit nahmen verschiedene evangelische und katholische Akademien das Thema AIDS in ihr Jahresprogramm auf. Oftmals baten Akademien die Krankenhausseelsorger der AIDS-Station als Referenten zu ihren Tagungen, wegen ihrer alltäglichen Erfahrung im Umgang mit vielen von AIDS betroffenen Menschen.[1400]
Anläßlich einer internationalen Konferenz in Rom mit dem Thema: „Leben: Warum? AIDS" sagt Papst Johannes Paul II. den Kranken: „Liebe Brüder in Christus, die ihr die ganze Härte des Kreuzweges kennt, ihr dürft euch keineswegs verlassen fühlen. Mit euch ist die Kirche als Sakrament des Heils, um euch auf eurem schweren Weg beizustehen. [...] Mit euch sind die Wissenschaftler, die unermüdlich tätig sind, um diese schwere Erkrankung zu bekämpfen und einzudämmen. Sowohl freiwillige Helfer als auch Ärzte und Krankenpflegepersonal, die ihre Berufsarbeit auf das Ideal menschlicher Solidarität gründen, möchten euch mit aller Sorge und allen Mitteln beistehen."[1401] Zu den in der Krankenseelsorge Tätigen sagt der Papst: „[...] besonders an diejenigen, die in der Krankenpastoral tätig sind, richte ich den innigen Aufruf, Boten des Evangeliums vom Leiden in der heutigen Welt zu sein. In der Geschichte der Krankenpastoral der Kirche findet sich eine übergroße Zahl von Priestern und Ordensleuten, die die Liebe im Dienst an den Leidenden in Wort und Tat geübt haben."[1402]
In ihrem Papier: „AIDS und die Kirche als heilende Gemeinschaft" des Exekutivausschusses des „Ökumenischen Rates der Kirchen" anläßlich ihrer Tagung vom 15. bis 19.9.1986 in Reykjavik heißt es: „Die AIDS-Krise stellt uns vor die grundlegende Herausforderung, in Tat und Wahrheit Kirche zu sein: Kirche als heilende Gemeinschaft zu sein. AIDS ist eine herzzerreißende Realität, die die Kirchen herausfordert, ihre eigenen Herzen zu zerreißen und ihre Untätigkeit und starren Moralprinzipien zu bereuen. Da die Menschen von AIDS ungeachtet ihrer Rasse, Klasse, ihres Geschlechts oder Alters wie auch ihrer sexuellen Präferenzen und Beziehung betroffen sind, fordert uns die Krankheit heraus, unsere Ängste und unser Ausschließungsverhalten in Frage zu stellen."[1403]

9.2 Die Ausstellung MITLAIDS

Die Ausstellung MITLAIDS des Patientencafés der AIDS-Station vom 19.3. bis 21.4.1991 hätte keinen besseren geschichtsträchtigeren Ort als den Kaiserdom

[1399] Vgl. Bentz (1988), S. 77
[1400] Katholische Akademie Rabanus Maurus, Wiesbaden (8.3.1987); Akademie der Diözese Rottenburg-Stuttgart (10.–11.6.1987); Katholische Akademie für Erwachsenenbildung, Köln (7.10.1987); Evangelische Akademie Hofgeismar (22–24.1.1988)
[1401] Johannes Paul II. (1989), S. 8
[1402] Ebd., S. 11
[1403] In: Q 289, S. 3

in Frankfurt finden können. Im rechten Seitenschiff der Kirchenhalle wurden Bilder der Londoner Künstlerin Diana Constance gezeigt. Die Bilder erzählen vom Leiden und Sterben AIDS-kranker Kinder, Männer und Frauen. Bei der Eröffnungsveranstaltung am 19.3.91, an der Musiker wie Albert Mangeldorff, Jazz-Posaunist, Prof. Gerhard Mantel, Cellist, und der Rezitator Jo van Nelsen teilnahmen,[1404] sagte Constance an die Adresse von Politikern und Kirchenleuten gerichtet: „Bei Krebskranken haben Sie nie gefragt nach dem Warum der Krankheit, warum fragen Sie bei Aids-Kranken?“ und weiter sagte sie: „[...] vor allem möchte ich Ihr Mitgefühl für alle Betroffenen wecken; denn wir können nur etwas erreichen, wenn wir mit Klugheit und Gefühl alle an einem Strick ziehen. Das ist besser, als zitternd hinter unseren Türen zu hocken oder eine Hexenjagd zu beginnen.“ [1405] Gerade das war das Anliegen der AIDS-Patienten, der Ehrenamtlichen in Zusammenarbeit mit der Krankenhausseelsorge: sich zu zeigen und zu einer Begegnung mit allen Dombesuchern, Touristen, Gruppen aus Pfarrgemeinden, gesellschaftlichen, politischen und kirchlichen Organisationen einzuladen. AIDS-Kranke sehen im Endstadium nicht anders als Krebskranke aus, dennoch gehört heute immer noch Mut dazu, sich auf ihrer Seite zu zeigen, mit den abgemagerten Kranken ins Café oder zur Apotheke zu gehen, mit dem von Hauttumoren gezeichneten Nachbarn, Kollegen, Freund, Familienangehörigen ins Konzert oder in die Sonntagsmesse zu gehen. „[...] MITLAIDS im Frankfurter Dom dank der Bilder von Diana Constance. Mut gehört dazu, ein humanes menschenzugewandtes Klima zu schaffen. Die Solidarität muß wechselseitig sein. Wenn wir bereit sind, von ganzem Herzen hinzusehen, hinzugehen, hinzuhören, können wir voneinander lernen: Gesunde von Kranken, Kranke von Gesunden. Angesichts von Ausschwitz sagt Eli Wiesel, daß es gerade, wenn es um die Rettung Gottes im Leid und Leidenden gehe, nicht so entscheidend sei, Antworten zu finden, sondern die richtigen Fragen zu stellen“, betonte Schorberger in seinem Eröffnungsvortrag.[1406]
Der Schirmherr der Ausstellung, der Stadtdekan Klaus Greef, bezog in seiner Eröffnung das Mittelalter ein. Er sagte: „Auf einem mittelalterlichen Pestaltar erinnert der heilige Rochus daran, wie man mit Kranken auch umgehen kann: indem man sich ihnen zuwendet, anstatt sie auszugrenzen. ‚Ganzheitlich‘ eben, wie das Selbstverständliche neuerdings heißt.“[1407]
Greef überbrachte auch die Grüße des Kirchenpräsidenten der EKHN und des Bischofs von Limburg.
Begleitend zur Ausstellung zeigte das Filmmuseum Frankfurt am Main an vier Tagen den Film: „Longtime Companion“ von Norman René. Er berichtet von dem ersten Auftreten der neuen Krankheit AIDS 1981 in den USA, und wie eine große Anzahl betroffener Kranker Selbsthilfe und Solidarität mit anderen

1404 In: Q 293 a; s. Dok 6
1405 Ebd.
1406 In: Q 278, S. 3.
1407 Vgl. Schülke (1991), S. 45

Kranken und Sterbenden lebt. An den Tagen der Ausstellung selbst standen den Dombesuchern täglich AIDS-Kranke, HIV-Positive und Ehrenamtliche zu Gesprächen zu Verfügung. Auf 35 Seiten des ausliegenden Buches schrieben Besucher ihre Namen,[1408] eigene Erlebnisse und Kritiken zur Bilderausstellung. Von den 212 Eintragungen in diesem Buch[1409] seien einige hier wiedergegeben:

„Eine solche Ausstellung, die wachrüttelt aus den ‚kleinen alltäglichen Sorgen' für das, was wirklich existentiell bedroht, sollte öfter gezeigt werden!" (E.E.)[1410]

„Die nächste Ausstellung behandelt wohl die Geschlechtskrankheiten?! Dom = Kirche = Museum? (KM).

„Sie haben recht…" (Ohne Unterschrift)[1411]

„Ich gratuliere der Dom-Pfarrei zum Mut, gerade an diesem Ort mit dieser beeindruckenden Ausstellung zu konfrontieren, die sich gegen jede Ausgrenzung wendet! Sie ist ein wichtiger Beitrag dazu, was Christsein heute von uns erfordert: Einfühlung und Toleranz!" (J. A. Ostern 1991)[1412]

„GRACIAS a los organizadores de esta exposicion por hacer IIegar la dura realidad del SIDA. Todos aquellos que tratan de una u otra forma de reprimir (tambien) forma de CRISTIANDAD!" (= Danke den Organisatoren dieser Ausstellung, weil sie die harte Wirklichkeit von AIDS zu all denen gebracht haben, die auf die eine oder andere Art versuchen, diese Form des Christentums zu unterdrücken."(J. C. HD.)[1413]

„Respekt! Bei der offiziellen vatikanischen Denk-, Blick- und Moralrichtung ist wohl eine solche – lautlose – Ausstellung dennoch wichtig." (J. S.)[1414]

„Angst hat jeder Mensch, jeder vor etwas anderem. Meine größte Angst ist, den Menschen, den ich liebe, zu verlieren, denn es ist das erste Mal, daß ich wirklich ehrlich und aufrecht jemanden liebe." (L.)[1415]

„Si la Iglesia reconionce la Homosecuaität, la lebetes de fro homosecu estra. Estes ecpancinn e s pas enel satuit egeot." [= „Wenn die Kirche die Homosexualität anerkennt, dann wird die Freiheit der Homosexuellen garantiert sein. Diese Ausstellung ist ein Schritt auf den richtigen Weg."] (Charles)[1416]

1408 Statt der ausgeschriebenen Namen habe ich grundsätzlich nur die Initialen der Namen genommen. Zwei Namen, die ohne Text eingetragen sind, habe ich vollständig stehen lassen, da beide mit ihrem Namen ihre Verbundenheit zur AIDS-Station der Universitätsklinik zum Ausdruck bringen wollten.

1409 In: Q 279

1410 Ebd., S. 5.

1411 Ebd., S. 6.

1412 In: Q 279, S. 13.

1413 In: Q 279, S. 12

1414 Ebd S. 10

1415 Ebd., S. 7

1416 Ebd.

„Ich habe Aids. Lieber Gott, gib mir jeden Tag die Kraft, die ich brauche". (Ohne Unterschrift).

„Ich schicke Dir Kraft, Liebe, Hoffnung – vergiß nie, daß es Leute gibt, die Dir helfen wollen." (Ohne Unterschrift)[1417]

„Udo Petzendorfer, Hermann Horst" (21.4.91)[= ohne Text][1418]

„Die Ausstellung hat mich sehr bewegt; sie nimmt die Christen in ihre Pflicht, was es heißt, Christ zu sein; ich finde es gerade gut, daß sie in einem Gotteshaus wie dem Dom zu sehen ist. Weiter so!" (Anja 30.3.91)[1419]

Den Abschluß der gut besuchten Ausstellung bildete ein ökumenischer Gottesdienst im Dom. Anschließend lud der von Medizinern und Krankenhausseelsorgern 1987 gegründete Verein „AIDS-Solidarität Rhein-Main"[1420] zu einer Benefizveranstaltung, einem Konzert der Gruppe „Duo Balance"[1421] im Pfarrsaal der Domgemeinde ein. Trotz Einladungen der Krankenhausseelsorger kamen offizielle Vertreter der EKHN und der Bistumsleitung nicht zu Beginn der Ausstellung, jedoch zum Abschluß.

Die Vorsitzende des Evangelischen Regionalverbandes Frankfurt am Main, Pfarrerin Esther Gebhardt, sagte im Abschlußgottesdienst: „AIDS ist auch unsere Krankheit, weil sie Probleme aufwirft, vor denen wir uns gerne isolieren möchten. [...] Im öffentlichen Umgang mit AIDS scheint es oft, als wolle man sich nicht vor einer Krankheit schützen, sondern vor Menschen, und zwar nicht nur vor Menschen, die eine Krankheit haben, sondern die durch ihre Lebensweise eine Bedrohung für die eigenen Gewohnheiten und Vorurteile werden können. Zu diesen Vorurteilen habe auch die bis in jüngste Zeit reichende Sexualfeindlichkeit der Kirchen beigetragen. AIDS-Kranke, so Gebhardt, dürften aber nicht als Menschen, „[...] die nicht in unser Bild einer optimistischen, leistungsorientierten Welt passen, [...] ausgegrenzt und an Verwaltungen und Krankenhäuser abgeschoben werden."[1422] Das von Gebhard angesprochene Verhalten der Gesellschaft AIDS-Kranken, ihren Freundinnen, Freunden und Angehörigen gegenüber ist eine Herausforderung für die Krankenhausseelsorge kirchenpolitisch mitzuwirken, daß Kranke, egal welcher

[1417] Ebd., S. 12

[1418] Ebd.

[1419] Ebd., S. 10

[1420] In: Q 292 Ursprüngliches Ziel des Vereines war, eine Wohngemeinschaft für Aids-Kranke zu bilden. Aus Zeitmangel, da alle ehrenamtlich tätig sind, beschränkte man sich auf die unbürokratische finanzielle Hilfe in Einzelfällen, die von den Mitarbeiterinnen und Mitarbeitern von Selbsthilfegruppen, kirchlichen und weltlichen Organisationen erbeten wurden. Gründungsmitglieder: Jürgen Bußmann, Klinikseelsorger; Margarete Engel, Krankenpflegekraft; Axel Jötten, Arzt; Peter Josefiok, Arzt; Harald Kraß, Arzt; Christoph Lennert; Journalist; Gregor Schorberger, Klinikseelsorger; Prof. Dr. med. Ludwig S. Weilemann, Arzt.

[1421] In Q. 280

[1422] Ökumenischer ‚Mit-L-aids'-Gottesdienst mit Gebhardt und Greef im Dom. In: Evangelisches Frankfurt (Mai 1991) 15. Jahrgang. Nr. 3, S. 7

ethnischen, religösen, politischen und sexuellen Herkunft einen humanen Platz in der Gesellschaft einnehmen können. Haben doch Menschen nur zwei grundlegende personale Bedürfnisse, „zu lieben und geliebt zu werden, zu fühlen, daß man sich selbst und anderen etwas wert ist."[1423] Wenn Krankenhausseelsorge es wagt, aus ihrem eng begrenzten Rahmen des Krankenhauses in die Öffentlichkeit zu treten, wie es den evangelischen Krankenhauspfarrern in den siebziger Jahren über die Evangelische Akademie Arnoldshain[1424] und den katholischen Seelsorgerinnen und Seelsorgern über die frankfurter werkstätten (fwg)[1425] gelungen ist, bleibt sie ein unverzichtbarer Bestandteil des kirchlichen Zeugnisses.
Entsprechend den vier Grundvollzügen der Kirche: Martyria, Diakonia, Leiturgia und Koinonia vermag Krankenhausseelsorge kompetent Kranke personenzentriert zu begleiten gemäß Jesu Handeln an dem blinden Bettler Bartimäus, den er mit den Worten: „Was soll ich Dir tun?" (Mk 10,51) in das Heilungsgeschehen einbezieht. Voraussetzung ist die kirchliche und gesellschaftspolitsche Bereitschaft, eine Person ausschließlich für die Krankenhausseelsorge freizustellen. Diese Person sollte das pastoral-theologische und therapeutische Wissen der inzwischen auch katholischerseits zahlreich entstandenen KSA-Institute mitbringen oder sich im Laufe ihrer Anstellung erwerben. Ein Krankenhaus von 100 Betten sollte die 100 %-Planstelle einer Krankenhausseelsorgerin oder eines Krankenhausseelsorgers erhalten. Wenn die Krankenhausseelsorge zur ökumenischen Zusammenarbeit bereit ist und eine Offenheit für alle Weltanschauungen mitbringt, ohne das Eigene aufzugeben, wird sie den Respekt und die Zusammenarbeit der Patienten, des ärztlichen Personals, des Pflegepersonals und anderer Angestellten eines Krankenhauses erhalten. So kann sie Kranken wie dem Personal Kraft und Hilfe zu seelischer Heilung spenden.
Zum 25-jährigen Bestehen der Kapelle der Klinikseelsorge an der Universitätsklinik hielt Prof. Dr. Helmut Siefert einen Festvortrag. Sein Thema: „‚Heil und Heilung' – zur ursprünglichen Einheit von Seelsorge, Pflege und Medizin" hat somit auch über das Jahr 2001 hinaus für die Krankenhausseelsorge an Aktualität gewonnen.[1426]
Die historischen Eckpunkte, das erste Hospiz an der Salvatorkirche des Mittelalters, die Spitalseelsorge der Neuzeit, die erste Gründung einer eigenen Krankenhausseelsorgestelle in der Universitätsklinik Frankfurt am Main und die Impulse, die durch die „Klinische Seelsorgeausbildung" der siebziger Jahre entstanden waren, sind ein Zeichen für die kirchenpolitische Präsenz der Krankenhausseelsorge, die die AIDS-Kranken und HIV-positiven Menschen im Kaiserdom zu Frankfurt am Main in exemplarischer Weise erfolgreich einforderten.

[1423] Vgl. Clinebell (1977), S. 15
[1424] Vgl. Kap. VI.A.1.3.4
[1425] Vgl. Kap. VI.B.2.4.3
[1426] In: Q. 293 b

Dokumentenanhang

Der Dokumentenanhang belegt die Entwicklung hin zu einer ökumenischen Krankenhausseelsorge. Die Dokumente stammen jeweils aus den verschiedenen Zeitabschnitten am Klinikum der Johann Wolfgang Goethe-Universität.

Dokument 1 (Seite 348/349)
Bericht des evangelischen Pfarrers Friedrich Hünemörder über die Krankenhausseelsorge im Jahr 1917. In: Q 17.

Dokument 2 (Seite 350)
Veranschaulichung von zwei Teilen einer Statistik aus den Jahren 1926 bis 1928 von Rektor Hugo Pfleghar. Hier werden die vielseitigen Tätigkeiten des Krankenhausseelsorgers dargestellt. Gleichzeitig nimmt Pfleghar diese Statistik, aus der er 1928 eine Dienstzeit von über 13 Stunden täglich errechnet, zum Anlaß, eine zweite Seelsorgestelle zu fordern. Die graphische Darstellung erfolgte durch den Autor. In: Q 219.

Dokument 3 (Seite 351/352)
Brief von Rektor Martin Czapka an das Bischöfliche Ordinariat vom 27.8.1961 über die Durchführung seiner Krankenbesuche. In: Q 247.

Dokument 4 (Seite 353)
Photo von einem evangelischen Gottesdienst in der Eingangshalle der Orthopädischen Klinik Friedrichsheim". In: Q 257.

Dokument 5 (Seite 354)
Exzerpt aus dem Programm der Evangelischen Akademie Arnoldshain zur Informationstagung: Klinische Seelssorgeausbildung – Clinical Pastoral Education vom 14.–16.7.1972. Tagungsleitung u.a. Pfarrer Werner Becher, Krankenhausseelsorger der Universitätsklinik, Frankfurt am Main. In: Q 197.

Dokument 6 (Seite 355)
Titelseite der Einladungsplakate zur Bilderausstellung im Frankfurter Dom: Schirmherr: Stadtdekan Dompfarrer Klaus Greef. Veranstalter: Patiententreff Haus 68 der Universitätskliniken Frankfurt am Main in Zusammenarbeit mit AIDS-Solidaritätsfond Rhein/Main e.V. V.i.s.d.P.: Klinikseelsorger Gregor Schorberger. In: Q 293 a.

Dokument 1

Bericht des evangelischen Pfarrers Friedrich Hünemörder über die Krankenhausseelsorge im Jahr 1917. In: Q 17.

Bericht über die Seelsorge in den städtischen Krankenanstalten.

Das Berichtsjahr war reich an Arbeit, aber reicher an Freude an und bei der Arbeit. Sie umffasste die im Vorjahre ausser dem Hospital zum Heiligen Geist die Irrenanstalt, das Städtische Armen- und Siechenhaus Sandhöfer - Allee und das Städtische Krankenhaus nebst seinen Abzweigungen: Krankenhaus - Ost, Krankenhaus - Mörfelderlandstrasse und Stift Heddernheim.
Die Besuchszeiten in den einzelnen Anstalten blieben unverändert. Der seit 2 Jahren bestehende Wochenarbeitspplan konnte nur dann nicht innegehalten werden, wenn die sehr zahlreichen Beerdigungen auf dem Sachsenhäuser und Hauptfiedhof, aber auch auf dem Niederräder und Bornheimer Friedhof Verschiebungen erforderlich machtem.
Beerdigt wurden 212 Verstorbene. Geauft wurden 562 Kinder. Eingesegnet 3 Korfirmanden (aus dem Siechenhause und der Irrenanstalt) nach vorausgegangenen regelmässigem Unterricht. Getraut wurden 2 Paare. An den 25 öffentlichen Abendmahlsfeiern beteiligten sich 157 Männer und 499 Frauen, an den 108 Sonderfeiern für Schwerkranke 78 Männer und 358 Frauen, d.h. soviele evangelische Christen wie noch nie zuvor.
Im Städtischen Krankenhause, in der Irrenanstalt und im Hospital zum Heiligen Geist wurde an jedem Sonn _ und Feiertag zu den althergebrachten Stunden Gottesdienst mit Predigt gehalten, in den Zweiganstalte möglichst alle 6 Wochen. Die Beteiligung war befriedigend. Besonders gern von den Anstaltsgemeinden, die gelegentliche Mitwirkung von Kinderchören hiesiger Schulen gesehen. Bei der übereinstimmenden Be-

reitwilligkeit der Schulleiter und der Gesanglehœer hierzu - Die Kinder hatten ihre helle Freude an dem Liebesdienst, den sie unseren Kranken leisten durften - liesse sich unschwer eine häufigere Wiederholung, zumal an den Hauptfesten, herbeiführen.Besonders bewährt haben sich auch in diesem Jahre die Waldgottesdienste im Siechenhause. Weihnachtsfeiern mit Ansprache wurden in sämtlichen Anstalten und Kliniken, in der Medizinischen und Chirurgischen Klinik des Städtischen Krankenhauses wegen der vielen Bettlägerigen auch auf den einzelnen Abteilungen veranstaltet, und zwar im kollegialen Einvernehmen mit dem katholischen Anstalsgeistlichen.

Die Gewährung einer Zeitkarte auf der Elektrischen Strassenbahn vom 1. Juli ab brachte eine wesentliche Erleichterung der ausgedehnten Arbeit mit sich, wohin gegen die Freudigkeit zur seelsorgerlichen Betätigung stetig nei gestärkt wurde durch das lebenswürdigste Entgegenkommen der Ärzte, Beamten und Schwestern, sowie durch die rührende Dankbarkeit der Kranken selbst.

Da der Krankenhauspfarrer auch im Berichtsjahre von eigener Krankheit verschont blieb und sich trotz der durch die lange Kriegsdauer stark veränderten Lebenshaltung andauernd körperlicher Rüstigkeit erfreute, so darf auch dasselbe mit ungeteilter Befriedigung zurückblicken.

Frankfurt am Main, den 2. Januar 1918

Hünemörder

Dokument 2

Veranschaulichung von zwei Teilen einer Statistik aus den Jahren 1926 bis 1928 von Rektor Hugo Pfleghar. Hier werden die vielseitigen Tätigkeiten des Krankenhausseelsorgers dargestellt. Gleichzeitig nimmt Pfleghar diese Statistik, aus der er 1928 eine Dienstzeit von über 13 Stunden täglich errechnet, zum Anlaß, eine zweite Seelsorgestelle zu fordern. Die graphische Darstellung erfolgte durch den Autor. In: Q 219.

Städtisches Krankenhaus-Frankfurt a./M.
Tätigkeit des Katholischen Anstaltsgeistlichen: a) Name der Handlungen, b) Anzahl der Handlungen, c) benötigte Stunden pro Handlung, d) Gesamtstunden pro Jahr

a)	b)			c)	d)	d)	d)
Handlungen	**1926**	**1927**	**1928**		**1926**	**1927**	**1928**
Beichten und Kommunion	591	592	485	½	295	296	232
Beichten	30	28	14	½	15	14	7
Versehgänge	328	351	409	1 ½	483	526	613
Taufen	513	531	534				
Taufhandlungen	80	86	101	1 ½	120	129	151
Trauungen	7	10	6	½	3	5	3
Beerdigungen	50	35	19	1 ½	75	52	29
Verschiedenes	55	271	350	½	27	135	175
Nachts	39	62	78	1	39	62	78
Sonntagsgottesdienst	124	124	128	1 ½	186	186	192
Werktagsgottesdienst	303	303	301	½	151	151	150
Standesbeamter	60	365	365	½	30	183	183
Schreibtisch, Telefon	365	365	365	1	365	365	365
Brevier	365	365	365	1	365	365	365

Krankenbewegung	**1926**	**1927**	**1928**
a) Stationen	89	89	89
b) Bettenzahl	2430	2500	2500
c) Krankenzahl pro Monat	1804	2000	2720
....pro Jahr	21700	24000	32640
e) Anwachsen der Krankenzahl		11,1 %	36 %
f) Aufenthaltstage pro Kranker	40,5	37,5	27,5

Abteilungsbesuche	**1926**	**1927**	**1928**
a) Besuchstage pro Jahr	225	225	225
b) Pro Tag zu besuchende Kranke	96,5	107	145

Jahr	**1926**	**1927**	**1928**
Tägliche Arbeitsstunden	**11,13**	**12,37**	**13,85**

Dokument 3

Brief von Rektor Martin Czapka an das Bischöfliche Ordinariat vom 27.8.1961 über die Durchführung seiner Krankenbesuche. In: Q 247.

Martin Czapka, Rektor
Frankfurt/Main
Ludwig-Rehnstr. 7.

Frankfurt/M., den 27.8.6

O.E. 5516
Praes. 29. AUG. 1961
A.Z. 6 ... 2

An das
Bischöfliche Ordinariat
L i m b u r g / Lahn.

Lbg., 30. Aug. 1961

Bez.: N.O.E. 5516/61/1.

Die Beantwortung der gestellten Fragen lautet wie folgt:

zu 1. Auf jedem Büro der Stationen ist eine Durchschrift des Aufnahmescheines, auf dem die Konfession des betreffenden Patienten vermerkt ist. Auf Bitten kann man von der Stationsschwester erfahren, wer kath. ist.

Zu 2. Der Besuch der Kranken erfolgt in Abständen von 4,6,8, Wochen, je nach Grad und Bösartigkeit der Krankheit. Es ist zeitlich gesehen gar nicht anders möglich. Die Schwerstkranken und die Frischoperierten werden wöchentlich einmal aufgesucht.
Was bei den Besuchen soviel Zeit beansprucht ist der Umstand, dass jeder Patient ohne Rücksicht auf Konfession angesprochen wird. Es kann vorkommen, dass ein Saal mit 25 Patienten nur 4 -5 kath. Patienten hat, für den Besuch aber sind es 25. Bei diesem Riesenbetrieb kann es natürlich auch vorkommen, dass ein Patient länger nicht angesprochen wird -entweder ist er beim Besuch ausserhalb des Raumes zwecks Behandlung oder das Zimmer ist blockiert durch den Arzt oder die Schwester, sodass ein Besuch nicht möglich ist. Oder, was bei den vielen Unfällen und Herzinfarkten sehr häufig vorkommt, man wird zu einem dringendem Versehgang auf eine andere Station gerufen.

Die Besuche auf den meisten Stationen werden regelmässig durchgeführt.

Die katholischen Patienten werden nicht nur auf ihren Wunsch besucht; wird einmal ein Wunsch geäussert, was seltener vorkommt, dann wird dieser sdhleunigst erfüllt.

Zu 3. Die Schwestern rufen sowohl am Tage wie in der Nacht rechtzeitig zur Spendung der Sakramente.
Wenn es manchmal Schwierigkeiten gibt, dann nicht von seiten der Ärzte oder Schwestern, sondern von den Angehörigen der Patienten. Es ist dann immer wieder derselbe Einwand zu hören: "Der Kranke könnte sich beim Empfang der Sakramente sehr erregen." Aber auch diesbezüglich lässt sich in vielen Fällen nach kurzer Rücksprache mit den Angehörigen die Situation zugunsten des Patienten klären.

[illegible], Rektor

Dokument 4

Photo von einem evangelischen Gottesdienst in der Eingangshalle der Orthopädischen Klinik „Friedrichsheim". In: Q 257.

Kirche für Kranke

Evangelische Krankenhausseelsorge in Frankfurt

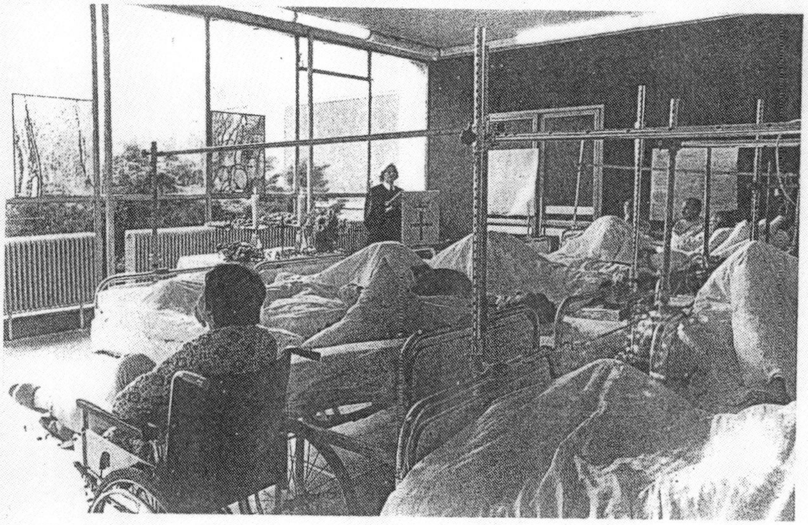

Ich bin krank gewesen, und ihr habt mich besucht.

Matthäusevangelium, Kapitel 25

Dokument 5

Exzerpt aus dem Programm der Evangelischen Akademie Arnoldshain. In: Q 197. – (Vgl. S. 191)

Tagungsfolge

Freitag, 14. Juli 1972

15.30 Uhr	Beginn mit Kaffee
16.00 bis 18.00 Uhr	Begrüßung und Kurzberichte mit Aussprache im Plenmun (Leitung: Werner Becher) **What is Clinical Pastoral Education?** Charles E. Hall **Pastoral Councseling and Church Counseling Centers** Dr.Charles W. Stewart **Clinical Pastoral Education in Europa** Dr. Heije Faber **Zur Situation der Pastoralpsychologie in Deutschland** Dr. Klaus Winkler
18.30 Uhr	Abendessen
20.00 bis 21.30 Uhr	Vortrag mit Aussprache im Plenum (Leitung Dr. Stollberg) **Clinical Methods of Education for Pastoral Care and Counseling** Dr. Howard J. Clinebell
21.45 Uhr	Abendgebet

Samstag, 15. Juli 1972

8.15 Uhr	Morgengebet
8.30 Uhr	Frühstück
9.00 bis 10.30 Uhr	Vortrag mit Korreferat und Aussprache im Plenum (Leitung: Dr. Pieper) **Die Gesprächsanalyse** Dr. H. Faber - Dr. W. Lüders
11.00 bis 12.30 Uhr	**Gruppenarbeit Praktikum der Gesprächsanalyse**
12.30 Uhr	Mittagessen
15.30 Uhr	Kaffee
16.00 bis 17.30 Uhr	Vortrag mit Korreferat und Aussprache im Plenum: (Leitung: Dr. H. Faber) **The Case Study - Die Fallbesprechung** Dr. Oglesby - Dr. Argelander
18.30 Uhr	Abendessen
20.00 bis 21.30 Uhr	Gruppenarbeit: Praktikum der Fallbesprechung
21.45 Uhr	Abendgebet

Sonntag, 16. Juli 1972

8.30 Uhr	Frühstück
9.00 bis 10.00 Uhr	**Gottesdienst** Leitung und Predigt: Hans-Martin Heusel
10.30 bis 12.00 Uhr	Vortrag mit Korreferat und Aussprache im Plenum (Leitung. Dr. Klaus Winkler) **Das Gruppengespräch** Dr. Dietrich Stollberg - Dr Tobias Brocher
12.00 bis 12.30 Uhr	Schlußaussprache (Leitung: Werner Becher)
13.00 Uhr	Schluß mit Mittagessen

Dokument 6

Titelseite der Einladungsplakate zur Bilderausstellung im Frankfurter Dom: Schirmherr: Stadtdekan Dompfarrer Klaus Greef. Veranstalter: Patiententreff Haus 68 der Universitätskliniken Frankfurt am Main in Zusammenarbeit mit AIDS-Solidaritäsfond Rhein/Main e.V. V.i.s.d.P.: Klinikseelsorger Gregor Schorberger. In: Q 293 a.

Quellenverzeichnis

Entsprechend dem Text der vorliegenden Arbeit sind die Quellen jeweils nach ungedruckten und gedruckten Quellen analog den Beständen durchnumeriert.
In folgender Reihenfolge sind die Archive, Interviews und Tagebuchaufzeichnung benannt:

Zentralarchiv der Evangelischen Kirche in Hessen und Nassau in Darmstadt: (EKHN)

Ungedruckte Quellen

Best. 22/77

Q 1 S.1–2
Jahresbericht 1909 des evangelischen Krankenpfarrers J. Flad an das Pflegeamt der Anstalt für Irre und Epileptische. Frankfurt am Main 3.1.1910

Q 2
Das Königliche Konsistorium an den Magistrat. Frankfurt am Main 16.4.1910

Q 3 S. 1–2
Der Magistrat an das Königliche Konsistorium. Frankfurt am Main 31.5.1910

Q 5
Jahresbericht 1911 des evangelischen Krankenpfarrers J. Flad an die Deputation des Städtischen Krankenhauses. Frankfurt am Main 31.12.1911

Q 6
Jahresbericht 1911 des evangelischen Krankenpfarrers J. Flad an das Pflegeamt der Anstalt für Irre und Epileptische. Frankfurt am Main 31.12.1911

Best. 22/78

Q 7 S. 1–2
Der Vorstand der Alterszulagekasse für evangelische Geistliche an das Königliche Konsistorium Frankfurt am Main. Berlin-Charlottenburg 29.5.1913

Q 8
Der Minister der geistlichen und Unterrichts-Angelegenheiten an das Königliche Konsistorium in Frankfurt am Main. Berlin 30.1.1914

Q 9 S. 1–2
Der Vorstand des Stadtsynodalrates an das Königliche Konsistorium. Frankfurt am Main 27.2.1913

Q 10 S. 1–2
Das Königlichen Konsistorium an mehrere Adressaten. Frankfurt am Main 16.3.1914

Q 11 S. 1–3
Ernennungsurkunde (Abschrift) des Königlichen Konsistoriums für Pfarrer Friedrich Hünemörder. Frankfurt am Main 26.3.1915

Q 12 S. 1–8
Bericht des Stadtvikar Lauth an das Königliche Konsistorium. Frankfurt am Main 22.11.1913

Q 13 S. 1–3
F. Hünemörder an das Königliche Konsistorium. Frankfurt am Main 26.5.1916

Q 14 S. 1–2
Der Bezirkssynodalvorstand des Evangelischen Konsistoriums an den Pfarramtskandidaten Dr. Neubauer. Frankfurt am Main 24.12.1920

Archiv der evangelischen Krankenhausseelsorge – ehemals Kirchlicher Krankenhausdienst (KKD) – am Klinikum der Johann Wolfgang Goethe-Universität in Frankfurt am Main
(Die Quellen sind chronologisch geordnet. Die Archivalien haben keine Signatur.)

Ungedruckte Quellen

1914–1945

Q 15
Der Magistrat an das Königliche Konsistorium. Frankfurt am Main 12.12.1914
Q 16 S.1–2
Jahresbericht 1915 des evangelischen Krankenhauspfarrers F. Hünemörder an die Städtische Krankenhausverwaltung. Frankfurt am Main 23.2.1916
Q 17 S.1–2
Jahresbericht 1917 des evangelischen Krankenhauspfarrers F.≠Hünemörder an die Verwaltung der Städtischen Krankenanstalten. Frankfurt am Main 2.1.1918
Q 18 S.1–4
Denkschrift des evangelischen Krankenhauspfarrers F. Hünemörder an das Evangelische Konsistorium. Frankfurt am Main 4.4.1919
Q 19 S.1–2
Evangelisches Konsistorium an Pfarrer F. Hünemörder. Frankfurt am Main 23.4.1919
Q 20
Der Vorstand der Bezirkssynode an das Evangelische Konsistorium. Frankfurt am Main 1.3.1923
Q 21
Der Evangelische Landeskirchenrat an Pfarrer F. Hünemörder. Frankfurt am Main 19.1.1929
Q 22
Der Evangelische Landeskirchenrat an Pfarrer F. Hünemörder. Frankfurt a.M. 8.5.1931
Q 23 S.1–3
Jahresberichte 1931, 1932 und 1933 des evangelischen Krankenhauspfarrers F. Hünemörder an die Städtische Krankenhausverwaltung. Frankfurt am Main 1934
Q 24 S.1–2
Bericht des evangelischen Krankenhauspfarrers H. Oberschmidt. Frankfurt am Main 27.10.1934
Q 25
Jahreskalender 1935 des evangelischen Krankenhauspfarrers F. Oberschmidt. Frankfurt am Main Januar 1935
Q 26 S.1–4
Jahresbericht 1934 des evangelischen Krankenhauspfarrers H. Obeschmidt an die städtische Krankenhausverwaltung. Frankfurt am Main 10.6.1935
Q 27
Plan über die Einteilung der Krankenhausseelsorger zu den Weihnachtsfeiern in den einzelnen Kliniken vom Verwaltungsdirektor der Universitätsklinik Dr. Wirth. Frankfurt am Main 6.12.1935
Q 27 a
Zentraler Bettennachweis des allgemeinen Ausschuss für das Rettungswesen Frankfurt am Main. Frankfurt am Main 15.7.1936

Q 28 S.1–2
Der Vorstand der Stadtsynode der evangel.-lutherischen und evangel.-unierten Kirchengemeinden an den Verband der evang. Kirchengemeinden in der Hauptstadt Berlin. Frankfurt am Main 23.11.1936

Q 29
Jahreskalender 1937 des evangelischen Krankenhauspfarrers F. Oberschmidt über die Gottesdienste in der Kapelle des Städtischen Krankenhauses. Frankfurt am Main Dezember 1936

Q 30
Der Verwaltungsdirektor Sieben der Nervenklinik der Stadt und Universität Frankfurt am Main an F. Oberschmidt. Frankfurt am Main-Niederrad 15.6.1937

Q 31 S.1–3
Pfarrer F. Hünemörder an den Verwaltungsdirektor Sieben der Nervenklinik der Stadt und Universität Frankfurt am Main. Bad Niendorf 17.6.1937

Q 32 S.1–8
Jahresbericht 1936 des evangelischen Krankenhauspfarrers H. Oberschmidt an die städtische Krankenhausverwaltung. Frankfurt am Main 17.6.1937

Q 33 S.1–8
H. Oberschmidt an die Verwaltung der Nervenklinik der Stadt und Universität Frankfurt am Main. Frankfurt am Main 24.6.1937

Q 34
Katholisches Pfarramt Frankfurt am Main-Niederrad Pfarrer Lamp an die Verwaltung der Nervenklinik der Stadt und Universität Frankfurt am Main. Frankfurt am Main 20.7.1937

Q 35
Der Verwaltungsdirektor Sieben der Nervenklinik der Stadt und Universität Frankfurt am Main an H. Oberschmidt. Frankfurt am Main 4.9.1937

Q 36
Abschrift des Krankenhauspfarrers H. Oberschmidt an den Propst von Frankfurt am Main. Frankfurt am Main 7.9.1937

1945–1968

Q 37
Evangelisches Pfarramt des Städtischen Krankenhauses an die vorläufige Leitung der Evangelischen Kirche Frankfurt/Main. Frankfurt am Main 3. 6.1946

Q 38
Dienstzeit von Pfarrer Kurt Waldeck als Krankenhausseelsorger an den Universitätskliniken in Frankfurt am Main vom 15.10.1945 bis 1.7.1947. Frankfurt am Main 1947

Q 39 S.1–5
Das Evangelische Krankenhauspfarramt: Bericht von Pfarrer Kurt Waldeck. Frankfurt am Main 22.6.1947

Q 40
Auslieferungsanweisung für die Krankenhausgemeinde. Frankfurt am Main 1.11.1948

Q 41 S.1–3
Pfarrer Fincke an das Verwaltungsamt der Evangelischen Kirche in Hessen und Nassau für Frankfurt/M. Frankfurt am Main 2. November 1948

Q 42
Unbekannter Absender an Pfarrer Fincke. Frankfurt am Main 18.2.1949.

Q 43
Jahresberichte 1944 und 1945 von Pfarrer Karl Knab. Frankfurt am Main 15.3.1949
Q 44
Die Kirchenleitung der EKHN an die Evangelische Krankenhausgemeinde. Wiesbaden 3.12.1949
Q 45
Weihnachtsbrief 1950 von Pfarrer Fincke an die Patienten, Glieder der evang. Krankenhausgemeinde und Mithelfer im Dienst an den Kranken. Frankfurt am Main 1950
Q 46
Begrüßungsschreiben der evangelischen und katholischen Krankenhauspfarrer und der evangelischen Vikarin für die Patienten. Frankfurt am Main 1950
Q 47
Pfarrer Fincke und Pfarrer Messmer an die Oberschwester. Frankfurt am Main 11.6.1951
Q 48
Pfarrer Fincke an die Verwaltung der Universitätsklinik. Frankfurt am Main 21.9.1951
Q 49
Pfarrer Fincke an Propst Göbels. Frankfurt am Main 10.5.1951
Q 50
Der Vorstand des Gemeindeverbandes der evangelisch-lutherischen und evangelisch-unierten Kirchengemeinden an Mechthild von Borstel geb. Mencke. Frankfurt am Main 9.7.1951
Q 51
Evangelische Kirche in Hessen und Nassau. Das Leitende Geistliche Amt. Der Propst für Frankfurt A.M. an Pfarrer Fincke. Frankfurt am Main 20.7.1951
Q 52
Pfarrer Fincke an die Kirchenleitung der EKHN. Frankfurt am Main 12.12.1952
Q 53
Pfarrer E. Fincke an die evangelische Krankenhausgemeinde, allen evangelischen Ärzten, Schwestern, Pflegern und sonst. Angestellten in den Universitätskliniken. Frankfurt am Main 16.11.1953
Q 54
Evangelisch-Lutherische Lukasgemeinde Frankfurt am Main-Süd an Pfarrer Fincke. Frankfurt am Main 27.3.1954
Q 55
Kirchenleitung der Evangelischen Kirche in Hessen-Nassau an Pfarrer Ernst Fincke. Darmstadt 25 5.1954
Q 56
Evangelische Kirche in Hessen und Nassau. Das Leitende Geistliche Amt. Der Propst für Frankfurt A.M. an Pfarrer i.R. Knab. Frankfurt am Main 4.10.1954
Q 57
Pfarrer Fincke an Dr. Bosch, Nervenklinik Niederrad. Frankfurt am Main 10.12.1954
Q 58 S.1–2
Referat zur Handhabung der Taufe und Taufeinträge von Pfarrer Fincke. Frankfurt am Main 1954
Q 59
Gemeindeverband der evangelisch-lutherischen und evangelisch-unierten Kirchengemeinden an die Kirchenleitung der EKHN. Frankfurt am Main 26.2.1955
Q 60
Gemeindeverband an Pfarrer Fincke. Frankfurt am Main 22.4.1955

Q 61
Einladungsprogramm der ev. Akademie in Hessen und Nassau für leitende Schwestern, Chefärzte, Verwaltungsdirektoren und Krankenhausseelsorger. Arnoldshain /Taunus 24.6.1955
Q 62
Der Magistrat. Die Verwaltung der Nervenklinik der Stadt und Universität Frankfurt am Main an Pfarrer Fincke. Frankfurt am Main 8.7.1955
Q 63
Pfarrer Fincke an die Kirchenleitung der EKHN. Frankfurt am Main 21.7.1955
Q 64
Kirchenleitung der EKHN an Pfarrer Fincke. Darmstadt 11.8.1955
Q 65
Errichtungsurkunde für die Krankenhausseelsorge in Frankfurt a.M. Darmstadt 11.10.1955
Q 66 S.1–2
Pfarrer Ernst Fincke an die Kirchenleitung der EKHN durch den Propst für Frankfurt/ M. Frankfurt am Main 15.12.1955
Q 67
Pfarrer Fincke an eine Patientin. Frankfurt am Main 10.4.1956
Q 68 S.1–2
Dankesschreiben einer Patientin an Pfarrer Fincke. Hausen 30.9.1956
Q 69 S.1–2
Verwaltungsdirektor Benz der Universitätskliniken der Stadt Frankfurt a. M. Frankfurt a.M.-Sachsenhausen an Pfarrer Fincke. Frankfurt am Main 8.12.1956
Q 70 S.1–2
Pfarrer Ernst Dörsam des Evangelischen Krankenhauspfarramtes an den Universitätskliniken in Frankfurt am Main, an das Amt für Öffentlichkeitsarbeit der EKHN z.H. Oberkirchenrat Dr. Berger. Frankfurt am Main 26.3.1957
Q 71
Einladung zu einem Sonntagnachmittagsausflug zu den Marienschwestern in Darmstadt-Eberstadt von Pfarrer Dörsam: Frankfurt am Main Mai 1957
Q 72
Gemeindeverband der ev.-luth. und ev.-unierten Kirchengemeinden an Pfarrer Fincke. Frankfurt am Main 5.11.1957
Q 73 S.1–2
Pfarrer Fincke an Pfarrer Rathgeber des Hilfswerkes der EKHN. Frankfurt am Main 5.6.1958
Q 74 S.1–2
Jahresbericht 1958 des evangelischen Krankenhauspfarrers Fincke. Frankfurt am Main 26.1.1959
Q 75 S.1–3
Jahresbericht 1958 des evangelischen Krankenhauspfarrers Ernst Dörsam an die Kirchenleitung der EKHN. Frankfurt am Main 30.1.1959
Q 76 S.1–2
Pfarrer Fincke an Direktor Benz der Universitätskliniken Frankfurt am Main. Frankfurt am Main 22.5.1959
Q 77
Direktor Benz an Pfarrer Fincke. Frankfurt am Main 10.6.1959
Q 78 S.1–2
Pfarrer Fincke an den Vorstand des evangelischen Gemeindeverbandes Frankfurt /M. Frankfurt am Main 05.07.1959.

Q 79 S.1–2
Jahresbericht 1959 des evangelischen Krankenhauspfarrers Ernst Dörsam an die Kirchenleitung der EKHN. Frankfurt am Main 31.5.1960

Q 80 S.1–4
Jahresbericht 1959 des evangelischen Krankenhauspfarrers Fincke. Frankfurt am Main 29.6.1960

Q 81 S.1–3
Pfarrer Hermann Löprich an Pfarrer Fincke. St. Blasien 12.7.1960

Q 82 S.1–2
Rechtsanwalt Dieter Chr. Weydt an Pfarrer Fincke. Frankfurt am Main 28.11.1960

Q 83 S.1–2
Jahresbericht 1960 des evangelischen Krankenhauspfarrers Ernst Dörsam an die Kirchenleitung der EKHN. Frankfurt am Main 1.3.1961

Q 84 a S.1–2
Jahresbericht 1960 des evangelischen Krankenhauspfarrers Fincke. Frankfurt am Main 4. 3. 1961

Q 84 b
Pfarrer Fincke an die Kirchenleitung der EKHN. Frankfurt am Main 22.4.1961

Q 85
Pfarrer Fincke und Rektor Czapka an Direktor Benz. Frankfurt am Main 24.4.1961

Q 86
Pfarrer Fincke an Oberkirchenrat Heß der EKHN in Darmstadt. Frankfurt am Main 11.8.1961

Q 87
Pfarrer Fincke an die Kirchenleitung der EKHN und Kirchenverwaltung. Frankfurt am Main 18.9.1961

Q 88
Dienstvertrag zwischen der EKHN, Oberkirchenrat D. Heß und Fräulein Wilhelmine Baßmann.Darmstadt 29.9.1961

Q 89
Dienstanweisung für die Gemeindehelferin in den Universitätskliniken. Frankfurt am Main 1963

Q 90
Kirchenleitung der EKHN über den Propst zu Frankfurt an Pfarrer Fincke. Frankfurt am Main 3.5.1962

Q 91
Pfarrer Fincke an Direktor Benz der Universitätskliniken. Frankfurt am Main 29.7.1962

Q 92
Einteilung der Krankenstationen unter den evangelischen Krankenhausseelsorgern und Seelsorgerinnen. Frankfurt am Main 1.9.1962

Q 93
Pfarrer Fincke an Direktor Fritz der Nervenklinik. Frankfurt am Main 8.10.1962

Q 94
Jahresbericht 1962 des evangelischen Krankenhauspfarrers Fincke. Frankfurt am Main 26.2.1963

Q 95
Jahresbericht 1962 des evangelischen Krankenhauspfarrers Gottfried Knodt. Frankfurt am Main 3.5.1963

Q 96
Magdalena Gumm an Pfarrer Fincke. Wiesbaden 17.6.1963

Q 97
Zeugnis für Wilhelmine Baßmann von Pfarrer Fincke. Frankfurt am Main 22.1.1964
Q 98 S.1–3
Jahresbericht 1963 des evangelischen Krankenhauspfarrers Gottfried Knodt. Frankfurt am Main 18.2.1964
Q 99
EKHN an Brigitte Friedrich. Darmstadt 21.2.1964
Q 100 S.1–4
Jahresbericht 1963 des evangelischen Krankenhauspfarrers Fincke. Frankfurt am Main 25 2.1964
Q 101
Protokoll des Arbeitskreises für die Seelsorge bei Geisteskranken. Frankfurt am Main 20.4.1964
Q 102
Pfarrer Fincke an Direktor Benz. Frankfurt am Main 6.5.1964
Q 103
Ehefrau eines Patienten (Name unbekannt) an Pfarrer Fincke. Kronberg 22.06.1964
Q 104
Patient (Name unbekannt) an Pfarrer Fincke. Frankfurt am Main 10.10.1964
Q 105
Direktor Benz an Pfarrer Fincke. Frankfurt am Main 12.11.1964
Q 106 S.1–2
Jahresbericht 1964 des evangelischen Krankenhauspfarrers Fincke. Frankfurt am Main 26.2.1965
Q 107 S.1–4
Jahresbericht 1964 des evangelischen Krankenhauspfarrers Gottfried Knodt an die Leitung der EKHN z.H.Oberkirchenrat Pfarrer Balz. Frankfurt am Main 26.2.1965
Q 108
Patientin (Name unbekannt) an Pfarrer Fincke. Heilbronn am Neckar 21.4.1965
Q 109
Entwurf einer Dienstanweisung für die Gemeindehelferin Fräulein Brigitte Friedrich in den Universitätskliniken. Frankfurt am Main 4.10.1965
Q 110 S.1–6
Unterrichtsausarbeitung von Pfarrer Fincke in der Krankenpflegeschule. Frankfurt am Main 1965
Q 111 S.1–3
Jahresbericht 1965 des evangelischen Krankenhauspfarrers Gottfried Knodt an die Leitung der EKHN z.H.Oberkirchenrat Pfarrer Balz. Frankfurt am Main 10.3.1966
Q 112
Vermögungsaufstellung der Krankenhausgemeinde an den Universitätskliniken Frankfurt am Main. Frankfurt am Main1966.
Q 113
Papier über die Einnahmen des Pfarramtes an den Universitätskliniken. Frankfurt am Main 1966.
Q 114 S.1–3
Jahresbericht 1966 des evangelischen Krankenhauspfarrers Gottfried Knodt an die Leitung der EKHN z.H.Oberkirchenrat Pfarrer Balz. Frankfurt am Main 27.2.1967
Q 115 S.1–2
Jahresbericht 1966 der evangelischen Gemeindehelferin Brigitte Friedrich. Frankfurt am Main 28.2.1967

Q 116
Arbeitsbericht des Laien-Seelsorgers Bernhard Roge. Frankfurt am Main 1.3.1967

Q 117
Anna Schmidt an den Krankenhauspfarrer der Universitätskliniken. Düsseldorf 19.5.1967

Q 118
EKHN, Das Leitende Geistliche Amt, der Propst für Frankfurt Goebel an Pfarrer Knodt. Frankfurt am Main 12.6.1967

Q 119
EKHN, Das Leitende Geistliche Amt, der Propst für Frankfurt Goebel an Pfarrer Knodt. Frankfurt am Main 27.10.1967

Q 120
EKHN, Das Leitende Geistliche Amt, der Propst für Frankfurt Goebel an Pfarrer Knodt. Frankfurt am Main 14.12.1967

1968–1984

Q 121 S.1–3
Jahresbericht 1967 des evangelischen Krankenhauspfarrers Gottfried Knodt an die Leitung der EKHN z.H.Oberkirchenrat Pfarrer Balz. Frankfurt am Main 23.2.1968

Q 122 S.1–4
Gottfried Knodt an das Leitende Geistliche Amt der EKHN Darmstadt z.H. Kirchenpräsident Hild. Frankfurt am Main 2.1.1970

Q 123 S.1–6
Jahresbericht 1969 des evangelischen Krankenhauspfarrers Werner Becher an die Kirchenleitung der EKHN, Kirchenverwaltung z.H. Herrn Oberkirchenrat Landig. Frankfurt am Main 7.1.1970

Q 124 S.1–2
Gottfried Knodt an den Propst für Frankfurt am Main. Frankfurt am Main 26.11.1970

Q 125 S.1–3
Jahresbericht 1970 des evangelischen Krankenhauspfarrers Werner Brink an die Kirchenleitung der EKHN. z.H. Herrn Oberkirchenrat Landig. Darmstadt. Frankfurt am Main 10.12.1970

Q 126 S.1–3
Jahresbericht für die Zeit vom 1.10.68 bis 31.12.69 des evangelischen Krankenhauspfarrers W. Brink an die Kirchenleitung der EKHN, z.H. Oberkirchenrat Landig. Darmstadt. Frankfurt am Main 31.12.1970

Q 127 S.1–11
Referat für Pfarrerfortbildung Dr. R. Roessler. Arbeitspapier zur Errichtung eines Zentrums für Clinical Pastoral Training in Frankfurt. Darmstadt März 1971

Q 128 S.1–3
Protokoll der Klausurtagung des KKD am 26./27.8.1971 in Schönberg/Taunus. Frankfurt am Main 1971

Q 129 S.1–4
Kirchenleitung der EKHN Kirchenverwaltung – Oberkirchenrat Heusel. An alle mit der Seelsorge in psychiatrischen Kliniken und Landesnervenkliniken beauftragte Pfarrer und Mitarbeiter in der EKHN. Darmstadt 15. 9.1971

Q 130 S.1–2
Jahresbericht 1971 des evangelischen Krankenhauspfarrers Rolf-H. Geissler. Frankfurt am Main 7.12.1971

Q 131 S.1–3
Jahresbericht 1971 der evangelischen Krankenhausseelsorgerin Monika Reitz. Frankfurt am Main 7.12.1971

Q 132 S.1–4
Jahresbericht 1971 des evangelischen Krankenhauspfarrers Werner Brink an die Kirchenleitung der EKHN, z.H. Herrn Oberkirchenrat Heusel Darmstadt. Frankfurt am Main 10.12.1971

Q 133 S.1–8
Gesamtjahresbericht 1971 des Kirchlichen Krankenhausdienstes. Frankfurt am Main 15.12.1971

Q 134 S.1–2
Ordnung für Pfarrer und Mitarbeiter in der Krankenhausseelsorge der Evangelischen Kirche in Hessen und Nassau. Darmstadt 20.12.1971

Q 135
Weihnachtsbrief 1971 des Kirchlichen Krankenhausdienstes. Frankfurt am Main im Dezember 1971

Q 136 S.1–2
Jahresbericht 1971 des evangelischen Krankenhauspfarrers Fritz-Alfred Maglett. Frankfurt am Main 1971

Q 137 S.1–4
Referat. Zeitschriften im Krankenhaus – Versuch einer Analyse. Von Heilwine Valentien. Frankfurt am Main 25.4.1972

Q 138 S.1–4
Protokoll der Klausurtagung des KKD vom 29.4. bis 1.5.1972 in Schönberg/Taunus. Frankfurt am Main 1972

Q 139 S.1–2
Arbeitspapier zu Überlegungen zur Gestaltung unserer Gottesdienste, von der evangelischen Krankenhausseelsorgerin Dora v. Oettingen. Frankfurt am Main 4.8.1972

Q 140
Bericht von Rolf-H. Geissler über eine Fallbesprechungsgruppe zwischen Ärzten und Patienten. Frankfurt am Main August 1972

Q 141
Veranstaltungen 1972 des Seminars für therapeutische Seelsorge. 6 Frankfurt (Main) 70, Theodor-Stern-Kai 7. Frankfurt am Main 1972

Q 142 S.1–3
Klausurtagung des Kirchlichen Krankenhausdienstes in Schönberg/Ts. vom 6.–8.4.1973. Frankfurt am Main 1973

Q 143
Kirchlicher Krankenhausdienst am Klinikum der J. W. Goethe Universität, Evang./Kath. Krankenhausseelsorge Frankfurt (Main) 70, Theodor-Stern-Kai 7. An den Stationsarzt/die Stationsärztin. An die Stationsschwester/den Stationspfleger der Station. Frankfurt am Main 21.8.1973

Q 144
Plan der Stationsverteilung für die Teilnehmer am 6-Wochen-Seelsorgekurs des Seminars für therapeutische Seelsorge vom 19.8.–28.9 1973. Frankfurt am Main 1973

Q 145 S.1–4
Protokoll der Klausurtagung des KKD vom 5.–7.10. 1973 in Schönberg/Taunus. Frankfurt am Main 1973

Q 146 S.1–8
Jahresbericht von 1973–1974 der evangelischen Krankenhauspfarrerin Ingrid Adam am Zentrum für Psychiatrie. Frankfurt am Main 12.7.1974

Q 147 S.1–3
Jahresbericht 1974 der evangelischen Krankenhausseelsorgerin Annelie Moxter Frankfurt am Main 9.1.1975
Q 148 S.1–2
Protokoll der Klausurtagung des KKD in Schönberg, 12.–14.9.1975. Frankfurt a.M. 1975
Q 149 S.1–4
Geschäftsordnung für die Krankenhausseelsorge im Evangelischen Regionalverband Frankfurt am Main. Frankfurt am Main (ohne Datum)
Q 150 S.1–4
Jahresbericht 1975 des evangelischen Krankenhauspfarrers Fritz-Alfred Maglett Frankfurt am Main 17.1.1976
Q 151 S.1–4
Jahresbericht 1975 der evangelischen Krankenhauspfarrerin Ingrid Adam. Frankfurt am Main 19.1.1976
Q 152 S.1–4
Jahresbericht 1975 der evangelischen Krankenhausseelsorgerin Christa Brock. Frankfurt am Main 19.1.1976
Q 153 S.1–5
Gesamtjahresbericht 1975 des geschäftsführenden evangelischen Pfarrers. Gesamtbericht des Kirchlichen Krankenhausdienstes. Frankfurt am Main 22.1.1976
Q 154 S.1–2
Protokoll der ganztägigen Arbeitssitzung des KKD am 29.3.1976 von 10.00–17.00 Uhr in der Ostergemeinde, Frankfurt/M. Frankfurt am Main 1976
Q 155 S.1–4
Protokoll der Klausurtagung des KKD vom 12.–14. November 1976 in Herborn, Theologisches Seminar. Frankfurt am Main 1976
Q 156 S.1–5
Jahresbericht 1976 der evangelischen Krankenhausseelsorgerin Christa Brock Frankfurt am Main 15.11.1976
Q 157 S.1–3
Gesamtjahresbericht 1976 des geschäftsführenden Pfarrer des KKD. Frankfurt am Main 8.12.1976
Q 158 S.1–4
Jahresbericht 1976 der evangelischen Krankenhauspfarrerin Siegmund-Schultze. Frankfurt am Main 1976
Q 159 S.1–4
Jahresbericht 1976 der evangelischen Krankenhausseelsorgerin Annelie Moxter. Frankfurt am Main 1976
Q 160 S.1–4
Jahresbericht 1976 des evangelischen Krankenhauspfarrers Fritz-Alfred Maglett. Frankfurt am Main 1976
Q 161 S.1–4
Jahresbericht 1976 der evangelischen Krankenhauspfarrerin Ingrid Adam. Frankfurt am Main 1976
Q 162
Notizen der Arbeitsbesprechungen des Teams der evangelischen Krankenhausseelsorge am Klinikum der J. W. Goethe Universität aus den Jahren 1971–1976. Frankfurt am Main 1971–1976
Q 163
Tagungen des Arbeitskreises für Seelsorge an Psychiatrischen Kliniken von 1971–1976. Frankfurt am Main 1971–1976

Q 164 S.1–4
Gesamtjahresbericht 1977 der Krankenhauspfarrerin Ingrid Adam an die Kirchenverwaltung der EKHN z.H. Oberkirchenrat Heusel, Darmstadt Frankfurt am Main 26.1.1978
Q 165 S.1–3
Geleitwort zur Einführung von Pfarrer Karl–Heinz Horst, geschäftsführender Direktor der Kinderklinik Otto Hövels. Frankfurt am Main 1977
Q 166 S.1–5
Jahresbericht 1977 der evangelischen Krankenhauspfarrerin Christa Siegmund-Schultze. Frankfurt am Main 1977
Q 167 S.1–22
Bericht von Professor Otto Hövels und Pfarrer Werner Becher auf der Tagung „Seelsorge für das kranke Kind" 13.–15.1.1978 in Bad Orb. Frankfurt am Main 1978
Q 168 S.1–2
Notizen von der Klausurtagung des KKD in Heiligkreuzsteinnach vom 29.5.–31.5.1978. Frankfurt am Main 1978
Q 169
Veranstaltungen des Patienten-Club in der Orthopädischen Klinik 1978. Frankfurt am Main 1978
Q 170 S.1–6
Informationen über die Evangelische Krankenhaus – Seelsorge im Zentrum Psychiatrie – von Ingrid Adam, Pfarrerin. Frankfurt am Main 1978
Q 171 S.1–2
Gesamtjahresbericht 1978 der evangelischen Krankenhauspfarrerin Ingrid Adam an Oberkirchenrat Hans Martin Heusel, Darmstadt. Frankfurt am Main 22.01.1979
Q 172 S.1–4
Jahresbericht 1978 der evangelischen Krankenhauspfarrerin Christa Siegmund-Schultze. Frankfurt am Main 24.1.1979
Q 173 S.1–3
Protokoll der Besprechung zwischen Kirchlichen Krankenhausdienst, Seminar und Fachreferenten der Kirchenverwaltung. Frankfurt am Main 1.7.1979
Q 174
Seminar für Seelsorge der Evangelischen Kirche in Hessen und Nassau an Professor Dr. med. Otto Hövels und an Frau Oberschwester Elfriede Tessner im Zentrum der Kinderheilkunde. Frankfurt am Main 16.7.1979.
Q 175
Referat: Seelsorgerliche soziale Dienste/Diakonie – Oberkirchenrat Heusel an Pfarrerin Ingrid Adam, Zentrum der Psychiatrie, Heinrich Hoffmann Str. 10, 6000 Frankfurt am Main. Darmstadt 4.12.1979
Q 176 S.1–5
Jahresbericht 1979 der evangelischen Krankenhauspfarrerin Ingrid Adam. Frankfurt am Main 1979
Q 177 S.1–5
Jahresbericht 1979 des evangelischen Krankenhauspfarrers Karl-Heinz Horst. Frankfurt am Main 1979
Q 178 S.1–6
Jahresbericht 1979 der Krankenhausseelsorgerin Eva-Maria Schmidt-Mappes. Frankfurt am Main 1979
Q 179 S.1–5
Jahresbericht 1979 der evangelischen Krankenhauspfarrerin Christa Siegmund-Schultze. Frankfurt am Main 1979

Q 180 S.1–6
Gesamtjahresbericht 1979 des KKD. Frankfurt am Main 4.1.1980

Q 181 S.1–4
Gesamtjahresbericht 1982 des Kirchlichen Krankenhausdienstes, Evangelisches Pfarramt am Klinikum der J.W. Goethe-Universität. Der geschäftsführende Pfarrer Karl Heinz Horst an die Evangelische Kirche in Hessen und Nassau – Kirchenverwaltung – Referat: Seelsorgerliche und soziale Dienste – OKR Martin Hinnenthal, Darmstadt. Frankfurt am Main 23.2.1983

Q 182 S.1–2
Jahresbericht 1983 des evangelischen Krankenhauspfarrers Gerhard Helbich. Frankfurt am Main 1983

Q 183 S.1–4
Jahresbericht 1983 des evangelischen Krankenhauspfarrers Karl–Heinz Horst Frankfurt am Main 1983

Q 184 S.1–4
Gesamtjahresbericht 1983 des Kirchlichen Krankenhausdienstes, Evangelisches Pfarramt am Klinikum der J.W. Goethe-Universität. Der geschäftsführende Pfarrer Karl Heinz Horst an die Evangelische Kirche in Hessen und Nassau – Kirchenverwaltung – Referat: Seelsorgerliche und soziale Dienste – OKR Martin Hinnenthal, Darmstadt. Frankfurt am Main 14.3.1984

Q 185 S.1–2
Karl-Heinz Horst an Oberkirchenrat Martin Hinnenthal, Darmstadt. Frankfurt am Main18.9.84

Q 186 S.1–5
Gesamtjahresbericht 1984 des Kirchlichen Krankenhausdienstes, Evangelisches Pfarramt am Klinikum der J.W. Goethe-Universität. Der geschäftsführende Pfarrer Gerhard Helbich an die Evangelische Kirche in Hessen und Nassau – Kirchenverwaltung – Referat: Seelsorgerliche und soziale Dienste – OKR Martin Hinnenthal, Darmstadt. Frankfurt am Main 25.3.1985

Q 187 S.1–7
Jahresbericht 1984 des evangelischen Krankenhauspfarrers Fritz-Alfred Maglett. Frankfurt am Main 1984

Q 188 S.1–6
Jahresbericht 1984 der Krankenhausseelsorgerin Maria Schwenn. Frankfurt am Main 1984

Q 189 S.1–2
Krankenhausseelsorgerin Brigitte Wehrt an Oberkirchenrat Hinnenthal. Darmstadt. Königstein 27.8.1985

Gedruckte Quellen 1948–1980

Q 190 S.1–4
Jahresprogrammheft der ev. Akademie Nassau–Hessen in Echzell und der Akademie Kurhessen-Waldeck in Gunterhausen. Offenbach am Main 1948

Q 191 S.1–4
Inhalte aus dem Programm der Tagung für Ärzte und Naturwissenschaftler der ev. Akademie, Nassau-Hessen. Offenbach am Main 1949

Q 192 S.1–2
Evangelische Gottesdienste im Städtischen Krankenhaus: Betr. Text: „Gesegnete Pfingsten“ für die Patienten. Frankfurt am Main 1950

Q 193
Vermählunganzeige von Carl-Heinz von Borstel und Mechthild von Borstel geb. Mencke. Frankfurt am Main 12.5.1951

Q 194 S.1–2
Einladung zur Amtseinführung von Pfarrer Friedrich Vollrath und Pfarrer Gottfried Knodt und Verabschiedung von Pfarrer Karl Knab durch Propst Goebels. Frankfurt am Main 2.9.1962

Q 195 S.1–2
Einladungskarte zur Einführung von Pfarrer Hans Walther und zur Verabschiedung von Pfarrer Ernst Fincke, von Pfarrer G. Knodt und Pfarrer K. Goebels. Frankfurt am Main 11.6.1967

Q 196
Begrüßungskarte der evangelischen und katholischen Krankenhausseelsorge. Frankfurt am Main 1967

Q 197 S.1–6
Evangelische Akademie Arnoldshain, 6381 Arnoldshain: Klinische Seelsorgeausbildung (Clinical Pastoral Education). Informationstagung vom 14. bis 16. Juli 1972 in der Evangelischen Akademie Arnoldshain/Taunus. Arnoldshain 1972

Q 198 S.1–6
Evangelische Akademie Arnoldshain, 6381 Arnoldshain „Vom Umgang mit Schmerz in der Frauenklinik", Tagung vom 14. bis 16.4.1978 in der Evangelischen Akademie Arnoldshain/Taunus. Arnoldshain 1978

Q 199
Tagungsprogramme 1969 bis 1980 der Evangelische Akademie in Hessen und Nassau. Evangelische Akademie Arnoldshain/Taunus. Arnoldsahin 1969–1980

Dom Archiv Frankfurt am Main (DAF)

Ungedruckte Quellen

I 29 A

Q 200 S.1–2
Schreibens des Pflegeamtes des Hospitals zum Heiligen Geist, gez. Lukarsich, Major. Frankfurt am Main 18.3.1856

I 29 B

Q 201 S.1–4
Magistrat, Armenamt der Stadt an Direktor Johann Georg Hilpisch. Frankfurt am Main 28.7.1893

Q 202 S.1–2
Bischöfliches Ordinariat an Stadtpfarrer Geistlicher Rat Abt. Limburg 16.6.1910

Q 203 S.1–2
Schreiben der „Sacra congregatio de Sacramentis". Rom 4.7.1910
Q 204 S.1–2
Bischof von Limburg Dominicus an Rektor Heer, Frankfurt am Main. Limburg 23.2.1911
Q 205
Bischöfliches Ordinariat Limburg an Kaplan Rothbrust in Frankfurt am Main. Limburg 16.10.1917
Q 206 S.1–3
Bischöfliches Ordinariat an den Bischöflichen Kommissarius. Geistl. Rat Stadtpfarrer Abt. Limburg, 17.9.1918
Q 207
Bichöfliches Ordinariat, D. Höhler an Stadtpfarrer Abt. Limburg 31.10.1918
Q 208
Bischöfliches Ordinariat an Stadtpfarrer Geistlicher Rat Abt. Limburg 15.5.1919
Q 209 S.1–2
Bischöfliches Ordinariat D. Höhler an den Bischöflichen Kommissarius, Herrn Prälaten Stadtpfarrer Abt. Limburg 20.6.1919
Q 210 S.1–2
Magistrat Anstalts-Deputation an das Bischöfliche Kommissariat z.H. des Herrn Stadtpfarrers. Frankfurt am Main 27.3.1919
Q 211
Ernennungsurkunde für Kaplan Hugo Pfleghar zum Rektor an dem Städtischen Kranken- und Siechenhaus in Frankfurt am Main. Limburg 16.3.1926
Q 212 S.1–3
Jahresbericht 1926 des Rektors Hugo Pfleghar an die Verwaltung des städtischen Krankenhauses Frankfurt a. M.-Süd. Frankfurt am Main 22.1.1927
Q 213 S.1–4
Jahresbericht 1927 des Rektors Hugo Pfleghar an die Verwaltung des städtischen Krankenhauses Frankfurt a. M.-Süd. Frankfurt am Main 22.1.1927
Q 214 S.1–2
Rektor Hugo Pfleghar an den Stadtpfarrer Dr. Herr. Frankfurt am Main 28.1.1928
Q 215 S.1–3
Schreiben zur Neuorganisation der katholischen Seelsorge am Städtischen Krankenhaus von Rektor Pfleghar. Frankfurt am Main 14.3.1928
Q 216 S.1–2
Bischöfliches Ordinariat Limburg an den Prälaten Stadtpfarrer Geistl. Rat Dr. Herr. Limburg 9.1.1929
Q 217 S.1–5
Jahresbericht 1928 des Rektors Hugo Pfleghar an die Verwaltung des städtischen Krankenhauses Frankfurt a. M.–Süd. Frankfurt am Main 16.1.1929
Q 218 S.1–27
Rektor Pfleghar an das Hochwürdigste Bischöfliche Ordinariat in Limburg durch Hochwürden Herrn Prälat Stadtpfarrer Dr. Herr. Frankfurt am Main 18.1.1929
Q 219
Statistik von 1925 bis 1928 des Rektors Pfleghar über die Tätigkeit des katholischen Anstaltsgeistlichen am Städtischen Krankenhaus – Frankfurt am Main. Frankfurt am Main 18.1.1929
Q 220 S.1–5
Rektor Pfleghar an den Stadtpfarrer Dr. Herr. Frankfurt am Main 28.6.1929.

Q 221 S.1–5
Jahresbericht 1929 des Rektors Hugo Pfleghar an die Verwaltung des städtischen Krankenhauses Frankfurt a. M.-Süd. Frankfurt am Main 7.2.1930

Q 222 S.1–6
Jahresbericht 1930 des Rektors Hugo Pfleghar an die Verwaltung des städtischen Krankenhauses Frankfurt a. M.–Süd. Frankfurt am Main 17.3.1931

Q 223 S.1–3
Jahresbericht 1932 des Rektors Hugo Pfleghar an die Verwaltung des städtischen Krankenhauses Frankfurt a. M.-Süd. Frankfurt am Main 11.3.1933

Q 224
Bischöfliches Kommissariat Frankfurt am Main gez. Dr. Herr 1. an die Pfarrämter des Domdekanates, 2. An die Herren Dekane von Groß-Frankfurt zur Weitergabe an die Pfarrämter. Frankfurt am Main 18.8.1937

Diözesan Archiv Limburg (DAL)

Ungedruckte Quellen

222 A/1

Q 225 S.1–3
Bericht des Rektors Hensler über die Krankenhausseelsorge an das Bischöfliche Ordinariat Limburg. Höchst am Main 20.2.1918

Q 226
Bischöfliches Kommissariat Frankfurt a.M. Pfarrer Dr. Herr an das Bischöfliche Ordinariat. Frankfurt am Main 19.6.1941

222 C/1

Q 227 S.1–9
Ordnung der Seelsorge in nichtkonfessionellen Krankenanstalten des Vorsitzenden der Fuldaer Bischofskonferenz Bischof A. Card. Bertram. Breslau 1.11.1929

Q 228
Preußischer Minister für Volkswohlfahrt an den Vorsitzenden der Fuldaer Bischofskonferenz. Berlin 11.10.1930

Q 229
Bischöfliches Ordinariat Limburg an Stadtpfarrer Dr. Herr, Frankfurt a. M. Limburg 25.10.1930

223 A/1

Q 230
Tagesordnung der Jahresversammlung der Vereinigung katholischer Seelsorger an deutschen Heil- und Pflegeanstalten e.V. am 6. und 7. August 1935 im Hotel „Stadt Wiesbaden“ Frankfurt am Main. Frankfurt am Main 6. und 7.8.1935

Q 231 S.1–2
Bischöfliches Kommissariat Frankfurt-M. Pfarrer Dr. Herr an das Bischöfliche Ordinariat Limburg. Frankfurt am Main 7.8.1935

Q 232 S.1–2
Bericht über die Jahreskonferenz der Irrenseelsorger. Frankfurt a. M. 14.10.1942 und 15.10.1942

223 o (1945–67)

Q 233 S.1–2
Dienstinstruktion für den Seelsorger an dem städtischen Kranken- und Siechenhaus zu Frankfurt am Main des Bischöflichen Ordinariates Limburg/Lahn. Limburg 21.5.1910

Q 234 S.1–2
Pfarrer Lamp, Frankfurt am Main Niederrad an das Bischöfliche Ordinariat Limburg. Frankfurt am Main 2.10.1930

Q 235
Bischöfliches Ordinariat Limburg an Pfarrer Lamp, Frankfurt am Main-Niederrad. Limburg 8.4.1934

Q 236 S.1–2
Katholisches Pfarramt St. Bonifatius Pfarrer A. Gollasch an das hochwürdigste Bischöfliche Ordinariat Limburg. Frankfurt a. Main 1.12.1944

Q 237
Gesamtverband der kath. Pfarrgemeinden Frankfurt am Main an das Bischöfliche Ordinariat Limburg. Frankfurt am Main 2.1.1945

Q 238
Oberschwester Rosa Pfoh der Nervenklinik Frankfurt am Main an das Bischöfliche Ordinariat Limburg. Frankfurt am Main 2.5.1946

Q 239
Verleihung des Titels: „vicarius cooperator“ für Rektor R. Messmer durch das Bischöfliche Ordinariat Limburg. Limburg 13.12.1951

Q 240
Rektor Rudolf Messmer an das hochwürdigste Bischöfl. Ordinariat. Frankfurt am Main 31.3.1952

Q 241
Ernennung des Kaplans Josef Hilf des Bischöflichen Ordinariates Limburg zum Seelsorger an den Universitätskliniken der Stadt Frankfurt am Main. Limburg 24.4.1952

Q 242
Rektor Josef Hilf an das Bischöfliche Ordinariat Limburg/Lahn. Frankfurt am Main 4.6.1952

Q 243 S.1–2
Rektor Josef Hilf an das Bischöfliche Ordinariat Limburg. Frankfurt am Main 1957

Q 244 S.1–2
Kaplan Wolfgang Bender an das Bischöfliche Ordinariat Limburg/Lahn. Frankfurt/M.-Niederrad 27.6.1961

Q 245
Katholisches Pfarramt Bad Soden bei Salmünster an das Bischöfliche Generalvikariat Limburg. Bad Soden/Saalmünster 19.8.1961

Q 246
Bischöfliches Ordinariat Limburg an Rektor M. Czapka. Limburg 23.8.1961

Q 247 S.1–2
Rektor Martin Czapka an das Bischöfliche Ordinariat Limburg/Lahn. Frankfurt am Main 27.8.1961

Q 248 S.1–2
Katholisches Pfarramt „Mutter zum guten Rat" Frankfurt am Main-Niederrad, an das Bischöfliche Ordinariat Limburg/Lahn. Frankfurt-Main-Niederrad 12.12.1962

Q 249 S.1–5
Anro van Bergen Frankfurt am Main-Niederrad an den Bischof von Limburg. Frankfurt am Main 8.1.1963

Q 250 S.1–3
Privat. Doz. Dr. med. Rudolf Degkwitz der Universitätskliniken Frankfurt/M.-Niederrad an Exzellenz Bischof Wilhelm. Limburg an der Lahn. Frankfurt am Main 12.1.1963

Q 251
Katholisches Pfarramt „Mutter vom guten Rat" Frankfurt am Main-Niederrad, an das Bischöfliche Ordinariat Limburg/Lahn. Frankfurt-Main-Niederrad 24.1.1963

Q 252
Dekanat Süd, Frankfurt/Main-Süd Dekan Friedrich Atzert an das Bischöfliche Ordinariat Limburg/Lahn. Frankfurt/Main-Oberrad 26.7.1964

Q 253 S.1–2
Katholische Krankenhausseelsorge: Nervenklinik, Neurochirurgie, Orthopädische Klinik „Friedrichsheim" an das Bischöfliche Ordinariat, z.H. Prälat Karell. Frankfurt-Niederrad 27.10.1966.

Q 254
Gesamtverband der katholischen Kirchengemeinden Frankfurt am Main an das Bischöfliche Ordinariat Limburg. Frankfurt am Main 15.11.1966

Q 255 S.1–2
Pöhler, Krankenhauspfarrer, Katholische Krankenhausseelsorge: Nervenklinik, Neurochirurgie, Orthopädische Klinik „Friedrichsheim" an Prälat Karell, 625 Limburg/Lahn. Frankfurt am Main 15.12.1966

Q 256 S.1–2
Pöhler, Krankenhauspfarrer, Katholische Krankenhausseelsorge: Nervenklinik, Neurochirurgie, Orthopädische Klinik „Friedrichsheim" an das Bischöfliche Ordinariat, Finanzabtg. Limburg/Lahn. Frankfurt am Main 24.2.1967

Q 257 S.1–4
Pöhler, Krankenhauspfarrer, Katholische Krankenhausseelsorge: Nervenklinik, Neurochirurgie, Orthopädische Klinik „Friedrichsheim" an das Bischöfliche Ordinariat, Finanzabtg. Limburg/Lahn. Frankfurt am Main 24.2.1967

Q 258
Pöhler, Krankenhauspfarrer, Katholische Krankenhausseelsorge: Nervenklinik, Neurochirurgie Orthopädische Klinik „Friedrichsheim" an das Bischöfliche Ordinariat, Finanzabtg. Limburg/Lahn. Frankfurt am Main 24.2.1967

Q 259 S.1–2
Pöhler, Krankenhauspfarrer, Katholische Krankenhausseelsorge: Nervenklinik, Neurochirurgie Orthopädische Klinik „Friedrichsheim" an das Bischöfliche Ordinariat, Finanzabtg. Limburg/Lahn. Frankfurt am Main 24.2.1967

Q 260 S.1–2
Pöhler, Krankenhauspfarrer, Katholische Krankenhausseelsorge: Nervenklinik, Neurochirurgie, Orthopädische Klinik „Friedrichsheim“ an das Bischöfliche Ordinariat, Finanzabtg. Limburg/Lahn. Frankfurt am Main 24.2.1967

Q 261 S.1–4
Katholische Krankenhausseelsorge: Nervenklinik, Neurochirurgie, Orthopädische Klinik „Friedrichsheim“ an das Bischöfliche Ordinariat, Finanzabteilung. Frankfurt-Niederrad 24.2.1967

Q 262 S.1–2
Bischöfliches Ordinariat Limburg an die Katholische Krankenhausseelsorge 6000 Frankfurt-Niederrad. Limburg 28.3.1967

Q 263 S.1–2
Gesamtverband der Katholischen Kirchengemeinden Frankfurt am Main an Katholische Krankenhausseelsorge Frankfurt-Niederrad. Frankfurt am Main 28.3.1967

Q 264
Rektorat für die Universitätskliniken Frankfurt a. M. an das Bischöfliche Ordinariat. Frankfurt am Main 28.11.1967

Q 265
Gesamtverband der katholischen Kirchengemeinden Frankfurt am Main an das Bischöfliche Ordinariat Limburg. Frankfurt am Main 6.12.1967

Q 266
Gertrud Koob, Frankfurt am Main an das Bischöfliches Ordinariat, z.H. Domdekan Löhr Limburg/Lahn. Frankfurt am Main 11.12.1967

Gedruckte Quellen

Q 266 a
Priesterkartei: Johannes Heer (1880–1918) Limburg

Q 266 b
Priesterkartei: Karl Rentz (1883–1950) Limburg

Q 266 c
Priesterkartei: Berthold Merkel (1888–1955) Limburg

Q 266 d
Priesterkartei: Hugo Pfleghar (1892–1965) Limburg

Q 266 e
Priesterkartei: Peter Anton Thies (1904–1962) Limburg

Q 266 f
Priesterkartei: Rudolf Meßmer (1911–1988) Limburg

Q 266 g
Priesterkartei: Josef Hilf (1905–1990) Limburg

Q 266 h
Priesterkartei: Martin Czapka (1917)

Archiv der katholischen Krankenhausseelsorge am Klinikum der Johann Wolfgang Goethe-Universität in Frankfurt am Main

(Die Quellen sind chronologisch geordnet. Die Archivalien haben keine Signatur.)

Ungedruckte Quellen 1947–1991

Q 267
Bischöfliches Ordinariat an Rektor Messmer. Limburg 3.3.1947

Q 268
Bischöfliches Ordinariat an Rektor Messmer. Limburg 15.12.1947

Q 269
Bischöfliches Ordinariat an Rektor Messmer. Limburg 26.2.1948

Q 270
Raumbeschreibung des Rektorates, Eschenbachstrasse 7, Frankfurt am Main, durch den Gesamtverband der katholischen Pfarrgemeinden im ehemaligen Stadtbereich der vormaligen Reichsstadt Frankfurt am Main. Frankfurt am Main 15.9.1948

Q 271
Schreiben des Bischöflichen Ordinariates: Aussetzungs- und Segensordnung für die Kapelle am Städtischen Krankenhaus in Frankfurt am Main. Limburg 2.7.1951

Q 272
Rektor Hilf an den Gesamtverband der katholischen Kirchengemeinden in Frankfurt am Main. Frankfurt am Main 4.7.1952

Q 273
Bischöfliches Kommissariat, Katholisches Dom–Pfarramt, Dompfarrer Walter Adlhoch an Krankenhauspfarrer Wilhelm Pöhler. Frankfurt am Main 5.4.1967

Q. 274
Bischöfliches Ordinariat Limburg an Pfarrer Pöhler, Frankfurt am Main, Gellerstr. 39. Limburg 11.5.1967

Q 275
Themen des ökumenischen Kontaktkreises Frankfurt am Main der evangelischen und katholischen Dienste im Krankenhaus. Frankfurt am Main 1970–1984

Q 276 S.1–8
Grundlagenpapier zur Seelsorge in Kinderkliniken von Dorothe Bobzin. Hannover September/Oktober 1985

Q 277 S.1–20
Papier über die Arbeit des Ökumenischen Arbeitskreis für Kinderfeiern in Frankfurter Krankenhäusern. Frankfurt am Main 1986

Q 279 S.1–35
Begleitbuch zur Ausstellung MITLAIDS im Frankfurter Dom für Eintragungen und Kommentare der Besucherinnen und Besucher. Frankfurt am Main 19.3.–21.4.1991

Q 280
Einladung zur Benefizveranstaltung: Lieder, Songs und Chansons mit dem „duo balance"; Christine Maringer und Hans-Peter Tries anläßlich der Ausstellung MITLAIDS im Frankfurter Dom. Frankfurt am Main 5.4.1991

Q 281 a
Einladung zu 10 Abenden zum Thema Trauern bei AIDS von Dr. Bernhard Knupp und Gregor Schorberger. Frankfurt am Main 8.8.1991

Q 281 b
Lageplan des Klinikums der Johann Wolfgang Goethe-Universität, Zeichnung von Hana Jezdinsky. Frankfurt am Main 13.8.2001

Gedruckte Quellen 1970–1991

Q 282 S.1–4
Begrüßungskarte für Patienten, von dem Kirchlichen Krankenhausdienst an den Kliniken der Johann Wolfgang Goethe–Universität Frankfurt am Main. Frankfurt am Main 1970

Q 283 S.1–6
Programm der Tagung Sozialpsychiatrie in der Evangelischen Akademie Arnoldshain/ Taunus. Arnoldshain 28.–30.11.1969

Q 284 S.1–6
Informationskarte für Patienten von der katholischen Krankenhausseelsorge an den Universitätskliniken Frankfurt-Niederrad. Frankfurt am Main 1969

Q 285 S.1–4
Gemeinsamer Weihnachtsgruß der evangelischen und katholischen Krankenhausseelsorge in der Universitätsklinik Frankfurt-Sachsenhausen und der Universitätsklinik Frankfurt-Niederrad. Frankfurt am Main 1971

Q 286 S.1–4
„Kirche für Kranke", Information der evangelischen Krankenhausseelsorge in Frankfurt. Frankfurt am Main 1975

Q 287 S.1–4
Begrüßungskarte der evangelischen und katholischen Krankenhausseelsorge am Klinikum der Johann Wolfgang Goethe–Universität in Frankfurt am Main. Frankfurt am Main 1982

Q 288 S.1–4
Begrüßungskarte der evangelischen und katholischen Krankenhausseelsorge am Klinikum der Johann Wolfgang Goethe–Universität in Frankfurt am Main. Frankfurt am Main 1985

Q 289 S.1–6
Papier des ökumenischen Rats der Kirchen , Exekutivausschuß zu AIDS und „Kirche als heilende Gemeinschaft." Reykjavik, Island 15.–19.9.1986

Q 290 S.1–7
Schnellbrief des Deutschen Caritasverbandes von Dr. Georg Hüssler an die Direktoren der Diözesan-Caritasverbände zur Vorlage für die Deutsche Bischofskonferenz. Freiburg 2.3.1987

Q 291 S.1–2
Einladungskarte zum ersten Sommerfest auf der AIDS-Station von Inge Iff, Karl-Heinz Horst, Walther Heipertz, Gregor Schorberger. Frankfurt am Main 13.7.1987

Q 292 S.1–4
Informationskarte mit Spendenkonten über den AIDS-Solidaritätsfonds-Rhein-Main e.V., Holbeinstraße 25. Frankfurt am Main 1990

Q 293 a
Plakat zur Ausstellung: MITLAIDS im Frankfurter Dom. Frankfurt am Main 19.3.–21.4.1991.

Interviews und Tagebuchaufzeichnungen von Gregor Schorberger
(In alphabetischer Reihenfolge)

Q 294	Cramer, Burkhard	Frankfurt am Main	16. 8.2000
Q 295	Czapka, Martin	Frankfurt am Main	21.10.1987
Q 296	Becher, Werner	Frankfurt am Main	17. 8.1998
Q 297	Bernau, Jutta	Frankfurt am Main	4. 8.1999
Q 298	Bochnik, Prof. Dr. Hans-Joachim	Frankfurt am Main	6. 7.1999
Q 299	Duchscherer, Heinz	Frankfurt am Main	15. 1.1998
Q 300	Gilles, Wolfgang	Frankfurt am Main	27. 1.1998
Q 301	Grünberg, Sabine	Frankfurt am Main	18.10.2000
Q 302	Hammers, Prof. Dr. Alvin	Trier	9.12.1998
Q 303	Helm, Prof. Dr. Eilke Brigitte	Frankfurt am Main	1.0. 9.2000
Q 304	Hennig, Gabriele	Frankfurt am Main	9. 9.1999
Q 305	Hövels, Prof. Dr. Otto	Frankfurt am Main	12. 1.1998
Q 306	Horst, Karl-Heinz	Frankfurt am Main	2.11.1998
Q 307	Kindermann, Karl	Wiesbaden	4.12.1998
Q 308	Klüsche, Thomas	Frankfurt am Main	31.10.1997
Q 309	Knobloch, Sylvester Josef	Frankfurt am Main	15. 2.1998
Q. 310	Krett, Peter	Frankfurt am Main	6. 1.1998
Q 311	Maglett, Fritz-Alfred	Frankfurt am Main	2. 2.1998
Q 312	Pfeiffer, Heinz	Frankfurt am Main	24. 8. 2000
Q 313	Pöhler, Dr. Wilhelm	Remscheid-Lennep	29.12.1997
Q 314	Schweer, Elisabeth	Frankfurt am Main	10. 8.1998
Q 315	Schorberger, Gregor (Tagebuch)	Frankfurt am Main	1981–2001
Q 316	Stille, Prof. Dr. Wolfgang	Frankfurt am Main	20.10.1998
Q 317	Weidemann, Helga	Frankfurt am Main	11. 9.2000
Q 318	Weiler, Richard	Frankfurt am Main	22. 1.1998
Q 319	Weilhammer, Margot	München	5.11.1998

Abkürzungsverzeichnis

AIDS	Acquired Immune Deficiency Syndrome
CPE	Clinical Pastoral Education
CPT	Clinical Pastoral Training
Dok	Dokument
Ebd.	Ebenda
EKD	Evangelische Kirche in Deutschland
EKHN	Evangelische Kirche in Hessen und Nassau
Eph	Der Brief an die Epheser
Ev.	Evangelisch
evang.	evangelisch
evg.	evangelisch
f.	folgende
HIV	Human Immunodeficiency Virus
hl.	heilig
Hl.	Heilig
Jak	Der Jakobusbrief
Jes	Das Buch Jesaja
Kath.	Katholisch
KKD	Kirchlicher Krankenhausdienst
kirchl.	kirchlich
KSA	Klinische Seelsorgeausbildung
Lk	Das Evangelium nach Lukas
Mk	Das Evangelium nach Markus
Mt	Das Evangelium nach Matthäus
OKR	Oberkirchenrat
P.	Pater
Pfr.	Pfarrer
Ps	Die Psalmen
Q	Quelle
RM	Reichsmark
s.	siehe
S.	Seite
Sp.	Spalte
Sr.	Schwester
St.	Sankt
St.	Station

Literaturverzeichnis

Ackerknecht, Erwin H.: Geschichte der Medizin. 7. Aufl. Stuttgart 1992

AIDS-Hilfe Frankfurt e.V.: AIDS-Hilfe Frankfurt e.V. 1985–1990 Frankfurt am Main 1990

Antonius (Limburg, Bischof Antonius Hilfrich, 1930–1947): Hirtenwort zur Krankenseelsorge. In: Amtsblatt des Bistums Limburg 1941, S. 45–46

Arbeitskreis für Seelsorge an Psychiatrischen Kliniken im Konvent der Krankenhausseelsorger der Evangelischen Kirche in Hessen und Nassau: Seelsorge in psychiatrischen Krankenhäusern. In: Evangelische Krankenhausseelsorge 1973, S. 385–391

Asmussen, Hans: Die Seelsorge. Ein praktisches Handbuch über Seelsorge und Seelenführung. 3. Aufl. München 1935

Barth, Karl/Matthias Benad/Folkmar Braun, Marlies Flesch-Thebesius: Gebete von Kranken für Kranke. In: Friedrich Karl Barth (Hg.), Weil du krank bist... Materialheft der Beratungsstelle für Gestaltung Heft Nr. 1 . Frankfurt 1980

Benad, Matthias und Jürgen Telschow: „Alles für Deutschland Deutschland für Christus". Evangelische Kirche in Frankfurt am Main 1929 bis 1945. Katalog zur Ausstellung vom 29.4. bis 12.7.1985 im Dominikanerkloster. Frankfurt am Main 1985

Benad, Matthias: Zur Kirchenorganisation. In: ders. (Hg.): Gott in Frankfurt. Frankfurt am Main 1987, S. 13–27

Benkner, Andrea: Strategie der Marginalisierung von Aids-Kranken und ihre psychosozialen Konsequenzen für die Betroffenen (Studie unter besonderer Berücksichtigung von Hämophilen). Diplomarbeit bei Prof. G. Twelsik an der Fachhochschule Fulda. Fulda 1987

Bentz, Stefan: Aids – Eine Herausforderung der Kirchen. Wissenschaftliche Prüfungsarbeit bei Prof. Dr. Johannes Reiter an der Johannes Gutenberg-Universität Mainz. Mainz. Wintersemester 1987/88

Betätigung der Glaubensgemeinschaften in den öffentlichen Kranken-, Heil- und Pflegeanstalten. In: Amtsblatt des Bistums Limburg 1941, S. 46–47

Betzold, Harro u.a. Kinderfeiern im Krankenhaus. In: Beratungsstelle für Gestaltung von Gottesdiensten und anderen Gemeindeveranstaltungen (Hg.): Kinderfeiern und andere Angebote im Krankenhaus. Materialheft der Beratungsstelle für Gestaltung von Gottesdiensten und anderen Gemeindeveranstaltungen. Bd. 63. Frankfurt am Main 1991, S. 1–111

Bischof Dr. Franz Kamphaus in den Uni-Kliniken. In: Bistum Limburg, Caritasverband für die Diözese Limburg e.V. (Hg.): AIDS-Orientierungshilfe für das Bistum Limburg. Limburg. 1989, S. 40–41

Braum, Dagmar: Vom Tollhaus zum Kastenhospital. Ein Beitrag zur Geschichte der Psychiatrie in Frankfurt am Main. (= Frankfurter Beiträge zur Geschichte, Theorie und Ethik der Medizin, Bd.5) Hildesheim 1986

Braun, Ottheinz: Was ein Kinderarzt darüber denkt. In: ders. (Hg.) Seelsorge am kranken Kinde. Was Ärzte, Psychologen und Seelsorger dazu sagen. Stuttgart 1983, S. 16–22

Bund, Konrad: Frankfurt am Main im Spätmittelalter 1311–1519. In: Frankfurter Historische Kommission (Hg.): Frankfurt am Main: die Geschichte der Stadt in neun Beiträgen. Sigmaringen 1991, S. 53–150

Bußmann, Jürgen: AIDS – Plädoyer für eine Seelsorge als Sorge um den ganzen Menschen. In: Gregor Schorberger: AIDS-Station, Wege humaner Begleitung. München 1987, S. 127–149

Clinebell, Howard: Modelle beratender Seelsorge. 3. Aufl. München 1977

Condrau, Gion: Der Mensch und sein Tod. Zürich 1991

Crone, Marie Luise, Matthias Th. Kloft und Gabriel Hefele: Aufbruch in eine neue Zeit. In: Limburg, Geschichte des Bistums. Heft IV: Aufbruch in eine neue Zeit. Strasbourg 1997

Dannecker, Martin: Interview mit Martin Dannecker. In: Gregor Schorberger. AIDS-Station. Wege humaner Begleitung. München 1987, S.101–123

Die Agnes Karll-Schwester. Stellenangebote. In: Die Agnes Karll-Schwester. 19 (1968), S. 363–376

Diefenhardt, Sabine: Leben – Sterben – Tod, „Ich habe eine Krankheit, die zum Tode führt" – Über die Möglichkeiten der humanen Begleitung von AIDS-Patienten. Wissenschaftliche Hausarbeit für das Lehramt an Haupt- und Realschulen bei Prof. Dr. Johannes Hoffmann in der Theologischen Fakultät der Johann Wolfgang Goethe-Universität Frankfurt am Main 1989

Dienst der Kirche an den Kranken. In: „Der Sonntag" (Frankfurter Ausgabe). Nr. 51, 1972, S. 8b

Doebert, Heinz: Neuordnung der Seelsorge. Göttingen 1967

Duchhardt, Heinz: Frankfurt am Main im 18. Jahrhundert. In: Frankfurter Historische Kommission. (Hg.): Frankfurt am Main: die Geschichte der Stadt in neun Beiträgen. Sigmaringen 1991, S. 261–302

Dunde, Siegfried Rudolf: Krankheit – nicht Sündenstrafe. AIDS als Thema des Religionsunterrichts. In: Katechetische Blätter 11 (1986) , S. 856–859

Ebrard, Friedrich Clemens: Die Errichtung der Krankenhauspfarrstelle in Frankfurt a. M. In: Frankfurter Kirchenkalender 1916, S. 30–35

Eckert, Alois: Frankfurter Stadtseelsorge. In: Alois Eckert (Hg.): Frankfurter Domfest 1953. Freiburg im Breisgau 1953, S. 28–33

Engel, Detlef und Gregor Schorberger: Sterben und Tod im Krankenhaus.

In: Torsten Kruse und Harald Wagner (Hg.):Ethik und Berufsverständnis der Pflegeberufe. Berlin Heidelberg 1994, S. 237–245
Euler, K. F.: Konvent der Krankenhausseelsorger in Hessen und Nassau. In: Deutsches Pfarrerblatt Jg. 51, Nr. 2., S. 44 f.
Eulner, Hans Heinz: Die Entwicklung der Frankfurter Medizinischen Fakultät. In: Das Gesundheitswesen in Hessen. Trautheim 1962, S. 146–180
Feifel, E.: Seelsorge. In: Handbuch theologischer Grundbegriffe. (= dtv Wissenschaftliche Reihe, Bd 4). München 1962, S.84–92.
Feußner, Christof: Alois Eckert, Ehrendomherr, Apostolischer Protonotar; Prälat. In Dommuseum Frankfurt am Main (Hg.): Die Stadtpfarrer von Frankfurt am Main (1811–1997). Limburg 1997, S. 30–31
Fichtner, Horst: Handbuch der evangelischen Krankenseelsorge, Theorie und Praxis der evangelischen Krankenseelsorge. Schwerin 1929
Fichtner, Horst: Kompendium der Krankenhausseelsorge. Berlin 1957
Fischer, Ilse, Klaus Heuer und Uwe Neujahr: Von Kirchturm zu Kirchturm. Frankfurt am Main 1988
Fischer, Michael: Katholische Krankenseelsorge. Freiburg im Breisgau 1934
Frank, Josef: Das konfessionelle Krankenhaus einst, jetzt und in der Zukunft. In: St. Marienkrankenhaus Frankfurt am Main 1897–1982, Festschrift, Bingen 1982, S.23–27
Frankfurter Schwesternverband e.V. (Hg.) Broschüre aus Anlaß der Feier des 50jährigen Bestehens des Frankfurter Schwesternverbandes e.V. am 31.3.1953
Frey, Joh.: Personale Vorbedingungen zur Krankenhausseelsorge. In: Die Krankenseelsorge 9,2 (1955), S. 19–22
Frey, Willy.: Die Begegnung mit dem Kranken, insbesondere dem seelisch Kranken, gesehen von einem Pfarrer. In: Rundbriefe aus den Jahren 1955–1959/Konvent der Krankenhausseelsorger der Evangelischen Kirche in Hessen und Nassau. [o.O. 1958]
Fricke, Paul: Kirchliche Seelsorge im Krankenhaus. In: Arzt und Seelsorger 22 (1930), S. 5–18
Fuehrer, Ruth: Besuch und Seelsorge im Krankenhaus. Göttingen 1960
Gaehtgens, W.: Unsres Gottes Kranken Haus, Wege und Erfahrungen in der Krankenseelsorge. Gütersloh 1934
Gall, Lothar: Frankfurt am Main, Traditionen und Perspektiven. In: ders. (Hg.): FFM 1200.Traditionen und Perspektiven einer Stadt. Sigmaringen 1994, S. 19–27
Gestrich, Reinhold: Am Krankenbett. Seelsorge in der Klinik. 2. Aufl. Stuttgart 1988
Giegerich, Josef: Rückblick auf 75 Jahre St. Antonius. In: Kirchengemeinde St. Antonius Frankfurt am Main (Hg.): 75 Jahre St. Antonius-Gemeinde 1917–1992, Geschichte – Erinnerungen – Entwicklungen. Frankfurt am Main 1992, S.12–15

Girgensohn, H.: Seelsorge. In: Heinz Brunotte und Otto Weber (Hg.): Evangelisches Kirchenlexikon. Kirchlich-theologisches Handwörterbuch P–Z. Göttingen 1959, Sp. 901–914
Glauert, Martin: Der Ruhm Maltas, Medizingeschichte vom Mittelmeer. In: Zeit und Bild. Beilage der Frankfurter Rundschau vom 14.8.1999, S.1
Gruber, Bernhard: Ökumene ist für Klinikseelsorge selbstverständlich. In: Uni-Klinik Aktuell. Februar 1995, S.8
Hammerstein, Notker: Die Johann Wolfgang Goethe-Universität Frankfurt am Main (Bd. I, 1914 bis 1950). Neuwied 1989
Hanselmann, Johannes und Uwe Swarat: Fachwörterbuch Theologie. 2. Aufl. Wuppertal 1996
Hansler, Bernhard: Die religiöse Idee der mittelalterlichen Heilig-Geist-Spitäler. In: Arzt und Christ 4 (1958), S. 104 f.
Hauck, Friedrich und Gerhard Schwinge:Theologisches Fach- und Fremdwörterbuch. 8. Aufl. Göttingen 1997
Heim, Manfred: Kleines Lexikon der Kirchengeschichte. München 1998
Heller, Andreas: Seelsorge in der Krise der Krankheit – Krankenhausseelsorge. In: Isidor Baumgartner (Hg.) Handbuch der Pastoralpsychologie. Regensburg 1990, S. 443–461
Herrmann, Maria: Erfahrungen einer Krankenhauspfarrerin in der Seelsorge an Kindern und Jugendlichen auf einer onkologischen Station. In: Ottheinz Braun (Hg.): Seelsorge am kranken Kinde. Was Ärzte, Psychologen und Seelsorger dazu sagen. Stuttgart 1983, S. 72–76
Heusel, Hans-Martin: Krankenhausseelsorge heute. Aus der Sicht der Kirchenverwaltung. In: Wege zum Menschen 29 (1977), S. 5–12
Höhler, Matthias: Die Krankenseelsorge betr. In: Amtsblatt des Bistums Limburg 1908, S. 89–90
Höhler, Matthias: Krankenhaus-Seelsorge betr. In: Amtsblatt des Bistums Limburg 1920, S. 35–36
Hoffmann, Heinrich: Lebenserinnerungen. G. H. Herzog und Helmut Siefert (Hg.). Frankfurt am Main 1985
Holtz, G.: Seelsorge. In: Camphausen u.a. (Hg.): Die Religion in Geschichte und Gegenwart. Handwörterbuch für Theologie und Religionswissenschaft, 3. Aufl. Bd.5 Tübingen 1961, Sp. 1640–1647
Jahresbericht 1955. Kliniken der Stadt Frankfurt am Main. Frankfurt am Main
Jahresbericht 1961. Kliniken der Stadt Frankfurt am Main. Frankfurt am Main
Jahresbericht 1967. Kliniken der Johann-Wolfgang-Goethe-Universität Frankfurt am Main. Frankfurt am Main
Jahresbericht 1973 des Fachbereiches Humanmedizin und Klinikum der Johann Wolfgang Goethe-Universität Frankfurt am Main. Frankfurt am Main
Jahresbericht 1984 des Fachbereiches Humanmedizin und Klinikum der Johann Wolfgang Goethe-Universität Frankfurt am Main. Frankfurt am Main
Janik, Jürgen: „Leben bis zum Tod“. Die Konzeption des Franziskushauses in

Frankfurt am Main vor dem Hintergrund der Hospizbewegung und der Krankheit AIDS. Diplomarbeit bei Prof. Dr. Hans Mausbach an der Fachhochschule Frankfurt am Main. 1992
Jepsen, Maria: Die Kirche kann von Schwulen lernen. In: HuK (Ökumenische Arbeitsgruppe Homosexueller und Kirche e.V.) Info. 116 (1996), S. 25–26
Johannes Paul II: Die Kirche und AIDS: menschenwürdige Vorbeugung und solidarische Hilfeleistung. In: Dolentium Hominum V. 13 (1990/1), S. 6–11
Jüngel, H.: Die Feier des Heiligen Abendmahls im Krankenhaus. In: Rundbrief Nr.14/Konvent der Krankenhausseelsorger der Evangelischen Kirche in Hessen und Nassau. Giessen 1956
Jüngel, H: Zur Frage der Neuorientierung der Krankenhausseelsorge. In: Rundbriefe aus den Jahren 1964–1966/Konvent der Krankenhausseelsorger der Evangelischen Kirche in Hessen und Nassau. [o. O.1964]
Jüngel, H: Die aktuelle Situation der evangelischen Krankenhausseelsorge innerhalb der Bundesrepublik Deutschland. In: Rundbriefe aus den Jahren 1964–1966/Konvent der Krankenhausseelsorger der Evangelischen Kirche in Hessen und Nassau. St. Gallen 1967
Jung, Carl Gustav: Die Beziehung der Psychotherapie zur Seelsorge. In: V. Läpple und J. Scharfenberg (Hg.): Psychotherapie und Seelsorge. Darmstadt 1977, S. 182
Kallmorgen, Wilhelm: Siebenhundert Jahre Heilkunde in Frankfurt am Main. Frankfurt am Main 1936
Katholisches Bibelwerk (Hg.): Kleines Stuttgarter Bibel Lexikon. Stuttgart 1969
Kleine, Ernst-Werner: Seelsorge und AIDS. Seelsorge an Aidskranken ist die Begleitung schwerkranker Menschen durch ein mehrfaches Sterben. In: Der Johannesruf 1 (1988), S. 18–22
Klessmann, Michael: Seelsorge in der Institution „Krankenhaus". In: ders. (Hg.): Handbuch der Krankenhausseelsorge. Göttingen (1996 a), S. 13–27
Klessmann, Michael: Von der Krankenseelsorge zur Krankenhausseelsorge – Historische Streiflichter. In: ders. (Hg.): Handbuch der Krankenhausseelsorge. Göttingen (1996 b), S. 40–47
Klötzer, Wolfgang: Frankfurt am Main von der Französischen Revolution bis zur preußischen Okkupation 1789–1866. In: Frankfurter Historische Kommission (Hg.): Frankfurt am Main, die Geschichte der Stadt in neun Beiträgen. Siegmaringen 1991, S. 310f.
Kloft, Matthias Th.: Johann Ludwig Orth. In: Dommuseum Frankfurt am Main (Hg.): Die Stadtpfarrer von Frankfurt am Main (1811–1997). Limburg 1997 a, S. 12–13
Kloft, Matthias Th.: Dr. theol. et phil. Jakob Herr, päpstlicher Geheimkämmerer, päpstlicher Hausprälat, apostolischer Protonotar. In: Dommuseum Frankfurt am Main (Hg.): Die Stadtpfarrer von Frankfurt am Main (1811–1997).

Limburg 1997 b, S. 28–29
Knab, Karl.: Lichtbilder, Helfer in der Krankenhausseelsorge. In: Rundbriefe aus den Jahren 1955–1959/Konvent der Krankenhausseelsorger der Evangelischen Kirche in Hessen und Nassau. [o. O.1955]
Knupp, Bernhard: Leben und Sterben mit AIDS. Frankfurt am Main 1990
Knupp, Bernhard: Bedeutung von Sterben und Tod im Rahmen der HIV-Infektion. In: Torsten Kruse und Harald Wagner (Hg.): Ethik und Berufsverständnis der Pflegeberufe. Berlin Heidelberg 1994, S. 246–256
Köhler, Gregor: Praktische Anleitung für Seelsorger am Kranken- und Sterbebette, Frankfurt am Main 1800
Krämer, Leonie: Vom Ausgang des Mittelalters bis zur nationalsozialistischen Machtergreifung. In: Rainer Koch (Hg.): Das Hospital zum Heiligen Geist. Kelkheim 1989, S. 144–211
Krankenhausdienst im Bistum Limburg. In: Mitteilungen des Bistums Limburg 1 (1975), S. 17
Krünitz, Johann Georg: Oekonomisch-technologische Encyklopädie, oder allgemeines System der Stats-, Stadt-, Haus- und Land-Wirthschaft, und der Kunst-Geschichte, in alphabetischer Ordnung. 2. Aufl. Bd. 20. Berlin 1789, S. 313 f.
Kündig, Eucharius: Erfahrungen am Kranken- und Sterbebette. Ein Beitrag zur praktischen Theologie. Basel 1899
Kunz, Eckehard und Lars Fischer: Aids – eine Herausforderung an die Kirchen.In: Siegfried Rudolf Dunde (Hg.): Aids – Was eine Krankheit verändert. Sexualität und Moral, der Einzelne und die Gesellschaft. Frankfurt am Main 1986 S. 123–134
Kunz, Eckehard: Was geht uns AIDS an? In: Berliner Hefte 59 (1987), S.33–44
Landes, Erich und Menzel, Ingrid: Geschichte der Universitätshautklinik in Frankfurt am Main. Berlin 1989
Laubach, F.: Krankenhaus, konfessionelles. In: Evangelisches Lexikon für Theologie und Gemeinde. Bd.2. Wuppertal (1994 a), S. 1172–1174
Laubach, F.: Krankenhausseelsorge. In: Evangelisches Lexikon für Theologie und Gemeinde. Bd.2. Wuppertal (1994 b), S. 1174–1175
Lerner, Franz: Von den Anfängen bis zum Ausgang des Mittelalters, I. Teil. In: Rainer Koch (Hg.): Das Hospital zum Heiligen Geist. Kelkheim 1989, S. 14–89
Letter, Prudent de: Krankensalbung. In: Sacramentum Mundi, Theologisches Lexikon für die Praxis. 3. Bd. Freiburg 1969, Sp. 75–79
Mann, Gunter: Struwwelpeter-Hoffmann und die Psychiatrie in Frankfurt am Main. In: Bürgerhilfe Sozialpsychiatrie Frankfurt/M .e.V. (Hg.): Kennen Sie Ihre Psychiatrische Klinik? „Frankfurter Antworten." Wiesbaden 1976, S. 6–14
Mann, Helmut: 1190–1990, 800 Jahre Deutscher Orden. Der Deutsche Orden und seine Kirche in Frankfurt-Sachsenhausen. Frankfurt am Main 1990

Mayer, Franz Josef: Katholisches Leben in Niederrad. In: Katholische Kirchengemeinde Frankfurt-Niederrad (Hg.): 1871–1971, 100 Jahre katholische Kirchengemeinde Frankfurt-Niederrad, ihre Vergangenheit – ihre Gegenwart. Frankfurt am Main-Niederrad 1971, S. 4–35

Mayer-Scheu, Josef: Seelsorge im Krankenhaus. Mainz 1977

Mayer-Scheu, Josef: Vom "Behandeln" zum "Heilen". Die Aufgabe von Theologie und Seelsorge im Krankenhaus. In: ders. und Rudolf Kautzky (Hg.): Vom Behandeln zum Heilen. Die vergessene Dimension im Krankenhaus. Wien 1980, S.74–180

Moritz, Werner: Die bürgerlichen Fürsorgeanstalten der Reichsstadt Frankfurt a. M. im späten Mittelalter (= Studien zur Frankfurter Geschichte, Bd. 14) Frankfurt am Main 1981

Natale, Herbert: Ludwig Abt, Päpstlicher Hausprälat, Geistlicher Rat. In: Dommuseum Frankfurt am Main (Hg.): Die Stadtpfarrer von Frankfurt am Main (1811–1997). Limburg 1997, S.26–27

Ökumenischer "Mit-l-aids"-Gottesdienst mit Gebhardt und Greef im Dom. "Ausgrenzung von Kranken ist unchristlich. In: Evangelisches Frankfurt 15. Jg Nr.3, S. 7

Orth, Elsbet: Frankfurt am Main im Früh- und Hochmittelalter. In: Frankfurter Historische Kommission (Hg.): Frankfurt am Main: die Geschichte der Stadt in neun Beiträgen. Sigmaringen 1991, S. 9–52

Pfau, Michael: AIDS – eine Herausforderung an die kirchliche Seelsorge. Arbeit zur zweiten theologischen Prüfung in der evangelisch-lutherischen Landeskirche in Braunschweig vorgelegt. Braunschweig 1989

Pfeifer, Wolfgang: Seele. In: Zentralinstitut für Sprachwissenschaft, Berlin (Hg.): Etymologisches Wörterbuch des Deutschen. M–Z. 2. Aufl. Berlin 1993, S. 1268

Piper, Hans-Christoph: Krankenhausseelsorge. In: Handbuch der Praktischen Theologie, Praxisfeld Gesellschaft und Öffentlichkeit. Gütersloh 1987, S. 453–461

Piper, Hans-Christoph: Krankenseelsorge. In: Evangelisches Kirchenlexikon. Internationale theologische Enzyklopädie. 2.Bd., 3. Aufl. (Neufassung) Göttingen 1990, S. 1456–1460

Pisulski, A.: Wie kommt der Krankenseelsorger an schwierige Patienten heran? In: Die Krankenseelsorge. 10,1 (1956), S. 2–4

Pöhler, Wilhelm: Ein Museum stellt sich vor. In: G. H. Herzog und Helmut Siefert (Hg.): Struwwelpeter-Hoffmann. Texte, Bilder, Dokumentation, Katalog. Frankfurt am Main 1978, S. 95–100

Pruner: Krankenseelsorge. In: Wetzer und Weltes Kirchenlexikon. 2. Aufl., 7. Bd., Freiburg im Breisgau 1891, Sp.1032–1047

Richter, Peter. Caritas im alten Frankfurt. In: Alois Eckert (Hg.): Frankfurter Domfest 1953. Freiburg im Breisgau 1953, S. 50–54

Riess, Richard: Zur Konzeption der klinischen Seelsorge. In: Evangelische

Krankenhausseelsorge. 8 (1975), S. 25–33
Runge, Dieter: Bericht aus einer staatlich anerkannten Krankenpflegeschule für Pfleger. In: Die Agnes Karll-Schwester 19 (1965), S. 350
Rüssmann,Ursula: Aids-Pastor in Hamburg. Zwischen Lust und letztem Schuß. Warum Rainer Jarchow von seiner Kirche mehr Entschiedenheit fordert. In: HuK (Ökumenische Arbeitsgruppe Homosexuelle und Kirche) Info. 115 (1995), S. 60–61
Salmen, Andreas: Nicht weit von Hysterie entfernt. Zum Umgang mit HTLV-III-Positiven. In: Siegfried Rudolf Dunde: Aids – Was eine Krankheit verändert. Sexualität und Moral, der Einzelne und die Gesellschaft. Frankfurt am Main 1986, S. 149–161
Schatz, Klaus: Verhältnis von Kirche und Staat im Bistum Limburg und die Stellung des Stadtpfarrers von Frankfurt. In: Dommuseum Frankfurt am Main (Hg.): Die Stadtpfarrer von Frankfurt am Main (1811–1997). Limburg 1997, S. 4–11
Schembs, Hans-Otto: 75 Jahre Orthopädische Universitätsklinik Friedrichsheim in Frankfurt am Main. Frankfurt am Main 1989
Schindling, Anton: Wachstum und Wandel vom Konfessionellen Zeitalter bis zum Zeitalter Ludwigs XIV. Frankfurt am Main 1555–1685. In: Frankfurter Historische Kommission (Hg.):Frankfurt am Main, die Geschichte der Stadt in neun Beiträgen, Siegmaringen 1991, S. 205–260
Schmieder, Felicitas: Von der Furt der Franken zur Pfalz der Staufer. In: Lothar Gall (Hg.):FFM 1200. Traditionen und Perspektiven einer Stadt. Sigmaringen 1994, S.29–42
Schorberger, Gregor: AIDS-Station. Wege humaner Begleitung. München 1987
Schorberger, Gregor und Jürgen Bußmann: Aufgaben und Chancen der Krankenhausseelsorge bei AIDS-Patienten. In: Arbeitsgemeinschaft für Gefährdetenhilfe und Jugendschutz in der Erzdiözese Freiburg e.V. und Katholische Sozialethische Arbeitsstelle e.V. in Hamm (Hg.): AIDS – sozialer und ethischer Prüfstein für Kirche und Staat. Freiburg Hamm 1988, S. 96–108
Schorberger, Gregor: Höre, was ich dir sagen will. Begleitung von AIDS-Kranken. Begleitheft zur Tonbildserie. Limburg 1988
Schubert, F: Krankenseelsorger, In: Lexikon für Theologie und Kirche, Freiburg im Breisgau 1934, S. 230–232
Schülke, Claudia: Sich zuwenden statt Ausgrenzen. Ausstellung über Aids im Dommuseum. Frankfurter allgemeine Zeitung. 68 (1991), S. 45
Seelsorge in Krankenhäusern, Heil- und Pflegeanstalten. In: Amtsblatt des Bistums Limburg 1942, S. 76
Seelsorgerliche Betreuung Geisteskranker. In: Amtsblatt des Bistums Limburg 1942, S. 14
Siefert, Helmut: Die Marburger Elisabethkirche – ein medizinhistorischer Rundgang. In: Hessisches Ärzteblatt 33 (1972), S.641–654

Siefert, Helmut: „Den Kranken dem Leben zurückgeben". Zur Geschichte der Psychiatrie in Frankfurt am Main. In: Christina Vanja und Helmut Siefert (Hg): „In waldig-ländlicher Umgebung..." Das Waldkrankenhaus Köppern: Von der agrikolen Kolonie der Stadt Frankfurt zum Zentrum für Soziale Psychiatrie Hochtaunus. In: Historische Schriftenreihe des Landeswohlfahrtsverbandes Hessen 7 (2001), S.20–35

Sigerist, Henry E.: Sebastian – Apollo. In: Archiv für Geschichte der Medizin. 19 (1927), S. 301–317

Specht, Annette von: Die Freie Stadt. In: Lothar Gall (Hg.):FFM 1200. Traditionen und Perspektiven einer Stadt. Sigmaringen 1991, S. 239–278

Stange, Otto: Erkenntnisse und Erfahrungen in der Seelsorge am kranken Kind. In: Ottheinz Braun (Hg.): Seelsorge am kranken Kinde. Was Ärzte, Psychologen und Seelsorger dazu sagen. Stuttgart 1983, S. 28–33

Statut für die hauptamtlichen Krankenhausseelsorger. In: Amtsblatt des Bistums Limburg 1968, S. 185

Stille, Wolfgang, Eilke B. Helm, Elisabeth Nolde: AIDS. Das Spektrum des Krankheitsbildes in Kasuistiken. Stuttgart 1989

Sunnus, Sabine; Kind im Krankenhaus – das trifft die ganze Familie. In: Evangelisches Frankfurt 3. Jg, Nr. 6. 1978, S. 3

Sunnus, Sabine, Aids – Kampf gegen Angst, Vorurteile, Ausgrenzung. In: Evangelisches Frankfurt Mai 1987, S. 3

Svoboda, Robert: Krankenseelsorge. Donauwörth 1962

Telschow, Jürgen und Elisabeth Reiter. Die evangelischen Pfarrer von Frankfurt am Main. 2. Aufl. Frankfurt am Main 1985

Telschow, Jürgen: Komm, bau ein Haus. Hundert Jahre Strukturen, Finanzen und Gebäude der evangelischen Kirche in Frankfurt: In: ders. (Hg.):Alles hat seine Zeit. 100 Jahre evangelische Kirchengemeinden im alten Frankfurter Stadtgebiet. 100 Jahre evangelischer Gemeindeverband. Frankfurt am Main 1999, S. 116–185

Troemer, Willibald: Angst und Vertrauen – Christen im Krankenhaus. Paderborn 1997

Vodopivec, M.: Krankenpastoral. In: Ferdinand Klostermann, Karl Rahner, Hansjörg Schild (Hg.) Lexikon der Pastoraltheologie. Freiburg im Breisgau 1972, S. 284–286

Wald, Günter: In den Archiven geblättert... In: Kirchengemeinde St. Antonius Frankfurt am Main (Hg.): 75 Jahre St. Antonius-Gemeinde 1917–1992, Geschichte – Erinnerungen – Entwicklungen. Frankfurt am Main 1992, S.16–18

Wehrle, Hans: Psychiater und Seelsorger miteinander im Dienst der Kranken. In: Die Krankenseelsorge 9,4 (1955), S. 55–61

Wiltschko, Johannes: Selbsterfahrungsgruppen. In: Christoph Kraiker/ Burkhard Peter (Hg.): Psychotherapieführer 2. Aufl. München 1988, S. 179–193

Wolff, Jürgen, Sabine Mehlem und Stefan Reiß: Rechtsratgeber AIDS. Reinbek bei Hamburg 1988
Wolter, Hans: Vom Hospital zum Krankenhaus. In: Festschrift St. Marienkrankenhaus Frankfurt am Main 1907–1982. Bingen 1982, S.17–22

Die vorliegende Arbeit wurde zugleich als Dissertation am Senckenbergischen Institut für Geschichte der Medizin des Klinikums der Johann Wolfgang Goethe-Universität Frankfurt am Main unter der Leitung des geschäftsführenden Direktors Prof. Dr. med. Helmut Siefert angenommen. Tag der letzten mündlichen Prüfung war der 8. Mai 2002.